VERHANDLUNGEN

DES

VII. INTERNATIONALEN

ORIENTALISTEN-CONGRESSES

GEHALTEN IN WIEN IM JAHRE 1886.

SEMITISCHE SECTION.

MIT DREI LICHTDRUCKTAFELN.

WIEN, 1888.

ALFRED HÖLDER

K. K. HOF- UND UNIVERSITÄTS-BUCHHÄNDLER.

I., ROTHENTHURMSTRASSE 15.

Verlag von Alfred Hölder, k. k. Hof- und Universitäts-Buchhändler,

Wien, I., Rothenthurmstrasse 15.

Separat-Abdrücke

aus den

Verhandlungen des VII. internationalen Orientalisten-Congresses.

Bendal, Cecil, On a newly discovered form of indian character. Preis: M. 1.60.

Bhagvânlâl, Indrâjî, Pandit, Ph. D., Hon. M. R. A. S., Two new grants of the Chalukya dynasty. Preis: M. 3.60.

Bhandarkar, R. G., The Râmânujîya and the Bhâgavata or Pâñcharâtra systems. Preis: M. —.60.

Ethé, Hermann, Firdausîs Yûsuf und Zalîkhâ. Preis: M. 1.50.

Grierson, G. A., The mediaeval vernacular Literature of Hindûstân, with special reference to Tul' Sî Dâs. Preis: M. 4.20.

Grünert, Dr. Max, Die Alliteration im Alt-Arabischen. Preis: M. 2.20.

Guidi, Ignazio, Alcune osservazioni di lessicografia Araba. Preis: M. —.50.

Hommel, Fritz, Die älteste arabische Barlaam-Version. Preis: M. 2.50.

— — Erläuterung zu den von Rev. W. H. Hechler dem Congress vorgelegten Backsteinen aus Telloh in Süd-Babylonien. Preis: M. —.50.

Hoernle, Dr. R., On the Bakhshâḷî manuscript. With three photozincographs. Preis: M. 3.20.

Hunfalvy, P., Der Ursprung des Rumänischen. Preis: M. 2.20.

Kremer, A. Freiherr von, Ueber das Budget der Einnahmen unter der Regierung des Hârûn Alrašîd. Nach einer neu aufgefundenen Urkunde. Preis: M. 3.—.

Leland, Charles Godfrey, The Original Gypsies and their language. Preis: M. —.50.

Lignana, Giacomo, I Navagvāḥ e i Daśagvāḥ del Rigveda. Preis: M. —.60.

Müller, D. H., Zur Geschichte der semitischen Zischlaute. Eine sprachvergleichende und schriftgeschichtliche Untersuchung. Preis: M. 1.—.

Müller, Friedrich, Ueber Jasna XXIX, 1—2. Preis: M. —.50.

Oppert, Jules, Les inscriptions juridiques de l'Assyrie et de la Chaldée. Preis: M. —.80.

Roth, R. von, Ueber gewisse Kürzungen des Wortendes im Veda. Preis: M. —.50.

Schlechta-Wssehrd, Baron O., Uebersetzungsproben aus Firdussi's religiös-romantischem Epos „Jussuf und Suleicha". Preis: M. 1.20.

Snouck Hurgronje, Dr. C., Arabische Sprichwörter und Redensarten. Preis: M. —.50.

Straszewski, Dr. M., Professor der Philosophie an der Universität in Krakau, Ueber die Entwickelung der philosophischen Ideen bei den Indern und Chinesen. Preis: M. —.80.

Vidal Bey, M., Secrétaire général de l'Institut, Notice sur les travaux de l'Institut Égyptien depuis sa fondation. Preis: M. —.90.

Verlag von Alfred Hölder, k. k. Hof- und Universitäts-Buchhändler,

Wien, I., Rothenthurmstrasse 15.

VERHANDLUNGEN

DES

VII. INTERNATIONALEN

ORIENTALISTEN-CONGRESSES.

SEMITISCHE SECTION.

Druck von Adolf Holzhausen,
k. k. Hof- und Universitäts-Buchdrucker in Wien.

VERHANDLUNGEN

DES

VII. INTERNATIONALEN

ORIENTALISTEN-CONGRESSES

GEHALTEN IN WIEN IM JAHRE 1886.

SEMITISCHE SECTION.

MIT DREI LICHTDRUCKTAFELN.

WIEN, 1888.

ALFRED HÖLDER

K. K. HOF- UND UNIVERSITÄTS-BUCHHÄNDLER.

I., ROTHENTHURMSTRASSE 15.

Ueber
das Budget der Einnahmen unter der Regierung des Hârûn alraśîd
nach einer neu aufgefundenen Urkunde.

Von

A. von Kremer.

(Mit drei Tafeln.)

Es waren bisher drei Verzeichnisse der Einnahmen des Schatzamtes in Bagdad unter den ersten Abbasiden bekannt.[1])

Es sind dies die Berichte, welche uns von Ibn Ḫaldûn, Ḳodâmah und Ibn Ḫôrdâdbeh erhalten sind.

Für das Alter und die Zeitbestimmung der von Ibn Ḫaldûn gegebenen Zusammenstellung habe ich seiner Zeit die Nachweise geliefert und gezeigt, dass die Ziffern, die er gibt, aus der Zeit vom Jahre 158—170 H. stammen.[2])

Was Ḳodâmahs Steuerliste anbelangt, so fällt sie nach seiner Angabe in die Zeit vom Jahre 204—237 H.

Ibn Ḫôrdâdbehs Liste hingegen bezieht sich auf die Zeit zwischen 231—260 H.

Eine vierte in Waṣṣâfs Geschichte enthaltene Steuerliste, auf die zuerst Josef von Hammer aufmerksam machte, die er aber nicht benützen konnte, weil sie in schwer lesbarem Dîwânî-Zug geschrieben ist, habe ich in der Culturgeschichte näher besprochen.[3])

---

[1]) Für die Zeit der Omajjaden gibt Ibn Wâḍiḥ ed. Houtsma, S. 277, Nachricht, aber die Zahlen scheinen übertrieben und machen nicht den Eindruck aus authentischer Quelle zu stammen.

[2]) Culturgeschichte des Orients unter den Chalifen I, S. 267.

[3]) Ibidem S. 270, Note. Vgl. Hammer, Ueber die Länderverwaltung unter dem Chalifate, Berlin 1835, S. VI und VII: „Nach vieler zur Entziffe-

Nun bin ich in der angenehmen Lage eine fünfte Steuerrolle vorlegen zu können, und zwar die beste und verlässlichste die wir besitzen, denn sie ist eine Abschrift aus den Registern des Schatzamtes, die angefertigt ward, um dem damaligen ersten Minister Jaḥjà Ibn Ḫâlid, dem Barmakiden zur Kenntnissnahme vorgelegt zu werden.

Dieses merkwürdige Schriftstück, das zugleich einen weiteren Beweis für die Richtigkeit der Zeitbestimmung der Steuerliste des Ibn Ḫaldûn und deren Echtheit liefert, war bisher gänzlich unbeachtet geblieben, denn es steckt in einem zwar sehr alten, aber kaum dem Namen nach bekannten, wie ich glaube nur in sehr wenigen Abschriften erhaltenen Werke, nämlich der Geschichte der Wezîre von Gahśijârî:

كتاب الوزراء والكتّاب لابى عبد الله محمد بن عبدوس الجَهْشِيارىّ

Der Verfasser dieses Werkes, der im Jahre 331 H. starb,[1]) schrieb eine ausführliche Geschichte der höchsten Staatsbeamten vom Beginn der Chalifenherrschaft bis auf seine Zeit und zwar nach der Aufeinanderfolge der Herrscher geordnet.

Die Omajjaden-Chalifen behandelt er sehr kurz, wohl aus politischen Gründen, denn er war selbst Beamter im Dienste der Abbasiden, hingegen ist er um so ausführlicher für die Zeit

---

rung dieser Rechnungsschrift fruchtlos angewandter Mühe hat sich der Verfasser nach Constantinopel um Rath und Hilfe gewendet und sich bei seinen dortigen gelehrten Freunden, namentlich bei dem gelehrten Oberstlandrichter Rumilis, Abdulkadir Beg und bei dem vielkundigen Reichshistoriographen, Herausgeber der Staatszeitung, Esaad Efendi, Raths erholt, aber von beiden, die sowohl für ihn als für die dermalige Schriftkunde zu Constantinopel nicht erfreuliche Auskunft erhalten, dass weder die beiden geehrten und gelehrten Herren, noch die Rectoren und Professoren der Medreseen, weder die Prediger und Doctoren der Moscheen, noch die Secretäre des Diwans und der Kammer diesen Ausweis in genügender Weise zu entziffern im Stande seien."

[1]) Die Handschrift, die ich benütze, gehört der k. k. Orientalischen Akademie in Wien und ist nach der Schrift zu urtheilen, im VI. Jahrhundert H. geschrieben. Die Aussprache des Namens des Autors gebe ich nach der Vocalisation der Handschrift. Ich lasse als Tafel I ein Facsimile des Textes folgen, enthaltend die Schlussrecapitulation der gesammten Jahreseinnahmen.

[redacted]

der herrschenden Dynastie und dies um so mehr je näher sie seiner Zeit stehen. Besonders über die Zeit des Hârûn Rašîd verbreitet er sich höchst eingehend.

Hier kommt er nun auch auf die Finanzen zu sprechen und sagt hiebei Folgendes: „Er habe in der Geschichte der Abbasiden, deren Verfasser Abulfaḍl Moḥammed Ibn Aḥmed Ibn ʻAbdalḥamîd ist, welches Buch er in der Originalschrift des Verfassers las, eine Notiz gefunden, worin dieser erzählt, er habe von Abulḳâsim Ga'far Ibn Moḥammed Ibn Ḥafṣ einen Auszug aus den Acten des Steueramtes erhalten, welcher das übersichtliche Budget der Steuereinnahmen zur Zeit des Chalifen Hârûn Rašîd enthielt, und zwar sei der Verfasser dieses Auszuges Abulwazîr ʻOmar Ibn Moṭarrif gewesen, der die Zusammenstellung machte, um sie dem damaligen Grosswezîr Jaḥjà Ibn Ḫâlid, dem Barmakiden, vorzulegen.

Für die Zuverlässigkeit dieser Angaben finden wir einige recht gute Beweise im Texte selbst. Das Buch über die Geschichte der Abbasiden von Abulfaḍl Moḥammed Ibn Aḥmed Ibn ʻAbdalḥamîd, dem Secretär الكاتب, wird schon im Fihrist, S. 107, angeführt; Abulwazîr ʻOmar Ibn Moṭarrif, der unter den drei Regierungen des Mahdî, Hâdî und Hârûn Rašîd diente und unter dem vorletzten der obersten Staatskanzlei für die östlichen Provinzen vorstand, dann aber die Stelle eines Staatssecretärs bekleidete und unter Rašîd ein Budget der sämmtlichen Steuereinnahmen in Baarem und in Naturallieferungen zusammenstellte, wird ebenfalls im Fihrist, S. 127, Z. 10, genannt.

Der von ihm angefertigte Auszug aus den Büchern des Schatzamtes hat also einen unzweifelhaft authentischen Charakter und hievon finden wir nun wörtlich genaue Abschrift in dem oben angeführten Buche des Gahšijârî, aus dem ich den Text hier folgen lasse:[1])

---

[1]) Bei dem Abdrucke des Textes behalte ich die Orthographie und Vocalbezeichnung des Originals unverändert bei. So schreibt unser MS. *mandîl*, wie die allgemein übliche Aussprache lautet und nicht *mindîl*, wie Grammatiker und Lexikographen wollen.

وجدتُ فى كتاب عمله ابو الفضل محمد بن احمد بن عبد الحميد الكاتب فى اخبار خلفآء بنى العبّاس بخطّ ابى الفضل يقول انفذ الىّ ابو القسم جعفر بن محمد بن حفص رقعةً انتسخها من دواوين الخراج للكاتب ذكر فيها انّ ابا الوزير عمر بن مطرِّف الكاتب من اهل مرو[1] انّه كان يتقلّد ديوان المشرق للمهدىّ وهو ولىّ عهد ثم كتب له فى خلافته ولموسى ولهرون وانّه عمل فى ايّام الرشيد تقديراً عرضه على يحيى بن خالد لما يُحْمَلُ الى بيت المال بالحضرة من جميع النواحى من المال والأمتعة نُسْخَتُهُ

اثمان غلّات السواد

سبعة وثمانون الف الف وسبع مأية الف وثمانون الف دِرْهَم

ابواب المال بالسواد

اربعة عشر الف الف وثمانى مأية الف درهم الحُلل النجرانيّة[2] مايتا حُلّة الطين للخَتْمِ مايتان واربعون رطلاً

كَسْكَر

احد عشر الف الف وستمأية الف درهم

كُوَرُ دجلة

عشرون الف الف وثمانى مِأية الف درهم

حُلْوَان

اربعة الف الف وثمانى مِأية الف درهم

الاهواز

خمسة وعشرون الف الف درهم السُكّرُ ثلثون الف رطل

فارس

سبعة وعشرون الف الف درهم ماء الزبيب الأسود عشرون الف رطل الرمّان والسفرجل مأية الف وخمسون الفاً ماء الورد ثلثون الف قارورة

---

[1]) Es ist vielleicht die Copula nach مرو ausgefallen und demnach zu lesen: من اهل مرو وانّه. Doch nothwendig ist die Emendation nicht.

[2]) In der Steuerliste bei Waṣṣâf: الحلل النجرانية من اعمال البصرة.

[redacted]

الأنبجات خمسة عشر الف رطل الطين(1 السيرافى خمسون الف رطل الزبيب بالكرّ الهاشمىّ ثلثة اكرار

كرمان

اربعة الف الف ومأيتا الف درهم المتاع اليَمَنىّ والحمصى(2 خمس مأية ثوب التَّمْرُ عِشرون الف رطل الكَمُّون مأية رطل

مكران

اربع مأية الف درهم

السِّنْدُ وما يليها

احد عشر الف الف وخمس مأية الف درهم الطعام بالقفيز الكَيْرَخ الف الف قفيز الفيلة ثلثة أفْيِلَة الثياب الحشيشية الفا ثوب الفُوَط اربعة الف فُوطة العود الهندىّ مأية وخمسون مَنّاً ومن سائر اصناف العود مأية وخمسون منّاً النعال الفا زَوْجٍ وذلك سوى القَرَنْفُل والجوزبَوّا

سجستان

اربعة الف الف وستماية الف درهم الثياب المُعَيَّنَة ثلثماية ثوب الفانيذ عشرون الف رطل

خراسان

ثمانية وعشرون الف الف درهم نُقَر الفِضّة الأمنا(3 الفا نُقْرَةٍ البراذين اربعة آلاف برذون الرقيق الف راس المَتَاعُ سبعة وعشرون الف ثوب الإهليلج ثلثماية رطل

جرجان

اثنا عشر الف الف درهم الأبْرِيسَمُ الف منا

قُومِس

الف الف وخمس ماية الف درهم نُقَرُ الفِضّة الأمنا الفا نُقْرَةٍ الأكْسِيَة سبعون كساء الرمّان اربعون الف رمّانة

---

1) Richtig zu lesen: الطيب, wie in Waṣṣâf.

2) l. الخبيصى.

3) Der Ausdruck نُقَرُ الفِضّة الأمنا ist ungewöhnlich; أمنا ist von امين gebildet wie كُبَرَى von كبير; es kann bedeuten: reinstes Silber oder auch mit Beziehung auf نقر: vollwichtige Silberbarren.

طَبَرستان والرويان ودنباوند

ستة الف الف وثلثماية الف درهم الفُرُش الطَبَرِيّ ستماية قطعة الأكسية مايتا كِساء الثياب خمس مأية ثوب المناديل ثلثماية مَنْدِيل الجامات ستماية جام

الريّ

اثنا عشر الف الف درهم الرُمّان مِأية الف رمّانة الخوخ الف رَطْل

اصفهان

سوى حمتش ورساتيق عيسى راد يمسر

احد عشر الف الف درهم العسل عشرون الف رطل الشمع عشرون الف رطل

همدان ودستبى

احد عشر الف الف وثمانى مأية الف درهم رُبّ الريباس الف منا العسل الاروندى عشرون الف رطل

ماهى البصرة والكوفة

عشرون الف الف وسبع ماية الف درهم

شهرزور وما يليها

اربعة وعشرون الف الف درهم

المَوْصِل وما يليها

اربعة وعشرون الف الف درهم العسل الابيض عشرون الف رطل

الجزيرة والديارات[1] والفُرات

اربعة وثلثون الف الف درهم

اذربيجان

اربعة الف الف درهم

مُوقان و كَرَخ

ثلثماية الف درهم

---

[1]) d. i. Dijâr Moḍar, Dijâr Rabî'ah und Dijâr Bakr.

[redacted]

جيلان

من الرقيق مِأية رأس

المسر والطيلسان

من العسل اثنا عشر زقّا ومن البزاة عشرة بزاة ومن الاكسية عِشّرون كِسَآء

أُرمِيَنية

ثلثة عشر الف الف درهم البُسُطُ المحفورة عشرون بساطا الرَّقْمُ خمس مأية وثمانون قطعة المالح المنبوذ ماهى عشرة الف رِطل الطّريخ عشرة الف رطل البُزَاة ثلثون بازاً البغال مأيتا بغلٍ

قِنّسرون والعواصم

اربع ماية الف وتسعون(1 الف دينار

حمص

ثلثماية الف وعشرون الف دينار الزبيب الف راحلة

دِمَشق

اربع ماية الف وعشرون الف دينار

الاردن

ستة وتسعون الف دينار

فِلَسطين

ثلثمأية الف وعشرة آلاف دينار ومن جميع اجناد الشأم من الزبيب ثلثمأية الف رطل

مصر سوى تنيس ودِمْيَاط والاسمون

فانّ هذه وقّفت للنفقات

الف(2 الف وتسع ماية وعشرون الف دينار

---

1) Statt تسعون ist, wie die Addition beweist, zu lesen: سبعون.

2) Wie die Gesammtsumme der Steuern in Gold zeigt, ist im Texte zu lesen: الفا الف statt الف الف, wie auch richtig in der Steuerliste des Ibn Ḫaldûn steht.

برقة

الف الف درهم

افريقية

ثلثة عشر الف الف درهم ومن البُسُطِ مأية وعشرون بساطاً

اليمن

سوى الثياب

ثمانى ماية الف وسبعون الف دينار

مكّة والمدينة

ثلثماية الف دينار

فَذٰلِكَ العَيْنُ خمسة الف الف[1] دينار قِيمَتُها حساب اثنين وعشرين درهماً بدينار

مأية الف الف وخمسة وعشرون الف الف وخمس مأية واثنان وثلثون الف درهم

الوَرِقُ

اربع مأية الف الف واربعة الف الف وسبع مأية الف وثمانية[2] الف درهم

يكون[3] الورق مع قيمة العَيْن

خمس مأية الف الف وثلثين الف الف وثلثماية الف واثنى عشر الف درهم

---

[1]) Hier hat ein Copist sich seine Aufgabe bequem gemacht und nur die runde Summe gegeben, der ursprüngliche Text lautete: خمسة الف الف وسبع ماية الف وستة الف. Dass so gelesen werden muss, ist zweifellos, denn nur 5,706.000 Dînâr geben zu 22 Dirham gerechnet, die Gesammtsumme von 125,532.000.

[2]) Statt ثمانية ist ثمانين zu lesen, wie ebenfalls durch die Addition erwiesen wird, denn die Gesammtsumme aller Steuern, in Dirham (wobei die Dînârs in Dirham umgerechnet sind) ist 530,312.000. Machen wir die Probe, indem wir die beiden Beträge für die Steuerzahlungen in Gold Dir. 125,532.000 addiren zu den Zahlungen in Silber . . . . „ 404,780.000 so ergibt sich . . . . Dir. 530,312.000 als Gesammtsumme aller Steuerzahlungen der Provinzen an das Schatzamt in Bagdad, jedoch ohne Einrechnung des Werthes der in natura geleisteten Steuern.

[3]) Ueber das Wort يكون im technischen Sinne vergleiche man meine Beiträge zur arabischen Lexikographie (Sitzungsber. der Wiener Akad. der Wissensch., Bd. CV, II, S. 474).

Zur besseren Uebersicht stelle ich nun im Folgenden die einzelnen Posten in Uebersetzung zusammen, wobei ich die Länder der Goldwährung von jenen der Silberwährung trenne:

Sawâd: Geldwerth der als Steuer abgelieferten Feldfrüchte	Dir. 87,780.000
Andere Zahlungen vom Sawâd	„ 14,800.000
Naturallieferungen: Nagrânkleider 200 Stück; Siegelerde: 240 Riṭl.	
Kaskar	„ 11,600.000
Tigrisbezirke	„ 20,800.000
Ḥolwân	„ 4,800.000
Ahwâz	„ 25,000.000
Naturallieferung: Zucker: 30.000 Riṭl.	
Fâris	„ 27,000.000
Naturallieferungen: Wasser von schwarzen Rosinen 20.000 Riṭl, Granatäpfel, Quitten 150.000 Stück, Rosenwasser 30.000 Flasch., Mangoconserven 15.000 Riṭl, Parfümerien aus Sîrâf 50.000 Riṭl, Rosinen 3 Korr (korr hâšimî).	
Kermân	„ 4,200.000
Naturallieferungen: Fabrikate, südarabische (jamanî und ḥabîṣî), Gewänder 500 Stück; Datteln 20.000 Riṭl, Kümmel 100 Riṭl.	
Mokrân	„ 400.000
Sind und die Nebenländer	„ 11,500.000
Naturallieferungen: Getreide, Kairaḥscheffel[1]) 1,000.000; Elephanten 3 Stück, Pflanzenstoffkleider 2000 Stück, Lendentücher 4000 Stück, indisches Aloeholz 150 Minen, von anderen wohl-	

[1]) Kairaḥ-Scheffel, d. i. Scheffel, wie sie in der Stadt (in Guzerat) üblich waren, die auf Sanskrit: Kheṭaka, jetzt aber Kheḍâ oder Kaira heisst. Dieser ḍ-Laut klingt in der Aussprache wie ein dumpfes r. (Nach einer freundlichen Mittheilung meines akademischen Collegen, Prof. Bühler.)

riechenden Hölzern 150 Minen, Sandalen 2000 Paar; alles dieses ausser den Gewürznelken und Muskatnüssen.

Sigistân	Dir.	4,600.000
Naturallieferungen: Gemusterte Kleiderstoffe: 300 Stück, raffinirter Zucker: 20.000 Riṭl.		
Chorâsân	„	28,000.000
Naturallieferungen: Silberbarren, vollwichtige: 2000 Stück, Saumpferde: 4000 Stück, Sklaven 1000 Stück, Fabrikate: 27.000 Stück Kleiderstoffe, Myrobolan: 300 Riṭl.		
Gorgân	„	12,000.000
Naturallieferung: Rohseide: 1000 Minen.		
Ḳumis	„	1,500.000
Naturallieferungen: Silberbarren, vollwichtige: 2000 Stück, Oberkleider 70 Stück, Granatäpfel 40.000 Stück.		
Tabaristân, Rujân, Danbâwand	„	6,300.000
Naturallieferungen: Ṭabarî-Teppichstoffe: 600 Stück, Oberkleider: 200 Stück, Unterkleider: 500 Stück, Kopftücher: 300 Stück, Becher: 600 Stück.		
Raj	„	12,000.000
Naturallieferungen: Granatäpfel: 100.000 Stück, Pfirsiche: 1000 Riṭl.		
Iṣfahân, mit Ausschluss von . . . und der Dörfer von 'Isà Râd[1])	„	11,000.000
Naturallieferungen: Honig: 20.000 Riṭl, Wachs 20.000 Riṭl.		
Hamadân und Dastabà	„	11,800.000
Naturallieferungen: Ribes-Syrop: 1000 Minen, Arwand-Honig: 20.000 Riṭl.		

[1]) Die beiden Namen sind nicht gut geschrieben.

Dînawar und Nihâwand (Mâh-albaṣrah und Mâh-alkufah)	Dir.	20,700.000
Šahrazur und Umgebung	„	24,000.000
Mauṣil und Umgebung	„	24,000.000
Naturallieferung: Weisser Honig 20.000 Riṭl.		
Gazîrah, Dijâr (Moḍar, Bakr und Rabî'ah) und Euphratgebiet	„	34,000.000
Adarbaigân	„	4,000.000
Muḳân und Karag	„	300.000
Gîlân: Naturallieferung:[1]) Sklaven: 100 Stück.		
Babr und Tailaśan:[2])		
Naturallieferungen: Honig: 12 Schläuche, Falken: 10 Stück, Oberkleider: 20 Stück.		
Armenien	„	13,000.000
Naturallieferungen: Gestreifte Teppiche: 20 Stück, Raḳm-Stoff: 580 Stück, marinirte Aalfische: 10.000 Riṭl, gedörrte Fische: 10.000 Riṭl, Falken: 30 Stück, Maulthiere: 200 Stück.		
Barḳah	„	1,000.000
Ifrîḳijjah	„	13,000.000
Naturallieferung: Teppiche 120 Stück.		
Ḳinnasrîn und Militärgrenze[3])	Dîn.	470.000
Ḥims	„	320.000
Naturallieferung: 1000 Kameellasten Rosinen.		
Damascus	„	420.000
Ordonn	„	96.000
Falasṭîn	„	310.000
Naturallieferung von allen syrischen Militärbezirken: Rosinen 300.000 Riṭl.		

[1]) Bei Ibn Ḫaldûn ist der Steuerbetrag noch fünf Millionen Dirham.

[2]) Ueber Babr und Ṭailaśân vgl. Nöldeke, Geschichte der Perser und Araber nach Ṭabarî, S. 481, Note 1; auch Sprenger, Postrouten, S. 54.

[3]) Auf Ibn Ḫaldûns Liste erscheint die Militärgrenze ('awâṣim) noch nicht, weil deren Errichtung erst unter Hârûn alrašîd stattfand. Auch der Steuerbetrag ist hier grösser.

Aegypten mit Ausnahme von Tinnîs, Dimjâṭ und Aśmûn, deren Einkommen zur Bestreitung der Auslagen zurückbehalten wird	Dîn.	2,920.000
Jemen ausser den als Naturallieferung abgeführten Kleiderstoffen	„	870.000
Mekka und Medina	„	300.000

Schlussübersicht.

Summe in Gold: 5,706.000 Dînar, d. i. in Silber gerechnet zu 22 Dirham für 1 Dînar: Dirham 125,532.000.

Summe der Steuern in Silbermünze: 404,780.000 Dirham. Gesammtsumme in Dirham 530,312.000.

Vergleichen wir nun diese Gesammtziffern mit der Summe der Steuerleistungen in Silbermünze (Dirham), so ergibt sich aus der Summirung der Einzelposten ein Gesammtbetrag von 429,080.000 Dirham. Es ist daher offenbar die eine oder andere Post durch einen Schreibfehler zu hoch angesetzt worden. Durch einen Vergleich der Liste Ibn Ḫaldûns zeigt es sich in der That, dass bei einigen Posten unseres Verzeichnisses zu hohe Beträge angesetzt worden sind. Ibn Ḫaldûn gibt als Steuerleistung von Sigistân 4,000.000, unsere Liste aber hat 4,600.000, also um 600,000 Dirham zu viel; aber auch die Steuerleistung der Stadt Śahrazûr ist in unserer Liste zu hoch angegeben mit 24,000.000, indem der Schreiber, offenbar aus Versehen, den Steuerbetrag der unmittelbar nächstfolgenden Post auch für Śahrazûr einschrieb, während Ibn Ḫaldûn die richtige Ziffer, nämlich: 6,000.000 Dirham gibt.

Diese beiden Irrthümer geben, wenn richtig gestellt, eine Verminderung der Gesammtziffer um 18,600.000. Ausserdem kommt noch eine Berichtigung hinzu bei der Post: Dînawar und Nihâwend (ماهى البصرة والكوفة), die in unserer Urkunde auf 20,700.000 Dirham angesetzt ist, aber wie bei Ibn Ḫaldûn richtig zu stellen ist auf nur 10,700.000 Dirham.[1])

---

[1]) Bei Ibn Ḫaldûn ist die Lesart مابين zu verbessern in ماهى.

Es vermindert sich also unsere Gesammtziffer: 429,080.000 Dirham um 18,600.000, dann 10,000.000, also zusammen um 28,600.000 Dirham und es verbleibt also 400,480.000 Dirham.

Gegen die Gesammtsumme der Silberzahlungen von 404,780.000 zeigt sich also ein Abgang von 4,300.000 Dirham; derselbe dürfte dadurch seine Erklärung finden, dass in unserer Urkunde eine Post durch Versehen eines Abschreibers ausgefallen ist. Wahrscheinlich ist dies die Post für die Provinz Mâsabadân, die zweifellos in unsere Liste gehört, denn das im Ganzen identische Verzeichniss bei Ibn Ḫaldûn führt diese Provinz ausdrücklich an mit einer Steuerzahlung von vier Millionen Dirham. Und dass Mâsabadân auch noch später auf der Liste der steuerpflichtigen Provinzen stand, dafür liefert das Verzeichniss des Ḳodâmah den Beweis, der diese Provinz ebenso wie Ibn Ḫaldûn anführt.

Was die in der Schlussübersicht für die Zahlungen in Gold gegebene Ziffer von 5,706.000 Dînâr betrifft, so stimmt dieselbe ganz genau mit der Summe der Einzelposten.

Das Gesagte genügt wohl, um zu zeigen, dass wir in der von Gahšijârî erhaltenen Urkunde, so wie in der von Ibn Ḫaldûn überlieferten Steuerrolle zwei durchaus authentische, wenn auch durch Fehler der Abschreiber hie und da entstellte Abschriften aus den amtlichen Registern des Schatzamtes in Bagdad besitzen.

Es könnte nun die Frage gestellt werden, ob denn die in der Schlussübersicht gegebenen Totalsummen verlässlich seien.

Ich kann auf diese Frage mit voller Sicherheit Antwort geben und ziehe hiefür die Ziffern der von dem persischen Geschichtschreiber Waṣṣâf gegebenen Steuerliste zum Vergleiche heran.[1])

Dieselbe gibt nämlich an erster Stelle das Einkommen des Staates unter der Regierung des Hârûn alrašîd.

---

[1]) Ich benütze hiefür das vortreffliche Exemplar der kais. Hofbibliothek Nr. 959 des Kataloges. Wie eine Anmerkung auf S. 369 zeigt, ward die Abschrift nach dem Autograph des Verfassers gemacht. Das MS. ward für die Bibliothek des Sultans Mohammed II., des Eroberers von Constantinopel angefertigt.

Hier wird nun die Ziffer der in Gold entrichteten Steuern auf 5,706.000 Dînâr angegeben, also ganz übereinstimmend mit unserem Steuerverzeichniss; ebenso kehrt die Bemerkung wieder, dass der Dînâr zu 22 Dirham umzurechnen sei und dass also obige Summe umgerechnet 125,533.000 Dirham betrage, welche Ziffer, wenn wir den Schreibfehler 33.000 in 32.000 berichtigen, mit der von Gahšijârî gegebenen Ziffer übereinstimmt. Ebenso gibt Waṣṣâf die Gesammtziffer der in Silber eingehenden Steuern

an mit	Dir. 404,700.000
und obige	„ 125,532.000
hiezu gerechnet, gibt	Dir. 530,232.000

welche Ziffer mit der in Gahšijârî's Buch gegebenen Totalsumme von 530,312.000 bis auf eine Differenz von 80.000 Dirham übereinstimmt, welche Differenz dadurch entstanden ist, dass der Schreiber die Ziffer für 80.000 vernachlässigte und 404,700.000 schrieb statt richtig: 404,780.000 Dirham, wie Gahšijârî's Liste wirklich zeigt.

Wir besitzen also zwei auf gänzlich verschiedenem Wege und in verschiedener Form erhaltene Abschriften des Budgets der Einnahmen zur Zeit des Hârûn alrašîd und beide stimmen in allem Wesentlichen überein.

Da aber diese zweite Urkunde bisher unbeachtet geblieben, zum Theil auch durch Schreibfehler entstellt und ausserdem in der schwer zu lesenden Dîwânî-Zahlenschrift abgefasst ist, so füge ich nicht nur ein genaues Facsimile[1]) bei, sondern lasse hier auch die nöthigen Erklärungen folgen, indem ich zuerst die Umschreibung in die gewöhnlichen arabischen Ziffern gebe, ohne irgend eine Verbesserung an dem Texte selbst vorzunehmen:

ما يحمل فى كلّ سنة الى بيت المال لحضرة الرشيد هرون بن محمد
الخليفة خلّد الله خلافته

الدراهم

١٣٠ ٣٠٠ ٠١٣٠ درهماً

[1]) Tafel II und III.

يكون
٤٠٤٧٠٠٠٠٠ درهم

يكون
قيمة العين
د ٥٧٠٦٠٠٠

دينار ٢٢ درهماً

١٢٥٥٣٣٠٠٠ درهم

Zur Erklärung ist vorerst darauf hinzuweisen, dass das Staatseinkommen nach den zwei Währungen Silber und Gold getrennt angegeben wird, also geradeso wie bei Ibn Ḫaldûn und bei Gahšijârî. Der Steuerbetrag in Gold erscheint mit der Ziffer von 5,706.000 Dînâr und bei der Umrechnung des Dînârs zu 22 Dirham wird der Betrag der in Gold einfliessenden Steuern angegeben mit 125,533.000 Dirham.[1])

Gehen wir nun zur Betrachtung der Ziffer der Einnahmen in Silber über, so finden wir in der Liste des Waṣṣâf den Gesammtbetrag angesetzt mit 404,700.000 Dirham; in der Liste des Gahšijârî mit 404,780.000. Also auch diese Ziffern sind identisch in den beiden Verzeichnissen, denn die Differenz von 80.000 Dirham kommt nicht in Betracht.

Es bleibt nur in dem Verzeichnisse des Waṣṣâf die erste Ziffergruppe zu erklären, nämlich die Zahl: ١٣٠ ٣٠٠ ٠١٣ oder in Worte umschrieben:

الف الف وثلثون الف وثلثماية الف وثلثة عشر درهما

Diese Gruppe kann an erster Stelle angeführt, nichts anderes sein als die Gesammtziffer der sämmtlichen Einnahmen und sie setzt sich demnach zusammen aus den beiden unten angeführten

Posten von	Dir. 125,533.000
	„ 404,700.000
	Dir. 530,233.000

Es zeigt sich also, dass bei der obigen Ziffergruppe am Anfange das Dîwânî-Zeichen für 500, nämlich جا, durch Nachlässigkeit des Kopisten ausgelassen ist und dass die ganze Gruppe richtig gestellt zu lesen ist wie folgt: ٥٣٠ ٢٣٣ ٠٠٠

Mit der Gesammtsumme der Einnahmen bei Gahšijârî verglichen, zeigt sich also auch hier bis auf die oben bemerkte

[1]) Mit Berichtigung des Fehlers: Dir. 125,532.000.

Differenz von 80.000 Dirham die vollste Uebereinstimmung: denn

Gahšijârî: 530,312.000
Waṣṣâf: 530,232.000
Differenz: 80.000

Und diese Differenz von 80.000 Dirham ist, wie ein Blick auf Gahšijârî's Schlusstabelle zeigt, dadurch entstanden, dass der Schreiber bei Angabe der Baarzahlungen in Silber statt richtig 404,780.000 zu schreiben, das Zeichen für 80.000 vernachlässigte und einfach 404,700.000 schrieb.

Ich lasse nun den richtig gestellten Text des Budgets der Einnahmen bei Waṣṣâf folgen:

ما يحمل فى كلّ سنة الى بيت المال لحضرة الرشيد هرون بن محمد الخليفة خلّد الله خلافته

الدراهم

٥٣٠٣١٢٠٠٠٠

يكون
٤٠٤٧٨٠٠٠٠ درهم

يكون
قيمة العين
٥٧٠٦٠٠٠ دينار

دينار ٢٢ درهماً

١٢٥٥٣٢٠٠٠

درهم

Ich gebe nun ebenfalls mit der Umschrift der Dîwânî-Ziffern in gewöhnliche arabische Ziffern das Verzeichniss der Naturallieferungen der Provinzen nach Waṣṣâf, wobei sich trotz mancher Differenzen mit der Liste des Gahšijârî doch im Ganzen und Grossen deren Uebereinstimmung zweifellos erkennen lässt.

الاصناف

يحمل من الاعمال المسمّاة

العسل

موصل ٢٠٠٠٠ رطل — همدان ودستبى ٢٠٠٠٠ رطل جيلان ٢٠٠٠٠ رطل
— اصفهان ٢٠٠٠٠ رطل

الزبيب(1

حمص ۱۰۰۰ راحلة — اجناد الشام ۳۰۰۰۰۰ رطل فارس ۱۰۰۰ رطل

الرمّان والسفرجل

الری رمّاناً ۱۰۰۰۰۰ قطعة — فارس رمّاناً وسفرجلاً ۱۵۰۰۰۰ قطعة

السكّر

من الاهواز ۳۰۰۰۰ رطل

الشمع

من اصفهان ۲۰۰۰۰ رطل

المالح والطريخ

من ارمنية ۲۰۰۰۰ رطل

ربّ الريباس

من همدان ودستبى ۱۰۰۰ منّ

الانبجات

من فارس ۲۰۰۰۰ رطل

الخوخ

. . .(2 من الری ۱۰۰۰ رطل

التمر

من كرمان ۲۰۰۰۰ رطل

الكمّون

من كرمان ۱۰۰ رطل

الطعام

من السند بوزن الكوفة(3 ۱۰۰۰۰۰۰ وقر

الطيب السيرافى

من فارس ۵۰۰۰۰ رطل

الطين

للختم من السواد ۲۹۲ رطل

ماء الورد

---

1) Vielleicht ist es richtiger zu lesen: الزيت.

2) Das Wort ist undeutlich.

3) MS. الكرفه die richtige Lesart ist die in der Liste des Gahšijâr gegebene.

من فارس ٣٠٠٠٠ قارورة

العود

اصنافاً سوى القرنفل وجوزبوا ٣٠٠ ر

سند ١٥٠ هند ١٥٠

البسط وزلاليّة الروميّة

جيلان ٢٠ كساء ارمنية ٢٠ بساط

ومنها ٥٣٠ قطعة من الروم افريقية ١٢٠ بساط

الثياب على اختلافها ٦٧٠٠ قطعة

الحُلَل النجرانيّة من اعمال البصرة ٢٠٠ حلّة الثياب الحشيشيّة

الفى ثوب

المعيّن الحرير (?) ٥٠٠ ثوب — الفوطة منها ٤٠٠٠ قطعة

النعال

٢٢٠٠ زوج

الفيلة

من السند وما يليها ٣ افيلة

الفرس

من جيلان ٢٠٠ راس

البزاة

٤٠ بازياً — جيلان ١٠ بازياً — ارمنية ٣٠ بازياً

Das Verzeichniss der Zahlungen der einzelnen Provinzen hat Waṣṣâf nicht aufgenommen, aber das bisher Gegebene ist mehr als genügend um zu beweisen, dass seine Liste unmittelbar aus den Archiven von Bagdad stammt, ebenso wie die des Gahšijârî. Diese auf so merkwürdige Weise erhaltenen Urkunden sind aber deshalb um so wichtiger, da wie bekannt, die Archive von Bagdad in dem Bürgerkriege zwischen Amîn und Ma'mun verbrannten und die späteren Rechnungsacten, wie Ḳodâmah berichtet, erst vom Jahre 204 H. begannen.

Für die Finanzgeschichte des Chalifates und die Statistik der Provinzen sind also die beiden vorgelegten Urkunden die ältesten und einzigen verlässlichen Quellen.

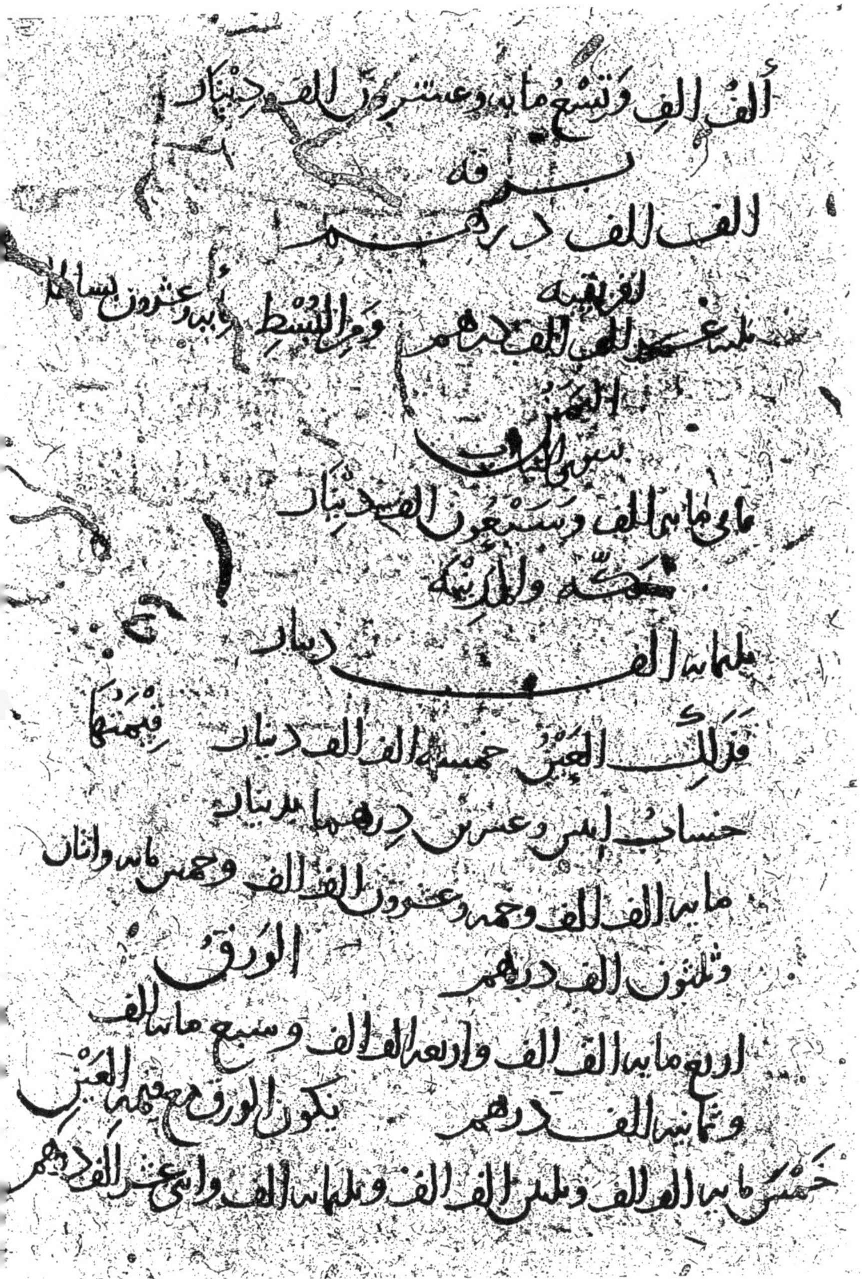
ألف ألف وتسع ماية وعشرون ألف دينار
برقة
ألف ألف درهم
افريقية
ثلاثة عشر ألف ألف درهم ومن البسط ماية وعشرون بساطا
اليمن
سوى ...
ثلاث ماية ألف وسبعون ألف دينار
مكة والمدينة
ثلثماية ألف دينار
فذلك العين خمسة ألف ألف دينار قيمتها
حساب اثنين وعشرين درهما بدينار
ماية ألف ألف وخمسة وعشرون ألف ألف وخمس ماية واثنان
وثلثون ألف درهم الورق
اربع ماية ألف ألف واربعة ألف ألف وسبع ماية ألف
وثمانية ألف درهم يكون الورق مع قيمة العين
خمس ماية ألف ألف وثلثين ألف ألف وثلثماية ألف واثنى عشر ألف درهم

Lichtdruck von Albert & Jaffé.

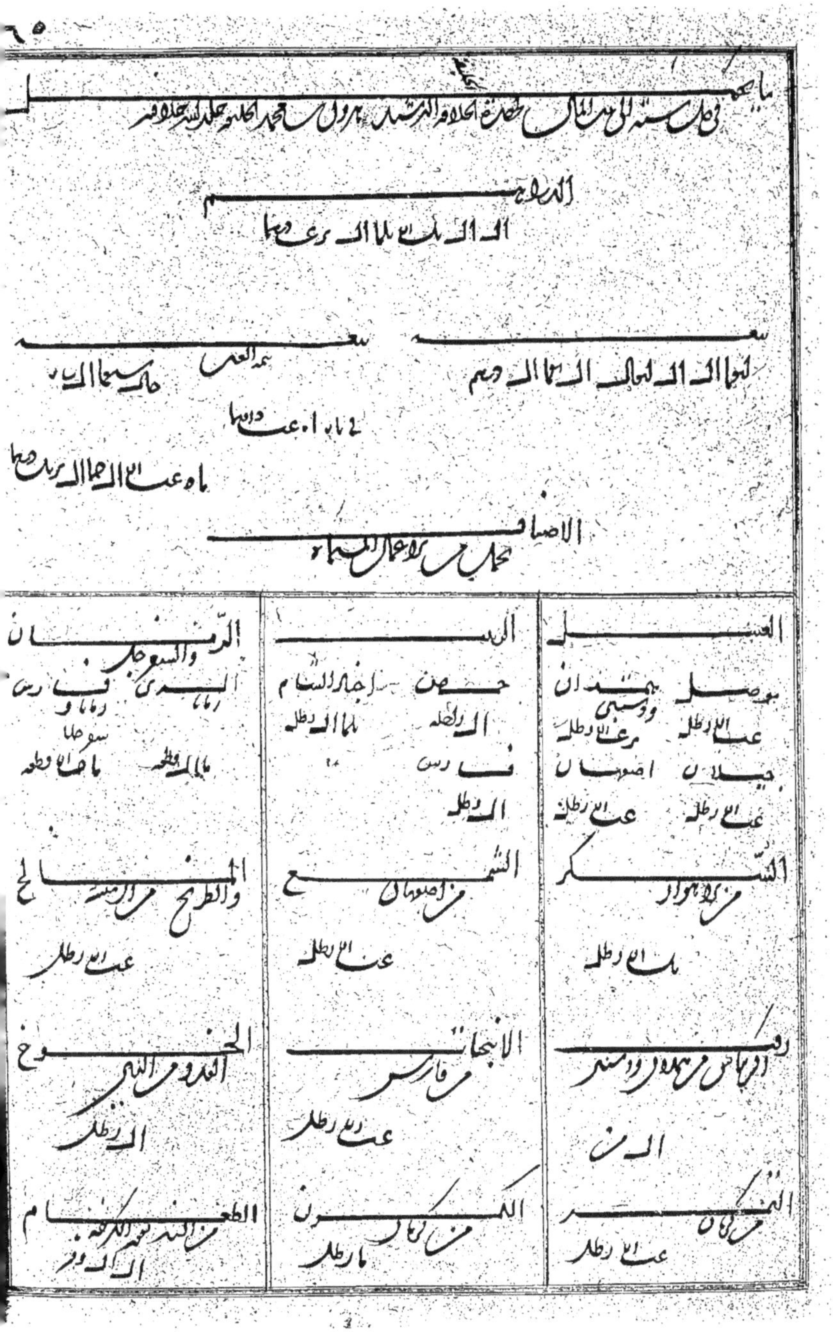

Lichtdruck von Albert & Jaffé.

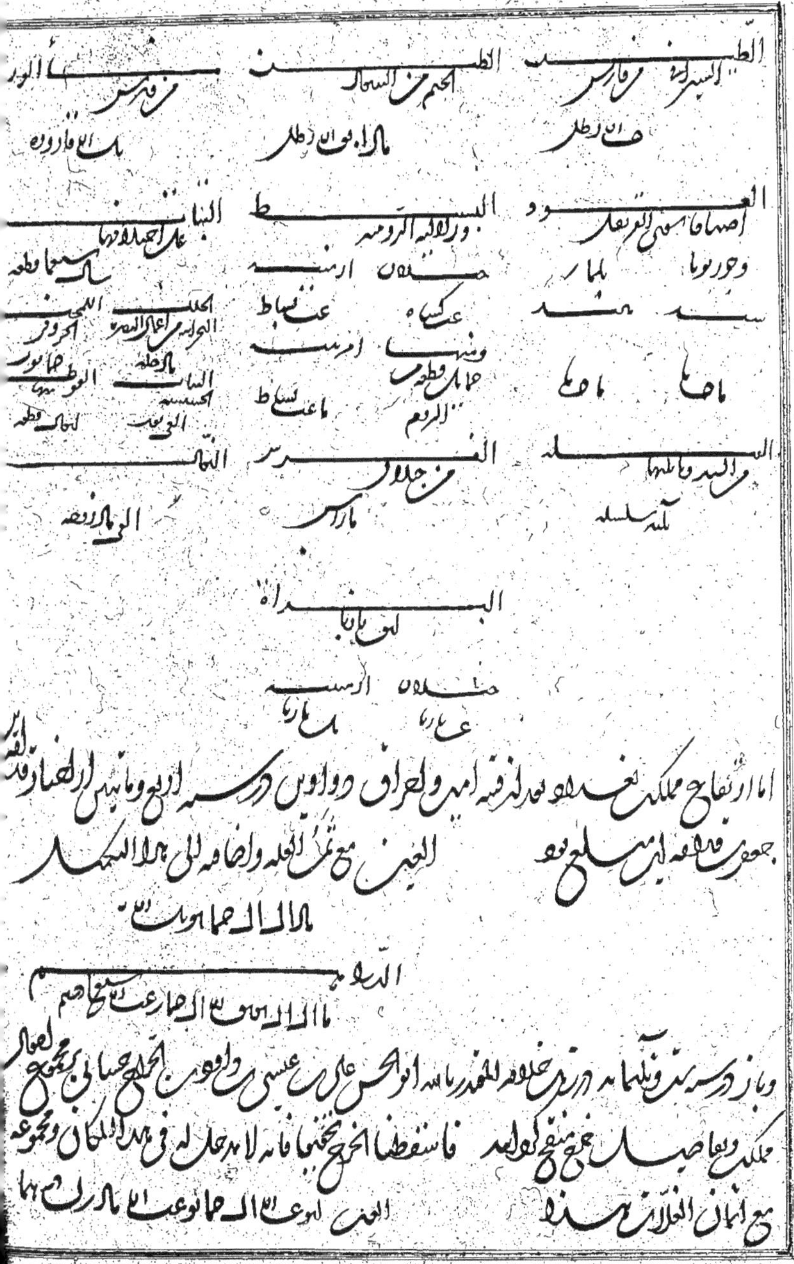

Lichtdruck von Albert & Jaffe.

Firdausîs Yûsuf und Zalîkhâ.

Von

Hermann Ethé.

Es lag ursprünglich in der Absicht der Universität Oxford, die mich vor drei Jahren mit der Herausgabe von Firdausîs romantischem Epos Yûsuf und Zalîkhâ für die Anecdota Oxoniensia beauftragt, diese erste kritische Edition eines der ältesten und in jeder Beziehung interessantesten Meisterwerke der persischen Litteratur, das bisher noch immer als apokryph gegolten, im Druck vollendet dem Wiener Congress vorzulegen; — aber verschiedene Umstände haben — zu meinem Bedauern, aber jedenfalls nicht zum Nachtheil der Ausgabe selbst — die Ausführung dieses Planes verzögert. Erstens war es die Ueberbürdung der Clarendon Press mit anderen orientalischen Publicationen, unter anderen mit meinem eigenen, noch immer nicht vollendeten, persischen Handschriften-Katalog der Bodleiana, die eine rasche Förderung des Druckes von Yûsuf und Zalîkhâ als völlig unthunlich erscheinen liess, und zweitens ward meine schon ziemlich weit gediehene Arbeit durch den im October vorigen Jahres erfolgten Ankauf einer neuen Handschrift des Firdausîschen Gedichtes für das Britische Museum, deren nähere Untersuchung ich aber erst in den Osterferien dieses Jahres zu beginnen im Stande war, wenigstens in ihren Grundlagen wieder illusorisch gemacht. Denn die neue Handschrift erwies sich, trotz einer fast beispiellosen Verworrenheit in der Aufeinanderfolge der Verse und mancher ganz fehlerhafter Reime als so bedeutsam für die Textkritik, dass ich meine Arbeit einer vollständigen Neugestaltung unterziehen musste, und so kann ich denn heute an dieser Stelle Ihnen statt des gehofften Druckes nur eine kurze Uebersicht über die wichtigsten mit Firdausîs Yûsuf verknüpften Fragen geben.

Unter den romantischen Epenstoffen, die von den Persern bis in die neueste Zeit hinein immer wieder und wieder dichterisch behandelt worden sind, nimmt die biblische Geschichte von Josef oder richtiger gesagt, die jüdisch-koranische Legende von Yûsuf — was die Anzahl poetischer Bearbeitungen betrifft — die dritte Stelle ein. Die erste behauptet unbestritten der Beduinenroman von Lailâ und Majnûn, der 20 persischen Epen (dem ersten von Niżâmî A. H. 584, dem letzten von Sayyid Muḥammad Nâṣirkhân Bahâdur mit dem takhalluṣ Nâṣir um A. H. 1229) Stoff und Namen geliefert; ihm unmittelbar auf den Fersen folgt die altpersische Sage von Khusrau und Schîrîn, resp. Farhâd und Schîrîn mit 18 Bearbeitungen, ebenfalls mit Niżâmî A. H. 576 beginnend und mit dem Epos des A. H. 1204 gestorbenen Ṣâdiḳ Nâmî endend; und als dritter im Bunde gesellt sich dazu der jüdisch-arabische Yûsuf, das morgenländische Ideal männlicher Schönheit und männlicher Vollkommenheit, dessen Verherrlichung 15 persische Mathnawîs und zwei Prosaromane gewidmet sind. Ich habe im Anhang *A* die ausführlichen, aus allen mir zugänglichen tadhkiras, sowie aus den bisher veröffentlichten persischen Katalogen gesammelten Listen der verschiedenen Bearbeitungen dieser drei Epenstoffe, sowie der beiden ihnen an Bedeutung zunächst stehenden, nämlich der von Wâmiḳ und 'Adhrâ (sieben Mathnawîs) und von Bahrâmgûr (Haft Paikar, Haft Manżar, Haft Akhtar und Hascht Bihischt in ebenfalls sieben Mathnawîs) mit kurzen biographischen und anderweitigen Notizen gegeben, und wende mich daher gleich zu dem eigentlichen Gegenstande meines Vortrags, dem Firdausîschen Yûsuf.

Der früheste Bericht über die Existenz eines zweiten Epos des unsterblichen Sängers von Ṭûs, das er nach Vollendung seines Königsbuches im hohen Alter gedichtet, findet sich, soweit meine bisherigen Forschungen reichen, in der bekannten, mit dem Namen des Baisunghar gezierten und A. H. 829 verfassten Vorrede zum Schâhnâma. Weitere Erwähnungen desselben Gedichtes sind dann nur noch im Ḥ. Khalfa VI, 519, und in einer Reihe ganz moderner persischer tadhkiras enthalten, nämlich des Riyâḍ-uschschu'arâ (verfasst A. H. 1161, Brit. Mus. Add. 16,729 f. 332ᵃ), des Âtaschkada (verfasst zwischen A. H. 1174 und 1193, Bodl. Libr. Ouseley Add. 183, f. 53ᵃ), des Khulâṣat-ulkalâm (verfasst A. H. 1198, Bodl. Libr. Elliott 184, f. 123ᵇ, wo auch Auszüge gegeben sind) und des Khulâṣat-ulafkâr (begonnen A. H. 1206, Bodl. Libr. Elliott 181, f. 195ᵃ). Es ist jedenfalls höchst auffällig, dass volle vier Jahrhunderte lang, vom Todesjahr Firdausis A. H. 411 bis zur Abfassungszeit der Baisunghar'schen Vorrede A. H. 829, sich nirgends der geringste Hinweis auf ein solches Gedicht findet. 'Aufî, der älteste Literarhistoriker Persiens (um A. H. 600), der gerade den frühesten Perioden seiner vaterländischen Dichtkunst so liebevolle Aufmerksamkeit geschenkt, kennt es augenscheinlich nicht, und auch in dem älteren der beiden oben erwähnten Prosaromane über Yûsufs Abenteuer, dem انيس المريدين وشمس المجالس, von dem A. H. 481 gestorbenen Schaikh-ulislâm Khwâjah 'Abdallâh Anṣârî, ist keine einzige Anspielung auf eine bereits existirende Bearbeitung desselben Stoffes zu finden. Der von den meisten Orientalisten bisher gehegte Zweifel an der Echtheit dieses Firdausischen Yûsuf ist daher ganz erklärlich, und ich selber habe längere Zeit meine ernstlichen Bedenken gehabt, zumal die beiden berühmtesten unter den späteren Bearbeitern dieses Stoffes, Jâmî (A. H. 888) und Nâẓim aus Harât (A. H. 1058—1072) des Firdausî mit keinem Worte gedenken. Wenn ich trotzdem jetzt für die Echtheit einzustehen bereit bin, so sind die bestimmenden Gründe dafür mannigfacher Art. Dass der Styl und die poetische Handhabung des Stoffes, wie auch das Riyâḍ-uschschu'arâ und das Âtaschkhada ausdrücklich betonen, des grossen Meisters würdig sind, wenngleich, wie das letztere hinzufügt, sein Genius etwas durch Alter und Gram geschwächt erscheint, und dass die äusserst feine Charakterzeichnung, das liebevolle Ausmalen kleiner origineller Züge, wie sie sich im ganzen Gedicht bemerkbar machen, auf einen Dichter ersten Ranges hinweisen und sich, ausser bei Firdausî, nur noch bei dem — hier natürlich nicht in Frage kommenden — Niżâmî in gleichem Masse vorfinden, will ich nicht einmal als besonders bemerkenswerth hervorheben, da das subjective Gefühl in solchen Punkten nicht immer einer scharfen, nüchternen Kritik Stand zu halten vermag; mehr ins Gewicht fallend ist jedenfalls der Umstand, dass sich im Yûsuf nicht selten überraschende Parallelen mit einzelnen Stellen des Schâhnâma zeigen, z. B. in der Schilderung von Rahels frühem Hinscheiden bei der Geburt Benjamins und der ergreifenden Todtenklage Leas, die selbst im Wortlaut lebhaft an die berühmte Elegie Firdausîs über den Tod seines Sohnes erinnert. Was die Sprache anlangt, so ist sie freilich nicht ein so ungemischtes Persisch wie im Königsbuche, — das erklärt sich schon aus der Verschiedenheit des Stoffes selbst, besonders wenn man bedenkt, dass Firdausî in der Verherrlichung des altpersischen Heroenthums mit Absicht und Bewusstsein Purist war, dagegen bei einem rein koranischen Gegenstande eine ganz beträchtliche Menge rein arabischer Worte und Redeweisen absolut nicht umgehen konnte — sie ist aber trotzdem bedeutend weniger mit Fremdwörtern versetzt, als z. B. die gleichzeitigen Lieder des Nâṣir bin Khusrau, des Asadî und 'Unṣurî, und so steht auch in dieser Beziehung der Autorschaft Firdausîs nichts im Wege. Ein nicht uninteressanter Punkt ist ferner das Metrum des Gedichtes — es ist nämlich, wie das Schâhnâma, im Mutaḳârib geschrieben, und der Verfasser des Âtaschkada macht die feinsinnige Bemerkung, dass der Dichter zu tadeln sei, weil er ein Versmass gewählt, das sich nur für heroische Stoffe eigne. Nun existirt wirklich in der ganzen persischen Litteratur, soweit ich sie kenne, von Fakhr-uddîn As'ad Jurjânîs Wîs und Râmîn (A. H. 434—447) an bis auf Shaukats Yûsuf und Zalîkhâ (A. H. 1233) kein romantisches Epos, kein poetischer Liebesroman in Mutaḳârib, und wenn Firdausîs Yûsuf wirklich von einem späteren Dichter verfasst wäre, so würde sich derselbe dieser seit Wîs und Râmîn herrschend gewordenen Mode entschieden angeschlossen und nicht durch einen Fehler in der äusseren Form von vorneherein den Tadel der Kunstrichter herausgefordert haben. Auch würde ein solcher sich kaum die Gelegenheit haben entschlüpfen lassen, die Liebe zwischen Yûsuf und Zalîkhâ in ṣûfischer Richtung auszubeuten, wie es Jâmî und seine Nachfolger gethan, und von solchen mystischen Anklängen findet sich in unserem Yûsuf durchaus nichts.

Von diesen Gründen allgemeiner Art für die Echtheit des Firdausîschen Epos gehe ich nun zu den speciellen über, und hier muss ich zunächst über den Bestand und die Beschaffenheit der mir für meine Ausgabe zu Gebote stehenden Handschriften Bericht ablegen. Als Henry Morley, einer der tüchtigsten Kenner des Persischen, die England je gehabt, der uns zuerst ein eingehendes Studium der persischen Historiker ermöglicht, in den vierziger Jahren seine Absicht kundgab, eine kritische Ausgabe des Yûsuf zu veranstalten, — aus der leider nie etwas geworden ist — da waren nur vier Handschriften des Gedichtes bekannt: 1. Morley's eigene, die sich jetzt im Britischen Museum befindet (Add. 24, 093) und A. H. 1055 geschrieben ist, mit Ausnahme der unten zu besprechenden Bland'schen die vollständigste von allen; 2. die Copie der Royal Asiatic Society (Ms. Cat. 214), die ursprünglich am Anfang und Ende defect war, jetzt aber mit Hilfe der Morley'schen vervollständigt worden ist; 3. die Handschrift Bland's, die er bei der Auction von Major Macan's Bibliothek erstanden, dieselbe, die, wie ich im Eingange bemerkt, das Brit. Mus. vorigen Herbst, und zwar von Col. Baumgertner, angekauft hat (jetzt Or. 2930), datirt A. H. 1244; und 4. eine im Fort William in Bengalen befindliche, aus der die Blandsche copirt erscheint. Von diesen vier habe ich nun die ersten drei (von mir mit M, A und B bezeichnet) zu meiner Verfügung gehabt, dazu aber noch zwei von Morley nicht gekannte Handschriften der Bodleiana, nämlich Walker Or. 64 (mit W bezeichnet), datirt A. H. 1140 und یعقوب ویوسف benannt, und Elliott 414 (mit E bezeichnet), datirt A. H. 1232, die ich selbst bei der Ausarbeitung meines persischen Handschriften-Kataloges entdeckt habe — sie war in den Handlisten als Jâmî's Yûsuf aufgeführt und zwischen die übrigen Copien dieses späteren Werkes eingereiht. Ausserdem konnte ich zur weiteren Collation zwei im Orient lithographirte Ausgaben benutzen, die wenigstens den Werth zweier weiterer Handschriften haben, die der Naval Kishor Press zu Lahore (mit *N* bezeichnet), die in zwei Abdrücken, A. H. 1287 und 1298, erschienen und von mir im Brit. Mus. durchgesehen worden ist, und die Teheraner (mit *T* bezeichnet), A. H. 1299 von Mirzâ Muḥammad Ḥusainkhân Adîb mit dem takhalluṣ Furûghî edirt, die ich der Güte des Mr. Sidney Churchill in Teheran verdanke. Somit fehlen mir nur die Handschrift des Fort William, die durch die von ihr abstammende Bland'sche ersetzt wird, und die in Sprenger's ‚Cat. Oudh' kurz beschriebene, die, wie Dr. Rost mir mitgetheilt, wahrscheinlich überhaupt nicht mehr existirt.

Von diesen fünf Handschriften und zwei Drucken repräsentiren *M* und *W* die längere, *A*, *E*, *N* und *T* die um einige 1000 Verse kürzere Redaction des Gedichtes, nur dass nicht selten in *E* und einige Male auch in *T* mehr oder minder umfangreiche Zusätze aus der ersteren sich finden, und andererseits auch wieder einzelne Verse der letzteren in der längeren Redaction gänzlich fehlen. Eine völlig eigenartige Stellung zwischen beiden Gruppen nimmt *B* ein, deren Wiedererscheinen auf dem Büchermarkt nach langer Verschollenheit mich denn auch, wie oben angedeutet, zu einer völligen Neubearbeitung meines Textes veranlasst hat. Diese Handschrift, die, nach den zahlreichen Reimfehlern zu schliessen, von einem Ignoranten copirt ist und deren verworrene Versanordnung sich wahrscheinlich daraus erklären lässt, dass in dem Original, aus dem sie geflossen, sei es nun das Manuscript des Fort William, sei es ein noch älteres, die Blätter falsch gebunden gewesen, vereint in sich im Grossen und Ganzen den Bestand der beiden Gruppen, einige vereinzelte Verse, die durch neu hinzugekommene ersetzt sind, und zwei Capitel der längeren Redaction ausgenommen. Dafür findet sich aber in *B* wieder ein Abschnitt, der allen anderen fehlt, und gerade dieser ist für die ganze Frage über die Autorschaft Firdausîs meiner Meinung nach ausschlaggebend, da hier unmöglich an eine Fälschung gedacht werden kann. Dieser Abschnitt ist betitelt گفتار اندر یاد کردن سبب این قصّه ,Ueber die Veranlassung zur Abfassung dieser Geschichte' und berichtet zunächst über zwei noch frühere poetische Bearbeitungen der Yûsuflegende in Persisch, die eine von Abulmuwayyad aus Balkh, die andere von Bakhtiyârî, der in Ahwâz auf Wunsch des Fürsten von 'Irâḳ (میر عراق) die zwölfte Sûre, die dem Herrscher so wohlgefallen, zur Grundlage eines epischen Gedichtes gemacht. Abulmuwayyad war ein Dichter der späteren Sâmânidenzeit; er wird allein von 'Aufî (Sprenger'sche Sammlung zu Berlin, 318, f. 83[a] und meine Abhandlung ,Rûdagîs Vorläufer und Zeitgenossen' in den ,Morgenländischen Forschungen', Leipzig 1875, p. 54) genannt, und findet sich in keiner einzigen der zahlreichen späteren tadhkiras. Selbst 'Aufî gibt von ihm nur ein einziges bait. Wenn man bedenkt, dass 'Aufî's tadhkirah selbst im Orient stets zu den grössten Seltenheiten gehört hat, so kann man unmöglich annehmen, dass ein späterer Dichter, der unter Firdausîs Namen schreiben wollte, sich diesen obscuren Poeten als angeblichen Vorläufer ausgesucht haben sollte. Nur ein wirklicher Zeitgenosse oder einer, der unmittelbar nach Abulmuwayyad lebte, konnte Kunde von einer Yûsufbearbeitung desselben haben. Das gleiche gilt von Bakhtiyârî, der nicht einmal bei 'Aufî erwähnt ist. Da als sein Gönner der Fürst von 'Irâḳ genannt wird, so muss er ein Hofdichter der Bûyiden gewesen sein, und zwar, nach Dr. Rieu's scharfsinniger und unzweifelhaft richtiger Conjectur, die er mir gütigst mitgetheilt, des 'Izz-uddîn Bakhtiyâr, der seinem Vater Mu'izz-uddaulah bin Buwaih (A. H. 356) in der Regierung folgte und im Kampf gegen seinen Oheim 'Aḍud-uddaulah (A. H. 367) fiel. Damit stimmt auch die ausdrückliche Erwähnung von Ahwâz oder Khûzistân, das von Mu'izz-uddaulah erobert worden war, siehe Kâmil VIII, 425; Ibn Khallikân I, 250; Ḥabîb-ussiyar II, Juz 4, p. 50 und den Cat. of Oriental Coins in the Brit. Mus. II, London 1876.

In dem betreffenden Abschnitt von *B* heisst es dann weiter, dass Firdausî eines Tages vor dem تاج زمانه اجل, der kein anderer als der Khalîf Alķâdir-billâh (A. H. 381—442) sein kann, Verse aus diesem Gedicht Bakhtiyârîs recitirt und von ihm den Auftrag erhalten habe, denselben Vorwurf episch zu behandeln, damit der Hof des Khalifen nicht hinter dem des Fürsten von 'Irâķ an dichterischem Glanze zurückstehe. Das stimmt ziemlich genau mit Baisunghar's Angabe, dass Firdausî das Epos geschrieben, um sich beim Khalifen in Gunst zu setzen, und ebenso erledigt sich Turner Macan's Bemerkung in der Vorrede zur Shâhnâma-Ausgabe, dass nach einer Handschrift des Yûsuf (augenscheinlich unsere *B*) das Gedicht auf Antrieb des Emîrs von 'Irâķ verfasst sei. Es ist das eben ein durch flüchtiges Lesen des gerade behandelten Abschnittes hervorgerufenes Missverständniss, resp. eine Verwechslung des Bakhtiyârî mit Firdausî.

Da nun des Khalifen in diesem Abschnitt schon rühmend gedacht ist, so hat der Copist den in der längeren Redaction sich findenden speciellen Lobpreis desselben در صفت پادشاه اسلام, der übrigens nur etwas über ein Dutzend Verse umfasst, als unnöthig weggelassen — wie umgekehrt wiederum die längere Redaction sich mit diesem Lobpreis begnügt und die Vorgeschichte als überflüssig über Bord geworfen hat. In der kürzeren Redaction fehlen diese Einleitungscapitel sammt und sonders, und nach dem üblichen Lobe Gottes, des Propheten etc. beginnt sofort die eigentliche Handlung, die nicht, wie in Jâmî und Nâżim von der Geburt Yûsufs ihren Ausgang nimmt, sondern mit einer ausführlichen Geschichte Isaaks, Jacobs und Esaus anhebt. Dagegen haben alle Handschriften und Drucke das Capitel گفتار اندر سبب حال خود, das ich wegen seiner unverkennbaren Anspielung auf das Schâhnâma als letzten Beweisgrund für die Echtheit des Gedichtes namhaft machen will. Der Verfasser sagt darin, dass er bisher die fabelhaften Thaten alter Könige besungen, nun aber im hohen Alter einen heiligeren Gegenstand wählen und an die Stelle trügerischer Märchen das wahre Prophetenwort setzen wolle. Ich habe in Anhang *B* den vollständigen Text dieser drei eben besprochenen Abschnitte beigefügt, zusammen mit einer Vergleichungstabelle (Anhang *C*) für die Versanordnung in den verschiedenen Manuscripten und Lithographien, soweit es sich um diese wichtigen Vorreden handelt.

Aus dem bisher Gesagten ergibt sich nun auch als ganz naturgemäss, dass ich meiner Ausgabe die längere Redaction, vervollständigt durch Codex *B*, zu Grunde gelegt habe. Während in den meisten Fällen wohl die kürzere Fassung eines orientalischen Gedichtes oder Romanes als die ursprünglichere angesehen werden muss, in die später, wie z. B. in das Schâhnâma selbst, Zusätze aller Art, sogar weit ausgesponnene Episoden, hineingeschoben worden sind, scheint hier die Sache entschieden umgekehrt zu liegen. Es ist ja hier auch nicht so sehr die eigentliche Erzählung, die in den beiden Handschriftengruppen verkürzt oder erweitert erscheint, es ist ganz speciell der einleitende Theil, der in der kürzeren Redaction als unwesentlich und von keinem Interesse für den orientalischen Leser weggelassen ist, sich aber, wie ich gezeigt, aus *M*, *W* und *B* vollständig wieder herstellen lässt und wieder hergestellt werden muss, da er, wie ich hoffe bewiesen zu haben, von echt Firdausíschem Gepräge ist. Die Abfassung des Epos muss zwischen A. H. 400, das Vollendungsjahr des Schâhnâma, und 411, Firdausis Todesjahr, fallen, der Dichter es also zwischen seinem achtzigsten und neunzigsten Lebensjahre geschrieben haben, da er kurz nach A. H. 320 geboren ist. Dass es volle vier Jahrhunderte verschollen geblieben, — vorausgesetzt natürlich, dass weitere Forschungen nicht noch ältere Zeugnisse als das Baisunghars ans Licht fördern, was sehr leicht möglich ist — erklärt sich wohl am leichtesten aus den Stürmen, die bald nach Firdausís Tod über das arabische Khalifat zu Baghdâd, wo wahrscheinlich das Original des Yûsuf deponirt gewesen, sowie über die Dynastien der Bûyiden und in weiterem Verlauf auch über die der Ghaznawiden hereinbrachen. Die dem persischen Nationalgefühl schmeichelnden Heroengeschichten des Schâhnâma und seiner zahllosen Nachbildungen und Ergänzungen fanden auch in diesen Kriegsläuften immer noch Verehrer und Freunde: nach der einfachen Liebesgeschichte des Yúsuf und der Zalíkhá aus jüdisch-arabischen Quellen war keine Nachfrage, und sie blieb vergessen in irgend einem Bibliothekswinkel liegen, bis endlich eine glückliche Hand sie wieder aufgestöbert. Ist doch von demselben Schicksal auch das Epos Wâmiḳ und 'Adhrâ von 'Unṣurî, dem gefeierten Dichterkönig am Hofe Sulṭân Maḥmûd's betroffen worden und bis auf den heutigen Tag verschollen geblieben.

Alle weiteren Fragen, die sich an die Behandlung des Stoffes selbst knüpfen, besonders auch die nach Firdausîs Quellen, sowie die Parallelen, die sich zwischen diesem Gedichte und den späteren des Jâmî, Nâẓim und Anderer ergeben, gedenke ich, soweit es überhaupt möglich sein wird, in der Vorrede zu meiner Oxforder Ausgabe zu erörtern, auf deren Erscheinen, mit Hilfe Gottes und der Clarendon Press, meine verehrten Fachgenossen nun hoffentlich nicht mehr allzulange zu warten haben werden.

Nachschrift.

Im Laufe des obigen Vortrages machte der Präsident der arabischen Section, M. Ch. Schefer, die interessante Mittheilung, dass er selbst noch eine ziemlich alte Abschrift des Yûsuf in seiner Privatsammlung besitze. Von dieser hat, wie sich dann weiter ergab, Herr Baron von Schlechta-Wssehrd, der auch einige vollendet schöne Uebersetzungsproben aus dem Yûsuf vortrug, vor einigen Jahren für die k. k. Hofbibliothek zu Wien eine genaue Abschrift anfertigen lassen, die ich nach flüchtiger Durchsicht als der kürzeren Redaction angehörig und mit dem Teheraner Druck identisch erkannt habe.

Anhang A.

Listen der persischen Bearbeitungen von Lailâ und Majnûn, Khusrau und Schîrîn, Yûsuf und Zalikhâ, Wâmiḳ und 'Adhrâ und der Liebesabenteuer Bahrâmgûrs.

I.

Lailâ und Majnûn.

1. Von Niżâmî, verfasst A. H. 584.

2. Von Amîr Khusrau (مجنون وليلى), verfasst A. H. 698.

3. Von Muḥammad bin ʻAbdallâh Nîschâpûrî mit dem takhalluṣ Kâtibî (geboren zu Tarschîz, gestorben A. H. 838 oder 839), siehe Rieu, Brit. Mus. Cat. II, 637; Dorn, Petersburger Cat. p. 366.

4. Von Jâmî, verfasst A. H. 889.

5. Von Amîr Niżâm-uddîn Aḥmad Suhailî (gestorben A. H. 907), gleichfalls A. H. 889 verfasst und dem Sulṭân Ḥusain Mirzâ gewidmet, siehe Âtaschkada, Bodl. Libr. Ouseley Add. 183, f. 10^{b}, und Fraser 91 ebendaselbst.

6. Von Maulânâ Maktabî aus Schîrâz, verfasst A. H. 895, siehe Sprenger, Cat. Oudh, p. 480; Aumer, Münchener Cat. p. 33; Âtaschkada, f. 172^{a}, und Safînah in der Bodl. Libr. Elliott 400, f. 15^{a}.

7. Von Hâtifî, dem Neffen Jâmîs (gestorben A. H. 927).

8. Von Hilâlî (getödtet A. H. 939), siehe Rieu II, 656 und 875^{a}.

9. Von Mirzâ Ḳâsim Ḳâsimî Gûnâbâdî (gestorben nach A. H. 967), gewidmet dem Schâh Isma'îl (A. H. 909—930), siehe Rieu II, 660 und 661; Ilâhî's Khazîna-i-Ganj in Sprenger, Cat. Oudh, pp. 83 und 534; Âtaschkada, f. 46^{a}, und Khulâṣat-ulkalâm in der Bodl. Libr. Elliott 184, f. 207^{b}.

10. Von Muḥammad Ḳâsîmkhân Badakhschânî, einem Amîr Humâyûn's mit dem takhalluṣ Maujî (gestorben zu Âgra A. H. 979), siehe Makhzan-ulgharâ'ib in der Bodl. Libr. Elliott 395, f. 399^{b}.

11. Von Schaikh oder Maulânâ Rahâ'î, der unter Akbar nach Indien kam und nach A. H. 982 starb, siehe Bodl. Libr. Elliott 218.

12. Von Kamâl-uddîn (nach dem Khulâṣat-ulkalâm, Elliott 183, f. 473^{a} Jamâl-uddîn) Ḥusain Ḍamîrî, der als Sohn eines Gärtners zuerst den takhalluṣ Bâghbân führte, später von Schâh

Ṭahmâsp (A. H. 930—984) den Namen Ḍamîrî erhielt und im Anfang der Regierung von Sulṭân Muḥammad (A. H. 985 bis 994) starb, siehe Âtaschkada, f. 105[b]; Makhzan-ulgharâ'ib, f. 247[a] und Sprenger, Cat. Oudh, p. 27 (Taḳî Kâschî, Nr. 301).

13. Von Khwâjah Hidâyat-ullâh aus Rai, der von der Regierung des Schâh Ṭahmâsp bis zu der von Schâh 'Abbâs I. lebte, siehe Makhzan-ulgharâ'ib, f. 511[a].

14. Von Mîr Ma'ṣûm Ṣafawî Nâmî, der in Akbars Diensten stand; sein Epos über Lailâ und Majnûn hat den Titel پری صورت, siehe Sprenger, Cat. Oudh, p. 37 (Taḳî Kâschî, Nr. 486).

15. Von Mîr Muḥammad Amîn, bekannt als Mîr Jumlah, mit dem takhalluṣ Rûḥ-ulamîn, einem Sayyid aus Iṣfahân, der A. H. 1010 nach dem Dekhan ging, in die Dienste des Muḥammad Ḳulî Ḳuṭbshâh (A. H. 988—1020) trat und diesem sein Epos widmete. A. H. 1027 ward er Jahângîrs Vertrauter und starb A. H. 1047, siehe Rieu II, 675.

16. Von Hindû, unter Schâhjahân (A. H. 1037—1067), Bodl. Libr. Elliott 259.

17. Von Scharîfâi Kâschif, dem Sohn des Schamsâ oder Schamschâ aus Shîrâz und jüngerem Bruder des Isma'îl Munṣif und des Muḳîm oder Muḳîmâ, in deren Gesellschaft er unter Schâhjahân's Regierung nach Indien kam, siehe Makhzan-ulgharâ'ib, f. 371[a].

18. Von Mirzâ Muḥammad Ṣâdiḳ Nâmî (gestorben A. H. 1204), siehe Rieu I, 196 und II, 813. Titel: مجنون وليلى.

19. Von Mirzâ Muḥammadkhân bin Mûsâkhân Naṣîbî aus Kirmânschâh, der unter Naṣîr-uddîn Ḥaidar von Persien nach Lucknow kam und unter Amjad 'Alî starb; sein Epos ist verfasst A. H. 1227, siehe Sprenger, Cat. Oudh, p. 511.

20. Von Sayyid Muḥammad Nâṣirkhân Bahâdur, mit dem takhalluṣ Nâṣir, der um A. H. 1229 in Lucknow angestellt war, siehe Sprenger, Cat. Oudh, p. 172, l. 10.

Dazu 21. noch ein Epos ليلى و مجنون im Gûrândialect, siehe Rieu II, 733.

II.

Khusrau und Schîrîn, resp. Farhâd und Schîrîn.

1. Von Nizâmî, verfasst A. H. 576.

2. Von Amîr Khusrau, verfasst A. H. 698. Titel: شيرين وخسرو.

3. Von Khwâjah Schihâb-uddîn 'Abdallâh Marwârîd, mit dem takhalluṣ Bayânî, dem Sohne des Khwâjah Muḥammad Kirmânî (gestorben zu Harât A. H. 922), siehe Âtaschkada, f. 70^{b}; Safînah, f. 19^{b}, und Rieu III, 1094^{a}.

4. Von Hâtifî, شيرين وخسرو (gestorben A. H. 927).

5. Von Mirzâ Ḳâsim Ḳâsimî Gûnâbâdî, siehe I, 9. Sein Epos ist dem Sâm Mirzâ gewidmet.

6. Von Mullâ Waḥschî Bâfiḳî (gestorben in Yazd A. H. 991). Titel: فرهاد وشيرين oder شيرين وفرهاد, siehe Âtaschkada, f. 71^{b} und Makhzan-ulgharâ'ib, f. 478^{b}. Nach letzterem ward das Epos unvollendet hinterlassen.

7. Von Sayyid Muḥammad 'Urtî aus Schîrâz (gestorben A. H. 991), unvollständig. Nach Rieu II, 667^{b} ist es فرهاد وشيرين, nach der Safînah, f. 98^{a} شيرين وخسرو betitelt. Âtaschkada, f. 167^{b} nennt es kurzweg خسرو وشيرين.

8. Von Mîr 'Aḳîl Kautharî aus Hamadân, verfasst A. H. 1015 und Schâh 'Abbâs I. gewidmet. Titel: شيرين وفرهاد oder فرهاد وشيرين, siehe Rieu II, 673; Âtaschkada, f. 151^{a}, wo es wiederum einfach خسرو وشيرين betitelt ist; Makhzan-ulgharâ'ib, f. 367^{b}, und Sprenger, Cat. Oudh, p. 93 (Naṣrâbâdî's tadhkirah).

9. Von Khwâjah Hidâyat-ullâh aus Rai, siehe I, 13. Titel: شيرين وخسرو.

10. Von Mîr Muḥsin aus Rai, der unter Akbar nach Indien kam und A. H. 1020 in Benares starb. Titel: شيرين وخسرو, siehe Makhzan-ulgharâ'ib, f. 397^{b}.

11. Von Nawwâb Âṣafkhân Ja'far, mit seinem ursprünglichen Namen Mirzâ Ḳiwâm-uddîn Muḥammad, der unter Akbar nach Indien kam und unter Jahângîr A. H. 1021 starb. Sein Epos, das theils فرهاد وشيرين, theils خسرو وشيرين genannt wird, existirt in zwei Redactionen, von denen die ältere oder ursprüng-

lichere schon vor A. H. 995 verfasst ist, siehe Elliott 129 und Fraser 70 in der Bodl. Libr. Die zweite, jüngere Redaction enthält eine Widmung an Jahângîr, siehe Elliott 258 und Ouseley 88 in der Bodl. Libr., ferner Khulâṣat-ulkalâm Elliott 183, f. 118ᵃ, und Safînah, f. 169ᵇ.

12. Von Khwâjah Schâpûr aus Rai oder Teheran, der zuerst den takhalluṣ Firîbî führte; Verwandter des vorigen, Sohn des Khwâjah Khwâjagî und Neffe sowohl des Scharîf Hijrî aus Rai, der unter Schâh Ṭahmâsp Wazîr von Yazd war, als auch des Dichters Umîdî (gestorben A. H. 925 oder 930). Er starb unter Jahângîr ungefähr zur selben Zeit als Âṣafkhân Ja'far. Sein Epos heisst شيرين وخسرو, siehe Safînah, f. 64ᵇ. Eine Episode daraus: داستان كوه كوفتن فرهاد findet sich in einem Dîwân in Elliott 101 der Bodl. Libr. f. 131ᵇ. Er war ein Freund von Taḳî Auḥadî.

13. Von Mullâ Ziwarî, der im Anfang von Jahângîrs Regierung (A. H. 1014—1037) starb. Titel: شيرين وخسرو, siehe Safînah, f. 149ᵇ.

14. Von Mirzâ Malik Maschriḳî aus Iṣfahân, der unter Schâh Ṣafî (A. H. 1038—1052) lebte. Sein dem Schâh gewidmetes Epos ist unvollendet geblieben, siehe Rieu II, 683.

15. Von Hindû unter Schâhjahân, siehe I, 16, nach einer Notiz des Dichters selbst in seinem ليلى ومجنون, Elliott 259, f. 112ᵇ, l. 15 in der Bodl. Libr.

16. Von Maulânâ Khiḍrî aus Khwânsâr, Sohn des Maulânâ Tâjir, etwa zur Zeit 'Âlamgîrs. Titel: فرهاد وشيرين, siehe Makhzan-ulgharâ'ib, f. 131ᵃ.

17. Von Mirzâ Muḥammad Ṣâdiḳ Nâmî (gestorben A. H. 1204), siehe I, 18; Elliott 199 in der Bodl. Libr., und Âtaschkada, f. 238ᵇ.

18. Von Mirzâ Kûčak Wiṣâl aus Schîrâz, dessen Sohn noch 1854 in Bombay lebte. Titel: فرهاد وشيرين, siehe Sprenger, Cat. Oudh, p. 590.

Dazu 19. noch ein Epos خسرو وشيرين im Gûrândialect, siehe Rieu II, 733.

III.

Yûsuf und Zalîkhâ.

1. Von Abulmuwayyad aus Balkh, unter den späteren Sâmâniden.

2. Von Bakhtiyârî, unter 'Izz-uddîn Bakhtiyâr von 'Irâḳ (A. H. 356—367).

3. Von Firdausî aus Ṭûs (A. H. 400—411).

4. Von Ustâd Schihâb-uddîn 'Am'aḳ aus Bukhârâ (gestorben A. H. 543 oder 544), unter Sulṭân Sanjar. Sein يوسف وزليخا kann in zwei Metren gelesen werden, siehe Âtaschkada, f. 188ᵇ, und Makhzan-ulgharâ'ib, f. 263ᵃ.

5. Von Maulânâ Mas'ûd aus Harât, siehe Muntakhab-ulasch'âr (verfasst A. H. 1161), Elliott 247 in der Bodl. Libr., f. 165ᵇ, wahrscheinlich identisch mit Maulânâ Rukn-uddîn Mas'ûd bin Muḥammad Imâmzâda, der schon von 'Aufî (also um A. H. 600) erwähnt wird und nach dem Makhzan-ulgharâ'ib, f. 378ᵇ, eine unvollständige قصّهٔ يوسف hinterlassen hat.

6. Von Jâmî, verfasst A. H. 888.

7. Von Maḥmûdbeg Sâlim, der in Diensten des Schâh Ṭahmâsp (A. H. 930—984) stand, siehe Muntakhab-ulasch'âr, f. 90ᵇ, und Makhzan-ulgharâ'ib, f. 178ᵇ.

8. Von Muḥammad Ḳâsimkhân Badakhschânî Maujî, dem Amîr Humâyûn's, siehe I, 10 und Nafâ'is-ulmaâthir in Sprenger, Cat. Oudh, p. 54.

9. Von Mîr Ma'ṣûm Ṣafawî Nâmî, siehe I, 14 und Makhzan-ulgharâ'ib, f. 448ᵇ. Nach Taḳî Kâshî, Nr. 486 in Sprenger, Cat. Oudh, p. 37, hatte sein Epos den Titel: حسن وناز.

10. Von Taḳî-uddîn Auḥadî mit dem takhalluṣ Taḳî aus Iṣfahân, dem Verfasser der bekannten, aber in keiner europäischen Bibliothek sich findenden tadhkirah, geboren A. H. 973. Er lebte zu Âgra unter Jahângîr. Sein Epos ist betitelt: يعقوب ويوسف, siehe Naṣrâbâdî in Sprenger, Cat. Oudh, p. 95, Note, oder auch يوسف ويعقوب, siehe ebendaselbst p. 95, und Safînah, f. 129ᵇ.

11. Von Muḳîm oder Muḳîmâ, Bruder des Scharîfâi Kâschif und des Isma'îl Munṣif, unter Schâhjahân, siehe I, 17; Âtaschkada, f. 172ª; Makhzan-ulgharâ'ib, f. 411ᵇ, und Sprenger, Cat. Oudh, p. 91.

12. Von Mullâ Farrukh Ḥusain Nâẓim aus Harât, dem Sohn des Riḍâi Sabzwârî, unter Schâh 'Abbâs II. Er schrieb sein Epos auf Wunsch des 'Abbâs Ḳulîkhân Schâmlû, Gouverneurs von Harât, zwischen A. H. 1058 und 1072; er starb A. H. 1081, siehe Khulâṣat-ulafkâr, Elliott 181 in der Bodl. Libr., f. 308ª; Âtaschkada, f. 89ª; Khulâṣat-ulkalâm, Elliott 184, f. 428ᵇ; Makhzan-ulgharâ'ib, f. 463ᵇ; Rieu II, 692; Sprenger, Cat. Oudh, pp. 151 und 515, und Elliott 363 in der Bodl. Libr.

13. Von Muḥammad Ibrâhîm Khalîl-allâh, gewöhnlich Khalîfah Ibrâhîm genannt, geboren zu Delhi A. H. 1087 und 1160 noch am Leben. Sein Epos ist betitelt: احسن القصص, siehe Khulâṣat-ulkalâm, Elliott 183, f. 16ᵇ.

14. Von Ḥâjî Luṭf 'Alîbeg, mit dem takhalluṣ Âdhur, dem Verfasser des Âtaschkada, geboren A. H. 1134, den 20. Rabî' II. Seine früheren takhalluṣe waren Wâlih und Nakhat. Sein Yûsuf ist verfasst A. H. 1176, siehe Âtaschkada, f. 246ᵇ, und Makhzan-ulgharâ'ib, f. 50ᵇ.

15. Von Schaukat, dem Gouverneur von Schîrâz, unter Fatḥ 'Alî Schâh (A. H. 1212—1250), verfasst um A. H. 1233, siehe Rieu II, 727. Dazu zwei Prosabearbeitungen desselben Stoffes mit didaktisch-mystischer Tendenz, nämlich:

16. Von Schaikh-ulislâm Khwâjah 'Abdallâh Anṣârî (gestorben A. H. 481), unter dem Titel: انيس المريدين وشمس المجالس, in 14 majlis, für seine Freunde und Schüler geschrieben, um ihnen gute Lehren und höhere ṣûfische Anleitung zu geben. Eingestreut sind unzählige Koranverse, Traditionen und Sprüche weiser Schaikhs. India Office Libr. 1458.

17. Von Schaikh Mu'în bin Ḥâjî Muḥammad alfarâhî aus Harât, bekannt als Schaikh Mu'în almiskîn (gestorben A. H. 907). Es hat den Titel: احسن القصص und ist gleich dem vorigen durchzogen von Koranversen, Ueberlieferungen, theologischen und mystischen Erläuterungen, Nuktas, Laṭîfas etc. Bodl. Libr. Elliott 409; und

18. Eine Nachahmung des Styls, der ganzen Darstellungsweise und der Tendenz von Yûsuf und Zalîkhâ in dem mathnawî آدم وپری ‚Adam und die Peri‘ von **ʿAhdî** aus Sâwah, Bruder des Maḳṣadî und Zeitgenossen des Taḳî Kâschî (um A. H. 993), siehe Sprenger, Cat. Oudh, p. 30, Nr. 365.

IV.

Wâmiḳ und ʿAdhrâ.

1. Von ʿUnṣurî, dem Dichterkönige am Hofe Sulṭân Maḥmûd's von Ghazna, gestorben unter Ibrâhîm bin Masʿûd A. H. 431 oder 441, siehe Âtaschkada, f. 177ᵇ, und Makhzan-ulgharâ'ib, f. 262ᵇ.

2. Von Faṣîḥî Jurjânî, der am Hofe des Kaikâ'us in Ṭabaristân (A. H. 441—462) lebte, siehe Rieu II, 813ᵇ und III, 1094.

3. Von Kamâl-uddîn Ḍamîrî, der im Anfang von Sulṭân Muḥammad's Regierung (A. H. 985—994) starb, siehe I, 12 und Âtaschkada, f. 105ᵇ; Safînah, f. 39ᵃ; Makhzan-ulgharâ'ib, f. 247ᵃ; Khulâṣat-ulkalâm, Elliott 183, f. 473ᵃ, und Rieu III, 1094ᵇ.

4. Von Schuʿaib aus Jûschḳân bei Iṣfahân, ohne Zeitangabe, siehe Âtaschkada, f. 105ᵃ.

5. Von Maulânâ Muḥammad ʿAlî aus Astarâbâd mit dem takhalluṣ Ḳismatî, der zur Zeit Akbar's im Dekhan starb, siehe Makhzan-ulgharâ'ib, f. 341ᵇ.

6. Von Mirzâ Muḥammad Ṣâdiḳ Nâmî (gestorben A. H. 1204), siehe I, 18; II, 17; und Ouseley 146 in der Bodl. Libr.

7. Von Ḥâjî Muḥammad Ḥusain Schîrâzî, unter Fatḥ ʿAlî Schâh (A. H. 1212—1250), siehe Rieu II, 721.

V.

Haft Paikar und Nachahmungen.

(Die Liebesabenteuer Bahrâmgûrs.)

1. Von Niżâmî, verfasst A. H. 593. Titel: هفت پیکر.

2. Von Amîr Khusrau, verfasst A. H. 701. Titel: هشت بهشت ‚die acht Paradiese‘.

3. Von Hâtifî (gestorben A. H. 927). Titel: هفت منظر, ‚die sieben Pavillons‘, siehe Rieu II, 653, und Sprenger, Cat. Oudh, p. 422.

4. Von Khwâjah Hidâyat-ullâh aus Rai, siehe I, 13 und II, 9. Titel: هفت پیکر.

5. Von Mîr Ma'ṣûm Ṣafawî Nâmî, siehe I, 14 und III, 9. Titel: هفت پیکر.

6. Von Scharîfâi Kâschif, siehe I, 17, und Sprenger, Cat. Oudh, p. 91. Titel: هفت پیکر.

7. Von 'Aischî, verfasst A. H. 1070. Titel: هفت اختر, ‚die sieben Planeten‘, siehe Sprenger, Cat. Oudh, p. 363.

— —

Anhang B.

Die persischen Texte der Vorreden zu Firdausîs Yûsuf und Zalîkhâ.

I.
Die Vorgeschichte des Gedichtes.

(*B* [Bland's Handschr.] vv. 163—241; *M* [Morley's Ms.] vv. 193, 194, 203—208; *W* [Walker 64] vv. 192, 193, 202—207; *E* [Elliott 414] vv. 111—118.)

ازین قصّه نیکوتر اندر جهـــان   نرفتست هیچ آشکار ونهـــان
فراوان شگفتی بدین اندرســت   همه حکم جبّار[1] دادآورســت
مر این قصّه را پارسی کرده انــد   بدودر معانی بگسترده انــد[2]
باندازهٔ دانش وطبع خویـــش   نه کمتر ازآن گفته اند ونه بیش

گفتار اندر یاد کردن سبب این قصّه

دو شاعر که این قصّه را گفته اند   بهر جای معروف ونهفته[3] انـد
یکی بو المویّد که از بلخ بـــود   بدانش همی خویشتن را ستود

---

[1]) *M W*: یزدان. — [2]) *E* hat diesen Vers in der ersten Person, weil dort jede weitere Andeutung auf frühere Bearbeitungen fortgelassen ist, und zwar so من این را بیان پارسی کرده ام — بدو در . . . . بگسترده ام. — [3]) So wohl statt des بنهفته in *B* zu lesen.

نخست او بدین در سخن بافتست   بگفتست چون بانگ دریافتست
پس ازوی سخن بافت این داستان   یکی مرد بُد خوب روی وجوان
نهاده ورا بختیاری لقب   کشادی بر اشعار هر جای لب
بچاره بر مهتران بر شدی   بخواندی ثنا و عطا بستدی
چنان دان که یکره فتاد اتّفاق   باهواز شد نزد میر عراق
شنیدم که آن روز نوروز بود   یکی روز بس کشور افروز بود
خداوند فرّخ امیر عراق   که تختش سپهرست واسپش براق
جهانگیر وقطب ودل بحر جاه   نگهدار دولت ستون سپاه
هنرمند سرهنگ با آفرین   سپهدار سلطان روی زمین
که بختش همایون وفیروز باد   شبش تا قیامت همه روز باد
بدان روز بر گاه چون خسروان   مر اورا خرد پیر ودولت جوان
بزرگان گیتی کمر بسته پاك   بر تخت وی پاك بوسیده خاك
سرایندگان رود برداشته   نوای خوش از چرخ بگذاشته
همیدون صف شاعران آخته   بخوانده ثناها و پرداخته
یکی بختیاری بُد از شاعران   دلش یاد جوی و زبان مدح خوان
بعادت یکی آفرین خوانده بود   بامّید آن بر عطا مانده بود
همه شاعران نیکوی یافتند   چو در خدمت میر بشتافتند
بآئین شهنشه عطا دادشان   کسی کرد رخ سرخ و دل شادمان
زنوروز چون روز بگذشت چند   بفال همایون و بخت بلند
یکی روز نزدیك میر عراق   که از خسروان برده دارد سباق
همی خواند مقری بآواز خوش   مگر سورهٔ یوسف خوب‌وش
خداوند فرهنگ فرزانه هوش   نهاده بمقری دل و چشم و گوش
خوش آمد همی سورهٔ یوسفش   بدان بود مائل دل منصفش
همی خواستی کان بدین داستان   چنین داستانها کند باستان
بنطق لطیف و به لفظ دری   نموده درو صنعت شاعری
بدان تا نبایدش تفسیر جست   بداند معانیش هر کس درست
چو سرهنگ فرّخ پیُ کاردان   همی راند این با دل اندر نهان
چنان بد زتوفیق حکم خدای   که این بختیاری بُد اندر سرای
شهنشاه را دید آمد بروی   بخواندش سبك میر فرهنگ جوی

بدو گفت اگر طبع داری بدان　　توانی سپردن ره داستان
بگو قصّهٔ یوسف از بهر ما　　که مارا بدان رغبت است وهوا
بلفظ خوش پاک ونغز دری　　درو چابکی کردهٔ شاعری
سبک بختیاری زمین بوسه داد　　چنین گفت کای[1] گنج[2] فرهنگ وداد
بگویم من این داستانرا درست　　نباشم درین خدمت میر سُست
فراز آورم از میان و کنار　　سخنهای چون گوهر شاهوار
درین قصّهٔ نغز پیدا کنم　　مرآن را چو دُرّ مهیّا کنم
بگفت این و این قصّه آغاز کرد　　درِ جست و جوی سخن باز کرد
بپیوست چونانکه طبعش نمود　　که آن خدمتی سخت شایسته بود
بگفتار آن در بسی رنج برد　　بسی سعی دید و بسی دم شمرد
کزان بودش آغاز و فرمان میر　　ازیرا فدا کرد فکر و ضمیر
هر آن شه که از بنده بار نخست　　یکی کار جوید بامر درست
شود بنده دلشاد و امّیدوار　　درآن کار گردد تن و جان سپار
بامّید آن تا بنان[3] اوفتد　　به نیکی و ناز جهان اوفتد
دل بختیاری بامّید این　　بدان شاعری بر نوشت آستین
درآن ایزدی نامهٔ نغز ناک　　بینداخت هر تیر کش بود پاک
شنیدم من آن داستان سر بسر　　زنیک وبدش آگهم در بدر
قضارا یکی روز اخبار آن　　همی راندمش بی غرض بر زبان
بنزدیک تاج زمانه اجل　　موفّق سپهر وفا و محل[4]
زمن این حکایت بواجب شنید　　پس آنکه سوی من یکی بنگرید
مرا گفت خواهم که اکنون تو نیز　　بباشی بگفتار وشغلی بنیز[5]
هم از بهر این قصّه ساز آوری　　زهر گوشه معنی فراز آوری
سخن را بدانش مرکّب کنی　　زشیب وعوارش مهذّب کنی
نکوئی چنان کان دگر شاعران　　نیابند زَحْف[6] وتعدّی در آن

---

[1]) Verbessert aus dem fehlerhaften که der Handschrift. — [2]) Im Ms. ist ein unpassendes و vor فرهنگ. — [3]) Corrigirt aus بناز der Handschrift, das keinen Reim giebt. — [4]) Hier im Sinne von قدرت, منزلت, مرتبه, wie in Bostân, ed. Graf, p. 233, ll. 10 und 19. — [5]) Hier im Sinne von زود schnell, wie auch an einzelnen Stellen des Schâhnâma. — [6]) زحف = نقصان وعیب, siehe Bostân, ed. Graf, p. 370, ll. 5 und 13.

اگر[1] باشدش نظم و ترکیب نغز   معانی پسندیده وهوش ومغز
سخنهای دلگیر هر جایگاه   قوافیش چون پای بر پایگاه[2]
نه ناقص نه غامض نه یازیده سُست   حزین و لطیف و روان و درست
برم نزد دستور میر عراق   که گردانش خیلند و ایران وشاق
بدان تا گرش رای باشد یکی   بخوانند نزدیک او اندکی
بداند ترا آن سپهر سپاه   که چون داری اندر سخن دستگاه
ازو مر ترا این کفایت بود   که این مایه بهتر عنایت بود
چو بشنیدم این گفت وگوی اجل   دلم را شد اکثر امید اقل
چنین گفتمش که جهان کرم   بجود و نوال و نهاد و نعم
خردرا مدار و سخن را سوار   پناه جهان زافت روزگار
تن وجان من زیر فرمان تُست   روان در تن من ثناخوان تُست
بود آنزمان حشمت من رهی   که بر من بدین کار فرمان دهی
بخواهی زمن بندهٔ مهربان   یکی آفرین با یکی داستان
بامر تو ای در جهان بی نظیر   بگویم من این قصّهٔ دلپذیر
بکوشم[3] باندازهٔ دستگاه   کنم بر فزود سخن ران نگاه[4]
به پیوندم اندر خور طبع خویش   نشاید سخن گفتن از طبع بیش[5]
بجز طبع توفیق باید[6] نخست   زتوفیق باید[7] همه کار جست
زتوفیق باشد همه طبع[8] نیز   بجز طبع گفتار و کردار چیز[9]
اگر باشدم یاوری[10] زاسمان   خودم طبع یاری کند بیگمان
بتوفیق یزدان توان راند رای   زمن جهد و توفیق نیک از خدای

---

1) *E*: که گر. — 2) In *B* lautet dieser Vers gegen Sinn und Reim so:
سخنهای دلگیر بر جایگاه   قوافیش چون نای بر جایگاه
— 3) So *E*, *M* und *W*. *B* hat wieder بگویم. — 4) *M* und *W*: پایگاه statt ران نگاه. — 5) *E*: مبیش, Schaf; *W* wieder خویش gegen Sinn und Reim. — 6) *E*: ایزد. — 7) *M* und *W*: بتوفیق شاید und کام statt کار. In *E* steht آید statt باید im zweiten Hemistich. — 8) *B*: کار. — 9) *B* hat ein sinnloses وخیز hier. — 10) *E*: اگر یاریٔ باشدم.

II.

Der Lobpreis des Khalîfen.

(*M* vv. 100—114; *W* vv. 99—113.)

در صفت پادشاه اسلام گوید

بزرگا خدیوا[1] توانا توئی — بآغاز وانجام دانا توئی
گر از اوج گویم چو کیخسروست — که هر لحظه تائید وفرّش نوشت
گر از داد گویم شه[2] کامران — فزون آید از شصت نوشیروان
اگر گویم از معرفت و زبصر[3] — دربن باب قولم نیاید بسر
گر از دور مر مرد را بنگرد — هنرها و عیبش[4] پدید آورد
بداند مراورا نهاد و سرشت — اگر هست نیکو و گر هست زشت
اگر گویم از بخشش دست شاه — شوم سخت عاجز درین جایگاه
که بخشیدن دست وی چون هواست — کجا عالم ازوی سراسر ملاست
بدریا و کان دُرّ و زرّ عیار — نبُد ایمن از بخشش شهریار
همی تا بود گردش سال وماه — همی تا درفشان بود مهر وماه
همی تا سرشت جهانرا نهاد — بود زاتش وآب وزخاك وباد
مَبُرّاد[5] پیروزی از شهریار — فلك خاصتش باد ودادار یار
بتن در دلش روشن و شاد باد — سه چیزش بسه چیز آباد باد
تن وی بصحّت کف وی بشام — دل وی بدان بخشش دوستکام
بتائید سلطان اقلیمها — دل شاه باد ایمن از بیمها'

III.

Anspielungen auf das Schâhnâma und Verwünschung seiner früheren poetischen Richtung von Seiten des Dichters, aus dem Capitel: گفتار اندر سبب حال خود.

a) *M* vv. 209—216; *W* vv. 208—215; *A* (Ms. der Royal Asiatic Society) *E* und *N* (Naval Kishor Ausgabe) vv. 23—38; *T* (Teheraner Lithographie) vv. 23—41; *B* vv. 67—77 und 79—84.

من از هر دری گفته دارم بسی — شنیدند گفتار من هر کسی
سخنهای شاهان بآرای وداد — بسخت وبسُست وبه بند وکشاد

---

1) *W*: خدایا. — 2) *W*: بشد. — 3) *W*: در نظر. — 4) *W*: هنرهای عیبش. — 5) بُرّیدن hier in passivem Sinne, wie auch öfters im Schâhnâma.

بسی گوهر داستان سفته ام   بسی نامهٔ دوستان[1] گفته ام
به بزم وبرزم وبکین وبمهر   یکی از زمین ویکی از سپهر
سپردم بسی راه دلخستگان   زدم پردهٔ مهر پیوستگان
زآزار[2] ایشان زمهر[3] ودرود   بسی گفته ام سرگذشت وسرود
بنظم آوریدم بسی داستان   از افسانهٔ وگفتهٔ باستان
همیدون بسی رانده ام گفتگوی   زخوبان شکّرلب وماه روی
زهر گونهٔ نظم آراستم   بگفتم درو هرچه خود خواستم
اگرچه ازآن یافتی دل مزه[4]   همی کاشتم تخم رنج وبزه
ازآن تخم کشتن پشیمان شدم   زبانرا ودلرا گره بر زدم[5]
نگویم کنون[6] نامهای دروغ   سخن‌را ز گفتار ندهم فروغ
نکارم کنون تخم شوره گیاه[7]   که آمد سپیدی بجای سیاه
دلم سیر گشت از فریدون گُرد   مرا زان چه کوتخت[8] ضحّاك بُرد
گرفتم دل از ملکت کیقباد   همان تخت کاووس کی برد باد
ندانم چه خواهد بدن[9] جز عذاب   زکیخسرو وجنگ افراسیاب
بربن می سزد گر بخندد[10] خرد   زمن خود کجا کی پسندد خرد
که یك نیمه از عمر خود کم کنم   جهانی پر از نام[11] رستم کنم
دلم گشت سیر[12] و گرفتم ملال   هم از گیو وطوس وهم[13] از پور زال

b) *T* vv. 54—56; *A*, *N* und *E* vv. 49 und 50; *B* vv. 37—39; *M* und *W*: v. 230.

نگویم دگر داستان ملوك   دلم سیر شد زاستان ملوك
نگویم سخنهای بیهوده هیچ   به بیهوده گفتن نگیرم بسیچ
که آن داستانها دروغست پاك   دوصد زان نیرزد یکی مشت[14] خاك
بگویم کنون داستانهای مهر   نگردانم از نامهٔ مهر[15] چهر

---

1) *E*: نامه وداستان. — 2) *B*: بآزار. — 3) *B*: ومهر. — 4) So *M*, *W* u. *B*, nur dass *B* نیز statt چه hat: اگرچه دلم بود ازآن (*E* ازاین) *A*, *E*, *N* und *T*: بامزه. — 5) *N*: ازآن تخم کش در زمین کاشتم زبانرا ودلرا گره داشتم. *M* und *W*: ولب را statt ودلرا. — 6) *M* und *W*: دگر. — 7) *B*: شور وگناه; *A*, *N*, *E* und *T*: رنج وگناه. — 8) *B*: ملك. — 9) *E*: بُد این. — 10) *B*: بدین گونه سودا بخندد. — 11) *E*: از جنگ. — 12) *B*: سیر گشت. — 13) *E*: هم از نام کاوس هم. — 14) *B*: ذرّه. — 15) *B*: قهر, wobei dann nothwendig بگردانم gelesen werden muss.

c) *M* und *W*: vv. 232—237; *B*: vv. 43—48; *A*, *N* und *E*: vv. 52—55; *T* vv. 58—61.

زپیغمبران گفت باید سخـــــن   که جز راستی شان نُبُد بیخ وبن
نگفتند بیهودهـــــای دروغ   سخن را ندادند رنگ وفـــروغ[1]
همه راست بودند وگفتند راست   بگفتار شان بر همه کس گواست
اگرچند پیغمبران راستنـــــد   زتو نیز هم[2] راستی خواستنـــد
برین قصّه خواهم کنون راستـــی   که دروی نیاید کم وکاستـــی
منت گفت خواهم یکی داستان[3]   ولیکن نه از گفتهٔ باستـــــان[4]
بل از گفتهٔ راستان آفریـــن[5]   که زیبد مراورا زجان[6] آفریـــن'

Anhang C.

Vergleichende Tabelle der Vers-Anordnung in den Vorreden nach den verschiedenen Handschriften und Drucken.

M	*W*	*B*	*A* u. *N*	*E*	*T*
1—4	1—4	1—4	1—4	1—4	1—4
fehlt	fehlt	5 (neu)	fehlt	fehlt	fehlt
5	5	8	5	5	5
6	6	7	6	6	6
7	7	6	7	7	7
8	8	9	8	8	8
9	9	10	9	9	9
fehlen	fehlen	11—13 (neu)	fehlen	fehlen	fehlen
10	10	14	10	10	10
11	11	49	11	11	11
12—33	12—33	fehlen	In *A* aus *M* hinzugefügt	fehlen	fehlen
fehlt	fehlt	50	12	12	12

1) *B*: هر یک فروغ. — 2) *B*: جهانرا همی. — 3) *E*: همی گویم اکنون, *A*, *T* und *N*: بگوئیم اکنون. — 4) *E*: ولیکن نه آشفته وباستان. — 5) *A*, *E*, *T*, *N* und *B*: که از گفتهٔ ربّ داد آفرین. — 6) *M* und *W*: جهان. *A*, *E*, *N* und *T*: زداد. *B* hat im ersten Hemistich زیبب داد.

M	*W*	*B*	*A* u. *N*	*E*	*T*
34	34	51	13	13	13
fehlt	fehlt	52 (neu)	fehlt	fehlt	fehlt
35—39	35—39	53—57	14—18	14—18	14—18
40—45	40—45	58—63	fehlen	fehlen	fehlen
fehlen	fehlen	fehlen	19 u. 20	19 u. 20	19 u. 20
46	46	64	21	21	21
fehlt	fehlt	65 (neu)	fehlt	fehlt	fehlt
47	47	66	22	22	22
48	fehlt	fehlt	fehlt	fehlt	fehlt
49—131	48—130	fehlen	fehlen	fehlen	fehlen
132 (= 39)	131	57	18	18	18
133 (= 47)	132	66	22	22	22
134	133	134	fehlt	fehlt	fehlt
135	134	135	62	62	68
136	135	136	fehlt	fehlt	fehlt
137	136	137	63	63	69
138	137	fehlt	fehlt	fehlt	fehlt
139—141	138—140	138—140	64—66	64—66	70—72
fehlt	fehlt	141	fehlt	fehlt	fehlt
142 u. 143	141 u. 142	142 u. 143	67 u. 68	67 u. 68	73 u. 74
144—146	143—145	144—146	fehlen	fehlen	fehlen
147 u. 148	146 u. 147	147 u. 148	69 u. 70	69 u. 70	76 u. 75
149	148	149	fehlt	fehlt	fehlt
150 u. 151	149 u. 150	150 u. 151	71 u. 72	71 u. 72	77 u. 78
152	151	85	fehlt	fehlt	fehlt
153	152	86	73	73	79
fehlt	fehlt	87	74	74	80
154	153	88	75	75	81
155	154	89	fehlt	fehlt	fehlt
fehlt	fehlt	90 (neu)	fehlt	fehlt	fehlt
156	155	91	76	76	82
157	156	92	fehlt	fehlt	fehlt
158 u. 159	157 u. 158	93 u. 94	77 u. 78	77 u. 78	83 u. 84
fehlt	fehlt	95	79	79	85
160—162	159—161	96—98	80—82	80—82	86—88
163—165	162—164	99—101	83—85	83—85	89—91
166	165	102	fehlt	fehlt	fehlt
167—170	166—169	103—106	86—89	86—89	92—95
171	182	107	90	90	96
172—181	170—179	108—117	91—100	91—100	97—106
182 u. 183	180 u. 181	152 u. 153	101 u. 102	101 u. 102	107 u. 108

M	*W*	*B*	*A* u. *N*	*E*	*T*
184 u. 185	183 u. 184	154 u. 155	103 u. 104	103 u. 104	109 u. 110
186	185	156	fehlt	105	111
187—192	186—191	157—162	105—110	106—111	112—117
193 u. 194	192 u. 193	163 u. 164	fehlen	fehlen	fehlen
fehlt	fehlt	165	fehlt	112	fehlt
fehlt	fehlt	166 (neu)	fehlt	fehlt	fehlt
195—202	194—201	fehlen	fehlen	fehlen	fehlen
fehlen	fehlen	167-221 (neu)	fehlen	fehlen	fehlen
fehlt	fehlt	222	fehlt	113	fehlt
fehlt	fehlt	223	fehlt	114	fehlt
fehlen	fehlen	224-235 (neu)	fehlen	fehlen	fehlen
203—205	202—204	236—238	fehlen	115—117	fehlen
206	205	239	fehlt	fehlt	fehlt
207 u. 208	206 u. 207	240 u. 241	fehlen	118 u. 119	fehlen
209	208	67	23	23	23
fehlt	fehlt	68	24	24	24
210	209	70	25	25	25
fehlt	fehlt	69	26	26	26
211	210	71	fehlt	fehlt	27
fehlt	fehlt	73	fehlt	fehlt	28
fehlt	fehlt	fehlt	fehlt	fehlt	29 (neu)
212	211	72	27	27	30
fehlt	fehlt	fehlt	28	28	31
213—216	212—215	74—77	29—32	29—32	32—35
fehlen	fehlen	79—84	33—38	33—38	36—41
fehlen	fehlen	78 u. 15	fehlen	fehlen	42 u. 43
217	216	17	fehlt	fehlt	fehlt
218	217	16	39	39	44
219	218	18	fehlt	fehlt	fehlt
fehlt	fehlt	19 (neu)	fehlt	fehlt	fehlt
220 u. 221	224 u. 219	20 u. 21	fehlen	fehlen	fehlen
fehlt	fehlt	23	40	40	45
fehlt	fehlt	24 (neu)	fehlt	fehlt	fehlt
222 u. 223	220 u. 221	25 u. 29	fehlen	fehlen	fehlen
224	222	26	41	41	46
fehlen	fehlen	27 u. 28	42 u. 43	42 u. 43	47 u. 48
fehlt	fehlt	30 (neu)	fehlt	fehlt	fehlt
225	223	31	44	44	49
226	225	32	fehlt	fehlt	fehlt
227—229	226—228	33—35	45—47	45—47	50—52
fehlt	fehlt	36	48	48	53

M	*W*	*B*	*A* u. *N*	*E*	*T*
fehlt	fehlt	fehlt	49	49	54
fehlt	fehlt	37	fehlt	fehlt	55
230	229	38	fehlt	fehlt	fehlt
fehlt	fehlt	39	50	50	56
fehlen	fehlen	40 u. 41 (neu)	fehlen	fehlen	fehlen
231 u. 232	230 u. 231	42 u. 43	51 u. 52	51 u. 52	57 u. 58
233—235	232—234	44—46	fehlen	fehlen	fehlen
fehlt	fehlt	fehlt	53	53	59
236 u. 237	235 u. 236	47 u. 48	54 u. 55	54 u. 55	60 u. 61
238 u. 239	237 u. 238	118 u. 119	fehlen	fehlen	fehlen
240	239	120	56	56	62
241 u. 242	240 u. 241	121 u. 122	fehlen	fehlen	fehlen
fehlen	fehlen	123 u. 124 (neu)	fehlen	fehlen	fehlen
243 u. 244	242 u. 243	125 u. 126	fehlen	fehlen	fehlen
245—247	244—246	127—129	57—59	57—59	63—65
fehlt	fehlt	130	60	60	66
248	247	131	fehlt	fehlt	fehlt
fehlt	fehlt	132	61	61	67
fehlt	fehlt	133 (neu)	fehlt	fehlt	fehlt
249 u. 250	248 u. 249	242 u. 243	111 u. 112	120 u. 121	118 u. 119
251	250	244	fehlt	fehlt	fehlt

Uebersetzungsproben aus Firdussi's religiös-romantischem Epos ‚Jussuf und Suleicha'.

Von

Baron O. Schlechta-Wssehrd.

In einer der letzten Congress-Sitzungen hat sich Herr Professor Ethé in sehr interessanter Weise über Firdussi's religiös-romantisches Epos ‚Jussuf und Suleicha' ausgesprochen und in nicht zu bezweifelnder Weise nachgewiesen, dass es der berühmte Verfasser des ‚Schahnameh' und kein Anderer ist, welchem wir auch jene, zwar andere Ziele verfolgende, aber desshalb, in ihrer Art, nicht minder werthvolle, poetische Leistung verdanken.

Es fällt mir nicht bei, den erschöpfenden Aufklärungen des gelehrten Herrn Vorredners in Bezug auf den Ursprung dieses Gedichtes selbst Weiteres hinzufügen zu wollen. Wohl aber schien es mir passend, einige Uebersetzungsproben aus diesem letzteren hier mitzutheilen, zumal, während das ‚Schahnameh' — dank Schack's trefflichen Uebertragungen — seit lange, so zu sagen, ein Gemeingut der deutschen Nation bildet, jene zweite Schöpfung des grossen Persers, sonderbarerweise, bisher in Europa recht eigentlich eine terra incognita geblieben ist. Die hier folgenden Probemuster dürften daher wenigstens auf den Werth einer ‚haute nouveauté' berechtigten Anspruch machen können.

Noch bemerke ich, dass mein Bestreben dahin ging, nicht etwa eine sogenannte ‚freie Uebersetzung' oder ‚Nachbildung' zu liefern, sondern mich, nach Schack's Vorbilde, dem Originale, in Sinn und Ausdruck, so enge anzupassen als dieses bei derlei Arbeiten überhaupt durchführbar erscheint.

Einleitung.

Im Namen des Gebieters beider Welten,
Des göttlichen Behüters beider Welten,
Des Starken, Stäten, Alllebend'gen, Grossen,
Der ohne Weib und Sprossen und Genossen,
Der helle Funken in den Kieselstein,
Und in die Wolke schloss den Regen ein,
Der Licht und Dunkel an einander reiht,
Den Raum erschuf und die Unendlichkeit,
Der frische Keime lockt aus morschen Resten
Und Früchte zaubert aus verdorrten Aesten,
Der Alles, was gestorben ist, belebt
Und Alles, was lebendig ist, begräbt!
Mond, Sonne, Sterne und das Himmelszelt,
Luft, Feuer, Erde, Wasser, alle Welt,
Bezeugen laut die Wesenheit des Einen,
Und nur ein Schurke wagt's, sie zu verneinen!

Firdussi's Widerruf.

Nun aber hört, Ihr Alle, die vernünftig:
Nur ‚Gottgesandter' Loblied sing ich künftig!
Zwar, früher, sang ich andre Lieder auch,
Und mir zu horchen war der Menschen Brauch;
Von Königen, von weisen und gerechten,
Und ihren Zeiten sang ich, gut und schlechten,
Von Lagern und Gelagen, Hass und Liebe,
Des Himmels und der Erde Doppeltriebe;
Auch Frauen, reizend wie des Mondes Licht
Und zuckermundig, pries ich im Gedicht,
Und, wie sie bald uns freuen, bald uns quälen,
In schmucken Versen wusst ich's zu erzählen
Und sonst noch Manches aus vergessnen Tagen
Und grauer Vorzeit inhaltreichen Sagen.
Ja wohl, ich reimte mannigfach und viel
Und schrieb und sang, was eben mir gefiel,
Weil mich bestach ein Kitzel der Natur;
Allein — weh mir — ich säte Reue nur,

Ja, Reue nur, und erntete nur Pein!
Nun aber zieh ich Herz und Zunge ein,
Entsag auf immer eitler Träumerei,
Der Faselkunst profaner Reimerei
Und Saat der Reue sä' ich nimmer, nimmer,
Seit meines Haares Dunkel ward zu Schimmer!
Was schert mich Feridun?! Was kümmerts mich,
Dass den Sohak er schlug, den Wütherich?!
Wann Kei Kobad den Thron bestieg und wann
Des Kawus Reich zerstob, was liegt daran?!
Wesshalb — ich frag's — beschrieb ich so genau
Den Hader Afrasiabs mit Kei Chosrau?!
Und, war's nicht purer Widersinn — ich frage —
Dass ich die bessre Hälfte meiner Tage
Vergeudete in Arbeit und Beschwerde —
Warum? Damit Rustem berühmter werde?!
O, nimmer wieder sing ich Königsruhm,
Bin übersatt Palast und Königsthum,
Bin übersatt die Störer meiner Ruh,
Den Giw und Tus und Puri-Sal dazu.
Was fruchten auch zweihundert solcher nicht'ger
Heroenfabeln?! Strassenstaub ist wicht'ger! —

Weisses Haar.

Weh mir! Von Lilien eine Garbe wuchs
Wo früher Schatten warf der dunkle Buchs;
Statt schwarzem Moschus, den sie mir geraubt,
Goss blassen Kampfer mir Natur aufs Haupt;
Ein weisser Falke kam geflogen jäh —
Seit lange fühlt ich, bebend, seine Näh' —
Der strich ein Weilchen, lauernd, über mir,
Dann stiess er flugs auf meine Raben[1]) hier,
Riss sie in Stücke und bezog ihr Nest,
Das er auch seither nimmermehr verlässt.
Erst schien es mir, der Tod der Raben sei
Das letzte Ziel des räuberischen Weih; —
Bald aber ward mir klar, was es bedeute:
Mich selbst erkor der Arge sich zur Beute!

---

[1]) Mein schwarzes Haar.

Umkehr.

Desshalb geziemts, auf Besserung zu denken,
Den Sinn vom Tand der Erde abzulenken
Und fürderhin auf Wegen der Gescheiten
Statt, wie bisher, der Thörichten zu schreiten.
Ja wohl, statt, wie bisher, gewundnen Pfaden,
Will ich der Strasse folgen, der geraden,
Statt hohlen Redeschwalles, wie bisher,
Statt Fabeln eitlen Schalles, wie bisher,
In Zukunft nur ‚Profeten-Hymnen' singen —
Denn diese nur sind wahr vor allen Dingen —
Will Jacob und sein Kind, die, unverschuldet,
So tiefen Schmerz, so herbes Leid erduldet,
Im Liede preisen! O wie lieblich klingt
Diess heil'ge Lied, und wie's zum Herzen dringt!
Warum auch nicht?! da aus dem edlen, schönen,
Ja Gottes eigne Worte[1]) wiedertönen!

Wesshalb die Legende vom egyptischen Josef in den Koran aufgenommen wurde.

Wie ich vernommen von gelehrten Geistern
Und in der Redekunst bewährten Meistern,
Gefiel es eines Tages dem Profeten,
In Ali's, seines Eidams, Haus zu treten.
Im traulichen Vereine sassen da
Er, Ali, dessen Gattin Fatima,
Und Hassan und Hossein, die lieben Enkel,
Gemüthlich reitend auf Mohammeds Schenkel,
Der sie liebkoste und im Arme wiegte,
Woran auch Ali weidlich sich vergnügte,
Denn ihrer Aller Herzen beste Freuden
Und Trost und Labsal waren jene Beiden.
Da, plötzlich, trat zu ihnen Gabriel
Und sprach zu dem Profeten: ‚Auf Befehl
Des Herrn erschein' ich, so dich zu bescheiden:
Hier, deine Herzensenkel, diese beiden,

---

[1]) Die Erzählung vom egyptischen Josef befindet sich bekanntlich im Koran, und dieser gilt den Mohammedanern als unmittelbare Offenbarung Gottes.

Nach Gottes Fügung und urew'ger Wahl,
Sind sie bestimmt zu Marter und zu Qual;
Hossein verblutet unterm Säbelstreiche,
Und Gift macht Hassans süssen Leib zur Leiche.' —
Entsetzt hört der Profet, was Jener spricht;
Ein Thränenschauer nässt sein Angesicht,
Und, bebend, frägt er: ‚Sage wer es ist,
Der sich dereinst so arger That vermisst,
So grausam heimsucht diese süssen Beiden
Und preis sie giebt so namenlosen Leiden?!' —
‚Dein eig'nes Volk, das dir so tief verbunden, —
Versetzt der Engel — schlägt dir diese Wunden.' —
‚Wie — fällt Mohammed ein — die Nation,
Für die ich Anwalt bin an Gottes Thron,
Vergässe also schmählich ihr Versprechen,
Erkühnte sich, die Treue mir zu brechen
Und wagte, frevelnd, ohne zu erröthen
Vor Gott und mir, diess holde Paar zu tödten?!' —
‚Darob' — erwiedert Gabriel, der hehre,
Dem Gottgesandten, der Araber Ehre —
‚Darob erstaune nicht; hat sich doch einst
Noch Schlimmeres begeben als du meinst;
Wie, oder hätte nie dein Ohr vernommen
Von jenen Söhnen Jacobs, jenes Frommen,
Und nie gehört, wie grausam sie es trieben
Mit Josef, ihrem Brüderlein, dem lieben?!
Wenn Brüder solcher Unthat sich nicht schämen,
Dass Völker undankbar, kanns Wunder nehmen?!'
Er sprachs, und in Mohammed's Herzensschrein
Schrieb er den Text der ‚Sure Josef' ein,
Die ihm verkündigt ward von Gott, dem Wahren,
‚Der Menschen Bestem'[1]) sie zu offenbaren.

Josef's Träume.

Erster Traum.

Schwarz war der Himmel und noch fern der Tag
Als Josef, schlummernd, neben Jacob lag.
Da neckte ihn ein sonderbarer Traum:
Im Freien war's, auf grünem Wiesenraum!

¹) d. i. dem Profeten Mohammed.

Dort stand er selbst; und auch die andern Zehn,
Die Brüder, sah er dort im Grünen steh'n.
Grashalme, schlanke, ragten weit und breit,
Aufrecht wie Krieger, Mann an Mann gereiht,
Doch zehn von ihnen fielen ihm zu Füssen
Und grüssten knieend ihn, wie Sclaven grüssen.
Da wachte Josef auf; doch, ob erwacht,
Im Geiste hielt er fest das Bild der Nacht;
Und, als nun Jacob, gleichfalls aufgeschreckt,
Ihn zärtlich frug, was ihn so früh erweckt,
Der Knabe ihm beschrieb, was er geseh'n,
Und Aufschluss heischte, wie es zu versteh'n,
Da sprach der Patriarch: ‚Der Traum ist klar
Und seines Sinns Bedeutung offenbar:
Die ältern Brüder werden vor dir klein,
Und du wirst jener Grossen Grösster sein.
Du aber, wenn dir Leib und Leben lieb,
Von diesem Traume Niemand Kenntniss gieb,
Da jene Zehn, sobald sie ihn erführen,
Dir, ohne Zweifel, Hass und Rache schwüren.'
Er sprachs. Doch, ach, noch eh das Mohrenheer
Der Nacht hinabsank in des Westens Meer
Und, strahlend wie der Liebsten Angesicht,
Dem Orient entstieg das Morgenlicht,
Da hatte auch schon Josef, ohne Säumniss,
Den andern Zehn verrathen das Geheimniss.
Die aber hatten kaum davon gehört
Als sie, zu neuer Eifersucht empört,
In toller Hast, die lieben Anverwandten,
Gleichzeitig alle Zehn, zu Jacob rannten
Und, alle Zehn, als wär's mit Einer Zunge,
Lospolterten: ‚Er lügt, der freche Junge!
Sein Traum ist eitel Trug und Prahlerei
Und klar der Zweck nur, dem er folgt hiebei;
Gebieten will er uns, den ältern Brüdern,
Sich selber höher schrauben, uns erniedern,
Nach der Profetenschaft steht sein Gelüsten,
Daher diess Selbstvergöttern und Sichbrüsten;
Ja, wahrlich, Grössenwahnsinn plagt den Thoren!
O hätt' ihn Rachel lieber nicht geboren!'
So tobten sie. Doch, kaum verging ein Jahr
Als das Geschehene vergessen war

Und dem Gedächtnisse so ganz entschwunden
Als hätt' es überhaupt nie stattgefunden.

Zweiter Traum.

Doch, nächsten Jahrs — der Morgen graute kaum —
Da träumte Josef einen zweiten Traum:
Holz sammelnd, gingen er und seine Brüder
In eines Waldes Dickicht auf und nieder
Und Jeder hatte einen Strick zur Hand,
Mit dem er dürres Reis zu Bündeln band.
Doch, siehe, als die Bündel fertig stunden,
Da blähten sie sich auf, gleich Schilden, runden,
Und trieben, jeder, hundert Blüthengarben,
Wie Moschus duftig, bunt wie Tulpenfarben,
Und alle legten Josef sich zu Füssen
Und grüssten knieend ihn, wie Sclaven grüssen.
Da fuhr er auf, und wieder, ungesäumt,
That er dem Vater kund, was er geträumt.
Der aber bat ihn, dringend, abermals,
Zu schweigen und, vor allem, keinesfalls
Vor jenen Zehn des Traumes zu erwähnen,
Dass sie davon nicht etwa Anlass nähmen
Zu neuen Klagen und an Thaten dächten,
Die beiden, ihm und Josef, Unheil brächten.
Allein umsonst! Kaum riss der Flor der Nacht
Und wies der Morgen seiner Wangen Pracht
Als Josef, wie das erste Mal, so wieder
Hinüberlief zu jedem seiner Brüder
Und Jedem, nach der Reihe, von den Zehn
Ausführlich schilderte, was er geseh'n.
Die aber reizte das verheissungsvolle,
Sinnreiche Traumbild nur zu höher'm Grolle;
Noch heisser flammte ihres Hasses Gluth,
Noch wilder schäumte ihres Zornes Fluth,
Und mühsam nur enthielten sich die Rohen,
Des Bruders Leben offen zu bedrohen.

Dritter Traum.

Und wieder schwand ein Jahr, und Josef war
Noch holder aufgeblüht in diesem Jahr,
Ja, auch an Einsicht war beinah ein Mann er
Und, wo um ‚Geist' gespielt ward, da gewann er.

Und wieder lag der Hochgebenedeite
In tiefem Schlafe an des Vaters Seite
Als Jener oben, dessen Schöpferruf
Die Wirklichkeiten und die Träume schuf,
Als drittes Traumbild, in der Himmelsferne
Ihm Sonne, Mond, und eilf der hellsten Sterne
Erscheinen liess, die, sämmtlich, sich verbeugten
Und, Sclaven ähnlich, Ehrfurcht ihm bezeugten.
Da überlief ein Schauder ihn. In Hast
Entriss er sich der allzukurzen Rast,
Und, sich, auch Jacob, ein Gebet im Munde,
Fuhr auf vom Lager in derselben Stunde
Und rief ihn an: ‚Was ist geschehen, sprich,
Was hat's gegeben, was erweckte Dich,
Woher die Angst, das Zittern deiner Glieder;
Wie, oder schreckte dich ein Traumbild wieder?'
Der aber sprach, noch bebend und halblaut,
‚Die Träume, Vater, die ich jüngst geschaut,
Wahr sind sie, beide wahr, und, dass sie wahr,
Mein Traum von heute macht es offenbar;
Doch sagen kann ich dir, was ich geträumt
Erst wenn das Sonnenlicht die Berge säumt,
Denn, ach, ein Traum war's, theuerster Papa, [1])
Wie noch kein Auge seinesgleichen sah,
Zu schön, zu hehr, bei Nachtzeit ihn zu sagen;
Nein, solchen Traum zu künden muss es tagen!'
Und wirklich schwieg er bis die Purpurblüthe
Des Morgenroths empor am Himmel glühte;
Dann aber flüsterte er so: ‚O Vater,
Du weisester der Führer und Berather,
Bei Ihm, der alle Weisheit hat erdacht,
Nun höre, was ich träumte diese Nacht:
Die Sonne sah ich und den Mond daneben,
Nebst hellen Sternen, eilf, am Himmel schweben;
Sie alle aber fielen mir zu Füssen
Und grüssten knieend mich, wie Sclaven grüssen!'
So sprach das Kind, und Freude überkam
Die Seele Jacobs; seine Wange nahm
Der Rosen Farbe an, und Stolz und Lust
Durchbrausten, wie ein Kriegsheer, seine Brust;

---

[1]) So wörtlich im Originale: باب = Papa.

[redacted]

Dem Kleinen aber, der ihn sanft umschlang
Und nach des Traums Erklärung in ihn drang,
Erwiderte er, lächelnd, ‚jederzeit
Sei Väterchen zu solchem Dienst bereit,
Doch nur, wenn auch das Söhnlein ihm verspräche,
Dass es nicht wieder sein Gelöbniss bräche,
Und Niemand, ausser ihnen, auf der Erde
Des Traums und seiner Deutung inne werde'
‚Und namentlich' — so schloss er — ‚jenen Zehn
Verschweige unbedingt, was du geseh'n,
Dass nicht ihr Herz von neuem sich empöre,
Die ganze Schaar sich wider dich verschwöre,
Zu schwarzen Thaten gürte ihre Lende
Und etwa gar dich in's Verderben sende.'
  Und, als nun Josef reinen Mund verhiess,
Wie es der Vater ihn geloben liess,
Fuhr dieser also fort: ‚Die hellen Sterne,
Die dich begrüssten aus der Himmelsferne,
Sind deine Brüder, jene eilf, o Bester,
Und Sonn' und Mond, ich bin's und deine Schwester.
Wir, alle dreizehn, werden einst, o Sohn,
Als Sclaven huldigen vor deinem Thron,
Denn vieler Grossen Grösster wirst du sein,
Gewalt und Macht wird dir der Herr verleih'n,
Durch seltne Wissenschaft wird er dich ehren,
Verborgner Träume dunklen Sinn dich lehren,
Dich segnen, wie er segnete, o Kind,
Die Ahnen deines Volks, die nicht mehr sind,
Den Isak und den Abraham, die Frommen,
Die, ihr zum Heile, in die Welt gekommen,
Dich würdigen des höchsten aller Preise,
Denn Er ist der Allmächtige, Allweise.'
  So deutete der Vater Josefs Traum.
Allein der Kindische vernahm ihn kaum
Als er, von heller Lust fast ausser sich,
Mit Windeshast aus dem Gemach entwich,
Im Freudendrange, der ihn übermannte,
Zu Bruder Simeon hinüber rannte
Und, wider Jacobs Rath und weise Meinung,
Ihm, haarklein, beichtete die Nachterscheinung.

Werth des Schweigens.

Was, ungesprochen, ein Demant, ein echter,
Wird, ausgesprochen, oft als Kehricht schlechter;
Des ungesprochnen Wortes König bist du,
Dem ausgesprochnen unterthänig bist du,
Und, ausgesprochen, übers Haupt dir fliegt
Was, ungesprochen, dir zu Füssen liegt.
Wie sprach doch jener Magier-Greis so wahr:
‚Selbst Thieren bringt Geschwätzigkeit Gefahr,
Denn, zwitscherte der Vogel minder schön,
Kein Menschenohr verlockte sein Getön,
Kein Vogler würde ihn zu haschen trachten,
Nicht lebenslang im Käfig müsst' er schmachten.'

Josef wird in den Brunnen geworfen.

(Nachdem die Brüder Josef in's Feld hinausgelockt und in aller Weise misshandelt haben, beschliessen sie, ihm den Kopf abzuschlagen. Vergebens fleht er sie, der Reihe nach, um Schonung. Sie beharren auf ihrem Vorsatze,)

Nur Juda rief: ‚Zu solcher Schandthat giebt
Sich Niemand her, der Recht und Glauben liebt,
Und niemals, hört es, werd' ich mich entschliessen,
Das Blut des Mitgebornen zu vergiessen,
Zumal des Knaben, dessen Angesicht
So deutlich von erhabner Zukunft spricht.
Zudem, kaum hätten wir ihn umgebracht,
Glaubt mir, aufzögen Wolken, schwarz wie Nacht,
Statt Hagels, Steine auf uns niederwetternd,
Urplötzlich sammt und sonders uns zerschmetternd.
Darum, besteht ihr, dass er sterbe, sei's,
Dann aber hört ein Mittel, das ich weiss,
Zugleich hinwegzuschaffen den Verhassten
Und euch der Schuld des Mordes zu entlasten.
Denn, Brüder, wisst: Von hier nicht allzuferne
Gähnt, schwarzen Mund's, der Schlund einer Cisterne:
In diese senken wir hinab den Jungen;
So seid ihr seiner los und nicht gezwungen,
Selbst Hand an ihn zu legen. In der Grube
Verröchelt bald den letzten Hauch der Bube.'

So Juda's Rath! Beistimmten ihm die Andern,
Erhoben schleunig sich, um fortzuwandern,
Und zogen weiter auf den Wüstenbahnen,
Bis sie zuletzt an jenen Brunnen kamen.
Als Josef's Auge die Cisterne sah,
Da barst sein Herz aus jähem Schreck beinah;
Ein Seufzer drang aus seiner Brust, ein tiefer,
Und, übermannt von Wehmuth, schluchzend, rief er:
‚Ade, mein Väterchen, ade! Nun muss
Ich aus der Welt, nimm meinen letzten Gruss;
Dein liebes Antlitz seh ich nimmermehr,
Muss von dir scheiden ohne Wiederkehr,
Dasein und Jugend, beides muss ich lassen;
O Vater, in Ergebung lern' es fassen!
Du armer Vater! spielend glaubst du mich
Im Kreise der Geschwister, brüderlich,
Doch irrst du, Väterchen; nicht Scherz und Spiel,
Ein Brunnen-Schlund war meines Ausflugs Ziel;
Hier, auf des Brunnens Grunde, mich erfrage,
Hier triffst du mich — doch erst am jüngsten Tage!
Weh mir, die eignen Brüder sind's, weh mir,
Die, tückisch, mich hinweggelockt von dir;
Mein Leben zu beschirmen, gleich dem ihren,
Sie schwuren dirs mit feierlichen Schwüren,
Nun aber brechen sie den Eid, den klaren,
Und rauben mir, was sie gelobt zu wahren.
Weh mir, dass ich getraut dem falschen Schwur,
Den Argen folgte nach der fremden Flur!
Doch — leicht erwehrt man sich der Wassernoth,
Wenn sie von aussen unser Heim bedroht;
Wie aber gegen Fluthen sich verschliessen,
Die aus des eignen Hauses Boden schiessen,
Wie mir's erging?! Im eignen Heim und Hause
Erstand, der mich verdarb, der Feind, der grause!"
Doch unerweichbar blieb der Brüder Sinn;
Zum Brunnen schleppten sie den Armen hin
Und, ohne Scham, mit seinen Händen, beiden,
Griff Simeon nach ihm, ihn zu entkleiden.
Doch Josef wand und sträubte sich wie Schlangen;
Ausstiess er einen Angstschrei, einen langen,
Und rief: ‚Lass mir das Kleid! was fällt dir ein?!
Nicht unbedeckt will ich begraben sein;

Die Bräuche achte, die Vernunft uns gab,
Nicht unbekleidet stosse mich ins Grab,
Und, da sein Bahrtuch jeder Todte hat,
Wohlan, lass mir das Kleid an Bahrtuchs statt;
Vor Gott erröthe, vor dir selbst, o Mann,
Und thu dem Vater nicht die Schande an,
Sein Schoskind unbekleidet zu begraben!
Lass mir das Kleid; als Bahrtuch will ich's haben!"
Doch Jenen kümmerte sein Flehen nicht,
Hohnlachend, schlug er ihm ins Angesicht,
Als gält's zu kühlen seinen ganzen Groll;
Auch alle Andern hieben zu wie toll,
Und Juda nur empfand ein menschlich Rühren;
Doch, klugen Sinn's, liess er sich nicht verführen,
Des Herzens Regung offen kund zu geben,
Denn, ach, ihm bangte um das eigne Leben. —
So streifte Simeon, ohne Widerstand,
Von Josefs Schultern nieder das Gewand.
Doch nun — o Wunder — als die Hülle sank
Und sichtbar wurde jener Leib so blank,
Verbreitete sich plötzlich eine Helle
Aufwärts bis an des Sphärenthrones Schwelle,
Die sieben Himmel und die Welt, die ganze,
Ringsum durchfluthend mit dem Wunderglanze. —
Der Knabe aber betete: ‚Allmilder,
Der du auf Nachtgrund malst der Sterne Bilder,
Die Wesen schirmst, so deine Hände schufen,
Und Jener Bitten horchst, die zu dir rufen!
Mit Jacob, deinem greisen Knechte, nicht,
Allgüt'ger, geh zu strenge ins Gericht,
Weil, als ich Abschied nehmend, ihn verliess,
Er mich, zum Schutze, an die Brüder wies,
Die Thörichten zu Räthen mir erkor,
Die Schwächlinge mir beizusteh'n beschwor,
Die Tückischen zu Helfern mir bestellte,
Allgüt'ger, nicht dem Vater es entgelte!
Schon damals ahnt' ich ja, was heute klar:
Dass jene Anempfehlung sündig war,
Denn, was du schufst, o Herr, ob Gross, ob Klein,
Nur Deinem Schutz darf es empfohlen sein,
Weil Du allein Allhelfer und Allnützer,
Und Allbewahrer bist und Allbeschützer'

Ja, sündig war und irrig Jacobs Wahl
Als er der Brüder Schutze mich empfahl!
Ich aber, Herr, mich selber dir empfehl ich
Und dich, nur dich, zum Hort und Schützer wähl ich;
In Himmelshöh'n, in tiefster Brunnenspalte,
Dein bin ich, Dein! Erhalter, mich erhalte!‘
Und wieder stürzten Thränen ihm so dicht
Und blutig übers fahle Angesicht,
Dass, mitergriffen, in der blauen Ferne,
Aus Rührung überfloss das Aug' der Sterne.
Doch ungehört verhallte sein Geschrei
Und keiner jener Harten stand ihm bei;
Im Gegentheil! Dem Brunnen näher zerrten
Den hehren Dulder sie, den mitleidswerthen,
Ihn, jählings und kopfüber, in die Kluft
Hinabzuschleudern, in die finstre Gruft.
Nur Juda zeigte wieder edlen Muth;
Ins Antlitz stieg's ihm dunkelroth wie Gluth,
Ein grimmer Leu, ein trunkner Elephant,
Stürzt er auf Josef zu, und, wuthentbrannt,
‚Bewahre! so nicht‘ — herrscht er an die Bösen —
‚Bewahre; so nicht ists gemeint gewesen;
Da schlagt doch lieber gleich ihm ab den Kopf!
Noch besser wär's als dass der arme Tropf
Hirn, Hals und sonst die zarten Glieder alle
Zerschmettere im fürchterlichen Falle.
Doch nimmer duld' ich so entmenschte Weise;
Darum, hinunter senkt ihn, leise, leise,
Und, ist er unten, sei er Gott befohlen,
Der mag dann selber seine Seele holen;
Was kümmert's euch? nicht ihr habt es zu tragen;
War's doch nicht eure Hand, die ihn erschlagen!‘ —
Und so geschah's! Man rief nach einem Seile;
Um Josefs Hüften schlangen sie's in Eile,
Und, wie der Mond versinkt, gemach, gemach,
Sank er auch in die Tiefe, nach und nach.
Doch, weh, kaum war er in des Brunnens Mitte
Als Lewi's tück'sche Hand mit flinkem Schnitte
Das Seil zerschneidet, dass er rasch vergehe,
Zu Staub zerbröckelnd durch des Sturzes Jähe.
Jetzt aber dröhnt des Weltenherrn Befehl
Ins Ohr dem Himmelsboten Gabriel:

‚Sieh' dorten meinen Knecht in der Cisterne!
Er stürzt! Ins Wasser [1]) stürzt er! Halt' es ferne!
Zum Troste dem Erschreckten, auf der Stelle,
Mit Aetherlicht den dunklen Schacht erhelle,
Ein trocknes Plätzchen auf dem nassen Grund
Bereit' ihm, Wohlduft hauche in den Schlund,
Dem Müden einen Teppich, weicher, bunter
Als Edens Wiesenteppich, breite unter,
Mit Früchten, wie des Paradieses Tische
Sie schmücken, den Verschmachtenden erfrische,
Ein Kleid aus Himmelstoff dem Nackten spende,
Dann künd' ihm: Deine Prüfung naht dem Ende;
Drei Tage noch verharre wo du bist,
Mit Fassung trage diese kurze Frist;
Dann aus des Brunnens Tiefe dich befrei' ich,
Monarchenranges Höhe dir verleih' ich,
Ein Diadem, dem Monde gleich erhaben,
Und Nachruhm auf der Erde sollst du haben,
Ja, Nachruhm des Gerechtesten, des Besten,
Dein soll er sein, im Osten und im Westen,
Und als ein König und Profet daneben,
Du, meines Glaubens Krone, sollst du leben.
Vom Vater anvertraut der Brüder Pflege,
Was war dein Los? Durst, Hunger, Schimpf und Schläge,
Doch, kaum vertrautest du dich selber Mir,
O sieh, da winken Thron und Krone dir,
Ja, Thron und Krone! Denn Egyptens Thron,
Egyptens Krone geb' ich dir zum Lohn,
Und deine Brüder geb' ich dir zu Sclaven
Und was dich sonst noch freuen mag, den braven.' —
  Noch war des Ew'gen Machtwort nicht verklungen
Als schon der Engel sich hinabgeschwungen
Und — eh noch jenes Seil, von Lewi's Hand
Getrennt, zerriss — in der Cisterne stand,
Das Kind umfasste und das unverletzte,
Sanft niedergleitend, auf den Boden setzte;
Dann, wie's der Meister ihm zur Pflicht gemacht,
Mit Aetherlicht erfüllte er den Schacht;
Zugleich entstieg dem Grunde, blank und rein,
Wie keiner je, ein wunderbarer Stein;

[1]) Nach der Bibel war die Cisterne bekanntlich trocken.

Auf diesen bettete er Josef leise
Und sprach ihm Trost zu, väterlicher Weise.
u. s. w.

Das Attentat.

(Drei Jahre lang hatte Suleicha sich vergebens um Josefs Gegenliebe beworben und schon stellen sich Anzeichen der Verzweiflung und drohenden Wahnsinns bei ihr ein als sie den Besuch ihrer alten Amme und mütterlichen Freundin erhält, welcher sie ihren Kummer mittheilt, sie um Rath und Hilfe anflehend.)

Die Amme hört's, doch wundert sie sich nicht:
Sie wusste ja, dass Josefs Angesicht
Sogar der Sonne Eifersucht erregte.
Dann aber sann sie nach und überlegte,
Welch Heiltrank wohl für solche Krankheit tauge.
Und sprach hierauf: ‚Suleicha, du mein Auge.
In allen Winkeln spähte mein Verstand,
Und nun vernimm die Auskunft, die er fand:
Zwei Mittel schlag' ich vor. Dank diesen zweien
Wirst du dich rasch von deiner Noth befreien.
Das erste heisst: Gedulde noch ein Jahr;
Das zweite lautet: Nicht am Gelde spar',
Dieweil Geduld und Geld in allen Dingen
Am Ende jeden Widerstand bezwingen.'
Sie spricht's und, als Suleicha, ganz entzückt,
Ihr reichen Vorschuss in die Hände drückt,
Beruft sie ungesäumt des Landes Meister,
Baukünstler, Techniker, bewährte Geister,
Vertheilt, grossmüthig, das erhaltne Gold,
Verspricht noch weitern, hohen Ehrensold
Und lädt sie ein, ihr im Palast ein Zimmer
Zu zimmern, ein Gemach voll Pracht und Schimmer,
Nach Läng' und Breite fünfzig Fuss an Mass
Und innen ganz belegt mit Spiegelglas,
Und zwar mit Spiegeln, von des Meisters Hand
So haarscharf eng verbunden, Rand an Rand,
Dass nirgends eine Spalte oder Lücke,
Als ob sie Gott erschuf aus Einem Stücke.
Gesagt, gethan! Man fing zu zimmern an
Und schaffte rüstig nach demselben Plan,

Demselben Masse und derselben Weise
Wie es befohlen hatten jene Greise,
So zwar, dass, ehe noch verrauscht das Jahr,
Die Wunderhalle fix und fertig war.
Dann zu Suleicha sprach die Amme: ‚Du,
Der allzeit Schwestern seien Glück und Ruh!
Nun komm mit mir und schau dir an die Halle,
Darin das Steinherz Josefs kommt zu Falle.‘
Rasch wie der Windhauch flog Suleicha hin.
Sah rings umher und heiter ward ihr Sinn,
Da überall, wohin ihr Auge blickte,
Ihr eignes Huldbild ihr entgegen nickte
Und ihr die eignen Formen, eignen Mienen
Im Wiederschein noch reizender erschienen.
Und wieder sprach die Amme, die bewährte:
‚Nun aber, Herrin, theure, hochverehrte,
Zieh an ein Kleid aus Florstoff, dünn wie Haare,
Dass man den Körper durch den Stoff gewahre,
Und, so bekleidet, hier im Glasgemache,
Allein mit Josef unterm selben Dache,
An seiner Seite, schmachtend, niedersitze,
Ins Aug' ihm schleudre deiner Augen Blitze,
Und, wahrlich, wär' der Bursche vollgestaut
Mit Zucht und Tugend, wie mit Fleisch die Haut,
Und so mit Gottesfurcht und Scham durchtränkt
Wie keines Denkers Denkkraft es erdenkt,
Glaub' mir, hinwirft er Gottesfurcht und Scheu,
Wird glühen, brennen, lodern immer neu,
Dein Sehnen stillen und dein Herz entzücken,
Mit frischen Rosen deine Wüste schmücken.‘
Hierauf, an einem Tage kluger Wahl —
Beim Pharao verweilte der Gemal
Und sonst auch war kein Späherauge wach —
Trat neuerdings das Paar ins Glasgemach.
Hier schmückt die holde Frau sich abermals,
Verklärt vom Licht des eignen Schönheitsstrahls;
Vom Nacken lässt sie Prachtgeschmeide funkeln
Aus hellem Demant und Rubinen, dunkeln,
Gestein und Perle strahlt im Amulette,
Das ihr am Halse schwankt an goldner Kette,
Zwei Ringe zieren ihre Hand! Dir dünchte,
Dass Sol und Jupiter vom Himmel leuchte,

Und selbst der Füsschen Knöchel schmücken reiche
Juwelenreife, Sichelmonden gleiche.
Weitärmlig war das Kleidchen, das sie trug,
Sonst aber knapp, ja, wahrlich, knapp genug,
Und an den Leib geschmiegt so dicht und enge
Wie Hauch des Reifs ans Glas bei Winterstrenge.
Auch hatte ja die Schelmin solche Tracht
Mit Absicht ausgewählt und Vorbedacht,
Damit dem Liebsten ihrer Reize Fülle
Vom Scheitel bis zur Sohle sich enthülle.
So hüpfte sie umher im Glasgemache,
Liebäugelnd mit der Diele, mit dem Dache,
Liebäugelnd, rechts und links, nach allen Seiten
Mit ihres eignen Leibes Herrlichkeiten,
Des holden Leibes, sonder Hüll und Banden,
Wie er hervorging aus des Schöpfers Handen.
Traun, schritte sie vorbei an einer Leiche,
Ihr blosser Duft belebte neu die bleiche,
Und, säh' ein Engel sie in seinen Träumen,
Ans Herz ihr stürzt' er aus den Himmelsräumen!
Dann, schwelgend in der Schönheit Hochgefühl,
Liess sie sich nieder auf kristallnem Pfühl;
Die Amme aber schlich hinaus verstohlen,
Josef, den Herzensdieb, herbeizuholen.
Von ihr geleitet, tritt der Gottgesandte
Ins Spiegelzimmer, das ihm unbekannte,
Indessen Jene eine stille Ecke,
Jenseits der Pforte, auswählt zum Verstecke.
Verdutzt, geblendet, sieht er neben sich
Ein Wesen, das den Himmels-Jungfern glich,
Ein Antlitz, sonnengleich, so rund, so voll,
Darob aus Neid das Herz der Sonne schwoll,
Ein Augenpaar, ein schmachtendes, ein feuchtes,
Wie Kohle schwarz, ja fast noch schwärzer, däucht es,
Ein Näschen, fein gestreckt und matt wie Kreide,
Doch auch geschwungen wie des Säbels Schneide,
Zwei Wangen, weisser als ein Lilienbeet,
Mit Fliederblüthen, rosigen, durchsät,
Von Locken eine Fülle, krausen, dunkeln,
Darin Juwelen wie Gestirne funkeln,
Zwei Lippen, dass man schwankte, ob Rubinen,
Ob Kandiszucker sie verwandter schienen,

Denn süss wie Kandiszucker war die eine,
Die and're purpurroth wie jene Steine,
Ein Muttermal am obern Lippenrand —
Erblickts ein Mönch, verliert er den Verstand —
Ein Kinn — ein Apfel schien es, ohne Lüge,
Wenn erst die Sonnenscheibe Aepfel trüge —
Darin ein Grübchen, reicher an Gefahr
Als es für Josef die Cisterne war,
Ein Doppelkinn darunter, prall und rund,
Manch schweren Herzleids süssen Anfangsgrund,
Zwei Ohren, einen Hals, doch kaum erkannt,
So deckt sie Onyx, Perle und Demant,
Noch tiefer eine Brust, so silberweiss,
Dass Silber sie beneidet um den Preis,
Zugleich, wie Bergkristall, so hart und hell
Und doch so weich wie Luchs- und Zobelfell,
Zwei Kirschen drauf — Granaten würd' ich sagen,
Könnt eine Ceder je Granaten tragen —
Noch tiefer, hermelingleich, Falt' an Falte,
Von Moschus- und von Ambraduft umwallte,
Zehn Fingerchen, so blank und zart gespitzt
Als hätte Gott aus Kampfer sie geschnitzt,
Und Füsschen, zwei, die mattem Glase gleichen,
Die Sohlen, zart durchwirkt mit grauen Zeichen,
Kurz, ein Idol vom Scheitel bis zur Zeh',
Ein Schöpfungs-Kunststück, halb Huri, halb Fee,
Ein Rohr, das wandelnd geht, ein Bild, das spricht,
Den Lenz in Frauenform, ein Gotteslicht.
  Doch, weh, entschleierte das holde Weib
Zur vollen Nacktheit seinen Götterleib,
Ein Fluch für die Vernunft, Urquell der Schmerzen,
Ein Seelen-Diebstahl wär's, ein Mord der Herzen!
  Josef, der reine, prallt erschreckt zurück
Und rasch zu Boden senkt er seinen Blick.
Umsonst! auch aus dem Estrich, aus der Schwelle
Strahlt wieder jener Schönheitsmond, der helle.
Da dreht er sich, erröthend, nach der Wand,
Wo aber ebenfalls Suleicha stand;
Wie er sich wende und wohin er schau,
Tritt auf ihn zu das Bild der süssen Frau;
Da blickt er aufwärts nach des Saales Decke;
Doch hier auch nickt ihr Bild aus jeder Ecke,

Rechts, links, vorn, hinten, oben, unten, immer
Umleuchtet ihn Suleichas Schönheitsschimmer,
Als ob das menschliche Geschlecht, das ganze,
In dieses Weib verkörpert, ihn umtanze.
  Da hält er inne, weil sein Kopf sich dreht,
Und leise murmelt er ein Stossgebet,
Dieweil Suleichas Herz im Busen laut
Vor Wonne pocht, da sie den Liebsten schaut;
Aufspringt sie, glühend, Tulpen gleich, aus Lust,
Fliegt ihm entgegen, reisst ihn an die Brust,
Drückt fest und fester an ihr Herz den Süssen,
Bedeckt ihm Wangen, Stirn und Aug' mit Küssen
Und zieht ihn, schmeichelnd, nach dem Pfühl zurück,
Indem sie lispelt: ‚Josef, du mein Glück,
O du, der Frieden mir und Ruhe stahl,
Seit ich ins Aug' dir sah zum ersten Mal,
Dein bin ich, dein, ja dir, trotz aller Welt,
Verkauft als Sclavin, wenn auch nicht für Geld,
Und, stillst du meiner Seele Drang und Sucht,
Und bringst zur Reife meiner Wünsche Frucht,
Auf einen Thron, hoch wie der Mond, dich heb' ich,
Als Magd die Sonne dir zu eigen geb' ich!
Wo ist ein Zweiter, der mit neunzehn Jahren,
Wie du, du Glückskind, solche Gunst erfahren?!'
  In Josef's Brust, wie gift'ger Nebel, schwillt
Empor die Gier. Vernunft wirft hin den Schild;
Mannheit, wie eine Flamme, eine rasche,
Loht auf und brennt sein Schamgefühl zu Asche.
Schon nestelt er, von wilder Gluth erfasst,

. . . .

Da plötzlich scheint's als ob aus einer Ecke
Des Saals ein Arm sich ihm entgegenstrecke,
Auf dessen Hand geschrieben diese Worte:
‚Das Auge Gottes wacht an jedem Orte.'
Der Jüngling liest die Schrift; doch, lustbefangen,

. . . .

. . . .

. . . .

Doch nun, o Wunder, steigt dieselbe Hand
Am selben Arme wieder aus der Wand;
Allein die Schrift auf ihrem Rücken hiess:
‚Für Sünder ist kein Raum im Paradies.'

Und wieder liest sie Josef; doch vergebens!
Ihn bannt die Lust, trotz allen Widerstrebens,
Vergebens kämpft er mit dem Drang, dem bösen,

. . . .

Doch nun erbarmt sich sein des Weltalls Meister.
Ein Wink! und der vertrauteste der Geister,[1])
Vermummt in Jacobs rührende Gestalt,
Erscheint im Saale, macht vor Josef halt,
Und spricht zu ihm: ‚O Sohn, du Schatz und Blüthe
Der Einsicht, vor der Hölle Pfuhl dich hüte!
Die Ehre deines Vaters gibst du preis
Und zu erröthen zwingst du mich, den Greis,
Doch, eh ich deinethalb erröthe, hör' es,
Noch lieber fluch ich dir, bei Gott, ich schwör es.‘
Diess wirkt! Der Vaterstimme theurer Laut,
Die lieben Züge, die er wieder schaut,
Erfüllen Josefs Herz mit Scham und Reue
Und, rasch ermannt, stürzt er hinaus ins Freie.
So, dank des Allerbarmers Huld und Huth,
Ward er gerettet aus der ew'gen Gluth,
Ward keiner der Verworfenen, Verlor'nen,
Blieb Einer der Erwählten und Erkor'nen.

Josefs Rechtfertigung.

Doch, während Josef so, dem Netz der Sünde
Entschlüpfend, fortschoss, flüchtig gleich dem Winde,
War ihm Suleicha nachgeeilt. Sie fasst
Am Kleide ihn, in toller Liebeshast;
Es reisst! Ein Fetzen bleibt ihr in der Hand —
Da, plötzlich, — o des Zufalls Laune! — stand,
Als hätt' auch ihn ein Windstoss hergeweht,
Im Saale der Regent.[2]) Aus Schreck vergeht
Die Frau beinah'; doch fasst sie sich geschwind
Und, list'gen Sinnes wie die Weiber sind,
‚Mit diesem Burschen, theurer Herr Gemal,‘
— So kreischt sie — ‚traft ihr eine saubre Wahl!
Wie eine Mutter hab ich ihn gepflegt,
Ja mütterlich gehätschelt und gehegt,

[1]) d. i. der Erzengel Gabriel.

[2]) Nämlich: Putiphar, Suleichas Gemal.

Und nun — o hört — zur Sünde mich versuchte
Der Undankbare, Schändliche, Verruchte.
Im Schlummer lag ich, Augen und Gefühl
Betäubt; da schlich er sich an meinen Pfühl
Und griff nach mir, so heiss, der freche Junge,
Wie nach dem Wachs der Kerzenflamme Zunge!
So war's — und nun, nun räche mich, Regent,
Wo nicht, sind wir geschieden und getrennt;
Jetzt auf der Stelle strafe diesen Frechen,
Der mich versucht, die Treue dir zu brechen,
Zu Peitschenhieben, Fesseln und Gefängniss
Verdamm ihn und zu jeglicher Bedrängniss.' —
Betroffen hörts der Fürst; ihm wallt das Blut,
Auf Josef schiesst er einen Blick der Wuth
Und herrscht ihn an: ‚Gewissenloser Wicht,
Bist du von Sinnen und bedenkst du nicht,
Dass hierlands ich der Herr bin, dich zu richten,
Durch Schwerthieb oder Strang dich zu vernichten?!'
Der aber spricht zurück: ‚Bei Gott, dem Herrn,
Hier diese Hand blieb jenem Frevel fern;
Nicht ich hab' mich der Herrin zugesellt,
Nein, sie, die Herrin, hat mir nachgestellt,
Ja sie, die Herrin, plante diese Sünde,
Verlockte mich in dieses Unheils Gründe,
Rief selbst, voll Arglist, mich hierher — und nun
Schiebt sie mir Armen zu ihr böses Thun!
Doch hab ich einen Zeugen ihrer Tücke,
Und zwar in nächster Näh, zu meinem Glücke;
Dort, jenes Wickelkind in seiner Wiege
Mein Zeuge sei's! Befrag es ob ich lüge.'
‚Sinnloser Thor' — fällt ihm der Fürst ins Wort —
‚Ist dir aus Schrecken das Gehirn verdorrt,
Wie, Bursche, oder höhntest du mich gern
Und triebest kecken Spott mit deinem Herrn,
Dass du ein Wiegenkind beschwörst als Zeugen
Und so dir schmeichelst, meinen Zorn zu beugen?!
Das Kind, das weder Urtheil hat noch Sprache,
Wie soll es Zeuge sein in deiner Sache?!'
‚Der Gott' erwidert Josef, ‚der die Geister
Erschuf, der Welt und sieben Himmel Meister,
Hat auch die Macht, zur Steuer wider Böse,
Dass er dem Säuglinge die Zunge löse;

Befrag ihn immerhin, und dann mit Ehren
Entlaste des Verdachtes mich, des schweren.' —
Ans Wiegenbett tritt der Regent heran,
Zum kaum gebornen Kind der reife Mann,
Und ruft ihm zu: ,O Säugling, höre mich
Und, wenn du reden kannst, belehre mich:
Von diesen beiden wer hat falsch gesprochen,
Die Frau, der Bursch, wer hat die That verbrochen?!'
Da schliesst — o siehe Gottes Allgewalt —
Das Wiegenkind die Lippen auf und lallt:
,Entstammt das Tuchstück in Suleichas Hand
Dem Vordertheil aus jenes Mann's Gewand,
Trägt Er die Schuld; doch, stammt es aus dem Rücken,
Lass keinen Argwohn deine Seele drücken;
Befreit ist Josef von Verdacht und Schmach,
Und List und Trug was jene Holde sprach.'
Erstaunt vernimmt der Hausherr diesen Spruch,
Neugierig greift er nach dem Stückchen Tuch,
Prüft es genau, und bald ist's ihm gewiss:
Im Rückentheil des Rockes klafft der Riss.
Da fasst ein Schwindel ihn; erst wird ihm flau
Und seinem Auge scheint die Sonne grau;
Dann aber bricht er los und schimpft und schilt
Und, was zuvörderst nur der Gattin gilt,
Ausdehnt er's, ob der Niedertracht der Einen,
Aufs ganze Frauenvolk, im Allgemeinen;
,Fluch' — ruft er — ,Fluch den Weibern, Fluch und Schande
Der grundsatzlosen, liederlichen Bande,
Die alles Unheil in die Welt uns brachten,
Denn Lug und Trug ist all ihr Thun und Trachten!' —
Suleichen bangt's, sie überkommt's wie Scham,
Dass sie so frevelntlich sich übernahm;
Doch hebt sie flugs in andrer Tonart an
Und schreit: ,Merkst du denn nicht, du blöder Mann,
Dass dieser Bursche hier ein Hexenmeister,
Der, was ihn freut vollbringt durch seine Geister?!
In trocknes Land verwandelt er die Fluth,
In kühle Fluth des Feuers heisse Gluth,
Und, dass der Säugling solchen Unsinn schwätzt,
Durch schwarze Künste hat er's durchgesetzt;
Doch eher wird mein Demantschmuck zu Kies
Eh durch den Gaukler ich mich täuschen liess'!

Du freilich, hoher Herr, wie allbekannt,
Hast Herz und Sinn seit lang mir abgewandt
Und diesem bösen Zaubrer dich verbunden,
Ihn trefflicher als alle Welt gefunden;
Ich aber duld' es nicht, dass solch ein Knabe,
Den ich erzog, den Ruf mir untergrabe,
Und, schein' er dir ein Guter oder Schlimmer,
Mir ist er fremd, von nun an, und für immer!" —
Verlegen horcht ihr der Regent. Ein Schwanken
Ergreift ihn, tief versinkt er in Gedanken,
Unschlüssig, wie der Zwiespalt zu entscheiden
Und welcher Theil im Rechte sei von beiden;
Nicht Josef will er schädigen; beileibe,
Doch auch nicht Unrecht geben seinem Weibe,
Dass nicht der Gattin und Regentin Schande
Zur Fabel werde im Egypterlande;
Auch Josef säh' er gerne alles nach,
Zumal der Säugling ihm zu Gunsten sprach.
Allein, was thun?! Sein Stolz, des Hauses Ehre
Gebieten, dass er wider ihn sich kehre.
„Schamloser Wicht" — herrscht er ihm, grimmig, zu —
„Ehrbarer Frauen Namen schändest du,
Hast auf der Lüge Irrweg dich verrannt
Und fielst in Netze, die du selbst gespannt;
Und doch, und doch, verzeih ich deiner Jugend,
Lenkst du, bereuend, wieder ein zur Tugend,
Wenn aber nicht — dann stirbst du, und dein Namen
Wird ausgetilgt aus der Lebend'gen Rahmen."

u. s. w.

Die Pomeranzen.

(Vergebens hatte der Regent [Putiphar] versucht, seine Frau schuldlos erscheinen zu lassen. Seine und Suleichas zankende Stimmen waren durch die Thüren des Spiegelsaals gedrungen. Die Dienerschaft des Palastes schöpfte Argwohn)

Und nur zu bald ward das Geheimniss kund
Und schwirrte durch die Welt, von Mund zu Mund.
„Suleicha, des Regenten Frau" — so hiess es —
„War ein Juwel; doch unecht sich erwies es;
Hingab die Arge sich dem eignen Knechte,
So Leib als Seele schändete die Schlechte;

Ja wohl, den Sclaven liebt sie — o der Schande —
Zur Fabel ward sie im Egypterlande
Und, sonst ein Musterbild an Zucht und Adel,
Hat nun ihr Adel sich verkehrt in Tadel,
Ein böser Geist hat sie verlockt, Verstand,
Besinnung, Geist und Herz ihr umgewandt,
Dass sie, der Schmuck, die Zierde aller Kreise,
Den Knecht sich auserkor in solcher Weise
Und, ohne Rücksicht auf des Gatten Ehre,
Sich selber preis gab und sein Haus, das hehre.'
So zischelte die Menge schadenfroh,
Und namentlich die Frauen sprachen so. —
Auch zu Suleicha drang die böse Kunde;
In Safrangelb verwandelte zur Stunde
Sich ihrer Wangen helle Rosenfarbe,
In fahles Stroh die frische Blumengarbe;
Aus Zorn und Angst, wie eine böse Schlange,
Aufbäumte sich die Zitternde, die Bange,
Und sann auf Rache. Aber welche wählen?! —
Nun, wie sie wählte, lasst es euch erzählen:
Eilboten sendet sie, auf allen Pfaden,
Der Stadt ehrbarste Damen einzuladen,
Entbietet gnädig sie in den Palast
Und ladet huldvoll sämmtliche zu Gast.
O reizendes Gewühl, o holde Schar,
Schön wie der Mond, ja schöner noch sogar!
Den schlanken Wuchs von Schleiern überdeckt,
Davon ein jeder einen Schatz versteckt,
In Röckchen, doppelfarbigen, aus Seide,
Halb rosenroth, halb weiss wie Moschusweide,
Stolzirten sie einher. Fürwahr, wenn Feen
Sie schauten, würden sie aus Neid vergeh'n!
Dabei — versteht sich — war im ganzen Kreise
Nicht Eine die, wenngleich nur leise, leise,
An Schmelz der Haut und Zierlichkeit der Lende
Sich selbst nicht schöner als die Hausfrau fände.
  Suleicha, gastfrei und voll edler Sitte,
Nimmt selber Platz in der Gelad'nen Mitte
Und, höflich drängend, dass man sich bediene,
Legt sie vor Jede eine Apfelsine,
Auch, sie zu schälen, reicht sie einer Jeden
Ein Messer, und führt ruhig fort zu reden. —

Indessen, im Gemache nebenbei,
Hold wie des Paradieses Flur im Mai,
Aus Edens Bildersaal ein Meisterstück,
Harrt Josef, schlau entzogen jedem Blick.
Jetzt aber, als die Kosenden am Tische
Die Messer setzen an die Frucht, die frische,
Jetzt winkt Suleicha — und, auf ihr Geheiss,
Tritt rasch der Jüngling in der Frauen Kreis,
Die Wangen strahlender als Siegsstandarten.
Sprachlos und kaum der Sinne mächtig, starrten
Die Damen hin, und solcher Schönheitsglanz
Umleuchtet ihn, dass sie, geblendet ganz,
Hand und Orange nicht mehr unterscheiden.
Statt in die Frucht, sich in die Finger schneiden
Ja selbst — so schwelgt ihr Auge im Betrachten —
Den Schmerz nicht fühlen, noch des Blutes achten. —
Da zeigt Suleicha auf die rothen Wellen,
Die reichlich aus den wunden Fingern quellen,
Und, während Jene stumm die Köpfchen senken,
Der eignen Schwäche reuevoll gedenken,
Und Jede sich, noch zweifelnd, frägt, ob ihnen
Ein Engel oder Adamssohn erschienen.
‚Ein Engel, meint ihr, sei der Junge hier' —
Ruft sie frohlockend — ‚und ihr traft es schier!
Nun aber stellt auch ein die bösen Reden
Und seinethalb hört auf mich zu befehden,
Denn, seht, nur Ein Mal habt ihr ihn erblickt,
Und schon sind Herz und Hände euch zerstückt;
Ich aber seh' ihn täglich und seit Jahren
Und sollte meines Herzens Ruh bewahren,
Nicht lieben ihn, vor dessen Wangenglut
In Asche schmelzen Glaube, Scham und Muth,
Nicht lieben ihn, ihn, dessen Jugenddüften
Kein Leichnam widerstünde in den Grüften?!'

Schluss des Buches.

Als Jacob nun, wie's in der Sage heisst,
Dem Schöpfer rückgegeben seinen Geist,
Regierte Josef sechzig Jahre noch
Als grosser König, starken Armes. Doch
Für ihn auch schlug die Stunde, die gewisse,
In der ihm kund ward, dass er scheiden müsse.

Er und sein Weib, am selben Tag verschieden,
Im selben Grabe ruhen sie im Frieden.
Dann herrschten Andere noch lange Zeit
Und übten Tugend und Gerechtigkeit,
Ein Weilchen schwelgend in des Throns Genusse;
Doch sie auch stiegen in die Gruft am Schlusse,
Und Jeder, Jeder hat zuletzt erblickt
Des Todes schaurig finsteres Edict,
Denn also fügt's des Ew'gen Will' und Laune
Seit Adam bis zur Weltgerichts-Posaune.

Prolegomena zu einer babylonisch-assyrischen Grammatik.

Von

Dr. C. Bezold.

Ich beginne mit der Erörterung von Fragen über den Zweck, Umfang und die Einrichtung einer von mir aus dem Rahmen eines Collegienheftes herausgearbeiteten neuen babylonisch-assyrischen Sprachlehre, über die Methode der in derselben geführten Untersuchungen und das Verhältniss der Schrift zu ihren Vorgängern. In zwei Punkten darf ich wohl gewiss voraussetzen, dass man mir rückhaltslos beistimmen wird, ich meine hinsichtlich der Berechtigung eines solchen Unternehmens, relativ und absolut betrachtet. Eine ‚Grammatik' der assyrischen Sprache im gewöhnlichen Sinne des Wortes lässt sich ja zur Zeit gewiss noch nicht geben, sondern wohl lediglich ‚eine Aufzählung aller für die Feststellung der Grammatik nur einigermassen wichtigen Formen, die in den verschiedenen Texten angetroffen werden'.[1]) Immerhin aber scheint mir jetzt, nachdem in der Publication des grossen englischen Inschriftenwerkes ein gewisser Ruhepunkt eingetreten ist, nachdem über manche der wichtigeren historischen Texte Specialarbeiten erschienen und die sogenannten Syllabare, soweit sie das Semitisch-Assyrische betreffen, grossentheils zugänglich gemacht, die zugänglichen fast alle mehr oder minder genau durchforscht sind, nachdem

---

[1]) P. Schröder, Die phönicische Sprache, S. V.

ferner, Dank den Bemühungen Pater Strassmaier's ein genauerer Einblick in die fast unzähligen Kaufcontracte ermöglicht, Dank denen M. de Sarzec's über die Texte Altbabyloniens neues Licht verbreitet ist, nachdem endlich — und dieser letzte Punkt dürfte von besonderer Wichtigkeit sein — die Unruhe der ersten Entzifferungsarbeit einem emsigen, aber ruhigeren, fast stillen Ausbauen Platz gemacht hat und eine Reihe junger Kräfte ihr Bestes daran setzen möchte, philologische Vertiefung mit gegenseitiger Controle zu paaren, — ich sage: immerhin scheint mir jetzt der Zeitpunkt einer Zusammenfassung des grammatischen Materials nicht mehr verfrüht zu sein.

Auch relativ, gegenüber den früheren derartigen Arbeiten, befinden wir uns aus den angeführten Gründen in verhältnissmässig günstiger Lage. Seit unseres allverehrten Altmeisters J. Oppert bahnbrechenden grammatischen Untersuchungen in der ‚Expédition' und der ersten Auflage seiner ‚Grammaire assyrienne', seit dann Eb. Schrader der deutschen Gelehrtenwelt die Mittel an die Hand gab, auch die grammatischen Deductionen der älteren Assyriologen zu controliren und endlich Paul Haupt die assyrische Formenlehre begründete, sind nach und nach eine ganze Menge von Fragen an uns herangetreten, theilweise wohl auch der Lösung nahe und näher geführt worden, ohne dass der Nichtassyriologe in den Stand gesetzt wäre, sich über das grammatische Gesammtgefüge hinreichend zu informiren. Diese Lücke auszufüllen gilt es mir in erster Linie. Erst in zweiter will zugleich auch dem Anfänger gedient sein, der sich mit den hauptsächlichsten semitischen Sprachen einigermassen vertraut zu machen wünscht und dabei das Assyrische zwar keineswegs in den Vordergrund drängen, aber doch auch nicht völlig ausschliessen will.

Ich möchte mir nun im Folgenden erlauben, in der Form kategorischer Sätze meine An- und Absichten hinsichtlich der Methode und Einrichtung eines solchen Buches mitzutheilen, wobei ich mit der Bitte um gütige Nachsicht die weitere verbinde, diese Sätze als Einzelfragen betrachten zu wollen, für deren frühere oder spätere Beantwortung ich zu aufrichtigem Dank verpflichtet wäre.

Grundbedingungen sind mir Vollständigkeit des benutzten und Sicherheit des gebotenen Materials.

In Betreff des publicirten Materials empfiehlt sich bis auf weiteres die in meiner ‚Babylonisch-assyrischen Literatur' befolgte Scheidung der historischen, d. i. hier mehr oder weniger genau datirbaren Texte von den nichthistorischen, innerhalb der historischen Inschriften thunlichst chronologische Anordnung im einzelnen. Insbesondere ist das Augenmerk auf das jeweilig erstmalige Auftreten einer Form, z. B. gewisser Längenbezeichnungen, von Mîmmation, Statusconstructus- und präfixreichen Verbalbildungen und vom Ueberhandnehmen der phonetischen Schreibweise über die historische gerichtet; dabei wird in praktischer Hinsicht der Grundsatz befolgt, innerhalb der Gruppe von Inschriften eines und desselben Königs wörtlich gleichlautende Stellen niemals unter doppelten Citaten anzuführen, wie bisher fast durchwegs in gewissen Fällen geschehen: ein Beispiel aus Assurnasirpal Monolith rev. 28 ff. allein oder aus Layard, inscr. 84, E allein oder aus beiden nebeneinander belegt, erweckt immer den Eindruck, als habe man es hier mit zwei verschiedenen Texten zu thun, was thatsächlich durchaus nicht der Fall ist. Das nichthistorische Material ist bis auf weiteres encyclopädisch geordnet, die poetischen Stücke voran, die national-grammatischen zuletzt. Ausgeschlossen ist grundsätzlich kein Bestandtheil der Literatur. Jede grammatisch vereinzelt dastehende Form, sofern sie sicher steht, ist als grammatisches Hapaxlegomenon mit einem Kreuzchen versehen, wie z. B. zur Zeit *kâkabu* ‚Stern' mit ausdrücklich bezeichnetem langen Vocal nach dem ersten Radical. Von unpublicirtem Material werden nur ausnahmsweise wichtige Schreibweisen erwähnt, aber niemals ohne Beifügung der genauen, alle Controle ermöglichenden Transcription des ganzen um sie gruppirten Satzes oder Satzfragmentes in einer Note.

Die Sicherheit der Deutung der einzelnen Formen und Kategorien ist im Allgemeinen auf die Verlässigkeit der Textpublicationen, die Menge der beigebrachten Beispiele und die relative Vollständigkeit unseres Verständnisses derselben basirt. Natürlich gelten nur im Originaltext und zwar mit den Originalcharakteren (hieratischen, neubabylonischen etc., und nicht etwa in sogenannter neuassyrischer Transcription) wiedergegebene Inschriften, die durch Collationen oder aus inneren Gründen die Anzeichen der Correctheit tragen, als absolut brauchbar. Aus dem Zusammenhange unedirter Inschriften gelöste Worte oder Phrasen (man denke an das in meiner Zeitschrift 1886, 69 beleuchtete *kirubu*) sowie Belege, deren Form zwar festzustehen scheint, deren Bedeutung aber annoch dunkel, wie z. B. *šurbû* in der bekannten Serienüberschrift der Beschwörungsformeln und so viele Worte mancher der sogenannten Izdubarlegenden sind irgendwie, etwa durch den Einschluss in Klammern gekennzeichnet. Trotz alledem ist freilich hier dem Ermessen des Einzelnen vieles anheimgestellt, und Irrthümer in allen Fällen vor der Hand kaum ganz zu vermeiden.

Auf der Grundlage dieser beiden Stützpunkte, auf der Vollständigkeit und grösstmöglichen Verlässigkeit des Materials, erhebt sich das grammatische Gebäude in der Weise, dass dasselbe als fertiger, feststehender Bau seine Genesis zwar nicht verkennen, aber doch niemals in den Vordergrund treten lässt. Ich betrachte mit anderen Worten die babylonisch-assyrische Sprache von vornherein als eine solche, deren Schriftelemente im wesentlichen entziffert sind, als eine semitische Mundart, die sich in gewissen Eigenthümlichkeiten mit den bisher bekannten nordsemitischen, in anderen mit den südsemitischen berührt, und nicht etwa genetisch als eine so gut wie noch unentzifferte Schriftsprache, deren Lautbestandtheile erst festzustellen sind. Im letzteren Falle müssten wir zunächst jeden einzelnen Vocal und Consonanten an der Hand der dreisprachigen Inschriften durchnehmen, wie ich dies für die Consonanten in der Vorrede zu meiner Ausgabe der Achämeniden-Inschriften versucht habe; wir müssten auf Grund der Reflexe persischer, griechischer, hebräischer und ägyptischer Eigennamen das Wesen der Sprache und die Eigenart des Schriftsystems untersuchen und würden dadurch keine anderen Resultate als die längst bekannten erzielen, andererseits aber gezwungen sein, das grammatische System völlig zu vernachlässigen, was aus praktischen Gründen unzulässig erscheint.

Ich gedachte vielmehr zunächst einleitungsweise eine Betrachtung der Quellen, Hilfsmittel und Methode bei der Erlernung der Sprache vorauszuschicken, daran eine kurze Entzifferungsgeschichte derselben zu knüpfen, ferner die geographischen und historischen Grenzen der Sprachen zu ziehen und die Bedeutung, den Umfang und die Eigenart ihrer Literatur zu würdigen, endlich die Verwandtschaftsgrade des Assyrischen mit den übrigen semitischen Idiomen, die einzelnen Characteristica, dialectische Varietäten, etwaige schulmässige Fixirung der Sprache u. s. f. zu beleuchten.

Daran schliesst sich als erster Haupttheil die Schrift- und Lautlehre, beginnend mit der Darlegung der Form, des Wesens und der Entstehung der babylonisch-assyrischen Schrift. Hierbei bedingt die Aufzeigung der Thatsache der Uebertragung des ursprünglich wohl nicht semitischen Schriftsystems auf eine semitische Sprache eine ausführliche Auseinandersetzung ‚über die Zweckmässigkeit und Unzweckmässigkeit‘ dieses Systems für das Babylonisch-Assyrische, woran sich eine Reihe von ‚praktischen Winken und Regeln zur Lesung der Keilschrift‘ schlossen. Eine kurze Betrachtung des Zahlen- und Ziffernsystems beschliesst die Schriftlehre.

Die Lautlehre, in der sich unsere annoch mangelhafte Kenntniss des Assyrischen besonders fühlbar machte, ist mir trotz der äussersten Beschränkung zu bedeutendem Umfang angewachsen; gegenüber den zweieinhalb Druckseiten, welche darauf Professor Lyon in seinem jüngst erschienenen ‚Assyrian Manual‘ verwendet hat, dürfte sie etwa vier Druckbogen beanspruchen. Natürlich leidet sie ganz besonders darunter, dass wir nur sehr spärliche und vereinzelte indirecte Andeutungen über die traditionelle Aussprache besitzen. Als Hauptsätze ergaben sich, dass das Babylonisch-Assyrische der Denkmäler eine weitentwickelte Sprache ist. Der Lautbestand beschränkt sich auf 24 in der Schrift wirklich unterschiedene Elemente, drei kurze, ebensoviel lange Vocale und 18 Consonanten. Weder die Existenz der Halbvocale $\underset{\frown}{i}$ und $\underset{\frown}{u}$ noch die einer Affrication der בגדכפת ist bis jetzt ausreichend zu beweisen, von Diphthongen keine Spur vorhanden. Sogenannter hamzirter Vocal im Inlaut, der frühe verloren sein **kann**, wird angedeutet. Die Verdoppelung der Consonanten liesse sich in der Schrift wiedergeben, ohne dass die Doppelschreibung immer diese Function bedeuten muss. — Wie sich zeigt, müssen wir uns hier wie in der ganzen Darstellung der Lautverhältnisse gar häufig mit Regeln in **negativer** Fassung zurechtfinden, von denen ich dem ersten Theil des die Vocale behandelnden Abschnittes hier beispielsweise zwei weitere entnehme, nämlich 1. die assyrischen Schreiber bringen fast nie da einen langen Vocal zum Ausdruck, wo wir einen kurzen erwarten, und 2. es lässt sich nicht beweisen, dass das Babylonisch-Assyrische Formen wie فُعْل besessen hat.

Während ich in den Kapiteln vom Ausdruck der Laute (wie auch fast in der ganzen Formenlehre) alle sprachvergleichenden Reflexionen in Zusatzform bringen konnte, musste sich natürlich der Abschnitt über die Entstehung der babylonisch-assyrischen Vocale, über die Reinerhaltung der langen, über lange Vocale in geschlossener Silbe, Monophthongisirung ursprünglicher Diphthonge, über die sechs Arten von Veränderungen ursprünglich kurzer Vocale und über Abfall und Neubildungen von Vocalen vornehmlich sprachvergleichend gestalten.

In derselben Weise wie das der Vocale gelangt sodann das Consonantensystem zur Besprechung, das mit einer Ausnahme dasjenige der älteren sogenannten nordsemitischen Dialecte ist und keinen Grund zu der Annahme bietet, dass sich das Assyrische durch bedeutend abweichende Aussprache der Consonanten von denen der übrigen semitischen Sprachen unterschieden habe. Die erwähnte Ausnahme bilden die beiden Kehlhauchlaute, durch welche die Sprache ähnlich wie das Mandäische und verschiedene andere aramäische Dialecte, in gewisser Hinsicht ja auch das Aethiopische, einen eigenthümlichen Lautcharakter erhalten hat.

Selbstverständlich bestrebte ich mich auch hierbei immer möglichst, dem bisher noch nirgends scharf genug betonten Unterschiede Rechnung zu tragen, ‚der besteht zwischen dem empirisch aus der Vergleichung der einzelnen Silbenzeichen gefundenen Lautbestand der assyrischen Schriftsprache der Denkmäler und dem sprachwissenschaftlich ponirten Lautbestand, welcher aus der Vergleichung der einzelnen Laute mit den entsprechenden der Schwestersprachen und der Zurückführung der Laute auf ihre Vorfahren resultirt'.[1])

Wiederum auf sprachvergleichender Grundlage, aber mit Ausschluss aller Lautveränderungen lexikographischer Art, die ausserhalb des babylonisch-assyrischen Sprachgebietes vor sich gegangen sein mögen, beruht die Darstellung des consonantischen Lautwandels, von welcher ich beispielsweise zur Veranschaulichung der Fassungsweise der einzelnen in Betracht kommenden Regeln die Hauptsätze (unter Weglassung aller Citate von Belegen und Vorarbeiten) hier zusammenstelle:

1. Die dentale Tenuis assimilirt sich theilweise einem ihr vocallos unmittelbar vorhergehenden emphatischen, wahrscheinlich auch dem medialen Gaumenlaut sowie auch den Nasalen *m* und *n* und wird zum emphatischen, respective medialen Dental. — Der vocallose mediale Dental assimilirt sich folgender dentaler Tenuis. Letzterer Satz ist aus graphischen Gründen nicht stricte zu beweisen, aber wahrscheinlich durch syr. *ettâ, îtô* ‚Kirche', *'ebatt* ‚du thatest' u. s. f.

2. Vocallosem Dental oder Zischlaut unmittelbar folgendes *š* geht in *s* über, dem sich der Dental oder Zischlaut assimilirt.[2])

3. Wenn auf einen vocallosen Zischlaut unmittelbar ein Dental folgt, so sind zweierlei Fälle möglich, ohne dass bis jetzt festgestellt werden kann, wann der eine oder der andere den Vortritt hat: entweder assimilirt sich der Dental dem Zischlaut, wobei wie sub 2 *š* in *s* übergeht, oder der Zischlaut geht in *l* über.

---

[1]) Oesterr. Monatsschr. f. d. Orient, 1886, S. 132.

[2]) Eine Analogie bietet Spitta, Gramm. S. 11, a, d.

4. Die Lippenlaute assimiliren sich ganz oder theilweise unmittelbar folgendem Zischlaut oder Nasal. Wenn die Form *iṣṣuru* ‚Vogel‘ auf babylonisch-assyrischem Sprachgebiete entstanden ist, so scheint in diesem vereinzelten Falle regressive Assimilation vorzuliegen.

5. Betreffs des Lautwandels der assyrischen Liquidae kann man bis jetzt ebensowenig von Lautgesetzen sprechen wie bei den übrigen semitischen Sprachen. Wir versuchen desshalb nach dem Vorgange Nöldeke's in seiner mandäischen Grammatik die hierhergehörigen Lautveränderungen einfach aufzuzählen:

a) ‚ein unmittelbar vor einem *b* stehendes *n* wird, wie so ziemlich in allen genauer bekannten semitischen Sprachen, in der Aussprache stets zu *m* geworden sein. Die Schrift bezeichnet diesen Uebergang aber nicht immer‘;[1])

b) durch eine Art von Assimilation wird *md* zu *nd* in folgenden Beispielen (folgen die Beispiele); in ähnlicher Weise wird in gewissen Fällen *mš* zu *nš* und bisweilen umgekehrt;

c) *n* wird als erster Wurzelradical einem unmittelbar folgenden Consonanten fast stets assimilirt. Auch vor dem *tu* der nominalen Femininendung verliert *n* in manchen Fällen seinen Laut. Der Imperativ Qal der Verba primae נ verliert das *n* infolge associativer Neubildungen nach den Stämmen primae א;

d) wie das Mandäische, zum Theil auch das Amharische, so liebt es auch das Assyrische, gewisse Doppelconsonanten durch *n* mit dem einfachen Consonanten zu ersetzen. Endlich

6. Auslautendes quiescirendes א fällt ab, und der vorhergehende Vocal wird gedehnt; א mit Schwa mobile zwischen zwei Vocalen wird in vielen Fällen ‚aufgelöst‘, und die Vocale werden contrahirt; vocalloses א von einem Consonanten und א nach einem vocallosen Consonanten wird elidirt, respective assimilirt, und der entsprechende Vocal gedehnt. *ḫ* unterliegt keiner Veränderung.

---

[1]) Nöldeke, a. a. O., S. 50.

Ein Kapitel über die Betonung, welches eigentlich den Abschluss der Lautlehre bilden sollte, halte ich bis zur Stunde für ein Ding der Unmöglichkeit.

Nur in kurzen Worten will ich schliesslich noch der ziemlich umfänglichen Darstellung der babylonisch-assyrischen Formenlehre gedenken: dieselbe berechtigt uns in keiner Weise, in irgend wesentlichen Punkten von dem bisherigen Schema der modernen semitischen Sprachlehren abzuweichen. Auch im Assyrischen führen wir die Wortstämme auf Wurzeln zurück, denen wir, sei es den einfachsten Bildungen dreier Radicale, sei es andererseits mehrradicaligen die sogenannten Primitivnomina und die nachweisbaren sogenannten Secundärbildungen verbaler Natur beigesellen. Beginnend mit den durch die Eigenart der Literatur nur spärlichst vorhandenen, isolirt stehenden Interjectionen treten wir von da an die theilweise complicirte Häufung deiktischer Bildungselemente in den von der Triliteralität abnormen Pronominibus. Diese bilden uns gleichsam die Vorstufen zu den regelmässigen Nominalbildungen, die ihrerseits auch im Babylonisch-Assyrischen so ziemlich alle Elemente zur Bildung der nach ihnen behandelten Verba aufweisen. Die Zahlwörter und die Adverbien mit den Unterabtheilungen der Präpositionen und Conjunctionen beschliessen das Ganze. Als schwache Wurzeln gelten überall nur die, welche mit נ anlauten oder א unter ihren Radicalen haben, sei dieses nun consonantischer oder vocalischer Natur. Sogenannte Wurzelnuancen bei starken und Wurzelvariationen bei schwachen Wurzeln sind in das Gebiet der babylonisch-assyrischen Lexikographie oder der vergleichenden semitischen Grammatik verwiesen.

Die besprochene Laut- und Formenlehre, deren Beispiele ich etwa zu zwei Drittel selbst gesammelt habe, ist seit längerer Zeit zu einem gewissen Abschlusse gediehen. Hingegen bleibt in der Syntax, die von verschiedenen Punkten zugleich in Angriff genommen wurde und an Umfang der Formenlehre kaum nachstehen dürfte, noch viel zu thun übrig. Ich hoffe indessen, wenn anders die Kräfte ausreichen, noch Ende kommenden Jahres mit dem Druck des Ganzen beginnen zu können und wiederhole die Bitte an die verehrten Fachgenossen, mir eigene Beobachtungen, Einzelfragen u. dgl. früher oder später, sei es in der Form von Privatmittheilungen oder im ‚Sprechsaal' meiner Zeitschrift, zugehen zu lassen, deren neuestes Heft als kleine, unbedeutende Gabe unserer Versammlung überreicht worden ist.

Alcune osservazioni di lessicografia araba.

Di

Ignazio Guidi.

Gli studii lessicografici degli Arabi, sebbene non sempre conformi ai principii della odierna scienza filologica, sono pur tuttavia mirabili, ed hanno tracciato una linea ben distinta fra l'arabo classico e il posteriore. Uno splendido saggio di questi studii lessicografici si ha nel Ṣaḥâḥ, che tutti sanno di quanta stima abbia sempre goduto presso gli Arabi. Cercarono completare e correggere l'opera del Ǧauharî, i lessicografi posteriori, e nominatamente aṣ-Ṣaġânî; il quale oltre il celebre dizionario العباب, scrisse una تكملة (فى الصحاح). Altiero per indole e ingiusto nelle sue critiche, aṣ-Ṣaġânî invece di correggere i pretesi errori altrui, fu facilmente condotto a commetterne egli stesso.[1]) Gli errori di aṣ-Ṣaġânî passarono in gran parte nel Kâmûs di Fîrûzâbâdî, e così trovarono adito nei lessici recenti, come il محيط المحيط del Bustânî, il Golius, il Freytag, ecc.[2])

L'occasione a commettere simili errori era talvolta nell'imperfezione della scrittura, e talvolta nella uguale pronuncia di alcune lettere. Voglio dire che alcune lettere pronunciate in seguito e presso talune tribù come altre loro affini, hanno fatto

---

[1]) Così az-Zubaidî nel كتاب الاستدراك, talvolta corregge a torto Sîbawaihi (Sîbûye).

[2]) Sono dolente di non aver potuto consultare il جاسوس di Fâris aṣ-Šidyâq, che per giudizio del Sign. Conte Landberg, sarebbe importante per il soggetto di cui ragiono.

sì che parecchie parole figurassero in doppio nei lessici. Come se p. es. in un vocabolario italiano, la parola ,casa' figurasse regolarmente sotto il *C*, e poi (per cagione della pronuncia toscana) sotto l' *H* ,hasa'.

I filologi arabi hanno già notate parecchie parole, che sono registrate in antichi lessici, quantunque non siano di fatto se non errori di ortografia[1]). Reputo che di somiglianti errori ne restino tuttora nel Kâmûs e quindi in Bustânî, in Freytag ecc. Per esempio: l' espressione اسود قاحم registrata nel Kâmûs e ripetuta negli altri lessici, mi sembra errore ortografico invece del noto اسود فاحم, come قرزم sta invece di فرزم (فرزوم, ܦܪܙܘܡܐ, περίζωμα) e viceversa فرسطون invece di قرسطون. La doppia forma حبزبون e حبزبور riposa sopra una falsa lettura, poichè chi ha pratica di antichi codici sa che ر e (ز) ن si scambiano facilissimamente.[2]) La vera forma è solamente حيزبون (Ḥarîr. Maq. VII, init., in rima con زبون); l'altra che aṣ-Ṣaġânî dà come لغة della prima, è una falsa lettura di essa. La doppia forma برزق e بروق è dovuta allo scambio facile di ز (ر) e و e lo stesso Kâmûs avverte che la forma vera è بروق. Nel Kâmûs, in Bustânî, ecc. si legge جلق رأسه بجلقه جلقا حلق, nel Golius e nel Freytag: جلق rasit *(caput)*. La sola forma per questo significato è حلق; or non è raro nei mss. che il ح posto sotto un altro ح (ﺣ̤), sia così piccolo che quasi si confonda con un punto, onde il ﺣ̤ appare simile al ﺟ; da ciò è nato, io credo, il جلق per حلق, come in alcuni codici sta l'evidente errore di جٓ per حٓ.[3]) L'imperfezione della scrittura dà origine a strani equivoci nella letteratura araba, ed un curioso aneddoto a ciò relativo si legge nel Muzhir II, 198. Come già ho notato altrove, Yâqût (III, 868) menzione il castello

---

[1]) Cfr. Suyûṭî, Muzhir II, 181 (التصحيف); per il capitolo che riguarda Ǧauharî, v. il kitâb al-wišâḥ, di 'Abd ar-Raḥm. b. 'Abd al-Azîz, ε. Un simile errore par che fosse in origine la forma ايبلى; cfr. Fraenkel, Aram. Fremdw. 270, Ḥizânat al-'adab III, 241.

[2]) Da una nota in margine al Tâǧ al-'arûs s. v., si scorge che in alcuni codici leggevasi الحيزبور, e ciò conferma meglio quello che dico.

[3]) Cfr. il Muḥîṭ di Bustânî s. v. Parecchi casi simili di scambio fra ح e ﺣ̤ sono noverati dagli antichi filologi arabi, come si può vedere nel Muzhir I, 257.

فرتنى presso Merw, e poi (IV, 118) l'altro castello قرنبا pure presso Merw, il quale, come sono persuaso, non esiste punto, ma è una lettura erronea di فرتنى, فرسى. Il poeta al-Kumait[1]) ricorda in un verso la città di Beikend; Bekrî (s. قنديد) legge questo nome, per uno scambio facile nella scrittura dei codici arabi, قنديد, e ne fa una città — Kindîd — che, per quanto sappia, non ha mai esistito. Il poeta anteislamico Ḥusail b. 'Arfaṭa, da as-Siğistânî è chiamato Ḥusain, confondendo ل e ن di simile scrittura, e sostituendo facilmente il nome più comune.[2]) E negli indici d'Ibn al-Aṯîr e di altre opere, quanti nomi non occorrono due o più volte, l'una sotto la vera loro forma, e le altre sotto una forma immaginaria, dovuta ad errore di ortografia![3])

Vengo ora ad accennare qualcosa in riguardo del secondo punto. La primitiva lingua semitica dovette avere una grande ricchezza di suoni, conservatasi sopratutto nell'antico arabo che distingue: ت e ث, د e ذ, ح e خ, ع e غ ecc. Le altre lingue sorelle, qual più qual meno, hanno perduto tanta ricchezza,[4]) ma è probabile che anco nell'arabo sia accaduta qualche cosa di simile fin da antico, come vediamo accadere nel volgare,

---

1) Ṭabar. II, 1189.

2) Ḫizânat IV, 74.

3) Per questi errori o per indicazioni insufficienti, si accresce anco maggiormente il numero già sterminato delle persone menzionate dagli autori arabi, nelle storie sia politiche, sia letterarie. P. es. nell'indice del Fihrist (p. 241) si menziona un 'Abd al-Malik b. 'Abd al-'Aziz, fra le fonti di Zubair b. Bakkâr, e poi il celebre 'Abd el-Malik b. al-Mâğisûn; ora dal kit. al-Aġân, (XX, 3) appare che erano una sola persona, cf. I. Ḫallikân, n° 387.

4) È probabile che la povertà dei suoni nell'antico ebraico, arameo, ecc. non sia sempre reale, ma ci appaia così per difetto di scrittura; ח sarà stato pronunziato ora خ ed ora ح; ע ora ع ed ora غ ecc. Ma in altri casi si può credere che non fosse così; p. es. la pronuncia difficile del ض fu presto abbandonata dagli Abissini, che lo confusero con ص (ጸ = ፀ) e dagli Ebrei (צ = ص e ض), mentre gli Aramei l'indebolirono fino a un ע (in dati casi un א), analogamente a quanto è avvenuto per la difficile pronuncia di ق, sostituito, nominatamente nella Siria, da un ع o un أ. (Cfr. جَلَعَة e جَلَقَة, عرناس e قرناس? Cf. ፍርቆር = فرقور = فرقون = فرعون, Bezold, Schatzhöhle, 77.) Notevole è del resto che mentre per lo più la sibilante sostituisce la muta, nell'Amarico (Gondar, ecc.) il ጠ sostituisce il ጸ. Specialmente per quello che riguarda le gutturali, è noto quanto alcune lingue e dialetti semitici hanno perduto della primitiva ricchezza.

ove ث diviene ت o س, ذ diviene ز o د ecc. Onde è che le tracce di ciò si rinvengono anche nei lessici della lingua classica, dove per conseguenza alcune parole occorrono due volte. Frequente specialmente in parole non originarie arabe, è lo scambio di ص e س;[1]) تفروق è la pronuncia semplificata di ثفروق, come زرق lo è di ذرق ecc.[2]) Ma un caso meno osservato, se non m' inganno, è quello delle parole colle lettere ج, غ, ق, ك. Secondo le regole dei مخارج, queste lettere dovrebbero essere distinte una dall' altra, ma in fatto non è così. È noto che in alcune parti di Arabia, in Egitto ecc. ecc., il ق si pronuncia, come *g*; questa pronuncia, uguale o simile a quella di cui ragiona Ibn Ḫaldûn,[3]) è certamente antica e seguita da molte tribù arabe; ne consegue che ق era simile per la pronuncia a quella originaria di ج. Pertanto queste lettere ج, غ, ق, ك, ma specialmente ق e ج̄, erano somiglianti una all' altra;[4]) onde è probabile che qualche parola figuri più volte ora, con una ed ora coll' altra di queste lettere. Reco qualche esempio, ma non parlo di forme onomatopoetiche, come قطقط e تغتغ e simili, nelle quali la doppia forma ortografica è spiegabile d'altronde. La parola جبز (جبس) ha un sinonimo in قبز, ma questo, senza radice propria o derivati, omesso da Ǧauharî e da altri antichi lessicografi,[5]) sembra un' altra scrittura, non un' altra pronuncia o una diversa parola da جبز. Aṣ-Ṣaǵânî e il Kâmûs recano جثا e جثى nel senso di *collegit*, senso analogo a quello di قثا, قثى, la quale ultima radice manca affatto in Ǧauharî. Per il significato di *remigare, navem impellere*, la forma originale è

---

1) Talvolta l'indebolimento è anche maggiore بزق بصق (cf. צחק e שחק) sebbene la forma più buona è sempre بصق, e così عسق e poi (ma non in Ǧauharî) عزق ecc. Cfr. Ḥarîṛ Durrat, ed. Thorbecke, ١٤.

2) Scambi analoghi come di جذوة = جثوة, già sono stati notati dai filologi arabi antichi.

3) Ed. Bûl. I, ٤٨٨, De Sacy, Anthol. gramm. ar. 413.

4) Quindi l'esatta corrispondenza di قصرية e נצרא (cf. Fraenkel, Ar. Fremdw. 77) come viceversa جاثليق = ܩܬܘܠܝܩܐ. V. anco Nöldeke, Mand. Gramm. 38, seg.

5) Cfr. Lisân al-'Arab. s. v., copiato nel Tâǧ al-'Ar.; la parola invero sarebbe già notata da Abû 'Amr (aš-Šaibânî).

certamente جذف o جدف onde مجذاف, مجداف *remus*; queste sono le forme classiche; le altre قذف, قدّف, مقذاف, مقداف (nel Jemen مغداف) sono una scrittura meno corretta, e quindi frequente nel periodo più tardo. أُشَّق e أُشَّج sono evidentemente una doppia scrittura di una sola parola, come جراف e غراف e molte altre parole di origine non araba. Una forma ortograficamente scorretta è بزقت الشمس nel senso di بزغت الشمس, seppure non havvi errore di lettura.[1] Il Kâmûs registra la radice جلق e la radice جلغ (non in Ǧauharî, nel Lisân al-ʿArab, ecc.); الضحك بالاسنان è المجالغة (in Bustânî ضحك كاشرا عن اسنانه), come تجلّق جلق, mentre جلغ è ‚*consciderunt alii alios ense*'. Della parola الرَّدَج = ما يخرج من بطن السخلة الخ, il Kâmûs reca come sinonimo الرَّدَق, ma questa, a mio parere, è una ortografia scorretta, non un' altra parola. Il caso è uguale per رامج = رامق ‚*in decipula posita avis*', che vengono riportate separatamente. Lane s. v. dice: رامق‚ also called رامج and ملواح', ma il solo sinonimo è ملواح; le altre due parole رامج e رامق sono in realtà una sola.[2])

Altre volte queste doppie forme sembrano essere meno sospette e si trovano anco nei lessici più antichi. Tali sono p. es. دمج e دمق, خفج e خفق, حدّج, حدج e حدق, جلم e قلم, جلف e قلف, باج e باق ecc. In questi casi abbiamo forse delle antichissime forme parallele, ma è possibile che, almeno in parte, lo scambio ortografico di ق e ج sia già abbastanza antico. E che anco i lessici più antichi non siano esenti da forme e significati falsi, si scorge dalle correzioni dei تصحيف che in essi occorrono, fatte dai filologi posteriori. Qui aggiungerò l'esempio di un errore la cui origine risale al كتاب العين. Gli antichi filologi erano imbarazzati nello spiegare la parola الاندرين, nel noto verso di ʿAmr b. Kulṯûm

ولا تُبْقِى خُمُورَ الأَنْدَرِينَا

Il contesto sembrava poter ammettere il significato di ‚brigata o riunione di giovani insieme convenuti per bere vino' giacchè

[1]) Cfr. Lane, s. v.

[2]) La parola عِلْق *vaurien*, comune nella lingua non classica, potrebbe ritenersi per uguale a علج; ma cfr. De Goeje, Bibl. Geogr. Ar. Gloss. s. v.

di tali convegni si fa menzione frequentemente negli antichi poeti. Quindi già nel Kitâb al-'ain si leggeva[1] الاندرى ويجمع الاندرين يقال هم الفتيان يجتمعون من مواضع شتى. Il Kâmûs sopprime il يقال e dice senz' altro che اندرون significa: فتيان شتى يجتمعون للشرب; così la parola passa in Bustânî che scrive الأَنْدَرُونَ ايضا فتيان شتى يجتمعون للشرب; in Golius: *Viri multi diversique congregati ad bibendum*; in Freytag: *Iuvenes diversi congregati ad bibendum*; in Wahrmund: *Junge Leute (bei einer Lustpartie)*. E così una falsa congettura, è divenuta un vocabolo regolarmente registrato nei dizionarii arabi.

La lessicografia araba dovrebbe con cura tener ragione di questi fatti, dei quali ho recato alcuni esempi, e sceverare le vere forme genuine da quelle che probabilmente non sono tali. E parimente non dovrebbersi confondere insieme e riguardare come una sola cosa parecchie radici, le quali, sebbene identiche nella forma, sono distinte nel significato e nell' etimologia. Per es. la radice نذر nel' significato di علم القوم بالعدوّ non dovrebbe confondersi, quasi fosse una cosa sola, con نذر *vovit*, نذر *votum*, che, nell' attuale sua forma e significato, proviene probabilmente dall' arameo נדר, ed il cui ذ corrisponde all' aspirazione di דֿ come in تلميذ = תלמיד; ancorchè si ammetta una primitiva parentela delle radici נזר, נדר, ندر, نذر ecc.

[1]) Yâqût I, 373.

Notice sur les travaux de l'Institut Égyptien depuis sa fondation.

Par

M. Vidal Bey,

Secrétaire général de l'Institut.

L'Institut Égyptien a été fondé à Alexandrie, en 1859, par un comité d'organisation composé de :

MM. Kœnig Bey, secrétaire des commandements de S. A. le Vice-Roi Saïd Pacha;

H. Thurburn;

Mariette, directeur des monuments historiques;

B. Schnepp, médecin sanitaire de France à Alexandrie.

Sa première séance eut lieu le 6 mai. On adopta le titre d'Institut Égyptien pour rappeler, sans avoir la prétention de s'y assimiler, l'illustre Institut d'Égypte qui, fondé 60 ans auparavant, a laissé comme fruits de sa courte existence, tant de travaux importants et durables.

Une note historique sur l'Institut d'Égypte a été lue le 24 mai 1867 par M. de Régny.

L'Institut Égyptien a transporté son siège au Caire en 1880. L'histoire de ses travaux est fidèlement tracée par l'énumération des questions dont il s'est occupé depuis son origine jusqu'à ce jour. Cette énumération est présentée dans les pages qui suivent sous forme systématique. Les tables des matières des divers bulletins la donnent sous forme chronologique. La plupart des communications ont été reproduites dans les bulletins.

I. Égyptologie.

1° Période pharaonique.

1 1 Observations sur deux momies. — Présentation des bijoux trouvés à Drah Aboul Neggah dans le tombeau de la reine Aah-hotep (Mariette, 3 juin 1859).

2 2 Sur la prétendue longévité des anciens Égyptiens (Schnepp et Mariette, 20 septembre 1861,

3 3 Chabas, 22 décembre 1862).

4 4 Sur la période des rois Hycsos (M. Vassalli, 26 juin 1863).

5 5 Sur l'ethnologie des populations du lac Menzaleh, et sur des momies de la XIe dynastie (Mariette Bey, 29 septembre 1864).

6 6 Compte-rendu d'un voyage archéologique en Égypte (Lepsius, 23 mars 1865 et

7 7 11 mai 1866).

8 8 Interprétation d'un mot hiéroglyphique (Lepsius, 10 décembre 1869).

9 9 Conclusions ethnographiques à l'occasion de deux statues découvertes au Fayoum (Mariette Bey, 7 juin 1872).

10 10 Indications sur l'état des fouilles (Mariette Bey, 19 mai 1870,

11 11 21 mai 1870,

12 12 27 mai 1870).

13 13 Questions archéologiques (Mariette Bey, 16 mai 1871).

14 14 Textes hiéroglyphiques relatifs aux pyramides (M. Brugsch Bey, 18 avril 1874).

15 15 Fouilles et découvertes à Karnak (Mariette Bey, 14 juin 1874).

16 16 Sur la ville de Cadech (Gaillardot Bey, 22 juin 1874).

17 17 Sur une figurine de chameau trouvée à Abydos. — Fouilles à Abydos et à Sakkarah (Mariette Pacha, 10 décembre 1875).

18 18 Sur deux pyramides récemment ouvertes près de Sakkarah (M. Brugsch Bey, 4 mars 1881).

19 19 Fouilles près de Sakkarah (M. Maspero, 27 mai 1881).

20 20 Trouvaille de Deir el Bahari (M. Maspero, 18 novembre 1881).

21 21 Compte-rendu d'un voyage d'inspection (M. Maspero, 28 avril 1882).

22 22 Sur la religion des anciens Égyptiens (M. Maspero, 10 novembre 1882).

23 23 Sur l'ancien art égyptien (M. Lefébure, 11 mai 1883).

24 24 Compte-rendu d'un voyage d'inspection (M. Maspero. 11 mai 1883).

25 25 Opinions des anciens Égyptiens sur la vie future (M. Maspero, 8 février 1884).

26 26 Compte-rendu d'un voyage d'inspection (M. Maspero, 30 mai 1884).

27 27 Compte-rendu d'un voyage d'inspection (M. Maspero. 10 avril 1885).

28 28 Sur la métrique des anciens Égyptiens (M. Grébaut. 1 mai 1885).

29 29 Compte-rendu d'un voyage d'inspection (M. Maspero. 2 avril 1886).

30 30 Inventaire des objets classés dans le musée de Boulaq pendant l'année 1885.

31 31 Procès-verbal de l'ouverture de momies royales (M. Maspero, 4 juin 1886).

32 32 Emaux et verres colorés fabriqués par les anciens Égyptiens (Mariette Pacha, 20 février 1880).

33 33 Sur les vases Canopes (M. Abbate Bey, 21 mai 1880.

34 34 » Mariette Pacha, 4 juin 1880).

2° *Époque grecque et romaine.*

35 1 Sur une sirène sculptée sur un sarcophage de Memphis (M. Vassalli, 30 décembre 1864).

36 2 Lampes funéraires trouvées près d'Alexandrie (Dr. Schuepp. 7 et

37 3 21 février 1882).

38 4 Restes de constructions romaines du camp de César (M. Ceccaldi, 1 mars 1862).

39 5 Sur un petit temple dorique à Ramleh (MM. Baume et

40 6 Gilly, 20 mars 1868).

41 7 Sur l'antique Alexandrie (Mahmoud Bey, 11 août 1868,

42 8 13 novembre 1868.

43 9 5 février 1869 et

44 10 9 avril 1869).

45 11 Sur trois inscriptions grecques (M. Néroutzos Bey, 10 novembre 1871).

46 12 Noms de magistrats éponymes inscrits sur des anses d'amphores (M. Néroutzos Bey, 1 décembre 1871).

47 13 Inscriptions latines trouvées à Alexandrie (M. Gilly, 29 décembre 1871).

48 14 Inscriptions grecques et latines (M. Néroutzos Bey, 30 mai 1873).

49 15 Inscription grecque (M. Néroutzos Bey, 14 juin 1874).

50 16 Fouilles à Alexandrie (M. Néroutzos Bey, 15 mars 1875 et

51 17 30 avril 1875).

52 18 Inscription funéraire latine (M. Néroutzos Bey, 19 novembre 1875).

53 19 Deux inscriptions commémoratives de l'érection des obélisques devant le Césaréum d'Alexandrie (M. Néroutzos Bey, 4 janvier 1878).

54 20 Inscription grecque (M. Néroutzos Bey, 28 décembre 1872).

55 21 Cinq inscriptions grecques (M. Néroutzos Bey, 5 décembre 1873).

56 22 Inscriptions sur des amphores (M. Néroutzos Bey, 20 février 1874).

57 23 Deux inscriptions latines (M. Néroutzos Bey, 6 mars 1874).

3° *Époque musulmane.*

58 1 Sur un dirhem de l'an 432 de l'hégire (M. Sauvaire, 10 novembre 1871).

59 2 Sur un dinâr merdaside (M. Sauvaire, 15 avril 1873).

60 3 Inscriptions coufiques trouvées à Assouan (M. Sauvaire, 28 décembre 1872).

61 4 Deux inscriptions coufiques (M. Sauvaire, 19 décembre 1873).

62 5 Deux inscriptions coufiques (M. Sauvaire, 6 mars 1874).

63 6 Sur trois papyrus polyglottes du musée de Boulaq (Mariette Pacha, 20 février 1880).

64 7 Sur quelques papyrus postérieurs à l'ère chrétienne (Rogers Bey, 30 avril 1880).

65 8 Sur quelques papyrus du musée de Boulaq (M. Kabis Bey, 21 mai 1880).

66 9 Inscriptions coufiques (Rogers Bey, 9 décembre 1881).

67 10 Sur deux monnaies musulmanes (Rogers Bey, 17 février 1882).

68 11 Découverte de tombeaux de princes Abassides (Rogers Bey, 25 mai 1883).

69 12 Sur la porte Bab-Zoueyleh et la mosquée voisine (M. Artin Bey, 16 novembre 1883).

70 13 Bab-el-Zoueyleh et la dynastie turcomane de Zeil Kadr (S. E. Artin Pacha, 4 juin 1885).

71 14 Description de lampes de mosquées (S. E. Artin Pacha, 7 mai 1886).

72 15 Sur la prison de St Louis à Mansourah (S. E. Artin Pacha, 18 juin 1886).

73 16 Mémoire sur le blason chez les Arabes (Rogers Bey, 24 décembre 1880).

74 17 Sur des tombes arabes à Assouân (A. Kay, 14 juin 1874).

II. Langue et littérature coptes.

75 1 Introduction à l'étude de la langue copte (M. Kabis, 2 novembre 1860 et

76 2 30 mars 1861).

77 3 Introduction des lettres grecques dans l'écriture égyptienne (M. Kabis, 3 mai 1861,

78 4 16 mai 1861).

79 5 Œuvres littéraires coptes sous la domination musulmane (M. Amélineau, 4 décembre 1885).

80 6 St Pacôme et la vie cénobitique en Égypte (M. Amélineau, 2 avril 1886).

III. Archéologie en général.

81 1 Statues et statuettes trouvées à Aradus en Syrie (Gaillardot Bey, 19 décembre 1873).

82 2 Sur des figures Cnidiennes (M. Néroutzos Bey, 19 mai 1876).

83 3 Deux inscriptions byzantines de Cilicie (M. Néroutzos Bey, 4 janvier 1878).

84 4 Sur les silex taillés (Lepsius, 20 décembre 1869,
85 5 Gaillardot Bey, 8 avril 1870 et
86 6 » 13 décembre 1872.
87 7 Mariette Bey, 19 mai 1870,
88 8 » 7 juin 1872,
89 9 » 5 décembre 1873,
90 10 M. De la Noue, 27 avril 1872,
91 11 Lubbock, 3 avril 1874).
92 12 Ateliers de silex taillés dans le Ouadi Sannour et le Ouadi Ouarag (M. Schweinfurth, 6 mars 1885).

IV. Géographie, explorations et voyages.

93 1 Aperçu topographique et commercial de la grande péninsule du Sennaar (Figari Bey, 27 décembre 1861).
94 2 Compte-rendu d'un voyage sur le fleuve Blanc et ses principaux affluents (Antinori, 27 décembre 1861).
95 3 Explorations dans le Soudan par le Dr Peney (M. Abbate Bey).
96 4 Mémoire sur le Soudan (M. Garnier, 7 mars 1867).
97 5 Système hydrographique de l'Afrique centrale (Dr Ory, 17 avril 1868).
98 6 Carte des sources du Nil Blanc et de ses affluents (M. Manuel, 6 octobre 1869,
99 7 30 décembre 1870,
100 8 16 mai 1871).
101 9 Sur l'emplacement de Méroé (Lepsius, 10 décembre 1869).
102 10 Observations pendant un voyage sur la côte à l'O. de l'Égypte (M. Schweinfurth, 27 avril 1883).
103 11 Voyage dans le désert occidental (Rohlfs, 5 décembre 1873).
104 12 Voyage aux oasis (Rohlfs, et
105 13 M. Zittel, 6 novembre 1874).
106 14 Sur les ruines de Crocodilopolis (M. Schweinfurth, 2 avril 1886).
107 15 Emplacement de l'ancienne ville de Damiette (R. P. Jullien, 4 juin 1886).
108 16 Sur une digue dans le Ouadi Gerraoui, près d'Hélouan (M. Schweinfurth, et

109 17 R. P. Jullien, 10 avril 1885).

110 18 Sur l'ancienne branche Sébennitique (Mahmoud Bey, 14 juin 1874).

111 19 Sur le kalaat el Hossen, près de Tripoli en Syrie (M. Blanche, 7 août 1874).

112 20 Voyage dans le Soudan (Nachtigal, 2 avril 1875).

113 21 Sur le fleuve Jube (M. Long Bey, 19 mai 1876).

114 22 Notice sur El Wisch (M. Adrien Bey, 8 février 1884).

115 23 Sur le lac Mœris (M. Cope Whitehouse, 5 mars 1886).

116 24 Exploration du désert oriental (M. Schweinfurth, 6 mars 1885).

V. Géologie et minéralogie.

117 1 Géologie de la Syrie (Gaillardot, 10 novembre 1871).

118 2 Questions géologiques (M. De la Noue, 27 avril 1872).

119 3 Description géologique d'El Ouedj (Gaillardot, 13 décembre 1872).

120 4 Sur la probabilité de trouver de la houille en Égypte (Gaillardot, 13 décembre 1872).

121 5 Gisements de pétrole à Gebel Zeit et à Tor (Cordier, 5 août 1859).

122 6 Sur une prétendue pierre élastique (M. Gastinel, 26 juillet 1861).

123 7 Sur une erreur de la minéralogie de Dufrénoy, relative à Haüy (M. Vidal, 30 décembre 1870).

124 8 Sur les bois pétrifiés (Gaillardot, 3 octobre 1873,

125 9 22 juin 1874,

126 10 6 novembre 1874).

127 11 Géologie de l'Égypte (M. Zittel, 5 décembre 1873,

128 12 3 avril 1874,

129 13 6 novembre 1874).

130 14 Sur des empreintes de pattes d'oiseau trouvées près de Ramleh (Calvert, 15 mars 1875).

131 15 Découverte de fossiles appartenant aux époques paléozoïques (M. Schweinfurth, 6 novembre 1866).

132 16 Sur les gisements de pétrole de Gebel Zeit (M. Barois, 7 mai 1886).

133 17 Sur de prétendues pierres tombées du ciel dans le Soudan (Gaillardot, 19 mai 1876).

134 18 Sur les mines d'or du pays de Madian (M. Burton, 9 mai 1877).
135 19 Sur l'origine du pétrole de Gebel Zeit (M. Schweinfurth, 13 janvier 1877).
136 20 Sur un combustible qui aurait été trouvé près de Zeilah (M. Moustapha Bey Magdaly, 8 août 1873,
137 21 22 octobre 1873).
138 22 Fer météorique du pays des Monbottous (M. Schweinfurth, 16 novembre 1883).

VI. Botanique.

139 1 Notice sur l'Elaodendron Argan (M. Lattis, 27 février 1863).
140 2 Difficulté d'acclimater en Égypte les plantes aromatiques (Gaillardot Bey, 29 novembre 1872).
141 3 Modifications dans la flore de l'Égypte depuis l'époque pharaonique (M. Schweinfurth, 19 décembre 1873,
142 4 Gaillardot, 20 février 1874,
143 5 » 6 mars 1874).
144 6 Flore du désert (M. Ascherson, 18 avril 1874).
145 7 Sur la flore égyptienne à l'époque pharaonique (M. Schweinfurth, 3 mars 1882,
146 8 » 14 janvier 1884).
147 9 Dernières découvertes botaniques dans les anciens tombeaux (M. Schweinfurth, 4 juin 1885).
148 10 Sur la vraie rose de Jéricho (M. Schweinfurth, 6 mars 1885).
149 11 Sur la faculté germinative du blé dit de *momies* (Dr. Schnepp, 15 juillet 1859.
150 12 Mariette, 18 novembre 1859.
151 13 » 30 mars 1861.
152 14 Figari Bey, 30 novembre 1861).
153 15 Discussion sur le même sujet, 14 janvier 1884.

VII. Agriculture et industries agricoles.

154 1 Sur le rouissage du chanvre et du lin (21 octobre 1859 et
155 2 4 novembre 1859).

156 3 Sur la culture et la conservation des blés d'Égypte (9 septembre,
157 4 16 septembre,
158 5 7 octobre et
159 6 21 octobre 1859,
160 7 16 mars,
161 8 6 avril,
162 9 27 juillet et
163 10 19 octobre 1860,
164 11 30 novembre et
165 12 15 décembre 1861,
166 13 24 janvier 1862).
167 14 Sur des insectes qui ont dévasté les récoltes de la Haute-Égypte (M. Gastinel, 4 avril 1862).
168 15 Sur les céréales récoltées en 1863 au jardin d'acclimatation (M. Gastinel, 1 juillet 1864).
169 16 Sur l'agriculture en Égypte (M. Gastinel, 29 décembre 1864).
170 17 Sur le Hadena gossypivora (M. de Vecchi, 25 mai 1883).
171 18 De la culture du coton en Égypte (Grégoire, 4 novembre 1859).
172 19 Des engrais en Égypte (M. Gastinel, 21 mars 1873).
173 20 Sur l'introduction de la culture du coton (M. de Régny, 19 mai 1876).
174 21 Sur l'emploi des tourteaux de graines de coton (M. Gastinel Bey, 19 mai 1876).
175 22 Sur l'état de l'agriculture en Égypte (M. de Vecchi, 11 mai 1883).
176 23 Sur le sol de l'Égypte (M. Gay Lussac, 4 juin 1885).
177 24 Monographie du café (M. Gastinel, 1 novembre 1872).
178 25 Opiums de la Haute-Égypte (M. Gastinel, 7 sept. 1860).

VIII. Zoologie, zootechnie, art vétérinaire, etc.

179 1 Culture du ver à soie en Égypte (Grégoire, 4 novembre 1859).
180 2 Découverte de la cochenille en Égypte (M. Samaritani, 24 janvier et
181 3 9 avril 1869).

182	4	Sur la rage (15 et
183	5	27 décembre 1861,
184	6	10 janvier 1862).
185	7	Hydrophobie en dehors de la rage (M. Abbate Bey, 4 avril 1862).
186	8	Venin des serpents d'Égypte (M. Panceri, 18 avril 1874).
187	9	Sur la rage en Égypte (M. Piot, 18 juin 1886).
188	10	Sur un prétendu remède contre la rage (Gaillardot Bey,
189	11	M. Sonsino, 22 octobre 1875).
190	12	Statistiques animales de Darwin (M. Régny Bey, 6 novembre 1874).
191	13	Diverses observations zoologiques (M. Panceri, 12 décembre 1873).
192	14	Sur la Bilharzia Hæmatobia (M. Sonsino, 22 octobre 1875).
193	15	Sur la Filaria sanguinis hominis (M. Sonsino, 19 mai 1876).
194	16	Organisation et développement de l'oxyurus uromasticola (M. Osman Bey, 6 février 1885).
195	17	De la pisciculture en Égypte (2 mars 1860,
196	18	5 juin 1863).
197	19	Sur les moyens d'atténuer le virus de la peste bovine (M. Piot, 5 décembre 1884).
198	20	Historique des études helminthologiques en Égypte (M. Sonsino, 1 mai 1885).
199	21	Du parasitisme dans l'étiologie des maladies (M. Piot, 1 mai 1885).
200	22	Alimentation des bestiaux par le bersim (M. Piot, 10 avril 1885).
201	23	Total actuel de la race chevaline en Égypte (Habib Bey, 12 juillet 1861).
202	24	Sur le type des chevaux arabes en Égypte (M. Lattis, 1 mai 1863).
203	25	Sur l'albumine des œufs de poule en Égypte (Provin, 7 décembre 1860).
204	26	Sur les mesures prises en cas d'épizootie en Égypte et en France (Dr Colucci Bey, 3 octobre 1863).

IX. Anthropologie.

205 1 Sur les effets physiologiques du Hachich (S. E. Abbate Pacha, 14 décembre 1883).

206 2 Dangers de la morphinomanie (S. E. Abbate Pacha, 9 mai 1884).

207 3 Hypnotisme et enivrants (M. Rossi Bey, 20 juin 1884).

208 4 Sur le Faata el Mandeb et les suggestions hypnotiques (S. E. Abbate Pacha, 4 décembre 1885).

209 5 Discussions sur des pygmées présentés par M. Schweinfurth (12 décembre 1873 et

210 6 20 février 1874).

211 7 Sur un fœtus monstrueux (Dr Anelli, 20 février 1874).

212 8 Sur les Akkas (Gaillardot Bey, 30 avril 1875).

213 9 Sur deux petites filles réunies par le sternum (M. Abbate, 13 mai 1870).

214 10 Asymétrie cardiaque chez les indigènes (M. Abbate Bey, 27 juin 1882).

215 11 Sur les populations de l'Égypte (Figari Bey, 19 mai 1865).

216 12 Unité du genre humain démontrée par l'histoire du peuple juif (Dr Rossi Bey, 23 février 1883).

X. Médecine.

217 1 Guérisons, sans opérations, de hernies étranglées (Dr Ori et

218 2 Dr Ogilvie, 16 décembre 1859,

219 3 Dr Ogilvie, 3 février 1860,

220 4 Schnepp, 6 avril 1860).

221 5 De l'opinion erronée qu'il est plus difficile de diagnostiquer et de traiter les maladies des enfants que celles des adultes (Dr Pensa, 3 mai 1861).

222 6 Sur une maladie cutanée des nègres (Dr. Schnepp, 21 septembre 1860).

223 7 De certaines hémorrhagies liées aux conditions atmosphériques (Dr Abbate, 16 mai 1861).

224 8 Des fièvres typhiques, et de l'apparition du typhus exanthématique en Égypte (Schnepp, 14 juin 1861).

225 9 Sur un cas de *fungus hæmatoides* (Dr Abbate, 25 juillet 1862).

226 10 Sur le bouton d'Alep (Dr Polak, 28 août 1863).

227 11 Sur un cas d'*atrofia pigmentosa della retina* (Dr Mazzei, 4 mars 1870).

228 12 Sur l'ophthalmie d'Égypte et sa prétendue spécificité (Dr Abbate, 26 juillet 1861).

229 13 Présentation d'un calcul urinaire extrait par la taille périnéale (Dr Estienne, 15 novembre 1861).

230 14 Sur un cas *d'ulcus rotundum perforans ventriculi* (Dr Zemiche, 3 octobre 1863).

231 15 Sur les maladies qui ont dominé au Caire pendant l'hiver 1861 (Dr Gatteschi, 13 juin 1862).

232 16 Sur les conditions de salubrité des prisons (Dr Colucci Bey, 22 août 1862).

233 17 Observation contraire au traitement chirurgical de l'éléphantiasis (Dr Colucci Bey, 3 février 1860).

234 18 Des maladies prédominantes parmi les populations indigènes de l'Égypte (Schnepp, 10 janvier 1862).

235 19 Sur une épidémie de fièvre malaria à Ismaïliah (S. E. Colucci Pacha, 4 janvier 1878).

236 20 Questions hygiéniques intéressant la ville du Caire (S. E. Abbate Pacha, 27 mai 1881).

237 21 Sur les maladies prédominantes dans la colonie grecque d'Alexandrie (Dr Dikaios, 20 avril 1860).

238 22 De la constitution médicale de la ville d'Alexandrie pendant l'année 1861 (Dr Pensa, 22 février,

239 23 5 mars et

240 24 30 mars 1861).

241 25 Sur la nécessité d'une géographie médicale en Égypte (Dr Rossi Bey, 26 juin 1863).

242 26 Conditions morbides dans la Basse-Égypte (Dr Abbate Bey, 26 juin 1863).

243 27 Topographie médicale d'Ismaïliah (Dr Anelli, 3 juillet 1868).

244 28 Sur un mode de traitement des cavernes pulmonaires (S. E. Abbate Pacha, 10 avril 1885).

245 29 Rapport sur le choléra qui a sévi au Caire en 1850 et 1855 (Dr Colucci Bey, 16 décembre 1859).

246 30 Sur le choléra dans la rade d'Alexandrie (Dr Illy, 19 janvier 1866).

247 31 Mémoire sur le choléra (Dr Warenhorst, 9 février 1866).

248 32 Mesures sanitaires prises contre le choléra (Dr Colucci Bey, 8 mai 1868).

249 33 Étiologie et séméiologie de l'épidémie cholérique de 1883 (Dr Dacorogna Bey, 9 mai 1884).

250 34 Épidémie cholérique de 1883 (Dr Rossi Bey, 7 mai 1884).

251 35 Résumé des travaux de M. Pasteur (M. Piot, 5 février 1886).

252 36 Des dangers auxquels la santé publique est exposée à cause du commerce et du transport des chiffons (S. E. Abbate Pacha, 5 février 1886).

XI. Pharmacie et chimie.

253 1 Sur une écorce employée comme matière tannante et fébrifuge sur les bords du Fleuve Blanc (4 avril 1862).

254 2 Sur les eaux sulfuro-alcalines d'Hélouan, près du Caire (M. Gastinel Bey, 1 juillet 1859 et

255 3 27 mai 1881).

256 4 Sur les eaux salines froides d'Aïn-Syra, près du Caire (M. Gastinel Bey, 12 avril 1861).

257 5 Sur les nitres d'Égypte (M. Gastinel Bey, 17 septembre 1869).

258 6 Sur la coloration verte des eaux du Nil au commencement de la crue (Schnepp, 9 août 1861).

259 7 Propriétés antipériodiques de l'arséniate de caféine et de l'acide tanno-arsénieux (M. Gastinel Bey, 16 novembre 1860).

260 8 Emploi de l'arsénic dans quelques cas de fièvres intermittentes (Schnepp, 16 novembre 1860).

261 9 Sur l'emploi de l'acide gallique comme hémostatique (Dr Aïdé, 17 avril 1863).

262 10 Dosage du glucose dans les urines de diabétiques (M. Gastinel Bey, 30 avril 1880).

263 11 Sur la Kelline (M. Gastinel Bey, 24 décembre 1880).

XII. Physique et météorologie.

264 1 Relations entre les sensations sonores et les sensations lumineuses (Dr Abbate, 17 février 1882).

265 2 Observations météorologiques (Dr Schnepp, 8 février 1861).

266 3 Discussions sur les observations météorologiques en Égypte (28 décembre 1872 et

267 4 5 décembre 1873).

268 5 Discussion sur les nilomètres (24 janvier 1862).

269 6 Études sur le bassin du Nil (M. Delamotte, 16 janvier 1880).

270 7 Sur diverses questions de physique terrestre (M. d'Abbadie, 20 mars 1885).

XIII. Mécanique et sciences mathématiques.

271 1 Problème relatif à la marche du cavalier au jeu d'échecs (De Chambure, 5 mars 1861).

272 2 Sur le meilleur système de chaussées à employer en Égypte (M. Mongel Bey, 13 août 1869).

273 3 Sur l'établissement d'un chemin de fer aérien (M. Panciera, 13 mai 1870).

274 4 Sur les poids et mesures usités en Égypte (Mahmoud Bey, 7 juin 1872).

275 5 Sur les craintes d'ensablement et de dépôts de sel dans le canal de Suez (M. de Lesseps, 7 juin 1872).

276 6 Sur le canal de Panama (M. de Lesseps, 19 avril 1881 et

277 7 17 février 1882).

278 8 Notice sur l'Alexandrie souterraine (M. Bernard, 21 mars 1873).

279 9 Balance dynamométrique de M. Raffard (M. Guigon Bey, 17 février 1882).

280 10 Emploi de la balance Raffard comme dynamomètre (M. Ventre Bey, 8 janvier 1886).

281 11 Appareil avertisseur d'incendie (M. Ibrahim Moustapha, 5 décembre 1884).

282 12 Sur l'éclipse totale de soleil observée à Dongola, le 18 juillet 1860 (Mahmoud Bey, 21 décembre 1860).

283 13 L'âge et le but des pyramides lus dans Sirius (Mahmoud Bey, 31 mai 1862).

284 14 Sur les étoiles filantes (M. Vito Eugenio, 3 octobre 1873).

285 15 Sur la radiation des étoiles (M. Abbate Bey, 30 avril 1880).

286 16 Utilisation de la chaleur solaire (M. Guigon Bey, 27 mai 1881).

287 17 Sur la résolution des équations numériques (M. Vidal Bey, 13 février 1880).

288 18 Sur les courbes du 4e degré à point double (M. Vidal Bey, 11 février 1881).

289 19 Utilité dans certains cas de la représentation de polynomes algébriques par des déterminants (M. Vidal Bey, 18 novembre 1881).

290 20 Relations entre le théorème de Sturm et celui de M. Maleyx (M. Vidal Bey, 10 novembre 1882).

291 21 Sur l'enseignement des mathématiques (M. Vidal Bey, 23 février 1883).

292 22 Sur le réseau pentagonal d'Élie de Beaumont (M. Vidal Bey, 4 avril 1884).

293 23 Des courbes du 4e degré à 3 points doubles (M. Vidal Bey, 7 novembre 1884 et

294 24 6 février 1885).

295 25 Exposition élémentaire et uniforme des théories relatives aux quantités dites négatives, imaginaires et quaternions (M. Vidal Bey, 4 mai 1886).

XIV. Instruction publique.

296 1 Sur l'état actuel de l'instruction publique en Égypte (M. Rossi Bey, 29 juin 1860).

297 2 Sur l'éducation des femmes en Égypte (M. Leoncavallo Bey, 4 décembre 1863).

298 3 Instruction publique en Cochinchine (M. Vidal Bey, 27 janvier 1882).

299 4 Instruction publique en Égypte (M. Rossi Bey, 27 janvier 1882).

300 5 Instruction publique au Japon (M. Vidal Bey, 16 novembre 1883).

301 6 Instruction publique au Canada (M. Vidal Bey, 28 décembre 1883).

302 7 Instruction publique dans la République Argentine (M. Vidal Bey, 28 décembre 1883).

303 8 Compte-rendu de l'exposition didactique de Turin (M. Bonola, 5 décembre 1884).

304 9 Note sur l'instruction et l'éducation (M. Mougel Bey, 6 mars 1885).

305 10 De l'enseignement secondaire dans divers états de l'Allemagne et en France (M. Vidal Bey, 20 octobre 1885).

XV. Droit.

306 1 Mémoire sur la législation musulmane (Gatteschi, 1862).

307 2 Sur le droit international privé et public en Égypte (Gatteschi, 21 mars 1862).

308 3 Sur l'opportunité d'un seul tribunal européen pour les affaires civiles et commerciales en Égypte (Calabi, 17 juillet 1862).

309 4 Sur les moyens d'établir une municipalité à Alexandrie (M. Colucci Bey, 26 septembre 1862,

310 5 Gatteschi, 10 octobre 1862).

311 6 Sur l'ancienne législation des Égyptiens (Gatteschi, 26 juin 1863).

312 7 Sur l'institution de banques de crédit foncier en Égypte (Gatteschi, 18 septembre 1863).

313 8 Sur les capitulations (Gatteschi, 18 mars et

314 9 29 septembre 1864).

315 10 Sur la justice mixte en Égypte (M. Gilly, 5 août 1864).

316 11 Sur la propriété foncière en Égypte (M. Colucci Bey, 2 novembre 1866,

317 12 Gatteschi, 21 décembre 1866 et

318 13 11 janvier 1867)

319 14 Sur les hypothèques suivant le droit musulman (Gatteschi, 30 avril 1869).

320 15 Analyse de l'ouvrage de Van Berg sur le droit musulman (Gatteschi, 29 décembre 1871).

321 16 Sur la réforme judiciaire en Égypte (Gatteschi, 20 février 1873).

322 17 De la succession au trône en Orient (M. Leoncavallo, 27 juin 1873).

323 18 État actuel de l'enseignement du droit en Égypte (M. Vidal, 20 février 1874).

324 19 Sur les droits de propriété dont les Européens pouvaient jouir en Égypte au siècle dernier (M. Vidal Bey, 30 avril 1880).

325 20 Sur des améliorations matérielles qu'il serait utile d'apporter aux codes égyptiens (M. Vidal Bey, 30 avril 1880).

326 21 Sur les écoles de droit d'Alger et du Caire (M. Vidal Bey, 21 mai 1880).

327 22 Sur l'école de droit du Japon (M. Vidal Bey, 3 décembre 1880 et

328 23 9 décembre 1881).

329 24 Sur l'exécution à donner aux jugements rendus à l'étranger (M. Vidal Bey, 3 décembre 1881).

330 25 Sur le nouveau code pénal suédois (M. Vidal Bey, 4 mars 1881).

331 26 Sur la propriété territoriale (M. Artin Bey, 1 décembre 1882).

332 27 Sur l'origine des docks et warrants (M. Vidal Bey, 26 janvier 1883).

333 28 Comparaison entre les codes de commerce pour les tribunaux mixtes et les tribunaux indigènes (M. Vidal Bey, 14 décembre 1883).

334 29 Transformations successives du droit de propriété en Égypte (M. Borelli Bey, 20 juin 1884).

335 30 Sur l'exécution des jugements rendus à l'étranger (M. Vidal Bey, 9 janvier 1885).

336 31 Sur l'enseignement du droit en Espagne et au Caire (M. Vidal Bey, 1 mai 1885).

337 32 L'hypothèque judiciaire en Égypte, ses inconvénients et moyens de les corriger (M. Vidal Bey, 6 novembre 1885).

338 33 Erreurs et lacunes dans la traduction officielle du Statut personnel (M. Vidal Bey, 8 janvier 1886).

339 34 Proposition d'un système d'immatriculation de la propriété foncière (M. Vidal Bey, 5 mars 1886).

340 35 Des simplifications que l'on pourrait introduire dans la procédure (M. Vidal Bey, 18 juin 1886).

XVI. Économie politique et statistique.

341 1 Sur les applications que l'économie politique peut trouver en Égypte (M. Horn, 12 mai 1864).

342 2 Le fellah et l'individualisme au point de vue du progrès agricole en Égypte (M. Lattis, 12 décembre 1862).

343 3 Mémoire sur le mouvement de la population en Égypte pendant l'année 1857—1858 (Dr Schnepp, 17 février 1860).

344 4 Sur la mortalité en Égypte pendant les années 1858 et 1859 (Dr Schnepp, 20 avril 1860).

345 5 Statistique relative à la population égyptienne (M. Colucci Bey, 25 janvier 1861).

346 6 Mouvement de la population (M. de Régny Bey, 25 avril 1873).

347 7 Accroissement de la population en Égypte (M. Boinet, 8 janvier 1886).

348 8 Statistique de l'Instruction publique en Égypte (30 avril 1875).

XVII. Sujets divers.

349 1 Biographie de Moïse ben Maïmoun (M. Cohn, 1 juillet 1864).

350 2 État actuel de la colonne de Pompée (M. Montaut, 21 février 1868;

351 3 D'Arnaud Bey, 20 mars 1868).

352 4 État des obélisques de Cléopâtre (M. Colucci Bey, 3 juillet 1868).

353 5 Sur le culte de St Jean Baptiste (M. Bernard, 7 juin 1867 et

354 6 14 juin 1867).

355 7 Sur le prochain concile (M. Bernard, 3 septembre 1869).

356 8 Expédition d'Ibrahim Pacha contre les Druses du Haouran (Gaillardot Bey, 30 mai 1873).

357 9 Expédition des troupes américaines contre les Modocs (Gaillardot Bey, 30 mai 1873).

358 10 Sur le lieu de sépulture de Brocchi à Kartoum (M. Colucci Bey, 27 juin 1873).

359 11 Théories sur les pyramides (M. Dufeu, 6 mars 1874).

360 12 Sur la physiologie de la mémoire (M. Bimsenstein, 11 août 1875).

361 13 Éloge funèbre de Mariette Pacha (M. Ismaïl Bey, 11 février 1881).

362 14 Notice sur M. de Saulcy (Gaillardot Bey, 4 mars 1881).

363 15 Sur la statue de Memnon (M. Abbate Bey, 31 mars 1882).

364 16 Notice sur M. Calvert (Rogers Bey, 10 novembre 1882)

365 17 Notice sur Pruner Bey (M. Abbate Bey, 10 novembre 1882).

366 18 Particularités de l'art culinaire chez les Romains (M. Bernard, 1 décembre 1882).

367 19 Sur le phénix égyptien (S. E. Abbate Pacha, 26 janvier 1883).

368 20 Existence du chien en Egypte dans une haute antiquité (M. Bernard, 26 janvier 1883).

369 21 Contes populaires arabes (S. E. Artin Pacha, 26 janvier 1883,

370 22 14 décembre 1883,

371 23 7 novembre 1884,

372 24 20 octobre 1885).

373 25 De la langue des barbarins (M. Samaritani, 27 avril 1883).

374 26 Apparences d'un substratum chinois dans les langues et les anciens cultes de l'Europe (M. Samaritani, 4 juin 1885).

375 27 Sur la sortie d'Égypte des Hébreux (M. Bernard, 14 janvier 1884).

Notes statistiques de l'Institut Égyptien.

	Français	Italiens	Allemands	Égyptiens	Anglais	Grecs	Américains	Total des membres actifs
Nombre des membres actifs de l'Institut Égyptien depuis sa création 1879 à 1885	41	23	12	8	5	2	2	93
Mémoires et communications faites à l'Institut Égyptien et publiés dans ses bulletins depuis 1859—1885 :								Totaux des communications divisés par sciences
Chapitre I. Égyptologie : 1° Époque pharaonique	25	3	6	—	—	—	—	34
2° » grecque et romaine	4	3	—	4	—	12	—	23
3° » musulmane	6	—	—	5	6	—	—	17
Total du chapitre I. Égyptologie	35	6	6	9	6	12	—	74
» II. Langue et littérature copte	2	—	—	4	—	—	—	6
» III. Archéologie	7	—	3	—	—	2	—	12
» IV. Géographie, explorations, voyages, etc.	8	4	9	1	—	—	2	24
» V. Géologie, minéralogie	12	—	6	2	2	—	—	22
» VI. Botanique	6	2	7	—	—	—	—	15
» VII. Agriculture et industrie agricole	23	2	—	—	—	—	—	25
» VIII. Zoologie, zootechnie, art vétérinaire	8	16	—	2	—	—	—	26
» IX. Anthropologie	1	9	2	—	—	—	—	12
» X. Médecine	7	24	4	1	—	1	—	36
» XI. Pharmacie, chimie	11	—	—	—	—	—	—	11
» XII. Physique, météorologie	6	1	—	—	—	—	—	7
» XIII. Mécanique, sciences mathématiques	19	3	3	—	—	—	—	25
» XIV. Instruction publique	6	4	—	—	—	—	—	10
» XV. Droit	19	15	—	—	—	—	—	35
» XVI. Économie politique, statistique	4	3	—	—	1	—	—	8
» XVII. Divers	12	8	1	5	1	—	—	27
Total des communications divisé par nationalité	186	97	41	24	10	15	2	
Total général des communications								375

Arabische Sprichwörter und Redensarten.

Von

Dr. C. Snouck Hurgronje.

Als Burckhardt vor 70 Jahren eine Sammlung ägyptisch-arabischer Sprichwörter veranstaltete, gründete er sich auf die Arbeit eines Qairiners, Namens Scharaf èd-dîn ibn Asad, welcher ungefähr ein Jahrhundert früher eine grosse Anzahl volksthümlicher Sprichwörter in ein Heft zusammengeschrieben hatte. Schon daraus ersicht man, dass der Sinn für die Beobachtung volksthümlichen Denkens und Sprechens den Orientalen nicht so gänzlich abgeht, wie manche Orientalisten behauptet haben. Es wird freilich noch lange dauern, bis die muslimischen Orientalen die Aufgaben der neueren Linguistik und Ethnographie in ihrer Bedeutung erkannt haben; eine ziemlich gründliche Umwandlung ihrer ganzen Weltanschauung muss erst dem Verständniss für diese, auch in Europa verhältnissmässig jungen Bestrebungen die Wege ebnen. Auch bei uns hat man lange Zeit wichtige Daten über Dialecte und Volksgebräuche aufgezeichnet, noch bevor man wusste, welcher Gewinn sich daraus für die Wissenschaft ergeben würde; die unbestimmte Neugierde ging hier wie dort der ihrer Ziele bewussten Forschung voran.

Die Geringschätzung, mit welcher die pedantischen arabischen Schulgelehrten den Versuchen Scharaf èd-dîns und seiner Vorgänger und Nachfolger begegnet haben, ist Schuld daran, dass die arabische Presse uns bisher so wenig derartiges übermittelt hat; aber auch handschriftlich finden solche Proben nichtofficieller Wissenschaft nur mässige Verbreitung. Sie dienen hauptsächlich zur Erheiterung in geselligen Kreisen und zum Anknüpfungspunkt für Discussionen, wobei Einer den Andern an Witz, Scharfsinn und Weltklugheit zu überbieten sucht.

Es ist kein Zufall, dass solche gebildete Muslime, welche sich für das Leben und Treiben des *profanum vulgus* interessiren, ihre Aufmerksamkeit in erster Linie den Sprichwörtern und Redensarten ihrer Landsleute zuwenden. Im arabischen Orient hat sich in denselben, ja in viel höherem Grade als bei den westlichen Völkern, die populäre Lebensanschauung mit all ihren Schattirungen ausgeprägt. Wer eine leidlich vollständige Sammlung der Sprichwörter und Redensarten einer arabisch redenden Gegend besitzt, verfügt überdies über einen beträchtlichen Theil der lebenden Sprache. Diese Erscheinung ist im Charakter der muslimisch-arabischen Cultur begründet. Jedem Europäer, der mit derselben näher bekannt wird, fällt es auf, wie dort im Staate und in der Gesellschaft das Individuum hinter die Gesammtheit zurücktritt; im Denken, Sprechen und Handeln der Einzelnen bemerkt er eine staunenswerthe Gleichförmigkeit, das Fehlen jeder tiefer gehenden Divergenz. Der Consensus (das *iǵmâ'*) hat nicht nur die Religionslehren festgestellt, er hat auch bestimmt, wie man seinen Hass und seine Liebe, seinen Zorn, seine Ergebenheit, sein Erstaunen und seine Gleichgiltigkeit äussern, wie man essen, trinken, sich zu Tische setzen soll; in allen Dingen gilt das Sprichwort: „die Abweichung vom Althergebrachten ist Feindschaft".

Abgesehen von der schulmässigen Bildung, kann man sagen, dass der Europäer zum Ausdrucke seiner Gedanken nur die Grundlage einer gewissen vulgären Grammatik, eine Anzahl üblicher Wortverbindungen und Sätze und einige stehende Redensarten seiner Umgebung entnimmt; die eigentlichen Sprichwörter spielen dabei nur eine untergeordnete Rolle. Der Araber dagegen findet für einen beträchtlichen Procentsatz seiner Gedanken und Empfindungen ganz bestimmte Ausdrücke vor, deren Gebrauch dem Herangewachsenen zur Natur geworden ist, und wobei es nur unbedeutende Abweichungen in der Form zu constatiren gibt. Dass diese Bemerkung in gleicher Weise von den Geberden der Araber gilt, hat neulich Dr. Goldziher dargethan. Natürlich zeigen sich in den verschiedenen Ländern arabischer Zunge im Sprachgebrauche nicht weniger als in den Sprachformen locale Unterschiede; die Uebereinstimmung ist aber im Wesentlichen überwiegend und innerhalb des Gebietes jedes Idioms sind die individuellen Abweichungen äusserst gering. Die vorzüglichsten Kenner der modernen Araber von Burckhardt bis auf Landberg haben diese Thatsache in ihrer Bedeutung erkannt, und sachgemäss die Resultate ihrer linguistischen und ethnographischen Beobachtungen in der Form von Bemerkungen zu den von ihnen gesammelten neuarabischen Sprichwörtern und Redensarten mitgetheilt.

Wie die Dinge stehen, kann man von arabischen Gelehrten einstweilen kaum verlangen, dass sie bei ihren Arbeiten auf diesem Gebiete die weitgehenden Anforderungen der neueren (europäischen) Sprach- und Volkskunde berücksichtigen. Es gereicht mir jedoch zur Freude, constatiren zu können, dass unsere Zeit wenigstens für Aegypten würdige Nachfolger des Scharaf èd-dîn aufzuweisen hat, welche ihre Ziele schon viel weiter stecken als Jener im Anfange des XVIII. Jahrhunderts. Auf meiner Rückreise aus Arabien hatte ich das Glück, den jungen ägyptischen Gelehrten Abd èr-rahīm Efendi Ahmèd kennen zu lernen, welcher nach Absolvirung seiner Studien im Azhar und im qairiner Dār èl-'ulūm, zuerst von der ägyptischen Regierung eine Stellung als Docent erhielt, sodann vom Khedive mit dem arabischen Sprachunterricht der jetzt in der Schweiz studirenden Prinzen betraut wurde. Dieser ebenso tüchtige als lebensfrohe Sohn Aegyptens hat zu den Füssen der wissenschaftlichen Grössen Qairo's gesessen; zu gleicher Zeit hat er sich aber für das Leben und Treiben seiner Landsleute so allseitig interessirt, dass seine Lehrer manchmal glaubten, ihm von der Befassung mit solchen unnützen, profanen Sachen abrathen zu müssen. Geziemende Ehrfurcht vor der überlieferten Weisheit dieser 'ulamā ging bei ihm mit der Ueberzeugung Hand in Hand, dass man auch den populären Anschauungen von den politischen, socialen und häuslichen Verhältnissen seiner Heimat, manch erspriessliche Belehrung entnehmen könne; auch verhinderte ihn die Pietät gegen Sîbawaih und Fîrûzabâdî nicht, auf dem Markte und in den geselligen Kreisen der Söhne Aegyptens aller Stände die jetzige Sprache seines Vaterlandes zu studiren. Ohne im geringsten zu ahnen, dass er mit solcher Arbeit je europäische Gelehrte zu Danke verpflichten könne, hat er mit einigen Gleichgesinnten seine Mussestunden dazu benutzt, den sentenziösen Theil seiner Muttersprache zu codificiren. Seine Stellung an dem Dâr èl-'ulûm in Qairo gewährte ihm die Gelegenheit, Schüler aus allen Provinzen Aegyptens über die Redensarten ihrer Heimat zu befragen, und die Ergebnisse dieser Forschung einer vielseitigen Controle zu unterziehen. Als er nun durch eine gänzlich unerwartete Fügung genöthigt wurde, auf einige Zeit nach dem unheimlichen Europa überzusiedeln, war das Resultat seiner noch unvollendeten Arbeit eine Sammlung von ungefähr 1500 Sprichwörtern und Redensarten. Kaum hatte ich meinem ägyptischen Freunde erklärt, welch' lebhaftes Interesse die europäischen Orientalisten für solche Dinge hegen, da liess er sich seine in Qairo zurückgelassenen Collectaneen übersenden und stellte mir dieselben unbedingt zur Verfügung; ausserdem war er so freundlich, mir während eines Aufenthalts in der Schweiz die ausführlichen sachlichen und sprachlichen Erläuterungen dazu zu geben. Wenn man dies alles in Betracht zieht, wäre es äusserst unhöflich, jetzt ängstlich zu fragen, ob nicht vielleicht ein europäischer Linguist oder Ethnograph in dieser oder jener Beziehung nach einer andern Forschungsmethode verfahren wäre als der Aegypter. Ich betrachte es als meine Pflicht, die Sammlung des genannten Gelehrten, sobald ich Zeit dazu erübrigen kann, den europäischen Orientalisten zur Verwerthung zu übergeben, und ergreife hier einstweilen freudig die Gelegenheit, ihm öffentlich meinen Dank auszusprechen, welcher, wie ich glaube, von vielen Fachgenossen getheilt werden wird.

Wollte ich alle Sprichwörter und Redensarten, welche ich während meines Aufenthalts in Arabien gehört habe, zusammenzählen, so würde auch deren Zahl vielleicht die 1500 erreichen;

eine solche Sammlung hätte aber aus verschiedenen Gründen nur geringen Werth. Zunächst würde jeder Arabist darunter ziemlich viele sogenannte litterarische Sprichwörter wiederfinden; denn die Litteratur übt thatsächlich bis zu unserer Zeit in den gebildeten Kreisen der Städter einen viel bedeutenderen Einfluss auf den Sprachgebrauch aus, als solche Orientreisende wohl zu meinen pflegen, welche nur mit den äusseren Rändern der muhammedanischen Gesellschaft bekannt geworden sind. Unter den ausserhalb der Litteratur stehenden Proverbien aber würde der Leser, der die von europäischen Gelehrten schon früher veröffentlichten Sammlungen studirt hat, Hunderten von alten Bekannten begegnen, ohne dass es mir dabei immer möglich wäre, mit Bestimmtheit zu behaupten, dass ich diese Redensart nur von Syrern, jene nur von Aegyptern oder Maghribinern gehört habe. In einer so gemischten Gesellschaft wie die der heiligen Stadt und ihrer ‚Vorhalle', wäre die strenge Beobachtung des *‚suum cuique'* in Bezug auf den Sprachgebrauch nur dann möglich, wenn sich Jemand längere Zeit fast ausschliesslich mit linguistischen Untersuchungen beschäftigen könnte. Für mich handelte es sich aber in erster Linie darum, mich mit dem häuslichen und gesellschaftlichen Leben der Muslime vertraut zu machen; die Worte und deren Form und Gebrauch waren mir Mittel, freilich sehr wichtige und unentbehrliche Mittel zum Zwecke. So schwer es unter solchen Umständen wird, in der babylonischen Sprachverwirrung der aus allen Weltgegenden nach der heiligen Stadt zusammenströmenden Menge das flüchtig Beobachtete richtig zu determiniren, so leicht ist es andererseits, bei einem längeren Aufenthalte in Mekka einheimisch-mekkanische Sitte und Sprache von dem Fremdartigen abzusondern. Das gesellschaftliche Leben der eigentlichen Bewohner Mekkas hat sich freilich unter dem Einflusse der Aegypter, Syrer, Maghribiner, später auch der Türken und Inder, und in unserem Jahrhundert in erhöhtem Grade unter dem Einflusse der Bewohner der ostindischen Inselwelt entwickelt und fortwährend modificirt; ebenso zeigt der Dialect der heiligen Stadt die Spuren der Einwirkung jeder von den genannten Nationalitäten. Zur

Zersetzung ist es dabei aber nicht gekommen; die mekkanischen Sitten und die Sprache haben stets einen eigenen, scharf ausgeprägten Charakter bewahrt. Dies verdankt Mekka hauptsächlich den zahlreichen Scherifenfamilien, welche schon von den Anfängen der muslimischen Periode an, den Mittelpunkt und den Kern der mekkanischen Gesellschaft bildeten.

Es wäre mir sehr lieb gewesen, wenn ich der Versammlung einen grösseren Theil meiner Studien über diese Gesellschaft hätte vorlegen können; das Sprachliche wäre darin als bedeutender Factor des geistigen Lebens verwerthet worden. Leider war es aber bisher unmöglich, diese Arbeit zu vollenden. Zudem liesse sich das rein Linguistische in einem solchen grösseren Werke schwierig behandeln, während es andererseits vortheilhaft sein wird, in demselben auf eine kleinere, sprachliche und ethnographische Einzelheiten behandelnde Arbeit verweisen zu können. Darum habe ich mich entschlossen, dem Beispiele meiner trefflichen Vorgänger zu folgen, und in der Form von Erklärungen einiger mekkanischer Sprichwörter und Redensarten vorläufig einen Beitrag zur Kenntniss der heutigen mekkanischen Gesellschaft zu liefern. Wie schon angedeutet, wurden die eigentlich litterarischen Dicta dabei ausgeschlossen und von den vulgären nur solche aufgeführt, welche wenigstens in der Form oder in der Auffassung und Anwendung etwas specifisch Mekkanisches an sich haben. Die Gesammtzahl wurde dadurch auf 77 reducirt.

Das Niederländisch-Ostindische Institut hat die Herausgabe meiner Arbeit übernommen und mich damit beauftragt, einige Exemplare derselben dieser Section unseres Congresses zu überreichen. Mit den allgemeinen Bemerkungen, welche ich soeben ausgesprochen habe, wollte ich also weder eine wissenschaftliche Frage erörtern noch eine gelehrte Discussion veranlassen, sondern die kleine Festgabe mit ein paar Worten bei Ihnen einführen, um den mir vom Institut ertheilten Auftrag zu erfüllen. Die Gelegenheit, auf einen ausgezeichneten orientalischen Mitarbeiter auf diesem Gebiete die Aufmerksamkeit zu lenken, durfte ich dabei nicht unbenutzt lassen.

Die älteste arabische Barlaam-Version.

Von

Fritz Hommel.

Indem ich heute den schon 1853 kurz von Dr. O. Blau beschriebenen merkwürdigen, seither in den Besitz der Deutsch-Morgenländischen Gesellschaft gekommenen Barlaamtext dem Congress vorzulegen die Ehre habe, ist es vor allem meine Pflicht, die bereits im Titel meines Vortrages ausgesprochene nähere Präcisirung (älteste arabische Version des Barlaam und Josaphat) kurz zu begründen. Wir werden sehen, dass wir damit nicht nur die älteste bisher bekannt gewordene Gestalt des arabischen Barlaam, sondern zugleich auch eine der ersten Umbildungen dieses Romans seit seiner Weiterwanderung aus Indien, alles in allem einen der interessantesten Texte der arabischen Litteratur vor uns haben.

Der bisher bekannte Barlaam und Josaphat ist der ursprünglich griechisch geschriebene[1]) christliche Roman, der schon seit dem XII. Jahrhundert in lateinischen Uebersetzungen vorliegt und seitdem in vielen weiteren Uebertragungen — ich nenne hier nur die mittelhochdeutsche poetische Bearbeitung des Rudolf von Ems[2]) — im Abendlande verbreitet wurde; davon

[1]) Herausgegeben von Boissonade in den Anecdota græca (Paris 1829 ff.), Bd. IV (1832), p. 1—365; wiederholt von Migne in Joh. Damasceni opera, vol. III (= Curs. patrol., ser. græca, vol. 96).

[2]) Vgl. die Ausgabe von Franz Pfeiffer (Dicht. des dtsch. Mitt., Bd. 3), Leipzig 1843, und die neuhochdeutsche Uebersetzung zweier Stücke von

existiren von orientalischen Uebersetzungen eine in mehreren Handschriften in Paris vertretene arabische, direct aus dem Griechischen geflossene, von der ich heute nicht weiter handeln werde, und eine nach dieser arabischen angefertigte äthiopische. Ueber diesen christlichen Roman findet man nach allen Seiten hin in dem kürzlich erschienenen ausgezeichneten Buch Zotenberg's [1]) erwünschtesten Aufschluss; besonders hebe ich hier den Zotenberg vollständig gelungenen Nachweis hervor, dass dieser griechische Roman nicht wie man bisher annahm, den heil. Johannes Damascenus, geb. 676, [2]) zum Autor hat. In diesem Roman heisst der Königssohn Ἰωάσαφ (يواسف, äth. ዮዋሴፍ፡ Jewâsef) und der ihn bekehrende Mönch Βαρλαάμ (برلام, äth. በረላም፡ Baralâm).

Im Jahre 1860 nun erkannte der berühmte Sagenforscher Felix Liebrecht in diesem christlichen Barlaam und Josaphat einen Reflex von Buddha's Jugendgeschichte; [3]) vgl. A. Weber in der ZDMG., Bd. 24 (1870), S. 480 (als gelegentliche Bemerkung am Schlusse seiner Recension über Beal's Travels of Buddhist pilgrims), wozu auf der gleichen Seite Ernst Kuhn an Weber die Mittheilung lieferte, dass schon der französische Arabist Reinaud 1849 im Juwâsif des Fihrist, respective Jûdâsf des Mas'ûdî ein ursprüngliches Budsatf (بودستف), d. i. Bodhisattva (Beiname Buddha's), eine bei der oft unpunktirten ara-

---

Rudolf Schreiber in ‚Uebersetzungsproben aus m.-h.-d. Dichtern' (Ansbacher Gymnasialprogramm vom Herbst 1869), S. 11—23; ich benütze die Gelegenheit, diesem meinem früheren Lehrer (jetzt Director in Augsburg), der in seltener Weise den Sinn für litterargeschichtliche Forschung in seinen Schülern zu wecken wusste, hier öffentlich meinen pietätsvollen Dank auszusprechen.

[1]) Notice sur le livre de Barlaam et Josaphat accompagnée d'extraits du texte grec et des versions arabe et éthiopienne. Paris (Maisonneuve) 1886; 166 S. in gr. 8°.

[2]) Lebte und blühte im Anfang des VIII. Jahrhunderts zu Damascus unter den Omaijaden; die Vertheidigung des Christenthums gegen den Islam ist jedoch kaum von ihm, vgl. Zotenberg, a. a. O., S. 75 oben.

[3]) Der christliche Roman spielt ja in Indien, und Josaphat ist in ihm ein indischer Königssohn. Schon im Jahre 1851 hatte Steinschneider in der ZDMG., Bd. 5 (‚Ueber eine arab. Bearbeitung des B. u. J.', gemeint war die

bischen Schrift der alten Handschriften leicht erklärliche Veränderung (nämlich ursprüngliches ذ in ڎ) erkannt habe.

Bald darauf erschien die treffliche Ausgabe des Fihrist, jener unschätzbaren arabischen Litteraturgeschichte aus dem IV. Jahrhundert der Higra, von Joh. Rödiger und Aug. Müller (Bd. 1, Text, 1871; Bd. 2, Anmm. und Indices, 1872). Es wird erwünscht sein, wenn ich hier die verschiedenen Stellen des Fihrist, wo von Juwâsif (beziehungsweise Budâsif) oder von Büchern, welche von ihm handeln, die Rede ist, übersichtlich zusammenstelle.

S. ١١٨ des Textes findet sich der Abschnitt اخبار عبد الله بن المقفّع; dieser Ibn Muḳaffa' († c. 760 n. Chr., also um die Mitte des II. Jahrhunderts der Higra), ein Perser von Geburt (sein ursprünglicher Name war Rôzbeh), lebte am Hofe des Abbasidenchalifen al-Manṣûr und übersetzte eine ganze Reihe von Pehlevischriften in's Arabische. Der Fihrist nennt a. a. O.

a) Chodâi-namah فى السِيَر (d. i. سِيَر الملوك, vgl. Nöldeke, Gesch. d. Pers. u. Arab. nach Tabari, S. XIV ff.), noch in umfangreichen Auszügen erhalten in Tabari's Geschichtswerk, Abschnitt Sassanidenzeit.

b) Â'în-namah فى الاصر (vgl. Nöldeke, a. a. O., S. XXI, Anm. 2).

c) Kitâb Kalîlah wa-Dimna (noch erhalten, vgl. de Sacy's Ausgabe und Wolff's Uebersetzung).

d) Kitâb Mazdak (Nöldeke, a. a. O., S. 461, Anm. 2).

e) Kitâb at-tâg fî sîrat Anushirvân (vgl. Nöldeke, p. XXI, Anm. 2).

f) Kitâb al-âdâb al-kabîr (vgl. Nöldeke, p. XXI, Anm. 2).

g) Kitâb al-adab aṣ-ṣaghîr.

h) كتاب اليَتيمَة فى الرَسَائِل.

---

aus dem Griechischen geflossene) die Frage an die Indologen gestellt (a. a. O., S. 90 oben): ‚Gibt es irgend ein indisches Werk, welchem die Geschichte des Prinzen und Derwisch, wie sie in der arabischen Bearbeitung vorliegt, nachgebildet sein könnte, so dass etwa gar der griechische Barlaam nur eine christliche Bearbeitung des indischen Thema's wäre?'

Einen anderen Uebersetzer aus dem Pehlevi lernen wir p. ٣٠٥ des Fihrist kennen, nämlich Gabala ibn Sâlim (übersetzte in der zweiten Hälfte des II. Jahrhunderts der H. für Hishâm ibn al-Kalbî, vgl. Nöldeke, a. a. O., S. 475); von ihm werden hier die arabischen Uebersetzungen des رستم واسفنديار und بهرام شوبين angeführt, ferner ohne ausdrückliche Angabe des Uebersetzers ein Kâr-nâmag fi sîrat Anushirvân, ein Kitâb at-tâg, ein Kitâb Chodâi-namah u. a., von denen vielleicht einige mit den oben als von Ibn Muḳaffa' übersetzt angegebenen identisch sind. Dieser Passus hatte die Ueberschrift: ‚Namen der Bücher, welche die Perser verfasst haben'; daran schliesst sich nun ein neuer Abschnitt mit der Ueberschrift: ‚Namen der Bücher Indiens (الهند) unterhaltenden Inhalts', und zwar

a) Kalîla und *Dimna,* übersetzt aus dem Pehlevi von Ibn Muḳaffa' (siehe oben). Dann weiter ‚und zu ihren Büchern gehört auch' (aber nicht mehr mit Angabe des Uebersetzers, also vielleicht auch theilweise noch von Ibn Muḳaffa' oder von andern Zeitgenossen, aber natürlich gleichfalls sämmtlich aus dem Pehlevi übersetzt):

b) und *c)* das grosse und kleine Sindbad-buch.

d) Kitâb al-Budd (d. i. Buddha-buch, s. unten).

e) **Kitâb Bûdâsif** (geschr. دوباسف, Var. درباسف) **wa-Bilauhar** (geschr. بلوهر, oder Balva-har?).

f) **Kitâb Bûdâsif** allein (مُفْرَد).

g) Buch der feinen Bildung Indiens und China's (كتاب ادب الهند والصين).

o) Buch des indischen Königs, des Mörders und des Schwimmers (كتاب ملك الهند القتال والسباح).

r) Buch Bîdpâ über die Weisheit (بيدبا فى الحِكْمَة); vgl. oben Nr. *a).*

Auf S. ١١٩ und ١٢٣ des Fihrist werden zum Theil dieselben, zum Theil andere aus dem Pehlevi in's Arabische übersetzte Bücher genannt, welche ein gewisser Abân ibn 'Abd al-Ḥumaid ibn al-Lâḥiḳ ar-Raḳâshî († 200 der H., auch blos Abân al-Lâḥiḳî genannt, so p. ١١٩) poetisch (und wahrscheinlich muhammedanisirend) umgearbeitet hat. Es werden S. ١١٩ als solche

Umarbeitungen (die also Prosaübersetzungen aus dem Pehlevi aus dem II. Jahrhundert der H., demnach von Zeitgenossen des Ibn Muḳaffa' und Gabala ibn Sâlim oder von ihnen selbst, voraussetzen) aufgeführt:

a) Kalîla wa-Dimna (üb. von Ibn Muḳaffa').

b) Sîrat Ardeshîr (vgl. Nöldeke, a. a. O., S. XVI, A. 2).

c) Sîrat Anushirvân (‚Lebensbeschreibung des Anush.' vgl. Ibn Muḳaffa', *e*).

d) **Kitâb Bilauhar wa-Bûdâsif** (geschr. دلوهر ويردانيه, Var. ويردادعه).

e) *Kitâb rasâ'il* (vgl. oben Ibn Muḳaffa', *h*?) und *f)* *Kitâb ḥilm al-Hind* (‚der Weisheit Indiens', vgl. oben ‚Bücher Indiens' *g*?) womit die Aufzählung p. ۱۶۳ zu vergleichen:

a) *Kalîla wa-Dimna.*

b) **Kitâb Bilauhar** (geschr. الزهر, sic) **wa-Bûdâsif** (geschr. درداسف).

c) *Kitâb Sindbâd* (vgl. oben ‚Bücher Indiens', *b* und *c*).

d) *Kitâb Mazdak* (vgl. oben Ibn Muḳaffa', *d*).

e) ‚Das Buch vom Fasten und Meditiren' (كتاب الصيام والاعتكاف).

Dass der Budâsîf dieser Bücher wirklich Buddha war, wird durch den Fihrist allein, nämlich durch zwei Stellen auf p. ۳٤٥ und ۳٤٧ bis zur Evidenz erwiesen: auf S. ۳٤٥ heisst es im Absatz ‚Glaubensregeln des Buddhismus' (مذاهب السُّمَنِيَّة, vgl. zu *sumanîjat* aus indisch *çramana,* A. v. Kremer, Culturg. des Or., II, S. 466, Anm. 2): ‚es sprach der Prophet der Sumanîja, Bûdâsif' (geschr. دراسف, Var. يواسف, also *Juwâsif!* vgl. Fihrist II, S. 180) und S. ۳٤٧ in dem Abschnitt, der die Ueberschrift الكلام على البُدّ ‚die Rede über den Buddha' trägt, heisst es unter anderem:[1]) ‚dies ist das Bild des Bûdâsif, des Weisen'.

Eines dieser Pehlevibücher, beziehungsweise in arabischer Uebersetzung, war jedenfalls die Vorlage jenes christlichen grie-

---

[1]) Es ist von verschiedenen Anschauungen über das Wesen des Budd (= Buddha, dann übertragen auch Bild, Idol, pers. بُتْ) die Rede.

chischen Romanes, was dadurch zur Sicherheit erhoben wird, als die Verlesung von Budâsif (so auch gelegentlich bei anderen arabischen Schriftstellern, wie Ibn Badrûn, S. 10, Mas'ûdî II, 111, IV, 44. 45 und 49, vgl. Fihrist II, S. 180) zu Juwâsif (Ἰωάσαφ) nur durch das arabische, nicht aber das Pehlevi-Alphabet zu erklären ist; auch Baralam oder Barla'am (Βαρλαάμ, d. i. برلام) erklärt sich mit Leichtigkeit durch eine spätere Verschreibung aus ursprünglichem بلوهر, indem in Handschriften ja oft ein incorrectes ر für ein schlechtgeschriebenes Schluss-m (م), ein etwas zu gross gerathenes ه für لا und vollends häufig ein بلو für بر [1]) von Abschreibern gehalten werden kann. An den syrischen Namen Bar-lâhâ, der nur ähnlich klingt aber im Uebrigen gar nichts mit der Barlaam- und Josaphat- (beziehungsweise Buddha-) Legende zu thun hat, ist auf keinen Fall, weder für Bilauhar (was vielleicht ursprünglich ganz anders vocalisirt war, vielleicht Balvahar oder Bilvihar) noch für das aus ersterem corrumpirte Baralam zu denken.[2])

Einen dieser ältesten, direct aus dem Pehlevi übersetzten arabischen Bilauhar- und Budâsiftexte nun bin ich heute in der glücklichen Lage dem Congress vorzulegen. Es ist das die arabische Barlaam-Uebersetzung, von welcher 1853, in der ZDMG., Bd. 7, S. 400—403, O. Blau ein Inhaltsverzeichniss[3]) nebst Text und Uebersetzung einer der Parabeln gab, und von welcher leider die eigentliche Ueberschrift fehlt, indem es statt dessen nur heisst: ‚Auszug aus dem Buch eines der ausgezeichneten Weisen Indiens'. Im Jahre 1863 kam die betreffende Handschrift (ein Sammelband) in den Besitz der Bibliothek der Deutsch-Morgenländischen Gesellschaft zu Halle (vgl. das Geschenkverzeichniss d. ZDMG., Bd. 18, 1864, S. 394, an einem Ort, wo es nur zu

[1]) Vgl. auch oben die Variante الزهر (الرهر) für بلوهر (بلوهر)!

[2]) Gegen Zotenberg, a. a. O., S. 83.

[3]) Dort muss es in dem Satz ‚S. 21 kommt er zu einem weisen Asceten auf der Insel Serendîb (Ceylon), der Bilauhar hiess' statt ‚kommt er' vielmehr heissen ‚gelangt die Kunde von ihm [scil. dem Königssohn]', ein verhängnissvoller Irrthum, der Zotenberg (der gleich allen Anderen diesen Text nur aus Blau's Auszug kannte) zu ganz falschen Schlüssen verleiten musste.

leicht unbeachtet bleiben musste). Es ist das grosse Verdienst meines hochverehrten Collegen und ehemaligen Lehrers, des Münchener Indologen Ernst Kuhn (vgl. auch schon oben), die eminente Wichtigkeit dieses seit jener Beschreibung Blau's ganz verschollen gewesenen Textes für die Geschichte der Barlaamsage erkannt zu haben; im Jahre 1878 machte dieser scharfsinnige Gelehrte in einer Notiz in der ZDMG. (Bd. 32, S. 584) auf die gleicher Weise im Fihrist wie in der Blau'schen Handschrift vorkommende Namensform Bilauhar statt Barlaam aufmerksam und vermuthete für letztere (die Blau'sche Barlaam-Recension), ein näheres Verhältniss zum indischen Ausgangspunkt als es bei dem christlichen Roman der Fall ist.[1]) Fünf Jahre später, im Sommer 1883, veranlasste mich derselbe Gelehrte, mir die Handschrift, die sich nun auf Kuhn's Anfrage hin als in Halle befindlich herausstellte,[2]) kommen zu lassen und für ihn zu übersetzen. Leider unterblieb bis jetzt die von Kuhn damals geplante grössere Arbeit über die Wanderung der Barlaam-Legende von Indien in's Abendland, und er scheint

---

[1]) Es wird Manchem willkommen sein, wenn ich Kuhn's Worte, so weit sie sich auf dies Verhältniss beziehen, vollständig hier mittheile: ‚Die ZDMG. XXIV, p. 480 nachgewiesene Identität der Namensform Joasaph mit einer bei den Arabern üblichen, aus dem arabischen Alphabet erklärbaren Entstellung des indischen *bodhisattva* macht . . . . . . den Durchgang durch eine arabische Version wahrscheinlich (hiezu eine jetzt gegenstandslose Anm.). Die christlich-arabischen Versionen fördern uns nun allerdings nicht, da sie sämmtlich auf den griechischen Text zurückgehen; aber der Fihrist, p. 305 (vgl. p. 119) erwähnt unter den in's Arabische übersetzten indischen Büchern neben einem Buche, das von Joasaph allein handelt, ein Buch Bilauhar und Joasaph, dessen Bedeutung noch nicht genügend beachtet zu sein scheint. Identisch oder mindestens nahe verwandt mit diesem ist nämlich offenbar der von Blau, ZDMG. VII, 400—403 besprochene Text einer damals im Besitze des Herrn von Wildenbruch befindlichen Handschrift, der sich selbst als ‚Auszug aus dem Buche eines der ausgezeichneten Weisen Indiens‘ bezeichnet und durch den weisen Asketen auf der Insel Serendib, wie durch den Elephanten statt des Einhorns in der Parabel vom Mann im Brunnen directer auf indischen Ursprung hindeutet als die anderen Texte. Wie wichtig eine genauere Untersuchung dieser Handschrift wäre, liegt danach am Tage.‘

[2]) Vgl. die Hinweisung der Redaction (S. 768 von Bd. 32, 1878, der Zeitschr.) auf das Geschenkverzeichniss vom Jahre 1863 in Bd. 18, dann bald darauf den Katalog der Bibl. d. DMG., II (Handschr., erschienen 1881), S. 15

sie seit Erscheinen von Zotenberg's Buch (1886, beziehungsweise schon 1885 in den Notices et Extraits des manuscrits de la Bibliothèque Nationale, tome 28, 1re partie) ganz aufgegeben zu haben, und nur noch eine ausführlichere Recension über dies Buch (und wie ich wünschen würde, auch diesen meinen Aufsatz) schreiben zu wollen.

Kuhn's Erwartung über die Blau'sche Handschrift wurde nicht getäuscht, ja noch übertroffen: noch während ich im Abschreiben und der Anfertigung einer provisorischen Uebersetzung begriffen war, wurde mir immer klarer, dass hier ein direct aus dem Pehlevi übersetzter arabischer Text vorliege, der sich in Stil und Ausdrucksweise auf's engste mit dem gleichfalls aus dem Pehlevi übersetzten uns noch vorliegenden Kalîla und Dimna (Fabeln des Bidpai) berührt;[1] ferner ergab sich mir mit vollständiger Sicherheit, dass die bekannte hebräische Bearbeitung in gereimter Prosa[2]) von Ibn Chisdai (blühte Anfang des XIII. Jahrhunderts in Spanien) ‚Prinz und Derwisch' (בן המלך והנזיר) nicht den christlich-arabischen (aus dem Griechischen übersetzten) Barlaam zur Vorlage haben kann, was man bisher annahm, sondern unseren direct aus dem Pehlevi stammenden Text, wodurch natürlich diese hebräische Bearbeitung, die wohl eine neue (vocalisirte oder besser mit wörtlicher Uebersetzung versehene) Ausgabe verdiente, einen ganz anderen Werth erhält und nun plötzlich eine hohe Bedeutung in der Geschichte der Barlaamlegende gewinnt. Die Angabe nach der Vorrede Ibn Chisdai's, dass das Buch aus dem Griechischen in's Arabische

(G. Arabisch, Nr. 9, Sammelhandschrift, S. 3—58; die Lücke nach S. 58 umfasst, wie man aus der Blätteranzahl der Lagen zu je 10 Blätter berechnen kann, ein Blatt und vielleicht noch eine Lage, wonach die Angabe des Katalogs zu berichtigen).

[1]) Indem ich unten den vollständigen Text mittheile, ist es den Fachgenossen ermöglicht, diese Wahrnehmung auf Einzelheiten hin selbst zu prüfen; eine Vergleichung der Stücke aus Ibn Mukaffa's Königsbuch in dem von Nöldeke herausgegebenen Abschnitt des Tabari wird, so viel ich schon jetzt sehe, dies Ergebniss nur bestätigen.

[2]) Prinz und Derwisch oder die Makamen Ibn Chisdais [in's Deutsche übersetzt] von W. A Meisel, Stettin (Effenbart) 1847; zweite durchaus umgearbeitete Auflage, Pest (Druck von Joh. Herz) 1860.

übersetzt sei, hat ebensowenig Werth wie die der äthiopischen Uebersetzung, wo es heisst, dass ihre arabische doch aus dem Griechischen stammende Vorlage aus dem Indischen übersetzt sei; denn es ist gerade umgekehrt: die Vorlage Ibn Chisdai's war ein aus dem Pehlevi übersetzter arabischer Text, die des Aethiopen der christlich-arabische aus dem Griechischen übertragene.

Wie aus den oben mitgetheilten Auszügen aus dem Fihrist hervorgeht, gab es nun mehrere wohl von einander nicht sehr verschiedene aus dem Pehlevi in's Arabische übersetzte Barlaambücher. Das eine (wohl ausführlichste) hatte den Titel: ‚Buch des Blvhr (Vocalisation zunächst unbestimmt gelassen) und Bûdâsf'; wie man aus dem Titel wird schliessen dürfen, war es dieses, welches dem Verfasser des christlichen Romanes, der Johannes oder Jachjâ hiess und Mönch vom Kloster Saba war, vorgelegen haben wird. Nach Zotenberg allerdings, der auf's scharfsinnigste und eingehendste aus Sprachgebrauch und dogmengeschichtlichen Erwägungen erwies, dass nicht Johannes Damascenus der Verfasser sei,[1]) wäre der griechische Roman schon ein Jahrhundert vor Johannes Damascenus entstanden — eine wie mir scheint ganz unmögliche Annahme. Der Stoff, so frei er auch vom griechisch schreibenden Schriftsteller bearbeitet worden ist, schliesst sich andererseits den Hauptpunkten nach doch noch eng genug an das ursprüngliche Pehlevi-Original an (wie wir jetzt aus der ja nah verwandten Blau'schen Handschrift und Ibn Chisdai ersehen können), so dass die Möglichkeit einer anderen als schriftstellerischen Entlehnung absolut

---

[1]) Ob nicht noch näherer Erwägung werth ist, was Steinschneider schon im Jahre 1851 (ZDMG., V, S. 90) schrieb: ‚Als Verfasser des griechischen Barlaam und Josaphat wird bekanntlich Janus Damascenus, Presbyter Hierosolymitanus genannt, wogegen schon Warton in der Einleitung zu seiner englischen Litteraturgeschichte sich für einen jüngeren arabisch-christlichen Verfasser aussprach. Allein die Gewissheit einer aus dem Griechischen geflossenen arabischen Bearbeitung lässt mich die Vermuthung wagen, der Verfasser des griechischen Barlaam . . . . . sei der als Sammler und Uebersetzer griechischer Werke bekannte, um 857 gestorbene Jaḥjâ Ibn Maseweih, dessen medicinische Schriften den Namen Janus Damascenus an der Stirn tragen, weswegen ihm wohl de Rossi Damaskus als Vaterstadt zuweist?'

ausgeschlossen ist; eine solche Entlehnung ist aber vor Anfang der Abbasidenzeit litterargeschichtlich rein undenkbar. Alle anderen Gründe, welche Zotenberg für eine Abfassung des christlichen Romanes früher als Johannes Damascenus anführt, müssen davor zurückstehen; im Gegentheil, sie sprechen zum Theil sogar für Abfassung erst im VIII. oder IX. Jahrhundert, beziehungsweise freie Bearbeitung nach der arabischen aus dem Pehlevi stammenden Vorlage, da die nach Zotenberg so gut in die Zeit des Chosroes Anuschirvan sich fügende Situation sich ebenso gut daraus erklärt, dass der ursprüngliche Pehlevitext wahrscheinlich zu der Zeit dieses Perserkönigs entstanden sein wird.[1]) Und was endlich die dogmatischen Anschauungen im christlichen Barlaam anlangt, welche für Zotenberg eine Abfassung vor 634 v. Chr. zu fordern scheinen (siehe Zotenberg, a. a. O., S. 51—57), so lässt sich ebenso gut denken, dass für den im IX. Jahrhundert (wie ich annehme) schreibenden Verfasser irgend ein dogmatisches Werk jener von Zotenberg bezeichneten Periode das theologische Vorbild war, nach welchem er den dem mittelpersisch-arabischen Buch entnommenen Stoff umgegossen. Die Parabel vom Säemann fand der christliche Bearbeiter ganz gewiss schon im Kitâb Blvhr wa-Bûdâsf vor,[2]) wo hinein sie (was durchaus nichts wunderbares hat) durch den arabischen Uebersetzer, der möglicherweise sogar ein Christ war, gekommen sein wird; Christen gab es ja dazumal genug am Abbasidenhofe zu Bagdad.

Ob das in's Arabische übersetzte Pehlevibuch Bûdâsf und Blvhr dasselbe ist wie das, welches im Fihrist den Titel Blvhr und Bûdâsf trägt (beachte, dass letztere Folge die des griechischen Romanes ist, erstere die des Titels: ‚Königssohn und

[1]) Wenn übrigens Zotenberg, a. a. O., S. 57 in der Stelle des christlichen Romans ‚Du côté de continent (l'Inde) confine à la Perse, contrée qui, depuis longtemps, était couverte des ténèbres de l'idolâtrie' etc. etc., den Ausdruck contrée und was folgt, auf Persien bezieht, so kann ich ihm hier nicht beistimmen, da dem Zusammenhang nach hier nur Indien selbst gemeint sein kann.

[2]) Gegen Zotenberg, a. a. O., S. 88, ‚la parabole du semeur (die übrigens auch Ibn Chisdai hat) seule suffit pour en établir l'origine chrétienne'.

Asket‘ bei Ibn Chisdai), ist schwer zu sagen; dass es aber verschiedene (wenn auch wohl wenig von einander abweichende) derartige Werke schon in der Pehlevi-Literatur gegeben, beweist die Aufführung des ‚Buches von Bûdâsf‘ (ohne Blvhr zu nennen, vgl. das im Fihrist beigefügte مفرد) unmittelbar nach dem ‚Buch von Bûdâsf und Blvhr‘. Ein ähnliches Werk muss den einfachen Titel: ‚Königssohn und Asket‘ (beziehungsweise Prinz und Derwisch) getragen haben, und dieses war, wie ich glaube, die sowohl Ibn Chisdai vorliegende Recension als auch die uns in der Blau'schen Handschrift noch (bis auf wenige Schlussseiten) erhaltene. Zum Glück hat uns Ibn Chisdai ganz genau den Titel und das Vorwort seiner arabischen Vorlage erhalten (von Meisel nicht mitübersetzt), welches Vorwort wörtlich lautet:

So spricht der Uebersetzer aus der griechischen (siehe darüber oben, und lies statt dessen: mittelpersischen) in die arabische Sprache: ‚Nach dem Lob an Gott und dem Dank für ‚seine Güte und dem Preise und der Erhebung seines Namens, ‚der gepriesen ist über alles gepriesene und das beste alles zu ‚denkenden, sage ich [arab. etwa احمد اللّهَ . . . . وبعد فإ], ‚dass ich dieses Buch, das genannt wird בן המלך והנזיר [also arab. ‚ابْنُ المَلِكِ والناسِك], d. i. ‚Königssohn und Asket‘] gefunden habe ‚und eingieng in seine Pforten und Gemächer; ich stieg zur Höhe ‚seiner Sinnreden und stieg nieder in die Tiefen seiner Geheimnisse, zu verstehen alle Gedanken und das Wort geredet ‚nach seiner Art. Ich erkannte das Endziel jedes Gleichnisses ‚und den damit verbundenen Nutzen, und ich sah, dass alle ‚gemischt sind und zwischen ihnen kein Unterschied ist, so dass ‚der Leser verwirrt und die Sache unklar wird. Ich fügte hinzu ‚die Zahl der Pforten und den Inhalt einer jeden, und habe zu ‚Anfang des Buches alle Pforten, wie sie sind, geordnet, um zu ‚erleichtern dem Suchenden eine Sache zu finden in einer der ‚Pforten‘. (Folgt nun das Verzeichniss der 35 Pforten, woran sich dann ‚Es spricht der Verfasser: zur Zeit der grauen Alten . . . . da herrscht in einem ind'schen Land ein König voller Unverstand etc. etc.‘ (Meisel, S. 13 ff., 2. Aufl., S. 15 ff.) anschliesst.

Was nun den Blau'schen Text anlangt, der der eigentliche Gegenstand dieses Aufsatzes ist, und der gleich nachher, genau wie er in der einzigen Handschrift verzeichnet steht, abgedruckt werden wird, so ist vor allem zu bemerken, dass darin stets nur vom ‚Königssohn‘ (der nie mit Namen genannt wird), meist nur vom ‚Asketen‘ (obgleich dafür gelegentlich Bilauhar, mit einer an Formen wie سِنَّوْر, سَمَوْأَل u. a., natürlich erst secundär angeglichenen Vocalisation, steht) die Rede ist, wesshalb ich eben auch hier als ursprünglichen Titel كتاب ابن الملك والناسك vermuthe. Bevor ich nun den Fachgenossen diesen Text vorlege (eine vollständige Uebersetzung hoffe ich in einer späteren Arbeit zu geben), sei es mir gestattet, das Blau'sche Inhaltsverzeichniss (vgl. ZDMG., VII, S. 400 und 402 f.) etwas vollständiger und genauer zu wiederholen und die entsprechenden Kapitel des Ibn Chisdai'schen ‚Prinz und Derwisch‘ (nach Meisel's Uebersetzung) in ihrer Entsprechung nebenbei zu notiren.

Im Namen Gottes des Barmherzigen, des Allerbarmers. Auszug aus dem Buche eines der ausgezeichneten Weisen Indiens,[1]) und es ist dasselbe ein Buch voll beredter Andeutungen, lieblicher Ausdrücke und schöner Gedanken. Es möge Gott uns dasselbe zum Nutzen gereichen lassen, Amen.	
Es erwähnte sein Verfasser, dass im Lande Indien ein grosser König war.	Ibn Chisdai: ‚Vorwort[2]) des Verfassers‘.

[1]) Siehe über das Fehlen des eigentlichen Titels schon früher. Inwieweit hier wirklich ein Auszug vorliegt, lässt sich natürlich nicht mehr feststellen. Jedenfalls sind die meisten Stücke (so wohl besonders die Fabeln) unverändert dem ausgezogenen Originale entnommen, und ist die Sprache und Diction dabei kaum alterirt worden.

[2]) Dieser Ausdruck ist unpassend, da hiermit bereits die eigentliche Geschichte beginnt. Es ist vielmehr die Schilderung der Situation; allerdings beginnt dann da, wo Ibn Chisdai die Ueberschrift: ‚erste Pforte‘ hat, erst die Handlung selbst.

Und weil er die Welt so sehr liebte, und sich so mit ihr befasste, dass er darüber das Denken an die Ewigkeit vergass, und sein Königreich über alles setzte, so geschah es, dass Keiner in der Welt war, der ihn zu verletzen wagte. Er hielt fern die Gläubigen und zog heran die Götzendiener.

Da fragte er eines Tages nach einem seiner Unterthanen, dessen Rath er früher anzugehen pflegte; da wurde ihm gesagt, dass er längst mit der Welt abgeschlossen habe etc. etc.

Ibn Chisdai: 1. Pforte. (‚Die Anklage des Derwisch.‘)

S. 6. Es sprach der Asket, ich habe in meiner Jugend ein Wort vernommen, das in meine Seele fiel etc. etc.[1])

Ibn Chisdai: 2. Pforte. (‚Die Vertheidigung.‘)

S. 11. Und was anlangt dein Wort, o König, dass ich meine Genossen zu Grunde gerichtet und verlassen hätte etc.

Ibn Chisdai: 3. Pforte. (Fortsetzung.)

S. 13 (unten). Ueberschrift: Geschichte der Geburt des Königsohns.

Und es wurde geboren dem König in diesen Tagen ein Knäblein, da erfreute er sich sehr darob etc. etc.

Ibn Chisdai: 4. Pforte. (‚Des Prinzen Kindheit.‘)

S. 14 (unten). Er sprachs, und es hatte der König einen Vezîr, der seinen Befehl [dem Prinzen jede Berührung mit dem Leid dieser Welt durch sorgfältige Abschliessung unmöglich zu machen] zu seiner Zufriedenheit ausführte etc. etc.

Ibn Chisdai: 5. Pforte. (‚Der Rath.‘)

---

[1]) In diesem Abschnitt werden unter anderen folgende Krankheiten erwähnt: والطاعون والذبحة والخناق والآكلة والبرسام; dem entspricht bei Ibn Chisdai (als sklavische Uebersetzung des arabischen Originals): ‚Al-dabca und Al-taon, Al-akla und Al-barssom‘. Zwei weitere arabische Ausdrücke der Art finden sich bei Ibn Chisdai in dem gleichen Capitel (‚Schmerz und Weh, wie Diarrhoe, Al-sahir und Al-nusir‘) einige Seiten weiter (1. Aufl., S. 28, 2. Aufl., S. 40), wo die betreffende Stelle in unserem arabischen Auszug fehlt

S. 17 (unten). Ueberschrift: Eintritt des Königsohns in die Mannbarkeit.

Ibn Chisdai: 6. Pforte. (‚Die Haft.‘)

Er sprachs. Und es wuchs der Königsohn prächtig heran an Körper und Geist und ward sehr klug, und merkte, dass sie ihn abhielten vom Ausgehen und Schauen und Aufhorchen etc. etc.

S. 21. Da gelangte die Kunde von ihm (dem Königsohne) zu einem weisen Asketen auf der Insel Sarandîb (Ceylon), dessen Name war Bilauhar. Der sprach: Wohlan ich will ausziehn etc. etc.

Ibn Chisdai: 7. Pforte. (‚Die Waare.‘)

S. 22. Da sprach zu ihm (dem Königsohne) Bilauhar [nachdem er als Kaufmann verkleidet eingetreten war]: Ich sehe, dass du mir mehr Ehre erwiesen als es die Leute deines Königreichs thaten. Der Königsohn antwortete: ich hoffe mir viel von dir. Da sprach er (der Asket): Du erinnerst mich an die Parabel vom König, der die zwei Armen hochschätzte wegen seines Glaubens.

Ibn Chisdai: 8. Pforte. (‚Die Kästchen.‘)

Ueberschrift: Die erste der Parabeln des Bilauhar, des Asketen, des Weisen [und nun folgt die Parabel vom König und den beiden Armen, die sich dann (S. 24 unten) in der (neue Ueberschrift),Parabel von den vier schönen und hässlichen Kästen‘ fortsetzt.] Schluss: Da stand der Königsohn aufrecht (اِنْتَصَبَ قائِمًا) und sprach: Ich habe schon als sicher erkannt das Finden des von mir Gesuchten; so sage mir denn noch mehr davon.

[Fehlt in unserem Auszug] . . .	Ibn Chisdai: 9. Pforte. (‚FalscheFurcht', das ist die Parabel vom Vogel, der das Fischlein mit der Angel verschlingt.)
S. 26. Ueberschrift: Parabel vom Säemann. Es sprach der Asket: Es gieng ein Säemann aus mit seinem guten Samen, dass er ihn säe, und nachdem er damit seine Hand gefüllt und ihn ausgesäet, da fiel ein Theil davon auf den Rand des Weges, und die Vögel etc. etc. Schluss: Es sprach der Königsohn: Ich hoffe, dass was du bei mir aussäest, gedeihe und aufwachse und gut werde; so gib mir denn eine Parabel von der Welt und der Sorglosigkeit ihrer Bewohner und worauf dieselben sich gründen.	Ibn Chisdai: 10. Pforte. (‚Der Säemann.')
S. 28. Ueberschrift: Parabel von dem Elefanten und dem Manne [übersetzt von Blau, ZDMG., VII, S. 401 f.].	Fehlt bei Ibn Chisdai.[1])
S. 30. Ueberschrift: Die Geschichte von dem Manne, der drei Freunde hatte.	Ibn Chisdai: 11. Pforte. (‚Die drei Freunde.')
[Fehlt in unserem Auszug an dieser Stelle, und steht dort erst (wie es scheint, sehr verkürzt) auf S. 50 unten und 51 oben.]	Ibn Chisdai: 12. Pforte. (‚Die Noth', das ist die Parabel vom fliehenden König, der in's Wasser geräth

[1]) Steht aber in Kalîla und Dimna, übersetzt von Wolff, S. XXXVI ff. (de Sacy, S. ٧٥ unten), in der Einleitung (über Barzujeh); ebenso findet sich diese Parabel im christlichen Barlaamroman (Zotenberg, S. 85), stand also gewiss im Pehlevi-Original des ‚Blvhr und Bûdâsf'.

	und sein letztes Kind schlachten will.[1])
S. 32. Ueberschrift: Geschichte vom fremden König (vgl. dazu die merkwürdige Parallele aus einem späteren arabischen Werk, Zotenberg, a. a. O., S. 90 f.).	Ibn Chisdai: 13. Pforte. (‚Der Narrenkönig.')
S. 33. Es sprach der Königsohn: Ich begehre nun nichts mehr in der Welt, so gib mir denn Kunde vom Zustande der Ewigkeit etc. etc.	Ibn Chisdai: 14. Pforte. (‚Hier und dort.')
[Dieser Abschnitt wird hier unterbrochen durch das Stück ‚die Asketen' (incl. Parabel von den Hunden und dem Aas): S. 33 unten bis S. 35 oben.]	[Ibn Chisdai: 23. Pforte. ‚Die Asketen.']
S. 35 (vom Arzt) entspricht dann wieder der 14. Pforte bei Ibn Chisdai (Schluss).	Ibn Chisdai: 14. Pforte, Schluss.
Dann folgt S. 35 unten bis S. 37 oben (also im Wesentlichen S. 36) ein Abschnitt, welcher also lautet: ‚Da sprach der Königsohn: Ist denn das, wozu ihr mich auffordert, etwas über das die Leute den Sieg davon tragen mit ihrem Verstand, so dass sie es erwählt haben vor allem andern? Da sprach der Asket: Diese Sache ist grösser, als dass sie sei von der Sache der Leute der Erde, oder als dass diese mit ihrer Einsicht sie leiten könnten. Und wenn sie von der Art (eigentlich Einsicht) der Leute der Welt wäre, so hätte sie ja auch aufgefordert zu deren Thun und ihrem Putz, nämlich ihrem Essen und Trinken und Kleiden und Versammlung und Feldbau und Spiel	Ibn Chisdai, wo? [Anklänge finden sich am Anfang der 15. Pforte ‚die Weisheit', aber auch am Anfang der 19. Pforte (‚die Propheten'); eine directe Entsprechung fand ich bis jetzt nicht.]

[1]) Vgl. oben S. 118 den Titel des Pehlevibuches: ‚Buch des indischen Königs, des Mörders und des Schwimmers' (كتاب ملك الهند القتال والسباح)?

und Lüsten, aber sie ist eine fremde Sache bei ihnen und sie direct widerlegend. Und er sprach: Ist denn noch einer der dazu auffordert ausser euch? Er sprach: Ja, die Gläubigen[1]) der übrigen Religionsgemeinschaften (oder Völker). Es sprach der Königsohn: Was stellt euch denn dieser Sache näher als andere? Er sprach: Das Princip (der Grund) der Aufforderung zum Wahren allein. [Nun wird der Unterschied zwischen ihnen und diesen andern kurz geschildert, und dann heisst es S. 37 oben:] Und unsere Weise zeugt für uns von der Uebereinstimmung mit dem Wahren, und ihre Weise zeugt gegen sie durch die Nichtübereinstimmung damit.

Er sprach: Was ist's denn mit den Propheten (etc. etc.). In diesem Abschnitt (S. 38 oben) neue Ueberschrift: ‚Parabel von dem Vogel, der den Propheten vergleichbar ist.'

Ibn Chisdai: 19. Pforte. (‚Die Propheten.')

S. 40. Ueberschrift: ‚Parabel von den beiden Sonnen der Herzen und der Augen.'

Ibn Chisdai: 15. Pforte. (‚Die Weisheit.')

S. 42, Mitte. Ueberschrift: ‚Geschichte vom glücklichen König mit seinem weisen Vezir.' Noch zu diesem Abschnitt (vom König und seinem Vezir) gehörend, aber (S. 47) mit neuer Ueberschrift versehen: ‚Geschichte des Schwimmers und seines Genossen.'[2])

Ibn Chisdai: 16. Pforte. (Die nächtliche Wanderung.')

[1]) أَهْلُ الأَدْيَانِ مِن سائِرِ الأُمَم.

[2]) Letzteres fehlt bei Ibn Chisdai, dafür steht die zweite Hälfte der 16. Pforte ‚nächtliche Wanderung' in unserem arabischen Auszug erst auf S. 53/4.

S. 48, Mitte: Es sprach der Königsohn . . . . und ich habe bereits beschlossen mit dir zu fliehen diese Nacht [worauf dann die Einwände des Asketen folgen]. Dann schliesst sich S. 49 (mit neuer Ueberschrift) die ‚Geschichte vom Sperling und vom Jäger' an.	Ibn Chisdai: 21. Pforte.[1] (‚Das Vögelein.')
S. 50 unten bis S. 51 Mitte: Und was anlangt dein Wort: ‚Wir essen und trinken und kleiden uns wie sie,' so ist unser Essen ein nothgedrungenes Essen gleich dem Essen des Fleisches der Leichen und gleich dem König, den sein Feind in einer Höhle über dem Ufer des Meeres einschloss, ihn und seine Frauen und Kinder, und (wo) ihnen lang wurde ihr Aufenthalt und sie nicht herauskommen konnten und keinen Proviant mehr hatten. Da starb eines von ihnen, und sie waren nahe dem Untergang und thaten dies auch (nämlich die Leiche essen). Siehst du sie nun essen die Speise der Noth oder des Vergnügens? [Folgen noch einige Zeilen.]	Ibn Chisdai: 12. Pforte (siehe schon oben).
S. 51, Mitte: Es sprach der Königsohn: Was die Götzenbilder anlangt, so habe ich (von jeher) nicht unterlassen, sie zu verabscheuen (etc. etc.).	Ibn Chisdai: 22. Pforte. (‚Gott.')

[1]) Hier der Entschluss zu fliehen nur gestreift (‚drum rathe nun, wie komm ich fort in Frieden bald von diesem Ort'), ausführlicher aber in der 17. Pforte (Anfang und Schluss, dazwischen eine Parabel vom Hund eingefügt)! Die 18. Pforte Ibn Chisdai's ‚die Liebe' (Parabel von der Werbung des Reichen um die Bettlerstochter) und die 20. ‚Tod und Leben' (rein abstract und ohne Parabel) fehlen in unserem arabischen Auszug.

	Ibn Chisdai: 23. Pforte (siehe schon oben bei ‚14. Pforte‘).
S. 52, oben: Er sprach: Du hast mir den Schaden gezeigt, der im Glauben an die Bilder liegt (etc. etc.). [Eine Parabel fehlt; beachte ferner, dass hier (S. 53 oben) vom Paradies und der Hölle (‚Garten und Feuer‘) die Rede ist, und ein Dichtercitat[1]) eingeflochten wird, was beides mir auf späteren Einschub hinzudeuten scheint.]	Ibn Chisdai: 24. Pforte. (‚Der Hahn‘), Anfang (Einleitung).
S. 53, Mitte: Es sprach der Königsohn . . . . . so komm nun wieder zu sprechen auf die Weltentsagung u. s. w. [Daran schliesst sich dann nach wenigen Zeilen ein längeres Stück ähnlichen Inhalts, das bei Ibn Chisdai schon in der Pforte ‚die nächtliche Wanderung‘ eingeflochten ist: S. 53, unten bis S. 54 inclusive.]	Ibn Chisdai: 25. Pforte. (‚Die Erde‘), Anfang.

Während bis zur 14. Pforte beide Recensionen fast durchweg in der Anordnung übereinstimmen, und von da ab bis zur 25. Pforte Ibn Chisdai's die Uebereinstimmung wenigstens durch Umstellungen noch ziemlich hergestellt wird, so gehen die beiden von Pforte 26—35 (beziehungsweise von S. 55 unseres arabischen Auszugs) ab nicht mehr miteinander; doch muss bemerkt werden, dass gerade hier bei Ibn Chisdai sehr Vieles, wenn nicht das Meiste den Eindruck von Zusätzen (theils eigener Erfindung, theils aus verschiedenen anderen Quellen entlehnt) macht. Pforte 32—35 heben sich ohnedies schon durch das

---

[1]) رُبَّ حَدِيثٍ بَاطِلٍ مَعْقُولٌ ‚wie manche eitle Neuigkeit gibt es, die mit dem Verstand erfasst wird‘.

Aufgeben des Prosarcimes von den übrigen Kapiteln ab.[1]) Es sind von Pforte 26 ab fast lauter Lebens- und Weisheitsregeln, didactischer und metaphysischer Art und nur selten durch kurze Parabeln unterbrochen (wie Pforte 31 ‚der Weber'), die Ibn Chisdai den schon im Scheiden begriffenen Derwisch dem Königsohn noch mit auf den Weg geben lässt. Dann wird am Ende von Pforte 35 ganz kurz, ohne weitere Nebenumstände, der bewegte Abschied des Derwisch erzählt und damit schliesst Ibn Chisdai's Buch.

Ganz anders in unserem arabischen Auszug, wo sich unmittelbar auf S. 53 f. (siehe oben, wo auch die Parallelen aus Ibn Chisdai notirt sind) der Abschied des Bilauhar, und was damit zusammenhängt, anschliesst, — im allgemeinen dem Fortgang der Erzählung im christlichen Barlaamroman entsprechend. Vgl. S. 55 oben: ‚Er sprach es, und nicht hörte Bilauhar, der Weise, auf, zu kommen und zu gehen (d. h. aus- und einzugehen) zum Königsohn vier Monate lang, ihn ermahnend und lehrend. Sodann sprach Bilauhar zum Königsohn, es sei ihm und seinen Genossen ein Fest, das schon vor der Thür sei und er wolle ausziehen an die Seite seiner Genossen, es mit ihnen zu feiern.' Bilauhar bringt den Prinzen von seinem daraufhin geäusserten Plan, auch mit zu ziehen, ab, da sonst zu befürchten sei, dass sein Vater, der König, noch mehr gegen die Gläubigen (اهل الدين) und die Asketen wüthe. Der Prinz erkundigt sich sodann nach dem Versammlungsort der Asketen (Antw. فى بريّة خصيبة) und nach ihrer Lebensweise; er will sodann dem Bilauhar Geld (مَالًا) mitgeben für seine Genossen (S. 56 oben), was dieser aber ablehnt, sodann Gewänder (S. 56 Mitte), aber ebenfalls vergeblich; als Bilauhar sein äusseres Gewand zurückschlägt und dem Prinzen seinen vom Asketendienst abgemergelten Leib (‚eine über dünne Muskeln ausgespannte schwarze Haut', S. 57 oben) sehen lässt, drängt der Prinz noch mehr in ihn, doch neue Kleider anzunehmen, bis endlich der Asket sich überreden lässt,

[1]) Pforte 26—31 steht in der 1. Auflage von Meisel's Uebersetzung S. 233—274 (2. Aufl., S. 264—302), Pforte 32—35, S. 275—288 (beziehungsweise S. 303—311), also verhältnissmässig der weitaus kleinste Theil des Ganzen.

dem Prinzen sein Pilgerkleid als Andenken zu hinterlassen, und dafür von ihm ein getragenes annimmt. ‚Und er machte mit ihm aus, dass er zu ihm zurückkehre vor Ablauf eines Jahres, wenn er nicht stürbe oder gewaltsam zurückgehalten würde. Da sagte er es ihm zu und nahm Abschied und wünschte ihm alles Gute und gieng von dannen.‘

‚Und [so geht es S. 57 unten weiter] der Königsohn nahm heimlich den Asketendienst auf sich, und er pflegte seine Kleider Nachts auszuziehen und jenes Kleid anzuziehen und darin zu beten bis zum Morgen. Und es hatte der, welchen der König betraut hatte mit der Aufsicht über seinen Sohn, nicht gern gesehen das Eintreten Bilauhar's zum Königsohn, da bereitete er einen Anschlag und machte dem König davon Mittheilung, [S. 58:] und der König wurde voll Zornes und Schmerzes. Sodann aber mässigte er sich wieder (رَاجَعَ نَفْسَه بالأناةِ) wegen dessen, was er durch List für seinen Sohn erhoffte.‘ Er liess nämlich einen Zeichendeuter und Zauberer herbeirufen, der ihm rathen sollte. Dieser kam und schlug vor, entweder den Bilauhar einzufangen und ihn zu zwingen seine Ansichten vor dem Prinzen zu widerrufen, oder wenn dies nicht gelinge, so wolle er selbst durch seine Zauberkunst die Gestalt des Bilauhar annehmen und als solcher dem Prinzen bekennen, dass er sich getäuscht mit seiner Lehre vom Verlassen des Weltdienstes. ‚Denn (damit bricht unser Auszug leider ab) das wird seine (des Prinzen) Heilung sein, auch wenn du nicht siehst (d. i. es nicht einsiehst?). Da erliess der König den Auftrag . . . .‘

Auf dem fehlenden Blatt (oder Blättern) wird nun noch berichtet gewesen sein, wie der König den Bilauhar hat holen lassen wollen, aber nicht gefunden, statt seiner andere Asketen gefangen genommen und hat peinigen lassen, und wie dann des Zauberers zweiter Rath ausgeführt, und der falsche Bilauhar (nämlich der Zauberer selbst) dem Prinzen vorgeführt worden, wie dann weiter, statt dass der falsche Asket den Prinzen irre zu machen vermöchte, umgekehrt letzterer den Zauberer zum Asketenthum bekehrt, wie auch ein zweiter Zauberer (im christlichen Roman Theudas, d. i. wie vermuthet wird, indisch Devadatta), der den Prinzen durch Zaubererscheinungen schöner Weiber verführen will, zur gleichen inneren Umwandlung durch ihn gebracht wird, und wie dann endlich der König seinem Sohne die Hälfte des Königreichs gibt, in der Hoffnung ihn dadurch weltlichen Sinnes wieder zu machen, wie der Prinz es annimmt, aber, kaum dass der Vater gestorben, einem andern übergibt, um sich ganz in die Wüste zurückzuziehen, dort endlich auch den Bilauhar wiederfindet und nun in fortgesetzter Askese und Bussübung zum wahren Buddha wird.

Wenn dies Alles etwa noch ausführlich in unserem Auszug erzählt war, was ganz gut denkbar ist, dann mag in der Blau-schen Handschrift etwa ein Blatt und noch eine Lage (d. i. noch weitere 10 Blätter, also zusammen 22 Seiten) verloren gegangen sein. Wir müssen dankbar sein, dass uns eine günstige Schickung noch den weitaus grösseren und wichtigeren Theil dieses Unicums erhalten hat und geben nun hiemit den Text selbst in unverändertem Abdruck nach der Handschrift, indem wir sogar die Zeilenabtheilung des Originales anzeigen.

Tabelle zur Veranschaulichung des genealogischen Verhältnisses der verschiedenen Recensionen.[1])

	Lalita-vistara oder eine ähnliche Schrift[2])	Sanskrit (oder Pali?)
VI. Jahrh. (zu Chosroes Zeit)	‚Bûdâsf und Bilvihara'; ‚Bûdâsf'; ‚Budd' (Buddha) ‚Königsohn und Asket' und ähnliche (wohl nur wenig von einander abweichende) Buddhabücher, sämmtlich in mittelpersischer Sprache	Pehlevi.
VIII. Jahrh., 2. Hälfte[3]) (unter Manṣûr und Hârûn)	كتاب بلوهر ويواسف; كتاب ابن الملك والناسك (‚Königsohn u. Asket') [daraus der Auszug, Ms. Halle]	Arabisch.
IX. Jahrh. (unter Ma'mûn oder später)	Die christliche Bearbeitung (griech.) Βαρλάαμ καὶ Ἰωάσαφ.	
Mittelalter	Sämmtliche occident. Uebersetzungen (lat., altfranz., mittelhochd. etc.); Christl.-arab. Uebersetzung; Ibn Chisdai's ‚Prinz u. Derwisch' (hebräisch, XIII. Jahrhundert)	Latein., altfr. etc., arabisch, hebräisch.
XVI. Jahrh.	Aethiopische Uebersetzung	Aethiopisch.

[1]) Die noch vorhandenen sind durchschossen gedruckt.

[2]) Diese Frage ist nun von den Indologen, nach sorgfältiger gegenseitiger Vergleichung der in Betracht kommenden indischen Quellen, unseres arabischen Auszugs (Ms. Halle), des Ibn Chisdai und der christlichen Bearbeitung auf's neue zu untersuchen.

[3]) Es sei hier nochmals daran erinnert, dass der Kirchenvater Johannes Damascenus (geb. 676, gest. c. 760), der unter den Omaijadenchalifen in Damascus blühte und seine letzte Lebenszeit im Kloster von Saba zugebracht haben soll, schon deshalb nicht als Verfasser des christlichen Barlaamromanes in Betracht kommen kann, weil seine Wirksamkeit noch vor die Uebersetzerthätigkeit aus dem Pehlevi in's Arabische (am Abbasidenhofe) fällt. Ueber Max Müller's Aufstellung, als sei Johannes Damascenus Sohn des Sergius und noch unter Manṣûr am Abbasidenhofe litterarisch thätig gewesen (Essays, III, S. 322), siehe den Nachtrag am Schluss des arabischen Textes.

[كتابُ ٱبْنِ المَلِكِ والناسِكِ]

4 (4) (schwarz) بِسم اللهِ الرَّحْمٰنِ الرَّحِيم
(gold) مُخْتَصَرٌ مِن كِتَابِ أَحَدِ حُكَمَآءِ
(gold) الهِنْدِ الفاضِلِينَ وَهُوَ كِتَابٌ
(roth) بَلِيغُ الإِشَارَةِ مُسْتَعْذَبُ العِبَارَاتِ
(blau) حَسَنُ المَعَانِى نَفَعَنا اللهُ بِهِ أَمِين

ذَكَرَ مُصَنِّفُهُ أَنَّهُ كان بِأَرْضِ الهِنْدِ مَلِكٌ كَبِيرٌ | ولِشِدَّةِ مَحَبَّتِهِ فى
الدُنْيَا * وَاشْتِغَالِهِ عن ذِكْرِ الأَخِرَه * وشَغَفِهِ | على مُلْكِهِ * اَنْ لا يَكُونَ
فى الدُنْيَا مَنْ يَطْعَنُ عَلَيْهِ * | أَبْعَدَ اَهْلَ الدِينِ * وقَرَّبَ اَهْلَ الاَوْثَانِ *
فسَأَلَ يَوْمًا عن | رَجُلٍ مِن اهْلِ مَمْلَكَتِهِ كان يَسْتَعِينُ بِرَأْيِهِ * فقِيلَ له
5 قد زَهِدَ | (5) فى الدُنْيا وخَرَجَ عن اهْلِهِ ومَالِهِ ولَحَقَ بِالنُسَّاكِ * فعَظُمَ
ذلك عليه * وأَرْسَلَ فى طَلَبِهِ * فلَمَّا اُحْضِرَ اِلَيْهِ ورَآهُ فى | حَالِ اَهْلِ
النُسُكِ شَتَمَهُ * وقَالَ بَيْنَمَا كُنْتَ عِنْدِى مِن كُبَرَآءِ | اَهْلِ مَمْلَكَتِى *
اَهَنْتَ نَفْسَكَ * وفَارَقْتَ أَهْلَكَ * وطَلَبْتَ | الباطِلَ * فقَالَ الناسِكُ اَيُّهَا
المَلِكُ اِنَّهُ واِنْ لَمْ يَكُنْ لِى عَلَيْكَ | حَقٌّ فاِنَّ مِنَ الواجِبِ اَنْ تَسْمَعَ قَوْلِى
بِغَيْرِ غَضَبٍ * ثُمَّ تَأْمُرُ بِمَا | يَبْدُو لَكَ * فإِنَّ الغَضَبَ عَدُوُّ العَقْلِ * يَحُولُ
بَيْنَ صاحِبِهِ | وبَيْنَ أَنْ يَسْمَعَ ويَفْهَمَ * فقَالَ المَلِكُ قُلْ * قَالَ النَاسِكُ |
هَلِ الذَنْبُ الّذِى تُنْكِرُهُ عَلَىَّ هُوَ رَاجِعٌ الى نَفْسِى * أَمْ اِلَيْكَ * | قال الى
نَفْسِكَ والَىَّ * فلَيْسَ كُلُّ مَنْ اَرَادَ اَنْ يُهْلِكَ نَفْسَهُ | يَنْبَغِى لِى اَنْ اُخْلِى
(اُخلِّى roth corrigirt) بَيْنَهُ وبَيْنَ ذٰلِكَ * فإِنِّى اُعِدُّ اِهْلَاكَهُ | لِنَفْسِهِ كَاِهْلَاكِهِ

لِغَيْرِهِ * لِأَنِّى وَلِيُّهُ والحَاكِمُ لَهُ وعَلَيْهِ * | فأَنَا اَحْكُمُ عَلَيْكَ لِنَفْسِكَ * وآخُذُ
لها مِنْكَ * إِذْ أَفْسَدْتَ | (6) نَفْسًا من رَعِيَّتِى وَهِىَ نَفْسُكَ * مَعْمَا 6
أَدْخَلْتَ عَلَى أَهْلِكَ مِنَ | الضَيْعَةِ والغَمِّ * فقَالَ النَاسِكُ إِنِّى لاَ أَرَاكَ لاَ
تَأْخُذُنِى | إِلَّا بِحُجَّةٍ * والحُجَّةُ لا تَثْبُتُ إِلَّا عِنْدَ قَاضٍ * وأَنْتَ وَإِنْ لم
يَحْضُرْكَ | الآنَ من النَاسِ قَاضٍ * فإِنَّ عِنْدَكَ قَاضِيَيْنِ * وأَنَا بِأَحَدِهِمَا |
رَاضٍ * قال ومَنْ هُمَا * قَالَ النَاسِكُ اَمَّا اَلّذِى أَرْضَى بِقَضَائِهِ | فعَقْلُكَ *
وأَمَّا الذى اَسْتَعْفِى مِنْهُ فغَضَبُكَ * قال المَلِكُ | قُلْ ما بَدَا لَكَ واَصْدِقْنِى
بِخَبَرِكَ * ومَتَى كَانَ هَذَا رَأْيُكَ * | ومَنْ اَعَانَكَ عَلَيْهِ * قَالَ الناسِكُ اَمَّا
خَبَرِى فإِنِّى كُنْتُ سَمِعْتُ | فى حَدَاثَةِ سِنِّى كَلِمَةً وَقَعَتْ فى نَفْسِى
فصَارَتْ كالحَبَّةِ | المَزْروعَةِ * فَنَبَتَتْ ولَمْ تَزَلْ تَنْمُو حَتَّى صَارَتْ شَجَرَتُهَا |
اِلَى ما تَرَى * وذَلِكَ إِنِّى سَمِعْتُ قَائِلًا يَقُولُ يَحْسِبُ الجَاهِلُ | الاَمْرَ الّذِى
هُوَ الشَىْءُ لا شَىْءٌ * والاَمْرَ الّذِى لا شَىْءٌ شَيْئًا * | وإِنَّ مَنْ لَمْ يَرْفُضِ الأَمْرَ الّذِى
لا شَىْءٌ * لم يَنَلِ الاَمْرَ الّذِى هُوَ | (7) لا شَىْءٌ (roth über-, d. h. ausgestrichen!) * لم 7
يَنَلِ الأَمْرَ الّذِى هُوَ الشَىْءُ * ومَنْ لَمْ يَنْظُرِ الأَمْرَ الّذِى | هُوَ الشَىْءُ * لَمْ تَطِبْ
نَفْسُهُ بِتَرْكِ الّذِى هُوَ لا شَىْءٌ * والشَىْءُ هُوَ | الآخِرَةُ * والّذِى لا شَىْءٌ هُوَ
الدُنْيَا * فكَانَ لِهَذِهِ الكَلِمَةِ عِنْدِى | مَوْقِع لَكِنْ كَانَتِ الأَهْوَاءُ تَغْلِبُ عَلَيْهَا *
وعَلَى الاِنْتِفَاعِ بِهَا * | والنَظَرِ فِيهَا إِلَى اَنْ ظَهَرَتْ لى الدُنْيَا الّتِى كُنْتُ
بِجَهْلِى أَظُنُّ | اَنَّها شَيْئًا اَنَّها لا شَىْءٌ * مِن غَيْرِ اَنْ أَسْأَلَهَا * إِذْ أَرَتْنِى اَنَّ
حَيَاتَها | مَوْت * وغِنَاءَها فَقْر * وفَرَحَها حَزَنٌ * وشِبَعُها جُوع * وصِحَّتُها |
سُقْمٌ (sic) * وقُوَّتُها ضُعْف * وعِزُّها ذُلّ * ولَذَّتُها اَلَمٌ * وكَيْفَ لا تَكُونُ | حَيَاتُها
مَوْتًا ومَصِيرُ الحَىِّ فِيهَا الى المَوْتِ * وكَيْفَ لا يَكُونُ غِنَاءَهَا (sic) | فَقْرًا ولَيْسَ
يُصِيبُ اَحَدٌ مِنْها شَيْئًا إِلَّا اَحْتَاجَ الى شَىْءٍ آخَرَ يُصْلِحُهُ | كما يَحْتَاجُ
صَاحِبُ الدَابَّةِ إِلَى عَلَفِها وقَيِّمِها ومَرْبَطِها وآلَاتِها * | ثُمَّ يَحْتَاجُ إِصْلاحِ
كُلِّ شَىْءٍ مِن ذَلِكَ الى شَىْءٍ آخَرَ * فَمَتَى تَنْقَضِى | فَاقَةُ مَنْ لا يُصِيبُ مِن
أَهْلٍ ولا مَالٍ ولا حَاجَةٍ إِلَّا وذَعَاهُ (das و unter der Zeile) ذَلِكَ | (8) الى حَاجَاتٍ 8
وكَيْفَ لا يَكُونُ فَرَحُها حُزْنًا وَهِىَ مُرْصَدَةٌ لِكُلِّ | مَنْ أَصَابَ مِنْها سُرورًا بِأَنْ

تُعْقِبُهُ حُزْنًا * ولَيْئَس يَأْ مَنْ صَاحِبُها | إذا رَأى فى أمْرٍ مِن الأُمُور مَسَرَّه * اَنْ يَرَى فى ذٰلِكَ الأَمْرِ بعَيْنِهِ مَضَرَّه * | فإذا كان ولا بُدَّ مِن مُفَارَقَةِ الأَهْلِ والوَلَدِ والمَال * وكان فِرَاقُ ذٰلِكَ | اضْطِرَارًا بِجِهَاتٍ شَرًّا كَثِيرًا * فَمَا أحَقَّ هٰذِهِ الأشْيَآءَ المَذْكُورَة | بِأنْ يَتْرُكَهاَ العَاقِلُ اخْتِيَارًا * قَبْلَ وُقُوعِ شَىْءٍ مِن الجِهَاتِ المَذْكُورَةِ | الّتِى هِىَ أكْثَرُ وُقُوعًا * ولا يَأْسَفُ عَلَيْها اِنْ كَانَتْ حَصَلَتْ | لَهُ * والّا فَاِنْ لم تَكُنْ حَصَلَتْ له فلا يَطْلُبُها ولا يُؤْثِرُهَا * | وكَيْفَ لا يَكُونُ شِبَعُها جُوعًا وَهِىَ تَضْطَرِمُ فى الجَسَدِ * | فَاِنْ لم يَجِدْ مَآءً يُطْفِيُهَا به أكَلَتْ جَسَدَهُ * واِنْ شَغَلَهَا | عن اكْلِ جَسَدَهُ (sic) تَغْدِيهِ مِن الطَعَامِ والشَرَابِ كَانَ ذٰلِكَ | قُوَّةً عَلَى العَوْدَةِ بِمِثْلِ ذٰلِكَ التَضَرُّمِ * وعَادَةُ الشِبَعِ زِيَادَةٌ (sic) | فى الجُوعِ * وكَيْفَ لا تَكُونُ صِحَّتُها سُقْمًا * وصِحَّتُهــــا

9 بِاعْتِدَالِ (9) | اَخْلَاطِها المُجْتَمِعَه * وهٰذِهِ الاَخْلَاطُ مُتَضَآدَّه [sic] بِكَيْفِيَّاتِها * وَاقْرَبُها | مِن الحَيَاةِ الدَّمِ (sic) * وأظْهَرُ ما يَكُونُ الدَمُ اقْرَبُ ما يَكُونُ لِمَوْتِ | الفَجَاه وَالطَاعُونِ * والذَبْحَه والخُنَّاق * والآكِلَةِ والبِرْسَامِ * وكَيْفَ | لا تَكُونُ قُوَّتُها ضُعْفًا وَهِىَ مَآزَةٌ الى الانْحِلَالِ بِلا بُدّ * وكَيْفَ لَا | يَكُونُ عِزُّها ذُلًّا ولم نَرَى (sic) فِيهَا عِزًّا الّا انْتَهَا اِلَى عَزْل * وَاَىُّ | ذُلٍّ أشَدُّ مِنَ العَزْل مِنَ العِزّ * وكَيْفَ لا تَكُونُ لَذَّتُها أَلَمًا وإنَّمَا | هِىَ دَفْعُ أَلَمٍ * وتَنْقَطِعُ فى اَقْصَرِ الأَزْمِنَةِ * ويُعْقِبُها ذٰلِكَ الأَلَم | الّذِى دَفَعَتْها بعَيْنِهِ * وإذا اعْتَبَرْنَا ذٰلِكَ بِاَعْمَارِ المُلُوكِ وَاَعْقَابِهِمْ | وَجَدْنَا أيَّامَ عِزِّهِم قَصِيرَةً بِالنِّسْبَةِ اِلى اَيَّامِ ذُلِّهِم وذُلِّ اَعْقَابِهِم * فَلِعَمْرِى اِنَّ اَحَقَّ النَاسِ بِذَمِّ الدُنْيَا مَنْ أُعْطِى مِنْها حَظًّا * لِأنَّهُ | يَتَوَقَّعُ مِنْها فى كُلِّ يَوْمٍ اَنْ تَعْدُو عَلَى مَالِهِ وأَهْلِهِ ووَلَدِهِ * | اَوْ عِزِّهِ اَوْ بَدَنِه اَوْ نَفْسِهِ * وكَيْفَ لا اُذِمُّ الدُنْيَا وَهِىَ تَأْخُذُ ما | تُعْطِى * وتُورِثُ التَبِعَه (sic) *

10 * وتَسْلِبُ مَنْ تَكْسُوهُ وتُورِثُه (وتُوَرِّثه roth) الفَضِيحَه * | (10) وتَضَعُ مَنْ تَرْفَعُ * وتُوَرِّثُهُ الحَسْرَه * وتَقْطَعُ مُوَاصَلَةَ عَاشِقِهَا | وتُعْقِبُهُ النَدَمْ * وتُغْوِى مَنْ اطَاعَها وتُعْقِبُهُ الشِقْوَه * وتَدْعُو | بِتَلَطُّفِهَا اِلَى الوُقُوعِ فى فَخَاخِها * وتُورِثُ التَعَبَ والحَيْرَه [sic] فى | الخَلَاصِ مِنْها * فَهِىَ الصَاحِبُ أَلْخَوُن [sic] * والطَرِيقُ المُهْلِكُ [sic] * والمَرْكُوبُ | العَثُور * والسَفِينَةُ الخَلِقَة * والبَيْتُ كَثِيرُ الافَاعِى

والجِنَانُ الزَّائِدَةُ الوُحُوش * المَلْزُومَةُ الّتِى لا تَلْزَمُ أَحَدًا * والمَحْبُوبَةُ الّتِى لا تُحِبُّ اَحَدًا * اللاعِبَةُ بِصَاحِبِهَا بَيْنَمَا هِىَ تُطْعِمُهُ اِذْ جَعَلَتْهُ مَأكولًا * وبَينَما هِىَ تَسْتَخْدِمُ له اِذْ جَعَلَتْهُ خَادِمًا * تُضْحِكُهُ | ثُمّ تَضْحَكُ منه تُشْتِمُهُ ثم تُشْمِتُ (sic) بِهِ * تُبْكِيهِ ثمّ تُبَكّى عَلَيْهِ * | وبَيْنَما هِىَ تَبْسُطُ كَفَّهُ بِالعَطِيّه اِذْ بَسَطَتْهَا بالمَسْأَلَةِ والمَسْكَنَه * تَعْقِدُ التَاجَ عَلَى رَأسِهِ ثُمّ تُدْفِنُ رَأسَهُ فى التُرَابِ * تُحَلّى | الأَيْدِى والأرْجُل بِالذَهَبِ ثُمّ تَغُلّهُم بِالحَدِيدِ * تُجْلِسُ المَرْأَ عَلَى | السَرِيرِ اليَوْمَ وتُجْلِسُهُ فى السِجْنِ غَدًا * تَفْرُشُ لَهُ الدِيبَاجَ بُكْرَةً | (11) وتَفْرُشُ لَهُ التُرَابَ عَشِيّةً * تَجْمَعُ له **11** الاَغَانِى وَالمُضْحِكِينَ | والمَادِحِينَ * ثُمّ تَجْمَعُ عَلَيْهِ النَوَائِحَ والباكِيــنَ والنَادِبِينَ * تُحَبّبُ اِلَى اَهْلِهِ قُرْبَهُ * ثُمّ تُحَبّبُ لهم بُعْدَهُ * تُطَيّبُ رِيحَهُ اليَوْمَ وتُنْتِنُهُ غَدًا * تَمْلَأُ نَفْسَه مِن اَمَالِهَا وكَفَّهُ مِن جَمْعِهَا | فى الصَبَاحِ * وتُخْلِى نَفْسَهُ وكَفَّهُ فى المَسَآ * تَرْضَى بِكُلّ مِنْ | كُلّ بَدَلًا * وتَسُدّ بالأرْذَالِ مَكَانَ الأفَاضِل * تَنْقُلُ قَوْمًا مِنَ | الجَدْبِ اِلَى الخَصْبِ * ومِنَ الرَاحَةِ الى التَعَبِ * ومِنَ الجُوعِ الى | الشِبَعِ * حَتّى اِذَا عَوّدَتْهُمْ ذَلِكَ انْقَلَبَتْ عَلَيْهِم فسَلَبَتْهُم الخَصْبَ (sic) وحَالَت بَيْنَهم وبَيْنَ لِينِ العَيْشِ * وقَدْ نَزَعَتْ مِنْهُم | القُوّةَ على خُشُونَتِهِ * فَعَادُوا اِلَى اَتْعَبِ التَعَبِ * فأمّا قَوْلُكَ | أيُّهَا المَلِكُ فى إضاعَتِى لاَهْلِى وتَرْكِى لَهُمْ * فإنّى لم أُضَيّعْهُمْ ولم | أتْرُكْهُم * بَلْ وَصَلْتُهُمْ * وَانْقَطَعْتُ اِلَيْهِم * لِأنّى كُنْتُ أَنْظُرُ بِعَيْنٍ مَسْحُورَه لا أعْرِفُ بها الاَهْلَ مِنَ الغُرَبَا * ولا الاعْدَآء مِنَ الأحِبّا * | (12) فلمّا **12** صَارَتْ لِى عَيْنٌ بَصِيرَه نَظَرْتُ فإذَا الّذِينَ اَحْسُبُهُمْ | اَهْلًا واَصْحَابًا واِخْوَانًا اِنّمَا هُمْ سِبَاعٌ عَادِيَةٌ * لَيْسَ لها هَمٌّ اِلّا | اَنْ تَاكُلَنِى * اَوْ تَاكُل بِى * وَاخْتِلَافُهُمْ على قَدَرِ تَفَاضُلِهِم | فى القُوّةِ * فَمِنْهُم كالاَسَدِ فى البَطْشِ * ومِنْهم كالذِئْبِ فى | الخَطْفِ * وَمِنْهُم كالكَلْبِ فى الهَرِير تــارَةً * والبَصْبَصَةِ تَارَةً * | ومِنْهُمْ كالثَعْلَبِ فى الحِيَلِ والسَرِقَه * والقَصْدُ وَاحِدٌ * والطُرُقُ | مُخْتَلِفَه ولو نَظَرْتُ (sic) اَيُّهَا المَلِكُ فى اَمْرِكَ لَرَأَيْتَ اَنّ اَهْلَكَ وَاَهْلَ طَاعَتِكَ اَشَدّ (sic) عَلَيْكَ مِنَ الغُرَبَآء والبُعَدَا * وَاَمّا اَنــا | الآنَ فإنّ لِى

اَهْلًا وإخْوانًا واوْلِيَآء (!) * يُحِبُّونَنِى وأُحِبُّهُمْ * لِمَا | لا يُفْقَدُ * فلَا تَنْقَطِعُ
المَحَبَّةُ بَيْنَنَا * ويَعْمَلُونَ لِى وأَعْمَلُ لَهُم | بأُجْرَةٍ لا تَنْفَدُ * فلَا يَزالُ العَمَلُ
قَآيِمًا * وكُلُّنَا نَطْلُبُ ما يُمْكِنُ | اَنْ نَأْخُذَهُ جَمِيعًا * ولَيْسَ يَمْتَنِعُ اَنْ يَحُوزَ
كُلُّ وَاحِدٍ | مِنَّا فى حَالٍ ما يَحُوزُهُ الآخَرُ * وعَلَى نَحْوِ ما يَحُوزُهُ بِالطَرِيقِ |
13 (13) الّتِى يَحُوزُهُ بِهَا فلَا مُنَافَسَةَ بَيْنَنَا ولا نَتَحَاسَدُ * وهَؤُلآءِ هُمْ | اَهْلُ
الدِينِ الّذِينَ وَاصَلْتُهُمْ * وَالْتَمَسْتُ السَلَامَةَ لِنَفْسِى | مِثْلَهُمْ * والّذِينَ
رَفَضْتُهُمْ وقَاطَعْتُهُمْ فأُولَٓيِكَ هُمْ اَهْلُ الدُنْيَا | الّتِى هِىَ لا شَىْءَ * وقَدْ عَرَفْتَ
نِسْبَتَها وفِعَالَهَا * فإنْ كُنْتَ تُرِيدُ | اَنْ اَصِفَ لَكَ الشَىْءَ فَاسْتَعِدَّ لِسَمَاعِهِ *
فقَالَ المَلِكُ | لِلحَكِيمِ لَمْ تَبْصَرْ شَيْأً * ولم تَظْفَرْ اِلّا بالشَقَآءِ العاجِلِ *
والاَمَلِ البَاطِلِ * | والحِرْمانِ النَازِلِ * فَاخْرُجْ مِن مَمْلَكَتِى فإنَّكَ فَاسِدٌ * |

(blau) خَبَرُ مَوْلِدِ اَبْنِ المَلِكِ رَضِىَ اللّهُ عَنْهُ

ووُلِدَ لِلمَلِكِ فى تِلْكِ الايّامِ غُلَامٌ فَابْتَهَجَ بِهِ كَثِيرًا * لِأَنَّه | كَانَ مُوْيِسًا مِنْ
اَنْ يَكُونَ له وَلَدٌ ذَكَرٌ * فجَمَعَ المُنَجِّمِينَ | والعُلَمَآءَ لِعَمَلِ مَوْلِدٍ لَهُ * فذَكَرُوا
اَنَّهُم قد وَجَدُوا اَنَّ | هذا المَوْلُودَ سَيَبْلُغُ مِن عُلُوِّ المَرْتَبَةِ مَا لم يَبْلُغه
14 مَلِكٌ مِن مُلُوكِ | (14) مِنْ مُلُوكِ (sic) الأَرْضِ * فقَالَ عَالِمٌ مِنْهُم ما أظُنُّ الشَرَفَ
الّذِى | يَبْلُغُهُ هَذَا الغُلَامُ مِنْ جِنْسِ الشَرَفِ الّذِى يَحْصُلُ فى الدُنْيَا |
فأظُنُّهُ ([1]امَا سَيَكُونُ إمَامًا فى النِسْكِ وذُو دَرَجَةٍ عَالِيَةٍ فى | الدِينِ مِن
دَرَجَاتِ الآخِرَه * قال فَتَنَغَّصَ سُرُورُ المَلِكِ | بالغُلَامِ * ثُمَّ أَمَرَ فَأُخْلِيَتْ له
مَدِينَه * وتَخَيَّرَ لِخِدْمَتِهِ | وتَرْبِيبَتِهِ الثِقَاتَ الصَوْنَه * وتَقَدَّمَ لهم وأَوْصَاهُم
اَنْ لَا | يَذْكُرُوا فِيمَا بَيْنَهم مَوْتًا ولا آخِرَه * ولا دِينًا ولَا نُسْكًا * | ولا زَوَالًا
ولا مَعَادًا * وإنْ نَظَرُوا مَنْ عَرَضَ له مِنْهم شَكْوَى أَوْ عِلّه | فَيُعَجِّلُوا بِاخْرَاجِهِ
مِن بَيْنِهِم * حَتَّى يَنْقَطِعَ مِن أَفْوَاهِهِم ذِكْرُ | الأَشْيَآءِ الّتِى نَهَاهُم عن ذِكْرِها *
فإذا بَلَغَ الغُـــلَامَ أَنْ | يَفْهَمَ الكَلَام لَمْ يُعْرِضُوا على أَلْسِنَتِهِمْ بِشَىْءٍ مِنْ
ذَلِكَ * قَالَ وكَانَ لِلْمَلِكِ وَزِيرٌ قد كَفَاهُ أَمْرَهُ * وكَانَ أَحِبَّـآءُ المَلِكِ يَحْسُدُونَهُ |

[1]) Ueber ما stehen drei rothe Punkte; es gehört offenbar weg.

5 فَخَرَجَ للصَّيْدِ فوَجَدَ زَمِنًا فسَأَلَهُ فأَخْبَرَهُ أَنَّ وَحْشًا أَصَابَهُ * | (15) وقَالَ لِلْوَزِيرِ اضْمُمْنِى إِلَيْكَ لِتَجِدَ مِنِّى مَنْفَعَه * فأَمَرَ بِحَمْلِهِ | إِلَى مَنْزِلِهِ * وكَانَ الوَزِيرُ مُؤْمِنًا يَكْتُمُ إِيمَانَهُ لِحِكْمَةٍ * ثُمَّ وَشَا | الحَسَدَةُ بالوَزِيرِ عِنْدَ المَلِكِ * بأَنَّهُ يَطْمَعُ فى المُلْكِ * وقَالــوا | اخْتَبِرْ هَذَا بَأَنْ تَذْكُرَ لَهُ أَنَّكَ تُرِيدُ النِّسْكَ وتَرْكَ المُلْكِ * | لِتَرَى تَرْغِيبَهُ لَكَ فى ذَلِكَ * وهَذَا فَعَلُوهُ لِأَنَّهم كَانُوا يَعْلَمُونَ رَاىَ الوَزِيرِ فى النُّسْكِ * وتَرْكِ الدُّنْيَا * قَالَ فلَمَّا | دَخَلَ الوَزِيرُ عَلَى المَلِكِ فقَالَ أَيُّهَا الوَزِيرُ قَدْ عَرَفْتَ حِرْصِى * | على الدُّنْيَا مُنْذُ كُنْتُ رَجُلًا * وَقَدْ تَدَبَّرْتُ فِيمَا مَضَى فلَمْ أَجِدْ | فى يَدِى مِنهُ شَيْئاً * والّذِى بَقِىَ هُوَ مِثْلُ الّذِى مَضَى * وقَدْ | يَخْرُجُ مِن يَدِى * فأَنَا أُرِيدُ اَنْ أَعْمَلَ لِلْآخِرَةِ ما كُنْتُ أَعْمَلُ للدُّنْيَا | ولا أَجِدُ لذَلِكَ حِيلَةً إِلَّا اَنْ أَتْرُكَ هَذَا المُلْكَ وأَهْلَه * وأَلْحَقُ | بِالنُّسَّاكِ فَمَا دَايُكَ (sic) * قَالَ الوَزِيرُ أَيُّهَا المَلِكُ إِنَّ البَاقِى وَإِنْ | كَانَ مَرْجُوًّا غَيْرَ مَوْجُودٍ فَهُوَ أَهْلٌ اَنْ يُطْلَبَ * وإِنَّ الفَانِى | **6** (16) وإِنْ كَانَ مَوْجُودًا لَأَهْلٌ اَنْ يُرْفَضَ * فظَهَرَ فى وَجْهِهِ ثِقَلُ | القَوْلِ عَلَيْهِ * فَعَادَ الوَزِيرُ إِلَى مَنْزِلِهِ وَهُوَ خَآئِفٌ لا يَعْلَم | ما يَعْمَلُ * فَاجْتَمَعَ بالزَّمِنِ وعَرَّفَهُ ما جَرَى * فقَالَ الزَّمِنُ | أَظُنُّ اَنَّ المَلِكَ قد ظَنَّ أَنَّ قَصْدَكَ أَنْ تَخْلِفَهُ فى مَمْلَكَتِهِ * | فإِذَا أَصْبَحْتَ فَاطْرَحْ حُلْيَتَكَ هَذِهِ وأَلْبَسْ لِبَاسَ النُّسَّــاكِ | وَاحْلِقْ رَأْسَكَ * وَامْضِ ظَاهِرًا إِلَى دَارِ المَلِكِ * فإِنَّ النَّاسَ سَيَرَوْنَا | عُونَ (sic) لِذَلِكَ ويُوصِلُونَ خَبَرَ حَالِكَ إِلَى المَلِكِ * فإِنَّهُ | يَسْتَدْعِيكَ ويَسْأَلُكَ عَن صُنْعِكَ * فقُلْ هُوَ ما دَعَوْتَنِى | إِلَيْهِ فإِنَّ مَنْ أَشَارَ عَلَى صَاحِبِهِ ومَالِكِهِ بِشَىْءٍ فَهُوَ حَقِيقٌ | أَنْ لا يَتَخَلَّفَ عَنْ مُشَارَكَتِهِ فِيهِ * فَأَنْهَضْ بِنَا فإِنَّ ما دَعَوْتَنِى | إِلَيْهِ أَرَاهُ هُوَ الأَرْشَدُ الأَفْضَلُ مِمَّا نَحْنُ فِيهِ * قَالَ ففَعَلَ الوَزِيرُ | كَمَا أَمَرَهُ الزَّمِنُ * فَتَحَلَّلَ ما كَانَ فى نَفْسِ المَلِكِ عَلَيْهِ مِنَ الغَضَبِ * | قال ثُمَّ إِنَّ المَلِكَ غَاظَهُ مَوْضَعُ (sic) النُّسَّاكِ ومَنْزِلَتُهُمْ فى قُلُوبِ | **7** (17) النَّاسِ * فأَمَرَ بِنَفْيِهِم مِنْ جَمِيعِ بِلَادِهِ وتَوَعَّدَهُمْ بِالقَتْلِ | إِنْ لَمْ يَفْعَلُوا * فأَخَذُوا فى الهَرَبِ والِاسْتِخْفَآ * قَالَ وخَرَجَ | المَلِكُ يَتَصَيَّدُ فَرَأَى شَخْصَيْنِ مِن بُعْدٍ فَاسْتَحْضَرْ (sic) هُمَا | فإِذَا هُمَا نَاسِكَانِ * فقَالَ لَهُمَا لِمَ أَخَّرْتُمَا الخُرُوجَ

قَالَا نَحْنُ | ضُعَفَآءُ لا دَابَّةَ لَنَا ولا زَاد * فقَالَ إِنَّهُ مَنْ خَافَ مِنَ المَوْتِ لَيُسْرِعُ بِغَيْرِ زَادٍ * قَالَا إِنَّا لا نَخَافُ مِنَ المَوْتِ لَكِنَّنَا نَنْتَظِرُهُ | ونُسَرُّ بِهِ * فأَمَّا ما تُسَرُّ بِهِ اَهْلُ الأَرْضِ فقَدْ خَرَجْنَا | مِنْهُ * ولَسْنَا نَعُودُ اِلَيْهِ * قَالَ اَفَلَيْسَ هُرُوبُكُمَا (!) فَزَعًا | مِنَ المَوْتِ * فقَالَا لا إِنَّمَا هَرَبْنَا كَرَاهِيَّةً اَنْ نُعِينَكَ عَلَى | اَنْفُسِنَا * فَاَمَرَ المَلِكُ بِهِمَا فَأُحْرِقَا * ونَادَى بِإِحْرَاقِ جَمِيعِ | مَن وُجِدَ مِنَ النُسَّاكِ فى مَمْلَكَتِهِ * رَضِىَ اللهُ عَنْهُمَا * |

(gelb) أَوَّلُ إِدْرَاكِ آبْنِ المَلِكِ

18 قال ونَبَتَ بْنُ [sic] المَلِكِ أَحْسَنَ النَبَاتَ فى جِسْمِهِ * | (18) وَأَفْلَحَ فى اَدَبِهِ * ونَجَعَ فى عِلْمِهِ * وفَطِنَ بِحَصْرِهِمْ إِيَّاهُ عَنِ الخُرُوجِ | والنَظَرِ وَالأَسْتِمَاعِ * وقال لَعَلَّهُم اَعْلَمُ بِمَا يُصْلِحُنِى * فَلَمَّا | زَادَ بِالسِنّ والتَجْرِبَةِ عَقْلًا * قال ما أرَى لَهُم عَلَىَّ فَضْلًا | ولا يَنْبَغِى اَنْ أُقَلِّدَهُم أَمْرِى * وأَدَعَ التَخْيِيرَ لِنَفْسِى * بَلْ يَنْبَغِى | اَنْ اَكْشِفَ رَايَهُم وأُشَارِكْهُم (juss.) فِيهِ * وأَرَادَ اَنْ يَسْأَلَ أَبَاهُ | عن حَصْرِهم إِيَّاهُ * ثُمَّ قال ما هَذَا الأَمْرُ اِلَّا مِن قِبَلِهِ فَمَا | يُطْلِعُنِى عَلَيْه * لَكِنْ يَنْبَغِى اَنْ اَعْرِفَ ذٰلِكَ مِمَّنْ تَسْتَمِيلُهُ | الرَغْبَةُ ويَرْهَبُه الوَعِيدُ * فَمَالَ اِلَى وَاحِدٍ كَانَ يَأْنَسُ اِلَيْهِ | فزَادَ فى الاِسْتِيْنَاسِ له والتَخَصُّصِ بِهِ * وقال لَهُ إِنَّ المَلِكَ (sic) | يَتَرَدَّدُ اِلَى عِنْدِى كما تَرَاهُ * وإِنَّ المُلْكَ [sic] صَائِرٌ اِلَىَّ وإِنَّكَ سَتَكُونُ اَسْعَدُ(!) حَالًا اَنْ اَطَعْتَنِى * وَاَسْوَءَا حَالًا اِنْ | خَالَفْتَنِى * إِمَّا عَاجِلًا وإِمَّا آجِلًا * فعَرَفَ مِنْه الصِدْقَ ووَثِقَ | مِنْهُ بِالوَفَآءِ * فَأَفْضَى الكَلَامُ
19 بَيْنَهُمَا اِلَى اَنْ عَرَّفَهُ بِجَمِيعِ | (19) ما كَانَ فَشَكَرَهُ * فَلَمَّا كَانَ وَقْتُ دُخُولِ [sic] اَبِيه عَلَيْهِ | قَالَ له يا أَبَتِى قَدْ عَرَفْتَ اخْتِلَافَ حَالِى * وَضِيقَ نَفْسِى بِهَذَا | الحَصْرِ * وإِنَّكَ لَمَّا كُنْتَ عَلَى هَذَا المِثَالِ لم تَكُنْ عَلَى هذا الحَالِ ولا دُمْتَ عَلَيْهِ * إِذِ التَغْيِيرُ على ما تَرَاهُ مُسْتَمِرًّا * فَعَلِمَ أَبُوهُ إِنَّ | حَبْسَهُ لَا يَزِيدُهُ اِلَّا اِغْرَآءً * قال يا بُنَىَّ اَرَدْتُ اَنْ أُنَحِّىَ [sic] (lies أُنَجِّىَ) | عَنْكَ الأَذَى فَلَا تَسْمَعُ ولا تَرَى اِلَّا ما يَسُرُّكَ * ثُمَّ اَمَرَ المَلِكُ | اَصْحَابَهُ اَنْ يَرْكَبُوا فى اَحْسَنِ زِىّ * ويُنَحُّوا عن طَرِيقِهِ كُلَّ | مَنْظَرِ سُوءٍ * واَنْ يَجْمَعُوا بَيْنَ يَدَيْهِ

الاغانِى الحِسَانُ فَلَمَّا | تَرَدَّدَ فِى رُكُوبِهِ وكَمِشَر [sic] (? وكَثُرَ=) مِنْه ذٰلِكَ اشْتَدَّتِ الكُلْفَةُ | على الناسِ فى تَنْحِيَةِ المَرْضَى * والزَّمْنَا مِن طَرِيقِهِ * فَغَفَلُوا | يَوْمًا [sic] عن رَجُلَيْنِ مِن المُتَصَدِّقِين . أحَدُ هُمَا مُوَرَّم مُرَهَّل * | مُصَفَّر بَشِع المَنْظَر * شَدِيد الأنين * والآخَرُ اَعْمَى يَنْهَشُ | قايِدَهُ لِيُنَحِّيَهُ بِسُرْعَةٍ مِن

20 طَرِيقِه * فلمّا رَاهُمَا بْنُ المَلِكِ | (20) اِقْشَعَرَّ مِنْهُمَا * فسَأَلَ هَل هَذا مُمْكِنٌ فى أَحَدٍ مِنَ النَاسِ * غَيْرَ هَذَيْنِ | فَقِيلَ لَهُ نَعَمْ * فَمَضَى مَحْزُونًا بَاغِضًا بَاغِضًا [zweimal] لِلعَيْشِ * | مُسْتَخِفًّا بالمُلْكِ * ثُمَّ رَآى بَعْدَ ذٰلِكَ شَيْخًا كَبِيرًا قَدْ أَحْنَاهُ | الكِبَرِ [sic] * وَٱبْيَضَّ شَعْرُهُ * وَٱسْوَدَّ لَوْنُهُ * وضَعُفَ قُوَاهُ * فقَالَ | ما هذا فقِيلَ له الهَرَم * فقال وَفى كم يَبْلُغُهُ المَرْءُ فقِيلَ لَهُ | فى مِأيَةِ [sic] سَنَةٍ * ونَحْوِها * فقَالَ وما وَرَا ذٰلِكَ * قِيلَ له المَوْتُ | فقَالَ ما أَسْرَعَ اليَوْمَ فى الشَهْرِ * والشَهْرَ فى السَنَةِ * والسَنَةَ | فى العُمْرِ * إنَّ الأَمْرَ لَغَيْرُ ما نَشْتَغِلُ بِهِ * وَٱنْصَرَفَ [sic] وَهُوَ يُكَرِّرُ | هَذَا القَوْلَ * فَٱنْصَرَفَتْ نَفْسُهُ عَنِ الدُنْيَا وشَهَوَاتِهَا * وَاجْتَمَعَ بِذٰلِكَ الرَجُلِ الّذِى كَانَ يَأنَسُ إلَيْهِ * وَيَخْتَصُّ بِهِ * وقال لَهُ هَلْ تَعْرِف أحَدًا مِنَ النَاسِ شَانُهُ غَيْرَ شَانِنَا * فقال | له نَعَم النُسَّاكُ الّذِينَ يَرْفُضُون الدُنْيَا * ويَطْلُبُونَ الآخِرَه * ولهم عِلْمٌ وكَلَامٌ *

21 غَيْرَ أنّ النَاسَ عَادَوْهُمْ * ونَفَاهُمُ المَلِكُ | (21) أبُوك وأَحرَقَهم بِالنَارِ * | قال * فصَارَ بْنُ المَلِكِ كطالِبِ | ضَالَّةٍ * قال وَٱشْتَهَرَ خَبَرُهُ فى الآفَاق بالجَمَالِ وَالكَمَالِ * وَالفَهْمِ [sic] | والأَدَبِ والعِلْمِ * والزُهْدُ (sic) فى الدُنْيَا * فبَلَغَ خَبَرُهُ الى ناسِكٍ | حَكِيمٍ بجَزِيرَةِ سَرَنْدِيبَ * يُقَالُ لَهُ بِلَوْهَرُ [sic] فقال لَأُخْرِجَنَّ | هَذَا الحَىَّ مِنْ بَيْنَ أُولَيْكَ المَوْتَى * ثُمَّ سَارَ اِلَيْهِ * فلَمّا وَصَلَ | الى المَدِينَةِ آلتى فِيها بْنُ المَلِكِ طَرَحَ شَكْلَ النُسَّاك * ولَبِسَ | لِبَاسَ التُجّار * وتَرَدَّدَ اِلَى بَابِ بْنِ المَلِكِ إلَى اَنْ عَرَفَ الحُجّاب | وتَلَطَّفَ * اِلَى اَنِ اجْتَمَعَ بذَلِكَ الرَجُلِ النَخَآصِّ بِابْنِ المَلِكِ | فى خَلْوَةٍ * فقال لَهُ اِنِّى رَجُلٌ غَرِيبٌ * مِن سَرَنْدِيب * قَدُمْتُ | بِسُلْعَةٍ غَرِيبَةٍ شَرِيفَةٍ * جِدًّا * ومَنْفَعَتُهَا اَنّها تُبرِئُ المَرْضَى * | وتُبَصِّرُ الأَعْمَى * وتُقَوِّى الضُعَفَآءَ * ولَمْ أَجِدْ اَحَدًا أَحَقَّ بِها | مِنَ بْنِ المَلِكِ لِجَمَالِه وكَمَالِهِ * فقَالَ لَهُ اِنَّكَ تَصِفُ أمْرًا | عَجِيبًا *

22 وعَقْلُكَ ما أَرَى بِهِ بَأْسًا * وكَلَامُكَ حَسَنٌ * لَكِنْ (22) لا يَنْبَغِى لِى ان أَذْكُرَ خَبَرَكَ حَتَّى أَرَى سُلْعَتَكَ فقَالَ | انا مَعَ تِجَارَتِى طَبِيبٌ وأَرَى بَصَرَكَ ضَعِيفًا وسُلْعَتِى لها | إِشْرَاق يُذْهِبُ بالأَبْصَارِ الضَعِيفَه وَبْنُ المَلِكِ حَدِيثُ | السِنِّ قَوِىُّ البَصَرِ أَرَى أَنَّهُ اَهْلٌ لِذَلِكَ فَدَخَلَ الحَاجِبُ | وأَخْبَرَ بْنَ المَلِكِ بِهِ فحَدَّثَتْهُ نَفْسُهُ أَنَّهُ قَدْ أَصَابَ حَاجَتَهُ | مِن عِلْمِ النُسْكِ وأَمَرَهُ بِإِدْخَالِهِ عَلَيْهِ سِرًّا (sic) فحَمَلَ الحَكِيمُ | بِلَوْهَرُ مَعَهُ سَفَطًا فِيهِ كُتُبٌ وقال بَضَاعَتِى فى هذا السَفَطِ | قال فلَمَّا دَخَلَ بِلَوْهَرُ وخَرَجَ ذَلِكَ الحَاجِبُ تَلَقَّاهُ بْنُ | المَلِكِ أَحْسَنَ مُلْتَقًى * وأَكْرَمَهُ وعَظَّمَهُ فقَالَ له بِلَوْهَرُ | يا بْنَ المَلِكِ اراكَ قد زِدْتَنِى مِنَ الكَرَامَةِ عَلَى أَهْلِ مَمْلَكَتِكَ | قال لِعَظِيمٍ(sic) ما رَجَوْتُه عِنْدَكَ * فقال مَثَلُكَ مَعِى يا بْنَ المَلِكِ | مَثَلُ المَلِكِ المُعَظِّمِ الرَجُلَيْنِ المِسْكِينَيْنِ لِأَجْلِ دِينِهِ *

(grün) أَوَّلُ أَمْثَال بِلَوْهَرَ النَاسِكِ الحَكِيم ∴

23 (23) قال بْنُ المَلِكِ وكَيْفَ ذَلِكَ * قال النَاسِكُ ذَكَرُوا أَنَّهُ كَانَ | مَلِكٌ يُحِبُّ الخَيْرَ ويَقْتَبِسُهُ مِن أَهْلِ الصَلَاحِ والفَضْلِ * فبَيْنَمَا | هُوَ يَسِيرُ يَوْمًا مَعَ أَصْحَابِه إِذْ مَرَّ بِرَجُلَيْنِ يَمْشِيَانِ حَافِيَيْنِ * | ولِبَاسُهُمَا الخُلْقَان * وعَلَيْهِمَا أَثَرُ البِرِّ والفَضْلِ * فلَمَّا رَآهُمَا | تَرَجَّلَ عن مَرْكُوبِهِ وعَانَقَهُمَا * وأَكْرَمَهُمَا فعَزَّ ذَلِكَ عَلَى أَصْحَابِهِ * وكان لِلْمَلِكِ أَخٌ جَاهِلٌ لا يَعْرِفُ مِقْدَارَ أَهْلَ(sic) النُسْكِ والعِبَادَه * إِلَّا إِنَّه(sic) كان دُونَ أَخِيهِ ولَيْسَ له أَمْرٌ * فذَهَبَ أَصْحَابُ المَلِكِ الفَاضِلِ إِلَيْهِ وقَالُوا إِنَّ | المَلِكَ قد أَزْرَى بِنَفْسِهِ * وفَضَحَ أَهْلَ مَمْلَكَتِهِ * إِذْ تَرَجَّلَ | لِإِنْسَانَيْنِ ذَمِيمَيْنِ * فَعَاتَبَهُ لِئَلَّا (sic) يَعُودُ لِمِثْلِهِ * ففَعَلَ فلَمَّا | قَضَا كَلَامَهُ أَجَابَهُ بِعَضَ الجَوَاب * وَانْصَرَفَ وَهُوَ لا يَدْرِى | أَسَاخِطٌ أَمْ رَاضٍ * فلَمَّا كان بَعْدَ أَيَّامٍ أَمَرَ المَلِكُ | الفَاضِلُ مُنَادِىّ (sic) المَوْتِ أَنْ يُنَادِىّ (sic) بِبَاب

24 دَارِ أَخِيهِ * | (24) وَأَنْ يُضْرَبَ بَطِبْلِ المَوْتِ على بَاب دَارِهِ * وكَانَتْ تِلْكَ سُنَّتُهُم فِيمَنْ أَرَادُوا قَتْلَهُ * فقَامَتِ المَنَاحَاتُ فى بَيْتِ أَخِى | المَلِكِ * فلَبِسَ الأَكْفَانَ ومَضَى بَاكِيًا الَى بَابِ أَخِيهِ | المَلِكِ الفَاضِلِ * فلَمَّا دَخَلَ

عَلَيْهِ وَقَعَ الى الأَرْضِ * ونَادَى بِالوَيْلِ ا ورَفَعَ يَدَيْهِ بِالتَضَرُّعِ * فقَالَ له المَلِكُ مِمَّا جَزَعُكَ أَيُّهَا ا السَفِيهُ * قال أَتَلُومَنِّىْ (sic) عَلَى جَزَعِى وأَنْتَ تُنَادِينِى بالمَوْتِ * ا قال أَفَجَزِعْتَ مِنْ مُنَادِيًا (sic) يُنَادى بِأَمْرِى وأنا أَخُوكَ * وقَدْ ا تَعْلَمُ أَنَّ لَيْسَ لَكَ إِلَيَّ ذَنْبٌ يُوجِبُ القَتْلَ * فكَيْفَ تَلُومَنِى ا على جَزَعِى مِن مُنَادِى رَبِّى حِينَ نَظَرْتُهُ * ووَقَعْتَ الى الأَرْضِ ا جَزَعًا مِمَّا تَذَكَّرتُ بِهِ المَوْتَ الّذِى قد نُودِيتُ بِهِ * مُنْذُ وُلِدْتُ فَاذْهَبْ فَإِنَّمَا اسْتَزَلَّكَ وُزَرَآئِى وَسَيَظْهَرُ خَطَاهُمْ *

مَثَلُ (roth) أَرْبَعَةِ صَنَادِيقَ الحِسَانِ والقِبَاحِ

(25) قال النَاسِكُ ثُمَّ أَمَرَ المَلِكُ فَصُنِعَتْ له أَرْبَعَةُ تَوابِيتَ ا خَشَبٍ * ا **25**
وطَلَا اثْنَيْنِ مِنْهُمَا بِمَآءِ الذَهَبِ * وَاثْنَيْنِ بالقَارِ * ثُمَّ مَلَأَ تَابُوتَىِ القَارِ ذَهَبًا وجَوْهَرًا * ومَلَأَ تَابُوتَىِ الذَهَبِ ا جِيَفًا مُنْتِنَه * ثُمَّ جَمَعَ وُزَرَآءَهُ وأَعْرَضَ عَلَيْهِم التَوَابِيتَ ا وأَمَرَهُمْ بِتَقْوِيمِهَا * فقَالُوا أَمَّا فى ظَاهِرِ رَأْيِنَا فلا ثَمَنَ لِتَا ا بُوتَىِ الذَهَبِ لِفَضْلِهِمَا * ولا ثَمَنَ لِتَابُوتَىِ القَارِ ا لِخِسَّتِهِمَا * فَأَمَرَ بِفَتْحِ تَابُوتَىِ القَارِ فَاسْتَنَارَ البَيْتُ بالجَوَاهِرِ * ا فقال هَذَا مَثَلُ الرَجُلَيْنِ الّذِينَ أَزْدَرَيْتُمْ بِهِمَا لِظَاهِرِ ا لِبْسِهِمَا الدَّنِى * وتَقَشُّفِ هَيَا كِلْهِمَا (sic) * وهُمَا مَمْلُوءَانِ بِرًّا وحِكْمَه * ا وَجَمِيعِ الفَضَائِلِ الّتِى هِىَ أَنْفَسُ مِن هَذِهِ الجَوَاهِر قَدْرًا * ثُمَّ ا أَمَرَ بِفَتْحِ تَابُوتَىِ الذَهَبِ فَفَاحَتْ مِنْهُمَا الرَوَائِحُ المُنْتِنَه * ا وَانْكَشَفَتِ الأَشْبَاحُ المُوحِشَه المُغَيَّرَه * البَشِعَه الكَرِيهَه * ا فَاسْتَبْشَعُوا المَنْظر *
ونَادُوا مِنْ قُبْحِ الرَائِحَه * فقَال ا (26) هذا مَثَلُ المُتَزَيِّنِينَ بِظَاهِرِ الحِلْيَةِ **26**
المُفْتَخِرِينَ بِهَذِهِ الأَجْسَامِ ا الفَانِيَةِ المُسْتَحِيلَه وبَاطِنُهم مَمْلُوٌّ جَهْلًا وشَرًّا وجَمِيعِ ا الرَذَائِلِ الّتِى هى أَبْشَعُ وأَقْذَرُ مِن هَذِهِ الجِيَف * فقَالوا ا قد تَيَقَّظْنَا وَاتَّعَظْنَا * فهَذَا مَثَلُكَ يا بْنَ المَلِكِ فِيمَا لَقِيتَنِى ا بِهِ مِن إِكْرامِكَ فَانْتَصَبَ بْنُ المَلِكِ قائِمًا * وقال الآنَ ا قَدْ أَيْقَنْتُ بِوِجْدَانِ مَطْلُوبِى * فزِدْنِى مِنْ ذَلِكَ

مَثَلُ الزارِعِ (roth)

27 قال النَاسِكُ إِنَّ الزارِعَ خَرَجَ بِبَذْرِهِ الطَيِّبِ لِيُبْذِرَهُ | فلمّا مَلأَ مِنْهُ كَفَّهُ
وبَذْرَهُ فوَقَعَ بَعْضُهُ على حَافَّةِ الطَرِيقِ | فلَمْ يَلْبَثْ اَنْ خَطَفَهُ الطَيْرُ وَوَقَعَ
بَعْضُهُ على صَفًا قَدْ | اَصَابَهُ نَدًا وطِينٌ فنَبَتَ فلَمَّا صَارَتْ عُرُوقُهُ الى يُبْسِ
الصَفَا | مَاتَ ووَقَعَ بَعْضُهُ فى اَرْضٍ ذَاتِ شَوْكٍ فَلَمَّا كَادَ اَنْ | يُثْمِرَ خَنَقَهُ
الشَوْكُ فأَمَاتَهُ ووَقَعَ اَقَلُّهُ فى اَرْضٍ طَيِّبَةٍ | (27) مُنَقَّاَةٍ فَسَلِمَ وزَكَا وطَابَ *
فالزارِعُ حَامِلُ الكَلِمَه * والبَذْرُ | الطَيِّبُ صَوَابُ الكَلَامِ * وما وَقَعَ إِلَى حَافَّةِ
الطَرِيقِ فَخَطَفَهُ | الطَيْرُ فذَلِكَ ما لَمْ يُجَاوِزِ السَمْعَ * حَتَّى مَرَّهُ صَفْحًا * وما
وَقَعَ | على لصَفَا ثُمَّ يَبِسَ حِينَ بَلَغَتْ عُرُوقُهُ الصَفَا فذَلِكَ ما | اسْتَحْلَاهُ
صَاحِبُه لمّا فَرَغَ (?قَرَعَ) سَمْعَهُ * ولم يَعْقِدْ عَلَيْه نِيَّتَهُ * | وما نَبَتَ وكَادَ يُثْمِر
ثُمَّ اَهْلَكَهُ الشَوْكُ فَهُوَ ما وَعَاهُ | صَاحِبُهُ * حَتَّى اذا كَانَ عِنْدَ العَمَلِ الَّذِى
هُوَ ثَمرَتُهُ خَنَقَتْهُ | الشَهَوَاتُ والهُمُومُ فأَهْلَكَتْهُ * وامّا الّذِى سَلِمَ وزَكَا |
وطَابَ * فَمَا اَقْتَبَلَهُ السَمْعُ والبَصَرَ(sic) * ووَعَاهُ الفَهْمُ والحِفْظُ * | وامَضَاهُ عَزْمُ
الفِكْرِ والرَاى * ولم يُشَارِكْهُ فِى ذَلِكَ | مُشَارِك * قال بْنُ المَلِكِ إِنِّى اَرْجُو
اَنْ يَكُونَ مَـــا تُبْذِرُهُ | عِنْدِى مِمَّا يَسْلَمُ * ويَزْكَى ويُطِيبُ * فَاضْرِبْ لِى
مَثَلَ | الدُنْيَا وغُرُورَ(sic) اَهْلِهَا * وما هُمْ عَلَيْهِ ∴

28 (28) مَثَلُ الفِيلِ والرَجُلِ (roth)

قال النَاسِكُ زَعَمُوا اَنَّ رَجُلًا خَرَجَ فى مَفَازَةٍ فَبَيْنَما هُوَ | يَسْعَى إِذْ حَمَلَ عَلَيْهِ فِيلٌ مُغْتَلِمٌ * فهَرَبَ وتَبِعَهُ الفِيلُ | فوَجَدَ بِئْرًا فتَدَلَّى فِيهَا * وتَعَلَّقَ بِغُصْنَيْنِ نَابِتَيْنِ على حا | فَتِها * وثَبَّتَ رِجْلَيْهِ على شَىْءٍ فى جَانِبِ البِئْرِ * فَلَمَّا | تَبَيَّنَ الغُصْنَيْنِ رَأى عِنْدَهُمَا جُرَذَيْنِ اَسْوَدَ وأَبْيَـــضَ * يَقْرِضانِهِمَا | دَائِمًا * ونَظَرَ الى مَا ثَبَّتَ عَلَيْهِ قَدَمَاهُ فإِذَا هُوَ بِأَرْبَعِ اَفَاعِى * | ونَظَرَ الى قَعْرِ البِئْرِ فإِذَا هُوَ بِتِنِّينٍ فاغِرٍ فَاهُ * يُرِيدُ التِقَامه | ثم رَفَعَ رَأْسَهُ الى الغُصْنَيْنِ فإِذَا فى اَعْلَاهُمَا شَىْءٌ مِن عَسَلِ | النَحلِ * فَتَطَعَّمَ مِن ذَلِكَ العَسَل

فَأَلْهَاهُ ما وَجَدَهُ مِن حَلَاوَةِ العَسَلِ | عَنِ الاهْتِمَامِ بِالغُصْنَيْنِ الَّذِينَ هُوَ
مُتَعَلِّقٌ بِهِمَا * وقَدْ رَأى | إِسْرَاعَ الجُرْذَيْنِ فى قَطْعِهِمَا * وبالحَيَّةِ الأَرْبَع الَّتِى
اعْتَمَدَتْ | رِجْلَاهُ عَلَيْهِنَّ * ولا يَدْرِى مَتَى تَهْتَاجُ بِهِ وَاحِدَةٌ مِنْهُنَّ * |
(29) وبالتِنِّينِ الفَاغِرِ فَاهُ الَّذِى لا يَدْرِى كَيْفَ مَصِيرُهُ عِنْدَ | وُقُوعِهِ فى **29**
لَهَوَاتِهِ * وبالنَّحْلِ والزَنَابِيرِ الَّتِى تَلْذَعُهُ * | عِنْدَ أَكْلِهِ مِنْ ذٰلِكَ العَسَلِ *
فالبِئْرُ هِىَ الدُنْيَا المَمْلُوءَةُ بَلَايَا * | والغُصْنَانِ هُمَا العُمْرُ * الجُرْذَانِ هُمَا
اللَّيْلُ (sic) والنَهَارُ * وإِسْرَاعُهُمَا فى قَطْعِ الغُصْنَيْنِ هُوَ إِسْرَاعُ الأَيَّامِ واللَيَالِى
فى | قَطْعِ العُمْرِ * والأَفَاعِى هِىَ الأَخْلَاطُ الأَرْبَعَةُ الَّتِى مَتَى هَاجَ | أَحَدُهَا
قَتَل * والتِنِّينُ هُوَ المَوْتُ الرَاصِدُ * والنَحْلُ والزَنَابِيرُ | هِىَ المَصَائِبُ
والبَلَايَا والعَسَلُ * هُوَ (sic) غُرُورُ الناسِ فى الدُنْيَا | بِقَلِيلِ ما يَنَالُونَهُ فِيهَا مِن
لَذَّةِ العَيْشِ المَمْزُوجِ بالمِحَنِ | والمَشَقَّاتِ * شِبْهُ العَسَلِ المَمْزُوجِ
بِلَسْعِ الزَنَابِيرِ والنَحْلِ * قال ابْنُ المَلِكِ المَثَلُ عَجِيب * والشَبِيهُ حَقّ *
فَزِدْنِى مَثَلًا | للدُنْيَا مَعَ صَاحِبِهَا المَغْرُور فِيهَا * بِمَا لا يَنْفَعُهُ | المُتَهَاوِن
بِمَا يَعُودُ عَلَيْهِ مِنَ النَفْعِ ∴

30 (30) (grün) خَبَرُ الرَجُلِ الَّذِى له ثَلَثَةُ أَصْدِقَآء ∴

قال الناسِكِ (sic) ذَكَرُوا أَنَّ رَجُلًا كَانَ له ثَلَاثَةُ أَقْرِنَا * | فَأَمَّا أَحَدُهُمْ فإِنَّهُ كَانَ
يُؤْثِرُهُ ويُعَزِّزُهُ بِنَفْسِهِ فى الذَبِّ | عَنْهُ * وأَمَّا الثَانِى فَدُونَ الأَوَّلِ إِلَّا أَنَّهُ
كَانَ يُحِبُّهُ ولا يَغْفُل (sic) | عَنْهُ * وأَمَّا الثَالِثُ فَمَحْقُورٌ مَعْزُولٌ عَنْهُ لا يَشْتَغِلُ
بِهِ إِلَّا | قَلِيلًا * فَنَزَلَتْ بِالرَجُلِ نَازِلَةٌ احْتَاجَ فِيهَا الى قُرَنَآئِهِ * وأَتَتْهُ |
رُسُلُ المَلِكِ لِيَذْهَبُوا بِهِ * فَأَتَى الى قَرِينِهِ الأَوَّلِ * وقال لَهُ | قد عَلِمْتُ (sic)
ايثَارِى إِيَّاكَ وبَذْلِى نَفْسِى لِأَجْلِكَ * وهَذَا | يَوْمُ حَاجَتِى فَمَاذَا لِى عِنْدَكَ *
فقال له إِنَّ لِى أَصْحَابًا يُشْغِلُونِى | عَنْكَ * وهُمُ اليَوْمَ أَوْلَى بِى مِنْكَ * غَيْرَ
إِنِّى كَاسِيكَ ثَوْبَيْنِ | لا تَنْتَفِعُ بِهِمَا * قال ثُمَّ إِنَّ أَتَى (sic) إِلَى صَاحِبِهِ الثَانِى
فقَالَ | له قد كُنْتُ أَسُدُّ حَاجَتِكَ (sic) * وأَسْعَى فى مَرْضَاتِكَ * | وقَدِ احْتَجْتُ
إِلَيْكَ فَمَاذَا لِى عِنْدَكَ * فقَالَ له إِنَّ أَمْرًا | (31) نَفْسِى لَيُشْغِلُنِى عَنْكَ **31**

اليَوْمَ * وقَدِ انْقَطَعَ ما بَيْنَنا * وطَرِيقُكَ | غَيْرُ طَرِيقِى * غَيْرُ [sic] إنِّى أُشَيِّعُكَ
خُطُوَاتٍ يَسِيرَه وَانْصَرِفْ | الى ما هُوَ أَغْنَى لِى مِنْكَ * فَالْتَفَتَ الى قَرِينِهِ
الثالِثِ فقَالَ | له إنّى يا أخِى لَمُسْتَحِىٌّ [sic] مِنْكَ * لكِنِ الحَاجَةُ قَدِ اضْطَرَّتْنِى |
إِلَيْكَ * فَمَاذالِى عِنْدَكَ * قال عِنْدِى المُحَافَظَةُ عَلَيْــــكَ * | واللُّزُومُ لَكَ *
وقِلَّةِ [sic] الغَفْلَةِ عَنْكَ * وأنَا صَاحِبُكَ الّذِى لا | يَخْذِلُكَ ولا يُسَلِّمُكَ * فلا
يُهِمَّنَّكَ قِلَّةُ ما اَسْلَفْتَ عِنْدِى * | فإنّى قَدْ كُنْتُ احْفَظُ ذلِكَ وأُوَفِّرُهُ عَلَيْكَ *
ثُمَّ اَرْضَ | لَكَ به * ومَا اذَّخَرْتَ عِنْدِى مِن مَالِكَ القَلِيل فَلَكَ اَضْعَافُ |
ما وَضَعْتَ عِنْدِى * وأنَا اَرْجُو أنْ يَكُونَ فى ذلِكَ رِضَى المَلِكِ | عَلَيْكَ *
فقَالَ الرَجُلُ ما أدْرِى على أيِّ الأمْرِين [sic] (ين über der Zeile) أتَحَسَّر * | على
إدْنَاىَ قَرِينِ السُوء * أمْ على إقْصَآىَ قَرِينِ الصِدْقِ ∴ | فالقَرِينُ الأوَّلُ
32 المال * والثانِى الأهْلُ * والثَالِثُ العَمَلُ الصَالِحُ * (32) قَالَ بْنُ المَلِكِ
هَذَا هُوَ الحَقُّ فَزِدْنِى مِنْهُ ∴

خَبَرُ المَلِكِ الغَرِيبِ (roth)

قال النَاسِكُ زَعَمُوا [sic] اَنَّ اَهْلَ مَدِينَةٍ كَانُوا يُمَلِّكُونَ | عَلَيْهِمِ الرَجُلَ الغَرِيبَ
مِنْهم * الجَاهِلَ بأمْرِهِم * وَبَعْدَ سَنَةٍ | يُخْرِجُونَهُ عِرْيَانًا * فَيَصِيرُ ما مَضَى
مِنْ أمُورِ مُلْكِهِ | وَبَالًا عَلَيْهِ * ووَاحِدٌ مِنْهُم لَمَّا رَأَى غُرْبَتَه مِنْ أَهْلِ المَدِينَةِ |
لَمْ يَسْتَأنِسْ إلَيْهِمْ * وطَلَبَ أَنْ يَجِدَ رَجُلًا مِنْ أَهْلِ أَرْضِهِ | أوْ مَنْ يُخَبِّرُه
بِأُمُورِهِمْ وعَوَآئِدِهِمْ * فلَمْ يَزَلْ مُتَطَلِّبًا | ذلِكَ حَتَّى وَجَدَ مَنْ أَفْضَى إلَيْهِ
سِرَّهُمْ وأَشَارَ عَلَيْهِ أَنْ | يُقَدِّمَ مِمَّا فى يَدَيْهِ مَهْمَا اسْتَطَاعَ * حَتَّى إذَا خَرَجَ
وَجَدَهُ | ففَعَلَ ذلك فَكَانَتِ [sic] الْعَاقِبَةُ إلَى سَلَامَه * فأنْتَ يا بْنَ المَلِكِ |
بِمَنْزِلَةِ ذلِكَ الرَجُلِ الغَرِيبِ الّذِى لَمْ يَسْتَأْنِسْ بِالغُرَبَا | مِنْهُ * وانَا الرَجُلُ
33 الّذِى طَلَبْتُ وعِنْدِى لَكَ الدَلَالَةُ والمَعُونَه * | (33) قال بْنُ المَلِكِ إنِّى
فى الدُنْيَا زَاهِد فَاخْبِرْنِى عن أَمْرِ | الآخِرَه * قال النَاسِكُ إنَّ الزُهْدَ فى
الدُنْيَا مِفْتَاحُ | الرَغْبَةِ فى الآخِرَه * ومَنْ رَغِبَ فى الآخِرَةِ طَلَبَها * ومَنْ
طَلَبَهَا | أَصَابَ بَابَهَا * ومَنْ أصَابَ بَابَها دَخَلَ مَلَكُوتَهَا * ومَنْ | دَخَلَ

مَلَكُوتِهَا فَازَ بِخَيْرَاتِهَا * وكَيْفَ لا تَزْهَدُ فى الدُنْيَا | وأَنْتَ تَرَى أُمُورَهَا
صَائِرَةً إِلَى هَذَا الجَسَدِ الّذِى لَا أمْتِنَاعَ | فِيهِ * فالحَرُّ يُذِيبُهُ * والبَرْدُ يُجَمِّدُهُ *
* والمَآءُ يُغَرِّقُهُ * والنَارُ [sic] تُحْرِقُهُ * | والهَوَامَ [sic] تَفْسَخُهُ * والوَحْشُ يَفْتَرِسُهُ *
والحَدِيدُ يَقْطَعُهُ * | ومُصَادَمَةُ الصَلِبُ (الصُلْبُ معا) مِنَ الأَجْسَام تُكَسِّرُهُ *
والأَمْرَاضُ والأَوْجَاعُ مَعْجُونَةٌ فِيهِ * ولا طَمَعَ فى دَوَامِ صِحَّتِهِ * وسَلَامَتِهِ * | وَهُوَ
مَعَ ذلك مُقَارِنُ الحَرِّ والبَرْدِ * والمَرَض والخَوْف * والجُوع | والعَطَش * والمَوْت *
قال بن المَلِكِ هَلِ الّذِينَ كَانَ أَبِى قَدْ | نَفَاهُمْ وأَحْرَقَهُم * هُمْ أَصْحَابُكَ قال
نَعَم * قال إِنَّهُ بَلَغَنِى أَنَّ | (34) أَنَّ (sic) النَاسَ قد اجْتَمَعُوا عليهم بالعَدَاوَةِ 34
وسُوء الثَنَآء * قَالَ أَمَّا | العَدَاوَةُ [sic] فنَعم * وأَمَّا سُوءُ الثنآء فما عَسَى أَنْ
يُقَالَ فِيمَنْ يَصْدُقُ | ولا يَكْذِبُ * ويَعْلَمُ ولا يَجْهَلُ * ويَكْتَفِى بِأَقَلِّ الأَشْيَآء *
ويَتَجَرَّدُ مِنْ | مَالِهِ وأَهْلِهِ * فلا يُؤْذِى نَفْسَهُ وَلَا النَاس * ولا يَخَافُونَهُ على |
أَنْفُسِهِم ولا عَلَى أَهْلِهِم ولا مَالِهِمْ * قال فَكَيْفَ اتَّفَقَ الناسُ | على عَدَاوَتِهِم
وهُمْ فِيمَا بَيْنَهُم مُخْتَلِفُونَ * قال كما اجْتَمَعَتْ | كِلَابٌ على جِيَفٍ تَنْهَشُها
وبَعْضُها يَنْهَشُ بَعْضًا * وبَهِرَّ | عَلَيْهِ وَهِىَ مُخْتَلِفَةُ الأَشْخَاصِ والأَلْوَانِ *
وبَيْنَما هِىَ تَقْتَتِلُ | على الجِيفَةِ * إِذْ مَرَّ بِهِنَّ رَجُلٌ فتَرَكَ بِعْضُهُنَّ بَعْضًا
وطَلَبْنَ | الرَجُلَ جَمِيعًا مُتَعَاوِنَاتٍ عَلَيْهِ * ولَيْسَ له فى جِيفَتِهِنَّ | إِرَادَه
لَكِنِ [roth] اسْتُوحِشَ مِنْهُ لِغُرْبَتِهِ مِنْهُنَّ * وَاسْتَأْنَسَ | بَعْضُهُنَّ بِبَعْضٍ فالجِيفَةُ
هى مَتَاعُ الدُنْيَا * وأَصْنَافُ الكِلَابِ الّتِى | تَقْتَتِلُ عَلَيْها هِىَ أَصْنَافُ الناسِ
الّذِينَ لا هَمَّ لَهُمْ إِلّا الدُنْيَا | (35) والرَجُلُ الّذِى اجْتَمَعَتْ عَلَيْهِ الكِلَابُ 35
ولا حَاجَةَ لَهُ فى الجِيفَه | هُوَ الناسِكُ الّذِى لا يُنَازِعُ فى الدنْيَا أَحَدًا *
ولا يَمْنَعُ [sic] ذَلِكَ | النَاسَ لِغُرْبَتِهِ مِنْهُمْ * وأَيَّةُ حُجَّةٍ أَبْلَغُ مِنْ تَعَاوُنِ المُخْتَلِفِينَ |
على عَدَاوَةِ مَنْ لا حُجَّةَ عَلَيْهِ عِنْدَ العَارِفِينَ * قال بْنُ المَلِكِ | أَعْمِد لِحَاجَتِكَ
وَدَاوِنِى بِمُدَاوَاتِكَ * قال الناسِك إِنَّ الطَبِيبَ | الحَاذِقَ إِذَا رَأَى جَسَدًا قَدْ
أَنْهَكَتْهُ الشَهَوَات الأَخْلَاطُ | الفاسِدَه * وأَرَادَ أَنْ يُقَوِّيهِ ويُسَمِّنَهُ * لَمْ
يَبْدَهُ بِالطَعَامِ | الّذِى مِنْهُ يَكُونُ اللَحْمُ * والقُوَّه لِعِلْمِهِ بِأَنَّ إِدْخَالَ الطَعَامِ |
القَوِىّ على الأَخْلَاطِ الفَاسِدَه وَبَالٌ على الجَسَدِ * لَكِنَّهُ | يُدَاوِيهِ بِمَا يُنَقِّسُ

أَخْلَاطَهُ الفاسِدَه * ويُنَقِّى عُرُوقَهُ | وبَعْدَ ذٰلِكَ يُغَذِّيهِ بِمَا يُصْلِحُهُ مِن الطَعَامِ
والشَرَابِ * | وحِينَئِذٍ يَقْوَى على حَمْلِ الثَقِيلِ * فقَالَ بْنُ المَلِكِ أفَهٰذَا |
36 الّذِى تَدْعُونَنِى إِلَيْهِ شَىْءٌ تَظْفَرُ بِهِ النَاسُ بِعُقُولِهِمْ * | (36) حَتَّى اخْتَارُوهُ
على ما سِوَاهُ * فقال النَاسِكُ إِنَّ هٰذَا الأَمْرِ (sic) أَعْظَمُ | مِنْ أَنْ يَكُونَ مِنْ أَمْرِ
أَهْلِ الأَرْضِ * أَوْ بِرَأْيِهِمْ يُدَبِّرُونَهُ * ولو كَانَ | مِن رَأى أَهْلِ الدُنْيَا لَدَعَى
إِلَى عَمَلِها وزِينَتِهَا * مِنْ أَكْلِهَا وشُرْبِها * ولِبَاسَها (sic) وَاجْتِماعِهَا * وعِمَارَتِهَا
ولَهْوها وشَهَوَاتِها * لَكِنَّهُ أَمْرٌ غَرِيبٌ | فِيهَا نَاقِضٌ عَلَيْهَا * قال فَهَلْ أَحَدٌ
يَدْعُو إِلَى هذا غَيْرُكُم * قال نَعَمْ | أَهْلُ الأَدْيَانِ مِنْ سَائِرِ الأُمَمِ * قال بْنُ
المَلِكِ فما جَعَلَ كُمْ (sic) بِهٰذَا الأَمْرِ | أَوْلَى مِنْ غَيْرِكُمْ * قال أَصْلُ دَعْوَةُ (sic) الحَقِّ
وَاحِدَه * لَكِنْ يُفَرِّقُ | بَيْنَنَا وبَيْنَ غَيْرِنا أَنَّ هٰذِهِ الدَعْوَةَ لَمْ تَزَلْ تَأْتِى
وتَظْهَرُ فى | الأَرْضِ مَعَ أَنْبِيَآءِ اللّٰهِ ورُسُلِهِ فى القُرُونِ المَاضِيَه * على
أَلْسِنَةٍ مُتَفَرِّقَه * ولِكُلِّ دَعْوَةٍ هُدًى وأَمْرٌ صَحِيحٌ * فَيُحَوِّلُونَهُ الأُمَمُ | عَنْ جِهَتِهِ *
ويَتْرُكُونَ قَصْدَ سَبِيلِهِ * ويَبْقُوا مُتَعَلِّقِينَ باسْمِهِ * | يَدَّعُونَ بِمَعْرِفَتِهِ *
فَهٰذَا الّذِى يُفَرِّقُ بَيْنَنَا وبَيْنَهُمْ * ولَسْنَا | نُخَالِفُ أَحَدًا فى شَىْءٍ إِلّا وَلَنَا
37 عَلَيْهِ الحُجَّه مِنْ بَقِيَّةِ ما فى يَدَيْهِ | (37) مِنَ الكُتُبِ * وما يَجْرِى على
لِسَانِهِ مِنَ الصِفَه * وسِيرَتُنَا تَشْهَدُ | لَنَا بِمُوَافَقَةِ الحَقِّ * وسِيرَتُهُمْ تَشْهَدُ
عَلَيْهِمْ بِالمُخَالَفَةِ * | قال فَمَا بَالُ الأَنْبِيَآءِ والرُسُلِ يَأْتُونَ ثُمَّ يَنْقَطِعُونَ
حَتَّى تُدْرَسُ | آثَارُهُمْ وتُجْهَلُ عُلُومُهُمْ * قال أَلَمْ تَرَ صَاحِبَ البُسْتَانِ كَيْفَ
يَنْصِبُ فِيهِ ضُرُوبَ الغُرُوس ثُمَّ يُسَيِّجُهُ شَتَوِيَّتَهُ كُلَّهَا * | ولا يَدْخُلُه تِلْكَ
المُدَّةِ (sic) إِلّا قَلِيلًا * فاذَا جَآءَ زَمَنُ الرَبِيعِ حِينَئِذٍ | يَدْخُلُهُ * ويَقْصُدُ النَاحِيَةَ
الّتِى فِيهَا حَاجَتُهُ * وكَذٰلِكَ الأَنْبِيَآ | والرُسُل إِنَّمَا تَجِىءُ لِلبُغْيَةِ المَأْمُورِينَ
بَهَا مِن عِنْدِ اللّٰه عَزَّ وجَلَّ * | ولِكُلِّ زَمَانٍ بِغْيَه * فالزَهْرُ فى زَمَان * والثَمَرُ
فى زَمَان آخَرَ * | قال فَيَقْصُدُونَ أَهْلَ بُغْيَتِهِمْ فَقَطْ * أَمْ يَعُمُّونَ بِدَعْوَتِهِم (sic) |
مَنْ يُجِيبُهُمْ ومَنْ لا يُحِبُّهُمْ ومَنْ لا يُجِيبُهُمْ * كأَنَّهم لا يَعْرِفُونَ | أَهْلَ
إِجَابَتِهِم * وأَهْلَ طَاعَتِهِمْ ووِلَايَتِهِمْ * قال النَاسِكُ اَسْمَعْ (sic) (sic) لِمَثَلٍ
أَضْرِبُهُ لَكَ |

38 (38) (roth) مَثَلُ الطَّآئِرِ المُمَثَّلِ بالأَنْبِيَآءِ

يُقَالُ إِنَّ بِبَعْضِ سَوَاحِلِ البَحْرِ طائِرٌ يَبِيضُ بَيْضًا كَثِيرًا * | ويَأْتِى زَمَانٌ يَتَعَذَّرُ عَلَيْهِ فِيهِ سَكَنُ ذٰلِكَ السَاحِلِ * | فلَمْ يَجِدْ بُدًّا مِنِ انْتِجاعِ أَرْضٍ أُخْرَى * حَتَّى يَنْقَضِى ذٰلِكَ الزَمَانِ sic * | فَيَأْخُذُ بَيْضَهُ(!) يُفَرِّقُهُ فى أَعْشَاشِ الطُيُورِ * وأَوْكَارِهَا بَيْضَةً | بَيْضَه خِلَالَ بَيْضِ كُلِّ صِنْفٍ مِنَ الطَيْرِ * فَيَحْضُنَّ الطُيُورُ | بَيْضَهُ مَعَ بَيضِها * وتَخْرُجُ فِرَاخُهُ[1] مع فِرَاخِها[1] * حَتَّى إِذَا كان زَمَنُ | عَوْدَتِهِ مَرَّ على تِلْكِ الأَوْكَارِ والأَعْشَاشِ باللَيْلِ فَيُصَوِّتُ | فَيَسْمَعُ فِرَاخُهُ وغَيْرُهُ صَوْتَهُ * فأَمَّا فِرَاخُهُ[1] فَتَجْتَمِعُ إِلَيْهِ إِذَا | سَمِعَتْ صَوْتَهُ * وأَمَّا فِرَاخُ الطُيُورِ سايِر sic فَلَا تُجِيبُهُ * وكَذٰلِكَ الأَنْبِيَآءُ | والرُسُلُ إِنَّمَا يُجِيبُ دَعْوَتَهُمْ العَامَّةُ مَنْ كَانَ مِنْهُمْ * قال فإِذَا | زَعَمْتَ أَنَّ كَلَامَ الرُسُلِ لَيْسَ هُوَ مِثْلُ كَلَامِ النَاسِ أَفَهُـــوَ | كَلَامُ اللّٰهِ وملائكَتِهِ أَمْ غَيْرُهُ * قال أَلَمْ تَرَ النَاسَ لَمَّا أَرَادُوا أَنْ |

39 (39) يُفْهِمُوا بَعْضَ الدَوَابِّ والطُيُورِ ما يُرِيدُونَ مِن تَقَدُّمِهَا | وتَأَخُّرِها * وإِقْبالِها وإِدْبَارِهَا * لم يَجِدُوا الدَوَابَّ والطُيُورِ sic | تَحْتَمِلُ كَلَامَهُمْ على هَيْئَتِهِ * فَوَضَعُوا لَهَا ما تُطِيقُ(!) حَمْلَهُ | مِنَ الزَجْرِ والاشارَاتِ ما بَلَغُوا بِهِ حَاجَتَهُمْ مِنْهَا * وكذٰلِكَ لَمَّا | كَانُوا النَاسِ sic يَعْجَزُونَ عَنْ حَمْلِ كَلَامِ اللّٰهِ ومَلَائِكَتِهِ | كَهَيْئَتِهِ على كَمَالِهِ وصِفَتِهِ * فصارَ[2] ما يُرَاجِعُونَ به مِنَ | الأَصْوَاتِ الّتِى بِهَا يَسْمَعُونَ الأَصْوَاتِ مِنْ كَلَامِ الحِكْمَةِ | بِالأَلْسِنَةِ اللَحْمِيَّةِ كَصَوْتِ الصَفِيرِ والزَجْرِ الّذى احْتَمَلَتْهُ | الدَوَابُّ مِنَ النَاسِ * وكذٰلِكَ رُوحُ الحِكْمَه مَخْبُوٌّ فى تِلْكِ الأَصْوَاتِ | وكما أَنَّ الكَلَامَ إِذَا كَانَ فِيهِ حِكْمَةُ اللّٰهِ يُشَرَّفُ لِشَرَفِهَا * | كذٰلِكَ الأَجْسَادُ تُشَرَّفُ بِالأَرْوَاحِ * وكما أَنَّ الأَجْسَادَ | إِذَا خَلَتْ مِنَ الأَرْوَاحِ لا نَفْعَ بِها * كذٰلِكَ الكَلَامُ إِذَا خَلَا | مِنَ الحِكْمَةِ الّتِى هِىَ بِمَنْزِلَةِ الأَرْوَاحِ لا يُنْتَفَعُ بِهِ * قَالَ فَمَا بَالُ هٰذِهِ | (40) الحِكْمَةِ الّتِى وَصَفْتَ مِنْ قُوَّتِهَا وفَضْلِهَا ما وَصَفْتَ لا يَنْتَفِعُ بِها | النَاس جَمِيعًا |

---

1) In فِرَاخ ist das obere Fatha roth!

2) Es stand zuerst فَصارُوا da, dann wurde das و und ا leise durchstrichen.

(grün) مَثَلُ شَمْسِ القُلُوبِ والعُيُونِ [sic]

قال النَّاسِكُ إِنَّ نُورَ الحِكْمَةِ كشَمْسَيْنِ يَطْلُعَانِ جَمِيعًا * | على مَنْ وَاجَهَ
نُورَهُمَا مِنْ جَمِيعِ الخَلْقِ * مِنْ أَعْمَى وبَصِير * | فالشَّمْسُ الظَّاهِرَةُ [sic] إذا طَلَعَتْ
على الأَبْصَار الظَّاهِرَةِ فَرَّقَتِ | النَّاسَ على ثَلٰثِ مَنَازِلَ * فَمِنْهُم الصَّحِيحُ
البَصَرِ الّذِى يَنْفَعُهُ | الضَّوّ [sic] ويَقْوَى عَلَى النَّظَرِ فِيهِ * ومنهم الأَعْمَى الغَرِيبُ
مِنَ الضَّوْ | الّذِى لا يُجْدِى عَلَيْه طُلُوعُ الشَّمْسِ شَيْأً * ومِنْهُم المَرِيضُ
البَصَرِ | الّذِى لا يُعَدُّ فى العُمْيَانِ ولا الأَصِحَّا الأَبْصَار * وهَذَا يَنْتَفِعُ | بالضَوّ
بِقَدَرِ إِبْصَارِهِ * ويَسْتَضِرُّ بالضَوّ بِقَدَرِ ضُعْفِ عَيْنَيْهِ * | وكَذٰلِكَ شَمْسُ
الحِكْمَةِ الّتِى هِىَ شَمْسُ القُلُوبِ إذَا أَشْرَقَتْ عَلَى | القُلُوبِ فَرَّقَتْ بَيْنَ
41 أَهْلِهَا على ثَلَاثِ مَنَازِل * مَنْزِلَةِ أَهْلِ البَصِيرَه | (41) الّذِينَ يَفْعَلُونَ
بِالحِكْمَةِ * ويُكْرِمُونَ أَهْلَهَا * بِإِيْثَارِها وَاعْتِقَادِها | والعَمَلِ بِمُقْتَضَاها *
ويَجْعَلُونَ أَيَّامَهُمْ فى عِلْمِ ما لَمْ يَعْلَمُوا مِنْهَا * | وعَمَلِ ما يَعْلَمُوهُ مِنْهَا *
ومَنْزِلَةُ أَهْلِ العَمَى [roth] الّذِينَ نِسْبَةُ قُلُوبِهِمْ | الى الحِكْمَةِ شَبِيهَ العَيْنِ العَمْيَا
الى الشَّمْسِ * ومَنْزِلَةُ [grün] أَهْلِ مَرَضٍ | القُلُوبِ الّذِينَ يَقْصُرُ عِلْمُهُمْ وبَضْعُفُ
عَمَلُهُمْ ويَجْتَمِعُ | فِيهِ الجَيِّدُ [roth] والرَّدِىّ والحَقُّ والبَاطِلُ * والفَرْقُ بَيْنَ هَاتَيْنِ |
الشَّمْسَيْنِ أَنَّ الباطِنَه أَكْثَرُ مَنْ هِىَ طَالِعَةٌ بِجِلْلِهَا عِمْيَانٌ عَنْهَا | وفى كُلِّ
مَنْزِلَةٍ مِنْ مَنَازِلِ البَصَرِ البَاطِنِ مِنَ الإِخْتِلَافِ ما بَيْنَ | حَبَّاتِ اللُّؤْلُؤ *
فَهِىَ وَإِنْ جَمَعَها آسْمٌ وَاحِدٌ فَإِنَّ بَيْنَهَا تَفَاوُتٌ | كَثِيرٌ * قَالَ [roth] بْنُ المَلِكِ فَهَلْ
لِأَهْلِ التَّقْصِيرِ نَجَاه * قَالَ [grün] إِنَّ فى التَّخَلُّصِ | مِنَ الجَهَالَةِ والضَّلَالَةِ عِتْقٌ *
وفى التَّعَلُّقِ بِعِصْمَةِ الحِكْمَةِ نَجَاةٌ * | والجَزَآءُ غَيْرُ سَاقِطٍ مِنْهُ شَىٌّ وإِنْ قَلَّ *
قَالَ [grün] تُرَى يَسْمَعُ أَبِى | مِنْ هذا الكَلَامِ شَيْأً * قَالَ ما أَظُنُّه يَنْصِتُ لَهُ *
42 قَالَ [roth] وكَيْفَ | (42) تَرَكَ الحُكَمَآءُ ذٰلِكَ ولَمْ يُكَلِّمُوهُ فى ذٰلِكَ الأَمْرِ العَظِيمِ *
ويَنْصَحُوهُ | قَالَ لِعِلْمِهِم بِمَوْضِعِ كَلَامِهِمْ * حَتَّى إِنَّ رُبَّمَا كَانَ بَعْضُ الحُكَمَآءِ * |
يُعَاشِرُ الرَّجُلَ الجَاهِلَ طُولَ عُمْرِهِ وَهُوَ يَرَى مِنْهُ المَوَدَّه * | ولا يُفَرِّقُ [sic]
بَيْنَهُمَا إِلَّا الاعْتِقَاد * وَهُوَ مَعَ ذٰلِكَ مُتَوَجِّعٌ لَهُ ولا يَرَى | أَنْ يُفْضِى إِلَيْهِ

بِأَسْرَارِ الحِكْمَةِ إِنْ لَمْ يَرَهُ أَهْلًا * | كما أَصَابَ المَلِكُ المُغْتَبِطُ مَعَ وَزِيرِهِ الحَكِيمِ * |

(grün) خَبَرُ المَلِكِ المُغْتَبِطِ مَعَ وَزِيرِهِ الحَكِيمِ .·. |

إِنَّهُ بَلَغَنَا عَنْ مَلِكٍ كَانَ مُصْلِحًا * وكَانَ لَهُ وَزِيرٌ يُعِينُهُ على الصَلَاحِ * | وكَانَ الوَزِيرُ قَدْ سَمِعَ كَلَامَ الحِكْمَةِ وفَهِمَهُ وأَجَابَهُ * وَانْقَطَعَ | الى أَهْلِهِ * وكَانَ المَلِكُ لا يَكْتُمُهُ شَيْئاً * وكَذٰلِكَ الوَزِيرُ | لَمْ يَكُنْ يَكْتُمُهُ شَيْئاً إِلَّا أَمْرَ الدِينِ والحِكْمَةِ * وتَعَاشَرَا | كَذٰلِكَ دَهْرًا طَوِيلًا * والوَزِيرُ كُلَّمَا رَأَى المَلِكُ(sic) يَسْجُدُ لأَصْنَامِهِ | (43) وَيَهْدِى لها ويَسِيرُ بِسِيرَةِ ضَلَالَتِهَا يَهْتَمُّ ويَغْتَمُّ * 43
ويُشَاوِرُ | أَصْحَابَهُ فى كَلَامِهِ فى ذٰلِكَ فيَقُولُونَ له أَنْتَ أَخْبَرُ | بِصَاحِبِكَ * فإِنْ رَأَيْتَهُ مَوْضِعًا للكَلَامِ فَكَلِّمْهُ * وإِلَّا فَإِيَّاكَ | أَنْ تَبْعَثَهُ عَلَى الدِينِ وأَهْلِهِ * فإِنَّ السُلْطَانَ يُغْتَرُّ بِهِ * | (roth) قال وإِنَّ المَلِكَ قال للوَزِيرِ فى بَعْضِ اللَيَالِى فى[1] بَعْدَ هُدُوِّ | الناسِ وكَانَ قد صَارَ فى ذٰلِكَ الأَيَّامِ مَطَرٌ شَدِيدٌ هَلْ لَكَ فى[2] أَنْ | نَسِيرَ فى المَدِينَةِ فَنَنْظُرُ فى أَحْوَالِ الناسِ وآثَارَ الأَمْطَارِ | (sic) الّتِى أَصَابَتْنَا فى هَذِهِ الأَيَّامِ * (grün) فقَالَ نَعَمْ إِنْ أَحْبَبْتَ فَطَافَا فى نَوَاحِى | المَدِينَه * فَمَرَّا فى بَعْضِ طَرِيقِهِمْ على مَزْبَلَه لِأَهْلِ المَدِينَةِ * قَدْ | صَارَتْ تَلًّا كَبِيرًا * فَنَظَرَ المَلِكُ ضَوْءَ نارٍ يَبْدُوا مِن جانِبِهَا * | (roth) فقَالَ لِلْوَزِيرِ أَنْزِلْ بِنَا نَمْشِى حَتَّى نَنْظُرَ إِلَى هَذِهِ النَارِ مِنْ | قُرْبٍ * ونَعْلَمَ عِلْمَهَا * فلَمَّا انْتَهَيَا إِلَيْهَا وَجَدَا فِيهَا ثُقْبًا شَبِيهًا بِالغَارِ * وقد ثَقَبَهُ مِسْكِينٌ مِنَ المُتَصَدِّقِين فاتَّخَذَه مَسْكَنًا لَهُ ولِزَوْجَتِهِ * | (44) وسَمِعَا صَوْتَ غِنَاءٍ * فنَظَرَا مِنْ حَيْثُ لا 44
يُبْصِرُهُمَا مَنْ فى الغَارِ * فإِذَا هُمَا بِرَجُلٍ مُشَوَّهِ الخِلْقَةِ مُتَّكِئًا على ما قَدْ هَيَّأَهُ لَهُ مِنَ الزُبَالَةِ * | وعَلَيْهِ ثِيَابٌ مِنْ خِرَقِ المَزَابِلِ * وبَيْنَ يَدَيْهِ كِسَرُ خَزَفٍ مِنَ المَرْمِيَّه * | عَلَى تِلْكَ المَزْبَلَه * فِيهِ شَرَاب وبِيَدِهِ عَظْمٌ مِنْ عِظَامِ تِلْكَ المَوْتَى | المُلْقَاه * وقد شَدَّ عَلَيْهِ جِلْدًا مِنْ تِلْكَ الجُلُودِ المَيِّتَه * شِبْهَ الطُنْبُور * | وَامْرَأَتُهُ قَائِمَةٌ بَيْنَ يَدَيْهِ وَهِىَ فى خِلْقَتِهِ ولِبَاسِهِ *

---

[1] فى ausgestrichen? — [2] Ueber der Zeile (über لَكَ und unter هُدُوِّ).

تَسْقِيهِ واذا دَعَتْهُ دَعَتْهُ سَيِّدَ الرِجَالِ * واذا دَعَاها دَعَاها سَيِّدَةَ | النِسَا * وبَيْنَهُمَا
مِنَ السُرُورِ والضِحْكِ * والطَرَبِ والتَعَاشُقِ * ما لا يوصَفُ * | فَتَعَجَّبَ
إِلْمَلِكُ مِنْ حَالِهِمَا وما هُمَا فِيهِ مِنَ اللَذَّةِ وَانْصَرَفَا * وَهُوَ لا | يَنْقَضِى
تَعَجُّبُهُ مِنْ ذَلِكَ مِمَّا رَآهُمَا * ثُمَّ قال لِوَزِيرِهِ مَا أَعْلَمُ أَنَّهُ | أَصَابَنَا مِنَ السُرُورِ
واللَذَّةِ مِثْلَمَا رَأَيْنَا عِنْدَ هَؤُلَآءِ المِسْكِينَيْنِ * | وَأَظُنُّهُمَا يَفْعَلَانِ هَكَذَا كُلَّ
لَيْلَةٍ * فَاغْتَنَمَ الوَزِيرُ الكَلَامَ | مِنَ المَلِكِ * فَقَالَ أَيُّهَا المَلِكُ إِنِّى أَخَافُ أَنْ
45 نَكُونَ مِنَ الغُرُورِ | (45) مِثْلَمَا هُمْ فِيهِ * قَالَ وَكَيْفَ ذَلِكَ * قَالَ أَنْ يَكُونَ
مُلْكُكَ عِنْدَ مَنْ | يَعْرِفُ المَلَكُوتَ الدَآيِمَ [sic] * مِثْلَ هَذِهِ المَنْزِلَةِ فى أَعْيُنِنَا * |
وتَكُونُ مَسَاكِنُكَ [sic] عِنْدَ مَنْ يَرْجُو مَسَاكِنَ السَعَادَةَ الباقِيَةَ (!) مِثْلَ هَذَا الغَارِ
فى أَعْيُنِنَا * ويَكُونُ تَعَجُّبُهُمْ بِمَا أَنْتَ فِيهِ مِنَ الجَمَالِ | والكَمَالِ مِثْلَ
أَعْجَابِنَا بِمَا هَذَيْنِ المِسْكِينَيْنِ يَظُنَّاهُ بِأَنْفُسِهِمَا * | قال المَلِكُ وَمَنْ هُمْ
أَصْحَابُ هَذِهِ الصِفَةِ وَمَا الّذِى يَصِفُونَهُ | مِنَ المَلَكُوتِ الدَائِمِ * قال الوَزِيرُ
هُمْ الّذِينَ يَعْرِفُونَ اللّهَ | ويَطْلُبُونَ الآخِرَةَ * دَارَ السُرُورِ الّذِى لا حَزَنَ مَعَهُ
ولا يَتْبَعُهُ * والدَعَةَ[1] الّتِى لا نَصَبَ[2] فِيهَا * والنُورَ الّذِى لا ظُلْمَةَ تُعْقِبُهُ *
والعِلْمُ | الّذِى لا جَهْلَ مَعَهُ * والمَحَبَّةَ الّتى لا بُغْضَ مَعَها * والرِضَى
والأَمْنَ | الّذَيْنِ لَيْسَ مَعَهُمَا سَخَط ولا خَوْف * والحُسْن والطِيِّبَ الّذَيْنِ
لا قُبْحَ مَعَهُمَا * وَلاَ نَتْنَ * والصِحَّةَ والحَيَاةَ الّتَيْنِ لا يُعْقِبُهُمَا | سُقْمٌ ولا
46 مَوْتٌ * والسَلَامَةَ الخَالِصَةَ مِنْ جَمِيعِ الشُرُورِ * وتَمَام | (46) جَمِيعَ الخَيْرِ * قال
المَلِكُ فَهَلْ يَذْكُرُونَ أَنَّ لِهَذِهِ الدَارِ مَطْلَبًا | أَوْ اليهَا سَبِيلًا قال نَعَمْ لا
يَشُكُّونَ أَنَّ مَنْ طَلَبَهَا دَخَلَهَا * قال فَلِمْ (!) لا أَخْبَرْتَنِى بِهَذَا قَبْلَ اليَوْمِ *
قال الوَزِيرُ لِأَنَّ السُلْطَانَ يَعْمَى عَنْ | هَذَا وَيَصِمُّ وَيَدْفَعُهُ العَمَى والصَمَمُ
إِلَى الغَضَبِ والحَمِيّه ويَحُولُ | بَيْنَهُ وبَيْنَ الفِكْرِ والتَدَبُّرِ اشْتِغَالُ قَلْبِهِ
بِالهُمُومِ المُتَفَرِّقَه القَرِيبَه والبَعِيدَه وَاشْتِغَالُ سَمْعِهِ بالأَحَادِيثِ والأَقَاوِيلِ
المُلْهِيَّه المُنْسِيَّه وَاشْتِغَالُ بَصَرِهِ بالأَلْوَانِ والاشْكَالِ المُطْغِيَّه | قال المَلِكُ
لَئِنْ كَانَ هَذَا حَقًّا فلَيْسَ يَنْبَغِى لنا أَنْ نَعْمَلَ لَيْلَنَا | ونَهَارَنَا ولا

[1]) Ueber والدَعَة steht roth الراحه. — [2]) Ueber نَصَبَ steht roth تعب.

نَسْتَعْمِلُ أَسْمَاعَنَا وأَبْصَارَنَا إِلَّا فِيهِ ولَئِنْ كَانَ | شَكًّا فَيَجِبُ أَنْ نَعْمَلَ شُغْلَنَا فى طَلَبِ عِلْمِهِ حَتَّى نَعْلَم أَحَقًّا(!) هُوَ | أَمْ بَاطِلٌ وأَرَى كِتْمَانَكَ إِيَّاىَ [sic] هَذَا الأَمْرَ ما كَانَ جَمِيلًا وإِنِّى | كُنْتُ بِمَوَدَّتِكَ وَاثِقًا وبِعُذْرِكَ مُصَدِّقًا * قال الوَزِيرُ إِنَّ | هَذَا الأَمْرَ مُتَقَارِبٌ ما بَيْنَ أَوَّلِهِ وَآخِرِهِ وعَارِفِهِ وجاهِلِهِ | (47) اذا اتَّفَقَا عَلَى تَرْكِ فَرَائِضِهِ والعَمَل لِلدُّنْيَا الَّتِى هِىَ عَدُوَّةُ | الآخِرَةِ * **47** فأَقَمْتُ لَمْ أُعْلِمْكَ هَذِهِ المُدَّةَ رَأْفَةً بِكَ * وخَوْفًا مِنْكَ * | كما أَقَامَ السَّابِحُ عَلَى صاحِبِهِ الجَاهِلِ بالسِّبَاحَةِ لَمَّا وَقَعَا فى الغَمْرِ *

(grün) خَبَرُ السَّابِحِ وصَاحِبِهِ

قال فَكَيْفَ كَانَ ذَلِكَ * قال إِنَّهُ بَلَغَنَا(!) أَنَّ | صَاحِبَيْنِ كَانَا مُتَصَافِيَيْنِ أَحَدُهُمَا سَابِحٌ * والآخَرُ لا عِلْمَ له بِالسِّبَاحه | ولا جُرْأَةَ لَهُ على المَآءِ * فوَقَعَا فى الغَمْرِ فَجَعَلَ السَّابِحُ يَعُومُ لِيَخْرُجَ | مِنَ الغَرَقِ * وَالْتَفَتَ إِلَى صاحِبِه فوَجَدَهُ يَنْغَمِسُ فى المَآءِ ثُمَّ | يَطْلُعُ * فلَمَّا رَأَى جَهَالَتَهُ بِالسِّبَاحه(!) وقِلَّةَ غِنَآئِهِ عَنْ نَفْسِهِ * | حَثَّتْهُ المُحَافَظَةُ عَلَى أَنْ أَقْبَلَ عَلَيْهِ ولَمْ يَسْتَجْر [sic] أَنْ يَدْنُوَ مِنْهُ | مَخَافَةً أَنْ يَتَعَلَّقَ بِهِ فَيَغْرَقَا جَمِيعًا * فَجَعَلَ يُرِيهِ كَيْفَ يَعْمَلُ بِيَدَيْهِ لِيَهْدِيهِ * فَحَرَّكَ يَدَيْهِ مِثْلَهُ فَرَجَا حِينَئِذٍ أَنْ يُخَلِّصَهُ * | فغَرَّرَ نَفْسَهُ فى الدُّنُوِّ مِنْهُ حَتَّى أَمْكَنَهُ مِنْ يَدِهِ * ثُمَّ سَبَحَ | (48) بِهِ حَتَّى خَرَجَا جَمِيعًا **48** ونَجِيَا وكَذَلِكَ أَيُّهَا المَلِكُ غَرَّرْتُ بِنَفْسِى | فى هَذَا لَكَ مَعَ عِلْمِى بِقُوَّتِكَ وضُعْفِى فلَمَّا رَأَيْتُ الفُرْصَةَ قَدَ | أَمْكَنَتْ كَلَّمْتُكَ بِذَلِكَ أَفَتَأْذَنُ لِى أَنْ أُذَكِّرَكَ بِهَذَا | الكَلَام قَالَ نَعَمْ دَائِمًا ففَعَلَ الوَزِيرُ ذَلِكَ فَكَانَتِ العَاقِبَةُ لِلنَّجَاه * | قال بْنُ المَلِكِ ما أَنَا شاغِلٌ نَفْسِى بِشَىْءٍ عَنْ هَذِهِ السَّبِيلِ ولَقَدْ | عَزَمْتُ على الهَرَبِ مَعَكَ لَيْلًا * قال الناسِكُ وكَيْفَ [ذَلِكَ] [durchstrichen] تَسْتَطِيعُ | الذَّهَابَ مَعِى وأَنَا لَيْسَ لِى دَابَّةٌ تَحْمِلُنِى ولا أَمْلِكُ(!) ذَهَبًا ولا فِضّه | ولا أَدَّخِرُ غِذَآءً ولا مَسْكَنًا ولا أَسْتَقِرُّ بِبَلْدَةٍ إِلَّا قَلِيلًا | وكَيْفَ تَقْدِرُ عَلَى صُحْبَةِ مَنْ هُمْ كالأَمْوَاتِ قال بْنُ المَلِكِ كَيْفَ | تَجْعَلُهُمْ أَمْوَاتًا قَالَ لِأَنَّهُمْ أَمَاتُوا أَنْفُسَهُمُ البَهِيمِيَّةَ فَهُمْ | يَرْتَاحُونَ بِالمَوْتِ الطَّبِيعِىِّ * قال بْنُ المَلِكِ وعُبَّادُ

الأَصْنَامِ يَزْعُمُونَ ا أَنَّهُمْ قَدْ جَسَرُوا [sic] عَلَى المَوْتِ كَالنُّسَّاكِ وهُمْ يَأْكُلُونَ
وَيَشْرَبُونَ ا كَمَا تَأْكُلُ النُّسَّاكُ وتَشْرَبُ فَمَا حُجَّتُكَ عَلَيْهِم فى ذَلِكَ ا

49 (49) (roth) خَبَرُ العُصْفُورِ والصَّيَّادِ

قال النَّاسِكُ ذَكَرُوا [sic] أَنَّ رَجُلًا كَانَ لَهُ بُسْتَانٌ يَقُومُ ا عَلَيْهِ فَدَخَلَهُ يَوْمًا مُتَعَهِّدًا
لَهُ * فَأَبْصَرَ عُصْفُورًا على شَجَرَةٍ ا وَهُوَ [sic] يُفْسِدُ ثَمَرَهَا * فَنَصَبَ له فَصَادَهُ
فلَمَّا هَمَّ بِذَبْحِهِ قال لَهُ ا لَيْسَ فى شَىْءٍ يُشْبِعُكَ فَهَلْ لَكَ فى شَىْءٍ
خَيْرٌ مِمَّا هَمَمْتَ بِهِ * ا قال وما ذَلِكَ قال تُخَلِّى سَبِيلِى وأُعَلِّمُكَ ثَلَاثَ
كَلِمَاتٍ * إِنْ ا حَفِظْتَهُنَّ كُنَّ خَيْرًا لَكَ مِمَّا تَمْلِكُ * قال الرَّجُلُ قَدْ فَعَلْتَ(!) ا
فَأَخْبِرْنِى بِهِنَّ * قال حَتَّى تَحْلِفَ لِى أَنَّكَ تُطْلِقُنِى * فَفَعَلَ ا قال تَأْيَسْ(!)
مِمَّا فَاتَكَ * ولا تَطْلُبْ ما لا تُدْرِكُ * ولا تُصَدِّقْ بِمَا لا ا يَكُونُ * فَأَطْلَقَهُ
فَطَارَ وَوَقَفَ على غُصْنٍ * وقال لِلرَّجُلِ لَوْ ا عَلِمْتَ ما فَاتَكَ مِنِّى لَعَلِمْتَ
أَنَّكَ قد فُجِعْتَ(!) فى شَىْءٍ عَظِيمٍ * قال ا وما ذَلِكَ قال لَوْ كُنْتَ ذَبَحْتَنِى
لَوَجَدْتَ فى حَوْصَلَتِى دُرَّةً مِثْلَ ا بَيْضَةِ الإِوَزَّةِ * فَكُنْتَ تَسْتَغْنِى بِثَمَنِهَا
50 دَهْرَكَ * فَلَمَّا سَمِعَ ا (50) الرَّجُلُ ذلك نَدِمَ على إِطْلَاقِهِ * وقال لَهُ لِيَخْدَعَهُ دَعْ
عَنْكَ * ما مَضَى ا وتَعَاهَدْ صُحْبَتِى ولا تَتْرُكْ مَكَانَكَ * فَقَدْ صَارَ لِكُلٍّ مِنَّا
عَلَى ا الآخَرِ حَقٌّ * فَقَالَ العُصْفُورُ ما أَرَاكَ أَيُّهَا الجَاهِلُ حَفِظْتَ الكَلِمَاتِ * ا
فَلَيْسَ تَحْفَظُنِى إِنْ وَقَعْتُ فِى يَدِكَ * فَهَا أَنْتَ مُتَفَجِّعٌ مِنِّى ا عَلَى الفَائِتِ *
طَالِبٌ مِنْ رَجْعَتِى إِلَيْكَ ما لا تُدْرِكُ * مُصَدِّقٌ ا بِمَا لا يُمْكِنُ * لِأَنَّ
حَوْصَلَتِى أَصْغَرُ ما فِىَّ * والبَيْضَةُ أَكْبَرُ ا أَكْبَرُ [sic] مِنِّى * وَأَمْتَكُمْ هَذِهِ يا بْنَ
المَلِكِ [sic] صَنَعُوا أَصْنَامَهُمْ ا بِأَيْدِيهِمْ * وَزَعَمُوا أَنَّهَا خَلَقَتْهُمْ * وحَفِظُوهَا مَخَافَةَ
أَنْ تُسْرَقَ ا وقَالُوا إِنَّهَا هِىَ الَّتِى تَحْفَظُهُمْ * وأَنْفَقُوا عَلَيْهَا مَكَاسِبَهُمْ وزَعَمُوا
أَنَّهَا تَرْزُقُهُمْ فَطَلَبُوا مَا لا يُدْرَكُ * وصَدَّقُوا مَا لَا يَكُونُ * وأَمَّا ا قَوْلُكَ إِنَّنَا
نَأْكُلُ ونَشْرَبُ ونَلْبَسُ مِثْلَهُمْ * فَأَكْلُنَا أَكْلَ(!) ا مُضْطَرٍّ * كَآكِلِ لَحْمِ المَوْتَى *
وكَالمَلِكِ الَّذِى حَصَرَهُ عَدُوُّهُ فى ا مَغَارَةٍ على شَاطِئِ البَحْرِ له ولِنِسَائِهِ
51 وأَوْلَادِهِ * فطَالَ مَقَامُهُمْ ا (51) ولم يَكُنْ لَهُمْ مَخْرَجٌ * ولا مَعَهُمْ زَادٌ * فَمَاتَ

أَحَدُهُمْ وأَشْرَفُوا | على الهَلَاكِ فَفَعَلُوا ذلك * أَتَرَاهُمْ أَكَلُوا أَكْلَ ضَرَرٍ أَوْ شَهْوَة | قال بَلْ أَكْلَ ضَرَرٍ شَدِيدٍ * قال فَهٰذا هو الفَرْقُ بَيْنَ أَكْلِنَا | وأَكْلِهِم * فَنَحْنُ نَأكُلُ لِدَفْعِ الضُّرُورَةِ * وكَارِهِينَ * وَهُمْ يَأْكُلُونَ | مُشْتَهِيِّينَ غَيْرُ مُضْطَرِّين * قال بن المَلِكِ أَمَّا الأَصْنَامُ فَإِنِّى لَمْ | ازَلْ (sic) لَهَا كَارِهًا * آيِسًا مِنْ خَيْرِها * فَأَخْبِرْنِى ما أَوَّلُ الّذِى تَدْعُونَنِى * | إِلَيْهِ مِنَ الدِينِ * فأَجَابَهُ أَمْرَانِ وهُمَا مَعْرِفَةُ اللّهِ والعَمَلُ بِمَا يُرْضِيهِ | قال كَيْفَ أَعْرِفُهُ قال يَنْبَغِى أَنْ تَعْرِفَهُ بالوَحْدَةِ والقُدْرَةِ والمَعْدِلَه | والعَظَمَه والعِلْمِ بِكُلِّ شَىْء والعُلُوّ عَلَى كُلِّ شَىْء * قال وما الدَلِيلُ | عَلَى ذٰلِكَ * قال الحَكِيمُ الَا تَرَى أَنَّكَ إِذَا رَأَيْتَ صِنَاعَةً لَعَرَفْتَ | أَنَّ لَهَا صَانِعًا * وإِنْ كَانَ عَنْكَ غَآئِبًا * فَكَذٰلِكَ تَعْرِفُهُ بِمَا تَرَاهُ | مِنْ هٰذِهِ المَصْنُوعَاتِ * السَمآءُ والأَرْضُ * والشَمْسُ والقَمَرُ * والكَوَاكِب | ودَوَرَانُ الأَفْلَاكِ * وجَرْىُ المآءِ * وحَرَكَةُ الرِيحِ * والنَارِ * وتَدْبِيرُ | (52) سَايِرِ **52** المَخْلُوقَاتِ أَنَّ لَهَا خَالِقًا وقَادِرًا حَكِيمًا وَهُوَ العَلِىُّ العَظِيمُ * | قال فَمَا يُرْضِيهِ مِنَّا قال أَنْ يَأْتِىَ كُلُّ وَاحِدٍ إِلَى غَيْرِهِ بِمَا يُحِبُّ أَنْ | يَأْتِىَ إِلَيْهِ مِنْهُ ويَكُفَّ عَنْهُ ما يُحِبُّ هُوَ اَنْ يَكُفَّهُ عَنْهُ فإِنَّ | فى ذٰلِكَ عَدْلًا وفى العَدْلِ لِلْإِلٰهِ العَادِلِ رِضًى * قال أَمَّا الآنَ | فَقَدْ عَرَّفْتَنِى النَقْصَ فى دِينِ الأَصْنَامِ وفى المقامِ على غَيْرِ | الصَوَابِ * فقَالَ إِنَّهُ لا يَسَعُكَ الأَقَامَةُ على غَيْرِ دِينِ اللّهِ قال وَمَا | الّذِى يَمْنَعُنِى مِنَ الأَقَامَةِ عَلَى غَيْرِهِ ويُضَيِّقُ عَلَىَّ ذٰلِكَ * قال الجَهْلُ | والعِلْمُ sic * قال وما ضِيقُ الجَهْلِ * وما سَعَةُ العِلْمِ * فَقَالَ العِلْمُ | غِنًى * والغِنَى سَعَةٌ * والجَهْلُ فاقَةٌ * والفاقَةُ ضِيقٌ * قَالَ وما الّذِى | يُحَقِّقُ ذٰلِكَ * قَالَ اَلا تَرَى أَنَّ صَدْرَكَ يَضِيقُ بِمَا تَجْهَلُ * مِمَّا يُسْأَلُ عَنْهُ * وإِنَّكَ لا تَرْجُو الفَرَجَ إِلَّا فى دَرْكِ العِلْمِ بِذٰلِكَ * قَالَ قَدْ | رَأَيْتُ مَنْ يَرْجُو الفَرَجَ فِيمَا لا فَرَجَ فِيهِ * ولَسْتُ آمِنٌ أَنْ أَكُونَ | مِنْهُمْ * قال هَلْ أَرَاكَ وعَرَّفَكَ بِهٰذَا الرَاىُ sic وخَوَّفَكَ مَنْزِلَةَ أَهْلِهِ | (53) غَيْرَ أَهْلِهِ * قال ما **53** خَوَّفَنِيهِ إِلّا ذٰلِكَ * قال قَدْ سَمِعْتَ بِذِكْرِ الجَنَّةِ | والنَارِ ولَوْ أَنَّ لَهُمَا مَعْنًى وُضِعَ sic لِشَىْء حَقِيقِىٍّ لَمْ يَكُنْ لَهُمَا اسمًا * | قال لَوْ يَشَآءُ النَاطِقُ اَنْ يُخْرِجَ المَنْطِقَ عَلَى غَيْرِ مَعْنًى لَفَعَلَ | قال الشَاعِرُ sic ∴ رُبَّ حَدِيثٍ بَاطِلٍ مَعْقُول

قَالَ فَإِنْ كَلَّفْتَنِى تَصْدِيقَ كُلِّ مَعْقُول فقَدْ كَلَّفْتَنِى تَصْدِيقَ | الكَذَّابِينَ *
قَالَ إِنَّمَا أُكَلِّفُكَ التَصْدِيقَ بِمَعَانِى | الأَسْمَآءِ المُفْرَدَه غَيْرُ المُؤَلَّفَةِ بِتَأْلِيفِ
الكَذَّابِينَ * قال بْنُ المَلِكِ | لَقَدِ اضْطَرَّتَنِى إِلَى الأَيْمَانِ بِاللّهِ * وما جَآءَ
مِن عِنْدِهِ مِنَ الثَوَابِ | والعِقَابِ * فَعُدْ إِلَى التَزْهِيدِ فى الدُنْيَا * قال
النَاسِكُ لَيْسَ | كُلُّ أَحَدٍ يَسْتَحِقُّ الزُهْدَ فِيهَا لِأَنَّهَا سِجْنُ الأَبْرَارِ * وَجِنَانُ |
الفُجَّارِ * وكَيْفَ لا يَزْهَدُ فِيهَا العَارِفُ أَنَّ نَعِيمَ الآخِرَةِ لا يَنَالُ | إِلَّا
بالِانْحِلَالِ مِنَ الِارْتِبَاطِ بِالدُنْيَا * لِأَنَّهُمَا دَارَانِ مُتَضَآدَّتَانِ | بِعِمَارَةِ أَحَدِهِمَا
54 خَرَابُ الأُخْرَى * ومِن سَعَةِ الآخِرَةِ وَكَرَمِهَا أَنَّهَا [sic] | (54) أَنَّهَا سَهْلٌ مَسْلَكُهَا *
مُفَتَّحَةٌ أَبْوَابُهَا * لِكُلِّ مَنْ سَعَى فى سَبِيلِهَا * | وَمِنْ ضِيقِ الدُنْيَا ولُؤْمِهَا [sic]
أَنَّهَا مُمْتَنِعَةٌ عَلَى أَكْثَرِ طُلَّابِهَا | وأَهْلُهَا أَشْقَى بِهَا مِنْ أَهْلِ الرَفْضِ لَهَا *
ورُبَّمَا تَوَسَّلَ إِلَيْهَا | عَبْدُها بالزِيَادَةِ فى ضِدِّهَا * فَهِىَ تُشْبِهُ مَفَازَةً مُعْطِشَةً |
مَمْلُوَّةً سِبَاعًا ضَارِيَةً * ولُصُوصًا عَادِيَه * وشَيَاطِينَ مَرَدَه * ووِعلَانَ | خَاطِفَه *
وسُمُومٌ مُحْرِقَه * مَآؤُها سَمٌّ قَاتِلٌ * ونَبَاتُهَا شَجَرُ المَوْتِ * | فى وَسْطِهَا
بُسْتَانٌ عَلَيْهِ حَآئِطٌ لا يُرَامُ * وبابٌ وَثِيقٌ * وفِيهِ شَجَرٌ | مُثْمِرٌ * ومَآءٌ ظِلٌّ *
ومن وَرَآءِ تِلْكَ المَعَاطِشِ مِنْ إِحْدَى جِهَتَيْهَا | الخِصْبُ والرِيفُ * والأُنْسُ *
ومِنْ جِهَتِها الأُخْرَى بَحْرُ السَمِّ يَهُبُّ | عَلَيْهِ سُمُومُ النَارِ * ولا يُخْرَجُ مِنْ
تِلْكَ المَفَازَةِ فى غَيْرِ هَاتَيْنِ | الطَرِيقَيْنِ فَهٰذِهِ المَفَازَةُ مَمْثُولُ هٰذِهِ الدُنْيَا *
ومَا فِيهَا مِنَ | النَصَبِ والتَعَبِ * والبُسْتَانُ الّذِى فى وَسَطِهَا هُوَ قَلِيلُ
ما | فِيهَا مِنَ اللَذَّاتِ المَمْزُوجَةِ بِالمِحَنِ والمَشَقَّاتِ * والرِيفُ والخِصْبُ |
55 (55) مِنْ إِحْدَى جِهَتَيْهَا مُنْقَلَبُ الأَبْرَارُ(!) فى المَعَادِ * وبَحْرُ السَمِّ مُنْقَلَبُ |
الفُجَّارِ فى الآخِرَةِ * قال ولَمْ يَزَلْ بِلَوْهَرُ الحَكِيم يَتَرَدَّدُ إِلَى بْنِ | المَلِكِ
أَرْبَعَةُ(!) شُهُورٍ يَعِظُهُ ويُعَلِّمُهُ * ثُمَّ قال بِلَوْهَرُ لِابْنِ المَلِكِ | إِنَّ لَهُ ولِأَصْحَابِهِ
عِيدًا قَدْ حَضَر وإِنَّهُ يُرِيدُ أَنْ يَخْرُجَ إِلَى عِنْدِ | أَصْحَابِهِ لِيَحْضُرَهُ مَعَهُمْ * قال
بْنُ المَلِكِ أَنَا أَخْرُجُ مَعَكَ * قال | بِلَوْهَرُ إِنَّ خُرُوجَكَ مَعِى مِمَّا يُحَرِّضُ
المَلِكَ عَلَىَّ وعَلَى أَصْحَابِى | ويَبْعَثُهُ على مَضَرَّةِ أَهْلِ النُسْكِ * فنَحْرُمُ سُرُورَنَا
بِكَ وسُرُورَكَ | بِنَا * وتَنْقَطِعُ أَنْتَ عن حَاجَتِكَ الّتِى أَنْتَ بَالِغُهَا فى

السُّرُورِ | بِإِذْنِ اللّٰهِ بِاللُّطْفِ * وَبَقَآؤُكَ عِنْدَ المَلِكِ تَكُفُّهُ عَنْ أَهْلِ | الدِّينِ *
هُوَ عِبَادَةٌ لَكَ ولَسْنَا نَكْرَهُ المَوْتَ لَكِنَّا نَكْرَهُ أَنْ | نُعِينَ(!) عَلَى أَنْفُسِنَا * قال
أَيْنَ تَجْتَمِعُوا قال فى بَرِّيَّةٍ خَصِيبَه * | قال ما طَعَامُكُمْ مِنْ أَيِّ شَيْءٍ * قال
مِنْ نَبَاتِهَا وبُقُولِهَا * مِمَّا لا | مِلْكَ لِأَحَدٍ فِيهِ * فَأَمَّا أَنْ يَكُونَ لَنَا بَسَاتِينَ
56 أَوْ زَرْع أَوْ بَقَر | (56) أَوْ غَنَم فَلَا * قال خُذْ فى مِزْوَدِكَ مَالًا لِأَصْحَابِكَ * قال
كَيْفَ | يُضَلُّ أَصْحَابِى بِالمَالِ فَبِئْسَ الوَافِدُ انا إِلَيْهِمْ أَنْ أَتَيْتُهُم مُسْتَوْفِرًا |
لَهُمْ مِنَ الدُّنْيَا الَّتِى قَدْ كَانُوا جَاهَدُوهَا حَتَّى ظَهَرُوا عَلَيْهَا | فَأَتِيَهُمْ (sic) عَدُوًّا
وَأُجَدِّدُ لَهُمْ شَهْوَةً فَمَا حَاجَتُهُمْ إِلَى الاجْتِمَاعِ | بِعَدُوٍّ يُذَكِّرُهُمْ بَاطِلَ الدُّنْيَا *
فَإِنْ عَادُوا إِلَيْهَا عَادُوا | إِلَى الفَقْرِ وَالهَلَكَةِ * وإِنْ لَمْ يَعُودُوا إِلَيْهَا
فَهَلِ الذَّهَبُ والجَوَاهِرُ | إِلَّا مِنْ جُمْلَةِ أَنْوَاعِ الحِجَارَةِ الَّتِى لَا حَاجَةَ لنا بِهَا
فى بَرِّيَّتِنَا * قال | فَمِنْ أَيْنَ لَكُمُ الكِسْوَةُ * قال هِيَ شَدِيدَةٌ عَلَيْنَا فإِذَا
وَجَدْنَا | ثَوْبًا رَجَوْنَا أَنَّهُ آخِرُ حَاجَتِنَا مِنَ الدُّنْيَا * وكَلَّفَتْنَا عَلَى أَهْلِهَا * قال
فَنَجْدْ كِسْوَةً تَتَوَزَّعُوهَا * قال لَسْنَا نُجَدِّدُ الثَّوْبَ | حَتَّى يَبْلَا * ولا نَتَعَجَّلُهُ
فَنُذْخِرُهُ لِيَوْمٍ لا نَدْرِى أَنَّنَا نَبْلُغُهُ * : أَمْ لا * قال فَمِنْ أَيْنَ لَكَ هَذِهِ الكِسْوَةُ *
قال هَذَا قِشْرٌ | يَسْتَأْنِسُ إِلَيْهِ الشَّيْطَانُ اتَّخَذْتُهُ وُصْلَةً إِلَيْكَ * فَسَأَلَه
57 أَنْ | (57) أَنْ يُرِيَهُ كِسْوَتَهُ فَنَزَعَ القِشْرَ عَنْ جِلْدَةٍ سَوْدَآء مَمْدودَةٍ | على
قُضُبٍ نَاحِلَةٍ فرَقَّ لِمَا رَأَى عَلَى جَسَدِهِ مِن أَثَرِ العِبَادَه | وقال لَه اَقْبَل(!)
مِنِّى كِسْوَةً لِجَسَدِكَ * قال كَيْفَ أَقْبَلُ | لِنَفْسِى ما عَدَلْتُهُ عَنْ أَصْحَابِى
شَفَقَةً عَلَيْهِمْ ولَوْ كَانَ خَيْرًا آثَرْتُهم(!) بِهِ * قال فَادْفَعْ إِلَيَّ ثِيَابَكَ هَذِهِ وَخُذْ
عِوَضَها | فإِنِّى أُحِبُّ أَنْ يَكُونَ عِنْدِى مِنْكَ عَهْدًا * قال اسْتِبْدَالِى * |
جَدِيدًا بِبَالِى * مِمَّا يَبْسُطُ آمَالِى بِقَدْرِ ما بَيْنَهُمَا مِن البَقَآء فَلْيَكُنْ(!) | ما
تُعْطِينِى إِيَّاهُ شَبِيهًا بِهِ فِى البَلَا * فَاسْتَدْعَى لَهُ بِثَوْبٍ مِن ثِيَابِهِ | وأَخَذَ
ثَوْبَهُ وَعَاهَدَهُ أَنْ يَرْجِعَ إِلَيْهِ قَبْلَ الحَوْلِ إِنْ لَمْ يَمُتْ أَوْ | يُغْلَبْ * فأَجَابَ
وودّعَهُ ودَعَى لَهُ وَانْصَرَفَ * وأَقْبَلَ ابْنُ المَلِكِ | على العِبَادَةِ بِالسِّرِّ * فَكَانَ
يَخْلَعُ ثِيَابَهُ لَيْلًا * ويَلْبَسُ ذَلِكَ الثَّوْبَ | ويُصَلِّى فِيهِ إِلَى الصَّبَاحِ * وكَانَ
أَمِينُ المَلِكِ عَلَى وَلَدِهِ أَنْكَرَ | دُخُولَ بِلَوْهَرَ عَلَى ابْنِ المَلِكِ فَاصْطَنَعَ حِيلَةً

58 وعَرَّفَ المَلِكَ | (58) بِذَلِكَ فَامْتَلأَ المَلِكُ غَضَبًا وجَزَعًا * ثُمَّ رَاجَعَ نَفْسَهُ بالإِنَاءَةِ | لِمَا رَجَاهُ بالحِيلَةِ لابْنِهِ * فَأَحْضَرَ مُعَبِّرًا سَاحِرًا وقَالَ الّذِى | دَهَانَا الأَمْرُ الّذِى لَمْ نَزَلْ نَحْذَرُهُ ونَخَافُهُ فى وَلَدِنَا * فَمَا | الرَّاىُ * فقَالَ السَّاحِرُ أَوَّلُ الرَّاىِ طَلَبُ هذا الرَّجُلِ يَعْنِى | بِلَوْهَرَ * فَإِنْ ظَفِرْنَا بِهِ ضَرَبْنَاهُ بِحُجَّتِنَا عَلَى أَهْلِ النُّسْكِ * بِمَا | أَحْرَمُوا أَنْفُسَهُمْ مِنَ الرِّزْقِ الّذِى أَكْرَمَهُمُ اللّهُ بِهِ * لِيَنَالُوا | مِنْهُ وَيَشْكُرُوهُ عَلَيْهِ * وما قَطَعُوهُ مِنَ النَّسْلِ الّذِى لا | تُعَمَّرُ الأَرْضُ إِلَّا بِهِ * وَيَمْتَدُّ الحَمْدُ لِلّهِ * فإِنْ بَلَغْنَا بِذَلِكَ ما يَسْتَمِيلُ | بِهِ بَنَ أَلمَلِكِ ويَعْرِفُ بِهِ خَطَاهُ * فقَدْ ظَفِرْنَا بِالمَقْصُودِ وإِلَّا | عَنَيْنَاهُ * ثُمَّ لَبَّسْتُ لَكُمْ صُورَةَ النَّاسِكِ * وظَهَرْتُ لَكُمْ | فِيهَا * حَتَّى لا يُنْكِرَ بَنَ(!) المَلِكِ مِنْ عَهْدِ صَاحِبِهِ شَيْأً * ثُمَّ كَلَّمْتُهُ | عَلَى لِسَانِ نَفْسِهِ بِتَكْذِيبِهِ وَاعْتِرَافِهِ بِضَلَالَتِهِ فِيمَا ادَّعَاهُ | مِنْ تَرْكِ عِمَارَةِ الدُّنْيَا * فَإِنَّ دَوَاهُ(!) ذَلِكَ * وإِلَّا رَأَيْتَ فَانْفَذَ المَلِكُ [أَمْرًا ?]

(Hier bricht die Handschrift mitten im Satze ab.)

Nachtrag.

Erst nach Fertigstellung des Manuscriptes dieser Arbeit gelang es mir den betreffenden Band von Max Müller's Essays zu bekommen, worin er ‚über die Wanderung der Märchen‘ und speciell über Kalila und Dimna, wie auch über Barlaam und Josaphat handelt. Es ist das ein Freitag den 3. Mai 1870 in der Royal Institution in London gehaltener, äusserst interessanter und anziehender Vortrag (abgedruckt Chips from a Germ. Workshop, vol. III, deutsch in den Essays, Bd. III, Leipzig 1872, Nr. XV, S. 303—333 und die Noten 530—546, dann nochmals englisch wiederholt in den Selected Essays, vol. 1, London 1881, p. 500 bis 547). Wer sich über die indische Buddhalegende in ihrer Beziehung zu dem christlichen Barlaam-Roman näher und in geniessbarer Form unterrichten will (ich musste die Einzelheiten natürlich voraussetzen), dem sei hiemit aufs wärmste die betreffende Partie des genannten Aufsatzes des geistvollen Indologen und Sprachforschers empfohlen (a. a. O., S. 322—333 nebst den dazugehörigen Noten).

Bei dieser Gelegenheit muss ich aber auf eine Verwechselung hinweisen, die auf S. 322 (p. 532 f. von Vol. I der Selected Essays) dem berühmten Gelehrten begegnet ist: es heisst dort, dass Johannes Damascenus wie schon sein Vater Sergius unter dem Chalifen Manṣûr (753—774 n. Chr.) gelebt und in hohen Posten gewirkt hätten, andererseits, dass der gleiche Johannes um 726 dem byzantinischen Kaiser Leo III., dem Isaurier, in Sachen des Bilderstreites entgegen getreten sei. In der That bezieht sich aber nur letzteres auf den 676 n. Chr. geborenen Kirchenvater Johannes Damascenus, der 726 schon 50 Jahre alt war, gar nicht am Abassidenhofe (was schon chronologisch kaum möglich), sondern an dem der Omajjaden in Damascus blühte und hochbetagt (im Kloster Saba bei Jerusalem?) c. 756 n. Chr. starb.

Dagegen gab es einen nestorianischen Arzt und gelehrten Kenner des Griechischen, Syrischen und Arabischen, Johannes, Sohn des Georg Mesoë (arabisirt Masawaihi, dann auch Masergîs, Masargawaihi und ganz fälschlich Sergius genannt und ebenfalls nestorianischer Arzt), der unter Hârûn al-Rashîd, besonders aber unter Ma'mûn (813—833) schrieb und übersetzte und 857 (243 d. H.) starb; er ist der oben S. 123, Anm. 1 genannte Jaḥja ibn Maseweih Steinschneiders, ‚dessen medicinische Schriften den Namen Janus Damascenus an der Stirn tragen', und der auch mir als Verfasser des griechischen Barlaam[1]) immer wahrscheinlicher wird. Sein Vater Masergius (d. i. Mesoë Georgius) wird

[1]) Beziehungsweise als Vermittler des arabisirten Stoffes (vgl. S. 137 كتاب بلوهر ويواسف) an einen (uns dann ganz unbekannten) griechisch schreibenden Mönch. Denn es kann nicht zufällig sein, dass die medicinischen Schriften dieses Jachjâ oder Johannes (vgl. auch Fihrist ٣٤٣ f.) mit dem Namen Janus Damascenus verknüpft sind (S. 123, Anm. 1), wie das ja ebenso mit dem griechischen Barlaam der Fall ist. Vgl. auch noch Aug. Müller, Islâm, Bd. 1, S. 511. In Fihrist ٣٤٣ ist das seltsame [ابن] ما شاء الله gewiss nur arabisirtes ابن ميشى und dies = ‚Sohn des Mesoë' (nicht etwa ‚Sohn des Manasse', Fihrist II, S. 129 unten).

unter Manṣûr gewirkt haben, und dann ist der von Ibn al-Ḳuftî unter die Omajjaden Marwân und 'Omar ibn al-'Azîz (letzterer 717—719) gesetzte Masergius (Fihrist II, S. 143) wohl ein älterer dieses Namens, der aber natürlich auch oft mit dem Masergius, Vater des Johannes (so vielleicht auch, was seine Thätigkeit und den Beinamen al-Baṣrî anlangt, an der Fihrist II, 143 angeführten arabischen Stelle) verwechselt worden sein wird.

Wenn, und damit schliesse ich, Max Müller a. a. O., S. 538, Note 42 (Select. Ess., I, p. 541, Note 2) die Abhängigkeit des christlichen Romanes vom Lalita vistara fast nur durch literarische Vermittlung (also nicht blos mündlichen Bericht) zu erklären sich gezwungen sieht (vgl. ‚möchte man fast glauben ...., Johannes Damascenus habe sogar den Text des Lalita-Vistara vor sich gehabt'), so wird er jetzt, hoffe ich, um so eher die von mir nachgewiesene literarische Vermittlung (Pehlevi und Arabisch) als das einleuchtendste, ja allein mögliche, annehmen.

Zur Wiedergabe des arabischen Textes (oben, S. 138—162) ist noch zu bemerken, dass fast stets قَالَ (beziehungsweise فقَالَ), hie und da auch andere Satzanfänge (wie فلَمَّا, وامَّا) roth geschrieben sind, was ich nicht besonders anmerken zu müssen glaubte, ebensowenig, wie die in der Handschrift über ر und س befindlichen gazma-ähnlichen Häkchen (vgl. Wright, Grammar, I, p. 4, oben) beim Druck berücksichtigt wurden. Auch habe ich für unnöthig gehalten, statt des uns geläufigen يَكُونَ mit der Handschrift يَكُوْنَ (und so in den meisten Fällen, wo û und î steht) setzen zu lassen; ähnlich steht für ى (am Schluss) stets ي im Manuscript. Mit Ausnahme der eben aufgezählten Punkte ist aber der Abdruck, wie schon S. 136 gesagt wurde, eine genaue Wiedergabe der einzigen Handschrift, wobei ich Auffallendes (sei es nun irrig oder sonst bemerkenswerth) in vielen

Fällen durch sic oder (!) ausgezeichnet habe.[1]) Leider sind trotz sorgfältigster Correctur (und nochmaliger Vergleichung mit der Handschrift) noch einige Druckfehler stehen geblieben: S. 138, Z. 8 lies الدُّنْيَا; S. 139, Z. 18 غَيْرِ أَنَّ; Z. 19 setze (sic) zu غِنَاءَها; Z. 23 ist آلاتِها beabsichtigt; S. 140, Z. 6 (sic) zu يَطْلُبُها; Z. 14 (sic) zu مَآزَة (es ist مآبُرة gemeint); Z. 17 بِأَعْمَار; Z. 19 (sic) zu فَلِعَمْرِى; Z. 24 (sic) zu فَخاخِها; Z. 26 الكَثِيرُ (كَثِير war leider Nachlässigkeit meiner Abschrift); S. 141, Z. 11 آمَالِها; S. 142, Z. 17 (sic) zu وذُو; S. 143, Z. 26 steht über ر in فاستحضر nicht etwa das dem ر gewöhnlich übergesetzte diakritische Zeichen, sondern wirklich Gazma in der Handschrift (gemeint ist aber natürlich ersteres, und zu lesen فاستحضرَ); S. 144, Z. 4 (sic) zu كراهيّة; Z. 17 أَسْعَدُ حَالًا إِنَّ; S. 145, Z. 9 كَمْ يَبْلُغُهُ; Z. 11 السَّنَةِ (statt السنة); Z. 12 نَفْسَهُ (das sic bezieht sich auf den Accusativ); Z. 16 وأَحْرَقَهُمْ; Z. 17 وَٱشْتَهَرَ; Z. 24 (sic) zu بِسُلْعَة (das gewöhnliche ist بِسِلْعَة); S. 146, Z. 3 إِشْرَاق; Z. 19 المَلِك; Z. 21 بَعْض; Z. 23 (sic) zu بَطِبَل (natürlich بِطَبْل gemeint); S. 147, Z. 6 wohl استدلّك beabsichtigt; Z. 8 صَنَادِيق; Z. 10 ff. Ms. bald تَابُوتٌ, bald تَابُوتى; Z. 21 هِىَ; Z. 22 إِكْرَامِك; S. 148, Z. 6 wohl مُنْقَّاةٍ beabsichtigt; Z. 9 الصَّفا; S. 149, Z. 1 الّذَيْن (dagegen S. 147, Z. 14 الّذِينَ); Z. 15 أَصْدِقَاءَ (nicht ء); Z. 23 (sic) zu إِنّ. Von S. 150—162 werde ich die Nachlese, die, wie ich hoffe, hier viel kleiner ausfallen wird, erst in den Anmerkungen meiner Uebersetzung bringen.

---

[1]) Sowie eine genauere wörtliche Wiedergabe des hebräischen Textes des Ibn Chisdai vorliegen wird, eine Aufgabe, der sich einer meiner Schüler, Herr Weisslowits aus Ungarn, zu unterziehen begonnen hat, wird erst die solide Grundlage zu einer kritischen Verbesserung des arabischen Textes gegeben sein; die daraus sich ergebenden Correcturen werde ich dann anmerkungsweise in der deutschen Uebersetzung, welche ich später von unserem arabischen Texte veröffentlichen will, mittheilen.

Les inscriptions juridiques de l'Assyrie et de la Chaldée.

Par

Jules Oppert.

Il n'y a pas de documents plus instructifs pour nous renseigner sur l'état des peuples éteints que les textes qui traitent de leur législation, de leurs usages religieux et civils. L'état de la société se reflète tout entier dans la forme dont ils ont revêtu leurs notions du droit et de la justice, sous laquelle ils ont envisagé les rapports des membres de la famille, des époux et la situation des esclaves. Nous avons la bonne chance de pouvoir disposer pour l'antiquité assyrienne de documents précieux qui révèlent des faits tout nouveaux dans cet ordre d'idées; ils éclairent d'une lumière aussi vive qu'inattendue l'état des civilisations de la Mésopotamie que naguères on pouvait estimer pour toujours perdues pour nous et nos contemporains.

Nous possédons, en effet, des documents juridiques de la Chaldée et de l'Assyrie dès les temps les plus reculés, à partir du XXIVe siècle jusqu'à l'époque des Romains. Il est vrai, nous ne marquons ici que les points extrêmes connus jusqu'à ce jour: les textes chaldéens du 3e millennium avant l'ère chrétienne ne furent certes pas les plus anciens documents de cette catégorie, et après la dynastie des Hammurabi et des Rim-Sin, ou Erivaku (l'Arioch de la Genèse) se trouve une lacune de plus de onze ou douze siècles pendant laquelle les inscriptions nous font absolument défaut. A partir du VIIIe siècle, et surtout pendant une époque de cinquante ans du septième, les documents abondent à Ninive; mais ils sont d'une quantité presque incroyable depuis l'époque de Nabuchodonosor. A partir de là, jusqu'à la fin de l'empire des Perses, des milliers de documents nous sont parvenus; par exemple le règne de Nabonid est si largement représenté que nous possédons de textes datés de presque tous les mois; le nombre et l'abondance des inscriptions nous fournit même des données pour fixer la place et le nombre des années embolismiques. A partir d'Alexandre, nous disposons des textes des Séleucides et des Arsacides : le dernier document cunéiforme connu et appartenant à la classe qui nous occupe, date du temps de Domitien (81).

Les actes les plus anciens, appartenant à la dynastie chaldéenne remontent au XXVe ou XXIVe siècle : ils sont datés des règnes de Hammurabi dont nous plaçons les 55 années de règne de 2394 à 2339 avant l'ère chrétienne. Ce sont généralement des actes de vente de terrains, lesquels actes sont soumis à un contrôle du juge. Le caractère de ces documents est encore empreint d'un esprit religieux très marqué; l'exécution des conventions est toujours placée sous la protection du nom mystique des dieux et du roi. Ces textes que nous devons surtout aux fouilles entreprises à Warka, le *Uruk* des Assyriens, ou l'Orchoé des auteurs classiques, nous permettent de remonter à une époque très ancienne, bien au-delà de laquelle se placent les origines des peuples juif et grec. Les noms sont déjà sémitiques en grande partie, et nous démontrent l'importance des fils d'Assur ayant mis à leur profit la civilisation et les lois du peuple de Sumer.

Le P. Strassmaier a eu le mérite d'éditer un grand nombre de ces documents curieux, et a rendu leur étude relativement facile, en y ajoutant un glossaire et une concordance très utiles. Nous reviendrons ailleurs sur l'étude de ces textes importants.

Une longue interruption de onze siècles environ nous rend impossible de suivre le développement des textes juridiques. Ce n'est qu'à la fin du XIIIe siècle que nous nous trouvons en présence des bornes en basalte, contenant des titres de propriété : la première pierre de ce genre a été rapportée à Paris par le voyageur Michaux, il y a plus de cent ans, et est conservée à la Bibliothèque nationale sous le titre du Caillou de Michaux. J'ai interprété ce document pour la première fois en 1856, et j'ai donné depuis différentes versions corrigées dans les ‚Documents juridiques' et les ‚Records of the Past'. Les textes de cette nature fort peu nombreux établissent des cessions de terrains à titre grâcieux ou à titre onéreux, et la plus grande partie de ces inscriptions assez longues s'occupe des malédictions encourues par ceux qui arracheraient les bornes formées par les monuments eux-mêmes.

Après une solution de continuité durant plusieurs siècles, nous retrouvons à Ninive, et en Assyrie en général, de nombreux textes datés par les éponymies, à partir des règnes de Teglathphalasar et de Sorgon, et descendant jusqu'aux dernières années d'Assurbanabal. Ces documents dont j'ai, après plusieurs années de travail, pu arrêter le sens en 1873,[1]) sont en grande partie des jugements confirmant des ventes. Ceux-ci ont une rédaction presqu'uniforme. Ils commencent par les noms des vendeurs qui apposent leur cachet. Puis, vient l'énonciation de la chose aliénée, et si c'est un immeuble, l'énonciation des voisins est jointe à celle du contenu et de la nature de l'emplacement. Ensuite, il est dit qu'un tel a acquis la chose, que le prix énoncé est payé, que l'objet a passé dans la propriété de l'acheteur; la pièce se termine par l'assurance de l'inviolabilité du contrat, et par la menace contre tout homme qui voudrait, même au titre d'un retrait lignageux, contester la validité du marché. Une forte amende est prononcée contre tout réclamant. A la fin se trouve, soit avant, soit après la date, le nom de témoins au plutôt des membres d'un tribunal échevinal, présidé par un magistrat, nommé *milu* (écrit *aba*).

Dans ces derniers temps seulement, j'ai reconnu, après de longs doutes, cette formule d'inviolabilité que je prenais pour une clause rendant illusoire, à cause des conditions trop oné-

[1]) Congrès des Orientalistes à Paris, t. II, p. 226.

reuses, mais légalement possibles. Au contraire, l'amende lourde doit être acquittée, et néanmoins l'impétrant n'aura pas la chose réclamée.[1])

Nous donnons comme spécimen un texte déjà traduit, mais en traduction émendée et corrigée. On s'étonnera, comme je l'ai déjà exprimé, de la grande lucidité du sens : c'est justement à cause de cette simplicité apparente, que la vraie idée a longtemps échappé à ceux qui se sont aventurés dans l'interprétation de ces documents.[2])

Voici un échantillon (v. Documents juridiques, p. 188 ss.), daté de décembre 673 a. J.-Ch. (R. III, 50, n° 4).

,Cachet de Nabu-irib, propriétaire du champ vendu. (Suivent les empreintes des cachets.)

,Un champ, ensemencé par 35 homers (2100 cabs), champ de blé, du cab à neuf sur un empan cube, situé dans la ville de Saïri, borné par Irsisi, borné par le champ de Samas-sum-uṣur, borné par le champ de Samas-sallim, borné par les parcs à animaux *(muśagilatē)*.

,Et Samas-sallim l'a acquis, pour le prix de cinq mines d'argent.

,Le prix a été définitivement fixé, le champ a été payé et est entré dans la possession (de l'acheteur), la résiliation du contrat ne peut plus être admise.

,Qui que ce soit, à quelque époque que ce soit, qui contestera la vente, soit Nabu-irib, soit ses fils, soit ses frères, et intentera une action contre Samas-sallim, contre ses fils, contre les fils de ses fils, pour demander la résiliation du contrat, paiera 10 mines d'argent, une mine d'or, dans le trésor de la

---

[1]) Voir la préface de M. Revillout à la thèse de M. Paturet, et où les éditeurs ont bien voulu joindre ma nouvelle traduction du contrat du fils de Nitocris. Les mots *la ilakki* ne sont pas à traduire : *non vendiderit*, mais *non acquiret*.

[2]) Pour se convaincre de la réalité de nos observations, on n'a qu'à comparer la traduction du même texte par M. Sayce et par moi, dans les Records of the Past, t. I, p. 139 et t. VII, p. 113. Il est difficile de se convaincre qu'il s'agit du même original, et il est certes malaisé de comprendre la traduction de M. Sayce, qui transformait les vendeurs en témoins.

déesse Istar qui habite Ninive : en dehors de cela, il remboursera à l'acheteur le décuple du prix de vente : il pourra introduire l'action, mais il n'acquerra pas la chose.

‚Par devant : Madiē, Bin-sum-édir, Nabu-sum-idin, Musezib-il, Habastē, Bel-kas-dur, Irsisi, Kannunnaï, Bahē, Nabu-sakin, président.

‚Au mois de Tebet, le 25e, de l'éponymie de Sar-nuri.‘

Les formules contenues dans ces textes se retrouvent dans presque tous les autres documents assyriens, et un seul peut servir de modèle à cette classe de jugements. Une autre catégorie est formée par des reconnaissances de dettes, ou plutôt des jugements ordonnant des payements, comme celui-ci (Doc. jurid., p. 186) :

‚Cinq sixièmes de mines d'argent, créance de Nabu-akhē-iddin sur Musidnu; celui-ci remboursera la somme à Nabu-akhē-iddin dans le mois d'Elul suivant, sans que ce mois sera compté. Les intérêts pourront s'accroître au double du capital.

Suivent les noms des sept témoins.

‚Dans la ville de Lubi, le 25 Elul, de la 4e année d'Assarhaddon, roi d'Assyrie (676).‘

Ce document, daté de l'année du roi, et non pas de l'éponymie, a une tournure plutôt babylonienne; il est plus facile à comprendre que les plus courtes inscriptions ninivites, où, souvent, il n'est pas clair qui est le débiteur et qui le créancier, justement à cause de l'extrême concision de l'exposé. Nous citons par exemple (Doc. jurid., p. 187) :

‚Deux talents de cuivre pur, pour consacrer à Istar, déesse d'Arbèles, qui sont dus à Mannu-ki-Arbaïl par Samas-akhē-irib. Il les paiera au mois d'Ab; s'il ne le donne pas, ils pourront s'accroître jusqu'au triple.

‚Le 11 Sivan, de l'éponymie de Bambaï (675 av. J.-Ch.).

‚Par devant : Istar-bab-essis; Kū, fils de Sarru-iqbi; Damiq-appi-sarri; Nabu-belya.‘

Si le caractère distinctif de ces documents ninivites est leur uniformité, il en est autrement des textes de Babylone, bien plus nombreux et plus variés. Ceux-ci forment un ensemble de décisions les plus variées, jugements contradictoires, actes homologués par des juges royaux, jugements échevinaux, contrats et quittances. Il est très malaisé de choisir parmi les milliers de textes qui sont déjà découverts et dont le nombre s'accroîtra toujours. Nous en expliquerons quelques-uns qui ont déjà fait l'objet de traductions plus ou moins réussies. La grande difficulté que présentent ces documents est de se rendre compte de l'espèce, et d'apprécier justement le rôle de chaque personnage dans le procès. Il faut se demander toujours comment les faits se sont passés, et ce problème est parfois très difficile à résoudre. En même temps, la définition des termes propres est très laborieuse à dégager; le guide le plus sûr, c'est la nomenclature du Talmud qui peut nous éclairer toutes les fois que les termes babyloniens ont passé dans le droit rabbinique. Mais cette source ne tarit, elle aussi, que trop souvent. Quelle est, par exemple, la signification d'un mot *śuḫindu* qui se trouve, une seule fois, dans un document du Louvre, et qui forme l'objet d'une contestation dont le vrai sens a échappé aux deux savants qui s'en sont occupés? Nous y voyons une somme confiée à un séquestre pour être employée à des dépenses qui pouvaient résulter de la mauvaise condition de la chose vendue, et incomber au premier propriétaire. M. Strassmaier l'a publié le premier dans les Transactions de la Société d'Archéologie biblique, t. VII, p. 408.[1]) Voici le texte rectifié :

1. *11 mana 18 ṭu kaśpi suḫindu*
Undecim minae XVIII drachmae argenti sunt sequestrum

2. *kaniktuv riḫit sīmi biti*
sigillo designatum, pars reliqua pretii domus

[1]) Nous avons comparé avec l'original cette copie qui contient quelques erreurs. Quant au sens, M. Strassmaier ne l'a pas bien saisi; il a pris tous les prétérits pour des futurs, ce qui, au point de vue sinon du droit, mais de la vraisemblance, est inadmissible. M. V. Revillout (Droit de la Chaldée, p. 411) a déjà écarté ce qu'il appelle les **prophéties** de M. Strassmaier, mais on ne peut être de son avis sur le fait d'un achat par intermédiaire; il n'y a pas de banquier auquel on remet de l'argent pour des chèques: la théorie des prétendus chèques repose sur une fausse lecture.

3. *sa Bel-rimanni ablisu sa Musezib-Bel*
Bel-rimanni, filii Musezib-Bel

4. *mar Da-Marduk sa Bel-aḫē-iddin ablisu sa*
de tribu Da-Marduk, quam Bel-akhē-iddin, filius

5. *Marduk-zir-ibni mar Egibi*
Marduk-zir-ibni, de tribu Egibi,

6. *maḫiri ibusuva kaśpa aan 11 mana 18 ṭu kaśpi*
emtione acquisivit: argentum, id est, XI minas, XVIII drachmes argenti

7. *ina pani Nabu-aḫē-iddin, mar Egibi tesutuv*
in manus Nabu-akhē-iddin, de tribu Egibi ad usum

8. *avil isū sa biti ipkidu.*[1] *adi eli sa Nabu-aḫē-iddin*
viri usuri domo deposuit. Usque ad tempus quo Nabu-akhē-iddin

9. *avil maḫiranu biti sāsu*[2] *mītuv avil isū*
emtor domus illius mortuus est, vir utens

10. *ina eli śuḫindi suativ la ibbasū*
sequestro isto non exstitit.

11. *Eninnima 4 ta sanāti arki*
Nuperrime post IV annos, post

12. *mitutu sa Bel-aḫē-iddin u Nabu-aḫē-iddin*
mortem (virorum) Bel-akhē-iddin et Nabu-akhē-iddin,

13. *sa suḫindu ina panisu paqdatu Bel-rimanni, ana*
cui sequestrum concreditum erat, Bel-rimanni, ob

14. *[turra] suḫindisu [ana] Itti-Marduk-balaṭ ablisu*
redditionem sequestri ad Itti-Marduk-balat, filium

15. *sa Nabu-aḫē-iddin illikamma*[3] *sa la avil [rasū ibbasū]*
Nabu-akhē-iddin venit quippe quod vir utens non exstitisset.

16. *[au sū] śuḫindu ul yutirva la iddin [su]*
sed ille sequestrum non reddidit, neque dedit illud.

17. *[ana eli] aviluti rabuti u dayani iksudu avil . . .*
Apud optimates et judices congressi sunt; judices

18. *ana Zirya aslaku E-saggil iqbū*
Zirya chartophylaci Pyramidis dixerunt

19. *umma rasutu sa dannat ina eli śuḫindu ibassī.*
ita: ‚Num sumptus legitimus ex sequestro factus est?'

---

[1]) M. Strassmaier lit *ipdidu*.

[2]) Non pas *sa abilsu matu*, comme chez M. S.

[3]) Le mot *illikamma* est très distinct, non pas, comme S. *nu as sa la.*

20. *Zirya ib'a 'u*[1] *(?) vu kī rasutusa dannat*[2]) *u avil [isū]*
Zirya quæsivit et quum sumptum legitimum et virum [utentem]

21. *sanamma ina ali ibassū la idi śuḫindu sāsu*
aliumvis eo exstitisse non cognoverit, sequestrum illud

22. *ina kunukkusu Itti-Marduk-balaṭ ina maḫar Kiribtu*
secundum titulum sigillatum Itti-Marduk-balat coram Kiribtu

23. *avil Kiśū*[3]) *Edir-Bel avil Kiśū Marduk-aḫ-uṣur*
viro Kiśu, Edir-Bel viro Kiśu, Marduk-akh-uṣur,

24. *u Mudu-dayani yutirva ana Bel-rimanni*
et Sum-kin, judicibus restituit et viro Bel-rimanni

25. *iddin Da-Marduk ṭupsar mar Epes-el*
dedit. Da-Marduk, tabellio, de tribu Epes-el.

26. *al biti*[4]) *sarri Babilu Ululu yum 5 kam sanat 17 kam*
In urbe domus regis Babylonis, mense Elul, die V^{to}, anni XVII^{mi}

27. *Nabu-naïd sar Babilu.*
Nabonidi, regis Babylonis.

Au bord, les cachets de Kiribta, Edir-Bel, Marduk-aḫ-uṣur et Mudu (Sum-kin).

Voici la traduction française :

‚Onze mines, 18 drachmes d'argent sont la somme réservée *(śuḫindu)*, le reliquat du prix d'une maison appartenant à Bel-rimanni, fils de Musezib-Bel, tribu de Da Marduk, et que Bel-akhē-iddin, fils de Marduk-zir-ibni, tribu Egibi, avait acquise par achat. Il avait déposé cet argent, à savoir, 11 mines, 18 drachmes d'argent, entre les mains de Nabu-akhē-iddin, de la tribu d'Egibi pour défrayer éventuellement le locataire de la maison. Jusqu'à ce que Bel-akhē-iddin, l'acheteur de la maison, mourut, il n'y avait pas eu de locataire qui usât de la somme réservée. Dernièrement, quatre ans plus tard, après la mort de Bel-akhē-iddin et de Nabu-akhē-iddin à qui cette somme réservée avait été confiée, Bel-rimanni s'adressa, au sujet de la restitution de cette somme réservée, à Itti-Marduk-balat, fils de Nabu-akhē-iddin,

---

[1]) On pourrait lire *ismū*, mais le *iqbū* de M. S. ne s'y trouve pas.

[2]) Le texte paraît avoir les deux fois *dannat*, non *clat*.

[3]) *Kiśū* pourrait être la prononciation de ‚homme grand'.

[4]) Il y a *bit*, et non pas *e* dans le texte, comme le donne Strassmaier.

parce qu'il n'y avait eu personne qui l'eût employée : mais Itti-Marduk-balat ne restitua pas la somme réservée, et ne la donna pas. Il vint trouver les chefs et les juges, et ceux-ci parlèrent ainsi à Zirya, l'archiviste *(aslaku)* d'E-saggil : ‚L'emploi imputable à la somme réservée, a-t-il été effectué?' Et Zirya fit des recherches et comme il ne reconnut pas que l'emploi imputable eût été fait, et que quelqu'autre locataire n'avait pas existé, quant à cette somme réservée, conformément à la convention : Itti-Marduk-balat, en présence de Kiribtu le Kizu, Edin-Bel, le Kizū, Nergal-akh-uṣur et Šum-ukin, les juges, la restitua et la donna à Bel-rimanni.

‚Da-Marduk, le scribe, de la tribu des Epis-el. Dans la maison du roi, le 5 Elul de la 17e année de Nabonid, roi de Babylone.'

Ce texte est, en dehors de l'espèce curieuse, intéressant et instructif au sujet de la conservation des actes. Nous voyons que la garde des jugements et conventions se faisait de manière à ce qu'à un moment donné le fonctionnaire chargé des archives pût fournir les renseignements voulus. Il ressort également que le dépôt des pièces était ordonné par une loi, et pratiqué dans le plus antique sanctuaire de Babylone, le E-saggil, la Pyramide. Itti-Marduk-balat devait faire administrer la preuve de l'emploi du *šuḫindu* par la production d'une pièce déposée dans les archives; le conservateur de cette collection ne trouvant aucune trace d'un locataire ayant eu remis la somme réservée, le fils du séquestre fut condamné à la rembourser au vendeur qui lors de la vente n'avait pas reçu le prix intégral de la maison cédée.

Tel est, selon nous, le sens de ce curieux document qui ne contient pas de vente par intermédiaire. La vente, au contraire, est conclue directement entre les deux contractants, avec la clause du *šuḫindu*, c'est-à-dire de la somme réservée applicable à la réparation des défectuosités qui pouvaient entraver le locataire, institué par l'acheteur, dans la jouissance de sa location; elle devait ainsi garantir à l'acquéreur ou à son représentant le droit du *uti licere*.

Nous mettons cette clause en rapport avec une condition expresse qui impose au locataire de renouveler les charpentes et de réparer des lézardes qui pourraient s'y trouver; nous la rencontrons dans beaucoup d'actes de louage :

gusri yusannā u badqa asurrē iṣabbat
trabes mutabit et fissuras parietum reparabit.[1])

On peut croire que partout où cette stipulation n'était pas faite, la réparation des lieux était à la charge du bailleur, et que l'acheteur avait le droit, s'il louait la chose vendue, de recourir au vendeur.

Parmi tant de textes, nous choisissons un acte curieux, intéressant l'institution de l'esclavage et concernant un étranger, évidemment un juif, nommé Bariki-ili. On apprendra son histoire par le document lui-même (Strassmaier, n° 42).

1. *[Bariki-]ili ardu puṭuru sa (sal) Gagā binitšu sa*
[ ] Barachel servus redimendus argento Gagā filiae

2. *[.] sa ina sanat 35 kam Nabu-kudurri-uṣur sar Babilu*
quem anno XXXVmo Nabuchodonosori, regis Babylonis,

3. *[ultu Aḥi]nūru ablisu sa Nabu-nadin-aḥ ana sussan mana*
ab Akhi-nuri, filio Nabu-nadin-akh, pro triente minae,
8 ṭu kašpi
VIII drachmis

4. *[ibu]su. ana eninni irgumu umma : mar banī lu zir*[2])
emtione acquisiverat. Nuperrime actionem tulit dicens : ,Ingenuus sum,
Belrimanni
ex stirpe Belrimanni,

5. *avil taslisu sa qatē Samas-mudammiq hablisusa Nabu-nadin-aḥ*
conjunctor manuum viri Samas-mudammiq, filii Nabu-nadin-akh,

6. *u (sal) Qudasu binitšu sa Aḥi-nūri anaku. ina maḥar*
et mulieris Qudasu, filiae Akhi-nuri, ego.' Coram

7. *sangu aviluti rabuti u dayanē sa Nabu-naïd sar Babilu*
sacerdote, optimatibus et judicibus Nabonidi, regis Babylonis

---

[1]) Nous avons déjà donné le sens de cette phrase que M. Pinches a traduite : ,The agreement they confirm, a deposit for the amount the letter takes' (Transact. Soc. Bibl. archæol., v. VI, p. 490).

[2]) Au lieu de la lecture imprimée *lu-nu?*

8. *dīni idbubuva dibbisunu ismū rikaśu sa arduta*
litem perorarunt, et (illi) disceptationes eorum audierunt et obligationem servitutis,

9. *sa Bariki-ili su ultu sanat 35 kam Nabu-kudurri-uṣur*
quippe quod Barachel inde ab anno XXXV^{mo} Nabuchodonosori
sar Babilu
regis Babylonis,

10. *adi sanat 7 kam Nabu-naïd sar Babilu ana kaśpi nadnu*
usque ad annum VII^{mum} Nabonidi, regis Babylonis, pro pecunia venditus
ana maskanu
esset, pro pignore

11. *saknu ana nuduṇnē (sal) Nubtā binitśu sa*
constitutus, dotis instar mulieri Nupta, filiae

12. *(sal) Gagā nadnu. arki (sal) Nubtā taknukusu maḫar*[1]
Gagae donatus esset. Postea Nubtā abalienavit eum

13. *itti iṣruba biti u avelutti ana Zamama-nadin*
contra reditum domus et servos viro Zamama-nadin

14. *ablisu u Iddinna mutisu taddinus istaśśūva*
filio suo et viro Iddinna marito suo dedit. Legeruntque

15. *ana Bariki-ili iqbū umma : Targum umma mar banī*
viro Barachel dixerunt ita : ‚Actionem tulisti dicens : ingenuus

16. *anaku mar-banutka kullim-annāsu Bariki-ili anniti*
ego sum; ingenuitatem tuam demonstra nobis‘. Barachel ista

17. *ubbul umma 2 ḫaa (ḫalaqi ultu bit belya addiva) ṣabē maduti*
retractavit ita : Bis fugam ex domo domini mei cepi : homines multi (praesentes erant;)

18. *u annamir apluḫva aqbi umma mar-banī anaku*
et conspectus sum. Metui et dixi ita : Ingenuus sum ego.

19. *mar-banutaï la isi ardu puṭuru kaśpi sa Gagā anaku*
Ingenuitas mea non est, servus redimendus argento mulieris Gagae ego.

20. *(sal) Nubtā bintisu tattannani (sal) Nubtā*
Nubtā, filia eius, pro dote me accepit, Nubtā

21. *taknukanni ana Zamama-nadin abilsu u Iddinnā mutisu*
abalienavit me viroque Zamama-nadin filio suo et Iddinna marito

22. *taddinanniva arki mitutu sa(sal) Gagā (sal) Nubtā*
permutatione me dedit. Post mortem Gagā et Nubtā

---

[1]) Le texte ne semble pas être bien copié.

23. *ana Itti-Marduk-balaṭ abilsu sa Nabu-aḫē-iddin, mar Egibi*
viro Itti-Marduk-balat, filio Nabu-akhē-iddin, de tribu Egibi,
ana kaśpi
pro nummis

24. *[nadna]k ardu anaku alkava ina libbi[ya purussā suknā]*
venditus sum. Servus sum. Ite nunc, de me sententiam ferte'.

25. *aviluti rabuti u dayanē mukinnutśu ismū*
Optimates et judices testimonia audierunt

26. *[Bariki-]elkī ardu-buṭurūtu yutiru va ina usuz sa Samas-*
servum que Barachelem in servitutem redimendam restituerunt, in ab-
mudammiq
sentia Samas-mudammiq

27. *[ablisu sa Nabū-nadin-aḫ] u Qudasu binitśu sa Ahi-nuri,*
filii Nabu-nadin-akh et Qudasu filii Akhi-nuri,
nadinan
venditorum.

28. . . . . . . *ana saṭani [purusśī] suativ Musezib avil [sangu]*
judicarunt. Pro scriptura [sententiae] hujus. Musezib, sacerdos,

29. . . . . *Nergal-ahē-iddin dayanē*
. . . . Nergal-akhē-iddin, judices

30. . . . . *[mar] kak es an al bit sarri Babilu Arahsavna yum*
. . . . . tabellio, de tribu Epis-el. In urbe regiae regis Babylonis, mense
17 kan
Marchesvan die XVIImo,

31. *[sanat 7 kam] Nabu-naïd sar Babilu.*
anni VIImi (?) Nabonidi, regis Babylonis.

Traduction.

‚Barachiel est un esclave qui peut se racheter avec de l'argent, que Gagā, fille de . . . ., en l'an 35 de Nabuchodonosor, roi de Babylone, avait acquis d'Akhi-nūri, fils de Nabu-nadin-akh, moyennant $^1/_3$ de mine et 8 drachmes (28 drachmes).

‚Dernièrement il réclama ainsi disant : ‚Je suis un homme issu d'un ancêtre (appartenant à une tribu) libre, de la caste de Bel-rimanni, et c'est moi qui a enchaîné ensemble (*avil taslisu,* pour la cérémonie de mariage) les mains de Samas-mudammiq, fils de Nabu-nadin-akh et de Qudasu, fille d'Akhī-nuri.' Les parties firent leurs plaintes devant le Grand-prêtre, les magistrats et les juges de Nabonid, roi de Babylone, et ceux-ci écoutèrent leur plaidoiries; ils reconnurent l'obligation du servage de Barachiel. Celui-ci, depuis l'an 35 de Nabuchodonosor, roi de Babylone, jusqu'à l'an 7 de Nabonid, roi de Babylone, avait été vendu pour de l'argent, mis en gage, et avait été constitué comme bien dotal pour Nubta, fille de Gagā. Puis, Nubta l'avait aliéné par contrat scellé, l'avait donné en échange à Zamama-nadin, son fils, et à Iddina, son mari, contre le rapport de la maison et des esclaves. Ils lurent ces pièces et parlèrent ainsi à Barachiel : ‚Tu réclames et tu dis : Je suis un homme né libre; démontre-nous ta qualité d'homme libre.' Barachiel se retracta en parlant ainsi : ‚J'ai tenté de m'enfuir deux fois de la maison de mon maître; mais il y avait beaucoup de monde, et je fus vu. Alors j'eus peur et je dis : ‚Je suis un fils d'ancêtre.' Ma qualité de fils d'ancêtre n'existe pas, je suis un esclave qui peut se racheter par de l'argent, ayant appartenu à Gagā. Nubtā, sa fille, m'a reçu en bien dotal, Nubtā m'a aliéné par contrat scellé, et m'a cédé à Zamama-nadin, son fils, et Iddinā, son mari. Après la mort de Gagā et de Nubtā, j'ai été vendu pour de l'argent à Itti-Marduk-balat, fils de Nabu-akhē-iddin, de la tribu d'Egibi. Je suis un esclave. Allez et rendez votre sentence.' Le Grand-prêtre, les magistrats et les juges entendirent les témoins, et réintégrèrent (Barachiel), selon sa qualité d'esclave rachetable en passant outre sur l'absence de Samas-mudammiq, fils de Nabu-nadin-akh, et de Qudasu, fille d'Akhi-nūri, les vendeurs de l'esclave.

‚Pour l'écriture de cette sentence :

‚Muszib, grand prêtre et Nergal-akh-iddin et — —; juges (nom effacé) Da-Marduk, scribe de la tribu d'Epes-el.

‚Dans la ville du palais du roi de Babylone, le 17 Marcheswan, l'an 7 (?) de Nabonid, roi de Babylone.'

Cette inscription contient un cas curieux, mais dont l'agencement était assez difficile à dégager. Le personnage principal est un esclave, certainement d'origine juive : le nom de *Bariki-ili* semble l'indiquer, car le verbe *barāku* n'est pas assyrien mais hébreu. On pourrait bien nous objecter que le signe du pluriel suivant, le signe de ‚dieu', exclucrait l'origine que nous attribuons à ce personnage, mais cela n'est pas une raison péremptoire. Le signe du pluriel manque dans les variantes des mêmes noms finissant en *il*, et ensuite, le son *ili* peut avoir été rendu par le signe du pluriel par erreur, au lieu du singulier au second cas. Le nom de Babylone lui-même qui, lui, contenait originairement un pluriel, n'est-il pas écrit quelquefois *Bab-il, Bab-ilu, Bab-ilav,* à côté de *Bab-ili,* ‚porte des dieux', représenté par *kā-anra, kā-an-an, kā-an-mis?* Quoi qu'il en soit, ce *Bariki-ili,* qui correspond à l'hébreu ברכאל, Barachel, père d'Elihu (Job, 32, 2, 6) est dans une situation qui cadre bien avec celle d'un Juif amené par Nabuchodonosor. Il apparaît dans l'an 35 de ce roi, 570 a. J.-Ch., 17 ans après la destruction de Jérusalem: il est donc la position d'un *ardu puṭuru kaśpa,* d'un serf qui peut lui-même se racheter par de l'argent, quand son pécule lui permet de se libérer. Mais il semble qu'il n'ait pu profiter de cette faculté, car pendant vingt-deux ans, de 570 à 548, il est traité comme une chose, transmis, vendu, mis en gage, jusqu'à ce qu'il échoit à ce même Itti-Marduk-balat, que nous avons rencontré dans le document du *suḫindu,* comme responsable des actes de son père, Nabū-akhē-iddin, fils de Sulā. Ce dernier avait disparu depuis la 12e année de Nabonid (544), après nous avoir laissé des traces à partir de 590 a. J.-Ch.

C'est contre Itti-Marduk-balat[1]) que Barachiel fait valoir sa réclamation. Cela n'est pas dit expressément, mais la chose ressort de la fin du texte; il avait appartenu à Akhi-nūri qui l'avait vendu à Gagā, laquelle l'avait cédé comme bien dotal à sa fille Nubtā. La mère et la fille étaient mortes, et la cession momentanée de l'esclave à son fils et à son mari, semble avoir été résolue par la disparition de la cédante. C'est de la maison du maître, c'est-à-dire d'Itti-Marduk-balat que s'échappe Barachiel; il est pris, intente une fausse action, mais avoue son état

[1]) Ce personnage disparaît vers le commencement du règne de Darius (521), il existe encore lors du siége de Babylone, sous le faux Nabuchodonosor, auquel l'inscription de Bisoutoun attribue comme véritable nom celui de Nidintabel.

véritable aux juges, après quoi il est réintégré dans la position qu'il avait indûment quittée.[1]) Il s'était fait passer pour un homme libre, ayant même exercé des fonctions nuptiales lors du mariage de la fille de son premier maître Akhi-nuri parce que les époux étaient morts; mais cette allégation fut réfutée par les dépositions des personnes appelées en témoignage.

La cérémonie que Barachiel prétendait avoir accomplie, c'était d'avoir été le *flamen,* le personnage qui reliait les mains de mariés, fonction qui certainement était réservée exclusivement à l'homme libre. Les hommes de cette condition appartenaient à des castes nobles, à des familles de prêtres des différentes divinités, à des gens de métiers, mais surtout à ces tribus qui tiraient leur nom d'un personnage ancien. Telles étaient les tribus d'Egibi,[2]) Nur-Sin, Sin-imitti, Nabunnaï, Dabibi et des centaines d'autres. Chacun de ces anciens s'appelait *banû,* ‚père', et un homme appartenant à ces tribus patronymiques, s'intitulait *mar-banī,* ‚issu d'un ancêtre'.

Les documents après Nabuchodonosor ont une teneur plus uniforme; sous ce règne semble déjà s'être créée une quantité de formulaires que nous retrouvons jusqu'aux temps plus rapprochés de nous. Sous les Séleucides on conservait encore ses formules, modifiées un peu sous les Arsacides qui succédèrent

---

[1]) M. V. Revillout a analysé (p. 363 ss.) ce texte, mais sa traduction est inadmissible sous tous les rapports. L'espèce n'est pas comprise : il ne s'agit, entre autres, pas d'un *libertus,* mais d'un *ingenuus.*

[2]) Le nom d'Egibi a été cité par M. Delitzsch, dans un étrange travail paru dans le ‚Daheim', 1884, n° 49 et 50, portant le titre : ‚Ein Gang durch das alte Babylon'. L'auteur montre dans la ville la ‚maison d'Egibi', et traduit même ces mots en assyrien, *bit Egibi,* expression qui ne se trouve nulle part dans les documents. Cette ‚maison d'Egibi' serait une maison de banque! Egibi serait identique à Jacob qui pourtant dans les textes assyriens se nomme autrement. Et puisqu'Egibi est Jacob, la ‚maison d'Egibi' est une maison de banque israëlite dont le chef serait venu sous Sargon à Babylone, et aurait fondé dans la cité chaldéenne une maison de banque juive! Egibi est un nom patronymique babylonien, absolument étranger à Jacob qui peut-être est plus moderne : la ‚maison d'Egibi' n'a jamais existé. Quelques personnages de cette tribu qui compte aussi parmi ses descendants des débiteurs insolvables, semblent avoir été très riches, et avoir exercé, de père en fils pendant un siècle, le métier de publicains et de trésoriers royaux.

aux rois de Syrie dans la domination sur la Mésopotamie. C'est jusque dans l'ère chrétienne que descendent les derniers vestiges des documents babyloniens, écrits en caractères cunéiformes : il est probable que les tendances helléniques des Arsacides ne réussirent pas à supplanter complétement les anciennes traditions, qui ne cédèrent définitivement qu'à l'esprit énergiquement national et exclusif des Sassanides.

Die Alliteration im Alt-Arabischen.

Von

Dr. **Max Grünert.**

Einleitung. — I. Definition und Begriffsentwickelung. — II. Die Literatur über das 'Itbâ'. — III. Alphabetisches Verzeichniss der Alliterations-Formeln.

Abkürzungen: SM. = Sujûṭî, Muzhir. M. = Bistânî, Muḥîṭ-'al-Muḥîṭ.

Einleitung.

Was die arabische Poesie in directen Gegensatz zur arabischen Prosa bringt, das ist die sogenannte gebundene Form, die sich äussert einerseits in Silbenquantität, Tonfall und Reim (das eigentliche شعر), andererseits in Gliederparallelismus und Reim (سجع oder Reimprosa).

Dazu käme noch die Wiederspiegelung innerer Gedankenkraft durch äussere Mittel — aber letzteres theilt die Poesie mit der Prosa; und nicht allein die kunstmässige Prosa, auch die Volkssprache nimmt daran einen beträchtlichen Antheil, ja es ist die Frage, ob nicht gerade dieses Moment zunächst der kräftigen Volkssprache zuzurechnen sei, oder sollte die Fülle der im Alt-Arabischen entwickelten ‚Mubâlaġa-Formen' allein der Schriftsprache zuzumessen sein, die z. B. für Segen und Fluch in abstracto nur دُعاء bietet?

Alle Mittel der Verstärkung eines Begriffes im Alt-Arabischen können unter dem Terminus technicus توكيد zusammengefasst werden.

Die Verstärkung eines Wortbegriffes an sich (d. i. durch innere Mittel) findet ihren Ausdruck in der مُبالَغة (فعّال, فعّيل etc.,

s. SM. II, 129, 4 ff.), jede andere Verstärkung kann im Alt-Arabischen nur auf dem Wege der Postposition stattfinden.

Der schlichte, aber gut gewählte Terminus technicus توكيد erscheint nach den arabischen Philologen als ein Terminus technicus für ein zweifaches Beziehungs-Verhältniss; entweder bezieht sich dieses توكيد auf die äussere oder Wort-Sphäre (لفظىّ) oder auf die innere oder Begriffs-Sphäre (معنوىّ).

Im ersten Falle wird ein Begriff durch einen anderen nachgesetzten verstärkt im Wiederholungs-Verhältniss (تكرير): جاء زَيْدٌ زَيْدٌ; oder im Synonym-Verhältniss: جلس قعد زيدٌ.

Im zweiten Falle wird die Begriffs-Sphäre verstärkt durch die Nachsetzung von نفس, عين oder durch die Nachsetzung der Ausdrücke für ‚Alles'.

Zu dem توكيد لفظىّ nun rechnen die arabischen Grammatiker und Rhetoriker auch eine Erscheinung, die sie eben so schlicht إتباع ‚das Folgenlassen' nennen, eine sprachlich interessante Erscheinung, die viele Berührungspunkte mit der ‚Alliteration' anderer Sprachen gemein hat.

Mit diesem إتباع wollen sich die folgenden Blätter des Näheren beschäftigen.

---

1. Aus den wenig concisen und sich mehrfach widersprechenden Definitionen der arabischen Philologen (das أَوْ, das وقيل und غيرهم وقال spielen auch hier eine grosse Rolle!) lässt sich soviel mit Sicherheit entnehmen, dass das إتباع in der Erweiterung der Begriffs-Sphäre eines Wortes durch die ‚unbezeichnete' Verbindung mit einem zweiten, für sich bedeutungslosen, aber in Form und Reim[1]) dem ersten entsprechenden Worte besteht und den Zweck hat, als rhetorischer Schmuck und Sinnverstärkung des vorangehenden Wortes zu dienen.

2. Das zweite Wort einer solchen formelhaften Verbindung, das wir Alliterations-Element nennen wollen, beginnt

[1]) Davon weichen nur ab Nr. 70, 91, 132, 211

mit einem in einem gewissen lautlichen Verhältnisse zu dem Anfangslaut des ersten stehenden Consonanten, obwohl sich ein bestimmtes Gesetz nicht nachweisen lässt.

3. Was die **Bedeutung** dieses Alliterations-Elementes anbelangt, so unterscheiden die Araber selbst drei Arten:

a) das Alliterations-Element ergibt eine deutliche, sofort erkennbare Bedeutung, z. B. هَنِيئًا مَرِيئًا ‚wohl bekomm's!'

b) das Alliterations-Element hat an sich keinerlei Bedeutung und kann also für sich nicht allein stehen, z. B. شَيْطان لَيْطان ‚Satan!'; حَسَن بَسَن ‚sehr schön'.

c) das Alliterations-Element hat eine gesuchte und (aus dem vorhergehenden Worte) zwangsweise abgeleitete (متكلّف) Bedeutung, z. B. خَبِيث نَبِيث ‚urgemein'.

4. Die beiden letzten Arten des إتباع haben die arabischen Philologen zum Gegenstande reichhaltiger Erörterung gemacht. Die vergeblichen Erklärungsversuche, das Etymon des Alliterations-Elementes in der Sprache zu ergründen, deuten aber nur auf eine alte, weithin verbreitete sprachliche Erscheinung. Es ist wunderlich zu lesen, welche Anstrengung die Araber z. B. bei der Erklärung der Alliterations-Elemente in den Formeln [1]) خازِ بازِ, شِغْر بِغْر, شِذَر بِذَر, أَقّ نُقّ, شَيْطان لَيْطان, حَسَن بَسَن u. s. w. machen; ich habe die Ansichten der Araber, so weit thunlich, sorgfältig registrirt — auch Irrungen haben ihr Interesse. — Freilich sind auf diese Weise manche Wurzeln in das arabische Wörterbuch eingeschmuggelt worden, und wie schwierig das Verständniss dieser Alliterations-Elemente schon den Arabern gewesen, zeigt nebenbei auch die **Versetzung** des Alliterations-Elementes, sowie das gelegentlich der Erklärung desselben einigemal auftretende لا أدرى.

[1]) Im Widerspruche mit der Erklärung von أكتعون etc. als إتباع zu أجمعون (16, 6 ff.) fasst Zamaḫśarî (nach Sîbawaihi, Kitâb II, 16 ff.) in seinem Mufaṣṣal 70, 1 ff. die (indeclinablen) Formeln auf *a* und *i* als مركّبات auf und stellt sie mit Verkennung des wahren Sachverhaltes in eine Linie mit أَحَدَ عَشَرَ (wie auch M. an vielen Stellen); die Auflösung solcher Verbindungen als **copulative** Formeln (70, 15 ff.) dient dann Zwecken des إعراب.

Diese beiden letzten Arten des إتباع sind für uns von ganz besonderem Interesse. Dass man bei einzelnen Formeln, wie خاز باز, حيص بيص, حوث بوث so ängstlich den 'I'râb festzusetzen suchte, muss natürlich als doctrinäre Grille gelten.

5. Im Grossen und Ganzen entsprechen diese beiden Arten des إتباع den deutschen reimenden Formeln ‚Saus und Braus', ‚weit und breit' u. s. w.; der deutschen und lateinischen Alliteration (beziehungsweise Assonanz) vollkommen gleich ist das إتباع der Araber allerdings nicht, obwohl der Idee und der Intention der Begriffsverstärkung nach deutsche Alliterations-Formeln wie ‚blitzblau', ‚lichterloh', windelweich' u. s. w. getrost in eine Parallele mit dem Arabischen gesetzt werden können, ja noch mehr: eine arabische Verbindung, wie لَيْل لائل, شاغل شغل, راحلة رحيل, u. s. w. (s. SM. II, 130 f.) oder wie das إتباع: لَحِز لَصِب ‚sehr geizig' entspricht genau der deutschen Alliteration und das in seiner Form alliterirend abgefasste altniederdeutsche Hildebrandslied findet sein Gegenstück in der Epistola sînica et śînica des Ḥarîrî;[1]) auch dasjenige arab. إتباع, wo die gleiche Wortform nur durch den divergirenden Anfangs-Vocal sich unterscheidet (also eine Art Assonanz), wie in عَرْجَة وعُرْجَة (s. Nr. 101) ist hier von Belang; in einem gewissen Sinne kann das إتباع sogar als eine Reduplication aufgefasst werden. Dass das Alliterations-Element vielfach onomatopoetisch aufgefasst werden muss, erhellt z. B. aus خاش ماش ‚Sack und Pack', قاش ماش ‚Gerümpel' u. s. w.

6. Betrachten wir das innere Gedanken-Verhältniss beider Theile des إتباع, so ist es, wenn das Alliterations-Element erklärt werden kann, das Verhältniss zweier Synonyma im engeren und weiteren Sinne.

Was die Wiedergabe des Terminus إتباع anbelangt, so trifft die Bezeichnung ‚Wortassimilation' nur die äussere Seite des Terminus; Hammer, Die Namen der Araber, S. 70, Anm. 1

---

[1]) Vgl. auch Bibl. arabico-sicula 206, 13 f.: مِن كلّ شينى مِن شانه شَنّ الغارة; vgl. ferner v. Mehren, Rhetorik der Araber 160, wie überhaupt das تجنيس (die Paronomasie) manche Berührungspunkte mit dem إتباع gemein hat; beachte auch 'Imruulkais, Mu'all. 53.

(wo 20 durch Druckfehler total entstellte Beispiele des إتباع [hier *el-etbâa*'!] angeführt werden) gebraucht den Ausdruck ‚Tautologien oder Füllwörter'; Howell, Arab. Gram. (Glossary): إتباع ‚alliterative sequent'; Trumpp, Beiträge zur Erklärung des Muf., S. 721 ‚imitatives Sequens', doch S. 813 f. ‚Alliteration'; Goldziher, Beiträge zur G. d. Spr. III, S. 4 ‚Lautharmonie'.

7. Die älteste Form des إتباع war gewiss das Asyndeton; die Araber sagen es ausdrücklich, dass das Fehlen des وَ zwischen beiden Elementen ein Charakteristikon des إتباع ist und dieses von dem توكيد im engeren Sinne unterscheidet; auch das Fehlen des Artikels scheint eine Rolle zu spielen, vgl. Ḥarîrî, Durra, ed. Thorbecke, Einleitung 28.

Erst später scheinen die formelhaften, ebenfalls zum إتباع gerechneten Verbindungen mit وَ entstanden zu sein; aus den Beispielen أَفّ (و)تفّ oder أَفّ تفّ, فى حور وبور u. s. w. erhellt noch deutlich das unsichere Schwanken.

Hier allerdings ist das Verhältniss des Alliterations-Elementes zum vorhergehenden Worte das des Synonymen (وَ copulat.) oder des Gegensatzes (وَ advers.[1]).

8. Den Ursprung scheint das إتباع in der alten Volkssprache (der Ḳur'ân hat Nr. 145) zu haben, die in ihrer Kraft und Fülle solchen Wucherbildungen sehr günstig ist; nicht weniger als 38 dieser إتباع-Formeln sind Schimpfwörter, neun Bezeichnungen für grosse Fülle, viele sind Bezeichnungen für Geiz, gross, klein, nichts, wenig, auch obscöne Ausdrücke kommen vor, wie überhaupt das arab. إتباع eine Fundgrube für völkerpsychologische Analoga und interessante Beobachtungen für manchen Zug des arabischen Volkslebens bietet; manches von diesem interessanten Sprachgute mag der عامّة, die hier vielfach in die Schriftsprache hineinreicht, angehören, manches

[1]) Demgemäss zerfiele das grosse Gebiet der إتباع-Formeln: 1. in eigentliche 'Itbâ'-Formeln, 2. 'Itbâ'-Formeln mit وَ, 3. in verwandte Reim-Formeln, eine Zusammenstellung lautanklingender Synonyma, nach welcher Eintheilung im alphabetischen Verzeichniss den einzelnen Nummern der entsprechende Platz leicht zuzuweisen ist; zu der dritten Kategorie vgl. noch هو أَغْنَى وَأَقْنَى Ḳur'ân 53, 49; Sujûṭi, 'Itḳân 305, 18 f.; — سَغِبَةٌ فَهِبَةٌ M.; — هو رِجْسٌ نِجْسٌ M. und 'Ibn Hišâm, Mugnî II, 399 u. s. w.

den Dialecten, sowie hier Improvisation und individuelle Gebrauchsanwendung eine gewisse Rolle spielen.

Auch das arabische Sprichwort ist in seiner kurzen, oft adversativen Ausdrucksweise vielfach nichts anderes als ein zu einem Satze erweitertes إتباع.[1])

9. Was die grammatikalische Form des Alliterations-Elementes anbelangt, so findet sich in den von mir gesammelten Beispielen, die durch den Tonfall mundgerechte Form فعيل in 43, die Form فاعل in 29, die Form فَعِل in 22 Fällen; dann kommen فَعْل, فَيْعِل und فِعْل u. s. w.

10. Rücksichtlich des Anfangs-Consonanten des Alliterations-Elementes ist die Beobachtung nicht uninteressant, dass die Lippenlaute überwiegen; so erhellt aus meiner Sammlung, dass als Anfangs-Consonant vorkömmt م in 25, ب in 35, ن in 25, ت in 11, ش in 11, ل in 33 Fällen.

Besonders interessant erschienen mir die Fälle, wo das Alliterations-Element mit أ beginnt nach einem mit ع anlautenden Worte; ebenso ت nach ض; ت und د; ت nach ط.

11. Gewöhnlich ist das Alliterations-Element eingliedrig: in mehreren Fällen jedoch auch zweigliedrig, s. SM. I, 202, 19—21: ويقال حسن بسن قسن ولا بارك الله فيه ولا تارك ولا دارك [انتهى] وقد استفيد من المثالين الآخيرين أن الاتباع قد يأتى بلفظين بعد المتبوع كما يأتى بلفظ واحد; ein einziges Beispiel eines dreigliedrigen Elementes bietet Nr. 13, b.

Ich schliesse; mit dem in dieser Abhandlung Gegebenen soll die Untersuchung über das إتباع durchaus nicht abgeschlossen sein; eine Reihe von Resultaten dürfte sich schärferer Beobachtung nicht entziehen — hier sollte nur eine Basis für dieselben gewonnen werden. Was ich gebe, ist nebst einer Einleitung ein Abschnitt über die Definition und Begriffsentwickelung des إتباع, worin ich als philologische Vorfragen die Ansichten der Araber registrirte; ein zweiter Abschnitt behandelt die Literatur über das إتباع; ein dritter gibt, im Allgemeinen

[1]) Wie überhaupt der Araber es liebt, Begriffsbestimmungen und Eintheilungs-Modalitäten auch lautlich zu veranschaulichen; s. M. s. v. بهر:
وتقول العرب الازواج ثلثة زوج بَهْر وزوج دَهْر وزوج مَهْر . . . .

auf Grundlage von Sujûṭî's Muzhir, 224 Beispiele (vielfach belegt durch Prosa- und Dichterstellen) des eingliedrigen Alliterations-Elementes und 19 Beispiele des zweigliedrigen; selbstredend will diese Beispiel-Sammlung auf absolute Vollständigkeit keinen Anspruch machen, ist doch jede lexicalische Monographie gleichsam ein mit wenigen Zeilen beschriebenes, rubricirtes Blatt, das noch Raum für viele Zusätze bietet.

Die Untersuchung des إتباع im Persischen und Türkischen (in welch' letzterer Sprache sich übrigens diese Erscheinung doppelt verzweigt) und die Beantwortung der Frage, ob hier ein Abhängigkeits-Verhältniss zum Arabischen vorliegt, ferners ein Streifzug in das Gebiet des Modern-Arabischen[1]) und eventuell der übrigen semitischen Sprachen (speciell des Syrischen und Hebräischen [vgl. תֹהוּ וָבֹהוּ]) — dies lag ausserhalb des Rahmens dieser Arbeit!

I. Definition und Begriffsentwickelung.[2])

(Philologische Vorfragen: die Ansichten der Araber über das 'Itbâ'.)

1. Die Definition des 'Ibn Fâris: SM. I, 199, 21–22: قال ابن فارس فى فقه اللغة للعرب الاتباع وهو أن تُتْبِعَ الكلمةَ الكلمةَ على وزنها أو[3]) رويّها اشباعًا وتأكيدًا

2. Eine genauere Definition gibt derselbe 'Ibn Fâris in seinem كتاب الاتباع: SM. I, 200, 1—5: وقال ابن فارس فى خطبة تأليفه [المذكور] ' هذا كتاب الاتباع والمزاوجة وكلاهما على وجهين أحدهما أن تكون كلمتان متواليتان على روىّ واحد والوجه الآخر ان يختلف الرويّان ثم يكون بعد ذلك على وجهين أحدهما أن تكون الكلمة الثانية ذات معنى والثانى أن تكون الثانية غير واضحة المعنى ولا بيّنة الاشتقاق الا أنها كالاتباع لما قبلها (انتهى) '

---

[1]) C. Landberg, Proverbes et dictons du peuple arabe, Vol. I, 215.

[2]) Ueber das 'Itbâ' als Term. techn. eines lautlichen Processes, s. meine Abhandlung über ‚die 'Imâla'. Wien. 1876.

[3]) Ṯa'âlibî in seinem فقه اللغة 183, 21 f.: هو من سُنَن العرب وذلك أن تتبعَ الكلمةَ الكلمةَ على وزنها ورويّها (sic) اشباعًا وتوكيدًا اتّساعًا (sic)

demgemäss erhalten wir das Schema:

الاتباع

1. das رَوِىّ ist gleichartig,	2. das رَوِىّ ist verschieden.
1. das Alliterat.-Elem. ergibt für sich allein einen Sinn.	2. das Alliterat.-Elem. ist für sich allein ohne Sinn und Bedeutung.

3. Die Definition des 'al-Kâlî: SM. I, 200, 25: وقال القالى فى أماليه الاتباع على ضربين ضرب يكون فيه الثانى بمعنى الاول فيؤتى به توكيدا لان لفظه مخالف للاول وضرب فيه معنى الثانى غير معنى الاول فمن الاول قولهم ...; folgen als Beispiele die Nummern: 210, 12, 120, 84 c), 151, 189, 1. — Ferner SM. I, 201, 13 f. (gelegentlich der Erklärung von حسن بَسَن s. Nr. 27): لأجل الاتباع اذ مذهبهم فيه أن يكون أواخر الكلم على لفظٍ واحدٍ مثل القوافى والسجع ‘

4. Die Definition nach dem Muḥîṭ-'al-Muḥîṭ: s. v. وكد: ومن التوكيد اللفظىّ الإتباع ‘ وهو ثلاثة اضرب لانه إمّا ان يكون للثانى معنى ظاهر نحو هنيئًا مريئًا أو لا يكون له معنى اصلا بل ضُمّ الى الاول لتزيين الكلام لفظًا وتقويته معنًى وان لم يكن له حال الافراد معنى كقولك حَسَن بَسَن وشيطان ليطان. أو يكون له معنًى متكلّف غير ظاهر نحو خبيث نبيث[1]; demgemäss erhalten wir das Schema:

الاتباع

1. das Alliterations-Element ergibt einen deutlichen Sinn;
2. das Alliterations-Element ist für sich allein bedeutungslos und dient nur zum Aufputz des vorangehenden Wortes und zur Sinnverstärkung desselben;
3. das Alliterations-Element ergibt nur durch erzwungene Deutung einen Sinn.

5. 'Al-Kisâ'î bei 'Abû 'Ubaid im Ġarîb-'al-ḥadîṯ führt, gelegentlich der Erklärung von حارّ يارّ (s. Nr. 220) folgende Etymologie des Term. techn. إتباع an: SM. I, 200, 8—9: وانما سُمّى اتباعًا لان الكلمة الثانية انما هى تابعة للاولى على وجه التوكيد لها وليس يتكلّم بالثانية منفردة فلهذا قيل اتباع ‘

[1]) Vgl. Howell, Arab. Gram., Allahabad 1883. I, 393.

6. Das Charakteristikon des إتباع ist nach ʾAbû ʿUbaid das Fehlen des copulativen وَ vor dem Alliterations-Elemente: SM. I, 200, 12 f. sagt (gelegentlich der Erklärung von حيّاك وبيّاك): وذلك أنّ الاتباع لا يكاد يكون بالواو وهذا بالواو وليس هو عندى كذلك; ferner Zeile 14 (gelegentlich der Erklärung von حلّ وبلّ): وزعم قوم أن التأكيد غير الاتباع لمكان الواو; ebenso 204, 23—25: واختلف فى الفرق فقال قوم الاتباع منها ما لم يحسن فيه واو نحو حسن بسن وقبيح شقيح والتأكيد يحسن فيه الواو نحو حلّ وبلّ ‘; vgl. dazu H. 296, 6: وانما يكون الاتباع بغير واوٍ وانما هو شبيهٌ بالتوكيد ‘

7. Dass das Alliterations-Element nichts weiter als ein Synonymum zum vorangehenden Worte sei, findet sich hin und wieder als ständige Ansicht mancher arabischer Philologen: SM. I, 200, 16—17: قال التاج السبكى فى شرح منهاج البيضاوى ظنّ بعض الناس أن التابع من قبيل المترادف لشبهه به; allein zwischen dem إتباع und dem ترادف erkennt السبكى doch einen wesentlichen Unterschied: SM. I, 200, 18—20: والحق الفرق بينهما فان المترادفين يفيدان فائدة واحدة من غير تفاوت والتابع لا يفيد وحده شيئا بل شرط كونه مفيدا تقدم الاول عليه كذا قاله الامام فخر الدين الرازى; auf die Bemerkung des الآمدى: SM. I, 200, 20 f.: وقال الآمدى التابع لا يفيد معنى أصلا ولهذا قال ابن دريد سألت أبا حاتم عن معنى قولهم بسن فقال لا أدرى ما هو, erwidert السبكى: SM. I, 200, 21 ff.: قال السبكى والتحقيق أن التابع يفيد التقوية فان العرب لا تضعه سدى وجهل أبى حاتم بمعناه لا يضر بل مقتضى قوله إنه لا يدرى معناه أنّ له معنى وهو لا يعرفه ‘; vgl. dazu noch SM. I, 204, 25 f.: وقال قوم الاتباع للكلمة التى يختص بها معنى ينفرد بها من غير حاجة الى متبوع ‘; und M. s. v. شقح: والفرق بين ان يكون اتباعًا وان يكون بمعنى ما قبله هو انه على الاول لا يُقصَد معناه فيكون لتقوية الكلام. وعلى الثانى يُقصَد فيكون كالتكرار........‘

8. Der Unterschied zwischen إتباع und توكيد wird also definirt: SM. I, 200, 23 ff.: قال [السبكى] والفرق بينه وبين التأكيد أن التأكيد يفيد مع التقوية نفى احتمال المجاز وايضا فالتابع من شرطه أن يكون على زنة لمتبوع والتأكيد لا يكون كذلك ‘; ferner SM. I, 204, 12—23: (فائدة) قال ابن الدهان فى الغرة فى باب التوكيد منه قسم يسمّى الاتباع نحو عطشان نطشان وهو داخل فى حكم التوكيد عند الاكثر والدليل على ذلك كونه توكيدا للاول غير مبين معنى بنفسه عن نفسه كاكتع وأبصع مع أجمع فكما لا ينطق بأكتع بغير أجمع فكذلك هذه

الالفاظ مع ما قبلها ولهذا المعنى كررت بعض حروفها فى مثل حَسَن بَسَن كما فعل بأكتع مع أجمع ومن جعلها قسما على حدة حجته مفارقتها اكتع لجريانها على المعرفة والنكرة بخلاف تلك وانها غير مفتقرة الى تأكيد قبلها بخلاف أكتع قال والذى عندى أنّ هذه الالفاظ تدخل فى باب التأكيد بالتكرار نحو رأيت زيدا زيدا ورأيت رجلا رجلا وانما غير منها حرف واحد لما يجيئون فى أكثر كلامهم بالتكرار ويدل على ذلك انه انما كرر فى أجمع وأكتع العين وهنا كررت العين واللام نحو حسن بسن وشيطان ليطان وقال قوم هذه الالفاظ تسمّى تأكيدًا واتباعًا ‘; vgl. noch H. 296, 6: vgl. 6.

9. Was die Araber von dem إتباع als Verschönerungsmittel halten, liegt kurz in den Worten (des 'Ibn Fâris): SM. I, 199, 22 f.: وروى أن بعض العرب سُئل عن ذلك فقال هو شىء نَتِدُ به كلامنا; ebenso SM. I, 201, 5 f.: وقال ثعلب فى أماليه قال ابن الاعرابى سألت العرب أىّ شىء معنى شيطان ليطان فقالوا شىء نتد به كلامنا نشدّه ‘

10. Dass die Perser in ihrer Sprache gleichfalls die Erscheinung des إتباع aufweisen können, haben schon die Araber erkannt: SM. I, 199, 24 (nach 'Ibn Fâris): وقد شاركت العجم العرب فى هذا الباب = T̲a'âlibî, fiḳh-'al-luġa 183, 24; vgl. dazu Splieth, Grammaticæ persicæ præcepta . . . ., p. 40 und Vullers, Institutiones ling. pers., 2. Aufl., 266.

II. Die Literatur über das 'Itbâ'.

1. Für die arabische Philologie ist die grundlegende Arbeit über das اتباع die Schrift des 'Ibn Fâris († 390), welche den Titel[1]) führt: فتاوى فقيه العرب للاتباع والمُزاوَجَة[2]); diese wahrscheinlich verloren gegangene Schrift behandelte die Beispiele dieser beiden ‚rhetorischen Figuren' in alphabetischer Reihenfolge; vgl. SM. I, 199, 24 f.: وقد ألّف ابن فارس ‖المذكور‖ تأليفًا مستقلا فى هذا النوع وقد رأيتُه مرتّبًا على حروف المعجم; vgl. 200, 1; das andere sub 6. c) citirte Werkchen desselben Ver-

---

[1]) Flügel, Die grammat. Schulen der Araber, 248 und Anm. 1. — Ueber فقيه العرب vgl. nebenbei SM. I, 297, 23 und 298, 18 ff. und 23.

[2]) Ueber das مزاوَجَة vgl. M. s. v. زوج und von Mehren, Die Rhetorik der Araber, 103 f.

fassers: إلماع الاتباع scheint ein Auszug dieses grösseren, beide Spracheigenthümlichkeiten behandelnden Werkes zu sein.[1])

2. Auf Grundlage der Arbeit des 'Ibn Fâris verfasste Sujûṭî seine ergänzende Schrift: الالماع فى الاتباع; vgl. SM. I, 199, 25 f.: وفاته أكثر ممّا ذكره وقد اختصرتُ تأليفَه وزدتُ عليه ما فاته فى تأليف لطيف سميتُه الالماع فى الاتباع '

3. Sujûṭî selbst behandelt in seiner ausgezeichneten Weise das Thema اتباع in seinem ‚Muzhir fî 'ulûm 'al-luġa'[2]) in zwei Abschnitten (SM.); der erste: SM. I, 199, 20—201, 16 bespricht unter dem Titel النوع الثامن والعشرون معرفة الاتباع die diesbezüglichen philologischen Vorfragen; der zweite: SM. I, 201, 17—204, 26 gibt unter der Ueberschrift ذكر أمثلة من الاتباع weit über 100 Beispiele für das اتباع.

4. 'Abd-'ar-Raḥmân 'al-Hamadânî behandelt das Thema اتباع in seinem ‚Kitâb-'al-'alfâẓ-'al-kitâbîjja'[3]) (H.), p. 295 f. (باب الاتباع).

5. Ṯa'âlibî widmet gleichfalls ein Capitel (فصل ' فى الاتباع) diesem Thema in seinem ‚Kitâb fiḳh-'al-luġa'[4]) (TF.), p. 183, 21—24.

6. Die von Sujûṭî in seinem ‚Muzhir' für das اتباع benützten Quellen sind:

a) die Ġamhara des 'Ibn Duraid[5]): SM. I, 201, 18—202, 8; derselben sind die folgenden Nummern (des alph. Verzeichnisses) entnommen: 205, 189, 27, 118, 90, 17, 183, 151, 85, 88, 154, 220, 15, 103, 200, 12, 166, 193, 203, 130, 117, 67, 40, 144, 140 (diese Numern: لا تغفر!) 171, 215, 120, 207, 181, 61, 4, 141, 64. 36, 43; dazu gehört noch eine Bemerkung zu Nr. 36, die aus einem anderen Kapitel der Ġamhara[6]) entlehnt ist: SM. I, 202,

---

[1]) Darnach und mit Rücksicht auf das in der I. 2. gegebenen Definition Bemerkte ist wohl richtig zu stellen, was Goldziher, Beiträge zur Geschichte der Sprachgelehrsamkeit III, 5, Anm. 1) sagt.

[2]) Edit. Bûlâḳ, zwei Bände, 1282.

[3]) Edit. Beyrouth, 1884.

[4]) Cairo, Lithograph. 1284 (zweiter Theil).

[5]) . . . . . (قال ابن دريد فى الجمهرة) باب جمهرة من الاتباع يقال . . . . .

[6]) . . . . (وقال فى موضع آخر من الجمهرة).

9 f.: ferner als Nachtrag [1]): SM. I, 202, 21—26 die Nummern 55, 33, 42, 39, 8, 14; ferner SM. I, 204, 5 die Nr. 124;

b) ʼAbû ʻUbaidʼs ‚ʼal-ġarîb ʼal-muṣannifʻ [2]): SM. I, 202, 11—21; die Nummern 94 a), b), c), 47, 50, a), c), 1, 172, 110, 195, 33 b), 24, 196, 176, 184, 169, 73, 127, 7, 159, 20, 187, 41 und B) 2 und 7;

c) ʼIbn Fârisʼ ‚Kitâb ʻilmâʻ ʼal-ʼItbâʻ [3]): SM. I, 202, 26—203, 11; daraus die Nummern 53, 60, 148, 126, 54, 138, 114, 137, 39 b), 144 b), 147, 149, 217, 177, 48, B) 11, 167, 163, 145, 26, 213, 71, 116, 10, B) 4, 180, 66, 152, 146, 46, 192, 65, 52, 69, 111, 9, 182, 58, 77, 11 a), 218, 97, 164, 157, 89;

d) die Taḏkira des Šaiḫ Tâġ-ʼad-dîn ben Maktûm [4]): SM. I, 203, 11—14; daraus die Nummern 198, 134, 29, 78, 150, 45, 25, 49, 28, 3, 75, 178;

e) die ʼAmâlî des Ṯaʻlab [5]): SM. I, 203, 14—21; daraus Nr. 82, 122, B) 8, 32, B) 9, 143, 209, 6, 175, 139, 214, 106, B) 6, B) 12, 93;

f) die ʼAmâlî des ʼal-Kâlî [6]): SM. I, 203, 21—25; daraus die Nummern 140, 23, 18, 117 b), 132, 91, 63, 59, 128, 168, B) 13, 156, 108, 68, 170;

g) der ‚Dîwân ʼal-ʼadabʻ des ʼAl-Fârâbî [7]): SM. I, 203, 25—204, 3; daraus Nr. 165, 57, 166, 175, B) 16, 34, 19;

h) der ‚Ṣaḥâḥʻ des Ǵauharî [8]): SM. I, 204, 4 f.; daraus Nr. 24, 135; ferner SM. I, 204, 6—12, die Nummern 107, 96, 4, 133, 81, 84 a), b), c), 76, 123, 191;

i) das ‚Muḫtaṣar ʼal-ʻainʻ [9]): SM. I, 204, 6; daraus Nr. 104.

Das ‚Muzhirʻ des Sujûṭî hat also etwa 170 Beispiele; die übrigen sind gelegentlich bei der Lectüre gesammelt.

---

[1]) (فى الجمهرة ايضا).

[2]) (وعقد أبو عبيد فى الغريب المصنف بابا للاتباع (فمما ذكر فيه)...).

[3]) (وفى كتاب الماع الاتباع لابن فارس).

[4]) (وفى تذكرة الشيخ تاج الدين بن مكتوم بخطه).

[5]) (وفى أمالى ثعلب).

[6]) (وفى أمالى القالى).

[7]) (وفى ديوان الادب للفارابى).

[8]) (وفى الصحاح).

[9]) (وفى مختصر العين).

7. Ueber die Literatur der ‚Alliteration' ausserhalb des Arabischen, vergleiche man die Arbeit Wölfflin's: ‚Ueber die alliterirenden Verbindungen der lateinischen Sprache', München, 1881 (Sitzungsberichte der phil.-philol. und hist. Classe der k. b. Akademie der Wissensch., Bd. II, Heft 1), woselbst S. 27 die einschlägige Literatur zusammengestellt ist. — Seither konnte ich noch verzeichnen: 1) Th. Heinze, Die Alliteration im Munde des deutschen Volkes. Schulprogramm von Anklam; 2) W. Ebrard, Die Alliteration in der lateinischen Sprache. Schulprogramm von Bayreuth; 3) Ed. Kranich, Die Alliteration bei P. Papinius Statius. 1. Th. Programm des Landes-Realgymn. zu Mähr.-Neustadt; 4) H. Habenicht, Die Alliteration bei Horaz. Programm des Staats-Obergymn. in Eger.

III. Alphabetisches (nach dem 1. Wurzellaute des Alliterations-Elementes) geordnetes Verzeichniss der Alliterations-Formeln.

A) Die Formeln mit einfachem Alliterations-Elemente.

1. هو أَسْوان أَتْوان ‚traurig und betrübt'. — SM. I, 201, 4: حزين متردّد يذهب ويجىء من شدّة الحزن; 202, 13: حزين; fehlt in M.

2. كَثيرٌ أَثيرٌ ‚in Hülle und Fülle'. — M.: إتباعٌ كما يقال كَثير بَثير; H. 295, 9; vgl. Nr. 15 und 18, 23; vgl. Ḥarîrî, Mak. 644, 9.

3. شَديدٌ أَديدٌ ‚heftig und hitzig'. — SM. I, 203, 13 f.; H. 295, 13; fehlt in M.

4. عَريض أَريض ‚schlecht (d. i. schlicht) und recht'. — SM. I, 202, 5 (غريض ist Druckfehler!): وشىء عريض أريض الأريض الحسن; 204, 7 f.: وأريض عريض اتباع له وبعضهم يفرده; M.: اتباع او سمينٌ; also umgekehrte Stellung; H. 295, 15; vgl. Ḥarîrî, Mak. 150, 3 f. (wo أريض und غريض reimen).

5. أَلْحِق الحِسَّ بالإِسّ ‚zum Anfang auch das Ende!‘ (wer A sagt, muss auch B sagen). — M., als وقولهم: الشىء بالشىء أى اذا جاءك شىء من ناحية فافعل مثله او أَتبِع احد المتصاحبين بالآخر [وهو المشهور] كما يقال أَتبِع الدلوَ بالرشآء; s. v. أسس kürzer: أَلْحِق الآخر بالاول.

6. كَصيص وأصيص ‚Beengung und Beklemmung‘ (Furcht und Schrecken). — SM. I, 203, 17 (كعيص ist Druckfehler!): وله من فرقه .... أى انقباض وذُعْر; fehlt in M.

7ª. هو أَشِرٌ أَفِرٌ
und
7ᵇ. أَشْرانُ أَفْران
‚sehr übermüthig; hurtig und munter‘. — SM. I, 202, 18; M.: ورجل أَشْرانُ أَفْران بَطِرٌ وهو اتباع.

8ª. يوم عَكٌّ أَكٌّ
und
8ᵇ. عَكيكٌ أَكيكٌ
‚glühend heiss‘. — SM. I, 202, 25 f.: شديد الحَرّ; fehlt in M.

9. ذهب الضلال والألال ‚Irrthum und Lüge‘ (eitel Spiegelfechterei). — SM. I, 203, 9; dagegen M.: الألال الباطل والضلالُ بن الألالِ اتباع.

10. لحم غَرِيض أَنِيض ‚ganz frisch‘ (frisch und roh, frostig frisch). — SM. I, 203, 6; fehlt in M.; zu غريض vgl. Ḥarîrî, Mak. 150, 3 und Nr. 4.

11ª. رجل عَيْمانُ أَيْمانُ ‚verwitwet und verwaist, verloren und verlassen‘. — SM. I, 203, 10: فاقد الصبر; M.: ذهبت إبِلُه وماتت امرأته.

11ᵇ. ما له آمٌ وعامٌ M. als يقال: هلكت امرأته وماشيته حتى يئيمَ ويعيمَ اى يشتهى النسآء واللبنَ فهو أَيْمانُ الى النسآء وعَيْمانُ الى اللبن [وهى أَيْمَى وعَيْمَى]; also umgekehrt; s. Nr. 109; 'Anbârî, 'aḏdâd 213, 18 f.

12. ضَئيل بَئيل ‚klein und schwächlich, armselig, ärmlich und erbärmlich‘. — SM. I, 201, 1: فالبئيل بمعنى الضئيل; 202, 1; M. als يقال.

13. طلّقها بَتّةً بَتْلَةً ‚ganz und gar, unwiderruflich‘. — M.: طلقةٌ قاطعةٌ او مقطوعةٌ اى لا رجعة فيها; Ḥarîrî, Mak. 605, 4.

14. تركهم هَتًّا بَتًّا ‚zerbrochen und zerrissen‘. — SM. I, 202, 26: كسرهم; fehlt in M.

15. كَثيرٌ بَثيرٌ ‚in Hülle und Fülle‘. — SM. I, 201, 25: وكثير بثير وبذير عفير يوصف به الكثرة; M.: إتباع; H. 295, 9; vgl. Nr. 2 und 18, 23.

16. ذَكَرَ عُجَرَهُ وبُجَرَهُ ‚Offenes und Geheimes‘ (= Alles). — M.: عيوبَه وامرَه كلّه وفى الاساس تقول القيتُ اليه عُجَرى وبُجَرى اذا اطلعته على معايِبك لثقتك به . واصل العُجَر العُقَد الناتية فى العَصَب والبُجَر العُقَد الناتية فى البَطْن خاصّةً; s. v.: عجر: عيوبَه واحزانه وما ابدى وما اخفى; Ḥarîrî, Mak. 325, 5 und 336, 7 ff.

17. شَحيحٌ بَحيحٌ ‚filzig‘ (geizig und heiser). — SM. I, 201, 22 f.: بالباء من البُحّة ونحيح بالنون من نَحّ البَحيحُ يأتى إتباعًا للشحيح يقال; M.: بحمله; رجلٌ . . . . اى بخيل; ’Anbârî, ’aḏdâd 270, 2; s. Nr. 186.

18. كَثيرٌ بَجيرٌ ‚in Hülle und Fülle‘. — SM. I, 203, 22 (بحير ist Druckfehler); M.: البَجيرُ يُذْكَر إتباعًا لكثير يقال . . . .; s. Nr. 2 u. 15, 23 u. B) 1.

19. مكان عَميرٌ بَحيرٌ ‚dicht bewohnt‘. — SM. I, 204, 3: إتباع له; fehlt in M.; vielleicht zu lesen: بجير?

20. عَيْن جَذْرَة بَذْرَة ‚glotzend‘. — SM. I, 202, 18 f.: عظيمة; fehlt in M.

21. رجلٌ أَحَدٌّ أَبَدٌّ ‚ganz allein‘ oder ‚einzig (in seiner Art)‘. — M. als فردٌ: يقال.

22. شِذَرَ بِذَرَ s. Nr. 16 unter B) und Nr. 158.

23. كَثيرٌ بَذيرٌ ‚in Hülle und Fülle‘. — SM. I, 203, 22 (s. Nr. 15); M.: اتباع . قال الفرّاء كثير بذير مثل كثير بثير لغةٌ او لُثْغةٌ; H. 295, 9; s. Nr. 2, 15, 18, 103.

24. رجلٌ حاذِقٌ باذِقٌ ‚sehr geschickt‘. — SM. I, 202, 15; 204, 4: فلان فى صنعته . . . . وهو اتباع له; M.: ويقال فلان فى صنعته . . . على سبيل الاتباع كما فى قولهم حَسَنٌ بَسَنٌ; s. v. بذق: إتباعٌ.

25. مخرنطم مبرنطم ‚zornentbrannt‘ oder ‚stolz und aufgeblasen‘. — SM. I, 203, 13; fehlt in M.

26. من حَسِّه وبَسِّه ‚nach Kraft und Macht‘, ‚nach bestem Wissen und Gewissen‘, ‚so gut (so viel) er kann (konnte)‘. — SM. I, 203, 5: وجآء بالمال ....; M.: وتقول العرب ايتِ به من حَسِّك وبَسِّك اى من حيث شئتَ او من جهدك وطاقتك. وقيل الحَسّ الاستقصآء والبَسّ الرفق فى الطلب; s. v. بسس: قال ابو عمرو ويقال جآء به من حسِّه وبسّه اى من جهده وطاقته. ولأطلبنّه من حسّى وبسّى اى جهدى وطاقتى. قال الكسآئىّ يقال جِئْ به من حسّك وبسّك اى ايتِ به على كلّ حالٍ من حيث شئتَ; Ṯa'lab, kitâb-'al-faṣîḥ 25, 1 und Anm. 41.

27. حَسَنٌ بَسَنٌ ‚sehr schön‘. — SM. I, 200, 7: قال الكسآئىّ حارّ من الحرارة وبارّ اتباع كقولهم عطشان نطشان وجائع نائع وحسن بسن ومثله كثير فى الكلام; zur Erklärung von بَسَن: 1) SM. I, 201, 20 f.: قال ابن دُرَيْد سألتُ أبا حاتم عن بسن فقال لا أدرى ما هو; 2) 200, 20 ff.: وقال الآمدى التابع لا يفيد معنى أصلا ولهذا قال ابن دُرَيْد سألت أبا حاتم عن معنى قولهم بسن فقال لا أدرى ما هو قال السبكى والتحقيق أن التابع يفيد التقوية فان العرب لا تضعه سدى وجهل ابى حاتم بمعناه لا يضر بل مقتضى قوله إنه لا يدرى معناه أنّ له معنى وهو لا يعرفه; 3) 201, 6—14: قال القالى فى أماليه فى قولهم حسن بسن يجوز أن تكون النون فى بسن زائدة كما زادوها فى قولهم امرأة خلبن من الخلابة وناقة علجن من التعلج وهو الغلظ فكانّ الاصل فى بسن بس وبس مصدر بسست

السويق أبسّه بسّا فوضع البس فى موضع المبسوس كقولهم درهم ضرب الامير أى مضروبه ثم حذفت احدى السينين تخفيفا وزيد فيه النون وبنى على مثال حسن فمعناه حسن كامل الحسن قال وأحسن من هذا أن تكون النون بدلا من حرف التضعيف كما يبدل ذلك ياء لانّ الياء والنون كلاهما من حروف الزيادة ومن حروف البدل وآثروا هنا النون على الياء لاجل الاتباع اذ مذهبهم فيه أن يكون أواخر الكلم على لفظ واحد مثل القوافى والسجع; 4) 204, 16; s. Begriffsbestimmung 8; 5) 204, 22; 6) 204, 24 (ohne و!). — M.: وهو حَسَنٌ بَسَنٌ: يقع اتباعًا لحَسَنٍ بسن. s. v.; بَسَنٌ اتباع ;يقال فلانٌ حَسَنٌ بَسَنٌ على سبيل التأكيد — 'Anbârî, 'addâd 247, 11; H. 295, 10; Mubarrad, Kâmil 338, 4; s. Nr. 119 und B) 2.

28. هَشٌّ بَشٌّ ‚erfreut und entzückt'. — SM. I, 203, 13; M.: بشش. s. v.; وانابه . . . . اى فَرِحٌ مسرور ;ورجل . . . . أى طليق الوجه طيّب; vgl. Ḥarîrî, Mak. 314. Comm.

29. خَصىّ بَصىّ ‚Eunuch, impotent'. — SM. I, 203, 12 f.; M.: وخَصا وبَصا بِصاءً اى استقصى فى الخصاءِ وخَصاه اللّه وبَصاه ولَصاه ويقال خَصِىٌّ بَصِىٌّ.

30a. مِضًّا وبِضًّا und 30b. ميضًا وبيضًا ‚Lippengeschmatze' (onomatop.). — M.: وما علّمك اهلُكَ الّا . . . . و . . . . وهو أن يُسأل عن الحاجة فيتمطّق بشفتيه.

31. ما عنده خَضَضٌ ولا بَضَضٌ ‚gar Nichts'. — M. als يقال: شىء (dann: الخَضَضُ الشىءُ وهو مختصّ بالنفى).

32. فَظٌّ بَظٌّ ‚dick und fett'. — SM. I, 203, 15 (نظ ist Druckfehler!): وأنه لفظ بظ; M.: البَظّ اتباع

s. v. فظظ: يقال هو فَظٌّ بَظٌّ اى غليظ ورجل فَظٌّ بَظٌّ اتباع للفظّ;

33^{a}. خَظًا بَظًا ‚derb und fest (prall)'. — SM. I, 202, 22 f. (حظا ist Druckfehler!): وخَظّه .... اذا كان كثيرا ولا يفرد بظا هكذا يقول الاصمعىّ; M.: مكتنز.

33^{b}. خَظِيَت ... وبَظِيَت = 33^{a}. — M.: وقولهم خَظِيَتِ المرأة وبَظِيَت اتباع; jedoch SM. I, 202, 15: حظيت المرأة عند زوجها بظيت (mit ح!) eine Vermischung der Wurzeln خظو und حظو (‚geachtet und geehrt').

33^{c}. فرسٌ خَظٍ بَظٍ = 33^{a}. — M. als يقال: على الاتباع.

33^{d}. امرأةٌ خَظِيَة بَظِيَة = 33^{a}. — M. als يقال: على الاتباع.

33^{e}. خَظِىّ بَظِىّ = 33^{a} (oder حظى, s. zu 33^{b}). — H. 295, 15.

34. شَغَرَ بَغَرَ ‚dahin und dorthin (zerstreut)'. — SM. I, 204, 3: تفرّقت ابله ....; s. zu Nr. 22; M.: بالبنا على الفتح والنصب محلًّا على الحال اى تفرّقوا فى كل وجهٍ; s. v. شغر: .... اى فى كل وجهٍ. وهما اسمان جُعِلا اسمًا واحدا وبُنِيا على الفتح كخمسة عشر. واصلهما من شغر الكلب اى رفع رجله. آو من شغرتُ بنى فلان من موضع كذا اى اخرجتهم منه. آو من اشتغر العدد اذا كثر وانتشر. آو من بَغَر اذا كان عطشانًا لان فى كلّ منهما تفرّقًا. آو هو اتباعٌ كما فى شذر مذر; Sîbawaihi, Kitâb II, 50 f.; Zam., Mufaṣṣal 70, 2; 71, 2; Arab. prov. 502, 15; Ḥarîrî, Mak. 685, 12 und Comm.

35. جآء بالسُقَر والبُقَر ‚offenkundige Lüge'. — M. s. v. سقر (und وجآء .... وببنات غِيَرَ فى رواية الميدانىّ: صقر) اسم لما لا يُعرَف اى جآء بالكذب الصريح; und s. v. بقر; dazu die Varianten: بالصُقَر والبُقَر;

بالشُقَر والبُقَر ;بالصُقارَى والبُقارَى (nach 'al-Mutarrizî); بالشُقَر والصُقَر und überhaupt die ausführliche Auseinandersetzung daselbst; Ḥarîrî, Mak. 399, 3.

36. جِلٌّ وبِلٌّ ‚Allen gemeinsam, Jedem freistehend'. — SM. I, 200, 13—16 (nach 'Abû 'Ubaid ist حيّاك الله وبيّاك kein اتباع): ومن ذلك قول العبّاس فى زمزمَ هى لشاربٍ جلّ وبِلّ فيقال انه ايضا اتباع وليس هو عندى كذلك لمكان الواو وأخبرنى الاصمعىّ عن المعتمر بن سليمان انه قال بلّ هو مُباح بلُغَة حِمْيَر قال ويقال بلّ شفاء من قولهم قد بلّ الرجل من مرضه وأبلّ اذا برأ;
202, 6: فأمّا قولهم .... فالبلّ المُباح زعموا
202, 9 f.: وقال فى موضع آخر من الجمهرة وأمّا قولهم .... فقال قوم من أهل اللغة بلّ اتباع ' وقال قوم بل البلّ المُباح لُغَة يمانية زاد ابن خالويه وقيل بلّ شفاء; 204, 25 (es ist تأكيد wegen des وَ). — M.: والبِلّ الشِفاء والمُباح . ويقال هو جِلٌّ وبِلٌّ اى حلالٌ ومُباحٌ او هو اتباعٌ . ومنه قول العبّاس بن عبد المطّلب فى زمزمَ لا أُحِلُّها لمغتسِل وهى لشاربٍ حِلٌّ وبِلٌّ اى مُباحٌ وقيل شِفآءٌ وقيل هو اتباعٌ.

37. ذِئْب هُلَعٌ بُلَعٌ ‚fressgierig'. — M. als يقال: الهُلَع الحريص.

38. امرأة شِنْظِيَانٌ بِنْظِيَانٌ ‚keifend (kreischend)'. — M.: سَيِّئَـــة الخُلُق صخّابة.

39a. 1) حَوْثُ بَوْثُ 2) بحوث وبوث — 1) ‚irgendwoher'; 2) ‚in Masse'. — SM. I, 202, 24 f.: وجىء به من حوث بوث بتثليث حركة الثاء اى من حيث كان ' وجاء فلان بحوث وبوث اى بالشىء الكثير.

39b. حَوْثًا بَوْثًا ‚aufgewühlt'. — SM. I, 203, 2: وتركت خيلنا أرض بنى فلان .... أثارتها.

39c. حَوْثَ بَوْثَ | حَيْثَ بَيْثَ | حِيثَ بِيثَ | حاثِ باثِ | حَوْثًا بَوْثًا — ‚überallhin zerstreut'. — M.: وتركهم .... اى متفرّقين . والاخيرة منوّنةٌ اعرابًا على الاتباع كما فى قولهم ذهب دمه خِضْرًا مِضْرًا . واللواتى قبلها مبنيّاتٌ على الفتح بعد الواو والياء وعلى الكسر بعد الالف; s. v. بوث: متفرّقين; s. v. بيث: فرّقهم وبدّدهم; Zamaḫśarî, Mufaṣṣal 70, 3; 71, 7 f.; Dozy, Supplément.

40a. وأنه فى حِيرَ بِيرَ und
40b. فى حيرٍ بيرٍ — ‚ohne Beschäftigung'; ‚ohne Ertrag'. — M.: كحُورٍ بورٍ; s. v. حور: اى وانه فى حُورٍ وبورٍ فى غير صنعةٍ ولا اتاوةٍ او فى ضلالٍ. (Beachte das Schwanken des Asyndeton!)

40c. رجلٌ حائِرٌ بائِرٌ ‚kopfverloren'. — SM. I, 202, 2; M. s. v. حور، بور، حير: اتباع اى لا يتّجه لشىء ولا يأتمر رشدًا ولا يطيع مُرشِدًا;
und s. v. حير noch: ومنه قول الحريرىّ
* وغادرتنى حائِرًا بائِرًا * اكابد الفقر واشجانه *

41. خازِ بازِ ‚Sumsum' (als Onomatop. oder = Fliege). — SM. I, 202, 19: صوت الذباب; M. s. v. خوز: والخازِ بازِ بكسر الجزءين والخِزْبازُ معربًا وخازَ بازَ وخازَ بازُ وخازُ بازِ وخازِ بازُ وخازُ بازٍ ذبابٌ يكون فى الارض او يطير على الشجر او هى حكاية اصواته . ومنه قول ابى الطيّب [308, 22]

ومن الناس من يجوز عليه
شعراء كانها الخازِ بازِ

vgl. Sîbawaihi, Kitâb II, 47; Zamaḫśarî, Mufaṣṣal 70, 3; 71, 8 ff. (noch خاز باء und خِزْبازٌ und drei alte Verse).

42. خَيْصَ بَيْصَ ‚Irr- und Wirrsal'. — SM. I, 202, 23 f.:

ووَقَعَ فلان فى .... وفى .... ولا يفرد اذا وقع فى ضيق أو فيما لا يتخلّص منه;
M.: البَيْص الشدّة والضيق ويُكسَر وقولهم وقعوا فى حَيْص بَيْص وحِيصِ بيصِ وحَيْصِ بَيْصِ وحِيصٍ بِيصٍ وفى حاصِ باصِ فى اختلاط لا محيص لهم عنه . وجعلتم الارضَ عليه حَيْصِ بَيْصِ وحَيْصًا بَيْصًا ضيّقتموها عليه حتى لا يتصرّف فيها;
M. s. v. لحص: ein Vers mit Elision des فى; vgl. Sîbawaihi, Kitâb II, 47; Zamaḫšarî, Mufaṣṣal 70, l. 15; Freytag, Arab. prov. 82, 17; 220, 21; Fleischer, kl. Schriften I, 1, 167; — die Formel ist auch Name des bekannten Dichters (vgl. auch Jâḳût I, 126, 16).

43. حَيّاك الله وبَيّاك ‚Gott gewähre Dir, was immer du wünschest!‘ — SM. I, 200, 10f.: ʾAbû ʿUbaid im ‚Ġarîb ʾal-ḥadîṯ: وأمّا حديث آدم عمّ حين قتل ابنه فمكث مائة سنة لا يضحك ثم قيل له حيّاك الله وبيّاك قال وما بيّاك قيل أضحكك فان بعض الناس يقول فى بيّاك انه إتباع وهو عندى على ما جاء تفسيره فى الحديث انه ليس بإتباع وذلك أن الاتباع لا يكاد يكون بالواو وهذا بالواو;
202, 7: فأمّا .... وقولهم حيّاك الله وبيّاك فبيّاك أضحكك زعموا وقال قوم قرّبك وأنشدوا

لما تبيّينا أبا تميم
أعطى عطاء الماجد الكريم

M.: وقولهم حيّاك الله وبيّاك قيل معنى حيّاك ملّكك وبيّاك اعتمدك بالتحية أو جاء بك أو قرّبك أو بوّأك منزلًا أو أضحكك أو اتباع لحيّاك وقيل ليس باتباع وذلك ان الاتباع لا يكاد يكون بالواو وهذا بالواو.

44a. هَىَّ بن بَىٍّ und 44b. هَيَّانُ بن بَيَّانَ ‚der Dingsda' (in meiner Heimat [Erzgebirge] sagt man scherzweise: ‚der Niemand-Franz von Sonnenberg!'). — M. s. v. هيى und بيى; dazu SM. II, 129, 11 f.; s. Nr. 9 und 50b.

45. طِبِن تِبِن ‚witzig und verständig'. — SM. I, 203, 13; fehlt in M.

46. أَفّ تُفّ ‚winzig und wenig' oder ‚pfui Schande!' — SM. I, 203, 8 (mit و!); M. s. v. أفف: وأُفّ تُفّ ضِدُّ بَخٍ بَخٍ يقال هذان اللفظان عند ذمّ احد وانكار فعله ۔ والأُفُّ وسخ الأُذُن والتُّفُّ وسخ الظفر يُضرَب بهما المثل فى الحقارة ۔ وقيل الأُفُّ معناه القِلّة والتُّفُّ اتباع; s. v. تفف: mit و! Ḥarîrî, Mak. 142, 10 (أُفٍ وتُفٍّ).

47. أحمقُ فاكٌّ تاكٌّ ‚Einfaltspinsel'. — SM. I, 202, 12; M.: اتباع وبعضهم يُفْرِده ويقول احمقُ تاكٌّ وما كنتَ تاكًّا; s. v. فكك: على الاتباع .... ويقول هو; s. Nr. 113 und B) 12.

48. شىء خالِد تالِد ‚für immer und ewig; ganz zu eigen'. — SM. I, 203, 4; fehlt in M.

49. هُلَعَة تُلَعَة ‚sehr ungeduldig'. — SM. I, 203, 13; fehlt in M.

50a. ضالٌّ تالٌّ ‚unstät und irrend'; ‚confus'. — SM. I, 202, 13; M. s. v. ضلل: اتباع; s. v. تلل: اتباع.

50b. هو الضَّلال بن التَّلال ‚ganz gewöhnlicher Mensch'. — M. s. v. ضلل: لا يُعرَف ولا يُعرَف ابوه; s. v. تلل: اتباع; s. Nr. 9 u. 44; vgl. Ḥarîrî, Mak. 357, 3: ضُلّ ابن ضُلّ und Comm. (mit einem nach 'Asma'î recitirten Verse).

50c. جاء بالضَّلالة والتَّلالة ‚unstätes Wesen'; ‚Confusion'. — SM. I,

202, 13; M. s. v. ضلل: اتباع; s. v. تلل: وجاءنا بالضلالة والتلالة اتباع; s. noch das zu الضّل والضّل Bemerkte.

51. سنام سامِكٌ تامِكٌ ‚hoch und spitzig'. — SM. I, 203, 8 f.: مرتفع; M.: عالٍ. وهو من قبيل الاتباع.

52. متاعٌ دائِق تائِق ‚ganz werthlos' (Gerümpel). — M.: لا ثمن له رخصًا وكسادًا.

53. رجلٌ خَيّاب تَيّاب ‚trügerisch'. — SM. I, 202, 27; fehlt in M.

54. أَرِب جَرِب ‚Schmerz leidend'. — SM. I, 203, 1: متوجع; fehlt in M.

55. شَغِبٌ جَغِبٌ ‚Störenfried'. — SM. I, 202, 22: يقولون .... الجَغِب اتباعٌ; M.: وخغب اتباع لا يُفرَد لشَغِب. يقال رجلٌ .... اى مهيّج للشر مفسدٌ. ولا يُفرَد بنفسه.

56. عَقْرَى حَلْقَى ‚stark menstruirend'. — M. s. v. عقر: وينوّنان اى عقرها اللّه تعالى وحَلَقَها آو تعقِر قومها وتحلقهم بشؤمها. آو العَقْرَى الحائِض; s. v. حلق steht ein ausführlicher Bericht; Varianten: عَقْرَى حَلْقَى خَمْشَى; عَقْرَى وحَلْقَى (mit وَ!); عَقْرًا حَلْقًا.

57. قِشْبٌ خِشْبٌ ‚Thunichtgut, Nichtsnutz'. — SM. I, 203, 26 f.: ورجلٌ .... اذا كان لا خير فيه. اتباع له; M. s. v. خشب: ebenso.

58. عَلْجَم خَلْجَم ‚gross und stark'; ‚stark und dick'. — SM. I, 203, 10: للطويل الضخم; fehlt in M.

59a. خاسِر دابِر ‚verloren, verlustig'.
und SM. I, 203, 23; fehlt in M.; s. Nr. 63.
59b. خُسْر دُبْر ‚Verlust, Schade'.

60. وأنه لمُجَرّب مُدَرّب ‚geprüft und erprobt; gedrillt'. — SM. I, 202, 27; fehlt in M.

61. لا بَارَكَ اللّه فيه ولا دَارَكَ ‚kein Glück und Segen!‘ — SM. I, 202, 4 f.; M.: اتباع; s. unter B).

62. مائِق دائِق ‚erzdumm‘. — H. 295, 12; s. Nr. 51; vgl. Ḥarîrî, Mak. 267, 2.

63a. خاسِر دامِر und 63b. خُسْر دُمْر = Nr. 59; — SM. I, 203, 23; fehlt in M.; bemerkenswerth ist der Lautwechsel von ب und م.

64a. خُفيفٌ دُفيفٌ ‚flink und hurtig‘. — SM. I, 202, 6: سريع; M.: اتباعٌ .... ورجل.

64b. خُفافٌ دُفافٌ M.: اتباع.

65. لِسانٌ طُلَقٌ ذُلَقٌ, " طَلِقٌ ذَلِقٌ, " طَليقٌ ذَليقٌ ‚scharf, spitzig‘. — SM. I, 203, 8; M. s. v. طلق: ذو حدّة; s. v. ذلق: ist das Alliterations-Element versetzt und noch die Variante ذُلُقٌ طُلُقٌ angeführt; vgl. Ḥarîrî, Mak. 221, 1 und Comm.

66. شائِع ذائِع ‚weit und breit (bekannt)‘. — SM. I, 203, 7; fehlt in M.

67. مائِق ذائِق ‚erzdumm‘. — SM. I, 202, 2; fehlt in M.; s. Nr. 62 (د und ذ).

68. سِبَحْلٌ رِبَحْلٌ ‚dick und fett‘. — SM. I, 203, 25: ضخم; M. s. v. سبحل: السِبَحْلَة الجارية الطويلــــة الجسيمة . ومنه قول ابى الطيّب المتنبــــى [8, 19]

* رِبَحْلَةٍ اسودٍ مُقَبَّلُها * سِبَحْلَةٍ ابيضٍ مُجَرَّدُها *

s. v. ربحل: جارية رِبَحْلَة ضخمة جيّدة الخلق طويلة. . . . . . .

69. نَذْلٌ رَذْلٌ ‚niedrig und gemein‘. — SM. I, 203, 9: وهو .... [وخسل فسل دون]; fehlt in M.; s. Nr. 111.

لئيمٌ راضِعٌ ‚ganz verworfen‘. — M. und Mubarrad, Kâmil 338, 3.

70. رجلٌ قُبَضَة رُفَضَة ‚unfertig, der Alles anfängt und Nichts

fertig bringt‘. — M. s. v. قبض und رفض: يتمسّك بالشىء ثم يتركه.

71. أَعْمَشُ أَرْمَشُ ‚blöd und triefäugig‘. — SM. I, 203, 6; fehlt in M.

72. كنّا اهل ثمّه ورمّه [Ḥadîṯ] ‚Schlichtung und Richtung‘. — M. als قولهم: اهل اصلاحه ومرمّته; mit den Zusätzen: وهو ثمّه ورمّه [‚das ist sein Um und Auf‘] اى جيّده ورديئه. وقال اعرابىّ جعجع بى الدهر عن ثمّه ورمّه اى عن قليله وكثيره. وقولهم ما له ثمّ ولا رمّ [‚er hat gar Nichts‘] ولا يملك ثمّا ولا رمّا قال ابن السكيت فالثمّ قماش اساقيهم وآنيتهم والرّمّ مرمّة البيت; s. v. رمم ist bemerkt, dass in dem Ḥadîṯ die Traditionslehrer mit Ḍamma lesen, nach ’Abû ‘Ubaid aber Fatḥa vorzuziehen sei und: والثّمّ من الاصلاح والرّمّ من الاكل.

73. ما له حُمّ ولا رُمّ ‚gar Nichts‘. — SM. I, 202, 17 f.: ما له شىء; M. s. v. رمم: ما لى منه حُمّ ولا رُمّ اى بُدّ; ما له حُمّ ولا رُمّ اى ليس له شىء; ferner die Varianten: s. v. حمم: وما له حَمّ ولا سَمّ ويُضمّان [als لغة] اى هَمّ او لا قليل ولا كثير; s. v. سمّ: ist dieses Alliterations-Element versetzt.

74. جآء بالطِّمّ والرِّمّ ‚Trockenes und Nasses; in Hülle und Fülle‘. — M. als يقال: او بالبحر والثرى او الصواب بالبحرىّ والبرّى. او بالرطب واليابس. او بالتراب والمآء. او بالمال الكثير; s. v. طمم: nur die letzte Erklärung; ’Anbârî, ’aḏdâd 95, 15.

75. سَهْوًا رَهْوًا ‚aus freien Stücken‘. — SM. I, 203, 14:

…. وأعطيت المال; M.: …. ومنه يقال افعله
.اى عفوًا بلا تقاضٍ

76. مِسْيَاعٌ مِرْبَاعٌ ‚frei weidend‘. — SM. I, 204, 11: وناقة …. تذهب فى المرعى وترجع بنفسها; fehlt in M.

77. خيم …. وريم ‚fest ansässig (erbgesessen)‘. — SM. I, 203, 10: و…. بالمكان و…; fehlt in M.

78. فُدْم سَدْم ‚erzdumm‘. — SM. I, 203, 13; fehlt in M.

79. رجلٌ نادِمٌ سادِمٌ ‚reuig und zerknirscht‘. — s. Nr. 187. — M.: قيل هو اتباع للتأكيد ويقال سادم نادم ايضا . ومنه قول الحريرىّ فى المقامة الرحبيّة [119, 5]

قُل لوالٍ غادَرْتُه بعد بينى
نادمًا سادمًا يَعَضُّ اليدَيْن

’Anbârî, ’aḏdâd 115, 20.

80. لا إغلال ولا إسلال ‚ohne Lug und Trug‘. — M.: وفى الحديث …. اى لا خيانة ولا سرقة او لا رشوة; Balâḏurî, fut. 36.

81a. مكان بَلْقَعٌ سَلْقَعٌ
und
81b. بَلاقِعُ سَلاقِعُ ‚wüste und leer, öde und leer‘. — SM. I, 204, 8–10: وهى الاراضى القفار التى لا شىء بها قيل هو سَلْقَع اتباع لبَلْقَع لا يُفرَد وقيل هو المكان الحزن; M. die Variante: البَلَنْقَعُ يقع تاكيدًا لصَلَنْقَع يقال مكان صَلَنْقَعٌ بَلَنْقَعٌ اى خالٍ قفر ويقال صَلْقَعٌ بَلْقَعٌ بدون النون; also mit ص, ن und Versetzung des Alliterations-Elementes; s. v. صلقع: صَلْقَعٌ يقال طريق صَلَنْقَع بَلَنْقَع على الاتباع; und: بَلْقَعٌ اتباع اى خالٍ قفر; jedoch s. v. سلقع: السَلْقَع المكان الحَزْن او هو اتباع لبلقع ولا يفرد . يقال مكان بَلْقَعٌ سَلْقَعٌ وامكنةٌ بلاقع سلاقع اى قفرٌ لا شىء بها . ولا يقال سلقع وسلاقع فقط.

82. مليه سليه ‚nett und hübsch‘. — SM. I, 203, 15 als يقال; مليه = مليح, also wahrscheinlich nur dialektisch.

83. يومًا خَميطًا ويومًا سَميطًا ‚überaus heiss‘ (gebraten und gebrüht, gesotten und gebraten). — M.: اطعمنا...., als يقال.

84[a]. ضائِع سائِع ‚vergebene Müh’!‘ ‚hin ist hin!‘ oder ‚verschwenderisch‘. — SM. 1, 204, 10; M.: اتباع; H. 295, 13.

84[b]. مِضْياعٌ مِسْياعٌ ‚Verschwender‘. — SM. I, 204, 10: ورجل .... للمال; M. dasselbe.

84[c]. مُضِيعٌ مُسِيعٌ ‚verschwenderisch‘. — SM. I, 201, 2: و.... والاساعة هى الاضاعة; M. s. v. سوع: ورجل مِضياعٌ مِسْياعٌ للمال وهو مُضِيعٌ مُسِيعٌ اى مُهمِل له مفرّط به. وهو مسوّعٌ له. اى مسوّغٌ له. واصل المعنى فــى هذه المادّة الهلاك والزوال; s. v. ضيع: يقال. المضياع المضيّع. رجل مِضياعٌ للمال اى مضيّعٌ له. ورجل مُضيع. اى فشت ضياعه وكثرت.

85. حُزْيان سوآن ‚traurig und betrübt‘. — SM. I, 201, 24; fehlt in M.; vielleicht ist حزنان zu lesen und statt des سوآن: أسْوان?

86. رَجلٌ ضَرِسٌ شَرِسٌ ‚leicht reizbar‘. — M.: بمعنًى.

87. أَرْىٌ وشَرْىٌ ‚Honig und Koloquinte‘. — M.: يقــال لفلانٍ طعمانِ .... اى عَسَلٌ وحنظلٌ.

88. عَيِىٌّ شَرِىٌّ ‚schlecht und elend‘ (Waare). — SM. I, 201, 24: من شرى المال اى رديئه; fehlt in M.

89. حَزِن شَزِن ‚traurig und niedergeschlagen‘ oder ‚rauh und unzugänglich‘. — SM. I, 203, 11: وعر صعب; fehlt in M.

90. قَبِيحٌ شَقِيحٌ ‚hässlich, abscheulich‘. — SM. I, 201, 21 f.:

من شقح البسر اذا تغيرت خضرته ليحمر او ليصفر وهو أقبح ما يكون حينئذ; ferner 204, 24 (als Beispiel ohne و!); M.: اتباع آو بمعنًى; H. 295, 10; Ḥarîrî 434, 8 (قُبْحًا . . . وشُقْحًا).

91a. وَتِحٌ شَقِنٌ und
91b. وَتِيحٌ شَقِينٌ
91c. قليل شقن
‚sehr wenig'. — SM. I, 203, 22 f.: قليل; M.: شىء شَقْنٌ وشَقِنٌ وشَقِينٌ اى قليل · وعن ابى عُبَيد قليل شقن اتباع له مثل وتح وعر (وكلاهما بمعنى قليل); s. Nr. 211.

92. فلانٌ خَيِّرٌ شَيِّرٌ ‚wohlmeinend, gut rathend'. — M.: يصلح للمشاورة.

93. صَيِّرٌ شَيِّرٌ ‚wohlgestaltet; fein, elegant'. — SM. I, 203, 21: ويقال رجل . . . . اذا كان حسن الصورة حسن الثياب; M. s. v. شور: حسن الصورة والشارة; ebenso s. v. صور.

94a. عَيِيٌّ شَيِيٌّ ‚stotternd und stammelnd' oder ‚schwach und elend'. — SM. I, 202, 11 f.: وبعضهم يقول شوىّ; M.: اتباع.

94b. جآء بالعِىّ والشِىّ s. 94a. — SM. I, 202, 12; M. als يقال: والشِىّ اتباع للعِىّ.

94c. ما أعياه وأشياه ‚wie schwach und elend!' — SM. I, 202, 12: وأشواه; M.: ومنه يقال ما أعياه وما أشواه اى ما أضعفه · ويقال ما أعياه وأشياه ايضا.

95. خَبٌّ ضَبٌّ ‚verschlagen und verschmitzt'. — SM. I, 199, 23: ورجل . . . . وهو; M.: اى جربزٌ مراوغ; TF. 183, 24 (صب vor ضب ist Druckfehler).

96. أَخْرَسُ أَضْرَسُ ‚ganz stumm'. — SM. I, 204, 7: ورجل اتباعٌ للتوكيد اى شديد . . . .; M.: اتباع له الخرس; H. 295, 14 (امرس ist Druckfehler).

97. زَمِنٌ ضَمِنٌ ‚siech und elend'. — SM. I, 203, 11; fehlt in M.

98. لَبٌّ طَبٌّ ‚ganz sich einer Sache widmend‘. — M.: اتباع; s. Nr. 126.

99. لَبَنٌ خاثِرٌ طاثِرٌ ‚geronnen, dick‘. — M. als يقال.

100. هو جِبْسٌ عِبْسٌ ‚verworfen, gemein‘ (vulg. ‚hundsgemein‘). — M.: لَئِيمٌ.

101. عَرْجَةٌ وعُرْجَةٌ ‚Neigung, Sympathie‘ (eigentl. Standort). — M.: ما لى عليه . . . ., als يقال: مقام وموقف; dazu Makâm. des Ḥarîrî 381, 8; 398, 1. (Alliteration in der Vocal-Färbung); s. Nr. 106.

102. رَبوض بلا عَروض ‚ohne Hinderniss‘. — M.: بلا حاجة عرضت له. هكذا فى الفيروزابادىّ والذى فى الصحاح والعباب ركوضٌ بلا عروضٍ.

103. رجل كِفِرّينٌ عِفِرّينٌ ‚sehr gemein‘. — SM. I, 204, 6: خبيث; fehlt in M.; s. Nr. 193.

104. رجلٌ حَكِنْشٌ عَكِنْشٌ ‚streitsüchtig‘. — M.: ملتوٍ على حضمه.

105. تَعْريجٌ ولا تَعْويجٌ ‚kein Bleiben und Verweilen‘. — SM. I, 203, 19: وما عنده . . . على أصحابه . . . اى اقامة; fehlt in M.; s. Nr. 101.

106. حَوّاس عَوّاس ‚Nachtschwärmer‘. — SM. I, 204, 6 f.: إنه لحوّاس عوّاس اى طلّاب بالليل; M.: اتباع; s. v. حوس: mit غ!

107. ضَيِّق عَيِّق ‚engherzig (geizig)‘ oder ‚unnütz‘. – SM. I, 203, 25; M. s. v. عوق: mit doppeltem Alliterations-Elemente, s. unter B).

108. ما له آمٌ وعامٌ s. Nr. 11b.

109. بَذير غفير ‚in Hülle und Fülle‘. — SM. I, 201, 25 f.: وكثير بثير و.... يوصف به الكثرة; fehlt in M.; s. Nr. 23.

110. ثل وغُلّ ein Fluch-Ausdruck. — SM. I, 202, 14: ما له .... يدعو عليه; M.: ما له أُلَّ وغُلَّ على المجهول دعآء عليه (sic!).

111. خَسْل فَسْل ‚verworfen und gemein‘. — SM. I, 203, 9: دون .... و [وهو نذل رذل]; fehlt in M.; s. Nr. 69.

112. فلان كريم النقير والفقير ‚durch und durch edel‘. — M. als يقال: جِدًّا; s. Nr. 201.

113. تاكّ فاكّ s. Nr. 47 und Nr. 12 unter B).

114. صَلْتان فَلْتان ‚sehr schnell‘. — SM. I, 203, 1: نشيط; fehlt in M.

115. جآء بعُلَق فُلَق ‚Unglück‘. — M.: غير مصروفين اى بالداهية وجاء بفُلَقٍ: فلق s. v. jedoch ;وفُلَقُ اتباع فُلَقَ وبفُلَق فُلَقٍ اى بالداهية . والاول مبنىٌّ كشَذَرَ مَذَرَ والثانى معرب كادخلوا رجلًا رجلًا.

116. مُحيص مَفيص ‚kein Entkommen!‘ — SM. I, 203, 6: ولا .... عنه ولا ....; fehlt in M.; Ḥarîrî, Mak. 446, 3 im Comm. (قال الاصمعى قولهم ما عنه مُحيص ولا مَفيص اى ما عنه مُحيد وما استطعت ان افيص منه اى احيد).

117[a]. واجدٌ قاجدٌ | SM. I, 202, 2: وقالوا فارد .....و; M.: اتباع.
und } ‚allein‘ oder ‚einzig‘.
117[b]. وَحيد قَحيد | SM. I, 203, 22; fehlt in M.

118. مَليح قَزيح ‚schön‘. — SM. I, 201, 21: و ..... من القزح وهو الابزار; M.: اتباع; H. 295, 13.

119. حَسَن قَسَن ‚sehr schön‘. — SM. I, 201, 14—16: وقولهم حسن قسن عمل فيه ما عمل فى بَسَن والقسّ تتبع الشىء وطلبه وتطلبه فكانه حسن مقسوس اى متبوع مطلوب (nach 'al-Kâlî); fehlt in M.; s. Nr. 27 u. B) 2.

120. جديد قشيب ‚ganz neu‘ (vulg. ‚funkelnagelneu‘). — SM. I, 201, 2: و... والقشيب هو الجديد; fehlt in M.; vgl. noch SM. I, 202, 4; vgl. Ḥarîrî, Mak. 231, 5; 565, 8; 'Anbârî, 'aḏdâd 233, 10.

121. هلمعة بن قلمعة ‚unbekannter, gewöhnlicher Mensch‘. — SM. II, 129, 12; s. Nr. 44 und 50.

122. عابِسٌ كابِس ‚ernst und dräuend‘. — SM. I, 203, 15; M.: اتباع.

123. شفة باثِعَة كاثِعَة ‚blutstrotzend‘. — SM. I, 204, 11f.: ممتلئة شفة كاثعة باثعة . اى :.M ;محمرة من الدم ممتلئة غليظة, also mit Versetzung des Alliterations-Elementes.

124. عجوز شَهْلَة كَهْلَة ‚altes Weib‘ (vulg. ‚alte Schachtel, Vettel‘). — SM. I, 204, 5: اتباع له لا يفرد; M.: وقال فى البارع وقلّ ما يقولون للمرأة كَهْلَة مفردةً الا ان يقولوا شهلة كهلة.

125. من الحَوْر بعد الكَوْر ‚vor dem Schaden nach dem Nutzen‘ (etwa: erst hui, dann pfui!). — M.: وفى الحديث نعوذ بالله ...... قيل اى من النقصان بعد الزيادة .....‘; Ḥârîrî, Mak. 248, 1 (und Comm.); 432, 4 f.

126. طَبٌّ لَبٌّ ‚geschickt und geübt‘. — SM. I, 202, 27: حاذق; M.: اتباع, aber mit Versetzung des Alliterations-Elementes; s. Nr. 98.

127. ما له سَبَدٌ ولا لَبَدٌ ‚nicht Haar und nicht Wolle‘ = ‚gar Nichts‘. — SM. I, 202, 18; M.: والسَبَد القليل من الشَعَر. ومن امثالهم ما ...... اى لا قليل ولا كثير. يستعملونه فى النفى العامّ للدلالة على شدّة الفاقة; vgl. auch s. v. لبد; vgl. Ḥarîrî, Mak. 104, 2 und Comm.

128. فَدْمٌ لَدْمٌ ‚erzdumm‘. — SM. I, 203, 23 f.: بليد; M. s. v. لدم mit doppeltem Alliterations-Elemente, s. B) Nr. 5.

129. عَزَبٌ لَزَبٌ ‚(alter) Junggeselle‘. — M.: اتباع.

130. كَزٌّ لَزٌّ ‚ganz zusammengeschrumpft‘ oder ‚filzig‘. — SM. I, 202, 2; M.: اتباع; H. 295, 14.

131. عجوزٌ لَزُوزٌ ‚Alter, Alte‘; ‚dekrepid‘. — M.: اتباع.

132. لَجِز لَصِب ‚sehr geizig, filzig‘. — SM. I, 203, 22: بخيل; M.: die Variante: يقال لَجِبٌ لَصِبٌ اى لا يكاد يعطى شيًّا. (Ein Beispiel eigentlicher [ل am Anfange] ‚Alliteration‘.)

133. رجل كَظٌّ لَظٌّ ‚boshaft‘ oder ‚übellaunig‘. — SM. I, 204, 8: عَسِر متشدّد; M. s. v. كظظ hat die gleiche Erklärung, doch, wie auch s. v. لظظ (اتباع) mit Versetzung des Alliterat.-Elementes.

134. دَعِب لَعِب ‚scherzend‘ oder ‚dem Spiele ergeben‘. — SM. I, 203, 12; fehlt in M.

135. رجل وَعِقٌ لَعِقٌ ‚gierig‘. — SM. I, 204, 4 f.: اتباع اى حريص (دعق ist Druckfehler); M.: حريصٌ . وهــو اتباع له.

136. ساغِب لاغِب ‚hungrig und abgemattet‘. — SM. 1, 199, 23; fehlt in M.; TF. 183, 23.

137. هَفات لَفات ‚Schwachkopf‘; ‚Leichtflügel‘. — SM. I, 203, 2: خفيف ..... وأحمق; fehlt in M., doch s. v. هفت: الهَفات الاحمق كاللَفات.

138. خَفوت لَفوت ‚ruhig‘ oder ‚unthätig‘. — SM. I, 203, 1: ساكنة ..... وامرأة; fehlt in M.

139. مَعْفِت مَلْفِت ‚der an Allem herumdreht‘ (vulg. ‚Nergler‘). — SM. I, 203, 18: وانه لَ . . . . . . اذا كان يعفت فى كل شىء ويلفته اى يدقّه ويكسره; fehlt in M.

140. شَقيحٌ لَقيحٌ ‚hässlich; abscheulich‘. — SM. I, 202, 2 und 203, 22; M.: اتباع او بمعنًى; s. v. لقح: اتباع; dazu vergl. man die verwandten s. v. شقح angeführten, mit dem Zusatze اتباع او بمعنى واحـــد versehenen Ausdrücke: 1) قَبُح الرجل وشَقُحَ 2) وجاء بالقباحة

;قَبْحًا وشَقْحًا (4 ;قُبْحًا له وشُقْحًا (3 ;والشقاحة
قعد مقبوحًا مشقوحًا.

141. ثَقِفٌ لَقِفٌ ‚scharfsinnig (sehr aufmerksam)‘. — SM. I, 202, 5 f.: ثقف لقف :.M ;جيد الالتقاف: لقف .s. v ;رجل ثقِف لقِف: خفيف سريع اى خفيف حاذق.

142. شَقِىٌّ لَقِىٌّ ‚schlecht und verworfen‘. — M.: اتباع; H. 295, 14.

143. شَكِسٌ لَكِسٌ ‚böswillig‘; ‚wenig zugänglich‘. — SM. I, 203, 16; اى عسير .....وانه لَ ; M.: ورجل .... اى عَسِرٌ قليل انقياد.

144[a]. سَمْجٌ لَمْجٌ ‚hässlich; unanständig‘. — SM. I, 202, 2; M.: اتباع . اى قبيح جِدًّا.

144[b]. هو سَمِيجٌ لَمِيجٌ = 144[a]. — SM. I, 203, 2; M.: اتباع . اى قبيح جِدًّا.

145. هُمَزَةٌ لُمَزَةٌ ‚Verläumder‘. — SM. I, 203, 5; vgl. II, 84, 13; 129, 7; 'Ibn Hiśâm, Muġnî II, 265; Ṯa'lab, Kitâb-'al-faṣîḥ 39, 2; vgl. ferner Mehren, Rhetorik 159 (als Paronomasie). M. gibt die verschiedenen Erklärungen beider Wörter, die zu problematisch sind, als dass man nicht die Tendenz, den Ḳur'ân (denn hier, 104, 1, kommt die Formel vor) von dem Gebrauche eines اتباع-Elementes loszusprechen, durchblicken könnte; vgl. Baiḍâwî zu dieser Stelle.

146. صُمَعَةٌ لُمَعَةٌ ‚scharfsinnig‘. — SM. I, 203, 8: ذكىّ; fehlt in M.

147. لَبَنٌ سَمْهَجٌ لَمْهَجٌ ‚süss und fettig‘. — SM. I, 203, 2 f.; حُلْو دَسِم; M.: دسمٌ حلوٌ; s. Nachtrag.

148. خائِبٌ لائِبٌ ‚enttäuscht‘. — SM. I, 202, 27; fehlt in M.

149. حَوْجاءَ ولا لَوْجاءَ ‚Bedürfniss‘. — SM. I, 203, 3: ....وما لى فيه;

M.: وتقول ما لى فيه ..... ولا حُوَيْجآ ولا لُوَيْجاء مصغَّرتين اى حاجة. واللوجآء واللويجآء هنا بمعنى الحاجة او اتباع للحوجآء والحويجآء. وتقال ما فى صدرى حوجآء ولا لوجآء اى مرية ولا شكّ. وكلّمته فما ردّ حوجآء ولا لوجآء اى كلمةً قبيحة ولا حسنة كما تقول كلّمته فما ردّ علىّ بيضآء ولا سودآء.

150. عَوِزٌ لَوِزٌ ‚armer Schlucker‘. — SM. I, 203, 13; M. s. v. عوز: اتباع ..... وانه لَ; s. v. لوز: محتاجٌ.

151. شَيْطانٌ لَيْطانٌ ‚ein Satan!‘ — SM. I, 201, 3: لصوق لازم 201, للشر من قولهم لاط حبّه بقلبى اى لصق; 5 f.: (Ta'lab in seinen 'Amâlî:) قال ابن الاعرابى سألت العرب أىّ شىء معنى شيطان ليطان فقالوا شىء نُتِدُ به كلامنا نشدّه; 201, 23; 204, 22; M.: لاط الشىء بقلبه يليط ليطًا حُبّب اليه وأُلصِق. والله تعلى فلانًا لعنه. ومنه شيطان ليطان آو هو اتباع; H. 295, 11; 'Anbârî, 'addâd 247, 11.

152ᵃ. هائِع لائِع und 152ᵇ. هاعٌ لاعٌ ‚feige‘. — SM. I, 203, 7; vgl. auch 231, 2 v. u.: جبان; M.: [جزوع] جبان ضعيف; Ḥarîrî, Mak. 470, 1.

153. ريح هِياعٌ لِياعٌ ‚schnell‘. — M.: سريعة.

154ᵃ. سَيِّغٌ لَيِّغٌ und 154ᵇ. سائِغٌ لائِغٌ ‚lieblich (durch die Kehle gehend)‘. — SM. I, 201, 24 f.: وهو الذى يسيغ سهلا فى الحلق; M. s. v. لوغ und ليغ: اتباع; Ḥarîrî, Mak. 309, Comm. zu 4 f.

155. رجل عَوِقٌ لَوِقٌ ‚hungrig‘. — M.: جائع.

156. ضَيِّق لَيِّق ‚engherzig; filzig‘. — SM. I, 203, 24; fehlt in M.

157. هَيْنٌ لَيْنٌ ‚sehr leicht, leichtiglich‘. — SM. I, 203, 11; M.: اتباع und die Variante: هَيِّن لَيِّن اتباع.

158. شَذَرَ مَذَرَ ‚nach allen Seiten zerstreut; zerfetzt und zerrissen‘. — s. Nr. 22.

159. هَذِرٌ مَذِرٌ ‚Schwätzer, Fasler‘. — SM. I, 202, 18: وانه أ....; fehlt in M.

160ª. طعامٌ مَرِىءٌ هَنِىءٌ ‚gesund und wohlbekommend‘. — M.: حميد المَغبَّة بيِّن المَرْأة; mit Versetzung des Alliterations-Elementes.

160ᵇ. هَنِيئًا مَرِيئًا ‚wohl bekomm's!‘ — M.: دعآء للشارب والآكل; vgl. Ḳur'ân, Sûr. 4, 3; s. v. هنأ: أكلتُه ...... اى بلا مشقّة

161. هَرْجٌ ومَرْجٌ ‚Wirrwarr; Zank und Streit‘. — M.: المَرَج ... وانما يُسكَّن مع الهَرْج مزاوجةً . تقول العرب بينهم هَرْجٌ ومَرْجٌ اى اختلاطٌ وفتنة وتهويش واضطرابٌ; Baiḍâwî zu Sûr. 2, 10.

162. فِرْيَة بلا مُرْيَة ‚zweifelsohne‘. — M. als يقال: بلا شكٍّ; Ḥarîrî, Mak. 233, 8.

163. هو عَزِيزٌ مَزِيزٌ ‚vortrefflich, ausgezeichnet‘. — SM. I, 203, 5; M.: اتباع.

164. خازِن مازِن ‚verdorben, stinkend‘ (Fleisch)? — SM. I, 203, 11; fehlt in M.

165. أذن حَشْرَة مَشْرَة ‚zart und hübsch‘. — SM. I, 203, 26: لطيفة حسنة; M. s. v. حشر: قال النمر بن تولب.

لها أُذُنٌ حَشرةٌ مَشرةٌ
كإعليط مرخٍ اذا ما صَفِر

s. v. مشر steht derselbe Vers als von امرؤُ القيس [يصف فرسًا].

166. خِضْر مِضْر ‚ungerochen, ungesühnt‘. — SM. I, 202, 1; — 203, 27: ذهب دمه خِضْرًا مِضْرًا اتباع له; M.: وقولهم ذهب دمه خِضْرًا مِضْرًا اى باطلا وخَضِرًا مَضِرًا اى هَدَرًا . واخذه خِضْرًا مِضْرًا وخَضِرًا مَضِرًا اى بلا ثمنٍ او غضًّا طريًّا . وهو لك خِضْرًا مِضْرًا وخَضِرًا مَضِرًا اى هنيًّا مريًّا; s. v.

مضر ist zur 1. Formel bemerkt: وحكى الكسائىّ بِضَّرًا بالباء (also م und ب! s. Nr. 174).

167. رأس زَعِر مَعِر ‚dünn behaart‘ (vulg. schütter). — SM. I, 203, 4 f.: قليل الشَّعَر; fehlt in M.

168. رُطَب ثَعْد مَعْد ‚zart und weich‘. — SM. I, 203, 24: ليّن; M.: اتباع اى رخص ليّن; dazu s. v. ثعد und معد noch die Formel: ما له ثَعْدٌ ولا مَعْدٌ اى قليل ولا كثير (im Bûlâḳer Text des Muzhir ist beide Mal غ gedruckt); 'Ibn Duraid in Wright, Opuscula arab. 31, 3 v. u.

169. أَشَقّ أَمَقّ ‚sehr lang‘ (Pferd oder Schenkel). — SM. I, 203, 25: طويل; fehlt in M.

170. رُطَب سَقْر مَقْر ‚honigsüss‘. — SM. I, 202, 16: أى له سَقْر وهو عسله; fehlt in M.

171. غَنِىّ مَلِىء ‚steinreich‘. — SM. I, 202, 3 (ملىّ); fehlt in M.

172. سَلِيخ مَلِيخ ‚(sehr) geschmacklos, fade‘. — SM. I, 202, 13 f.: لا طعم له; M. s. v. سلخ: السَّلاخة عدم الطعم. يقال فيه سَلاخة وملاخة (على سبيل الاتباع) اى ليس له طعمٌ. ورجل سليخ مليخ اى شديد الجماع ولا يُلقِح. وشىء سليخ مليخ اى لا طعم له. والاسم السلاخة والملاخة.

173. مَسِيخ مليخ ‚geschmacklos, fade‘. — M. s. v. مسخ: قال الشاعر

مَسِيخٌ مَلِيخٌ كلَحْمِ الحُـــوار
فلا أنتَ حُلْوٌ ولا أنتَ مُرّ

nach H. 296, 5 ist der Dichter: عَمْرُو بنُ حارِثةَ الأَسَدِىّ.

174. غُلام خِلْطٌ مِلْطٌ ‚von gemischtem Blute‘. — M.: مختلط النَّسَب; s. v. خلط (رجل ....) ebenso und

mit dem Zusatze: والعامّة تكنى بقولها خلط
بلط عن اختلاط النسآء بالرجل ونحو ذلك
(م und ب! s. Nr. 166).

175. بلغ ملغ ,erzdumm' oder ,gemein und zotig'. — SM. I, 203, 17 f.: وانه لاحمق ....; SM. I, 203, 27—204, 2: ويقال أحمق بلغ ملغ اتباع له وقد يفرد. قال رؤبة والملغ يلكى بالكلام الاملغ. فافرد الملغ فدلّ انه ليس باتباع; M. s. v. بلغ und ملغ: رجل .... اى خبيث لئيم.

176. رجل سَهْدٌ مَهْدٌ ,sehr nett'. — SM. I, 202, 16: حسن; M.: يقال شىء سَهْد مَهْد مزاوجةً واتباعًا اى حَسَنٌ.

177. فرس عَوْج مَوْج ,weit ausschreitend'. — SM. I, 203, 4: واسع الخطو; fehlt in M.

178. خاش ماش ,Sack und Pack'. — SM. I, 203, 14: وهو خاش ماش وخاشِ ماشِ قماش; M.: المتاع البيت وسقط متاعه. يقال بقى فى البيت خاش ماش اى امتعةٌ لا خير فيها.

179. قاش ماش ,Geräthe (Gerümpel)'. — M. s. v. قوش: اسم للقُماش كانه سُمّى باسم صوته; also gewiss onomatop.

180. الهِيَاط والمِيَاط ,Wetteifer' oder ,Wirrwarr, Drunter und Drüber'. — SM. I, 203, 7: وكثر ...... أى العلاج; M. s. v. هيط: وما زال فى هِياطٍ ومِياطٍ اى دنوّ وتباعُدٍ; dazu Ḥarîrî, Mak. 38, 11 und Comm.; s. v. ميط: يقال القوم فى هِيَاطٍ ومِيَاطٍ اى فى اضطراب ومجىء وذهاب (folgt das im Comm. zu Ḥarîrî Bemerkte); s. v. هيط steht noch: وما زال فى هَيْط ومَيْطٍ. اى صِجاج وشرّ وجَلَبَةٍ.

181. ما له عالٌ ولا مالٌ ,gar Nichts'. — SM. I, 202, 4; M.: شىء.

182. ناقة حائل مائل ,nicht empfangend'? — SM. I, 203, 9; fehlt in M.

183. خبيثٌ نبيثٌ ‚urgemein‘. — SM. I, 201, 23: كأنه ..... و ينبث شره أى يستخرجه; M. s. v. خبث: يقال: فلان .... على سبيل الاتباع كما als يقال فقير نقير; s. v. نبث: النبيث اتباع للخبيث يقال هو خبيث نبيث . اى شرير; H. 295, 12; s. B) 14.

184. حَبَضٌ ولا نَبَضٌ ‚keine Bewegung; ungelenk‘. — SM. I, 202, 16 f.: وما به .... أى ما يتحرّك; M. s. v. نبض: جِراك und حبض.

185. سَجِيعٌ نَجِيعٌ ‚glatt und weich‘. — H. 296, 1: قال أَوْسُ بْن حَجَرٍ

سَجِيعٌ نُجِيعٌ اخو ماقِــطٍ
نِعابٌ يُحَدِّثُ بالغائِب

186. شَحِيحٌ نَحِيحٌ ‚filzig‘ (geizig und keuchend). — M.: اتباع; H. 295, 13; ’Anbârî, ’aḏdâd 270, 2 f. — s. Nr. 17 (eine feine psychologische Bezeichnung des Geizes).

187. رجل سَدْمان نَدْمان ‚reuig und zerknirscht‘. — SM. I, 202, 19; M. s. v. سدم mit Versetzung des Alliterations-Elementes und ويقال هو اتباع; s. Nr. 79.

188. حَسِيبٌ نَسِيبٌ ‚geachtet und geschätzt‘. — H. 295, 12.

189. عَطْشان نَطْشان ‚sehr durstig‘ oder ‚aufgeregt‘. — SM. I, 200, 7; — 201, 3 f.: قَلِق; — 201, 19 f.: من قولهم ما به نَطيش اى حركة; — 204, 13 (in einer فائدة nach ابن الدهان); M. s. v. عطش: اتباع له لا يُفرَد; s. v. نطش: اتباع; H. 295, 10 f.; T̲F. 183, 23; Mubarrad, Kâmil 338, 4.

190. بياض ماطِعٌ ناطِعٌ ‚sehr rein‘ (etwa ‚blüthenweiss‘). — M. als يقال: خالص; s. v. نطع: اتباع.

191. رجل خَطِىء نَطِىء ‚verworfen, gemein‘. — SM. I, 204, 12: رذل; M.: اتباع.

192. ضَعيفٌ نَعيفٌ ,sehr schwach'. — SM. I, 203, 8; M.: اتباع.

193a. عِفْرِيتٌ نِفْرِيتٌ ,hässlich; Teufel; Monstrum' etc. — SM. I,
und 202, 1; M. s. v. عفر: zu a) اتباع; zu b) وفى
193b. عِفْرِيَةٌ نِفْرِيَةٌ الحديث ان اللّه تعالى يبغض العفرية النفرية
الذى لا يرزأ فى اهل ولا مال. والنفرية اتباع;
s. v. نفر stehen als اتباع noch die Varianten: 1) رجل عُفارِيَةٌ نُفارِيَةٌ = مُنكَر خبيث
2) عِفْرٌ نِفْرٌ; 3) عِفِرٌّ نِفِرٌّ; 4) مارد; عِفْرِيتَةٌ نِفْرِيتَةٌ; vgl. Ḥarîrî 99, 1 und Comm.; 'Anbârî, 'aḍdâd 247, 10 ff.; s. Nr. 104.

194. هو عَفْشٌ نَفْشٌ ,unnütz'. — M. s. v. عفش und نفش: لا خيرَ فيه.

195. عافِطَةٌ ولا نافِطَةٌ ,kein Schaf und keine Ziege'. — SM. I, 202, 14 f.: وما له .... فالعافطة العنز تعفط وتضرط والنافطة اتباع; M. s. v. عفط: وقولهم ما له .... اى نعجة ولا عنز اى شىء. او العافطة الأَمَة الراعية والنافطة الشاة. وهذا كقولهم ما له ثاغية ولا راغية اى لا شاة تثغو ولا ناقة ترغو; s. v. نفط: النافطة الماعِزة او اتباع للعافطة.

196. تافِهٌ نافِهٌ ,armselig; verächtlich'. — SM. I, 202, 16: وشىء .... أى حقير; fehlt in M.

197a. ما له شَقَذٌ ولا نَقَذٌ ,gar Nichts'. — M. s. v. شىء
und
197b. ما به شَقَذٌ ولا نَقَذٌ ,kein Tadel und Fehl (an ihm)'. — ويُضمّان اى عيبٌ وخللٌ

198. حقرت نقرت ,verächtlich' (رجل). — SM. I, 203, 12; M.: يقال حَقِرْتُ ونَقِرْتُ اى صرت حقيرا وهو من باب الاتباع (mit و!).

199. من العَقْر والنَقْر ,Unglück und Verlust'. — M.: اعوذ باللّه .... اى ذهاب المال

200a. حَقيرٌ نَقيرٌ ,armselig; verächtlich, gemein'. — SM. I,
und 201, 26—202, 1: وحقير نقير وتقول العرب
200b. حقر نقر استبت الوبرة والارنب فقالت الوبرة للارنب

عجز واذنان وسائرك أصلتان فقالت الارنب للوبرة يديتان وصدر وسائرك حقر نقر'; M. s. v. حقر: يقال فلان حقير نقير من قبيل الاتباع مثل قولهم خبيث نبيث; H. 295, 11; vgl. Ḥarîrî, Mak. 309, 5 und Comm.; s. Nr. 112.

201. فَقير نَقير ‚ganz arm'. — M.: اتباع; s. Nr. 112.

202. فلان لا يفقه ولا ينقه ‚er versteht (absolut) Nichts'. — M. als يقال: لا يفهم.

203. فَقِه نَقِه ‚gescheidt'. — SM. I, 201, 1; fehlt in M.

204. مالٌ لا يُسْهَى ولا يُنْهَى ‚unermesslich'. — M. als يقال: لا تُبلَغ غايته لكثرته.

205. جائِع نائِع ‚ganz ausgehungert'. — SM. I, 200, 7; — 201, 18 f.: ('Ibn Duraid in der Ǵamhara:) يقال هذا جائع نائع والنائع المتمايل . قال
* متأوّد مثل القضيب النائع *
M. s. v. النائع: النائع اسم فاعل والعطشان . وجائع نائع اتباع . او نائع متمايل جوعًا . وقوم جِيَاعٌ نِيَاعٌ; s. v. نوع: النوع العطش يقولون رماه الله بالجوع والنوع . واذا دعوا عليه قالوا جوعًا ونوعًا; H. 295, 10; TF. 183, 23; Mubarrad, Kâmil 338, 4.

206. رجل مالٌ نالٌ ‚wohlhabend und freigebig'. — M.: متموّل مُعْطٍ.

207. خائِب هائِب ‚enttäuscht'? — SM. I, 202, 4; fehlt in M.; doch ist s. v. خيب das مَثَل: الهَيْبَة خَيْبَةٌ angeführt; vgl. Ḥarîrî, Mak. 662, 6.

208. سعيُه في خَيّاب بن هَيّاب ‚Verlust' oder ‚Betrug'. — M. als قولهم: في خسارٍ; s. Nr. 44.

209. سَمَلَّعٌ هَمَلَّعٌ ‚unersättlicher Wolf!' — SM. I, 203, 16 f. (an zweiter Stelle steht im Druck: قملع!): ويقال للخَبّ الخبيث انه أ.... وهو من نعت

الذئب; M. s. v. سملع: السَّمَلَّع الذئب. ويقال
للخبيث انك .....

210. رجل قَسيم وَسيم ‚sehr schön (von Antlitz)‘. — SM. I, 201, 1: وكلاهما بمعنى الجميل; fehlt in M.

211a. قليل وَعْرٌ
und
211b. وَتِح وَعْر
‚sehr wenig‘. — M. als يقال: اتباعًا; s. Nr. 91.

212. شَعَرٌ مَعِرٌ وَعِرٌ ‚sehr dünn‘ (vulg. schütter). — M.: اتباع.

213. رجل ناعِس واعِس ‚schlaftrunken (Schlafmütze)‘. — SM. I, 203, 5 f.; fehlt in M.

214. سَغِل وَغِل ‚Zwerg‘ oder ‚Vagabund‘. — SM. I, 203, 18 f.: ..... وانه لَ; fehlt in M.

215. فَقيرٌ وَقيرٌ ‚sehr arm‘. — SM. I, 202, 3 f.; والوقرة
هزمة فى العظم; M. s. v. وقر: وفقير وقير
تشبيهٌ بصغار الشاء او اتباع. او الوقير الذى
اوقره الدَّيـن; H. 295, 11; — 296, 2 f.:
وقال غيرُه

فَقيرًا وَقيرًا أخا عُزْبَـــةٍ
بَعيدًا من الخَيْر صِفْرَ اليَدَيْن

Ḥarîrî, Mak. 309, 4 f.

216. إزرةٌ عَكِّ وَكِّ ‚Ausdauer, Beharrlichkeit‘? — M. s. v.
عكّ und وكّ: ..... اِئتزر: اسبل طرفَى ازاره
وضمّ سائره. وانشد ابن الاعرابىّ

ازرته تجده عَكَّ وَكَّـــا
مشيته فى الدار هاكَ رَكَّا

217. خَلّاجة وَلّاجة ‚sehr unruhig‘. — SM. I, 203, 3 (رجل);
M. s. v. ولج anders: يقال رجل خُرَجَة وُلَجَة;
ferner: ولّاج بن خرّاج كناية عن كثرة الطواف
والسعى also ‚Landstreicher‘; ebenso s. v.
خرج: يقال رجل خُرَجَة وُلَجَة اى كثير الخُروج
والُولوج und: رجل خرّاجٌ ولّاجٌ اى كثير الظرف

والاحتيال; Ḥarîrî, Mak. 380, 3 f.: هذا أبو الدرّاج وَلّاج ابن خَرّاج und Comm.

218. مُهين وَهين ‚verächtlich, schlecht'. — SM. I, 203, 11 (رجل); fehlt in M.

219. خَراب يَباب ‚verwüstet und verlassen'. — SM. I, 199, 23; M.: يقال خراب يَبابٌ وليس باتباع . وقيل هو للاتباع; ṮF. 183, 24; Jâḳût I, 119, 18.

220[a]. حارّ يارّ und 220[b]. حَرّانُ يَرّانُ ‚sehr heiss, glühend heiss'. — SM. I, 200, 6 f.: ('Abû 'Ubaid nach 'al-Kisâ'î:) حارّ من الحرارة ويارّ اتباع; 201, 25; M.: اتباع (vgl. daselbst den ganzen Artikel).

B) Die Formeln mit doppeltem Alliterations-Elemente.

1. كثيرٌ بجيرٌ عميرٌ ‚in Hülle und Fülle'. — M.: اتباع; s. A) 18.

2. حَسَن بَسَن قَسَن ‚sehr schön'. — SM. I, 202, 19 f.; s. Nr. 27 und 119.

3. خصاه اللّه وبَصاه ولَصاه s. Nr. 29.

4. غَضّ بَضّ نَدّ ‚überaus zart und fein'. — SM. I, 203, 6 f.: وهو .....; fehlt in M.

5. لا بارَكَ اللّه فيه ولا تارَكَ ولا دارَكَ ‚kein Glück und Segen!' — SM. I, 202, 20; M.: اتباع; s. Nr. 61.

6. رجل فَدْمٌ ثَدْمٌ لَدْم ‚erzdumm'. — M.: اتباع; s. Nr. 128.

7. حارّ جارّ يارّ ‚glühend heiss'. — SM. I, 203, 19 f., als اتباع; M. s. v. جرّ nur: ويقال هذا الشيء حارّ جارّ على سبيل الاتباع . قال ابو عُبَيْدَة واكثر كلامهم حارّ يارّ بالياء المثنّاة.

8. رَغْمًا دَغْمًا شِنَّغْمًا ein Fluch: ‚Demüthigung und Verachtung (über dich)!' — SM. I, 203, 15; M. s. v.

ارغمه الله (1 :دغم s. v. ;راغِم داغِم اتباع :رغم
;راغِم داغِم اتباع (2 ;تعالى وأدغمه اتبـــاع
يقال فى الدعاء رغمًا له دغمًا سغمًا وهما (3
توكيدان لرغمًا بلا واوٍ لانّ المؤكِّد نفس المؤكَّد
;فلا يعطف عليه لان العطف يقتضى المغايرة
رغمًا له وشِنّغمًا او يقال سِنّغمًا :شنغم s. v.
بالسين المهملة اتباع und umgekehrt s. v.
ورغمًا له دغمًا سغمًا توكيدان :سغم s. v. ;سنغم
لرغمًا بلا واو.

9. أبَدًا سَمْدًا سَرْمَدًا ‚für immer und ewig‘. — SM. 1, 203, 15 f.: .... وهو لك; fehlt in M.

10. خَمْشَى عَقْرَى حَلْقَى s. Nr. 56.

11. شىء شَذّ فَذّ بَذّ ‚allein; einzig; sonderbar‘. — SM. 1, 203, 4; M. s. v. بذذ nur: رجل فَذٌّ بَذٌّ اى فردٌ.

12. تاكّ فاكّ ماجّ ‚altersschwach; dekrepid‘. — SM. 1, 203, 20: ويقال انه لَ...... لا ينبعث من الكِبَر ;يعنى البعير وقد يوصف به الرجل; M. s. v. تكك nur: وقولهم احمق u. s. w., s. Nr. 47 (mit Versetzung des Alliterat.-Elem.); s. Nr. 113.

13. أَجْمَعونَ أَكْتَعونَ أَبْصَعونَ ‚alle insgesammt‘. — SM. 1, 203, 24: .... وجاوًا; — 204, 15. 17 f. (in einer فائدة nach ابن الدهان); ferner Zeile 21; M. s. v.
وجاءوا كلّهم اجمعون اكتعون ابصعون :بتـع
ابتعون والنساء كلّهنّ جُمَعُ كُتَعُ بُصَعُ بُتَعُ والقبيلة
كلها جمعاءَ كتعاءَ بصعاءَ بتعاءَ اتباعات لاجمعين لا
وأبْصَعُ كلمة يُؤكَّد :بصع s. v. ;يُجَنّنَ الا على إثرها
بها بعد اجمع وبعضهم يقوله بالضاد المعجمة
قيل وليس بالعالى. يقال اخذتُ حقّى اجمعَ
ابصعَ والانثى جَمعاءَ بصعاءَ وجاء القوم اجمعونَ
ابصعونَ ورأيت النسوة جُمَعَ بُصَعَ وهو توكيدٌ
;مرتَّبٌ لا يتقدّم على اجمعَ vgl. noch s. v.

كتع; — Zamaḫśarî, ʼal-Mufaṣṣal 46, 6 f. (und den Comm. des ʼIbn Jaʻîś); H. 295, 14 (أجمع أكتع); Mubarrad, Kâmil 338, 4.

14. خَبِيثٌ لَبِيثٌ نَبِيثٌ ‚überaus hässlich und gemein‘. — M.: اتباع; s. Nr. 183.

15. ضَيِّقٌ لَيِّقٌ عَيِّقٌ ‚engherzig (geizig)‘ oder ‚unnütz‘. — M.: اتباع; s. Nr. 108.

16. شِذَرَ مِذَرَ بِذَرَ ‚überallhin zerstreut‘. — SM. I, 204, 2 f.: ويقال ذهبت إبله ...... اذا تفرّقت فى كل وجه وكذا تفرّقت إبله شغر بغر ومذر اتباع له; M. s. v. شذر: تفرّقوا شَذَرَ مِذَرَ اى ذهبوا فى كل وجه. وهما اسمان جُعِلا اسما واحدا وبُنِيَا على الفتح كخمسة عشر ومحلّهما نصبٌ على الحال. ومذر اتباع. وقيل ميمُه بدلٌ من الباء وهو من البذر. وقيل انه من مَذِرَت البيضة اذا فسدت لان الفساد من اسباب التفرّق [sic!]; ebenso s. v. بذر (die Erklärung des مذر [بذر] oder مذر [مذر] بذر aus مَذِرَت البيضة ist von المطرّزى); vgl. noch s. v. مذر; Zamaḫśarî, Mufaṣṣal 70, 2; 71, 4 f.; Ḥarîrî, Mak. 121, 4 und Comm.

17. فلان ساقِط بن ماقِط بن لاقط ‚ein Sclavensohn!‘ — SM. I, 249, 18 ff.; M. s. vv.

18. لا يشارى ولا يمارى ولا يدارى ‚nicht streiten und hadern und zanken!‘ — M. s. v. شرى (als Ḥadît); vgl. s. v. درأ.

Nachtrag.

1. (221.) صَحْرَةٌ بَحْرَةٌ ‚haarklar‘ (Nachricht). — M. auch mit Nunation; Zamaḫśarî, Mufaṣṣal 70, 1. 18 ff.; vgl. unten 1 (19).

2. (222.) هَيْذارة بَيْذارة ‚Schwätzer‘. — SM. II, 77, 2 f.: كثير الكلام; fehlt in M.

3. (223). خِذَعَ مِذَعَ ‚überall hin, weit und breit‘. — M. und Zamaḫśarî, Mufaṣṣal 70, 3; 71, 5 f.

4. (224.) لَبَنٌ سُماهِجٌ عُماهِجٌ ‚unangenehm schmeckend‘. — M. سمهج: ليس بحلو ولا آخذ طَعْمٍ; s. Nr. 147.

---

1. (19.) صَحَرَةٌ بَحَرَةٌ نَحَرَةٌ ‚haarklar und deutlich‘. — Zamaḫśarî, Mufaṣṣal 70, 19 f.

Zu A) 20. vgl. 'Imruulḳais, d. 19, 36.

Zur Geschichte der semitischen Zischlaute.

Eine sprachvergleichende und schriftgeschichtliche Untersuchung

von

D. H. Müller.

Diese Untersuchung wird sich nicht mit allen semitischen Zischlauten beschäftigen, sondern auf die drei *s*-Laute beschränken, welche in dem hebräischen Alphabete durch שׁ, שׂ und ס ausgedrückt werden und die wir der Unterscheidung halber durch *š, s* und *ś* wiedergeben wollen. Durch eine Reihe lautlicher und graphischer Vorgänge ist die Geschichte dieser drei Laute in einer Weise verwickelt und verworren, dass es als ein grosses Wagniss angesehen werden muss, die Entwirrung dieses Problems zu versuchen. Trotzdem und ungeachtet des orakelhaften Ausspruches P. de Lagarde's, dass ‚nur der Verfasser eines hebräischen Wurzelwörterbuches ein Urtheil über das Verhältniss der semitischen Zischlaute zu einander hat‘, sowie seiner Warnung an die Lösung dieser Frage heranzutreten ‚bevor nicht aus den arabischen (Original-)Grammatiken alles Einschlägige über den Gebrauch der Dialecte gesammelt, und bevor nicht festgestellt ist, wie sich die Schriftsprache zu den Dialecten verhält‘[1]) — glaubte ich nach langem Zaudern dennoch den Ver-

---

[1]) Nachrichten von der k. Ges. d. Wissenschaften zu Göttingen 1881, S. 385. Wenn Herr de Lagarde daselbst (386) fortfährt und sagt: ‚Vorläufig ist mein Ergebnis das, dass regelrecht ס einem ش entspricht, und dass es mit allen Wörtern, in denen diese Gleichung sich nicht als giltig erweist, eine von Fall zu Fall zu erörternde besondere Bewandtnis hat. Mehr zu

such einer Geschichte dieser Laute wagen zu sollen. Ich thue dies in der Ueberzeugung, dass das uns vorliegende Material vollkommen genügt, um daraus die Entwicklungsgeschichte dieser Laute zu reconstruiren und dass diese Reconstruction durch vereinzelte Erscheinungen in Vulgärdialecten keine wesentliche Veränderung erfahren dürfte. Die Uebereinstimmung des Hebräischen und Aramäischen einer- und des Arabischen, Sabäischen und Aethiopischen andererseits, die analogen Erscheinungen im Babylonisch-Assyrischen, die graphischen Beobachtungen der inschriftlichen Denkmäler der Phönikier, Sabäer, Nabatäer und Palmyrener, die Wanderung der Lehnwörter von einer semitischen Sprache in die andere, die zeitlich und örtlich so verschiedenartige Bildung der südsemitischen Alphabete — dies Alles sind Thatsachen, die, gehörig gruppirt und mit kritischem Auge geprüft, wohl geeignet sind, uns die Spuren der Entwicklungsgeschichte dieser Laute klarzulegen.

Die Untersuchung beansprucht keineswegs ein lautliches Interesse allein, sie hofft auch durch Feststellung der lautlichen und graphischen Thatsachen eine sicherere Basis für die Beurtheilung der culturhistorischen Beziehungen der semitischen Völker unter einander zu schaffen, als die bisher vorhandene.

Die erste Frage, die wir uns vorlegen müssen, ist die, ob diese drei Laute, besonders aber *ś* und *s*, der semitischen Ursprache angehören, oder ob sie erst aus der Spaltung eines einheitlichen Lautes ש nach der Sprachtrennung entstanden sind. Bei der Beantwortung dieser Frage müssen wir sowohl die lautlichen Vorgänge als auch die graphischen Erscheinungen, welche die erwähnten Laute betreffen, zu Rath ziehen, und da

sagen verbietet der mir jetzt zugemessene Raum, und verbietet mein Septuagintadruck,‘ so muss ich der Behauptung auf's Entschiedenste widersprechen und den Mangel der Begründung sehr bedauern. So lange uns die Gründe nicht bekannt gegeben werden, ist daran festzuhalten, dass einem שׁ ein ش, einem ס aber ein س entspricht. Nur dem aramäischen ס, welches aus שׂ entstanden ist, kann ش entsprechen. Von dieser secundären lautlichen Entwicklung scheint Herr de Lagarde irregeleitet worden zu sein. Dass seine Folgerung in Bezug auf das hebr. בלס (das er wegen des arab. بلس für ein Fremdwort erklären will) hinfällig wird, versteht sich von selbst.

fällt uns zunächst ein merkwürdiges längst erkanntes Lautgesetz auf.

Es ist eine eigenthümliche Erscheinung der semitischen Sprachen, dass die nördliche Gruppe (das Hebräische und Aramäische) in denjenigen Wurzeln *š* (שׁ) hat, wo die südliche Gruppe (das Arabische, Sabäische und Aethiopische) *s* (שׂ) aufweist, und umgekehrt dort *s* (שׂ) erscheint, wo in der anderen Gruppe *š* (שׁ) vorkommt. Dagegen bleibt der Laut *ś* (ס) in beiden Gruppen unverändert.[1] Von rein lautlichem Standpunkt lässt sich eine Abschwächung des *š*-Lautes in *s* oder eine Steigerung des *s* in *š* wohl erklären, aber der regelmässige Wechsel beider Laute in beiden Gruppen ist ein Problem, bei dem eine lautphysiologische Lösung ausgeschlossen zu sein scheint; man muss vielmehr zu einer psychologischen Erklärung seine Zuflucht nehmen. Es liegt hier eine Spracherscheinung vor, die durch Gegensätzlichkeit hervorgerufen worden ist. Die ursprünglich einander ähnlichen, aber im Grunde doch verschiedenen Laute sind in beiden Gruppen auf verschiedene Art differenzirt worden. Das Gefühl, dass gewisse Wurzeln mit dem einen, andere mit dem anderen Zischlaute gesprochen werden müssen, war in beiden Völkergruppen lebendig und die Steigerung des *s*-Lautes einer Gruppe zu einem *š*-Laut in der andern, die an und für sich zulässig und lautphysiologisch erklärlich ist, musste nach dem Gesetze der Differenzirung bewirken, dass der *š*-Laut der ersten Gruppe in der zweiten zu einem *s* herabsank.

Mag die Erklärung dieser Thatsache richtig sein oder nicht, die Thatsache selbst steht fest und ist, wie wir weiter unten sehen werden, nicht ohne Analogie in den semitischen Sprachen.

Auf Grund dieser Thatsache sind wir berechtigt, ja sogar gezwungen anzunehmen, dass die semitische Ursprache alle drei oben bezeichneten Zischlaute besessen hat;[2]) denn sonst wäre

---

[1]) Vgl. besonders die zahlreichen Beispiele für dieses Lautgesetz bei F. Hommel, Zwei Jagdinschriften Assurbanipals, S. 34 ff.

[2]) Th. Nöldeke ist meines Wissens der erste, der diese Thatsache (Orient und Occident I, 763) constatirte.

das constante Verbleiben eines dieser Laute in beiden Gruppen und der regelmässige Wechsel der beiden anderen unmöglich zu erklären.

Von diesen drei Lauten müssen diejenigen zwei, welche miteinander in beiden Gruppen wechselten, einander näher gestanden haben, als jeder dieser beiden Laute dem dritten *ś*-Laut, der seine feste Stellung im Nord- wie im Südsemitischen behauptet hat. Diese Annahme findet ihre volle Bestätigung in der Geschichte der Schrift. Das sogenannte phönikische Alphabet hat für beide Laute *š* und *s* nur Ein Zeichen, während für das *ś* (ס) ein eigenes Zeichen vorhanden ist. Wir haben also hierin ein ganz bestimmtes historisches Zeugniss, dass zur Zeit der Erfindung des phönikischen Alphabets die lautliche Differenz zwischen שׁ und שׂ eine sehr geringe, jedenfalls aber eine geringere war, als zwischen einem dieser Laute und dem ס.

Aber nicht nur das phönikische Alphabet, sondern auch die Keilschrift legt Zeugniss ab für die enge Verwandtschaft der beiden Laute *š* und *s*, da die Silbenzeichen 
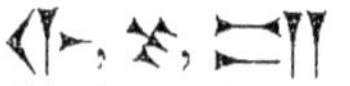 (*ša, šu, ši, še, iš*) sowohl die Radicale *Šîn* als *Sîn* bezeichnen, während  (*sa, su, si, is*) den ס-Laut wiedergeben. In der Keilschrift sind also thatsächlich *Šîn* und *Sîn* zusammengefallen. Es scheint aber auch auf dem Sprachgebiet der semitischen Keilschrift der ס-Laut in einen gewissen Gegensatz zu dem *š*-Laut getreten zu sein, da die beiden Dialecte der semitischen Keilschriftsprache, das Babylonische und Assyrische, eine ganz analoge Erscheinung darbieten wie das Nord- und Südsemitische. Eine Prüfung der Transcription der keilinschriftlichen Namen und Lehnwörter in hebräischer Schrift hat ergeben, dass im Babylonischen und in ältester Zeit auch im Assyrischen dem hebräischen ש in der Sprache der Keilschrift *š* und dem ס der Laut *s* entsprochen hat, während in späterer Zeit assyrisches *š* durch hebräisches ס und umgekehrt *s* durch ש wiedergegeben wurde.[1]) Mit anderen Worten: Nachdem in der Keilschrift schon in uralter Zeit

[1]) Vgl. Schrader in der Zeitschrift für Keilschriftforschung, Bd. I, S. 1 ff.

die Laute שׁ und שׂ in einen Laut š[1]) zusammengefallen waren vollzog sich in späterer Zeit auf dem Gebiete des Assyrischen die merkwürdige Wandlung, dass wurzelhaftes שׂ zu ס und umgekehrt wurzelhaftes ס zu שׂ geworden ist. Wir finden also dieselbe eigenthümliche Erscheinung des regelmässigen Wechsels zweier s-Laute, der schon in historischer Zeit gleichsam vor unseren Augen sich vollzogen hat, wie jene, die wir für die ursemitische Zeit aus dem Wechsel der s-Laute im Nord- und Südsemitischen erschlossen haben.[2])

Meine Untersuchung dieser Erscheinungen führte mich auf die Frage, wie diese lautlichen Wandlungen in der weiteren Entwicklung der semitischen Schrift zum Ausdrucke gelangt sind, und da stellte sich wieder ein seltsames schriftgeschichtliches Problem dem Forschenden entgegen. Während das nordarabische Alphabet ش und س (š hebräischem שׁ, s hebräischem שׂ und ס entsprechend) hat, finden sich in den sabäo-äthiopischen Alphabeten š (𐩪), äquivalent dem hebr. שׁ, und ś (𐩦), äquivalent hebr. שׂ und ס. Nur das Sabäische hat auch ein s (𐩯), welches neben dem ś als Aequivalent des hebräischen שׂ auftritt. Diese Thatsachen sind lauter graphische Räthsel:

1. Ist es höchst auffallend, dass das Nordarabische, dessen Alphabet aus dem Aramäischen (Nabatäischen) herübergenommen wurde, wo ש und ס (ـشـ und ـسـ) vorhanden waren, nicht auch das ס entlehnt, sondern dieses durch س ausgedrückt hat.

2. Das Arabische besitzt den Laut š und hat im Aramäischen ein Zeichen hierfür vorgefunden. Anstatt nun, wie man natürlicherweise erwarten müsste, dieses Zeichen sich anzueignen und eventuell daraus durch Differenzirung ein Zeichen für s zu bilden, verwendet es dasselbe zum Ausdruck für s und

---

[1]) Dass beide Laute š gesprochen worden sind, beweist unter Anderem die Schreibung des babylonischen Namens Nirgal-šar-uṣur ‚Nirgal, schirme den König‘, im Hebräischen נרגל־שׂראצר (Jerem. 39, 3), wo also *sar* (= hebr. שַׂר) durch שׂר ausgedrückt wird.

[2]) Wie mich Prof. D. Kaufmann aufmerksam macht, sprechen die littauischen Juden das hebräische שׁ wie *s* und das שׂ wie *š*, z. B. בְּרֵאשִׁית *bĕrêsit* und עֹשֶׂה *'ośô* etc., also wieder ein ganz analoger Wechsel des *s*-Lautes.

ś und differenzirt erst durch drei darübergesetzte Punkte einen Buchstaben für š (ش).

3. Warum hat das sabäo-äthiopische Alphabet im Gegensatz zum nordarabischen einen anderen Weg eingeschlagen, indem es das *Samech* auch für das *Sîn* verwendete und dort, wo es ein *Sîn* bildete (im Sabäischen), dies thatsächlich aus dem *Šîn* differenzirte?

4. Da es durch die Vergleichung des äthiopischen Alphabets mit dem sabäischen feststeht, dass das Zeichen für שׂ (𐩯) erst ziemlich spät, das heisst nach der Trennung der beiden südsemitischen (sabäo-äthiopischen) Alphabete, gebildet wurde, so ist es mindestens sehr sonderbar, dass das Bewusstsein von der Verschiedenheit der Laute ס und שׂ erst so spät erwacht und eigentlich nie ganz zum Durchbruch gekommen ist, da die meisten Wörter mit wurzelhaftem *s* im Sabäischen mit *ś* geschrieben werden.[1]) In allen anderen Sprachen hat das Gegentheil stattgefunden, dass mit der Zeit die beiden Laute *ś* und *š* zusammengefallen sind, so im Arabischen, Aramäischen und zum Theil auch im Späthebräischen.

Diese graphischen Eigenthümlichkeiten bieten uns aber gerade die Mittel, historisch die Entwicklung dieser Laute zu verfolgen, und geben bestimmte Daten dieses Umwandlungsprocesses.

Man war gewohnt anzunehmen, dass der Wechsel des *s*-Lautes im Nord- und Südsemitischen nur bei ursemitischen Wurzeln stattgefunden habe, und erkannte an dem Unterbleiben dieses Lautwechsels stets das Lehnwort.[2])

Diese Annahme hat auch bis zu einem gewissen Grad ihre Berechtigung. Beobachtet man aber die Lehnwörter genau, so wird man finden, dass sie in vielen Fällen den Lautgesetzen unterworfen sind, in anderen aber aus denselben heraustreten.

[1]) Gegen die Annahme, dass jenes Zeichen langsam von dem 𐩦 verdrängt worden ist, sprechen gewichtige graphische Gründe, die weiter unten noch angedeutet werden sollen.

[2]) Vgl. S. Fraenkel, Die aramäischen Fremdwörter im Arabischen, p. XIV.

Diese merkwürdige Thatsache ist auch schon S. Fraenkel aufgefallen, der aber in solchen Fällen, wo der Lautwechsel in Fremdwörtern eintritt, öfters volksetymologische Einwirkungen zu erkennen glaubt. Dieser Erklärungsgrund ist im besten Falle bei sehr wenigen Wörtern möglich, aber kaum sehr wahrscheinlich; die meisten Wörter schliessen diese Erklärung aus.

Eine genaue Prüfung dieser Erscheinung erweckte in mir den Gedanken, den ich schon bei früheren Gelegenheiten andeutungsweise ausgesprochen habe, dass man durch sorgfältige Beobachtung der lautlichen Vorgänge bei den Lehnwörtern in den Beziehungen der Nord- und Südsemiten zu einander verschiedene Epochen, oder, sagen wir — Schichten unterscheiden kann.

In der ältesten Zeit gelten für die Lehnwörter dieselben Gesetze, wie für die gemeinsemitischen Radices, d. h. einem nordsemitischen *š* entspricht im Südsemitischen ein *s*, und umgekehrt.

Die Beispiele sind freilich nicht zahlreich, sie sind aber vollkommen sicher. Hierher gehören die Wörter שְׁבָא „*Saba*" und שֶׁלֶף (Gen. 10, 26), die beide Völker Südarabiens bezeichnen. In den Inschriften wird ersteres סבא (𐩪𐩨𐩱), letzteres סלף (𐩪𐩡𐩰) geschrieben. Es kann aber kein Zweifel sein, dass das ס im Sabäischen hier, wie in vielen anderen Fällen, für wurzelhaftes ש steht, das also von den Phönikiern — durch deren Vermittlung die Hebräer die Völkertafel erhalten haben werden — oder von den Hebräern durch שׁ wiedergegeben worden ist.

Als sabäische Entlehnung aus קסט (𐩤𐩪𐩷) = κόστος darf wohl auch קשט in der Mischnah angesehen werden. Es ist gewiss ein sehr altes Lehnwort, das nur zufällig nicht in althebräischen Texten vorkommt.

Die Stadt Damascus gehört ohne Zweifel zu den ältesten Städten Syriens und wird den Südsemiten schon ziemlich früh bekannt gewesen sein. Im Hebräischen wird der Name דַּמֶּשֶׂק (also = *Damasḳ*) geschrieben. Bei den Arabern heisst sie دمشق *(Dimašḳ)* mit regelrechtem Wechsel von *s* in *š*.

Aus dem Hebräischen sind zahlreiche Wörter, welche auf Religion und Cultus Bezug haben, in Arabien eingedrungen.

Sie sind nicht erst von Muhammed dorthin verpflanzt worden, wie man bislang anzunehmen geneigt war, sondern wahrscheinlich durch jüdische Kaufleute, die längs der Handelsstrasse zwischen Gaza und den sabäischen und minäischen Reichen sich niedergelassen hatten, nach Arabien gekommen. Es ist charakteristisch, dass sich das hebräische Wort שָׂטָן ,Satan' (im Arabischen شَيْطَان *šajṭân*) als eine dieser ältesten Entlehnungen erweist. Auch anderwärts pflegt der Teufel noch vor dem lieben Herrgott einzuwandern. Der Lautwechsel *s* in *š* ist auch hier ein Beweis für das hohe Alter der Entlehnung.

Gar zahlreich sind die aramäischen Lehnwörter im Arabischen und nur gering die Anzahl der Wörter, die in älterer Zeit aus dem Arabischen ins Aramäische entlehnt worden sind. Eines dieser Wörter scheint سَيَّارَة ,Karavane' zu sein,[1]) welches im Palmyrenischen שירתא (De Vogüé, Syrie Centrale, p. 8) lautet = ܫܝܪܬܐ, jüd. שיירתא. Das arabische *s* ist durch ein nordsemitisches *š* wiedergegeben.

Zweifelhaft ist es, ob folgende Wörter zu den alten Entlehnungen gezählt werden dürfen. Wenn wirklich جيش aus aram. גיסא, syr. ܓܝܣܐ entlehnt ist, so könnte das *š* in *ǵaiš* nur dadurch erklärt werden, dass es zu einer Zeit übernommen worden ist, wo es im Aramäischen mit ש gesprochen wurde. Die Annahme einer ,volksetymologischen Anlehnung an die Wurzel جيش',[2]) will mir nicht recht zusagen.

Die Echtheit des Wortes عريش ,Weinlaube' gegenüber עריס, hebr. ערש hält Fraenkel[3]) durch die Lautverschiebung geschützt. Ebenso hält er gegenüber Guidi das arab. شيد aus lautlichen Gründen (hebr. שיד) für echt. Beide zuletzt angeführte Wörter können nach dem Gesagten sehr wohl alte Lehnwörter sein.

Während bei Lehnwörtern der ältesten Epoche der Lautwechsel in vollem Umfange stattfindet, tritt in der mittleren

[1]) Wie Fraenkel, Die aram. Fremdwörter, S. 180, Note, mit Recht vermuthet.

[2]) Fraenkel, a. a. O., S. 238.

[3]) a. a. O., S. 156.

Epoche insofern eine Aenderung ein, dass allerdings noch dem nordsemitischen *š* im Südsemitischen ein *s* entspricht, dagegen aber nordsemitisches *s* auch im Südsemitischen *s* bleibt.

Die Ursache dieser Umwandlung liegt klar zu Tage. Das nordsemitische ש hat sich im Verlaufe der Zeit dem ס genähert und ist zum Theil mit demselben zusammengefallen, es musste also wie das ס im Südsemitischen durch *s* und nicht durch *š* wiedergegeben werden. Für diese Periode steht uns ein reiches Material zur Verfügung. Das meiste hierher Gehörige hat Fraenkel in seinem schon wiederholt angeführten Buch gesammelt. Ich stelle hier die sichersten Beispiele zusammen und füge in Klammern die Seitenzahl des Buches bei.

سياع, שיעא ‚Tünche' (7); آسية, אשיתא ‚Säule' und سارية, שריתא ‚Balken' (11); سِيَرَاء, שיראה ‚Seidengewand' (40); سِرْبال, ܫܪܒܠܐ, pers. شلوار ‚Kleid' (47); قُداس ‚Perlen aus Silber', ܩܕܫܐ, קדשא ‚Ring' (57); فِطّيس, פַּטִּישׁ ‚Hammer' (85); سَفُّود, שפודא ‚Spiess' (90); سِراج, שרגא ‚Lampe, Leuchter';[1]) نبراس, נַבְרַשְׁתָּא ‚Leuchte' (91); سُنّار, שׁוּנְרָא ‚Katze' (112);[2]) رَوْسم, רושמא ‚Stempel' (137) und رسم, רשם ‚schreiben' (250);[3]) قَسْب ‚trockene Dattel', קשבא (146); سِعْر ‚Taxe', שערא ‚Zins', שׁער ‚Taxe' (189); مَرَس, ܡܫܚܐ ‚Tau' (229);[4]) سُور, ܫܘܪܐ ‚Mauer' (237); سورة ‚Sûra' und שׁוּרָה ‚Zeile, Reihe' (238); جاسوس, ܓܫܘܫܐ ‚Spion' (243);[5]) كنيسة, jüd. כנישתא ‚Kirche, Synagoge', قسيس, قَسّ, ܩܫܝܫܐ[6]), πρεσβύτερος (275); شَمّاس, ܫܡܫܐ ‚Diaconus';[7]) ناقوس, ܢܩܘܫܐ[8]) ‚Klopfer' (276); السعانين, הושענא, ܐܘܫܥܢܐ (277).[9])

---

1) Vgl. daneben سَرْج ‚Sattel' und סַרְגָא ‚Sattler' (Mischnah).

2) Daneben سَنّور ‚Panzer', ܫܢܘܪܬܐ ‚Helm' (240).

3) Vgl. daneben die jüngeren Bildungen رَوْشم und رشم in gleicher Bedeutung.

4) Neben der Vulgärform مَرَش.

5) Fraenkel: ‚Es ist auch volksetymologisch an جسّ (berühren) angelehnt worden.'

6) Vgl. daneben قَشّ, hebr. קַשׁ, aram. קַשָּׁא ‚Stoppel' (137).

7) Das *š* in *šammâs* erklärt sich durch Dissimilirung wie in شمس neben nordsem. שמש.

8) Eine jüngere Entlehnung ist dagegen نقش und منقوش (194).

9) Nachzutragen sind wohl auch سبّح ‚preisen, loben', hebr. und aram.

Aus dieser stattlichen Anzahl von ziemlich sicheren Lehnwörtern, die zum grössten Theil direct aus dem Aramäischen in's Arabische, theilweise aber auch aus dem Persischen durch aramäische Vermittlung übernommen worden sind, geht mit Sicherheit hervor, dass das Lautgesetz: nordsemitisches *š* wird im Südsemitischen *s* in dieser Zeit selbst in Lehnwörtern streng beobachtet worden ist. Die Versuche Fraenkel's, die Lautwandlung in einzelnen Fällen durch volksetymologische Anlehnung an südsemitische Wurzeln zu erklären, sind an und für sich nicht sehr glücklich, reichen aber keineswegs aus, diese sichere Thatsache zu erschüttern.

Dasselbe Gesetz lässt sich bei der Herübernahme von Eigennamen und Wörtern des Cultus beobachten, z. B. מֹשֶׁה موسى, שמואל سَمُوْءَل, אלישע اَلْيَسَع,[1] שלמה سليمان, ישמעאל اسمعيل, ܩܢܫܪܝܢ قنّسرين, שילה سَيْلون, משיח مسيح, שכינה سكينة, שַׁבָּת سبت, שֵׁבֶט سبط und الاسباط, דרש درس.[2]

Dagegen wird in dieser Zeit aus den schon oben angeführten Gründen nordsem. *s* (שׂ) nicht *š*, sondern bleibt *s* (س). Die Belege für diese Thatsache sind allerdings nicht zahlreich, scheinen aber sicher zu sein. Zunächst ist der Name יִשְׂרָאֵל اسرائيل anzuführen, welcher gewissermassen einen Gegensatz zu שָׂטָן شيطان bildet. Daneben ist besonders arab. سِكِّين ‚Messer' zu nennen, welches unzweifelhaft aus aram. ܣܟܝܢ סכין entlehnt worden ist. Hebr. שַׂכִּין weist aber auf eine Wurzel שׂכן zurück (Fraenkel 84). Das Gleiche ist der Fall bei مسمار ‚Nagel, Pflock', welchem im Hebr. מַשְׂמְרוֹת neben der aramäisirenden Form מסמרים entsprechen (89), endlich auch in خُرْس ‚Weinfass' neben hebr. חֶרֶשׂ und חַרְסִית (168).

שבח. Das äthiopische ሰብሕ ist ebenfalls Lehnwort. Ferner سِمْسِم ‚Sesam', talm. שומשמא, assyr. *šamaššamu.*

[1]) Vgl. dagegen يُوشَع, Name eines Mönches bei Bekri, Geogr. Wörterbuch, 371 und يشوعّى bei Jâcût II, 645, 13.

[2]) Damit hängt wohl der Name des إِدْرِيس zusammen, der dem biblischen חֲנוֹךְ gleichgestellt wird. Vgl. die jüdischen Sagen über Ḥanôḥ und dazu Tabari I, 174 وخنوخ وهو اوّل من خطّ بالقلم وانزل الله تعَ على خنوخ ثلثين صحيفة ' وقد زعم بعضم ان الله بعث ادريس الى جميع اهل الارض فى زمانه وجمع له عِلم الماضين الخ.

Die Thatsache, dass die Südsemiten in verhältnissmässig später Zeit den nordsemitischen Laut *š* im Gehör anders aufgefasst und durch die Schrift fixirt haben als die Nordsemiten, ist meines Erachtens durch die oben angeführten Beispiele vollständig erwiesen. Sie ist gewissermassen ein Nachspiel des alten Lautwechsels in gemeinsemitischen Wurzeln, den sie zum Theil erklärt. Dadurch werden aber die graphischen Räthsel der nordarabischen Schrift gelöst.

Die Araber, welche ihre Schrift von Aramäern entlehnt haben,[1]) fanden bei diesen zwei Zeichen vor, das שׁ und das ס; ein besonderes Zeichen für שׂ fanden sie nicht mehr, weil der ursemitische Laut *s* fast ganz mit dem *ś* zusammengefallen war.[2])

Da ihnen das aram. שׂ, wie wir gesehen haben, gleich *s* geklungen hat — sie hätten ja sonst dasselbe in Lehnwörtern durch *š* wiedergeben müssen — so haben sie es als solches verwerthet und in ihr Alphabet als س aufgenommen.

Was die Stellung des *ś* (ס) in den beiden Gruppen betrifft, so hat dieselbe sich ebenfalls verschieden gestaltet. In der nordsemitischen Gruppe hat es sich in seinem ursprünglichen Werthe erhalten, und das aus dem ש sich aussondernde *s* (שׂ) demselben assimilirt, bis es ganz darin aufging. Das Gegentheil fand in der südsemitischen Gruppe statt. Dort scheint das ס seine Existenz schon frühzeitig eingebüsst und dem aus dem שׁ sich aussondernden س genähert zu haben, bis es ganz mit demselben zusammenfiel.[3]) Dass innerhalb einer jeden der beiden Gruppen verschiedene Abstufungen noch zu beobachten sind, versteht sich von selbst.

---

[1]) Vgl. J. Karabacek, Palaeogr. Ergebn. a. d. arab. Papyr. Erzh. Rainer.

[2]) Das שׂ hat sich allerdings in Wörtern mit ursprünglichem שׂ im Palmyrenischen zum Theil noch erhalten. Vgl. שׂגיאן ,multae', ערשׂא, Bett', עשׂר 10, עשׂרין 20, (Nöldeke, ZMDG. XXIV, 95) und im Palmyrenischen Tarif שׂגין, בשׂימא (hebr. בֶּשֶׂם), עשׂבא (hebr. עֵשֶׂב); עשׂרתא, δεκάπρωτοι (Sachau, ZDMG. XXXVII, 567). Daneben aber kommen סגיאן, סהד (شهد) und הסך (hebr. חָשַׂךְ) vor. Auch im Nabatäischen wird עשׂר 10 und עשׂרין 20 mit שׂ geschrieben. Es scheint aber, wie Nöldeke schon mit Recht bemerkt hat, nur eine Reminiscenz an einen alten Sprachstand gewesen zu sein.

[3]) Dieser Vorgang mag vielleicht in einem verkehrten Verhältniss zu dem regelmässigen Lautwechsel des *š* und *s* in beiden Gruppen stehen.

Wir sind in der Lage für das Facit unserer Untersuchung, um bei der arithmetischen Ausdrucksweise zu bleiben, die Probe zu machen. Die nabatäischen Inschriften sind die wichtigsten Documente für die Zeit der Bildung des arabischen Alphabets, weil bekanntermassen das letztere sich aus den nabatäischen Buchstaben entwickelt hat, und weil in diesen aramäischen, von einer arabischen Bevölkerung gesetzten Inschriften so recht die tastenden Versuche das arabische Alphabet zu bilden beobachtet werden können. Man sieht hier schon den Weg vorgezeichnet, den die arabische Schrift nehmen musste, wenn man die Wiedergabe der dem Arabischen eigenthümlichen Laute in arabischen Lehnwörtern und Eigennamen beobachtet. So steht ע für ع und غ, ח für ح und خ, צ für ص und ض, ט für ط und ظ, ת für ت und ث.[1]) Die arabischen Eigennamen und Lehnwörter, die im Arabischen mit س geschrieben werden müssen, schreiben die Nabatäer mit ש, nie mit ס, obwohl sie das ס in echtaramäischen und griechischen Wörtern anwenden.

Hierher gehören die Eigennamen: אושו (= أَوْس), שכינת (= سُكَيْنَة), עבישת (= عُبَيْسَة), שלמו (= سلام oder سلم), שלי (= سلّى), חשיכו (= حسيك), קישה (= قيس) etc.[2]); ferner die arabischen Wörter: נשיב = نسيب, אראש = أَرْأَسُ. Aber nicht nur arabische Wörter mit wurzelhaftem ש werden im Nabatäischen mit ש geschrieben, sondern auch solche mit wurzelhaftem ס, z. B. שעיד (= سُعَيْد) und שעד אלהי (= سعد الله), die gewiss mit hebr. סעד zusammenzustellen sind. Wir haben also den stricten Beweis, dass die Nordaraber zur Zeit, als sie ihr Alphabet zu bilden begonnen haben, den Laut ס bereits eingebüsst hatten.

[1]) Nöldeke in Euting, Nabatäische Inschriften, S. 79. Dass diese Art zu differenziren nicht die allein zulässige ist, beweist das Sabäische, wo 𐩳 = ض nicht aus 𐩮 (= ص), sondern aus 𐩷 (— ط) und umgekehrt 𐩼 (— ظ) aus 𐩮 und nicht aus 𐩷 differenzirt worden ist. Durch die enge Berührung mit nordsemitischen Elementen gestaltete sich die Differenzirung im Nordarabischen nach sprachvergleichenden Principien, während sie im Süden nach rein lautlichen Grundsätzen durchgeführt wurde.

[2]) Dagegen קסכחן, weil es nordsemitisch ist und, wie schon aus assyr. *ka-uš* erschlossen werden kann, mit wurzelhaftem ס geschrieben werden muss. Vgl. Schrader, Keilsch. u. A. T. S. 613.

Es darf uns also nicht wundern, dass sie das aram. ס nicht in ihr Alphabet übernommen, weil in ihrer Sprache für dieses Zeichen kein adäquater Laut mehr vorhanden war. Das ש haben sie als س herübergenommen, weil das aram. ש ihnen als س hörbar war, und bildeten daraus durch Differenzirung ein ش. In arabischen Wörtern, welche in den nabatäischen Inschriften vorkommen, vertritt allerdings auch das ש den Laut ش, wie דושרא ذو الشرى, שלו شِلْو und חושבו حُوْشَبٌ. Dass aber das arabische Alphabet bei der Differenzirung des *s*-Lautes nicht in gleicher Weise verfahren ist, wie bei ع und غ, ص und ض, ط und ظ, wo der neugeschaffene Laut durch einen Punkt kenntlich gemacht worden ist, beweist auf graphischem Wege dasselbe, was wir durch Beobachtung der Wiedergabe der aramäischen Wörter im Arabischen auf lautlichem Wege bereits erschlossen haben.

In der jüngsten Epoche, wo Aramäer in engen Beziehungen zu Arabern standen und beide Völker vielfach in Städten gemeinschaftlich wohnten und in beiden Sprachen mit einander verkehrten, musste jeder Unterschied in der Aussprache gewisser Laute verschwinden. Diejenigen Lehnwörter, welche in dieser Zeit von Aramäern zu Arabern gekommen sind, zeigen auch keine lautliche Veränderung mehr. Daher: شرقرق, שרקרק ‚Grünspecht‘ (Fraenkel 118); شفنين, שפנינא ‚Turteltaube‘ (ibid.); شبّوط, שיבוטא,[1]) eine Fischart (122); روشم, רושמא; قشّ, קש, קשא; نتش, נתש ‚jäten‘; منكاش, מנכש ‚Karst‘; مِشْفَل, משפל ‚Mistkorb‘ (137); شيص, שיצי[2]) ‚schlechte Dattel‘ (146); مشحل, ܡܫܚܠܐ ‚Seiher‘ (167); شحيرة, ܫܚܝܪܐ ‚Vitriol‘ (185); شقل, שקל ‚die Münze wägen‘ (197); شامونة, ܫܡܘܢܬܐ, ein Gewicht (203); اشتيام ‚Capitän‘ אשתימא (222); اشل, אשלא ‚Strick‘ (229), شاقول, ܫܩܘܠܐ ‚Lothmass‘ (255); شريان, ܫܪܝܢܐ ‚Ader‘ (261); شياف, ܫܝܦܐ ‚Augensalbe‘ (262); برشان, ܦܪܫܢܐ, Name einer Hostie (278) etc. Die meisten dieser Wörter sind nachweisbar ziemlich jungen Ursprunges. Allerdings finden sich darunter auch solche, die

[1]) Daneben سابوط mit Lautwechsel, also schon in früherer Zeit entlehnt.

[2]) Dies kann allerdings auch eine alte Entlehnung sein. Das צ lässt sich wie in شمّاس durch Assimilirung erklären.

schon bei älteren Dichtern vorkommen, z. B. نقش und منقوش (194), ferner شاغور ‚Wasserleitung‘ bei Hassân ibn Ṯâbit (78) und einige andere; ich glaube aber nicht, dass die wenigen Ausnahmen die von mir festgestellte Thatsache wesentlich alteriren könnten.

Bei der Entlehnung von Wörtern in älterer Zeit konnte es wohl auch geschehen sein, dass einige *termini technici* von Leuten eingeführt worden sind, die beider Sprachen mächtig waren und eine gewisse litterarische Bildung besessen hatten. Dass in solchen Fällen das entlehnte Wort genau schriftgemäss wiedergegeben wird, dürfte weiter kein Wunder nehmen. Die aufgestellten Lautgesetze gelten nur für Wörter, die auf volksthümlichem Wege in mündlichem Verkehre, nicht aber auf gelehrtem Wege übernommen worden sind.

Zu solchen gelehrten Entlehnungen rechne ich auch die Wiedergabe biblischer Namen, die im Volke nicht bekannt waren, bei arabischen Schriftstellern und Historikern, wie Tabarî, Ibn Wâḍih al Ja'qûbî (ed. Houtsma) und Anderen, z. B. שלח شالخ, ארפכשד ارفخشد, מתושלח متوشلخ, אנוש انوش, שת شيث. Eben so wird פישון durch فيشون,[1]) משך durch مشك[2]) wiedergegeben. Die Schreibung اشوذ بن سام[3]) geht auf אשור zurück. Ferner ist zu vergleichen בלטשצר بلشصر,[4]) כרש كيرش, מש ماش[5]) u. s. w.

Während wir die Bildung des nordarabischen Alphabets, die sich schon in historischer Zeit vollzieht, genau verfolgen

---

[1]) Tabari I, 200. Vgl. auch Jâcût s. v.

[2]) So ist zu lesen Tab. 211, 19, wenn man وتوبيل بن يافث وهوشل بن يافث وترس بن يافث mit Gen. 10, 2 ותבל ומשך ותירס vergleicht. Der Herausgeber hat wohl وهوشل nur desswegen stehen lassen, weil er über die Codd. des Tabari nicht hinausgehen wollte.

[3]) Tabari I, 213, 1 und 216, 1.

[4]) Ibid. 216, 10.

[5]) Ibid. 219. In der Wiedergabe der Namen יקטן, ישבק und ישוה scheint mir Houtsma (Ja'qubi I, 26) richtiger verfahren zu sein als Barth (Tabarî I, 345). Demnach war auch Tab. I, 220, 14 معلون شمشا (nicht شمسا) zu schreiben = מלכן שמטה, wie schon der Herausgeber bemerkt. In solchen Wörtern ist ohne weiteres die biblische Schreibung herzustellen, wenn es die Codd. nur irgendwie gestatten. Vgl. noch Ja'qûbi, I, 29 und Oesterr. Monatsschrift f. d. Orient 1884, S. 229.

können, reicht die Entstehung des sabäisch-äthiopischen Alphabets und seine Trennung von dem phönikischen in uralte Zeit zurück. Es fehlen uns auch eine Reihe von Mittelgliedern zwischen den beiden Alphabeten; denn so sicher und fest es auch steht, dass diese Schrift von der phönikischen derivirt worden ist, so können die regelmässigen runden und abgeeckten, ja fast geometrischen Formen des Sabäischen nur nach einer langen Periode und durch viele Uebergänge aus dem unregelmässigen phönikischen Alphabet sich entwickelt haben.

Die Geschichte dieser Entwicklung in Bezug auf die Laute *š*, *s* und *ś* können wir aus wenigen lautlichen und graphischen Thatsachen vermuthungsweise erschliessen. Diese Thatsachen sind:

1. Dem nordsem. שׂ entspricht in ursemitischen Wörtern sab.-äth. 𐩪 *(š)* z. B. שׂים ‚machen' 𐩪𐩺𐩣 (שׂים), שׂנא ‚hassen' 𐩪𐩬𐩱 (שׂנא), שׂחר ‚hervorbrechen' 𐩪𐩭𐩧 (שׂחר).

2. Dem nordsem. שׁ entspricht im Sab.-äth. 𐩦 z. B. שׁאל, 𐩦𐩱𐩡 ‚fragen', שׁאר 𐩦𐩱𐩧 ‚übrig', שׁבט 𐩦𐩨𐩷 ‚Ruthe', שׁבי 𐩦𐩨𐩺, ‚Gefangenschaft', שׁטר, 𐩦𐩷𐩧, שׁלם 𐩦𐩡𐩣, ‚Frieden', שֵׁם 𐩦𐩣 ‚Namen', שׁמים 𐩦𐩣𐩥𐩺 ‚Himmel', שׁמע 𐩦𐩣𐩲 ‚hören', שׁקה 𐩦𐩤𐩺 ‚trinken'.

3. Aber nicht nur in ursemitischen Wurzeln, sondern auch in entlehnten Eigennamen und Wörtern tritt dieser Lautwechsel ein. (Vgl. 𐩦𐩨𐩱 שׁבא, 𐩦𐩡𐩰 שׁלף und 𐩤𐩦𐩷 קשׁט).

4. Das Zeichen 𐩦 vertritt im Sabäischen nicht nur den ihm ursprünglich fremden Laut *s* (שׁ), sondern auch den gemeinsemitischen Laut *ś* wie in 𐩦𐩲𐩵, hebr. סעד und 𐩦𐩰𐩢, hebr. ספח.

5. Im Aethiopischen, wo durch Berührung mit fremden Völkern und Sprachelementen die semitischen Laute vielfach gelitten haben, reichten die beiden Zeichen ሠ und ሰ vollkommen aus, ja sie wurden sogar in späterer Zeit miteinander öfters verwechselt, was auf eine weitere lautliche Depravation hindeutet; im Sabäischen dagegen tritt neben dem 𐩦 noch das Zeichen 𐩯 auf, welches, wie Prätorius zuerst erkannt hat, den Werth eines שׂ hat, und nur dieses, nicht aber den ursemitischen Samechlaut wiederzugeben scheint.

6. Eine genaue Prüfung der sogenannten Safa-Inschriften, wie der von Halévy als altarabisch, von mir als thamudäisch

bezeichneten Denkmäler, ergibt, dass die Alphabete dieser Inschriften Mittelglieder zwischen dem phönikischen und sabäischen Alphabete bilden. Die vorhandenen Inschriften müssen deswegen nicht älter sein als die ältesten sabäischen Denkmäler, die Schriftcharaktere sind es aber gewiss.[1]) Diese beiden Alphabete haben ebenfalls nur zwei Zeichen ש und ס für die drei semitischen Laute, so zwar, dass ש nur den *š*-Laut, ס dagegen das *ś* und *s* (שׂ) wiedergibt.

Aus diesen Thatsachen geht hervor, dass das phönikische Alphabet in uralter Zeit durch arabische Stämme, welche den Handel zwischen dem Norden und dem Süden vermittelten, nach Südarabien gekommen ist. Noch bevor das Alphabet nach Südarabien gekommen war, haben die beiden Zeichen ש und ס bestimmte, von den im phönikischen Alphabet innegehabten unterschiedene Lautwerthe erhalten. Das ש hat, wenn man den Resultaten der Halévy'schen Untersuchung ganz trauen darf, noch in den Safa-Inschriften, wie im Phönikischen den Werth des שׁ und שׂ.[2]) Daneben tritt schon das ס nicht nur für *ś* (סער, אסער), sondern auch für *s* ein. In den sogenannten thamudäischen oder protoarabischen Inschriften hat das ש schon ausschliesslich den Werth von *š*, das ס vertritt überall regelmässig das שׂ.[3])

Die Ursache dieser Umwandlung liegt meines Erachtens darin, dass die südsemitischen Sprachen schon frühzeitig ihren *š*-Laut eingebüsst haben, wie wir dies im Nordarabischen ja auch beobachten konnten. Dass die Einbusse keine plötzliche war und in manchen Dialecten langsamer vor sich ging als in anderen, darf als naturgemäss vorausgesetzt werden. Allen südsemitischen Sprachen scheint jedoch das Streben gemeinsam gewesen zu sein, das *ś* dem *s* möglichst nahe zu bringen. Das

---

[1]) Den vollen Beweis hierfür werde ich an anderer Stelle erbringen.

[2]) Denn nur bei dieser Annahme erklärt sich die Schreibung שׂאל, שׂלם, שׂלמת neben סלם, סמר. (Vgl. Halévy, Essai sur les Inscriptions du Safa, p. 300.)

[3]) Vgl. עשרן عشرين, שבעת شبعة, חמס خمس, סנת سنة, נפס نفس, נסר نسر, daneben auch סעד سعد.

Zeichen für *ś* (ס) konnte ihnen in Folge dessen das *s* ausdrücken, während das ש nur den *š*-Laut wiedergab.

Diese Wandlung im Werth der Zeichen ש und ס hat also nachgewiesener Massen stattgefunden noch bevor das Alphabet auf sabäischem Boden Wurzel gefasst hat. Im Sabäischen waren aber um diese Zeit die beiden Laute *s* und *ś* noch nicht ganz zusammengefallen und das Bewusstsein der lautlichen Verschiedenheit erzeugte durch Differenzirung aus 𐩪 (שׁ) ein Zeichen für שׂ, d. i. 𐩯. Es konnte aber nicht mehr ganz durchdringen, da einerseits das einmal eingeführte Zeichen schwer zu verdrängen war, andererseits gewiss auch im Sabäischen die Annäherung beider Laute *s* und *ś* aneinander die strenge Auseinanderhaltung sehr erschweren musste.

Wie man sieht, fusst die ganze Untersuchung auf der Voraussetzung, dass in der semitischen Ursprache drei *s*-Laute vorhanden waren. Meines Erachtens reicht die einfache Thatsache des regelmässigen Lautwechsels *š*, *s* im Nord- und Südsemitischen vollkommen aus, die Existenz der drei Laute in ursemitischer Zeit zu begründen. Mit Rücksicht auf die erst jüngst von G. Hoffmann wieder aufgenommene alte Hypothese, dass aus dem altsemitischen Laut ש im Südsemitisch-Arabischen *š*, *s* (ش, س), im Nordsemitisch-Aramäischen *ś*, *š* (ܣ, ܫ) geworden ist, halte ich es für geboten, unter Hinweis auf das, was ich schon in der Wiener Zeitschrift f. d. Kunde d. Morgenlandes I, 335 gesagt habe, hier noch eine Bemerkung darüber zu machen. Augenscheinlich hat sich Hoffmann nur von den graphischen Erscheinungen der phönikischen, arabischen und syrischen Alphabete leiten und verleiten lassen, wobei er aber das syrische Alphabet als Typus des aramäischen hinstellt, was an und für sich nicht zu rechtfertigen ist. Das Biblisch-Aramäische, die nabatäischen und palmyrenischen Inschriften zeigen, dass die Verwendung des *ś* im Syrischen für *s* einer jüngern Periode angehört. Als Typus des Südsemitischen hat er das Arabische hingestellt und dabei das Sabäische ganz übersehen, wo ja ein Zeichen für שׂ wieder auftritt. Es fehlt also dieser Hypothese nicht nur jede lautphisiologische, sondern auch jede schriftgeschichtliche Basis.

Es scheint mir zum Schlusse nicht überflüssig, die Geschichte dieser drei Laute, wie sie sich mir als Resultat meiner Untersuchung ergeben hat, in kurzen Thesen zu recapituliren. Dies wird die Uebersichtlichkeit erhöhen und die Controle möglich machen.

1. Die semitische Ursprache besass drei *s*-Laute, deren genaue Aussprache wir heute nicht mehr zu erschliessen vermögen. Wir wollen die unbekannten Grössen durch *š*, *s* und *ś* ausdrücken.

2. Von diesen drei Lauten standen *š* und *s* einander näher als je einer dieser Laute dem *ś*.

3. Die Keilschrift hat in Folge dessen ein Zeichen für *š* und *s* und ein anderes für *ś*. Hier sind also *š* und *s* zusammengefallen und wurden beide *š* ausgesprochen.

4. In gleicher Weise hat das phönikische Alphabet ein Zeichen für *š* und *s* und ein anderes für *ś*. Hier sind jedoch die beiden Zeichen nicht zusammengefallen, wie man dies z. B. aus עסר neben עשר ersehen kann.

5. Eine genaue Trennung der beiden Laute *š* und *s* in der Schrift hat das Hebräische und Biblisch-aramäische durchgeführt, indem es שׁ für *š* und שׂ für *s* gebrauchte.

6. Im Gegensatze zum Assyrisch-Babylonischen, wo das *s* zu *š* geworden ist, zeigen sich im Hebräischen und Phönikischen schon die Spuren einer Umwandlung des *s* in *ś*. Sie dringt in den jüngeren aramäischen Dialecten vollkommen durch. Es war ein wichtiger lautlicher Schritt geschehen; der Zwillingslaut des *š* trennt sich von diesem und näherte sich dem *ś*.

7. Den graphischen Ausdruck hierfür bieten die jüngeren aramäischen Dialecte und das Syrische. ש ܫ drücken nur *š* aus, während *s* sowohl *s* als auch *ś* wiedergeben.

8. In den südsemitischen Sprachen erscheinen die drei Zischlaute ebenfalls, und zwar das *ś* (aber zum Theil schon als *s*) in denselben Wurzeln wie im Nordsemitischen, während die beiden Laute *š* und *s* in der gemeinsemitischen Wurzel mit einander regelmässig wechseln. Einem nordsemitischen *š* entspricht im Südsemitischen *s* und umgekehrt.

9. Aber nicht nur in gemeinsemitischen Wurzeln hat dieser Lautwechsel stattgefunden, sondern auch in Lehnwörtern, die in alter Zeit und auf volksthümlichem Wege übernommen worden sind, woraus sich die merkwürdige Thatsache ergiebt, dass die nordsemitischen *s*-Laute den Südsemiten im Gehör anders geklungen haben als dem Nordsemiten und umgekehrt.

10. In ältester Zeit gelten für die Lehnwörter dieselben Lautgesetze wie für gemeinsemitische Radices.

11. In einer jüngeren Epoche wird wohl nordsem. שׁ durch südsem. س ausgedrückt, aber nicht mehr nordsem. שׂ durch südsem. ش, weil das nordsem. שׂ sich inzwischen sehr dem *ś* genähert hatte.

12. In jüngster Zeit und auf gelehrtem Wege entlehnte nordsemitische Wörter mit שׂ behalten dieses ش auch im Südsemitischen.

13. Wie in der Behandlung der beiden Zischlaute *ś* und *s* in ältester Zeit, so gehen auch die nord- und südsemitischen Sprachen in der Behandlung der beiden Laute *s* und *ś* in späterer Zeit auseinander. In der nordsemitischen Gruppe nähert sich das *s* dem *ś*, bis es ganz in demselben aufgeht; in der südsemitischen Gruppe dagegen schwindet der *ś*-Laut immer mehr und fällt schliesslich — allerdings mit dialectischen Abweichungen — mit dem *s* zusammen.

14. Die südsemitischen Alphabete, das sabäo-äthiopische und nordarabische, sind zu verschiedenen Zeiten und auf verschiedenen Wegen nach Arabien gekommen, ersteres in uralter Zeit (man darf wohl hierfür das XV. Jahrhundert v. Ch. oder ein noch früheres ansetzen), letzteres in den ersten Jahrhunderten n. Ch.

15. Das in alter Zeit überkommene Alphabet nahm das phönikische Zeichen für *ś* auch als *ś* herüber und bediente sich des Samechlautes um sowohl *s* als *ś* auszudrücken, mit Ausnahme des Sabäischen, wo später ein Zeichen für שׂ gebildet worden ist. Dagegen konnten die Nordaraber, die inzwischen den *ś*-Laut eingebüsst hatten, dem Aramäischen das Samech nicht entlehnen, und das Zeichen für den aramäischen Laut *ś* (ܫ)

musste bei ihnen nach dem Lautgesetz *s* (س) ausdrücken. Durch Differenzirung bildeten sie daraus das *š* (ش).

Die Wichtigkeit der Zischlaute für die vergleichende Darstellung der semitischen Sprachen ist längst erkannt. Ganz besonders haben sich die drei hier besprochenen Laute einer streng methodischen Behandlung schwer zugänglich erwiesen. Ich glaube durch diese Untersuchung manches zur Erkenntnis ihrer Natur und ihrer lautlichen und schriftgeschichtlichen Gesetze beigetragen zu haben, und hoffe, dass die hier niedergelegten Beobachtungen zu weiterem Forschen und Erkennen anregen und führen werden.

Erläuterung zu den von Rev. W. H. Hechler dem Congress vorgelegten Backsteinen aus Telloh in Süd-Babylonien.

Von

Fritz Hommel.

Von den sieben verschiedenen hier Ihnen vor Augen liegenden chaldäischen Backsteinstempeln hebt sich sofort einer vor allen andern erkennbar ab, nämlich ein Stein mit aramäisch-griechischer Legende (c. III. Jahrh. v. Chr.):

הרדנדנאח

ΑΔΑΔΝΑΔΙΝΑΧΗΣ.

Da über diesen der Art der Zusammensetzung nach echt babylonischen Namen, beziehungsweise die ihn nennende bilingue Legende, schon vom Grafen de Voguë [1]) und Prof. Eb. Schrader [2]) gehandelt wurde,[3]) so kann ich gleich zu den übrigen Steinen übergehen, welche sämmtlich Legenden des uralten Gudîa, Priesterkönigs von Sirgulla, in sumerischer Sprache enthalten und demnach kaum jünger als circa 3100 Jahre v. Chr. sein

---

[1]) Comptes-rendus de l'Académie des inscriptions et belles-lettres Paris 1884, p. 201.

[2]) Hebraica, vol. II (Chicago 1885/6), p. 1—3: A South Babylonian Aramaic-Greek Bilingual.

[3]) Vgl. dazu jetzt auch noch die Publication zweier Backsteine, welche den ganz gleichen Stempel tragen, bei de Sarzec und Heuzey, Découvertes en Chaldée, pl. 37, Nr. 11 und 12.

dürften.[1]) Auch in der Sammlung de Sarzec im Louvre in Paris befinden sich von fast allen diesen Gudîa-Backsteinen Exemplare, veröffentlicht auf der grossen Doppeltafel 37 der ‚Découvertes' (enthalten in der kürzlich erschienenen 2. Lieferung), weshalb diesen meinen Erläuterungen die lithographische Wiedergabe von nur e i n e m Steine beigegeben werden soll, der, wie es scheint, in Paris nicht vorhanden, jedenfalls aber noch nicht publicirt ist; die Legende desselben (ich bezeichne ihn mit Gudîa, Hechler Nr. 1) hat folgenden Wortlaut:

Lateinische Transcription:	Transcription in neuassyr. Schrift:
(dingir) Ba-u [2])	
gal-šag-ga	
durra an-na	
nin-a-ni	
Gu-di-a	
ǵadda-ti-si	
Sir-gul-la (ki) -gi	
i Ur-azag-ga- *-ka-ni*	
mu-na-ru.	

d. i. ‚der Göttin Ba'u, der heiligen Frau, der Tochter des Himmels, seiner Herrin, hat Gudîa, Priesterkönig von Sirgulla, das Haus seiner Stadt Ur-azagga erbaut'.

---

[1]) Vgl. die ausführlichen Auseinandersetzungen darüber in meiner Geschichte Babyloniens und Assyriens (Berlin 1885 ff.).

[2])  *(gi)* für  *(u)* ist gewiss nur ein Versehen des Schreibers, da sonst s t e t s, auch bei Gudîa, *Ba-u* erscheint.

Commentar: Ba'u von Ur-azagga, die grosse der Göttin Gasigdugga nächstverwandte Urwassergottheit, hebr. Bohu. Nach ihr hiess einer der Vorgänger Gudîa's in der Priesterkönigwürde von Sirgulla ‚Diener der Ba'u', Ur-Ba'u (geschr. [cuneiform]), welcher fast mit denselben Worten wie oben in seiner Statuen-Inschrift (de Sarzec, pl. 8), col. 4, Abs. 3—7 der Göttin gedenkt: *dingir Ba-u gàl-šag-ga durra-an-na-ra i-Ur-azag-ga-ka-ni mu-na-ru,* worin *-ra* die oben bei Gudîa nicht besonders ausgedrückte Dativpostposition ist. Den Genitiv von Ba'u lesen wir auf dem bekannten Siegelcylinder Dungi's von Ur (Gesch. Bab. u. Ass., S. 336 f.) in *Ur-ba-bi-gi,* d. i. also *Bavî-gi* (Vocalharmonie, urspr. *Ba'û-gi, Bavû-gi*), den Dativ *Bavu-r* (geschrieben *Ba-bur*) auf einem in meinem Besitz befindlichen Siegelcylinder mit der bekannten Darstellung des Kampfes des Gišdubarra oder Namraṣit und folgender Legende: [cuneiform] (d. i. *Ur-giš-Uš-galla* als Name einer Privatperson) [cuneiform] (d. i. ‚dem Gotte Ín-Ba'u', womit vielleicht der Gott Ea oder sonst eine der männlichen Wassergottheiten gemeint ist). Die Schreibung *dingir Ba-u* ist phonetisch, das entsprechende Ideogramm ist [cuneiform], weshalb auch der berühmte König von Ur und Vater des oben genannten Dungi, [cuneiform] nicht etwa, wie auch vorgeschlagen wurde Ur-Gurra, sondern Ur-Ba'u zu lesen ist. Dass [cuneiform] *(Ba'u)* und [cuneiform] *(Ba-u)* identisch, beziehungsweise letzteres nur phonetische Schreibung des ersteren ist, wird durch verschiedene zwingende Gründe nahegelegt; ich mache für heute nur auf folgendes aufmerksam:

a) [cuneiform] *(Ba'u)* die ‚Mutter Ea's' 4. Rawl. 1, 36/7[b].

b) Helferin der Kranken (besonders solcher an Blindheit und Augenweh leidenden) 4. Rawl. 29, Nr. 4.

c) Trägt den Beinamen ‚die mit reinen *(azagga)* Händen'.

a) Ba-u ‚die grosse Mutter', Haupt, Keilschrifttexte, Nr. 11, XXVI.

b) Gegen Kopf-, Herz- und Augenweh zugleich mit *Nin-agha-kuddu* und *Gula* angerufen (ebendaselbst).

c) Ihre specielle Stadt *Ur-azagga,* d. i. ‚reine Stadt'; vgl.

d) Das Ideogramm  wird von den National-Lexicographen ausdrücklich als ‚Himmel‘ *(ziku = shamû)* erklärt (2. Rawl. 50, 27).

auch den Personennamen *Azag-Ba-u* (semitisch: *Ba'u-íllit*) und den Namen des Schiffes der *Ba-u: ma-lid-azagga* (2. Rawl. 62, 45).

d) Ihr Beiname ‚Tochter des Himmels‘ (siehe oben).

Zu *gal* in *gal-šag-ga* ist zu bemerken, dass, während  mit der Lesung *rag* ‚weit sein, weit‘ heisst, es in der Lesung *gal* (dann neusumerisch *šal*, beziehungsweise *jal* in französischer Aussprache) ‚Weib‘ bedeutet haben wird; vgl. auch ZDMG. Bd. 32, S. 177 (2. Rawl. 48, 21). *Ǵadda-tí-si* ursprünglich ‚Griffelführer‘, dann der gewöhnliche Ausdruck für ‚Priesterkönig‘, späterhin auch ‚Unterkönig, Vicekönig, Verwalter‘.

Das Zeichen  hatte im Altsumerischen die Werthe *gur* und *gul;* der assyrische Silbenwerth *bur* ist erst neusumerischen Ursprungs.

Ueber die Genitivpartikel *ka* (in ihrem Unterschied von  *gi*) hat Amiaud, Z. f. K., Bd. I, S. 236 ff. scharfsinnig und treffend gehandelt; danach sind Pinches' Bemerkungen über *ka* Babyl. and Oriental Record, vol. I, p. 10 zu verbessern.

muna-ru eigentlich ‚es bauend‘ mit dem sächlichen Objectspräfix *mun-,* welches selbst wieder (lautgesetzlich, vgl. Z. f. K., Bd. I, S. 169 f.) erst aus *ban-* entstanden; diese Form steht je nach dem Zusammenhang, sowohl für die dritte als auch (jedoch seltener) erste Person singularis. Die neusumerische Aussprache von *muna-ru* wäre *muna-du,*

Ausser der mit *Ba-u* beginnenden Backsteinstempel-Legende haben wir nun noch hier vor uns:

2. eine, die mit *(dingir) Nin-dàr-a* beginnt (Hechler, Nr. 2 = de Sarzec, pl. 37, Nr. 4, und 1. Rawl. 1, pl. 5, Nr. XXIII, 1),

3. eine, die mit *(dingir) Ghanna* beginnt (Hechler, Nr. 3 = de Sarzec, pl. 37, Nr. 3, nur wie es scheint in der vorletzten,

bei Hechler leider sehr verwischten Zeile eine Variante in der Anordnung der Zeichen darbietend),

4—6. drei verschiedene Redactionen der mit *dingir Nin-gir-su* beginnenden ihres häufigen Vorkommens halber als Standard-Stempel zu bezeichnenden Legende (Hechler, Nr. 4, beziehungsweise *Ningirsu a* = de Sarzec, pl. 37, Nr. 7; Hechler, Nr. 5, beziehungsweise *Ningirsu b;* Hechler, Nr. 6, beziehungsweise *Ningirsu c* = de Sarzec, pl. 37, Nr. 6).

Von diesen ist die von mir mit *a* bezeichnete in kleinerer Schrift, aber zweispaltig:

Dingir Nin-gir-su

ur-sag lag-ga
dingir Ín-lil-là-ra
Gu-dí-a
ǵadda-tí-si

Sir-gùl-la-ki-gi

nin ul-í ǵad mu-
na-ud-du
í 50 dingir Im-mi-
ǵu-bar-bar-ra-ni
mu-na-ru
ki-bi mu-
-na-gî

b und *c* dagegen unterscheiden sich von *a* dadurch, dass in beiden *dingir Ín-lil-là* | *nugal-a-ni* (‚des Gottes In-lilla, seinem König') statt *dingir Ín-lil-là-ra* (‚des Gottes Inlilla') steht, und dass ferner in beiden der Ausdruck *ki-bi mu-na-gî* ‚an seinen Ort hat er ihn zurückgebracht', d. h. ‚er hat ihn (den Tempel) restaurirt' am Schlusse fehlt, *c* endlich von *a* und *b* noch weiter dadurch, dass auch die Zeile *nin-ul-í ǵad mu-na-ud-du* ‚als von Alters her hat er die Proclamation erlassen' hier ausgelassen ist und dass statt *mu-na-rù* (so richtig de Sarzec, pl. 37, Nr. 6) irrig *mu-na*  steht. Die Uebersetzung lautet:

‚Dem Gotte Nin-Girsu (d. i. Herrn der Stadt Girsu) | dem mächtigen Helden | des Gottes Inlilla, | [seinem König] | (hat) Gudîa | der Priesterkönig | von Sirgulla, | als von Alters her Pro- | clamation erlassend, | das Haus der Zahl Fünfzig seines | Gottes Immi-ǵu-bar-bar-ra | erbaut, | an seinen Ort ihn zu- | rückgebracht.

Genau so wie hier übersetzt wurde (also das in eckige Klammern eingeschlossene mitenthaltend und demnach *a*, *b* und *c* combinirend) lautet eine noch vollständigere Redaction, die z. B. de Sarzec, Découvertes, pl. 29, Nr. 2 (vgl. die theilweise Abbildung Babylon.-Assyr. Gesch., S. 321) wie auch Lenormant, Choix, Nr. 4 vorliegt, ebenso auch in mehreren Exemplaren im British Museum (z. B. S + 2393/4 im Glaskasten).

An Stelle eines eingehenderen Commentares sei nur bemerkt, dass der Name ‚Gott *Im-mi-ǵu-bar-bar-ra*' (geschrieben *-ud-ud-ra*) nur ein Synonym für *Nin-Girsu* zu sein scheint, und letzterer wiederum die gleiche Gottheit darstellt, wie sonst *Nindarra* (), der ebenfalls stets der Held (anderwärts wie Nin-Girsu auch Sohn) des Gottes Inlilla oder Bel heisst.

Wir haben nun nur noch die zwei mit *Nin-dàr-a* ( ) und *Ghanna* beginnenden Inschriften zu betrachten (Hechler, Gudîa, Nr. 2 und 3). Die erstere lautet in Transcription und Uebersetzung folgendermassen:

dingir Nin-dàr-a	Nin-daja
nugal ín	dem gebietenden König,
nugal-a-ni	seinem Könige,
Gu-dí-a	hat Gudîa
ǵadda-tí-si	Priesterkönig
Sir-gul-la-ki-gi	von Sirgulla
i Gir-su-ki	das Haus seiner
-ka-ni	Girsu-stadt
mu-na-rù	erbaut.

Die zweite (in zwei Columnen):

	*nin ul-í ǵadda mu-*
nin ín	*-na-ud-du*
nin in-dub-ba	*Ghanna-ki urra ki-*
	-ag-gà-ni-a
nin-a-ni	*i ud-mà-Ghanna-ki*
Gu-dí-a	*-tagga*

ǵadda-tí-si	*kur i al gul-*
Sir-gul-la-ki	*-la-ni*[1])
-gi	*mu-na-ru*

d. i. der Göttin Ghanna, der gebietenden Herrin, der Herrin von *in-dub-ba,* seiner Herrin, hat Gudía, der Priesterkönig von Sirgulla, als von altersher eine Proclamation erlassend, in Ghanna-ki, der Stadt seiner Liebe, das Haus (d. i. den Tempel) Ud-ma (Schiff)- Ghanna-ki-tagga, den Berg (vgl. die hohen chaldäischen Stufentempel) seines erhabenen Hauses, erbaut.

Aus der Bezeichnung *nugal ín* bei *Nin-dàr-a,* und *nin-ín* bei *Ghanna* sieht man, dass diese beiden Gottheiten zur Zeit Gudîa's offenbar in nähere Beziehung zu einander gesetzt wurden. In der That finden wir auch in den längeren Inschriften Gudîa's, z. B. Statue *B,* bei den grösseren Götteraufzählungen *Ghanna* und *Nin-dàr-a* (beachte die Voraussteilung der Göttin) als ein Paar dem zweiten Paar *Gasigdugga* und *Ba'u* (auch mit der Stellung *Ba'u* und *Gasigdugga*), letztere beide ursprünglich aus einer weiblichen Gottheit differencirt, vorangehend.

Ueber *Nin-dàr-a* (der in Girsu-ki seinen Tempel hatte) und seine wahrscheinliche Identität mit *Nin-dar,* der sonst bei Gudîa Ningirsu (d. i. Herr von Girsu) heisst, vergleiche man einstweilen das von mir Bd. I meiner ‚Semit. Völk. und Sprachen, S. 386 bemerkte. Was hier am meisten interessirt, ist die Erwähnung der Stadt Ghanna-ki, d. i. des späteren Niniveh, als des Ortes, wo Gudîa der Urwassergottheit *Ghanna* (der Tochter des Gottes Ea), ein Heiligthum erbaute. Die Lesung *Ghanna* für , d. i. das Zeichen *ab* oder *iš* ‚Behausung' mit eingesetztem als phonetischer Deuter dienendem Zeichen *ǵa* (ursprünglich *ǵan, ǵanna*) ‚Fisch' war von mir ursprünglich nur vermuthet,[2]) wird aber jetzt durch verschiedene Umstände mehr und mehr bestätigt. Vor allem gehört hieher die Verlängerung

[1]) De Sarzec, pl. 37, Nr. 3 *kur i al-* | *-gul-la-ni* abgesetzt; das Zeichen *gul* ist .

[2]) Vgl. Zeitschr. f. Keilschrift, Bd. II, S. 179 und Anm. 2.

mit *-na*, welche ich in der grossen Cylinderschrift *A* Gudîa's gefunden habe (col. 4, Absatz 4): *urrâ-ni Ghanna-ki-ku idda* (Fluss) *Ghan-ki-na* (lies *Ghan-na*)-*gi ma* (Schiff) *ní-uš* ‚hin zu seiner Stadt Ghanna (-ki) des Flusses (d. i. gelegen am Fluss) von Ghanna(-ki) hat er ein Schiff dirigirt', wo die Parallelstelle (Col. 2, Abs. 5) *urrâ-ni Ghanna(-ki)-ku idda Ghanna(-ki) du-a ma mu-ni-ri* ‚zu seiner Stadt Gh. hat er, den Fluss von Gh. (d. i. den Tigris) befahrend ein Schiff gesandt' bietet; zur Setzung des Determinativs vor die Verlängerungssilbe vgl. man die allbekannten Beispiele Unug-(ki)-ga, d. i. *Unugga* (Uruk, Erech), *Ni-si-in-(ki)-na,* d. i. *Nisinna* u. a. mehr. Die grosse Göttin von *Ghanna-ki* wurde später zur Istar von Niniveh (im Gegensatz zu der von Arbela) gemacht. Eine spätere schon mehr neusumerische Form dieses Gottheitnamens ist *Ghammu* (spr. *Chavvu*) im Königsnamen Ghammu-ragaš (geschr. *dingir Gha-am-mu-um-ra-bi*), die rein neusumerische Form, die letzte Stufe der lautlichen Entwickelung darstellend, aber *mummu* (gespr. *vuvvu*), z. B. in Mummu-Ti'amat des Weltschöpfungsberichtes; auch ins Griechische ist das Wort übergegangen, vergleiche das erst seit Hesiod auftauchende Wort χαο-ς, das trotz der scheinbar gut griechischen Etymologie im Sprachgebrauch doch stets als kosmogonischen Lehnbegriff sich gibt.

Auch die Schlussbezeichnung *kur i al-gul-la-ni* hat in den grösseren Inschriften Gudîa's eine Parallele, vgl. Cyl. *A*, Col. 3, Abs. 19 *kur-a al-gul-la Ghanna-ki-ku* ‚hin zu dem (Tempel-) Berg der Erhabenheit von Ghanna-ki'.

Zum Schluss danke ich, wohl damit zugleich aus dem Herzen der Fachgenossen sowohl wie aller anwesenden Orientalisten und Freunde des Orients redend, meinem verehrten lieben Freunde Rev. Hechler für die schöne Ueberraschung, die er durch das Ausstellen dieser werthvollen Denkmäler uralter Vorzeit uns und damit der Wissenschaft bereitet hat.

Assyrian Letters of the Time of Asurbanipal.

By

S. Alden Smith.

These documents are of the highest importance to us and it is to be regretted that they have remained so long time unedited. Only a few were published by George Smith and then later a number were edited by Mr. Pinches; both of these scholars have, however, ofter not given the Assyrian text, which rendered their publications worthless to students. Within a short time, the writer has published in his Keilschrifttexte Asurbanipals, Heft II and III, 33 letters and despatches and in PSBA 35 documents of the same character. The value of these inscriptions may be summed up as follows. 1. Historical. The struggle among the Babylonians for their independence is described to us in the historical inscriptions, but these letters from different generals and other officers of the Assyrian king give us much circumstantiality of detail, which not only aids us in better understanding the annals, but also brings to light points of history which have escaped the notice of the annalist. 2. Manners and customs. The many references in the diplomatic correspondence enable us to see how very similar life in the Orient was then to what it is to-day. The method of government, the relation of the Assyrian king to his officials and his people, the treachery that prevailed in Eastern Court life, are all revealed to us in this official correspondence as nowhere else Much is also incidentally told about the religion, temple service and gods, that the people reverenced. 3. Linguistic importance. As might be naturally expected, a study of these inscriptions has added much to our knowledge of the Assyrian language. Many new forms occur, which are of such importance, that we can learn from what root a well known word is to be derived. A large number of absolutely new words must, for the present, remain unexplained. If the reader will take the trouble to go carefully through the notes to the letters which I have published and note the unknown words, he will be convinced how much work may be done on this class of Assyrian inscriptions. It is possible here to call attention to only a few. There are a large number of official titles. *Am. si-ru-bu-tu,* K. 82, PSBA., June 1887; *am. rab mu,* K. 81, Nov. 1887; *am. šu-u-i,* K. 113, *am. kalê,* K. 492, *am. asû,* K. 504, *am. ip-tu-gu-tu-ra,* K. 506, Jan. 1888. As specimens of other words, compare *ni-ḳuṭ-ṭu,* K. 82, *a-da-nu,* K. 83, l. 15, *di-lil-šu-nu, is-su-ri* (cf. K. 525, l. 6 and 10, Asurb., Heft III), *pi-laḳ-ḳu šu-u-tu* etc., K. 691, PSBA., June 1887; *taḳ-pi-ir-ti, da-at-tu, pag-lu, 'mu-uk,* K. 80, *i-šag-gan-ga,* K. 81, *ki-ir-si,* K. 89, *u-ra-a-te, pi-ir-ra-a-ni, as-ṭi-e-ri,* K. 498, *i-ṣir(?)-tu-u,* PSBA, Nov. 1887. The number of such words to be found in my article, PSBA., Jan. 1887 are too numerous to be mentioned as well as those in Asurb., Heft III, e. g. in such letters as K. 183 *(us-sa-at-mi-nu, mi-ri-šu-tu, ik-ki-ni, ša-ne)* and K. 525 *(te-gir-te, mad-dag-giš* [cf. K. 582], *šal-še-ni, ra-bu-še-ni, šu-na-šu-nu).* The two letters given below will serve as specimens. Unknown words will also be found here. The translation and explanation can doubtless be improved, after this class of documents has been more thoroughly studied and this the writer most certainly hopes.

K. 14.

Transcription.	*Translation.*
A-na šarri be-li-ia	To the king, my lord,
ardu-ka Ag-gul-la-nu	thy servant, Aggullanu.
lu-u šul-mu a-na šarri	Peace to the king,

be-li-ia Nabû u Marduk	my lord. May Nebo and Merodach
a-na šarri bêli-ia lik-ru-bu	to the king, my lord, be gracious.
i-ti-ma-li ûmu III kan	Yesterday, the third day,
Ašûr Bêlit ina šul-me	Asur, Beltis in peace
it-tu-ṣi-u ina ša-li-in-ti	went forth, in the abiding place
e-tar-bu-u-ni	they entered.
ila-ni gab-bu am-mar	All the gods I saw,
ultu Ašûr u-ṣu-u-ni	from Asur they went forth,
ina šul-me ina šub-ti-šu-nu	in peace in their dwellings
it-tu-uš-bu	they dwell.
lib-bu . . . ša šarri bêli-ia lu ṭabu	May the heart of the king, my lord rejoice.
. . . . *I C šanâtê*	. . . . a hundred years
. . . .	. . . .
. . . .	. . . .
. . . .	. . . .
. . . . *karpat ḫa-ri-a-ti*	. . . . *Ḫariate* vessels
. . . . *me paššûru šarri*	. . . . . the bowl of the king
u-ma-al-lu-u-ni	they filled.
u-ma-a ba-aṭ-lu	Now it has ceased.
iš-ka-nu-u-ni	They have arranged
ša a-na šarri be-li-ia	what to the king, my lord
aš-pu-ra-an-ni	I send.
šarru be-li la-a iš-al	The king, my lord did not ask.
u-ma-a ša Tisriti	Now, which (is) the month Tisrit,
la-a karânu ṣu-ra-ri	neither wine compressed,
la-a karpat ḫa-ri-a-te	nor the *Ḫariate* vessels
ina pan Ašûr u-ma-al-li-u	before Asur they filled.
la-a am. pab karâni la-a	Neither the master of wine, nor
am. šânu-u-šu la-a am. dupsar-ru-šu	his second, nor his scribe
šêpâ ana šêpâ ba-aṭ-lu	feet to feet cessation
i-ša-ku-nu	made.
šarru be-li lu-u-di.	May the king, my lord, know.

Remarks.

This text has been published before by Mr. Pinches in the Transactions vol. VI, p. 239 ff. When I copied this tablet two years ago, Mr. Pinches told me his intention of republishing this among other texts, in which he had found mistakes in his first publications. Therefore I have kept my copy, desiring to give him the opportunity of republishing it. I publish it now feeling quite sure that, after this lapse of time, Mr. Pinches will not consider me guilty of any unfairness. He has himself made most of the corrections to his copy above referred to and these are given in Bezold's Literaturgeschichte, p. 236. For my part I should be glad to welcome still a republication of the text by Mr. Pinches, for I am quite willing to admit that his skill and practise in copying the cuneiform character may enable him to make improvements upon my copy. I have no intention of criticising Mr. Pinches for it would be unfair to criticise any publication made so long ago, unless its author should still maintain its correctness. My references to his article are made in a general way, because I have not a copy of it before me.

L. 8. *it-tu-ṣi-u.* The root of this word is יצא. The form is I, 2. — *ša-li-in-ti.* This word is probably a noun from the root לין; the hebrew verb לון, לין is very common. Mr. Pinches explains the word as a shaphel form from this root.

L. 12. *šub-ti-šu-nu.* I think this is the correct reading. The stem of the word is ישב "to dwell".

L. 13. *it-tu-uš-bu.* This seems to me to be the most probable text. The word is I, 2 from the stem ישב "to dwell".

L. 19. *karpat ḫa-ri-a-te.* This latter name seems to me to be the name of the vessel; this is what we should expect to follow the determinative. Mr. Pinches compares the hebrew חֹרִי and translates "jugs of barley wine", cf. l. 29.

L. 20. *paššûru.* This seems to me to be quite certainly the correct text; the sign is much to large for , which Mr. Pinches (Bezold's Lit., p. 236) suggests. With the other readings given in Lit., as will be seen, I agree.

L. 21. *u-ma-al-lu-u-ni.* This word is to be derived from the root מלא "to be full, to fill".

L. 22. *u-ma-a.* I think this is the word so common in these documents for "now, to day". It is not to be read *šam-ma-a* and does not appear to me to mean "sum". — *ba-aṭ-lu.* The root is בטל "to cease". The word occurs again l. 33 below.

L. 28. *ṣu-ra-ri.* Pinches' explanation of this word is perhaps correct. He compares the hebrew צָרַר "to compress". I know nothing better to suggest.

L. 35. *lu-u-di.* This is the correct transcription and not *lu-u-šallim* as Mr. Pinches transcribed. Cf. my remarks PSBA., June 1887, p. 245.

S. 1028.

Transcription.	*Translation.*
A-na šarri be-li-ia	To the king, my lord,
ardaka U-ba-ru	thy servant Ubaru,
am. ša-ku Bâbîli	the governor of Babylon.
Nabû u Marduk	May Nebo and Merodach
a-na šarri lik-ru-bu	to the king be gracious.
a-du-u û-mu-us-su	Now daily (?)
Marduk u Zir-pa-ni-tum	to Merodach and Zirpanit
a-na balaṭ napšâte	to preserve the life
ša šarri be-li-ia u-ṣal-la	of the king, my lord, I pray.
a-na Bâbîli	Into Babylon
e-te-ru-bu Bâbîli	I entered, the Babylonians
iḫ-te-ṣi-nu-in-ni	protected me
u û-mu-us-su	and daily (?)
šarru i-kar-ra-bi	the king was merciful
um-ma ša ḫu-ub-tu	thus: From the booty
u šal-lat ša Bâbîli	and plunder of Babylon
u-tir-ru	I returned
u ul-tu Sippar	and from Sippar
a-di bâb nâpu mar-rat	to the entrance of the gulf
am. ra-ša-ni ša Kal-du	the *Rašani* of Chaldee.
šarru i-kar-ra-bu	The king has been gracious
um-ma ša Bâbîli	thus: Whoever Babylon

u-še-ši-bi	I caused to dwell,
mâtâtê gab-bi	all countries
a-na pa-ni	before
šarri be-li-ia	the king, my lord,
ḫa-mu-u.	are not faithless (?).

Remarks.

This is one of the most perfectly preserved tablets in our collection of Assyrian letters. There is hardly a doubt about the reading of any character. It has never been quoted in the Assyrian literature, but Dr. Bezold states that he copied it. Cf. Literaturgeschichte, p. 323. This letter, in comparison with some others is not very difficult, although there are some words that cannot yet be explained.

L. 3. *am. ša-ku.* This word is to be derived from the root שקה "to be high", although the scribe has here written כ instead of ק.

L. 5. *lik-ru-bu.* It seems necessary to call attention to the root of this word again, since Herr D. Feuchtwang has confounded it with קרב "to draw near". See ZA II, p. 347 ff. This word is from the root כרב "to be gracious". The common Assyrian word *ikribu* "prayer" belongs also to this stem. The words *i-kar-ra-bi,* l. 14 and *i-kar-ra-bu,* l. 21 are to be placed here. Pater Strassmaier and F. Delitzsch, as well as Mr. Pinches also make this distinction between the roots קרב and כרב. Cf. further my remarks in Keilschrifttexte Asurbanipals, Heft II, p. 39 ff.

L. 6. *û-mu-us-su.* The meaning "daily" for this word is not absolutely certain, but is highly probable.

L. 7. *Zir-pa-ni-tum.* This is the correct reading and not *Zar-pa-ni-tum,* as Delitzsch in his Assyrisches Wörterbuch still reads. Cf. Asurb., Heft III.

L. 12. *iḫ-te-ṣi-mu-in-ni.* The root is חצן. Cf. Asurb., Heft III, p. 16 *taḫ-ṣi-in.*

L. 20. *am. ra-ša-ni.* This title like many others in the Assyrian letters is altogether unknown.

L. 27. *ḫa-mu-u.* This word is probably the same as *ḫa-ma-ku-u,* which occurs in K. 83, l. 28 a text which I have published PSBA., June 1887, p. 250 ff. I have never met it elsewhere and cannot explain it.

K. 14.

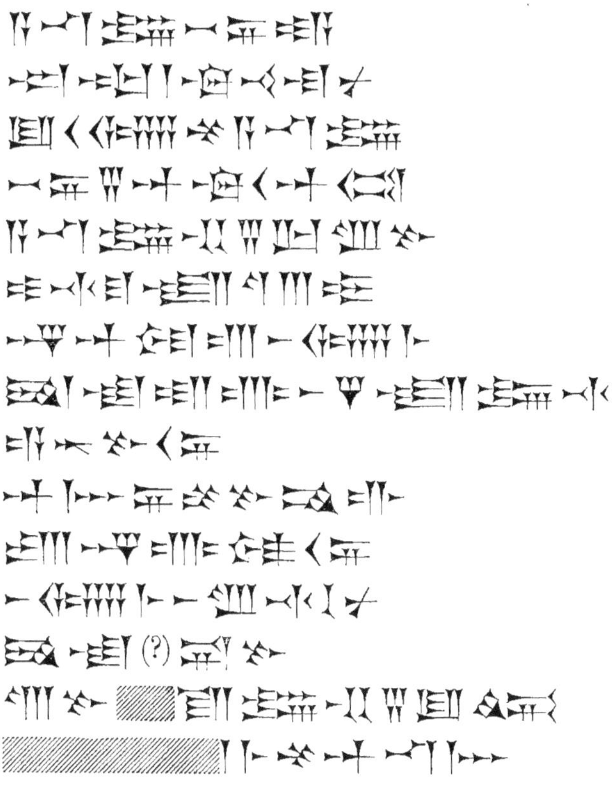

Three lines wanting.

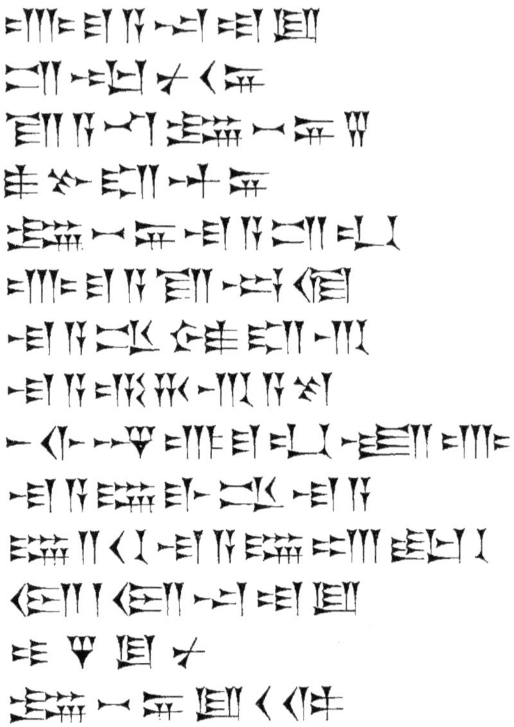

S. 1028.

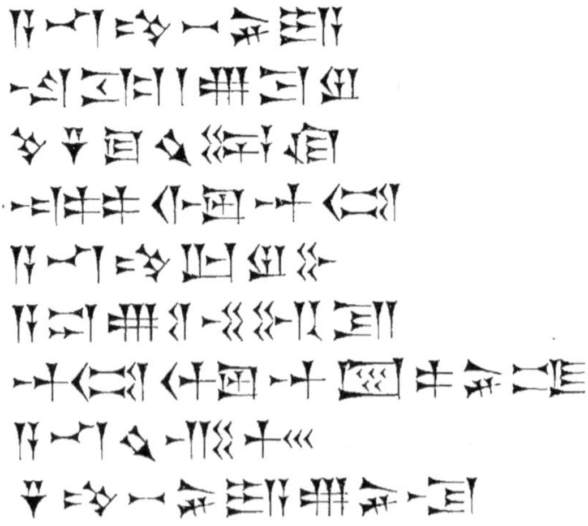

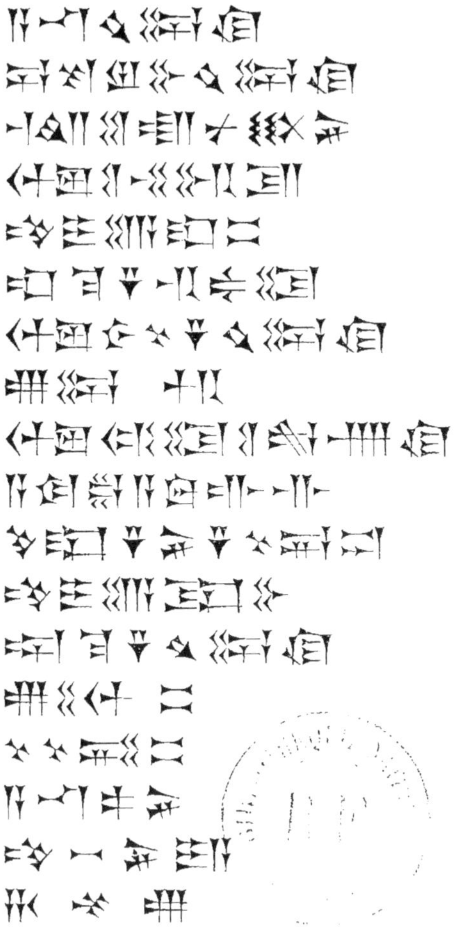

Vorwort.

Auf Antrag der Herren Professoren Th. Nœldeke und D. H. Müller hat die semitische Section des VII. intern. Orientalisten-Congresses in Wien die Meinung ausgesprochen, dass eine kritische Ausgabe des Talmud ein wissenschaftliches Desideratum sei, und der Abdruck eines Tractates nach der kritischen Bearbeitung des Herrn M. Friedmann für die Acten des Congresses zu empfehlen wäre.

Mit vorliegender Bearbeitung des Tractates Makkoth übergibt der Verfasser der Oeffentlichkeit eine Probe-Ausgabe eines Talmudtractates, die als Grundlage eines Meinungsaustausches, wie und in welcher Weise eine kritische Ausgabe des Talmud auszuführen sei, dienen möge. Für die Herstellung des Textes wurden die vorhandenen Ausgaben und die alten Commentare, denen noch kein Druckwerk vorgelegen, besonders aber die Variæ lectiones von Raphael Rabbinovicz in München benützt. Der Text selbst wurde durch Ausgänge, sowie durch Satztheilung mittelst Punkten — wie dies in den liturgischen Büchern üblich ist — übersichtlich geordnet, wodurch die Lecture erleichtert wird.

Die Noten verzeichnen die verschiedenen Lesearten, weisen auf Parallelstellen hin und bieten kurze Commentare, wo dies durchaus nothwendig erscheint. Hingegen sind die Quellenangaben in den Text u. z. zwischen Klammern eingeschaltet; die Liste der üblichen Abbreviaturen, wie der benützten Werke, ist am Ende als Anhang beigegeben.

Von der Absicht, Indices anzufügen, musste vorderhand Umgang genommen werden.

Inwieweit es dem Verfasser gelungen ist, die ihm übertragene ehrende Aufgabe zu erledigen, überlässt er getrosten Muthes den Fachmännern zur Beurtheilung und hofft auf deren wohlwollende Nachsicht.

Wien, im Mai 1888.

Der Verfasser.

תלמוד בבלי מכות פרק א׳ משנה א׳.

(דף ב׳. א׳.)

ב א כיצד העדים נעשים זוממין[1]. מעידין אנו[2] באיש פלוני[3] שהוא בן גרושה[4] או בן חלוצה[5]. אין אומרים יעשה זה[6] בן גרושה או בן חלוצה תחתיו. אלא לוקה ארבעים[7]: מעידין אנו באיש פלוני[8] שהוא חייב לגלות[9]. אין אומרים יגלה זה תחתיו. אלא לוקה ארבעים[10]:

הא כיצד[11] אין העדים נעשים זוממין מיבעי ליה. ועוד כדקתני לקמן הוא[12]. אבל אמרו להם היאך אתם מעידין שהרי באותו היום אתם הייתם עמנו[13] במקום פלוני. הרי אלו זוממין (משנה ו׳)[14]. תנא התם קאי[15]. כל הזוממין מקדימין לאותה מיתה[16] חוץ מזוממי בת כהן ובועלה (משנה סוף סנהדרין). שאין מקדימין לאותה מיתה אלא למיתה אחרת[17]. ויש עדים זוממין אחרים שאין עושין בהן דין הזמה כל עיקר אלא מלקות ארבעים[18]. כיצד. מעידין אנו באיש פלוני שהוא בן גרושה או בן חלוצה. אין אומרים יעשה זה בן גרושה או בן חלוצה תחתיו אלא לוקה את הארבעים:

מנהני מילי. א״ר יהושע בן לוי[19] דאמר קרא ועשיתם לו כאשר זמם (דברים יט, יט) לו. ולא לזרעו. וליפסלוהו לדידיה ולא ליפסלו לזרעיה. בעינן כאשר זמם לעשות. וליכא: בר פדא[20] אומר ק״ו. ומה המחלל[21] אינו מתחלל. הבא לחלל[22] ולא חילל. אינו דין שלא

---

[1] דברים י״ט ט״ז עד כ׳: [2] ברבינו הננאל ובריטב״א מעידנו: [3] אית דגרסי על איש ואית דגרסי את איש. דקדוקי סופרים: [4] בן כהן שנשא גרושה: [5] בד״ס או חלוצה וברמב״ן ורא״ש ובן חלוצה. ועיין לקמן ס״ג משנה א׳ וקידושין ע״ח א׳ דהלוצה אינה דאורייתא. ואית דאמרי דלא תפיס לה הכא אלא באשגירת לישן ריטב״א. ואית דאמרי דאפילו הכי לוקין רמב״ם ה׳ עדות פ״כ ה״ח: [6] במשנה שבירושלמי ייעשה בנפעל. ותפס לישן יהיד עפ״י לישון המקרא ועשיתם לו כאשר זמם ריטב״א: [7] בד״ס את הארבעים ובר״א״ש סופג את הארבעים. ולקה היא לשון חכמים תמורת נכה בלשון תורה. וספג תמורת ספק. ועיין בתוספתא דמכות פ״א דחשיב נמי נתין וממזר ולגי׳ הרמב״ן אף עבד: [8] עיין לעיל סי׳ ג׳: [9] אית דג׳ שחייב גלות ואית דג׳ שהוא חייב גלות ד״ס. וגי׳ ר״ח שחייב גלות ונמצאו זוממין. וכלו׳ שיודעים ברור שהרג בשוגג. אי נמי שהעידו שנתחייב גלות בב״ד אחר ריטב״א: [10] בד״ס ובנמ׳ את הארבעים: [11] ברש״י האי כיצד ובריטב״א וד״ס האי אין העדים: [12] כ״ה בריטב״א ותוס׳ שנץ וגי׳ רש״י דקתני לקמן אבל. ובספרים מדקתני: [13] גי׳ ריש״י והלא הייתם עמנו אותו היום במקום פלוני ובד״ס היאך אתם מעידין באיש פלוני שהרי עמנו הייתם וכו׳ ועיין לקמן משנה ו׳ ובהערות שם: [14] בספרים מכלל דאלו אין זוממין. והיא מסכים עם הגי׳ מדקתני לקמן אבל ומתקן מהר״ם מלובלין עפ״י רש״י ותוספות. ומגליון מפרש הוא: [15] באלו הן הנחנקין פ׳ בתרא דסנהדרין ותשובת השאלה כיצד העדים וכו׳ הוא באמת להלן מ״ו אין העדים נעשים זוממין וכו׳ אלא שהסדיר תדלה אלו שנשתנה בהם תורת הזמה דומיא להא דסנהדרין: [16] אותה מיתה שבאו להייב בה קודמת להם במקום שאפשר. ר״י בתוספות וריטב״א: [17] שהיא בשרפה והם בהנק עיין סנהדרין צ׳ א׳ ספרי שופטים פי׳ ק״צ ותוספתא סנהדרין פי״ב וספי״ד. וגי׳ ר״ח ובועלה ויש עדים זוממין וכו׳. ואולי דבולא מגליון מפרש: [18] בד״ס אלא למכות בעלמא וגי׳ ר״ח מלקות בעלמא: [19] בספר׳ אמר ריב״ל א״ר שמעון בן לקיש ובד״ס ליתא והסגירוהו בספרים עפ״י הילקוט דליתא שם. ועיין בירושלמי ויראה דהתם נמי ריב״ל אמרה אלא שהלישון שם מסורס ומשובש. וב׳ נוסחאות הן חדא אריב״ל ואידך ארשב״ל: [20] בירושלמי בר פדייה ובד״ס בר קפרא והוא שבוש: [21] כהן המחלל את זרעו באשה האסורה לו: [22] עד שבא לחלל עפ״י עדותו:

ב ב יתחלל. מתקיף לה רבינא. אם כן בטלת הורת עדים זוממין. *ומה הסוקל אינו נסקל[1]. הבא לסקול ולא סקל אינו דין שלא יסקל[2]. אלא מחוורתא כדשנינן מעיקרא:

מעידין אנו באיש פלוני שהוא חייב גלות כו': מנא הני מילי. אמר ריש לקיש דאמר קרא הוא ינוס אל אחת הערים (דברים י"ט ה') הוא ולא זוממין[3]. ר' יוחנן אומר ק"ו. ומה הוא שעשה מעשה במזיד אינו גולה[4]. הן שלא עשו מעשה ובמזיד אינו דין שלא יגלו[5]. והיא הנותנת[6]. הוא שעשה מעשה במזיד לא ליגלי. כי היכי דלא תיהוי ליה כפרה. הן שלא עשו מעשה ליגלו[7]. כי היכי דתיהוי להו כפרה[8]. אלא מחוורתא כדר"ל:

אמר עולא רמז לעדים זוממין מן התורה מנין. רמז לעדים זוממין. והא כתיב ועשיתם לו כאשר זמם (שם שם י"ט). אלא רמז לעדים זוממין שלוקין מן התורה מנין. דכתיב והצדיקו את הצדיק והרשיעו את הרשע והיה אם בן הכות הרשע (שם כ"ה א' וב') משום דהצדיקו[9] את הצדיק והרשיעו את הרשע והיה אם בן הכות הרשע[10]. אלא עדים שהרשיעו את הצדיק. ואתו עדים אחריני והצדיקו את הצדיק דמעיקרא. ושוינהו להני רשעים[11]. והיה אם בן הכות הרשע[12]. ותיפוק ליה מלא תענה (שמות כ' ט"ז). משום דהוי לאו שאין בו מעשה. וכל לאו שאין בו מעשה אין לוקין עליו[13]:

תנו רבנן[14] ד' דברים נאמרו בעדים זוממין. אין נעשין בן גרושה ובן חלוצה. ואין גולין לערי מקלט. ואין משלמין את הכופר[15]. ואין נמכרין בעבד עברי. משום ר"ע אמרו אף אין משלמין ע"פ עצמן (תוספתא פ"א): אין נעשין בן גרושה ובן חלוצה. כדאמרן: ואין גולין לערי מקלט. כדאמרן: ואין משלמין את הכופר. קסברי כופרא כפרה[16]. והני לאו בני כפרה נינהו[17]: מאן תנא כופרא כפרה. אמר רב חסדא ר' ישמעאל בנו של ר' יוחנן בן ברוקה היא. דתניא ונתן פדיון נפשו (שמות כ"א ל') דמי ניזק[18]. רבי ישמעאל בנו של ר' יוחנן בן ברוקה אומר דמי מזיק (תוספתא ב"ק פ"ד)[19]. מאי לאו בהא קא מיפלגי. דמר סבר כופרא ממונא[20]. ומר סבר כופרא כפרה[21]. אמר רב פפא לא. דכולי עלמא כופרא כפרה. והכא בהא קא מיפלגי[22]. מר סבר בדניזק שיימינן[23]. ומר סבר בדמזיק שיימינן. מאי טעמייהו דרבנן. נאמר השתה למטה ונאמר השתה למעלה[24]. מה להלן בדניזק אף כאן בדניזק. ורבי ישמעאל סבר[25] ונתן פדיון נפשו כתיב בדמזיק[26]. ורבנן אין פדיון נפשו כתיב[27] מיהו כי שיימינן בדניזק שיימינן[28]: ואין נמכרין בעבד עברי. סבר רב המנונא

---

[1] ההורג אדם ע"י סקילה אינו נסקל אלא נדון בסייף שהיא מיתה קלה: [2] שאם העיד לחייב סקילה לא יהא נדון אלא במיתה קלה וא"כ בטלת תורת הזמה. ר"ת בתוספת וריטב"א: [3] בירושלמי תני לה בשם בר פדייה. [4] וכגון שלא התרו בו שאינו נהרג: [5] כלו' והם מזידין. וכ"ה ברש"י. ובספרים הגי' במזיד ובר"ס ותו' פסחים ל"ב ב' לא גרסי כלל מלת במזיד: [6] כ"ה ברש"י ור"ח. ובספרים והיא נותנת והלא דין הוא: [7] כ"ה ברש"י ובד"ס וגי' רש"י יגלו. ובספרים במזיד נמי ליגלו. ועיין לקמן י"א ב' וסנהדרין ל"ז ב': [8] כ"ה בתו' לקמן י"א ב' ובספרים דליהוי: [9] כ"ה ברש"י ורי"ף ורא"ש ובסנהדרין י' א' ובספרים והצדיקו. וגי' ר"ח משום והצדיקו את הצדיק והרשיעו את הרשע ילקה: [10] בתמיה: [11] כלו' שהרשיעו את העד הרשע: [12] שאין מקום לקיים בו תורת הזמה אלא במלקות: [13] וגלי לך קרא דאם בן הכות הרשע שלוקין על לא תענה. תוספות לקמן ד' ב' ורמב"ן וריטב"א ועיין בריש ירושלמי דמכות. ועיין לקמן משנה ד' ובגמרא ד' ב' וי"ג ב'. וכולא היא בסנהדרין י' א' ועיין ב"ק ה' א': [14] שנאוה בבית המדרש כעין המשנה והיא מתניתא ויסודה היא בתוספתא ריש מכות. וכל תנו רבנן הם ממסכתות דרבנן בבלאי עיין מדרש תהלים ק"ד: [15] אם כפר יושת עליו וגו' שמות כ"א ל': [16] ב"ק מ' א' ומ"א ב': [17] שהעידו שהוא חייב מיתה בידי שמים ואין בידנו לקיים בהם כאשר זמם ולבעל השור נתנה התורה כפרה ולא לעדים אלא לוקין משום לא תענה: [18] גי' הריטב"א ניזוק. כל לשון דמים היא שוה ודומה. וממון היא מטבע בתמונה וצורה: [19] ושם היא בשינוי עיי"ש ועיין מכילתא משפטים פ"י ובמ"ע אות מ"ד וירושלמי ב"ק פ"ד ה"ז כתובות פ"ג ה"י ושבועית ספ"ה ובבלי ב"ק כ"ז א'. ושם מ' א' כולא סוגיא כעין הכא ואולי עיקרה התם והועתק להכא עיי"ש: [20] ונתחייב ליורשים דמי ניזק: [21] ונותן דמי עצמו: [22] בד"ס ובהא קמפלגי: [23] ובהכי הויא ליה כפרה: [24] כאשר ישית עליו. שמות כ"א כב. וילמד סתום מהמפורש ריטב"א. וגי' רש"י נאמר השתה למעלה ונאמר השתה למטה. ועדיף יותר לשון מה להלן ועיין בד"ס. ובב"ק שם הגי' נאמרה שיתה וכ"ה בריטב"א: [25] כ"ה בד"ס ובב"ק שם. ובספרים ליתא מלת סבר: [26] כ"ה בריטב"א וכלו' ואין זה סתום. ובספרים ליתא מלת בדמזיק: [27] כלו' ודאי. ואין כמו הן: [28] בד"ס אלא כי שיימינן וכו':

למימר ה"מ היכא דאית ליה לדידיה נכסי[1]. דמיגו דאיהו לא נזדבן[2] אינהו נמי לא מיזדבנו. אבל היכא דלית ליה לדידיה אע"ג דאית להו לדידהו מזדבנו. ולימרו ליה[3] אי אנת הוה לך מי הוה מיזדבנת אנן נמי לא מיזדבנינן. אלא[4] סבר רב המנונא למימר ה"מ היכא דאית ליה או לדידיה או לדידהו. אבל היכא דלית ליה לא לדידיה ולא לדידהו מזדבני. א"ל רבא ונמכר בגנבתו (שמות כ"ב ב') אמר רחמנא. בגנבתו ולא בזוממו[5]: משום ר"ע אמרו וכו'. מאי טעמא דר"ע. קסבר קנסא הוא. וקנס אין משלם ע"פ עצמו[6]. אמר רבה[7] תדע שהרי לא עשו מעשה ונהרגים[8]. אמר רב נחמן תדע שהרי ממון ביד
בעליו[9] ומשלמים[10]. מאי *ניהו[11]. דלא עשו מעשה. היינו דרבה. אימא וכן אמר ר"נ: ג, א

אמר רב יהודה אמר רב עד זומם משלם לפי חלקו. מאי משלם לפי חלקו. אילימא דהאי משלם פלגא והאי משלם פלגא. תנינא. משלשין בממון ואין משלשין במכות (לקמן משנה ה')[12]. אלא כגון דאיתזום חד מינייהו דמשלם פלגא דידיה. ומי משלם. והא תניא אין עד זומם משלם ממון עד שיזומו שניהם (תוספתא סנהדרין פ"ו)[13]. אמר רבא באומר עדות שקר העדתי[14]. כל כמיניה[15]. כיון שהגיד שוב אינו חוזר ומגיד[16]. אלא באומר העדנו והוזמנו בב"ד פלוני[17]. כמאן דלא כר"ע. דאי כר"ע הא אמר אינו משלם ע"פ עצמו[18]. אלא באומר העדנו והוזמנו בב"ד פלוני וחוייבנו ממון[19]. ס"ד אמינא כיון דלחבריה לא מצי מחייב ליה איהו נמי לא מיחייב. קא משמע לן[20]:

משנה ב'.

מעידין אנו את איש פלוני[21] שגירש את אשתו ולא נתן לה כתובתה[22]. והלא בין היום בין למחר[23] סופו ליתן לה כתובתה[24].

---

[1] כ"ה בריטב"א ובמ' אותו שהעידו עליו שגנב יש לו נכסים: [2] בד"ס לא מזדבן וברש"י לא הוה מזדבן: [3] בספרים א"ל רבא ולימרו ליה ומחקו מהר"ם לובלין. ובד"ס ליתא כולא עד א"ל רבא דלהלן ויראה שהוא קטוע. ויראה שצ"ל א"ל רבא ונמכר וכו' ונסדרו כאן דברי רבא יאח"כ הקשו ולימרו ליה והגידו בדברי רב המנונא וסדרו אח"כ הכל באופן אחר. אלא שקושיות הסעתיקים. ויש שקישיעו הכל וגרסו מאי טעמא אמר רבא בגניבו ולא בזוממי ילקוט משפטים שמ"ג וכן בגי' ר"ח מ"מ אמר רבא דאמר קרא אם אין לו ונמכר בגנבתו בגנבה נמכר ולא בזוממו: [4] אלא הכי אתמר. כך הגיה מהר"ם ואין צריך: [5] ברייתא בקידושין י"ח א' ובירושלמי סוטה ספ"ג. ובד"ס ג' אמר רבא בגנבתו ולא בזוממו. ועיין בסדר הדורות ערך המנונא דטובא הוי ור' המנונא מאוחר הוא. והרמב"ם בהלכות עדות פ"כ ה"ח פי' בבא זו שהעידו עליו שנמכר בעבד עברי והוזמו. והביא הר"ן ברב אלפס זה הפי' בשם יש מפרשים: [6] דמודה בקנס פטור כתובות מ"א א' וב"ק ס"ד ב' ע"ה א' וב"מ ג' ב' ועיין לקמן ד' ב'. וב"ק ה' א': [7] בר"ה ובד"ס רבא וכן להלן היינו דרבא. ובריטב"א ד' ב' כתב דרבה גרסינן מדקמייתי ליה עקמי ר"נ: [8] כ"ה בר"ח ובריטב"א וכ"ה ברש"י עי"ש. ובד"ס ליתא כלל. ובספרים ומשלמים והוסיפו בהגהה [ונהרגים] ומשלמים: [9] וכ"ה ברש"י ור"ח ורמב"ן ובד"ס. ובספרים בעלים: [10] ומשלמים ממון רש"י. וע"כ אינו אלא קנס: [11] האי ממון ביד בעליו רש"י. ויש ספרים שהוסיפו ממון ביד בעלים מאי ניהו: [12] כ"ה לקמן ובפי' ר"ה. ובספרים במלקות: [13] ושם הוא בשינוי קצת ועיין חגיגה ט"ז ב' ושם הגי' אין משלמין עד שיזומו וכ"ה בד"ס. ובר"ח לעולם אין משלמין עד וכו': [14] ויש גורסין העדנו. ריטב"א. והזים לעצמו שלא היה באותו היום באותו מקום ריטב"א. ויש מפרשים שאח"כ הוזמו שניהם ומשלם השני לפי חלקו בתורת הזמה תוספות. וי"מ דאיתזום חד והשני אומר עדות שקר העדתי דבכהאי גוונא משלמין. פני יהושע: [15] בתמיה: [16] תוספתא דסנהדרין פ"ו וירושלמי שם פ"ו ה"ה ובבלי מ"ד ב' ושבועות ל"א ב' וכתובות י"ח ב' וכ"ב קס"ח א'. ויראה לי ששיבוש נפל בספרים וצ"ל אלא באומר עדות שקר העדתי אמר רבא כל כמיניה וכו' וכעין הא דכתובות עי"ש ומנגנן לישן התלמוד מוכיח כך ואתיא כולה כפשוטה. אלא באומר עדות שקר. כלו' דרב לאו בעד זומם אמר אלא בעד שקר וע"ז פריך רבא דבעד שקר נמי לא מתוקמא: [17] ונאמן על עצמו ומשלם: [18] כ"ה בד"ס. ובספרים אף אינו משלם וכו' ואינו נכון דלא בעי לאתויי לישנא דר"ע: [19] בקצת ספרים וחייבוני וגי' ר"ה וחייבונו. ואיכא נוסחי העדני שקר והוזמנו וכו' ריטב"א. וכיון שסבר הרישעם בב"ד מראי שעתא הוי ממונא ולא קנסא: [20] גי' ר"ה אידו נמי לא משלם קמ"ל: [21] בתוספות ובמשניות ובירושלמי באיש פלוני. ובר"ה מעידנו את איש. ובד"ס מפלוני. ובמשנה כת"י קאנטאבריגיא מעידין אנו באיש שגירש פלוני והוא ט"ס: [22] גי' הרי"ף כתובה. והוזמו שלא גירשה: [23] כ"ה במשנה שבירושלמי וברי"ף. ובספרים ובין למחר ובמשניות ובין מחר: [24] ולא הפסידוה בעדותם את הכתובה כיון שסופו ליתנה לה:

אומדין[1] כמה אדם רוצה ליתן בכתובתה של זו[2]. שאם נתאלמנה או נתגרשה[3] ואם מתה יירשנה בעלה[4]:

כיצד שמין רב חסדא אמר[5] בבעל[6]. רב נתן בר אושעיא אמר באשה[7]. אמר רב פפא באשה ובכתובתה[8]:

משנה ג׳.

מעידין אנו באיש פלוני שהוא חייב[9] לחבירו אלף זוז על מנת ליתנן לו[10] מכאן ועד שלשים יום. והוא אומר מכאן ועד עשר שנים[11]. אומדים[12] כמה אדם רוצה ליתן ויהיו בידו אלף זוז[13] בין נותנן מכאן ועד ל׳ יום בין נותנן מכאן ועד עשר שנים[14]:

אמר רב יהודה אמר שמואל המלוה את חבירו לעשר שנים שביעית משמטתו. *ואע״ג דהשתא לא קרינן ביה לא יגוש (דברים ט״ו ב׳). סוף אתי לידי לא יגוש[15]. מתיב רב כהנא. אומדים כמה אדם רוצה ליתן ויהיו אלף זוז בידו בין ליתן מכאן ועד ל׳ יום ובין ליתן מכאן ועד עשר שנים[16]. ואי אמרת שביעית משמטתו. כולהו נמי בעי שלומי ליה. אמר רבא[17] הב״ע במלוה על המשכון ובמוסר שטרותיו לב״ד. דתנן המלוה על המשכון והמוסר שטרותיו לב״ד אין משמיטין (משנה שביעית פ״י מ״ב)[18]: ג׳ ב׳

איכא דאמרי. א״ר יהודה אמר שמואל המלוה את חבירו לעשר שנים אין שביעית משמטתו. ואע״ג דאתי לידי לא יגוש. השתא מיהא[19] לא קרינן ביה לא יגוש. אמר רב כהנא אף אנן נמי תנינא. אומדין כמה אדם רוצה ליתן ויהיו אלף זוז בידו בין ליתן מכאן ועד ל׳ יום ובין ליתן מכאן ועד עשר שנים. ואי אמרת שביעית משמטתו. כולהו נמי בעי שלומי ליה. אמר רבא הב״ע במלוה על המשכון ובמוסר שטרותיו לב״ד. דתנן המלוה על המשכון והמוסר שטרותיו לב״ד אין משמיטין (שם):

ואמר רב יהודה אמר שמואל המלוה את חבירו ע״מ שלא תשמטנו שביעית. שביעית משמטתו[20]. לימא קסבר שמואל מתנה על מה שכתוב בתורה הוא. וכל המתנה

---

[1] במשנה בת״י הנ״ל אומרין וכך נראה גי׳ הריטב״א וכ״ה בתוספתא. ובמשנה שבירושלמי ג׳ אלא אומרים: [2] היינו טובת הנאתה שרוצה אדם ליתן מספק שתבא לידו: [3] או יקחנה הלוקח. בד״ס הגי׳ נתארמלה: [4] ויפסיד מי שלקחה מן האשה. וכן להיפך אם יקנה אותה טובת הנאה מהבעל. ועיין בתוספתא פ״א ובירושלמי במתניתין ובבלי ב״ק פ״ט א׳: [5] כ״ה ברי״ף וריש״י ובערוך ערך שמין. ובספרים אמר ר״ח: [6] כמה יתן אדם לבעל בזכות ספיקו. שהעדים להפסיד את הבעל באו: [7] כ״ה ברי״ף ורש״י. ובספרים אומר. וגי׳ רש״י ר׳ נתן סתם. וכלו׳ כמה יתן אדם לאשה בזכות ספיקה. שכך משמעות לשון המשנה מדלא נקט בכתובה זו. והבדל יש בין טובת הנאה של האשה לטובת הנאה של בעל. שלבעל צד אחד שאם תמות יירשנה ולאשה ב׳ צדדים שאם נתאלמנה או נתגרשה ובכך שמין שזו היא שוה של כתובה זו: [8] בד״ס הגי׳ בכתובתה. וכלו׳ באשה שמין כר״נ. ואמר באשה ובכתובתה לומר שאף בכך שמין אם האשה בריאה או חולה וכיוצא בזה. שכך משמעות המשנה מדקתני בכתובתה של זו ולא תני בכתובתה ותו לא. כך נראה פי׳ סוגיא זו עפ״י התוספתא והירושלמי. והגאונים והראשונים האריכו בסוגיא זו עיין בהם: [9] בד״ס את איש פ׳ שחייב. וברי״ף מעידין את איש. וברמב״ן על איש: [10] בד״ס לתת לו. ובמשניות ובריטב״א ליתנו. ובירושלמי ליתנם מיכן. וברי״ף ליתנם מכאן: [11] ברי״ף והוזמו. ובד״ס מכאן ועד עשר שנים והוא אומר בתוך שלשים יום ונמצאו זוממין: [12] בירושלמי אומר: [13] בירושלמי ויהיו אלף זוז בידיו: [14] בירו׳ בין ליתנה מיכן וכו׳ בין ליתנם מיכן. ובד״ס בין ליתנן לו מכאן ועד שלשים ובין מכאן וכו׳. וברי״ף בין נותנין וכו׳. וברמב״ן בין ליתנם וכו׳ או ליתנם מכאן ועד עשר. וע״ע לקמן בגמרא. ובמשנה כת״י קאנט׳ חסירה כל משנה זו במ״ס: [15] והכי אמר לא יגוש בזמנו שבכר קרא שטיטת קודם לכן רש״י. בילקוט ראה תתצ״ו ליתא מלת סוף: [16] עיי׳ בהערות על המשנה ובד״ס הגי׳ ויהיו בידו וכו׳ וכן להלן: [17] גי׳ ר״ח רבה וכן להלן: [18] שם הגי׳ אינן משמטין. ועיין בספרי פ׳ ראה קי״ג ובירושלמי מכות ה״ה ושביעית פ״י ה״ב וגיטין ל״ו א׳: [19] בד״ס ליתא למלות השתא מיהא: [20] כ״ה בד״ס ובר״ה וברא״ש ובילקוט ראה תתצ״ז. ובספרים האומר לחבירו ע״מ שלא תשמטני שביעית משמטת:

על מה שכתוב בתורה תנאו בטל[1]. והא איתמר האומר לחבירו על מנת שאין לך עלי אונאה[2]. רב אומר יש לו עליו אונאה. ושמואל אומר אין לו עליו אונאה[3]. הא איתמר עלה אמר רב ענן לדידי מפרשא לי מיניה דמר שמואל[4]. על מנת שאין לך עלי אונאה[5]. אין לו עליו אונאה. על מנת שאין בו אונאה[6]. הרי יש בו אונאה[7]. ה״נ. על מנת שלא תשמטנו בשביעית. אין שביעית משמטתו[8]. ע״מ שלא תשמטנו שביעית[9]. שביעית משמטתו:

תנא[10] המלוה את חבירו סתם. אינו רשאי לתובעו פחות מל׳ יום[11]: סבר רבה בר בר חנא קמיה דרב[12] למימר ה״מ במלוה בשטר. דלא עבד איניש דטרח וכתב שטרא[13] בציר מתלתין יומין. אבל מלוה על פה לא[14]. אמר ליה רב הכי אמר חביבי[15]. אחד המלוה בשטר ואחד המלוה על פה: תניא נמי הכי. המלוה את חבירו סתם אינו רשאי לתובעו פחות משלשים יום. אחד המלוה בשטר ואחד המלוה על פה (תוספתא ב״מ פ״י)[16]: אמר ליה שמואל לרב מתנה לא תיתיב אכרעיך עד דמפרשת לה להא שמעתא[17]. מנא הא מילתא דאמור רבנן. המלוה את חבירו סתם אינו רשאי לתובעו פחות מל׳ יום[18]. א״ל דכתיב קרבה שנת השבע שנת השמטה (דברים ט״ו ט׳). ממשמע שנאמר קרבה שנת השבע[19] איני יודע שהיא שנת השמטה[20]. מה תלמוד לומר שנת השמטה[21]. אלא לומר לך שמטה אחרת שהיא כזו[22]. ואיזו זו. זה[23] המלוה את חבירו סתם שאינו רשאי לתובעו בפחות משלשים יום[24]. דאמר מר שלשים יום בשנה חשוב שנה[25]:

ואמר רב יהודה אמר רב הפותח בית הצואר בשבת חייב חטאת[26]. מתקיף לה רב כהנא. וכי מה בין זה למגופת חבית[27]. א״ל רבא[28] זה חבור וזה אינו חבור[29]:

---

[1] משנה כתובות פ״ט מ״א ותוספתא קידושין פ״ג ונזיר פ״ב ועיין גיטין פ״ד ב׳ ושם נסמן. ובד״ס הגי׳ קסבר שמואל מתנה עמ״שכ בתורה תנאו בטל והשאר ליתא: [2] בד״ס המוכר לחבירו ע״מ שאין לו עליו אונאה: [3] עיקרו בב״מ נ״א א׳: [4] כ״ה בד״ס ובתו׳ שנץ ובב״מ שם. ובספרים מפרשא ליה מיניה דשמואל ובקצת ספרים לי וכן בריטב״א: [5] שלא תתבע ממני אלא תמחול לי: [6] שלא יחול בו איסור אונאה: [7] שהרי התנה עמ״שכ בתורה: [8] כ״ה כריטב״א ובתו׳ שנץ שלא תשמיטנו אתה בשביעית. וכלו׳ שלא תשמיט את החוב בשביעית אלא תשלם לי: [9] שהשביעית לא תשמיט את החוב הרי התנה עמ״שכ בתורה. וכ״ה בתו׳ שנץ וברא״ש וכ״ה בילקוט שם. ובר״ח ע״מ שלא תשמטנו שביעית אין שביעית משמטתו ע״מ שאין השביעית משמטתו שביעית משמטתו. ובספרים שלא תשמיטני בשביעית וכו׳ שלא תשמיטני שביעית. ועיין בירושלמי דמכות ושביעית פ״י ה״ב דתני בשם רב המלוה את חבירו ע״מ שלא תשמיטנו שמיטה אין השביעית משמטתו. ובעי לאתויי ראיה ממתני׳ דמכאן ועד עשר שנים ודחי כדלעיל במלוה על המשכון וכו׳ וס״ל לרב בדבר שבממון תנאו קיים עיין ירושלמי כתובות פ״ט ה״א ובבלי ב״מ שם דבידע דמחיל תנאו קיים: [10] תנא אמתניתין דנקטה ל׳ יום ולא נקטה שנה ושנים שבסתם הלואה איירי וה״ק שהלוהו סתם שהוא ל׳ יום והוא אומר שקבע לו זמן עשר שנים ובד״ס הגי׳ תנו רבנן: [11] בד״ס קודם ל׳ יום: [12] בד״ס ליתא קמיה דרב: [13] כ״ה בד״ס. ובספרים דכתב שטר: [14] בד״ס אבל על פה: [15] דודי. ר׳ חייא אחי אביו היה רש״י. והוא עשה תוספתא למתניתין: [16] ושם היא בשינוי עיי״ש וגי׳ הרי״ף ור״ה אחד מלוה בשטר ואחד מלוה ע״פ. בירושלמי גרים תני שלשים יום לא איתי (כלו׳ אינם כאן). מהו שלשים יום לא איתי. שמואל אמר המלוה את חבירו סתם אינו רשאי לתובעו עד שלשים יום. כלו׳ ומתניתין נמי בסתם הלואה איירי: [17] עיין עירובין נ״ד א׳ ונדרים נ״ה א׳ נזיר כ״ד ב׳ ופי׳ בתו׳ שם אלא עמוד על רגליך. וסוטה י״ט א׳ וקידושין ל״ו ב׳. זבחים ק״ה ב׳ ומנחות ל״ח ב׳ וע״א א׳. ובילקוט ראה התצ״ז הגי׳ עד דאמרת לי הא מילתא. ובד״ס דמפרשת להא מילתא. וי״מ כרעיך מלשון כרעי המטה כלו׳ כבמאך ריטב״א: [18] בספרים כתוב אחד המלוה בשטר ואחד המלוה ע״פ ובילקוט ובד״ס ליתא: [19] בד״ס שנ׳ השבע: [20] כ״ה בד״ס ור״ח ובילקוט. ובספרים שמיטה: [21] כ״ה בר״ה. ובספרים אלא מת״ל ·ובילקוט ליתא כלל: [22] בילקוט ובר״ה ובד״ס הגי׳ אלא יש לך שמיטה אחרת. ומהר״ם הגיה לומר לך יש שמיטה. ומפורש הדבר יפה בירושלמי ור׳ יהודה אמרה שם. לא היא שנת השבע שנת השמיטה ומת״ל קרבה וגו׳ שלא תאמר כל שלשים יום אין רשאי לתבעו לאחר שלשים יום בהשמט כספים. וכלו׳ שכך לשון בני אדם לקרא שלשים יום אלו שנת השמטה ואחר שנה זו קרבה שנת השבע וה״ק קרבה שנת השבע אל שנת השמיטה: [23] כ״ה בילקוט ובספרים ליתא זה: [24] בד״ס אינו רשאי. בילקוט פחות: [25] בילקוט ואמר מר ובד״ס ליתא כולא. ועיין ר״ה י׳ ב׳ ונדה מ״ד ב׳. וכלו׳ ולכך קרי להו איניש שנת השמיטה: [26] שפתח פה של חלוק שהיה תפור ע״י חוט כדרך האומנין: [27] שמתיזה בשבת. שבת קמ״ו א׳: [28] כ״ה בד״ס ובשבת מ״ח ב׳ והתם עיקר המאמר. ובספרים א״ל זה חיבור: [29] מגופת חבית אינה חיבור שיהא תיקון ע״י כך אבל תפירת חוט הוא חבור לכל מילי:

ואמר רב יהודה אמר רב שלשת לוגין מים[1] שנפל לתוכן קורטוב של יין[2] ומראיהן כמראה יין, ונפלו למקוה[3], לא פסלוהו[4]. מתקיף לה רב כהנא, וכי מה בין זה למי צבע, דתנן ר' יוסי אומר מי צבע פוסלין את המקוה בשלשת לוגין (מקואות פ"ז מ"ג)[5]. א"ל רבא התם מיא דצבעא מקרי, הכא חמרא מזיגא מקרי. והתני רבי חייא הורידו את המקוה[6]. אמר רבא לא קשיא, הא ר' יוחנן בן נורי[7], הא רבנן[8]. דתנן ג' לוגין מים *ד א חסר קורטוב[9] שנפל לתוכן קורטוב יין[10] ומראיהן כמראה יין[11], ונפלו למקוה, לא פסלוהו[12]: ג' לוגין מים חסר קורטוב[13] שנפל לתוכן קורטוב חלב[14] ומראיהן כמראה מים[15], ונפלו למקוה, לא פסלוהו[16]. ר' יוחנן בן נורי אומר הכל הולך אחר המראה (מקואות פ"ז מ"ה)[17]. הא מיבעיא בעי לה רב פפא, דבעי רב פפא[18]. רב תני חסר קורטוב ברישא[19]. אבל שלשה לוגין לתנא קמא פסלי. ואתא ר' יוחנן למימר הכל הולך אחר המראה. ורב דאמר כר' יוחנן בן נורי[20]. או דלמא, רב לא תני חסר קורטוב ברישא[21]. ור' יוחנן בן נורי כי פליג אסיפא הוא דפליג[22]. ורב דאמר כדברי הכל. לרב פפא מיבעיא ליה[23]. לרבא פשיטא ליה[24]: אמר רב יוסף לא שמיעא לי הא שמעתא. אמר ליה אביי את אמרת לה ניהלן[25] והכי אמרת ניהלן. דרב לא תני חסר קורטוב ברישא. ורבי יוחנן אסיפא פליג[26]. ורב דאמר כדברי הכל:

ואמר רב יהודה אמר רב חבית מלאה מים שנפלה לים הגדול. הטובל שם לא עלתה לו טבילה[27]. אי אפשר לשלשה לוגין שלא יהיו במקום אחד[28]. ודוקא לים הגדול דקוו וקיימי[29]. אבל נהרא בעלמא לא[30]: תניא נמי הכי, חבית מלאה מים[31] שנפלה לים הגדול. הטובל שם לא עלתה לו טבילה. אי אפשר לשלשה לוגין שאובין שלא יהיו במקום אחד[32]. וכן ככר של תרומה שנפל שם טמא[33]. מאי וכן[34]. מהו דתימא, התם אוקי גברא אחזקיה[35]. הכא אוקי תרומה אחזקה[36]. קא משמע לן[37]:

---

[1] שאובין: [2] בד"ס קורטוב יין. וקורטוב אחד משמונה בשמינית הלוג ולנוסחא אחרינא חצי שמינית. בבא בתרא צ' א': [3] שלא היו בה מ' סאה שלמין: [4] דזיל בתר חזותא ויין הוא. וג' לוגין מים שאובין פוסלין מדרבנן אבל מי פירות אינן פוסלין עד שישתנה מראה המקוה הילכך יכול להשלים המקוה במים כשרין: [5] והתם גריס מי הצבע פוסלין אותו. בד"ס וברישב"א הגי' דתניא. ובעירובין כ"ט ב' גריס כמו שלפנינו: [6] אותן המים הורידו אותו מהכשירו: [7] רב כריב"נ דאזיל בתר חזותא: [8] ר' חייא כרבנן: [9] במשנה שבמשניות ליתא חסר קורטוב ובחולין כ"ו א' הובאה כולה כמו הכא: [10] במשנה ונפל: [11] במשנה והרי מראיהן: [12] במשנה שנפלו. שלא היו ג' לוגין שלמים של מים שאובין והיין שהשלימן עשאן למראה יין. ור' חייא כוותיהו ס"ל דבג' לוגין שלמים פוסלין: [13] בספרים וכן ג' לוגין וכו' אבל במשנה ובחולין שם ליתא. ומוכח כן מדלקמן דלא גרסינן ליה וכן ליתא בפי' ר"ח: [14] במשנה ונפל: [15] במשנה והרי מראיהן כמראה המים וכ"ה בפי' ר"ח: [16] כלו' אע"ג שמראיהן כמראה מים לא פסלוהו שאין החלב משלים את הקורטוב: [17] הכל הולך וכו' בין ביין ובין בחלב בין חסר קורטוב ובין לא חסר קורטוב. ורב הוא דאמר כריב"נ. גי' ר"ה אחר הנראה: [18] דבעי ר"פ ליתא בד"ס: [19] כמו שהוא הכא ובחולין שם: [20] כ"ה בר"ה והגיה כן הב"ח. ובספרים ורב אומר: [21] וכמו שהוא במשנה שם: [22] שהחלב משלים לפי שמראיהן מראה מים וארישא לא פליג דת"ק נמי הכי ס"ל דבין חסר קורטוב ובין לא חסר הכל הולך אחר המראה. בד"ס הגירסא וריב"נ מפליג אסיפא: [23] דלא שמיע ליה הא דר' חייא הביביה דרב: [24] דשמיע ליה הא דר"ח וע"כ בעית לאוקמא לר' חייא כחד מינייהו ופשיטא ליה דריב"נ פליג את"ק ורב כריב"נ: [25] כה"ג עירובין י' א' ומ"א א' וס"ו ב' וע"ג א' ופ"ט ב' ונדה ל"ט א' וס"ג ב' ואמרינן בנדרים מ"א א' ר' יוסף חליש איעקר ליה למודיה אהדריה אביי קמיה היינו דבכל דוכתא אמרינן אר"י לא שמיע לי וכו' א"ל אביי וכו'. וכלו' דלא שמיע ליה הא דאר"י אמר רב. ובד"ס הגי' האמרת ניהלן והא אמרת ניהלן דרב: [26] בד"ס וריב"נ כי פליג אסיפא הוא דפליג: [27] גי' ר"ה שנפל לים הגדול הטובל באותו מקום: [28] כ"ה נוסחת כל הראשונים ובד"ס וברמב"ם ה' מקואות פ"ו ה"י. וריש"י הגיה וגרס אפשר לג' לוגין שיהיו במקום אחד וכלו' דהיישינן לשמא. ועיין בריטב"א. והתוספות הגיהו וגרסי הבית מלאה יין וכו' וביין לבן שאינו משנה המראה איירי. ובספרים הגיהו חיישינן לג' לוגין שלא יהו. והוא עפ"י פרש"י והיה צ"ל חיישינן שיהיו ג' לוגין וכו': [29] כ"ה בר"ש מקוואות פ"ז מ"ד ובתוספות וברמב"ן. ובר"ח דקוו וקיימי מיא. ובספרים דקאי וקיימא. וכלו' שאין המים הנופלים בהם מתערבין מיד וכי קא טבל אפשר שבאלו המים טבל או כולו או מקצתו: [30] גי' ר"ח אבל בנהרות דמשכי לא: [31] גי' רש"י חבית של יין. ובספרים מלאה יין: [32] וכ"ה בנוסחאות הקדמונים עיין הגהות הד"ס וכ"ה ברמב"ם שם וכ"ה בנוסחי שלפני הרמב"ן והתם גריס א"א לג' לוגין מים שלא יהו. ובספרים הגיהו עפ"י רש"י ושכחו למחוק מלות ג' לוגין שאובין וכבר העירו ע"ז האחרונים וכן היה צ"ל שיהו: [33] שכבר נטמאו המים מזה שטבל בהם: [34] מה בא להשמיענו: [35] דלאו בודאי חשבינן לה אלא בספק אלא לפי דאוקי גברא אחזקיה אמרינן א"א לג' לוגין. [36] אבל תרומה בחזקת טהורה היתה ולא תטמא מספק: [37] דודאי א"א שלא

משנה ד'.

מעידין אנו באיש פלוני[1] שחייב לחבירו מאתים זוז[2]. ונמצאו זוממין. לוקין ומשלמין[3]. שלא השם המביאן לידי מכות מביאן לידי תשלומין[4]. דברי ר' מאיר. וחכ"א כל המשלם אינו לוקה: מעידין אנו באיש פלוני[5] שהוא חייב מלקות ארבעים[6]. ונמצאו זוממין. לוקין שמונים. משום לא תענה ברעך עד שקר (שמות כ' ט"ז) ומשום ועשיתם לו כאשר זמם (דברים י"ט י"ט) דברי ר' מאיר. וחכ"א אין לוקין אלא ארבעים:

דף ב'

*בשלמא לרבנן[7]. כדי רשעתו (דברים כ"ה ב') כתיב. משום רשעה אחת אתה מחייבו. ואי אתה מחייבו משום שתי רשעיות[8]. אלא רבי מאיר מאי טעמא. אמר עולא גמר ממוציא שם רע[9]. מה מוציא שם רע לוקה ומשלם אף כל לוקה ומשלם[10]. מה למוציא שם רע שכן קנס. סבר לה כר' עקיבא. דאמר עדים זוממין קנסא הוא[11]:

איכא דמתני להא דעולא אהא[12]. דתניא לא תותירו ממנו עד בקר. והנותר ממנו עד בקר וגו' (שמות י"ב י')[13] בא הכתוב ליתן עשה אחר ל"ת לומר שאין לוקין עליו. דברי ר' יהודה[14]. ר' יעקב אומר לא מן השם הוא זה. אלא משום דה"ל לאו שאין בו מעשה. וכל לאו שאין בו מעשה אין לוקין עליו[15]. מכלל דר' יהודה סבר לאו שאין בו מעשה לוקין עליו. מנא ליה. אמר עולא גמר ממוציא שם רע. מה מוציא שם רע לאו שאין בו מעשה לוקין עליו. אף כל לאו שאין בו מעשה לוקין עליו[16]. מה למוציא שם רע שכן לוקה ומשלם. אלא אמר ריש לקיש[17] גמר מעדים זוממין. מה עדים זוממין לאו שאין בו מעשה לוקין עליו. אף כל לאו שאין בו מעשה לוקין עליו. מה לעדים זוממין שכן אין צריכין התראה[18]. מוציא שם רע יוכיח. מה למוציא שם רע שכן לוקה ומשלם.

יהיו כ' לוגין במקום אחד וכיון שאין מתערבין מיד עם המים המלוחין עד שלא ישארו לכל הפחות ג' לוגין רס טמאים. כך הישרת הסוגיא כרמב"ם ור"ח וכדרכ ובמתניתא גרסינן מים והתוספות גרסי בתרווייהו יין ורש"י גריס במתניתא יין עפ"י התוספתא דמקואות פ"ה חבית שנשברה בים הגדול וטראה אותו מקום כמראה אותו היין הטובל באותו מקום כאילו לא טבל ולא עוד אלא אפי' נפל לשם ככר תרומה טמא. ופי' הר"ש במ"ז דמקואות מ"ד אם היה היין טמא. ור"ת העתיק תוספתא זו בפירושו והרמב"ם יסדה בה' מקואות פ"ב ה"ט ובראב"ד שם בקצת שנוים. ויש שגרסו לתוספתא זו בגמ' עיין בר"ש שם. וכתבו רש"י וריטב"א דמייתי תלמודא להך מילי דבא איידי דאיירו בהו רבא ור' כהנא. ואולי חסרה לפנינו שמעתתא דרב שבירושלמי בענין שלא תשמטנו שטיפה ואגב הא שמעתתא מייתי אינך מטרי דרב:

[1] בר"ם והי"ף ובכתובות ל"ב ב' את איש פ'. בר"ה מעידנו: [2] ברי"ף וירושלמי ובת"י קאגט' שהוא חייב: [3] בר"ם הרי אלו לוקין ומשלמין: [4] בר"ה ומשלמין דר"מ והשאר ליתא. בכת"י קאגט' שמביאן. בירושלמי' ובמשניות דמביאו ובו' מביאו. ובלו' משם אחר לוקין ומשם אחר משלמין. ועיין כתובות ל"ב ב': [5] בד"ס את איש פלוני: [6] בד"ס מכות ארבעים. וע' בתוספתא פ"א: [7] דחכמים שאמרו כל המשלם אינו לוקה: [8] תוספתא פ"א וסוף פ"ד ולקמן י"ג ב' ובתובות ל"ז א' וב"ק פ"ג ב'. בר"ס ליתא מלת כתיב: [9] דברים כ"ב י"ח וי"ט ועיין כתובות מ"ו א': [10] וקרא כדי רשעתו למיתה ומלקות הוא דאתי: [11] לעיל ב' ב'. וכשאמרה תורה והיה אם בן הכות הרשע לא ישנא משלם ולא ישנא אינו משלם. ועיין כתובות ל"ב א' וב' דלרבנן בפירוש ריבתה תורה דמשלם ואינו לוקה ובמוציא שם רע לא גמרינן דחידוש הוא. וע"ע ב"ק ע"א א' וב"מ צ"א א': [12] בד"ס א"ד לה אהא וב"ה בריש"י ובר"ה דמתני לשמעתא דעולא אהא: [13] במקרא כתיב ולא: [14] הא דר"י לקמן ט"ז א' וחולין קמ"א ב': [15] בספרים ר' עקיבא. והובאה ברייתא זו פסחים פ"ד א' בשינוי קצת וסנהדרין ס"ג א'. שבועות ג' ב'. חולין פ"ב ב' יצ"א א' ותמורה ד' ב' (ושם פסיק לא ישאירו דבמדבר ט' י"ב בט"ס) ובכולם הגי' ר' יעקב וב"ה בד"ס ובילקוט בא קצ"ט. וגי' הד"ס מן רישם הזה. וכן לא גר' מלת דתניא. והא דלאו שאין בו מעשה וכו' בתוספתא פ"ד ולעיל ב' ב' וב"מ צ"א א' יומים כ"ט ב' ובירושלמי דשבועות ספ"ג וספ"ד ופסיקתא רבתי ספכ"ב: [16] בד"ס ילוקין אף כל וכו' לוקין: [17] עולא אמרה בשם ר"ל. ועולא תלמידו של ר' יוחנן היה. ואולי הא דגמר ממוציא שם רע בשם ר"י אמרה אעפ"י שלא הזכירו. ומטעם דלא מתוקמא הכי. ובילקוט בא קצ"ט קושיא והעתיק אמר עולא גמר מעדים זוממין וכו': [18] כתובות ל"ב א' ול"ג א' וירושלמי מכות פ"א הט"ו ושאר חיובי עונשי גוף בעי התראה לקמן ו' ב':

עדים זוממין יוכיחו[1]. וחזר הדין. לא ראי זה כראי זה. ולא ראי זה כראי זה. הצד השוה שבהן. לאו שאין בו מעשה ולוקין עליו. אף כל לאו שאין בו מעשה לוקין עליו[2]. מה להצד השוה שבהן שכן קנס[3]. הא לא קשיא. רבי יהודה לא סבר לה כרבי עקיבא. אלא מה להצד השוה שבהן שכן יש בהן צד חמור[4]. ורבי יהודה צד חמור לא פריך[5]:

מעידין אנו וכו׳ אלא ארבעים[6]. ורבנן האי לא תענה ברעך עד שקר (שמות כ׳ ט״ז) מאי עבדי ליה[7]. ההוא מיבעי ליה לאוהרה לעדים זוממין[8]. ורבי מאיר אזהרה לעדים זוממין מנא ליה. אמר רבי ירמיה נפקא ליה מוהנשארים ישמעו ויראו ולא יוסיפו עוד (דברים י״ט כ׳)[9]. ורבנן. ההוא מיבעי ליה * להכרזה[10]. ורבי מאיר. הכרזה מוישמעו ויראו (שם) נפקא[11]:

ה א

משנה ה׳.

משלשין בממון ואין משלשין במכות[12]. כיצד. העידוהו שהוא חייב לחבירו מאתים זוז ונמצאו זוממין[13]. משלשין ביניהם. אבל אם[14] העידוהו שהוא חייב מלקות ארבעים ונמצאו זוממין. כל אחד ואחד לוקה ארבעים:[15]

מנא ה״מ. אמר אביי נאמר רשע בחייבי מלקיות[16] ונאמר רשע בחייבי מיתות ב״ד[17]. מה להלן אין מיתה למחצה אף כאן אין מלקות למחצה[18]. רבא אמר בעינן כאשר זמם לעשות לאחיו (דברים י״ט י״ט) וליכא[19]. אי הכי ממון נמי. ממון מצטרף. מלקות לא מצטרף[20]:

משנה ו׳.

אין העדים נעשין זוממין עד שיזומו את עצמן[21]. כיצד. אמרו מעידין אנו באיש פלוני שהרג את הנפש[22]. אמרו להם היאך אתם מעידין שהרי

---

[1] כ״ה בילקוט שם והוא סגנון הרגיל ובספרים הסר מן מה למש״ר וכו׳: [2] בילקוט שם ולוקה וכו׳ לוקה. וסגנון מדה זו ברכות ל״ה א׳. יבמות ע״ז א׳. כתובות ל״ב א׳. קידושין ה׳ ב׳ וכ״א א׳. נזיר ט׳ א׳. סוטה כ״ט ב׳ וריש ב״ק ושם ו׳ א׳ וב״מ ד׳ א׳ וס״ז ב׳ סנהדרין ס״ו א׳. זבחים ה׳ א׳. מנחות ו׳ א׳ וס׳ ב׳ והולין קי״ד א׳: [3] בר״ה שכן תרוייהו קנס: [4] עיין פסחים ע״ז א׳ וסוטה כ״ט ב׳ וכתובות ל״ב א׳ וכלו׳ דעדים זוממין א״צ התראה ומוציא ש״ר לוקה ומשלם: [5] הואיל ואין חומר שבשניהם שוה. ועיין סוטה שם וסנהדרין ס״ו א׳ וחולין קט״ו ב׳: [6] וכ״ה כד״ס ובספרים ליתא: [7] כ״ה בתו׳ ובתו׳ שנץ (ומיושב קושית האחרונים) ובספרים דרשי ביה. וכלו׳ מאי עבדי ליה דאינו לוקה עליו: [8] שהרי הם נענשים בכאשר זמם והצריך הכתוב להזהיר וכל זמן שנענשים משום כאשר זמם אין לוקין משום לא תענה וכל שאין את יכול לקיים בהם כאשר זמם לוקין משום לא תענה. וכ״ה בריש ירושלמי אלא שהוא משובש: [9] במקרא כתוב לעשות עוד. ובספרי שופטים ק״צ נמי יליף אזהרה מהכא. עיי״ש במ״ע אות י״ח: [10] שמכריזין בב״ד כך נהרג פלוני סנהדרין פ״ט א׳: [11] ולא יוסיפו וגו׳ לאזהרה: [12] לעיל ג׳ א׳ וכלו׳ מחלקים ועפ״י לשון הכתוב עפ״י שנים עדים או שלשה תפס משלשין: [13] בד״ס ובהרא״ש שהייב וכן לקמן: [14] בירוש׳ ורי״ף ורא״ש ובילקוט שופטים וכד״ס ליתא אבל אם: [15] בד״ס את הארבעים: [16] והיה אם בן הכות הרשע דברים כ״ה ב׳: [17] אשר הוא רשע למות במדבר ל״ה ל״א: [18] בילקוט שם לחצאין ויעין סנהדרין י׳ א׳ ול״ג ב׳ וכתובות ל״ה א׳ וב״ק פ״ו ב׳ ולקמן עמוד ב׳ וכיון דגזירה שוה הוא להשוות מלקות למיתה לענינים אחרים ע״כ הקישן הכתוב ודנין אפשר משאי אפשר לענין מלקות אבל לממון לא הקישן הכתוב: [19] ולהכי לא צריך גז״ש. דהכא היינו טעמא שהרי לא נתקיים כאשר זמם בשום צד: [20] וכיון דממון מצטרף הרי קיבל מה שזממו לעשות לו ונתקיים על ידו כאשר זמם. בילקוט שם מלקות אין מצטרף: [21] וכ״ה ברש״י ובילקוט פ׳ שופטים. ובספרי שופטים קפ״ט אין העדים זוממין עד שיזומו. וכן במשנה ירושלמי ובמשניות ובָרי״ף ורמב״ם ובד״ס שיזומו את עצמן. ובפי׳ ר״ח שיזומו עצמן ובר״ן ובהרא״ש שיזומו בעצמן ובכת״י קאנט׳ שיזמו. וטעמא דמילתא כיון שהחמירה התורה לעשות בהם כאשר זמם משום למען ישמעו וייראו אנו תופסין את המועט כל שמעידין שקר בכונה ובזדון אבל כל שאפשר לתלות בטעות וכדמיון שדימו שזה ההורג או הנהרג אינן זוממין: [22] בספרי כיצד מעידני את איש פ׳. כד״ס כיצד מעידין אנו את איש פ׳ וכ״ה בילקוט שם אלא דג׳ מעידנו. ובפי׳ ר״ח מעידנו בפלוני שהרג נפש במקום פ׳ וכו׳:

נהרג זה או ההורג זה היה עמנו אותו היום במקום פלוני[1]. אין אלו זוממין, אבל אמרו להם היאך אתם מעידין שהרי אתם הייתם עמנו אותו היום במקום פלוני[2]. הרי אלו זוממין ונהרגין על פיהם: באו אחרים והזימום, באו אחרים והזימום, אפי' מאה כולם יהרגו[3]. ר' יהודה אומר איסטסית היא זו[4] ואינה נהרגת אלא כת הראשונה בלבד[5]:

מנא הני מילי, אמר רב אדא[6] דאמר קרא והנה עד שקר העד (דברים י"ט י"ח)[7] עד שתשקר גופה של עדות[8]: דבי ר' ישמעאל תנא לענות בו סרה (שם שם ט"ז) עד שתוסר גופה של עדות[9]:

אמר רבא באו שנים ואמרו, במזרח בירה הרג פלוני את הנפש, ובאו שנים ואמרו, והלא במערב בירה[10] עמנו הייתם, חזינן, אי בדקיימי במערב בירה מיחזא חזו למזרח בירה[11] אין אלו זוממין, ואם לאו, הרי אלו זוממין: פשיטא, מהו דתימא ליחוש לנהורא בריא[12], קמשמע לן:

ואמר רבא באו שנים ואמרו, בסורא בצפרא בחד בשבתא הרג פלוני את הנפש, ובאו שנים ואמרו, בפניא בחד בשבתא עמנו הייתם בנהרדעא, חזינן, אי מצפרא לפניא מצי אזיל מסורא לנהרדעא לא הוו זוממין, ואי לאו, הוו זוממין: פשיטא, מהו דתימא ליחוש לגמלא פרחא[13], קמ"ל:

ואמר רבא[14] באו שנים ואמרו, בחד בשבתא הרג פלוני את הנפש, ובאו שנים ואמרו, עמנו הייתם בחד בשבתא[15] אלא בתרי בשבתא הרג פלוני את הנפש, ולא עוד אלא אפי' אמרו, ערב שבת הרג פלוני את הנפש, נהרגין, דבעידנא דקא מסהדי גברא לאו בר קטלא הוא[16]. מאי קמ"ל תנינא, לפיכך נמצאת אחת מהן זוממת הוא והן נהרגין והשניה פטורה (לקמן משנה ט')[17], סיפא, מה שאין כן בגמר דין איצטריכא ליה[18], אבל אם[19]

---

[1] בילקוט שם עמנו היה באותו היום. ובד"ס ההורג היה עמנו במקום פ'. וכן במשניות ההורג היה עמנו. ובירושלמי הנהרג הזה או ההורג היה עמנו וכ"ה ברי"ף וגרס היו עמנו. ובלא"ש והרי הנהרג וכו' הזה היה עמנו במקום פלוני באותו היום. וכן גי' הרי"ף באותו היום. ובכת"י קאנט' היאך אתם מעידין שזה הרג את זה (וכ"ה במשניות נאפולי ד"ס) שהרי ההורג היה עמנו: [2] בילקוט שם שהרי הייתם. ובד"ס שהרי עמנו הייתם במקום פ'. וכפי' ר"ח והלא אותו היום הייתם עמנו. ובלא"ש אבל אם אמרו היאך וכו' עמנו הייתם באותו יום וכו'. ועיין לעיל צד א' בהערות סי' י"ג: [3] בירושלמי ייהרגו: [4] במשניות ובכ"י קאנט' אסטסית :בפי' ר"ח איסטסית ובירושלמי איסטסי' ובפי' הרמב"ם איסטיסית וברי"ף נוסחאות שונות איסטטיס אסטיסס אסיטסים. ובר' נסים איסטים. ובד"ס איסטני'. ובתוספתא איצטניסית. וגי' הערוך אסטיסים, ופי' רש"י עדות סרה וסטיא היא והרי"ף והרמב"ם פי' מלשון אסטס או סטיס שהוא מין עשב של צבע. וכי יורה של צבע היא שכל הנוגע בה יצטבע. ור"ז בעל המאור פירש דלכת זו אין דמו של אדם השוב אלא כצבע האיסטיס ויצבעו כל הארץ בדם, והביא הערוך בשם תשובות הגאונים פי' קובסיתית היא זו (עיין ערך קבייסטס) שעמדו באיסטווא ועשו עצה. עיין ערך אסטווה. ור"ב המוספי חיברו עם אסטסיאגות דב"ר פמ"ו והוא מלשון יוני וענינו בעלי קטטה וערעור: [5] כ"ה במשניות ובכת"י קאנט'. ובירושלמי אינה נהרגת. ובר' נסים אלא אינה נהרגת. ובד"ס אין נהרגין אלא כת ראשונה. ובספרים ואינו נהרג. ונחלקו הראשונים בפי' משנה זו, רש"י פי' שאותם המזימים הראשונים הזימו כל כת וכת שבאו זו אחר זו וייהרגו כל אלו הכתות לדעת הת"ק וכן פי' הרי"ף. אמנם רבוותא קמאי והרמב"ם ור"ח פי' שכת ב' מזמת כת א' וכת ג' מזמת כת ב' וכת ד' מזמת כת ג' וכת ה' מזמת כת ד' ולעולם עם האחרונים האמת. וכ"ה מפורש בתוספתא והעיר ע"ז הרמב"ן ועיי' בספרי שופטים ק"כ ובמ"ע ט"ו שם: [6] ברי"ף ובר"ח רבה ובד"ס וילקוט ורא"ש רבא: [7] כ"ה ברי"ף ובילקוט. ובד"ס עד שקר העד שקר. ובספרים עד וגו' שקר ענה. וכתרגומו של יונתן והא סהדו דישקר בפום סהדין: [8] בילקוט שקר העד שישקר. ועדותן היא שקר אבל לא שהוכחש המאורע: [9] כ"ה ברי"ף. ובספרים שתסרה. ועיין ספרי שופטים קפ"ט: [10] בד"ס ואמרו במערב בירה: [11] בד"ס עמנו הייתם אי חזו למזרח בירה: [12] ונסתר את העדים ואת הגידון: [13] גי' הרמב"ן גמלא פרסא. עיין יבמות קט"ז א'. ועיין זו בירושלמי: [14] ר"ח גרס אמר רבה ובכ' מסורת דלעיל גרס רבה ומהרש"ל הוא שהגיה ואמר: [15] בד"ס ובר"ח בחד בשב' עמנו הייתם. ומלת בשבתא הוא ככל הענין בפי' ר"ח בשבא: [16] שעדיין לא נגמר דינו: [17] בד"ס תנינא אם נמצאת ולקמן במשנה לפיכך אם: [18] וכדמסיק לה. ובד"ס ליתא מלת סיפא: [19] כ"ה בר"ח ובספרים ליתנייהו לב' מלות:

באו שנים ואמרו. בחד בשבתא נגמר דינו של פלוני. ובאו שנים ואמרו. בחד בשבתא עמנו הייתם אלא בערב שבת נגמר דינו של פלוני. ולא עוד אלא אפי' אמרו. בתרי בשבתא נגמר דינו של פלוני. אין אלו נהרגין. דבעידנא דקא מסהדי גברא בר קטלא הוא[1]: וכן לענין תשלומי קנס. באו שנים ואמרו. בחד בשבתא גנב וטבח ומכר. ובאו שנים ואמרו. בחד בשבתא עמנו הייתם אלא בתרי בשבתא גנב וטבח ומכר[2]. ולא עוד אלא אפי' אמרו. בערב שבת גנב וטבח ומכר. משלמין. דבעידנא דקא מסהדי גברא לאו בר תשלומין הוא[3]: באו שנים ואמרו. בחד בשבתא גנב וטבח ומכר ונגמר דינו. ובאו שנים ואמרו. בחד בשבתא עמנו הייתם אלא ערב שבת גנב וטבח ומכר ונגמר דינו. ולא עוד אלא אפי' אמרו. בתרי בשבתא גנב וטבח ומכר ונגמר דינו[4]. אין משלמין. דבעידנא דקא מסהדי גברא בר תשלומין הוא[5]:

ה ב

רבי יהודה אומר איסטטית היא זו וכו': *אי איסטטית היא זו אפי' כת ראשונה נמי לא[6]. אמר ר' אבהו שקדמו והרגו. קדמו והרגו מאי דהוה הוה[7]. אלא אמר רבא הכי קאמר. אם אינה אלא כת אחת נהרגת. אי איכא טפי אין נהרגין. הא בלבד קאמר[8]. קשיא[9]:

ההיא אתתא דאייתי סהדי ואישתקור[10]. אייתי סהדי ואישתקור. אזלה אייתי סהדי אחריני[11]. אמר ריש לקיש הוחזקה זו[12]. אמר ליה ר' אלעזר אם היא הוחזקה כל ישראל מי הוחזקו[13]: זימנין הוו יתבי קמיה דרבי יוחנן. אתא כי האי מעשה לקמייהו. אמר ריש לקיש הוחזקה זו. א"ל ר' יוחנן אם הוחזקה זו כל ישראל מי הוחזקו. הדר[14] הויה לר' אלעזר בישות[15]. אמר ליה שמעת מילי מבר נפחא[16] ולא אמרת לי משמיה: לימא ריש לקיש דאמר כרבי יהודה[17] ורבי יוחנן דאמר כרבנן. אמר לך ריש לקיש אנא דאמרי לך אפי' לרבנן. עד כאן לא קא אמרי רבנן. התם דליכא דקא מהדר[18]. אבל הכא איכא הא דקא מהדרא[19]. ורבי יוחנן אמר לך אנא דאמרי אפי' לרבי יהודה. עד כאן לא קאמר רבי יהודה. התם דאמרינן אטו כולי עלמא גבי הני הוו קיימי[20]. אבל הכא הני ידעי בסהדותא[21] והני לא ידעי בסהדותא:

משנה ז'.

אין עדים זוממין נהרגין[22] עד שיגמר הדין[23]. שהרי הצדוקין אומרים עד שיהרג הנידון[24] שנאמר נפש בנפש (דברים י"ט כ"א)**. אמרו להם חכמים**

---

[1] בשעת עדותן בב"ד: [2] כ"ה בד"ס וברש"י. ובספרים משלמין: [3] ויכול הוא לפטור עצמו בהודאתו: [4] וכן הגיה המהרש"א. ובספרים אמרו בחד וכו' ובתרי בשבתא נגמר דינו: [5] שכבר חייבוהו ב"ד: [6] בד"ס איסטנית היא אפי': [7] וכ"ה בד"ס ורמב"ן. ובספרים לית' קדמו והרגו: [8] ומשמע שיש אחרת: [9] בירושלמי מוקי לה ר' בא בר ממל בשכבר נהרגה הכת הא': [10] וכ"ה בד"ס. ובר"ח ההיא דמייתי. ובספרים דאתאי. והוכחשו בדרישות ע"י הב"ד: [11] כ"ה בד"ס ובר"ח. ובספרים אחריני דלא אישתקור: [12] להביא עדי שקר: [13] לשמוע לה ולשקר. וכעין זו בכתובות ל"ו ב': [14] חזר עצמו ר"ל: [15] הסתכל בר"א בפנים זועפות. וכעין זו בכתובות כ"ה ב': [16] ריש לקיש הוה קרי ליה לר"י הכי עיין סנהדרין צ"ו א' וברש"י שם. וע"ע יבמות צ"ו ב' ובירושלמי ברכות פ"ב ה"א: [17] דכת זו הוחזקה להזים כל כת שתבא. אי נמי לפי התוספתא הוחזק שיש כאן ערעור לבא ולהעיד: [18] שאין אדם מחזר להביא המזימין: [19] חוזרת אחרי עדים. בד"ס הכא האיכא דקמהדר': [20] נוסחא זו מסבבת עם פי' רש"י והרי"ף. וכי כל אלו הכתות שבאו כולן היו עם הכת המזמת. וי"ג גבייהו הוו קיימי. וגי' ר"ח אטו הני הוו בהדי הני והני בהדי הני. והלכך אמרינן איסטטית היא זו דדבר זר הוא שתמיד יקרה לכת מעידה כת מזמת. וגם נוסחת הספרים יש לפרשה כך. ופירוש גבי הני גבי ההורג והנהרג. והאריכו בסוגיא זו הרי"ף ובעל המאור והרמב"ן והריטב"א: [21] בד"ס הני הוו ידעי: [22] כ"ה בסנהדרין ל"ב ב' ובספרי שופטים ק"צ. ובמשנה שבירושלמי ובכ"י קאנט' העדים הזוממין. ובד"ס וברא"ש אין העדים נעשים זוממין עד וכו'. ובספרים העדים זוממין: [23] בירושלמי שייגמר. וברא"ש שיגמר הדין על פיהם: [24] כ"ה בד"ס ובספרי שם ובילקוט שופטים וברא"ש וכ"ה לקמן בברייתא. ובספרים ליתא הנידון. ברא"ש ליתא שהרי. בספרי הגי' צדוקים:

והלא כבר נאמר ועשיתם לו כאשר זמם לעשות לאחיו (שם שם י״ט) **והרי אחיו קיים**[1]**. ואם כן למה נאמר נפש בנפש**[2]**. יכול משעה שקבלו עדותן יהרגו**[3]**. תלמוד לומר נפש בנפש. הא אינן נהרגין עד שיגמר הדין**[4]**:**

תנא ברבי אומר[5] **לא הרגו נהרגין, הרגו אין נהרגין**[6]**. אמר לו אביו**[7] **בני לאו** קל וחומר הוא. אמר לו לימדתנו רבינו שאין עונשין מן הדין. דתניא ואיש אשר יקח אחותו בת אביו או בת אמו (ויקרא כ׳ י״ז)[8] אין לי אלא בת אביו שלא בת אמו. ובת אמו שלא בת אביו. בת אמו ובת אביו מנין[9]. ת״ל ערות אחותו גלה (שם שם). עד שלא יאמר יש לי בדין. אם ענש על בת אביו שלא בת אמו. ובת אמו שלא בת אביו. בת אביו ובת אמו לא כל שכן. הא למדת שאין עונשין מן הדין. עונש שמענו אזהרה מנין. תלמוד לומר ערות אחותך בת אביך או בת אמך (שם י״ח ט׳). אין לי אלא בת אביו שלא בת אמו. ובת אמו שלא בת אביו. בת אביו ובת אמו מנין. תלמוד לומר ערות בת אשת אביך מולדת אביך אחותך היא (שם שם י״א). עד שלא יאמר יש לי מן הדין[10]. מה אם הוזהר על בת אמו שלא בת אביו. ובת אביו שלא בת אמו. בת אביו ובת אמו לא כל שכן[11]. הא למדת שאין מזהירין מן הדין (תו״כ פ׳ קדשים פי״א)[12]: **חייבי מלקיות מנין**[13]**. תלמוד לומר רשע רשע**[14]: **חייבי גליות מנין. אתיא רוצח רוצח**[15]**:**

תניא אין עדים זוממין נהרגין עד שיזומו שניהם. וכך אין לוקין ואין משלמין ממון עד שיזומו שניהם. הצדוקים היו אומרים אין עדים זוממין נהרגין עד שיהרג הנידון[16]. אמר רבי יהודה בן טבאי[17] אראה בנחמה אם לא הרגתי עד זומם[18] להוציא מלבן של צדוקים[19]. שהיו אומרים אין עדים זוממין נהרגין עד שיהרג הנדון[20]. אמר לו שמעון בן שטח אראה בנחמה אם לא שפכת דם נקי. שהרי אמרו חכמים אין עדים זוממין נהרגין עד שיזומו שניהם[21]. ואין לוקין[22] עד שיזומו שניהם. ואין משלמין ממון עד שיזומו שניהם[23]. מיד קבל

---

[1] כ״ה בספרי שם ובד״ס ובר״ש ובילקוט שופטים וברש״י כאן וכן ברש״י חגיגה ט״ז ב׳. ובספרים נפש תחת נפש וכן לקמן. בד״ס ובילקוט ליתא מלת חכמים: [2] בד״ס ובילקוט ובר״ף ובירושלמי אם כן. ובר״ש וא״כ מה תלמוד לומר: [3] בירושלמי יכול משקיבלו וכו׳ ייהרגו: [4] בד״ס ובילקוט ובר״ש ליתא מן יכול וכו׳ עד בנפש. וגרסי אין נהרגין. ובירושלמי שייגמר ובילקוט שיגמור ועיין בתוספתא סנהדרין פ״ו. וכיון שנגמר הדין הוה נפש בנפש דמההוא שעתא גברא קטילא הוא. תוס׳ י״ט: [5] בד״ס תניא כל אומר והוא ט״ס ובילקוט וכר״ח תניא רבי אומר ובילקוט דפוס ישן ב״ר. וגרסינן בחולין י״א ב׳ והתניא ברבי אומר והובא בילקוט שם וגרס והא תניא ר׳ אליעזר הקפר אומר. ויראה שבן עיקר והוא נקרא ברבי בכמה מקומות. ועיין בסדר הדורות ערך ברבי וערך ר״א הקפר. ואולי כינוהו ברבי לפי ששנים היו: [6] לא הרגו את הנידון וכו׳ בתמיה. והרי להכי אצטריך נפש בנפש. ועיין לעיל צד ט׳ סי׳ ה׳ וי׳ סי׳ ט׳ ובראב״ד ה׳ עדות פ״כ ה״ב: [7] וכ״ה בילקוט ובר״ח. ובספרים אמר אביו. ובספ״ד ערך ברבי הביא הנוסחא העתיקה א״ל אביי: [8] במקרא את אחותו: [9] בד״ס בת אביו ובת אמו: [10] בד״ס יש לי בדין: [11] בד״ס אם הוזהר על בת אביו וכו׳: [12] והוא שם בשינוי קצת. ובענין אין מזהירין וכו׳ עיין לקמן י״ד ב׳ וי״ז ב׳ וביבמות כ״ב ב׳ וס״ח ב׳ וזבחים ק״ו ב׳ וכריתות ה׳ ב׳. ואפי׳ מאן דס״ל עונשין מן הדין מודה דאין מזהירין מן הדין. ובענין עונשין עיין לקמן י״ד א׳ י״ז ב׳ ותוספתא שבועות פ״ג ומכילתא משפטים פ״ז ופי״א ובריש ספרי ופ׳ חקת קכ״ו ומטות קנ״ז ובירושלמי יבמות ריש פי״א וסנהדרין ריש פ״ט ובבלי פסחים כ״ד א׳ יבמות כ״ב ב׳ וס״ח ב׳ וסנהדרין נ״ד א׳ וע״ג א׳ וע״ד א׳ וע״ו א׳ זבחים ק״ו ב׳ תמורה ט׳ א׳ כריתות ג׳ א׳. ואיכא תנאי דס״ל דעונשין מן הדין עיין סנהדרין ע״ד א׳ ותוספתא דשבועות פ״ג וריש ספרי. ומראין הדברים שמחלוקתן של תלמידי ר׳ ישמעאל ור״ע הוא ותלמידי רר״י אינהו הוא דס״ל דאין עונשין מן דדין: [13] גי׳ רש״י מנלן. ופרש״י דאמתני׳ קאי שאין עושין בהן דין הזמה עד שיגמר הדין ור״ח פי׳ מנין שאין עונשין ואין מזהירין מן הדין: [14] עיין לעיל צד ח׳ בהערות סי׳ ט״ז י״ז י״ח: [15] מות יומת הרצח במדבר ל״ה ט״ז. לנס שמה הרצח שם שם ו׳. ועיי׳ סנהדרין ל״ג ב׳ ותוספתא שם פ״ז וב״ק פ״ו ב׳. ובד״ס ג׳ בתרווייהו ת״ל ובר״ח בתרוייהו אתיא. ונקט גו״ש לחייבי מלקיות לשאר מילי ריטב״א: [16] כ״ה בפי׳ ר״ח וכענין זו הוא בתוספתא דסנהדרין פ״ו ובספרים השמיטו כולא וג׳ תניא אמר ריב״ט. בר״ח הגי׳ העדים זוממין. ועיין חגיגה ט״ז ב׳ דגרס התם תנו רבנן: [17] בד״ס איכא נוסחי יהודה וכ״ה לקמן בכולא ובילקוט בכולא ר׳ יהודה ובחגיגה ובתוספתא הבא ר״י ובאינך יהודה: [18] שלא הוזם אלא אחד: [19] אע״ג דסנהדרין ההורגת נקראת חובלנית. בתוספתא לעקור מלבן של ביתוסין: [20] וכ״ה בחגיגה. ובספרים העדים ובד״ס אין העדים נעשים זוממין ונהרגין: [21] וכ״ה בחגיגה. ובספרים העדים ובד״ס העדים נעשים זוממין עד שיזומו: [22] בד״ס ג׳ באן ואין משלמין: [23] כ״ה בחגיגה. ובספרים ליתא בבא זו. ובילקוט ליתא אלא בבא דנהרגין וכך

עליו ר' יהודה בן טבאי שאינו מורה הוראה[1] אלא בפני שמעון בן שטח[2]. וכל ימיו של ר' יהודה בן טבאי היה משתטח על קברו של אותו העד[3]. והיה קולו נשמע. וכסבורין העם לומר קולו של הרוג היא[4]. אמר להם קולי שלי היא[5]. תדעו שהרי למחר הוא מת[6] ואין קולו נשמע[7] (תוספתא סנהדרין פ"ו): א"ל רב אחא בריה דרבא לרב אשי דלמא בדינא קם בהדיה. אי נמי פייסי פייסיה[8]:

משנה ה'.

על פי שנים עדים או שלשה עדים יומת המת (דברים י"ז ו')[9]. אם מתקיימת העדות בשנים למה פרט הכתוב בשלשה[10]. אלא להקיש שלשה לשנים[11]. מה שלשה מזימין את השנים אף שנים מזימין את הג'[12]. ומנין אפי' מאה[13]. ת"ל עדים. ר' שמעון אומר[14] מה שנים אינן נהרגין עד שיהיו שניהם זוממין[15] אף שלשה אינן נהרגין עד שיהיו שלשתן זוממין[16]. ומנין אפילו מאה. ת"ל עדים: רבי עקיבא אומר לא בא השלישי אלא להחמיר עליו ולעשות דינו כיוצא באלו[17]. ואם כך ענש הכתוב לנטפל לעוברי עבירה כעוברי עבירה[18]. על אחת כמה וכמה שישלם שכר טוב לנטפל לעושי מצוה כעושי מצוה[19]. ומה שנים נמצא אחד מהן קרוב או פסול עדותן בטלה[20] אף שלשה נמצא[21] אחד מהן קרוב או פסול עדותן בטלה. מנין אפי' מאה[22]. ת"ל עדים. *א"ר יוסי[23] במה דברים אמורים בדיני נפשות. אבל בדיני ממונות תתקיים העדות בשאר. רבי אומר אחד דיני ממונות ואחד דיני נפשות. בזמן שהתרו בהן[24]. ו' א'

הותה נ' רש"י. ובתוספתא איתא שהרי אמרה תורה וכו' ומייתי שם קרא וכ"ה במכילתא משפטים פ"ב וישם בלא בשינוי עיי"ש:

[1] בהגיה הלכה וכ"ה בר"ם. ובילקוט הלכה כל ימיו. ובתוספתא באותה שעה קבל עליו יהודה ב"ט שלא יהא מורה הלכה: [2] כ"ה בהגיה ובילקוט. ובספרים אלא לפני ובתוספתא אלא על פי. ומכאן ואילך ליתא בתוספתא שלפנינו: [3] בהגיה כל ימיו וכו' אותו הרוג וכן בר"ם ובילקוט הרוג: [4] בהגיה כסבורין וכו' שקולו של הרוג היא. ומלת היא ליתא בספרים ואיתא בר"ם ובילקוט. בילקוט הגי' והיה קולו נשמע בלילה אבל בכל הנוסחאות ליתא וכן לא היתה בנוסחת רש"י: [5] כ"ה בילקוט. ובהגיה א"ל קולי הוא. ובספרים אמר קולי שלי. ובר"ם אמר קול שלי: [6] כ"ה בר"ם ובילקוט. ובהגיה שלמחר. ובספרים תדעו למחר. ובלפי עצמו אמר כך: [7] כ"ה בהגיה ובילקוט. ובספרים אין קולו. ואולי צ"ל ואין קול: [8] כך יאמרו הגם. ובהגיה שם להיפך ודילמא פייסי וכו' וגרים אי בדינא תבעי: [9] וכן הובא שם ברש"י עה"ת ובילקוט שם. ובר"ם והר"ף וראב"ש או עפ"י שלשה והוא הדברים י"ט לי"ו באשגרת לישנא: [10] בר"ם וברש"י ובילקוט וראב"ש פרט לך: [11] בראב"ש שנים לשלשה: [12] כ"ה בר"ם ובילקוט והר"ף וראב"ש. ובספרים זומי. ובעין יעקב זומי. ובכת"י קאנט' מזמים וכו' זומי וכן בירושלמי זומו: [13] בר"ם שאפי' הן מאה וכן לקמן ובכת"י ת"ל אפי' הן ובילקוט ובראב"ש בכל אינך בבית מלת הן: [14] בראב"ש ר' ישמעאל אומר ונוסחא נראית היא אלא שבכל הנוסחאות איתא ר' שמעון: [15] ברש"י עד שיזומו שניהם. בכת"י וירושלמי ילקוט והר"ף שיהו וכן לקמן: [16] בראב"ש עד שיזומו שלשתן: [17] כ"ה בכל הנוסחאות. ובע"י לא בא שלשה אלא להחמיר עליו לעשות. ובספרים לא בא השלישי לקל וכו' ובסנהדרין ט' א' שלישי וכו' לעשות. ומשמעות הדרשן איכא ביניהו: [18] כ"ה בכת"י קאנט'. ובר"ם ובירושלמי אם כך. ובספרים ואם כן. ובסנהדרין ובע"י אם כן. ובילקוט והר"ף אם ענש ובראב"ש ואם ענש. בכת"י ובירושלמי לניטפל וכן לקמן ובילקוט לניטפל. ובסנהדרין שם את הניטפל וכן לקמן: [19] כ"ה בראב"ש. וכן בע"י ובסנהד' שם ובילקוט שישלם. ובספרים ישלם שכר לעושי. ואיכא נוסחי לעשות וכו' כעושה בר"ם: [20] במשניות ובכת"י ת"ל מה שנים. ועיין סנהדרין שם ופ' א' דה"ג היא דאמר לה ובתוספתא פ"א תני לה סתמא וצ"ל שם מה שנים וכו' כמו שהוא בכת"י עיפיים: [21] בראב"ש שנמצא: [22] בסנהדרין שם שאפי': [23] במשניות נאפילו ר' יוסי אומר ולקמן ר' מאיר אומר. ועיין סנהדרין שם דנוסחא בטלה היא ר"ס: [24] בספרים ואימתי בזמן וכו' וליתא בכל הנוסחאות והוגה כך עפ"י הגמרא דסנהדרין ט' א' שנתוספו שם:

אבל בזמן שלא התרו בהן[1] **מה יעשו שני אחין שראו באחד שהרג את הנפש**[2]**:**

אמר רבא והוא שהעידו כולם בתוך כדי דבור[3]. אמר ליה רב אחא מדפתי לרבינא מכדי תוך כדי דבור היכי דמי כדי שאילת תלמיד לרב[4]. מאה טובא הוו[5]. אמר ליה כל חד וחד בתוך כדי דבור של חבירו[6]:

רבי עקיבא אומר לא בא שלישי וכו' ומה שנים וכו': אמר ליה רב פפא לאביי אלא מעתה[7] הרוג יציל[8]. כשהרגו מאחוריו[9]. נרבע יציל[10]. כשרבעו מאחוריו. הורג ורובע יצילו[11]. אישתיק. כי אתא לקמיה דרבא אמר ליה יקום דבר (דברים י"ט ט"ו) במקיימי דבר הכתוב מדבר[12]:

אמר רבי יוסי במה דברים אמורים וכו' מה יעשו שני אחים וכו': היכי אמרינן להו[13]. אמר רבא הכי אמרינן להו. למיחוי אתיתו או לאסהודי אתיתו[14]. אי אמרי לאסהודי אתו[15]. נמצא אחד מהן קרוב או פסול עדותן בטלה. אי אמרי למיחזי אתו. מה יעשו שני אחין שראו באחד שהרג את הנפש[16]:

איתמר א"ר יהודה אמר שמואל הלכה כר' יוסי. ורב נחמן אומר הלכה כרבי[17]:

משנה ט'.

היו שנים רואין אותו מחלון זה. ושנים רואין אותו מחלון זה. ואחד מתרה בו באמצע. בזמן שמקצתן רואין אלו את אלו הרי אלו עדות אחת. ואם לאו. הרי אלו שתי עדיות[18]**. לפיכך אם נמצאת אחת מהן וממת הוא והן נהרגין. והשניה פטורה**[19]**. רבי יוסי אומר**[20] **לעולם אינו נהרג**[21] **עד שיהו שני עדיו**[22] **מתרין בו שנאמר על פי שנים עדים** (דברים י"ז ו') **: דבר אחר על פי שנים עדים. שלא תהא סנהדרין שומעת מפי התורגמן**[23]**:** ו:ב

אמר רב זוטרא בר טוביה אמר רב[24] מנין לעדות מיוחדת שהיא פסולה[25].

---

[1] ברי"ף ורא"ש גרסי אבל לא: [2] בכת"י קאנט' שראו כאחת שהרג זה וכ"ה במשניות נאפולי בד"ס אלא ששם בשיבוש בשני. ובסנהדרין שם שני אחים ואחד שראו וכו': [3] קאמר דמאה שהוזמו כב' שהוזמו אבל אם לא העידו בתוך כדי דבור הרבה כתות הם: [4] שהוא שלום עליך רבי ומורי ב"ק ע"ג ב' ועיין נדרים פ"ז א' נזיר כ' ב' וב"ב קכ"ט ב' ושבועות ל"ב א': [5] יותר מזה. בד"ס הוו טובא: [6] בד"ס כל אחד ואחד. בנוסחאות דקמאי הרי"ף והרא"ש והריטב"א המשנה שלפנינו חלוקה לב' ומשנה א' היא עד ר"ע אומר. ונסדר מאמר רבא בתר משנה זו ואח"כ מתחלת משנת ר"ע. אבל בתוספות הסידור כמו שהוא לפנינו: [7] שאתה מבטל העדות לפי שאיזה קרוב או פסול ראה ג"כ את הדבר: [8] שהוא ג"כ ראה את הדבר והוא קרוב אצל עצמו: [9] שבקיה לקרא דדחיק ליה ומוקמא בכשהרגו מאחוריו. בד"ס הני' בשהרגו כשרבעו: [10] שהוא רשע ופסול שנרבע לרצונו ועיין סנהדרין ט' ב' ויבמות כ"ה א': [11] את עצמן ע"י הודאתן: [12] באותן שבאים להעיד ובאלו מאה כב'. שאם א' קרוב או פסול בטלה העדות כולה. בד"ס הגי' א"ל יקים במקיימי דבר הכתוב: [13] ודאי בדיני נפשות נשאל אותם אם התרו בו אבל בדיני ממונות האיך נבדוק: [14] גי' הריטב"א אתיתון: [15] ברי"ף ובר"אש אתינן ובד"ס אתאן וכן לקמן: [16] אלא כיון שא' מהם אינו מתכוון להעיד עדות השאר מתקיימת: [17] ועיין בב"ב קס"ב ב' לענין עדות בשטר וע"ע בתוספתא דב"ב פי"א וגיטין פ"ז. והא דר"י ודרבי גרסינן לה נמי בתוספתא דילן פ"א ובנוסחת כת"י ערפורט ג' ר' מאיר במקום רבי עיין לעיל במשנה סי' כ"ג אלא שההלכות שם מפורסות עי"ש: [18] בד"ס הרי הן וכו' ואם לאו שתי עדיות. ונפקא מינה לענין נמצא א' מהן קרוב ופסול ולענין הזמה: [19] אם זו היא שהוזמה דבבר איתחייב ע"י כת הא' ובר קטלה הוה: [20] במשנה שבירושלמי וברי"ף ובכת"י קאנט' הגי' ר"י ב"ר יהודה וכו' ועיין בגמ': [21] וכ"ה ברי"ף ובירושלמי ובכת"י הנ"ל וסנהדרין ט' ב'. ובספרים אין נהרגין: [22] במשניות ובכת"י הנ"ל פי שני עדיו וברי"ף פי ב' מתרין: [23] בד"ס וברי"ף ד"א שלא תהא וכו' ובכת"י הנ"ל כמפי התרגמן. ועיין בספרי שופטים קס"ח וברש"י עה"ת דברים י"ט. ואולי צ"ל הכא על פי שני עדים והוא מקרא דדברים י"ט: [24] בד"ס ליתא אמר רב ועיין סנהדרין פ"א ב': [25] שב' העדים לא ראו זה את זה:

שנאמר לא יומת על פי עד אחד (שם). מאי אחד[1]. אילימא עד אחד ממש. מרישא שמעינן לה על פי שנים עדים (שם). **אלא** מאי אחד. אחד אחד[2]: תניא נמי הכי. לא יומת על פי עד אחד (שם). להביא שנים שרואים אותו אחד מחלון זה ואחד מחלון זה ואין רואין זה את זה שאין מצטרפין. ולא עוד אלא אפילו בזה אחר זה בחלון אחד אין מצטרפין: אמר ליה רב פפא לאביי השתא ומה אחד מחלון זה ואחד מחלון זה. דהאי קא חוי כולו מעשה. והאי קא חוי כולו מעשה. אמרת לא מצטרפי. בזה אחר זה. דהאי חוי פלגא דמעשה. והאי חוי פלגא דמעשה. מיבעיא. א״ל לא נצרכה אלא לבועל את הערוה:

אמר רבא אם היו רואין את המתרה[3] או המתרה רואה אותן. מצטרפין[4]:

ואמר רבא מתרה שאמרו אפילו מפי עצמו[5] ואפילו מפי השד:

אמר רב נחמן[6] עדות מיוחדת כשירה בדיני ממונות. דכתיב לא יומת על פי עד אחד (שם) בדיני נפשות הוא דאין כשירה. אבל בדיני ממונות כשירה. מתקיף לה רב זוטרא[7]. אלא מעתה בדיני נפשות תציל. אלמה תנן הוא והן נהרגין[8]. קשיא[9]:

רבי יוסי אומר וכו׳: א״ל רב פפא לאביי ומי אית ליה לר׳ יוסי האי סברא. והתנן ר׳ יוסי אומר השונא נהרג מפני שהוא במועד (לקמן ס״ב מ״ה). ומותרה[10]. א״ל ההיא רבי יוסי בר יהודה היא[11]. דתניא רבי יוסי בר יהודה אומר חבר אין צריך התראה. לפי שלא ניתנה התראה אלא להבחין בין שוגג למזיד[12]:

דבר אחר על פי שנים עדים שלא תהא סנהדרין שומעת מפי התורגמן: הנהו לעווי[13] דאתו לקמיה דרבא. אוקי רבא תורגמן בינייהו. והיכי עביד הכי. והתנן שלא תהא סנהדרין שומעת מפי התורגמן. רבא מידע הוה ידע מה דהוו אמרי[14]. ואהדורי הוא דלא הוה ידע[15]:

אילעא וטוביה קריביה דערבא הוו[16]. סבר ר׳ פפא למימר. גבי לוה ומלוה רחיקי נינהו. ז א
א״ל רב הונא בריה דרב יהושע לרב פפא. אי לית ליה ללוה[17] לאו בתר ערבא אזיל מלוה[18]:

משנה י׳.

מי שנגמר דינו וברח. ובא לפני אותו ב״ד. אין סותרין את דינו[19]: כל מקום שיעמדו שנים ויאמרו. מעידים אנו באיש פלוני[20] שנגמר דינו

[1] בד״ס מאי ע״פ עד אחד: [2] בד״ס מיוחד: [3] בד״ס ובתוספות הן רואין: [4] והכי קאמר במתני׳ בזמן שמקצתן רואין וכו׳ שהם רואים המתרה או היא רואה אותן וכגון שיש עדים ע״ז שראה אותן. וסדרו דברי רבא הכא לאשמעינן דעדות מיוחדת נמי המתרה מצרפן ועיין בירושלמי: [5] פירש״י מפי ההרוג. ויש לפרש מפי ההורג שאמר מתיר אני עצמי למיתה ואהרגנו: [6] בד״ס ובר״ה ורי״ף וברמב״ן א״ר יהודה: [7] בד״ס וברמב״ן רב הסדא: [8] כיון דבדיני ממונות עדות מיוחדת כשירה א״כ כשאמרה תורה ע״פ שני עדים וגו׳ יקום דבר דברים י״ט ט״ו אפי׳ עדות מיוחדת נמי מקיימי דבר הם. ולא אתי קרא דדברים י״ז אלא להצילו מן המיתה בעדות מיוחדת. א״כ תציל בדיני נפשות בכה״ג דמתניתין בב׳ כתות שאין רואין אלו את אלו כעדות מיוחדת: [9] ועיין תוספתא סנהדרין ספ״ה וסנהדרין ל׳ א׳: [10] האי כמועד הוא ליכד שהוא מותרה. ובד״ס ליתא: [11] והכי גריס לה התם בירושלמי ועיי״ש בתוספתא פ״ב הוצאת הרב רמ״ש צוקערמאנדל. ועיין בתוספתא דסנהדרין פי״א. והכא ר׳ יוסי סתם הוא דס״ל שאינו מתרה מפי עצמו עיין בתוספתא שם והוא ר״י בן חלפתא. ועיין לעיל במשנה ס״כ ומתוספתא דסנהדרין ראיה דלפנינו ר״י סתם היא: [12] לקמן ט׳ ב׳ וסנהדרין ח׳ ב׳ מ״א א׳ וע״ב ב׳. ויע״ע ספרי שלח קי״ג ותוספתא סנהדרין פי״ב וסנהדרין מ׳ ב׳ ופ׳ ב׳: [13] בעלי לשון אחרת: [14] ואינו שומע מפי המתורגמן. בד״ס רבא הוה ידע: [15] בד״ס אהדורי לא הוה ידע. [16] ב״ה בד״ס ובראשונים. ובספרים הוה. בד״ס עלעאיי וטוביי׳. פירש״י עדי הלואה היו שהיו חתומים על השטר והראב״ד פי׳ שהודה הלוה בפניהם שעדיין לא פרע: [17] בד״ס אי ליתיה לוה ובריי״ף ואי ליתיה ללוה וכ״ה בתוספות אלא דג׳ אי: [18] בד״ס אזלי ובריי״ף אזלינן ובתר׳ אזיל. ותו לא. וכתב בהגהות הב״ח דזה המאורע הוא דהנהו לעוזי דלעיל ולכך נסדר הענין הכא. ויראה דר״פ ור״ה בריה דר״י בבית דיני של רבא היו עיין ב״ב ק״ל ב׳: [19] להזיר ולישא וליתן: [20] בד״ס את איש פ׳ וכ״ה גיטין כ״ה ב׳ וכ״ט א׳:

בבית דין[1] של פלוני. ופלוני ופלוני עדיו. הרי זה יהרג[2]: סנהדרין נוהגת בארץ ובחוצה לארץ[3]: סנהדרין ההורגת אחד בשבוע נקראת חובלנית[4]. רבי אליעזר בן עזריה אומר אחד לשבעים שנה[5]. רבי טרפון ורבי עקיבא אומרים אלו היינו בסנהדרין לא נהרג אדם מעולם[6]. רשב"ג אומר אף הן היו מרבין שופכי דמים בישראל[7]:

לפני אותו בית דין הוא דאין סותרין. הא לפני בית דין אחר סותרין. הא תני סיפא. כל מקום שיעמדו שנים ויאמרו. מעידין אנו את איש פלוני שנגמר דינו בבית דין פלוני[8]. ופלוני ופלוני עדיו. הרי זה נהרג[9]. אמר אביי לא קשיא. כאן בארץ ישראל. כאן בחוצה לארץ. דתניא רבי יהודה בן דוסתאי אומר משום רבי שמעון בן שטח[10]. ברח מארץ לחוצה לארץ אין סותרין את דינו. מחוצה לארץ לארץ סותרין את דינו. מפני זכותה של ארץ ישראל (תוספתא סנהדרין ספ"ג)[11]:

סנהדרין נוהגת וכו': מנא ה"מ. דתנו רבנן והיו אלה לכם לחוקת משפט לדורותיכם בכל משבתיכם (במדבר ל"ה כ"ט)[12] למדנו לסנהדרין שנוהגת בארץ ובחוצה לארץ. א"כ מה תלמוד לומר בשעריך (דברים י"ז ה')[13]. בשעריך אתה מושיב בתי דינים בכל פלך ופלך ובכל עיר ועיר. ובחו"ל אתה מושיב בכל פלך ופלך. ואי אתה מושיב בכל עיר ועיר (תוספתא סנהדרין ספ"ג)[14]:

סנהדרין ההורגת וכו': איבעיא להו. אחת לשבעים שנה נקראת חבלנית. או דלמא אורח ארעא היא[15]. תיקו:

רבי טרפון ורבי עקיבא אומרים אלו היינו וכו': היכי הוו עבדי. רבי יוחנן ורבי אלעזר דאמרי תרוייהו. ראיתם טריפה הרג שלם הרג. אמר רב אשי[16] אם תמצא לומר שלם הוה[17]. דלמא במקום סייף נקב הוה[18]: בבועל את הערוה היכי הוו עבדי[19]. אביי ורבא דאמרי תרוייהו. ראיתם כמכחול בשפופרת. ורבנן היכי דיינו[20]. כשמואל. דאמר שמואל במנאפים משיראו כמנאפים[21]:

פרק ב'. משנה א'.

אלו הן הגולין[22]. ההורג נפש בשגגה[23]. היה מעגל במעגילה ונפלה

---

[1] כ"ה במשניות. ובירושלמי ובכת"י קאנט' בבית דינו: [2] בד"ס נהרג וכ"ה לקמן בגמרא. בסנהדרין מ"ה ב' גרס כ"מ שיעידוהו שנים וכו': [3] בד"ס בין בארץ ובין בחו"ל. וכ"ה בסנהדרין י"ד א' ועיין תוספתא שם ספ"ג וע"ע ספרי שופטים ריש קנ"ג וקנ"ד: [4] בירושלמי ובכת"י הג"ל חבלנית וכ"ה בעין יעקב. בד"ס ובע"י אחת ובן להלן: [5] בירושלמי ובכת"י הנ"ל ר' לעזר ב"ע: [6] בירושלמי ובכת"י לא נהרג בה: [7] כ"ה בד"ס ובע"י. ובספרים אף הן מרבין: [8] בד"ס בב"ד של פ' כמו במשנה: [9] בד"ס גרס יהרג: [10] בד"ס דוסתאי ב"ר יהודה אומר משום ר' שמעון ברח וכו'. ובתוספתא הוא סתם. ר' דיסתאי בן יהודה אומר חייבי מיתות שברחו וכו' ועיין בירושלמי סוף פרקין דג' ר' דוסתיי בי ר' ינאי אלא שהמאמרים מסורסים שם עיי"ש: [11] שלא יהא נשמעים לב"ד של חו"ל. ובתוספתא ובירושלמי הוא בשינוי עיי"ש: [12] בכל משבתיכם ליתא בספרים: [13] דברי ריבות בשעריך. וגי' ר"ח היא כגי' הספרים. ובד"ס בין בארץ ובין בחו"ל א"ב מת"ל בכל שעריך דהיינו שפטים ושטרים תתן לך בכל שעריך וכ"ה בתוספתא ובירושלמי וכ"ה ברמב"ן ריש פ' שופטים מן הגמרא: [14] והוא שם בשינוי. וכ"ה בירושלמי סוף פרקין: [15] ראב"ע דאמר א' לע' שנה מאי דעתיה. ובד"ס גרס או דילמא אורחא היא: [16] בד"ס ליתא א"ר אשי וכן ליתא ברמב"ן: [17] בד"ס שלם הרג. וברמב"ן ואם תמצא לומר שלם הרג: [18] בד"ס שמא במקום וכו'. כיון שיכולין ב"ד לעקור דבר מן התורה בשב ואל תעשה (יבמות צ' ב') שבקיה לקרא דדחיק ומוקים אנפשיה במקום שאין שום ספק: [19] ונקיט רציחה ועריות לפי שהם ביהרג ואל יעבור וכ"ש באינך חייבי מיתות: [20] שבאמת אין דרך העדים שיראו כך: [21] משיראו בנפעל. וגי' ר"ח כיון שיראו כמנאפים וברימב"א משייראו מנאפים וכ"ה בר"ף. ובראב"ש הגי' עד שיראו כדרך המנאפים ומיקה הריטב"א וגי' זו היא בכ"מ צ"א א': [22] גי' ר"ח ואלו בד"ס. ועיין שבת י"ג ב' ובראשית רבה פ"ב: [23] אבל כל שהוא קרוב למזיד או שהוא כעין אנוס דלא הוה ליה לאסוקי אדעתיה אינו גולה. בד"ס הגי' את הנפש:

עליו והרגתו[1]. היה משלשל בחבית ונפלה עליו והרגתו. היה יורד בסולם ונפל עליו והרגו[2]. הרי זה גולה. אבל אם היה מושך במעגילה ונפלה עליו והרגתו[3]. היה דולה בחבית ונפסק החבל ונפלה עליו והרגתו. [ז ב] *היה עולה בסולם ונפל עליו והרגו. הרי זה אינו גולה. זה הכלל כל שבדרך ירידתו גולה. ושלא בדרך ירידתו אינו גולה[4]:

מנא ה"מ. אמר שמואל דאמר קרא ויפל עליו וימות (במדבר ל"ה כ"ג) עד שיפלו דרך נפילה[5]:

תנו רבנן בשגגה (שם שם י"א) פרט למזיד[6]. בבלי דעת (דברי' י"ט ד') פרט למתכוין[7]: מזיד פשיטא[8]. בר קטלא הוא[9]. אמר רבה אימא פרט לאומר מותר[10]. א"ל אביי אי אומר מותר אנוס הוא[11]. אמר ליה שאני אומר האומר מותר קרוב למזיד הוא[12]: בבלי דעת פרט למתכוין. פשיטא בר קטלא הוא[13]. אמר רבה פרט למתכוין להרוג את הבהמה והרג את האדם. לכותי והרג את ישראל. לנפל והרג בן קיימא[14]:

תנו רבנן אם בפתע (במדבר ל"ה כ"ב) פרט לקרן זוית[15]: בלא איבה (שם) פרט לשונא[16]: הדפו (שם) שדחפו בגופו[17]: או השליך עליו (שם) להביא ירידה שהיא צורך עליה[18]: בלא צדיה (שם) פרט למתכוין לצד זה והלכה לה לצד אחר[19]: ואשר לא צדה (שמות כ"א י"ג) פרט למתכוין לזרוק שתים וזרק ארבע[20]: ואשר יבא את רעהו ביער (דברי' י"ט ה') מה יער רשות לניזק ולמזיק ליכנס לשם. אף כל רשות לניזק ולמזיק ליכנס לשם[21]:

בעא מיניה רבי אבהו מרבי יוחנן היה עולה בסולם ונשמטה שליבה מתחתיו[22]. ונפלה והרגה. מהו. כי האי גונא עליה היא. או ירידה היא. א"ל כבר נגעת בירידה שהיא צורך עליה[23]. איתיביה. זה הכלל כל שבדרך ירידתו גולה. שלא בדרך ירידתו אינו גולה. שלא בדרך ירידתו לאתויי מאי. לאו לאתויי כה"ג. וליטעמיך כל שבדרך ירידתו לאיתויי מאי[24]. אלא לאתויי קצב. הכא נמי לאתויי קצב. דתניא קצב שהיה מקצב[25]. תנא חדא. לפניו חייב לאחריו פטור. ותניא אידך. לאחריו חייב לפניו פטור[26]. ותניא אידך. בין לפניו בין לאחריו חייב. ותניא אידך. בין לפניו בין לאחריו פטור. ולא קשיא כאן בירידה שלפניו ועליה שלאחריו[27]. כאן בעליה שלפניו וירידה

---

[1] בכת"י קאנט' מעגיל. ועיין מו"ק י"א א': [2] וכ"ה בכל הנוסחאות ובספרים והרגתו. ובד"ס בכל המשנה והרגו. בד"ס ג' או היה יורד: [3] שנשמטה מידו וחזרה לאחוריה. בד"ס אבל היה: [4] בד"ס ובר"ח שלא בדרך. בירושלמי ג' הורדתו ובכת"י הנ"ל שבדרך הורדתו ושלא כדרך הורדתו. וכן בילקוט יהושע סי' ל' ג' הורדתו ועיי"ש שקיטע במשנה. דבדרך ירידה הוא מסיק אדעתיה ובשוגג אירע. אבל שלא בדרך ירידה לא הוה ליה לאסוקי אדעתיה והוא אנוס. ועיין בתוספתא (פרק זה לא נמצא רק בהוצאת הר' רמ"ש צוקערמאנדעל) ובירושלמי: [5] כ"ה בילקוט במדבר תשס"ה ובספרים שיפול. וגי' ר"ח שיפיל עליו: [6] עיין ילקוט שם תשס"ז בשם ספרי זוטא: [7] לקמן ט' ב': [8] בד"ס בשגגה פרט למזיד פשיטא: [9] או בב"ד או ע"י גואל הדם: [10] בספרים אלא אמר רבא. ומרק רש"י מלת אלא. ומהרש"ל ומהרש"א הגיהו רבה עפ"י התוס' דסנהדרין ס"ב א' ועיין שבת ע"ב ב'. וכן גי' הריטב"א להלן א"ל אביי לרבה. ובקצת נוסחאות אלא אימא ובריטב"א אימא. ועיין בד"ס ולקמן ט' א' וגי' התוספות אלא פרט לאומר מותר. וגי' רש"י באומר מותר וכך נראה גי' ר"ח. ונראה דגירסתו הוא אמר רבה באומר מותר כלו' דהאי מזיד באומר מותר הוא: [11] גי' הריטב"א א"ל אביי לרבה אומר מותר וכו' וכן בד"ס ליתא מלת אי: [12] בריטב"א ובד"ס אומר מותר. ומלת הוא ליתא בד"ס. ופרש"י סבור שמותר להרוג את ישראל וזהו מזיד שלו. שהיה לו ללמוד עיין לקמן ט' ב'. ובריטב"א פי' שאומר מותר להרוג את איש זה: [13] וכ"ה בד"ס. ובספרים מתכוין פשיטא והוא יתור לשון ומחקו מהרש"ל: [14] בר"ח הגי' ליעיל והבא רבא. ובד"ס הגי' כאן רב והיא ט"ס ועיין לקמן ט' א': [15] אינו גולה דהוה ליה לעיוני ר"ח. ועיין ב"ק כ"ז ע"ב דהתם שאני: [16] דלא סגי להו בגלות ועיין לקמן משנה ה': [17] בלא מתכוין: [18] שאילו גולין: [19] בד"ס והלכה לצד. ואינו גולה דאנוס הוא: [20] עיין ב"ק כ"ו ב'. שאם נתכוין לזרוק ב' אמות וזרק ד' אמות והרג לא מיכפר ליה בגלות ר"ח: [21] לקמן משנה ג': [22] וכ"ה בד"ס ובר"ח. ובספרים בט"ס ונשמט השליבה: [23] דתני במתניתא דגולה: [24] בד"ס גריס גם כאן לאו לאתויי כה"ג: [25] וכו' וכמו שהביאוה בנוסחאות ישנות. ובד"ס הגי' חייב תני חדא: [26] בד"ס לפניו פטור לאחריו חייב: [27] לפניו חייב ולאחריו פטור:

שלאחריו[1]. כאן בירידה שלפניו ושל אחריו[2]. כאן בעליה שלפניו ושל אחריו[3]: לימא כתנאי. היה עולה בסולם ונשמטה שליבה מתחתיו. תני חדא חייב. ותניא אידך פטור. מאי לאו בהא קא מיפלגי. דמר סבר ירידה היא. ומר סבר עליה היא. לא. דכ"ע עליה היא. ולא קשיא כאן לניזקין, כאן לגלות[4]: איבעית אימא הא והא לגלות. ולא קשיא. הא דאתליע. הא דלא אתליע[5]: ואיבעית אימא הא והא דלא אתליע. ולא קשיא הא דמיהדק, והא דלא מיהדק[6]:

משנה ב׳.

נשמט הברזל מקתו והרג[7]. רבי אומר אינו גולה[8]. וחכמים אומרים גולה[9]: מן העץ המתבקע[10]. רבי אומר גולה[11]. וחכמים אומרים אינו גולה[12]:

תניא אמר להם רבי לחכמים וכי נאמר ונשל הברזל מעצו. והלא לא נאמר אלא מן העץ (דברים י"ט ה׳). ועוד נאמר עץ למטה[13]. ונאמר עץ למעלה[14]. מה עץ האמור למעלה מן העץ המתבקע. אף עץ האמור למטה מן העץ המתבקע: אמר רב חייא בר אשי אמר רב ושניהם מקרא אחד דרשו[15]. ונשל הברזל מן העץ. רבי סבר יש אם למסורת[16]. ונישל כתיב[17]. ורבנן סברי יש אם למקרא. ונשל קרינן[18]: ורבי יש אם למסורת סבירא
ח א ליה[19]. *והאמר רב יצחק בר׳ יוסף אמר רבי יוחנן, רבי ורבי יהודה בן רועץ וב"ש ור"ע כולהו סבירי להו יש אם למקרא[20]. היינו דקאמר להו ועוד[21]:

אמר רב פפא מאן דשדא פיסא לדיקלא ואתר תמרי ואזול תמרי וקטול[22]. באנו למחלוקת דרבי ורבנן[23]. פשיטא. מהו דתימא ככח כחו דמי[24]. קמ"ל. אלא כח כחו לרבי היכי משכחת לה. כגון דשדא פיסא ומחיה לגרמא[25]. ואזיל גרמא ומחיה לכבאסא[26] ואתר תמרי. ואזול תמרי וקטול[27]:

משנה ג׳.

הזורק אבן לרשות הרבים והרג הרי זה גולה[28]. ר"א בן יעקב

[1] פטור לפניו וחייב לאחריו ועיין בתוספתא פ"ב ובירושלמי פ"ב ה"ד: [2] חייב בשתיהן: [3] פטור בשתיהן, ויש נוסחא אחרת. כאן בירידה שלפניו כאן בירידה שלאחריו. כאן בעלייה שלפניו כאן בעלייה שלאחריו. כאן בירידה שלפניו ושלאחריו. כאן בעלייה שלפניו ושלאחריו. ועיין בד"ס: [4] לנזיקין חייב לגלות פטור ועיין ב"ק כ"ו ב׳: [5] בד"ס ליתא ולא קשיא. ובר"ח והא דקתני חייב כגון דאתלע. וגי׳ הד"ס ג"כ דאתלע. וכיון דאתליע ולא חזו לעלות בה מעיקרא ירידה היא. ר"ח: [6] ומעיקרא ירידה היא: [7] בכת"י קאנט׳ מקנתו והרג: [8] שאילו לא היה רפוי לא היה נשמט וקרוב למזיד הוא ואין זה בכלל ונשל הברזל וגו׳ ר"ח: [9] ובתרגומו של אונקלוס וישתלף פרזלא מן אעא: [10] שנתזה בקעת מן העץ וכך מפורש בתוספתא: [11] ובתרגומו של יונתן וישמיט פרזל מן קיסא: [12] והו כח כחו וקרוב לאונס הוא. ותניא בספרי שופטים ונשל הברזל מן העץ המבקע ר׳ אומר מן העץ המתבקע. ועיין בתוספתא פ"ב. ובילקוט יהושע סי׳ ל׳ המשנה משובשת עיי"ש: [13] ונשל הברזל מן העץ: [14] ונדחה ידו בגרזן לכרת העץ. שם: [15] בילקוט שופטים השמיט השמות וגרס לה כתמא ושניהם וכו׳: [16] הכתב הנמסר בלא נקודתו יש לו אם להוליד ועל פיו אנו דורשין. ופי׳ אם עיין בערוך ערך ו׳: [17] ברוב הנוסחאות הוא בלא יו"ד ונשל כתיב והיו"ד הוא כאן תמורת הדגש. שהוא מבנין הכבד שמנשל הברזל מהעץ חתיכות חתיכות: [18] בקל והיא פועל עומד: ובירושלמי פ"ב מדמין לה רבנן עם כי ישל זיתך דברים כ"ח מ׳ שיענינו נשירה ורבי מדמי לה עם ונשל גוים רבים שם ז׳ א׳ שענינו הבאה. אלא שהמאמר שם מסורס עיי"ש ועיין ברמב"ן וריטב"א: [19] בתמיה. ובילקוט שם ג׳ וסבר רבי יש אם למסורת וכו׳ ולהלן קיטע עיי"ש: [20] בסנהדרין ד׳ א׳, בד"ס והאמר ר׳ יצחק בר אסי: [21] דה"ק מדלא כתיב ונשל מעצו על כרחך תפרשנו בפועל יוצא ואף שיש אם למקרא צא ולמד מסתימת הכתוב נאמר עץ למעלה וכו׳: [22] שהשליך צרור לדקל והפיל תמרים והרגו: [23] שהוא כעין מן העץ המתבקע: [24] ואף רבי מודה שאנוס הוא ומתניתין שאני שהגרזן בידו כשמבקע בכחו הוא: [25] עין החריות רש"י. ובד"ס נירמא ובר"ת גרמא ובערוך ערך גרם גודמא פי׳ ענף: [26] ברש"י ובד"ס כובסא ובר"ח כבסא וכ"ה בערוך ערך גדם וערך כבס פי׳ סנסני תמרים: [27] בד"ס ואתר תמרי וקטול: [28] בירושלמי ובכת"י קאנט׳ זרק את האבן ובקצת נוסחאות זרק האבן. ד"ס. ובילקוט יהושע סי׳ ל׳ הזורק את האבן. בכת"י הנ"ל גרים הכא ר"ע אומר אינו גולה. ולא נמצא לה דוגמא גם אינה מסכמת עם הגמרות:

אומר אם מכשיצאתה האבן מידו הוציא הלה את ראשו וקבלה, ה״ז פטור[1]: זרק את האבן לחצרו והרג. אם יש רשות לניזק ליכנס לשם גולה. ואם לאו אינו גולה. שנאמר ואשר יבא את רעהו ביער (דברים י״ט ה׳) מה היער רשות לניזק ולמזיק ליכנס לשם[2]. אף כל רשות לניזק ולמזיק להכנס לשם[3]. יצא חצר בעל הבית שאין רשות לניזק ליכנס לשם[4]: אבא שאול אומר מה חטבת עצים רשות אף כל רשות[5]. יצא האב המכה את בנו. והרב הרודה את תלמידו[6]. ושליח ב״ד:

לרשות הרבים מזיד הוא[7]. אמר רב שמואל בר יצחק בסותר את כותלו[8]. איבעי ליה לעיוני. בסותר את כותלו בלילה. בלילה נמי איבעי ליה לעיוני. בסותר את כותלו לאשפה, האי אשפה ה״ד. אי שכיחי בה רבים. פושע הוא. אי לא שכיחי בה רבים. אנוס הוא. א״ר פפא לא צריכא אלא לאשפה העשויה ליפנות בה בלילה. ואין עשויה ליפנות בה ביום[9]. ואיכא דמקרי ויתיב. פושע לא הוה דהא אינה עשויה ליפנות בה ביום. אונס נמי לא הוי דהא איכא דמקרי ויתיב[10]:

רבי אליעזר בן יעקב אומר וכו׳: ת״ר ומצא (דברים י״ט ה׳) פרט לממציא את עצמו. מכאן אמר רבי אליעזר בן יעקב אם משיצתה האבן מידו הוציא הלה את ראשו וקבלה פטור (ספרי שופטים קפ״ג)[11]: למימרא דמצא מעיקרא משמע[12]. ורמינהי ומצא (ויקרא כ״ה כ״ו) פרט למצוי[13]. שלא ימכור ברחוק ויגאול בקרוב[14]. ברעה ויגאול ביפה[15]. (תו״כ פ׳ בהר פ״ה). אמר רבא הכא מענייניה דקרא והתם מענייניה דקרא[16]. התם מענייניה דקרא. ומצא דומיא דוהשיגה ידו (שם) מה והשיגה ידו מהשתא אף ומצא נמי מהשתא. הכא מענייניה דקרא ומצא דומיא דיער. מה יער מידי דאיתיה מעיקרא אף ומצא נמי מידי דאיתיה מעיקרא[17]:

אבא שאול אומר וכו׳[18]: א״ל ההוא מרבנן לרבא ממאי דמחטבת עצים דרשות, דלמא מחטבת עצים דסוכה ומחטבת עצים דמערכה[19]. ואפ״ה אמר רחמנא ליגלי[20], א״ל כיון דאם מצא חטוב לאו מצוה[21]. השתא נמי לאו מצוה[22]. איתיביה רבינא לרבא יצא האב המכה את בנו והרב הרודה את תלמידו ושליח ב״ד[23]. לימא כיון דאילו גמיר לאו מצוה. השתא נמי לאו מצוה[24]. התם אע״ג דגמיר מצוה, דכתיב יסר בנך ויניחך

---

[1] בירושלמי משיצאת וכו׳ והוציא. ובכת״י הג״ל ר׳ ליעזר וכו׳ מכשיצאת וכו׳ והוציא הלז. ובד״ס משיצת. ובמשניות הלז. ועיין בתוספתא פ״ב וב״ק ל״ב ב׳: [2] בד״ס מה יער שיש רשות וכ״ה בילקוט יהושע סי׳ ל׳: [3] במשניות ובירושלמי ובכת״י הנ״ל ובד״ס ליתא: [4] כ״ה ברוב הנוסחאות. ובספרים רשות לניזק ולמזיק והסגירוהו ועיין בד״ס ובספרי שופטים קפ״ב ובילקוט יהושע שם. ועיין ב״ק ל״ב ב׳: [5] בירושלמי חטבת העצים, ומלות אף כל רשות ליתא׳ במשניות ובירושלמי ובכת״י הנ״ל ועיין ד״ס: [6] בד״ס אב המכה את בנו והרודה וכו׳. ועיין ספרי שופטים קפ״ב: [7] ואמאי גולה דשוגג קרוב למזיד הוא: [8] בד״ס בר רב יצחק: [9] בד״ס ובתוספות הגי׳ באשפה העשויה וכו׳ ולא גרים בד״ס מלות בה בכל הענין ולפ״ז במפנין אותה איירי ולא באלו שנפנין לשם לצרכם ועיין בב״ק הגרים התם כגי׳ הד״ס: [10] בד״ס דאינה עשויה וכו׳ אנוס וכו׳ דאיכא דמקרי וכו׳: [11] והוא שם בשינוי קצת ועיין בתוספתא פ״ב וב״ק ל״ג א׳: [12] שהיה מצוי שם כמ״ש בספרי ומצא במצוי. ובערכין ל׳ ב׳ ג׳ מידי דאיתיה מעיקרא משמע ובר״ח מידי דהוה מעיקרא משמע: [13] שיש לו שדה: [14] שלא ימכור שדה רחוקה כדי לגאול זה שהיא קרובה: [15] ושם ליתא פרט למצוי: [16] בד״ס התם מענינו דקרא והכא מענינו: [17] דברישא כתיב ואשר יבא את רעהו ביער וגו׳ וכשהוא אומר לכרת העץ וגו׳ ומצא את רעהו הנה רעהו דומיא דעץ ששניהם מצוין שם ביער. ואמרו מה יער ריישא דקרא נקט. ועיין סוטה מ״ה ב׳ וסנהדרין פ״ו א׳: [18] בספרים הזורק את האבן והגהתיו: [19] למערכת המזבח: [20] ולא חילקה התורה בין מצוה לרשות: [21] לחטוב: [22] דאין זו אלא הכשר מצוה. ובד״ס הגי׳ דאם מצא חטוב אינו חוטב לאו מצוה היא. וכ״ה בר״ח. ובספרים נתערבו ב׳ הנוסחאות וג׳ מצא חטוב אינו חוטב וכו׳ והסגירוהו. ובריטב״א הגי׳ מצא חטוב אינו חוטב לאו מצוה הכא נמי אינה מצוה. ובילקוט ג׳ לאו מצוה היא ה״נ לאו מצוה היא. וברמב״ן כיון דאם מצא חבוט אינו חובט לאו מצוה ה״נ לאו מצוה: [23] בד״ס והרודה ועיין לעיל סי׳ ו׳: [24] וההכאה אינה אלא צורך מצוה:

ויתן מעדנים לנפשך (משלי כ״ט י״ז)[1]. הדר אמר רבא לאו מילתא היא דאמרי[2]. אלא אמר קרא[3] ואשר יבא את רעהו ביער (דברים י״ט ה׳) דאי בעי עייל ואי בעי לא עייל[4]. ואי סלקא דעתך מצוה מי סגיא דלא עייל: אמר ליה רב ארא בר אהבה לרבא כל היכא דכתיב אשר[5] דאי בעי הוא. אלא מעתה ואיש אשר יטמא ולא יתחטא (במדבר י״ט כ׳) אי בעי מיטמא אי בעי לא מיטמא. מת מצוה דלא סגי דלא מיטמא הכי נמי דפטור[6]. שאני התם ח ב דאמר קרא *טמא יהיה (שם שם י״ג)[7] מ״מ. ההוא מיבעי ליה לכדתניא. טמא יהיה לרבות טבול יום. טומאתו בו (שם). לרבות מחוסר כפורים[8]. א״ל אנא מעוד (שם) קא אמינא[9]:

איכא דמתני לה אהא. דתניא[10] בחריש ובקציר תשבות (שמות ל״ד כ״א) ר״ע אומר אינו צ״ל חריש של שביעית וקציר של שביעית[11] שהרי כבר נאמר שדך לא תזרע וכרמך לא תזמור (ויקרא כ״ה ד׳). אלא אפילו חריש של ערב שביעית שנכנס לשביעית. וקציר של שביעית שיצא למוצאי שביעית[12]. רבי ישמעאל אומר מה חריש רשות אף קציר רשות. יצא קציר העומר שהוא מצוה[13]: א״ל ההוא מרבנן לרבא ממאי דחרישה דרשות. דלמא חרישת עומר דמצוה[14]. ואפ״ה אמר רחמנא תשבות. א״ל כיון דאם מצא חרוש אינו חורש. לאו מצוה[15]. איתיביה רבינא לרבא. יצא האב המכה את בנו והרב הרודה את תלמידו ושליח ב״ד. ואמאי. לימא כיון דאילו גמיר לאו מצוה[16]. השתא נמי לאו מצוה. התם אע״ג דגמיר נמי מצוה קא עביד[17] דכתיב יסר בנך ויניחך (משלי כ״ט י״ז). הדר אמר רבא לאו מילתא היא דאמרי. קצירה דומיא דחרישה. מה חרישה מצא חרוש אינו חורש אף קצירה נמי מצא קצור אינו קוצר[18]. ואי ס״ד מצוה[19] מצא קצור אינו קוצר[20]. מצוה לקצור ולהביא[21]:

משנה ד׳.

האב גולה על ידי הבן. והבן גולה על ידי האב:[22] הכל גולין על ידי ישראל. וישראל גולין על ידיהן[23]. חוץ מגר תושב[24]. וגר תושב גולה על ידי גר תושב[25]:

---

[1] ומשמע להו הכי יסר בנך ויניחך (יתן לך מנוחה) יסר בנך ויתן מעדנים לנפשך ומצוה ליסרו אף דגמיר: [2] כיוצא זה עירובין ק״ד א׳ יבמות כ׳ ב׳ וע״ו א׳ עיי״ש ברש״י וב״ב קכ״ז א׳ זבחים צ״ד א׳ מנחות י״ב ב׳ וצ״ז א׳ ונדה ס״ה א׳: [3] כ״ה בד״ס ובילקוט. ובספרים ליתא: [4] בספרים מה יער דאי בעי וכו׳ ובד״ס ליתא והסגירוהו בספרים שהרי מלת ואשר דריש: [5] בד״ס ובילקוט וכל היכא: [6] מחיטוי וטבילה. ר״ח: [7] כל הנוגע במת וגו׳ כי מי נדה לא זרק עליו טמא יהיה עוד טמאתו בו: [8] נזיר מ״ה א׳ והתם ג׳ עוד טומאתו בו. פי׳ הטמאים שהוצרכו לכפרה אינם טהורים למקדש עד שיביאו כפרתן: [9] כ״ה ברש״י ובילקוט ובריטב״א. ובספרים מעוד טומאתו והסגירוהו. פי׳ דהאי דטבול יום הוא נלמד מעוד. וכ״ה בספרי חקת סוף קכ״ה עיי״ש במ״ע אות ט״ז: [10] בספרים ליתא דתניא והכי איתא בר״ה ט׳ א׳ ועיין מו״ק ג׳ ב׳: [11] בד״ס וברש״י אצ״ל חריש וקציר של שביעית וכ״ה בר״ה ובמו״ק שם: [12] בד״ס וברש״י הנכנס וכו׳ היוצא וכ״ה בר״ה שם. פי׳ שלא יחרוש בששית לצורך שביעית ולא יקצור בשמינית מתבואה שעלתה בשביעית. וכ״ה בשביעית פ״א מ״ד סתמא ועיין בירושלמי שם ריש פ״א ופי׳ ששת ימים ששת שנים וכיון דעל שנת הזרע קאמר נקט ימים: [13] שביעית שם ומנחות ע״ב א׳ וס״ל דהמקרא בשבת בראשית נאמר ולפי שבא לומר והג שבועות תעשה וגו׳ שהם שבועות קציר איכפל להשמיעך כאן בחריש ובקציר תשבת. וכיון דאין זה זמן חריש לא בא אלא להקיש קציר לחריש ולומר שקצירת העומר דוחה את השבת: [14] בד״ס דילמא חרישה דעומר: [15] ברש״י אם מצא חרוש אינו צריך לחרוש. ובד״ס לאו מצוה היא ה״ג לאו מצוה: [16] בד״ס מצוה היא: [17] קא עביד ליתא בד״ס: [18] בד״ס אף קצירה מצא וכו׳. בספרים הסגירו מצא קציר אינו קוצר: [19] שישבות בקציר של מצוה: [20] בתמיה. בד״ס ואי ס״ד קצירת מצוה: [21] וכיון שמצוה לקצור אף במוצא קציר היא דוחה את השבת. ועיין בהגהות הד״ס. ובילקוט כי תשא אף קצירה מצא קוצר ואי ס״ד דבקצירה דמצוה מצא קצור אינו קוצר הא מצוה לקצור ולהביא: [22] בירושלמי ע״י בנו והבן ע״י האב ועיין ספרי שופטים קפ״א: [23] במשניות וירושלמי וכת״י קאנט׳ ובתוספתא פ״ב ובד״ס וישראל על ידיהן: [24] שאין ישראל גולה על ידו רש״י. ובמשניות וירושלמי וכת״י הנ״ל ובתוספתא ולקמן בגמרא ובגי׳ ר״ח חוץ מעל ידי גר תושב ועיין לקמן בגמרא ועיין ספרי מסעי קנ״ט ושופטים קפ״א: [25] כ״ה לקמן בגמרא ובירושלמי וכ״ה בד״ס ובתוספתא אלא דגרסי גר בלא וי״ו. ובספרים וגר תושב אינו גולה אלא ע״י גר תושב:

האב גולה על ידי הבן. והאמרת יצא האב המכה את בנו (לעיל משנה ג׳). דגמיר. והאמרת אע״ג דגמיר מצוה קעביד[1]. בשוליא דנגרי[2]. שוליא דנגרי הויתא היא דלמדיה[3]. דגמיר אומנותא אחריתי:

והבן גולה על ידי האב וכו׳: ורמינהי מכה נפש (במדבר ל״ה י״א) פרט למכה אביו (ספרי מסעי קנ״ט)[4]. אמר רב כהנא לא קשיא הא ר״ש והא רבנן[5]. לר״ש דאמר חנק חמור מסייף. שגגת סייף ניתנה לכפרה שגגת חנק לא ניתנה לכפרה[6]. לרבנן דאמרי סייף חמור מחנק הורג אביו שגגת סייף הוא[7]. ושגגת סייף ניתנה לכפרה. רבא אמר פרט לעושה חבורה באביו בשוגג. ס״ד אמינא כיון דבמזיד בר קטלא הוא בשוגג נמי ליגלי. קמ״ל[8]:

הכל גולין על ידי ישראל וכו׳: הכל גולין על ידי ישראל לאתויי מאי[9]. לאתויי עבד וכותי. תנינא להא דת״ר עבד וכותי גולה ולוקה ע״י ישראל. וישראל גולה ולוקה ע״י כותי ועבד (תוספתא פ״ב)[10]: בשלמא עבד וכותי גולה ולוקה ע״י ישראל. גולה דקטליה. ולוקה דלטייה[11]. אלא ישראל גולה ולוקה ע״י כותי. בשלמא גולה דקטליה. אלא לוקה אמאי דלטייה. ונשיא בעמך לא תאיר (שמות כ״ב כ״ז) בעושה מעשה עמך[12]. אמר רב אחא בר יעקב כגון שהעיד בו והוזם[13]. רבותיה גבי עבד שהעיד בו והוזם. עבד בר עדות היא[14]. אלא אמר רב אחא בריה דרב איקא הכא במאי עסקינן כגון שהכהו הכאה * ט א שאין בה שוה פרוטה[15]. דא״ר אמי א״ר יוחנן הכהו הכאה שאין בה שוה פרוטה לוקה[16]. ולא מקשינן הכאה לקללה[17]:

חוץ מעל ידי גר תושב וכו׳[18]: אלמא גר תושב נכרי הוא[19]. אימא סיפא גר תושב גולה ע״י גר תושב[20]. אמר רב כהנא לא קשיא כאן בגר תושב שהרג גר תושב. כאן בגר תושב שהרג ישראל[21]:

איכא דרמי קראי אהדדי. כתיב לבני ישראל ולגר ולתושב בתוכם תהיינה שש הערים (במדבר ל״ה ט״ו). וכתיב והיו לכם הערים למקלט (שם שם י״ב). לכם ולא לגרים. אמר רב כהנא ל״ק כאן בגר תושב שהרג ישראל. כאן בגר תושב שהרג גר תושב[22]: ורמינהי. לפיכך גר ונכרי שהרגו נהרגין[23]. קתני גר דומיא דנכרי. מה נכרי לא שנא דקטל בר מיניה ולא שנא דקטל דלאו בר מיניה נהרג. אף גר לא שנא דקטל בר

---

[1] לעיל משים יסר בנך וגו׳: [2] נ׳ הערוך ערך שול שוליא דנגרי פי׳ תלמיד של חרש עצים: [3] והאב מצויה עליו ללמדו אומנות בקדושין כ״ט א׳ ול׳ ב׳ ועיין כ״ט ל׳ ב׳ ומכילתא יתרו פ״ב: [4] עיי״ש שקיצרנו כאן קצת. ואין לו כפרה בגלות: [5] סנהדרין פ״ז משנה א׳: [6] והורג אביו נידון בחנק דעושה חבורה באביו ואמו בחנק סנהדרין פ״י משנה א׳ ונידון בחמורה שם פ״א א׳: [7] כ״ה ברש״י ובילקוט מסעי. ובספרים הוסיפו הורג אביו בשוגג: [8] ומכת אביו היינו בעושה חבורה וכן משמעות לשון הספרי שם: [9] דכל לשון הכל לאתויי הוא עיין ריש ערכין: [10] ושם היא בשינוי קצת: [11] כ״ה בד״ס. ובספרים גולה ע״י ישראל ולוקה גולה דקטליה וכו׳. והמקלל לוקה שבועות ל״ה א׳ ובתוספתא מכות פ״ה ולקמן ט״ז א׳: [12] ואין הכותי עושה מעשה עמך. עיין מכילתא משפטים פי״ט יבמות כ״ב ב׳ ב״ק צ״ד ב׳ ב״מ מ״ח ב׳ וס״ב א׳ וב״ב ד׳ א׳ וסנהדרין פ״ה א׳ וב׳. בד״ס אלא לוקה דלטייה: [13] בספרים אלא א״ר אחא וכו׳: [14] בתמיה: [15] ואין בה דין תשלומין: [16] כתובות ל״ב ב׳ סנהדרין פ״ה א׳: [17] דפטור על קללתו וחייב על הכאתו ועיין סנהדרין פ״ה ב׳ ויבמות ק״א א׳: [18] בד״ס חוץ מגר תושב כמו שהוא במשנה עיין לעיל סי׳ כ״ד ולקמן: [19] בקצת ספרים בכולא ענינא עכו״ם: [20] שאינו כנכרי: [21] לא מיכפר ליה בגלות וה״ק חוץ מגר תושב. שאין גולה על יד ישראל. וכן אין ישראל גולה על ידו. דהא נמי לא מיכפר בגלות ודינו מסור לשמים. ועיין בספרי מסעי ק״ס ובמ״ע שם אות ו׳ ושופטים קס״א. ומכאן הביא הריטב״א ראיה שעיקר הגי׳ חוץ מגר תושב ושכן גי׳ הרמב״ן ור״ז הלוי והראב״ד: [22] בד״ס גרס איפכא כאן וכו׳ שהרג גר תושב כאן וכו׳ שהרג ישראל וכ״ה בילקוט מסעי. ועל ולתושב דמקרא קאי. אבל אמרו ולגר הוא בכלל לכם. ואמרם לכם ולא לגרים בגרים תושבים הוא: [23] לא איתפריש היכא תניא. ויראה דסיום ברייתא הוא לענין גלות וכענין ששנו בספרי מסעי ק״ס עיי״ש. ורש״י פי׳ אשבע מצות שנצטוו בני נח קאי ונהרגין אפי׳ בשוגג שאין בני נח צריכין התראה כדאמרינן בסנהדרין נ״ז א׳. ועיין בתוספתא ע״ז פ״ה. והנוסחאות משונות י״ג עכו״ם וי״ג נכרי וי״ג גוי וי״ג כותי. וכל הנוסחאות עולות באחת וכותי מתוקם לאחר שעשאום כגוים גמורים:

מיניה ולא שנא קטל דלאי בר מיניה נהרג[1]. א"ר חסדא ל"ק. כאן שהרגו דרך ירידה. כאן שהרגו דרך עלייה, דרך ירידה דישראל גלי. איהו נמי גלי[2]. דרך עלייה דישראל פטור[3] הוא נהרג. א"ל רבה ולאו ק"ו הוא. ומה דרך ירידה דישראל גלי. איהו נמי סגי ליה בגלות. דרך עלייה דישראל פטור. איהו נהרג[4]. אלא אמר רבה באומר מותר. א"ל אביי אומר מותר אנוס הוא. א"ל שאני אומר אומר מותר קרוב למזיד הוא[5]: ואודו לטעמייהו. דאיתמר כסבור בהמה ונמצא אדם[6]. כנעני ונמצא גר תושב[7]. רבה אומר חייב. ר' חסדא אומר פטור. רבה אומר חייב[8] אומר מותר קרוב למזיד הוא. רב חסדא אומר פטור אומר מותר אנוס הוא. איתיביה רבה לרב חסדא הנך מת על האשה אשר לקחת (בראשית כ' ג') מאי לאו בידי אדם. לא בידי שמים. דיקא נמי דכתיב מחטוא לי (שם שם ו'). ולטעמיך וחטאתי לאלהים (שם ל"ט ט')[9] לאלהים ולא לאדם. אלא דינו מסור לאדם[10]. ה"נ דינו מסור לאדם. איתיביה ר' חסדא לרבה[11] הגוי גם צדיק תהרוג (שם כ' ד')[12] התם כדקא מהדרי ליה עלויה[13]:

ט ב ועתה השב אשת האיש כי נביא הוא (שם שם ז')[14] * אשת נביא הוא דתיהדר. דלאו נביא לא תיהדר[15]. אמר רב שמואל בר נחמני אמר ר' יונתן[16] הכי קאמר ליה ועתה השב את אשת האיש[17] מכל מקום. ודקאמרת הגוי גם צדיק תהרוג הלא הוא אמר לי אחותי היא וגו' (שם שם ד' וה'). נביא הוא[18] וממך למד[19]. אכסנאי שבא לעיר על עסקי אכילה ושתיה שואלין אותו. כלום שואלין אותו אשתך זו. אחותך זו[20]. מכאן שבן נח נהרג שהיה לו ללמוד ולא למד[21]:

משנה ה'.

הסומא אינו גולה דברי רבי יהודה. ר' מאיר אומר גולה[22]: השונא אינו גולה. רבי יוסי אומר השונא נהרג מפני שהוא כמועד[23]. רבי שמעון

[1] ובגר תושב קאמר דגר צדק בכלל ישראל הוא. גי' הד"ס ל"ש בר מיניה ול"ש דלאו בר מיניה. ובילקוט מסיי' ג' בכולן קטל: [2] כ"ה בד"ס ובילקוט. ובספרים נמי סגי ליה בגלות: [3] וסלקא אדעתיה דפטור דלא מיכפר בגלות דקרוב למזיד היא: [4] בתמיה. בד"ס הגי' א"ל רבא השתא דרך ירידה וכו' דישראל פטור הוא נהרג: [5] עיין לעיל ט"ז ובהערות שם סי' י"ב. ובספרים הכא בכולא סוגיא רבא באל"ף והגיה הב"ח רבה בה"א וכן הרטב"ן ג' רבה ובר"ח הגי' רבה אלא להלן ג' איתביה רבא: [6] גר תושב שהיה סבור שזה מותר להרגו שהיא בהמה. ואין זה מתכוין להרוג את הבהמה והרג את האדם שלא נתחלף לו כאן בב' גופין אלא באותו גוף שכוון להרגו היה אומר שמותר להרגו והיה לו ליזיין: [7] ובשאר נוסחאות כותי. ונוסחת כנעני עיקר שהרי במותר להרגו איירי שמצותה התורה לא תחיה כל נשמה: [8] כ"ה בד"ס ובילקוט פ' וירא. ובספרים ליתא אלא רבא אומר חייב אומר מותר וכו'. והתם גרים בכולהו אמר: [9] ויוסף היה יודע שהיא אשת איש: [10] דבני נח מצווין על העריות. ורבה הוא דמהדר ליה הכי לר"ח: והתוספות גרסו אלא דינו מסור לשמים ה"נ דינו מסור לשמים. וטעמא שלא היו יודעים בדבר וה"נ אמר מחטוא לי שלא נתפרסם הדבר אבל ודאי דאומר מותר חייב בידי אדם. וגי' ר"ח אי הכי האי דכתב וחטאתי לאלהים. בילקוט שם ליתנייהו מלות דיקא נמי: [11] כ"ה בתוספות שגין ובספרים איתיביה אביי לרבא: [12] וכיון שהוא קורא עצמו צדיק על כרחך דאומר מותר אנוס הוא: [13] כ"ה ברש"י. וגי' התוספות התם כדאהדרו ליה. ובילקוט שם כמהדרי ליה ובד"ס דקהדרי ליה ובספרים מהדרי עלויה. פי' שהשיבו גם אנכי ידעתי וגו' לא נתתיך לנגע אליה. אבל אם היה נוגע בה היה חייב אף שהוא אומר מותר: [14] מילתא באנפי נפשיה הוא ומייתי לה הכא אגב דלעיל. תוספות: [15] בתמיה. ובד"ס משום דנביא תהדר הא לאו נביא וכו' ועיין ב"ק צ"ב א': [16] כ"ה בד"ס ובנוסחאות הישנות ועפ"י המהרש"ל הגיהו בספרים אלא כדאמר רשב"נ דאמר רשב"נ עיין בהגהות הד"ס: [17] במקרא השב אשת וגו': [18] וידע שתשאלהו על עסקי אשתו: [19] להשיב לך כך. ועם עקש תתפל: [20] בד"ס אכסנאי שבא וכו' שואלין אותו או על עסקי אשתו שואלין אותו אחותך היא או אשתך היא. ובעין זו בב"ק שם. ובספרים אכסנאי הוא שבא וכו' ובנוסחאות ישנות ליתא וכן מחקו הב"ח: [21] סיומא דרשב"נ הוא וכרבה ס"ל. ושיטת רש"י דבן נח נידון לכל דבר שוגג כמזיד שאין בני נח צריכין התראה. והרמב"ן חולק עליו אלא דבמזיד בלא התראה נהרג. ומיהו גבי שפיכות דמים אם הרג ישראל נהרג שהרי אפי' לישראל לא ניתנה דמו של הרוג למחילה אלא גולה ועומד בספק מגואל הדם אם יצא מעירו. ודעת הרמב"ם שאף בזה אין ב"ד הורגין אותו אלא שאין לו עיר מקלט. ובאומר מותר נהרג דקרוב למזיד הוא: [22] בבת"י קאנט' וירושלמי מגילה פ"ד ה"ד ור"מ אומר. ועיין בתוספתא פ"ב: [23] בבת"י הנ"ל ובמשניות ירושלמי ובפי' המשנית להרמב"ם ובתוספתא ובשאר נוסחות ישנות ר' יוסי בר' יהודה. ועיין לקמן בגמרא דלא היו גרסי הכי. ולשון התוספתא ר"י בר"י אומר יומת מיד וזו היא התראתו ועיין לעיל ו' ב':

אומר[1] יש שונא גולה, ויש שונא שאינו גולה. זה הכלל[2] כל שהוא יכול לומר לדעת הרג אינו גולה[3]. ושלא לדעת הרג הרי זה גולה[4]:

תנו רבנן בלא ראות (במדבר ל"ה כ"ג) פרט לסומא דברי רבי יהודה. רבי מאיר אומר בלא ראות לרבות את הסומא (ספרי מסעי ק"ס)[5]: מאי טעמא דרבי יהודה, דכתיב ואשר יבא את רעהו ביער (דברים י"ט ה') אפילו סומא. אתא בלא ראות מעטיה[6]. ורבי מאיר בלא ראות, למעט. בבלי דעת (שם שם ד'), למעט. הוי מיעוט אחר מיעוט, ואין מיעוט אחר מיעוט אלא לרבות[7]. ורבי יהודה בבלי דעת פרט למתכוין הוא דאתא[8]:

ר' יוסי אומר השונא נהרג וכו': והא לא אתרו ביה. מתניתין רבי יוסי בר יהודה היא, דתניא, רבי יוסי בר יהודה אומר חבר אינו צריך התראה, לפי שלא ניתנה התראה אלא להבחין בין שוגג למזיד[9]:

רבי שמעון אומר יש שונא גולה וכו': תניא כיצד אמר רבי שמעון יש שונא גולה ויש שונא שאינו גולה, נשמט אינו גולה, נפסק גולה (תוספתא פ"ב)[10], והתניא ר' שמעון אומר לעולם אינו גולה עד שישמט מחצלו מידו (תוספתא שם)[11] קשיא נפסק אנפסק. קשיא נשמט אנשמט[12]. נשמט אנשמט לא קשיא, הא באוהב והא בשונא[13], נפסק אנפסק לא קשיא, הא רבי והא רבנן[14]:

משנה ו'.

להיכן גולין[15]. לערי מקלט[16]. לשלש שבעבר הירדן ולשלש שבארץ כנען[17] שנאמר את שלש הערים תתנו מעבר לירדן ואת שלש הערים תתנו בארץ כנען וגו' (במדבר ל"ה י"ד): עד שלא נבחרו שלש שבארץ ישראל לא היו שלש שבעבר הירדן קולטות[18] שנאמר שש ערי מקלט תהיינה (שם שם י"ג) עד שיהיו ששתן קולטות כאחת[19]. ומכוונות להן דרכים מזו לזו[20] שנאמר תכין לך הדרך ושלשת וגו' (דברים י"ט ג')[21]:

[1] במשניות נאפולי רבי ישמעאל בר"ס, וכן ט"ס: [2] בד"ס ובירושלמי ובכת"י הנ"ל ליתא זה הכלל. וכך נראה מן הגמרא שלא פירשו לאתויי מאי שכן דרך הגמרא לפרש לשון זה הכלל לאתויי: [3] בד"ס כל שיכול: [4] בד"ס ובפרש"י שלא לדעת בלא ה"ז ועיין בתוספתא: [5] והוא שם בשינוי. ועיין ב"ק פ"ו ב' נדרים פ"ז ב': [6] דכאן לא ראה אבל במקום אחר ראה: [7] יומא מ"ג א' מגילה כ"ג ב' ב"ב י"ד א' סנהדרין ט"ז א' מ"ו א' ס"ו א' שבועות ז' ב' מנחות ט' ב' יט"ז א' חולין קל"ב א'. ומדה היא בתורה: [8] לעיל ז' ב' ואין כאן ב' מיעוטין, ועיין גריס שם ובירושלמי מכות פ"ב: [9] עיין לעיל במשנה סי' כ"ב ולעיל י"ד סי' י"א: [10] והתם היא בשינוי קצת. ובלו' נפסק החבל ודאי שלא לדעת הוא נשמט החבל מידו הרי יכול לומר שמדעת הרג: [11] אמעגל במעגילה קאי והכי קתני התם היה מעגל במעגילה ונפלה לה על האדם והרגתו ה"ז גולה ור"ש אומר אינו גולה עד שיפול כל המחצלין מידו. ומחצל היא כלי שעל ידו מגלגלין את המעגילה. וי"ג מחלצו עיין בערוך ערך מחצל וערך מילין ובמו"ק סוף פ"א תנן ומעגילין אותן במעגילה ביד וברגל אבל לא במחלצים: [12] דדוקא נשמט מחצלו גולה הא נפסק לא דאנוס הוא: [13] כ"ה נוסחת הגאונים ורש"י ובד"ס ואחריהם תוס' והראשונים ובנשמט מידו יש מקום לתלות בשונא שלדעת הרג. ובספרים ובר"ח והראב"ד גרסו נפסק אנפסק ל"ק הא באוהב וכו' נשמט אנשמט ל"ק הא רבי וכו': [14] רבי ורבנן דלעיל משנה ב' רבי אומר גולה דעי' כחו בא ה"נ בנפסק גולה שע"י כח דהוסתו נפסק המחצל ובין אוהב ובין שונא גולה שבנפסק אין לתלות שלדעת הרג. והא רבנן דאמרי דאינו גולה דכח כחו הוא ובאנוס דמי ה"נ בנפסק המחצלת ונפלה המעגילה אנוס הוא והאי ברייתא ר"ש אליבא דרבנן אמר לה. ויש להביא ראיה מלשון התוספתא דר"ש אמרה אליבא דרבנן דהיינו ר' יהודה דתוספתא עיי"ש. והמפרשים פירשו בדרך אחר: [15] אלו שנידונו לגלות. בירושלמי לאיכן גולין: [16] לאפוקי שאר מ"ב ערי של הלוים (לקמן בגמרא י"ג א') שהן קולטות מגואל הדם אבל אין גולין לשם: [17] בילקוט מסיים הני' שלש וכו' שלש. ובד"ת הג' לשלש וכו' ושלש: [18] בילקוט שם שלש דבארץ כנען וכו'. אלא היו מגלין למחנה לויה כדלקמן י"ב ב' ועיין בתוספתא פ"ג: [19] בירושלמי שיהו שלשתן וכו': [20] בד"ס מכוונין להן דרך. ועיין בספרי שופטים ק"פ: [21] בד"ס ושלשת וגו' ליתא:

ומוסרין להן שני ת"ח[1]. שמא יהרגנו בדרך וידברו אליו[2]. רבי מאיר אומר אף הוא מדבר ע"י עצמו[3] שנאמר וזה דבר הרוצח (דברים י"ט ד'): רבי יוסי בר יהודה אומר[4] בתחלה אחד שוגג ואחד מזיד מקדימין לערי מקלט. וב"ד שולחין ומביאין אותו משם[5]. מי שנתחייב מיתה בב"ד הרגוהו[6]. ושלא נתחייב מיתה פטרוהו[7]. מי שנתחייב גלות מחזירין אותו למקומו[8] שנאמר והשיבו אותו העדה אל עיר מקלטו וגו' (במדבר ל"ה כ"ה):

תנו רבנן שלש ערים הבדיל משה בעבר הירדן וכנגדן הבדיל יהושע בארץ כנען. ומכוונות היו כמין שתי שורות שבכרם[9]. חברון ביהודה כנגד בצר במדבר. שכם בהר אפרים כנגד רמות בגלעד. קדש בהר נפתלי כנגד גולן בבשן[10]: ושלשת (דברים י"ט ג') שיהו משולשין. שיהא מדרום לחברון כמחברון לשכם. ומחברון לשכם כמשכם לקדש. ומשכם לקדש כמקדש לצפון (תוספתא פ"ג)[11]: בעבר הירדן תלת בארץ ישראל תלת[12].
י' א
אמר אביי בגלעד שכיחי רוצחים[13] דכתי' גלעד קרית פועלי און עקובה מדם (הושע ו' ח')[14]. מאי עקובה מדם[15]. א"ר אלעזר שהיו עוקבין להרוג נפשות[16]: ומאי שנא מהאי גיסא ומהאי גיסא דמרחקי. ומאי שנא מציעאי דמקרבי[17]. אמר אביי בשכם נמי שכיחי רוצחים דכתיב וכחכי איש גדודים חבר כהנים דרך ירצחו שכמה וגו' (שם שם ט')[18]. מאי חבר כהנים. א"ר אלעזר שהיו מתחברין להרוג נפשות בכהנים הללו שמתחברין לחלוק תרומות בבית הגרנות[19]: ותו ליכא. והא כתיב ועליהם תתנו ארבעים ושתים עיר (במדבר ל"ה ו')[20]. אמר אביי הללו קולטות בין לדעת בין שלא לדעת. הללו לדעת קולטות שלא לדעת אינן קולטות[21]: וחברון עיר מקלט הואי[22]. והכתיב ויתנו לכלב את חברון כאשר דבר משה (שופטים א' כ'). אמר אביי פרוורהא[23] דכתיב ואת שדה העיר ואת חצריה נתנו לכלב בן יפנה (יהושע כ"א י"ב): וקדש עיר מקלט הואי. והכתיב וערי מבצר הצדים צר

[1] בד"ס מוסרין לו ובמשניות ובירושלמי ובכת"י קאנט' ומוסרין לו. והיינו כשב"ד מחזירין אותו לשם: [2] שמא יבא גואל הדם להרגו וידברו אליו: [3] בד"ס ובכת"י הנ"ל ולקמן בגמרא ליתא מלת אף. בד"ס ג' מדבר על פי עצמו וכ"ה בילקוט יהושע סי' ל' ועיי"ש בכולא: [4] בירושלמי ר"י בי רבי יהודה ובכת"י הנ"ל ר"י בר' יהודה וכן בשאר נוסחאות כרבי: [5] בכת"י הנ"ל בתחלה וכו' היו מקדמין וכו' ומביאין אותן: [6] בד"ס ובכת"י הנ"ל ובירושלמי ליתא בב"ד: [7] בד"ס ומי שלא נתחייב: [8] בכת"י הנ"ל ליתא מי ובירושלמי ושנתחייב. ועיין לקמן י' ב' ובספרי מסעי ק"ם ושופטים קפ"ז: [9] בילקוט מסעי ליתא מלת שבכרם ובילקוט יהושע איתא. ובד"ם ומכוונין הן. ועיין ספרי שופטים ק"ם. וגי' ר"ח ומכוונות היו חברון ביהודה וכו': [10] ביהושע כ' מני להו: ועיין ספרי מסעי קנ"ט וק"ם: [11] והתם הוא בשינוי קצת ותני לה נמי בירושלמי: [12] בתמיה: [13] בר"ח רצחנים. ישיב זו הארץ לגדל רוצחים רמב"ן עה"ת בפ' מסעי. ובספרי מסעי ק"ם אמרו לפי דרכנו למדנו שרוב שופכי דמים בארץ גלעד: [14] בר"ח שנאמר גלעד וגו'. וקרית היא מענין זמון כמו והקריתם לכם ערים (במדבר ל"ה י"א) תרגומו ותזמנון שגלעד היא מקום זמון לפועלי און: [15] בד"ס ובר"ח ליתא. ובעין יעקב נמי ליתא והתם גרים ואמר ר"א: [16] פרש"י עוקבין אורבין וכערוך ערך עקב פי' מערימין ובאין בעקיפין. וכיון שבתחלה אחד שוגג ואחד מזיד מקדימין לערי מקלט צריכי להו טובא. בע"י ג' עקובין: [17] שמדרום לחברון וכן מקדש לצפון הוא רחוק יותר מאלו שבין שכם לחברון ולקדש לפי ששכם באמצע. בד"ס מ"ש מהאי ומהאי גיסא. ובילקוט מ"ש מהאי גיסא דמרחקי ומ"ש מהאי גיסא דמקרבי ובילקוט יהושע סי' ל' דגי' כמו שהוא לפנינו עיי"ש בכולא: [18] בר"ח שכיחי רצחנים שנאמר וכו': [19] וה"ק וכחכי וגו' וכחבר כהנים שוו"ו כ"ף נמשך לכאן ולכאן. בילקוט כל הענין מקוטע עיי"ש והתם ג' תרומה וכ"ה בע"י. ועיין בב"ר פ"ס. ועיין סנהדרין ק"ב א' דשכם מקום מוכן לפורענויות: [20] שאף אלו קולטות וכ"ה לקמן י"ג א': [21] בד"ס הללו אין קולטות אלא לדעת וכ"ה בע"י ובילקוט מסעי אבל ביהושע הגי' כמו שלפנינו. ופרש"י דהנהו שש ערים קולטות בין שברח שם לדעת קליטה בין שלא ברח שם לדעת קליטה שלא היה יודע שהיא קולטת. והריטב"א הוסיף כגון שהביאו אחר לשם והוא ישן וכיוצא בזה. ויותר נראה דמדעת זקני העיר קאמר דכתיב ודבר באזני זקני העיר וגו' יהושע כ'. ואין זה מעכב אלא כיון שנכנס אפי' שלא מדעת זקני העיר קולטות אבל במ"ב עיר אינן קולטות אלא מדעת זקני העיר. וכן נראה מלשון הרמב"ם בהלכותיו ה' רוצח פ"ח ה"ט: [22] וכ"ה בד"ס ובשאר נוסחאות וכ"ה לקמן. ובספרים הוא: [23] בד"ס פרוארה' ובב"ב קכ"ב ב' מייתי לה וג' פרוורהא. ובערוך פרוור דוגמאות לזו ובמוסף מייתי לתרגום ירושלמי שתרגם פרוורי אמנם לפגני פרוילי. ובספרים פרוודהא ובילקוט מסעי פרודה:

וחמת רקת וכנרת[1] וקדש ואדרעי ועין חצור (יהושע י"ט ל"ה ול"ז) ותניא ערים הללו אין עושין אותן לא טירין קטנים ולא כרכים גדולים אלא עיירות בינוניות (תוספתא פ"ג)[2] אמר רב יוסף תרתי קדש הואי. אמר רב אשי כגון סליקום ואקרא דסליקום[3]:

גופא. ערים הללו אין עושין אותן לא טירין קטנים ולא כרכין גדולים אלא עיירות בינוניות[4]. ואין מושיבין אותן אלא במקום מים. ואם אין שם מים מביאין להם מים[5]. ואין מושיבין אותן אלא במקום שווקים[6]. ואין מושיבין אותן אלא במקום אוכלוסין. נתמעטו אוכלוסיהן מוסיפין עליהן[7]. נתמעטו דיוריהן מביאין להם כהנים לוים וישראלים[8]. ואין מוכרין בהן לא כלי זיין ולא כלי מצודה דברי רבי נחמיה. וחכמים מתירין[9]. ושוין שאין פורסין בתוכן מצודות ואין מפשילין לתוכן חבלים[10] כדי שלא תהא רגל גואל הדם מצויה שם (תוספתא פ"ג)[11]: א"ר יצחק מאי קרא[12]. וגם אל אחת מן הערים האל וחי (דברים ד' מ"ב) עביד ליה מידי דתהוי ליה חיותא[13]:

תנא תלמיד שגלה מגלין רבו עמו. שנאמר וחי (שם) עביד ליה מידי דתהוי ליה חיותא[14]. אמר ר' זעירא[15] מכאן שלא ישנה אדם לתלמיד שאינו הגון[16]:

א"ר יוחנן הרב שגלה מגלין ישיבתו עמו. איני[17] והא א"ר יוחנן מנין לדברי תורה שהן קולטין. שנאמר את בצר במדבר וגו' (שם שם מ"ג) וכתיב בתריה[18] וזאת התורה (שם מ"ד)[19]. לא קשיא. הא בעידנא דעסיק בה. הא בעידנא דלא עסיק בה[20]: ואי בעית אימא מאי קולטין ממלאך המות. כי הא דרב חסדא הוה יתיב וגריס בבי רב. ולא הוה קא יכול שליחא למיקרב לגביה[21]. דלא הוה שתיק פומיה מגירסא[22]. סליק ויתיב אארזא דבי רב. פקע ארזא ושתיק. ויכיל ליה[23]:

א"ר תנחום בר חנילאי מפני מה זכה ראובן לימנות בהצלה תחלה[24]. מפני שהוא פתח בהצלה תחלה שנאמר וישמע ראובן ויצילהו מידם (בראשית ל"ז כ"א)[25]:

---

[1] במקרא כאן עוד פסוק ל"ו: [2] ושם הוא בשינוי קצת. ועיין לקמן ובערכין ל"ג ב' גרים לא כפרים קטנים וכו' והובאה כולה כדלקמן בירושלמי בפרקין בשינוי עיי"ש. וגי' הילקוט פ' מסעי לא כרכים קטנים וכו' וביהושע לא עיירות קטנים: [3] אקרא הוא מבצר עיין בערוך ערך אקרא ור' אשי פי' לדברי ר"י דקדש עיר מקלט הוה והוה נמי מבצר קדש. וגרסינן בערכין ל"ב ב' ר' אשי אמר לאו אמר ר' יוסף תרי קדש הוו ה"נ תרי ירושלים הוה. דהיינו ירושלים ואקרא דירושלים. ובד"ס ג' ר' אשי אמר וכו' ומשמע דר"א פליג אדר"י ואינו נכון: [4] בערוך ערך טר לא טורין גדולים ולא כרכים קטנים אלא וכו'. ובספרי שופטים ק"ם ערים ולא טירים ערים ולא כרכים ערים ולא כפרים. וכפ' מסעי קנ"ט ממעט כרכים וכפרים ומסיים מגיד שלא היו שם אלא שווקים ובית המחיה. ובתוספתא לא כרכים גדולים ולא טירים קטנים. ובירושלמי ולא עיירות קטנות ועיין לעיל: [5] בד"ס מים אחר. בירושלמי מביאין לשם מים. ובילקוט יהושע קטוע וגי' הריטב"א מביאין שם מים: [6] בבא זו בתוספתא ליתא ובירושלמי תני לה קודם בבא דמים וה"ג התם אין בונין אותה אלא על השוק אם אין שם שוק עושין לשם שוק: [7] פרש"י שיהו כפרים וישוב סמוכים להם שלא יבואו גואלי הדם מרובין על העיר בחיל. ובתוספתא מביאין אחרים ומושיבין תחתיהן: [8] בתוספתא מוסיפין עליהם כהנים וכו'. ובירושלמי גרים להגהו בפי נתמעטו דיוריהן מביאין אחרים תחתיהם אם אין שם אוכלוסין מביאין לשם כהנים וכו': [9] בד"ס ורש"י וריטב"א וכלי מצודה ול"ג לא ולא וכ"ה בילקוט ואין מוכרים בהם זיין וכלי מצודה וע"ע בילקוט ואתחנן פ' אז יבדיל וכפ' שופטים. וכתב הריטב"א די"ג בדין וכלי צודה ובתוספתא אין עושין אותן בדין ויצידה וגו"א ויצירה. ובירושלמי אין עושין בתוכן לא בית הבד ולא בית הבצירה: [10] בתוספתא ואין מפשילין לתוכן חבלים ואין עושין בתוכן כלי זכוכית וכ"ה בירושלמי: [11] בילקוט רגלי. ובתוספתא שלא להרגיל רגל גואל הדם לשם ובירושלמי כשביל [שלא] להרגיל את הרגל לשם. וכל הני מידי שמרגילין רגל לשם או שהם כלים מיוחדין לשפיכות דמים מרחיקין משום לפני עור לא תתן מכשול: [12] בהגך דמתקנין לשם: [13] בד"ס חיותא כי היכי דניחי: [14] וכגון שאין לו שם ממי ללמוד אי נמי משום דלגברא רב אחד עדיף כי היכי דלא ליפלוג לישני עיין ע"ז י"ט סוף א': [15] בד"ס וכרוב נוסחאות ר' זירא: [16] עיין חולין קל"ג א': [17] אין היא. פי' אין הדבר כך: [18] כך הוסיפו בספרים במחברות וכ"ה בילקוט ואתחנן. ובד"ס ובר"ח וכתיב וזאת התורה: [19] קפ"ד שבית מדרשו קולטו ואם הרגו שם גואל הדם נהרג עליו ריטב"א: [20] שכל זמן שמלמד לתלמידיו אין מפסיקין אותו לילך בגלות אבל אחר שהפסיק גולה הוא וישיבתו עמו. המלות בה בה ליתנייהו בד"ס: [21] כ"ה בר"ח ובילקוט ואתחנן. ובד"ס לא הוה יכול ליה מלאך המות לקרבא גביה. ובע"י לא מצי שליחא דמלאכא דמותא למיקרב ליה. ובספרים הגיהו והכניסו במחברות שליחא דמלאכא דמותא: [22] בד"ס דלא שתיק. ובילקוט ובעין יעקב דלא הוה פסיק פומיה: [23] כעין זו שבת ל' ב' בענין דוד המלך ובב"מ פ"ו א' בענין רבה בר נחמני: [24] דהיינו בצר לראובני: [25] כעין זו בב"ר פפ"ד:

דרש רבי שמלאי מאי דכתיב אז יבדיל משה שלש ערים בעבר הירדן מזרחה שמש (דברים ד' מ"א) אמר לו הקב"ה למשה הזרח שמש לרוצחים: איכא דאמרי א"ל הזרחת שמש לרוצחים[1]:

דרש רבי סימאי[2] מאי דכתיב אוהב כסף לא ישבע כסף ומי אוהב בהמון לא תבואה (קהלת ה' ט') אוהב כסף לא ישבע כסף. זה משה רבינו. שהיה יודע שאין שלש ערים שבעבר הירדן קולטות עד שלא נבחרו שלש בארץ כנען ואמר מצוה שבאה לידי אקיימנה[3]. ומי אוהב בהמון לא תבואה. למי נאה ללמד בהמון. מי שכל תבואה שלו[4]. והיינו דא"ר אלעזר מאי דכתיב מי ימלל גבורות ה' ישמיע כל תהלתו (תהלים ק"ו ב') למי נאה למלל גבורות ה'. מי שיכול להשמיע כל תהלתו[5]. ורבנן. ואיתימא רבה בר מרי אמר[6] מי אוהב בהמון לא תבואה. כל האוהב בהמון לו תבואה[7]. יהבו ביה רבנן עינייהו ברבא בריה דרבה[8]: (סימן. אשי ללמוד. רבינא ללמד). רב אשי אמר כל האוהב ללמוד בהמון לו תבואה[9]. והיינו דא"ר יוסי בר' חנינא מאי דכתיב חרב אל הבדים ונואלו (ירמיה נ' ל"ו). חרב על צוארי שונאיהם של ת"ח שיושבין ועוסקין בתורה בד בבד. ולא עוד אלא שמטפשין. כתיב הכא ונואלו. וכתיב התם אשר נואלנו (במדבר י"ב י"א). ולא עוד אלא שחוטאין. שנאמר ואשר חטאנו (שם). ואיבעית אימא מהכא נואלו שרי צוען (ישעיה י"ט י"ג).[10] רבינא אמר כל האוהב ללמד בהמון לו תבואה[11]. והיינו דאמר רבי הרבה תורה למדתי מרבותי. ומחבירי יותר מהם[12]. ומתלמידי יותר מכולן[13]:

א"ר יהושע בן לוי מאי דכתיב עומדות היו רגלנו בשעריך ירושלם (תהלים קכ"ב ב') מי גרם לרגלינו שיעמדו במלחמה. שערי ירושלים שהיו עוסקים בתורה[14]:

וא"ר יהושע בן לוי מאי דכתיב שיר המעלות לדוד שמחתי באומרים לי בית ה' נלך (שם שם א') אמר דוד לפני הקדוש ברוך הוא רבש"ע שמעתי בני אדם שהיו אומרים. מתי ימות זקן זה ויבא שלמה בנו ויבנה בית הבחירה ונעלה לרגל. ושמחתי. אמר לו

---

[1] ומעצמו עשה כן והקב"ה הסכים על ידו. ועיין בילקוט ואתחנן הועתק מילמדנו כעין זו בשם ר' יוסי בר"ח ובדברים רבה פ"ב בפ' אז יבדיל בשמו עיי"ש. וע"ע בב"ר ספפ"א. וזריחת השמש היא כעין שנאמר וזרחה לכם יראי שמי שמש צדקה מלאכי ג' כ' וכה"א אם זרחה השמש עליו דמים לו שמות כ"ב ב'. וכלו' הזרח שמש לרוצחים שיהא דמים להם: [2] יש נוסחאות ר' סמאי: [3] בעין יעקב הגי' יודע ששלש בעבר הירדן אינן קולטות עד שנבחרו וכו' אמר מצוה הבאה לידי וכו' ובילקוט ואתחנן אף על פי שידע שלא היו קולטות עד שנבחרו שלש שבארץ כנען אמר מצוה הבאה וכו' ובילקוט קהלת הנוסחא כמו שהיא לפנינו: [4] פיטא דקרא גם זה הבל שמי שאוהב בהמון תלמידים ואין לו תבואה גם זה הבל דאין נאה ללמד אלא למי שיש לו תבואה כדאמרינן סוף הוריות הכל צריכין למרי חטייא ועיין ב"ב קמ"ח ב': [5] וכ"ה בעין יעקב ובספרים היה כתוב למי נאה ללמד והגיהו למלל וכ"ה בר"ח ובילקוט קהלת ויש ג' והיינו דר' אליעזר אלא דהתם איתא בדר"ס ללמוד והוא ט"ס ובהוריות י"ג ב' דרשו כן ר"מ ור' נתן עיי"ש. ועיין מגילה י"ח א' דהתם מייתי לה לענין תפלה. ובערוך ערך אהובה וכן בר"ה גרסי למי נאה להלל בהמון מי שבל תבואה שלו ולפי גי' זו אף הכא לענין תפלה איתאמרא: [6] ובד"ס ואיתימא רבה אמרי. וברש"י ואיתימא ר' מרי אמרי: [7] וכ"ה בע"י וכשאר הנוסחאות וכן פירש רש"י האוהב ת"ח ובספרים ניתוסף האוהב לתלמד ואח"כ מחקוהו: [8] ברש"י ברבה ובר"ח ובע"י הגי' ברבה בריה דרבא. ופרש"י האוהב ת"ח לו תבואה התורה מחזרת עליו ועל זרעו כדאמרינן בילמא האי מאן דרחים רבנן הוין ליה בנין רבנן (עיין שבת כ"ג ב') יהבו רבנן עיניהו ברבה שהיה אוהב ת"ח ביותר והיו לו בנים ת"ח, ול"ג מלת ביה וכן בד"ס ליתא. ודריש המקרא בלשון תמיהה מי הוא שאוהב בהמון ולא יהיה לו תבואה ריטב"א. ובקצת ספרים כל הני לא בוי"ו. וע"ע בויקרא רבה פכ"ב ובדברים רבה פ"ב בפ' אז יבדיל: [9] בהמון חברים. הסימן המסור ליתא בד"ס: [10] בד"ס שיושבין לבד לבד ועוסקין בתורה ולא עוד וכו' וכתיב התם נואלו שרי צוען ואב"א מהכא אשר נואלנו ואשר חטאנו. ובע"י על שונאי ת"ח שיושבין בד בבד ועוסקין בתורה וכו' ומלית ולא עוד אלא שחוטאין שנאמר נסגרו שם. ובילקוט קהלת על שונאיהם של ישראל שיושבין ועוסקין בתורה לבד. והשאר השמיט ועיי"ש רמז ש"ו. ובברכות ס"ג ב' גרסינן על שונאיהם וכו' שיושבין בד בבד ועוסקין וכו'. וכ"ה בתענית ז' א': [11] בהמון תלמידים. ובילקוט קהלת ללמוד תורה בהמון והוא ט"ס: [12] בע"י ויותר מחברי: [13] בתענית ז' א' גרסינן דאמר ר' חנינא הרבה למדתי מרבותי ומחבירי יותר מרבותי וכו' ובילקוט קהלת הגי' דאמר רבי ברביה: [14] בר"ח שערי ירושלים שהיו מציינים בהלכה. ובמדרש תהלים שם שהיו עוסקים בהם תורה וכ"ה בילקוט שם:

הקב״ה כי טוב יום בחצריך מאלף (שם פ״ד י״א). טוב לי יום אחד שאתה עוסק בתורה לפני מאלף עולות שעתיד שלמה בנך להקריב לפני על גבי המזבח[1]:

ומכוונות להם דרכים וכו׳[2]: תניא ר׳ אליעזר בן יעקב אומר[3] *מקלט היה כתוב על פרשת דרכים כדי שיכיר הרוצח ויפנה לשם (תוספתא פ״ג)[4]: אמר רב כהנא מאי קרא. תכין לך הדרך (דברים י״ט ג׳). עשה הכנה לדרך[5]: י ב

רב חמא בר חנינא פתח לה פתחא להאי פרשתא מהכא. טוב וישר ה׳ על כן יורה חטאים בדרך (תהלים כ״ה ח׳). אם לחטאים יורה ק״ו לצדיקים[6]:

ר״ש בן לקיש פתח לה פתחא להאי פרשתא מהכא[7]. ואשר לא צדה והאלהים אנה לידו וגו׳ (שמות כ״א י״ג). זהו שאמר הכתוב[8] כאשר יאמר משל הקדמוני מרשעים יצא רשע וגו׳ (שמואל א׳ כ״ד י״ג). במה הכתוב מדבר. בשני בני אדם שהרגו את הנפש. אחד הרג בשוגג ואחד הרג במזיד. לזה אין עדים ולזה אין עדים. הקב״ה מזמינן לפונדק אחד. זה שהרג במזיד יושב תחת הסולם. וזה שהרג בשוגג יורד בסולם ונפל עליו והרגו. זה שהרג במזיד נהרג. וזה שהרג בשוגג גולה[9]:

אמר רבה בר רב הונא אמר רב הונא. ואמרי לה אמר רב הונא א״ר אלעזר[10] מן התורה ומן הנביאים ומן הכתובים בדרך שאדם רוצה לילך בה מוליכין אותו[11]. מן התורה דכתיב לא תלך עמהם (במדבר כ״ב י״ב). וכתיב קום לך אתם (שם שם כ׳). מן הנביאים דכתיב אני ה׳ אלהיך מלמדך להועיל מדריכך בדרך זו תלך (ישעיה מ״ח י״ז)[12]. מן הכתובים דכתיב אם ללצים הוא יליץ ולענוים יתן חן (משלי ג׳ ל״ד)[13]:

אמר רב הונא רוצח שגלה לעיר מקלט ומצאו גואל הדם והרגו פטור[14]. קסבר ולו אין משפט מות (דברים י״ט ו׳) בגואל הדם הוא דכתיב[15]. מיתיבי. ולו אין משפט מות. ברוצח הכתוב מדבר. אתה אומר ברוצח או אינו אלא בגואל הדם. כשהוא אומר והוא לא שונא לו מתמול שלשום (שם שם ד׳)[16] הוי אומר ברוצח הכתוב מדבר. הוא דאמר כי האי תנא. דתניא. ולו אין משפט מות. בגואל הדם הכתוב מדבר. אתה אומר בגואל הדם הכתוב מדבר או אינו אלא ברוצח. כשהוא אומר והוא לא שונא לו מתמול שלשום (שם)[17] הרי רוצח אמור. הא מה אני מקיים ולו אין משפט מות. בגואל הדם הכתוב מדבר: תנן מוסרין לו שני ת״ח שמא יהרגנו בדרך וידברו אליו. מאי לאו דמתרו ביה דאי קטיל ליה[18] בר קטלא הוא. לא. כדתניא וידברו אליו דברים הראוים לו. אומרים לו אל תנהג בו מנהג שופכי דמים בשגגה בא מעשה לידו. ר״מ אומר

---

[1] כד״ס עוסק בתורה מאלף וכו׳. וכ״ה במדרש תהלים שם ובע״י. ובר״ח וכן אמר הקב״ה לדוד טוב לי יום שאתה מתעסק בתורה בחצריך מאלף וכו׳ להקריב ע״ג המזבח. ועיין במדרש תהלים שם ובירושלמי ריש ברכות שהיו פריצי הדור אומרים לפני חלונותיו של דוד אימתי בית ה׳ נלך. ועיין שבת ל׳ א׳ שנשתמש הדורש בזה המאמר האחרון: [2] כד״ס ומכוונין וכו׳ ומוסרין להם. ועיין לעיל במשנה: [3] כד״ס אמר ראב״י: [4] שם הוא בשינוי קצת ועיין בירושלמי: [5] נוסחא אחרינא בגליון אמר רב הונא וכ״ה בע״י ובילקוט תהלים כ״ה. ובילקוט שופטים השמיט השם ועיין כ״ב ק׳ כ׳ דהתם רב הונא דריש האי קרא. בספרים הוסיפו במחברות עשה לך וכ״ה בע״י ושם ג׳ הכנה בדרך אבל כד״ס ובילקוט ובר״ה ליתא מלת לך. וע״ע ספרי שופטים ק״ס ומדרש תהלים כ״ה ובמדבר רבה פכ״ג ותנחומא פ׳ מסעי. בר״ח הגי׳ מקלט מקלט: [6] עיין במדרש תהלים שם. בילקוט תהלים לחטאים מורה כ״ש לצדיקים. ועיין במדבר רבה פכ״ג ותנחומא מסעי ובירושלמי בפרקין: [7] כד״ס ליתא מלת פתחא: [8] כ״ה ברש״י ובספרים ליתא וכן הגיה הב״ה: [9] עיין ילקוט משפטים ר׳ שכ״ג ושם ג׳ נמצא זה שהרג במזיד וכו׳ וכ״ה בילקוט שמואל שם אלא שסירס שם המאמר. ועיקרו במכילתא דמשפטים עיי״ש: [10] כד״ס אמר רבה בר בר חנה ואמרי לה א״ר אלעזר: [11] בע״י ליתא מלת בה ובר״ח ג׳ שם מוליכין: [12] במקרא ליתא זו. וכן ליתא בשאר נוסחאות עיין כד״ס. וכד״ס ג׳ מגיין תחת מלת דכתיב: [13] עיין יומא ל״ח ב׳ וע״ז נ״ה א׳ ומנחות כ״ט ב׳: [14] ומצאו בדרך בהליכתו רש״י: [15] כד״ס בגואל הדם כתיב ובר״ח בגואל הדם שמצא הרוצח והרגו הכתוב מדבר: [16] והכא מסיים נמי כי לא שנא הוא לו מתמול שלשום מה התם ברוצח קאי ה״נ ברוצח קאי ועיין בריטב״א ובגליון הגיהו כי לא שנא הוא לו ואינו נכון: [17] כ״ה בילקוט שופטים. ובספרים כי לא שנא הוא לו ועיין ברש״י ובריטב״א: [18] כ״ה כד״ס. ובספרים ליתא מלת ליה:

הוא מדבר ע״י עצמו שנאמר וזה דבר הרוצח (שם שם ד׳) אמרו לו הרבה שליחות עושה (תוספתא פ״ג)[1]:

אמר מר בשגגה בא מעשה לידו. פשיטא. דאי במזיד בר גלות הוא[2]. אין, והא תניא[3]. ר׳ יוסי בר׳ יהודה אומר בתחלה אחד שוגג ואחד מזיד מקדימין לערי מקלט. ובי״ד שולחין ומביאין אותו משם[4]. מי שנתחייב מיתה הרגוהו. שנאמר ושלחו זקני עירו ולקחו אותו משם ונתנו אותו ביד גואל הדם ומת (דברים י״ט י״ב). מי שלא נתחייב פטרוהו[5]. שנאמר והצילו העדה את הרוצח מיד גואל הדם (במדבר ל״ה כ״ה). מי שנתחייב גלות מחזירין אותו למקומו. שנא׳ והשיבו אותו העדה אל עיר מקלטו אשר נס שמה (שם שם). רבי אומר מעצמן הן גולין. כסבורין הן אחד שוגג ואחד מזיד קולטות. והן אינן יודעין שבשוגג קולטות במזיד אינן קולטות (ספרי שופטים קפ״ז)[6]:

א״ר אלעזר עיר שרובה רוצחים אינה קולטת. שנאמר ודבר באזני זקני העיר ההיא את דבריו (יהושע כ׳ ד׳) ולא שהשוו דבריהן לדבריו[7]:

וא״ר אלעזר עיר שאין בה זקנים אינה קולטת. דבעינן זקני העיר וליכא[8]:

איתמר עיר שאין בה זקנים. רבי אמי ור׳ אסי. חד אומר קולטת. וחד אומר אינה קולטת. למאן דאמר אינה קולטת בעינן זקני העיר וליכא. למאן דאמר קולטת מצוה בעלמא: ועיר שאין בה זקנים. ר׳ אמי ור׳ אסי. חד אמר נעשה בה בן סורר ומורה. וחד אמר אין נעשה בה בן סורר ומורה. למ״ד אין נעשה בה בן סורר ומורה בעינן וזקני עירו (דברים כ״א י״ט) וליכא. למ״ד נעשה בה בן סורר ומורה מצוה בעלמא: ועיר שאין בה זקנים. ר׳ אמי ור׳ אסי. חד אמר מביאה עגלה ערופה. וחד אמר אינה מביאה עגלה ערופה. למ״ד אינה מביאה עגלה ערופה בעינן זקני העיר ההיא (שם שם ג׳) וליכא. למאן דאמר מביאה עגלה ערופה מצוה בעלמא[9]:

יא א

א״ר חמא בר חנינא[10] מפני מה נאמרה פרשת רוצחים *בלשון עזה[11]. דכתיב וידבר ה׳ אל יהושע לאמר דבר אל בני ישראל לאמר תנו לכם את ערי המקלט אשר דברתי אליכם וגו׳ (יהושע כ׳ א׳ וב׳). מפני שהן של תורה[12]: למימרא דכל דיבור לשון קשה[13]. אין. כדכתיב דבר האיש אדוני הארץ אתנו קשות (בראשית מ״ב ל׳)[14]. והתניא[15] אז נדברו יראי ה׳ (מלאכי ג׳ ט״ז)[16]. אין נדברו אלא לשון נחת וכן הוא אומר ידבר עמים תחתינו (תהלים מ״ז ד׳). דבר לחוד ידבר לחוד[17]:

(סימני רבנ״ן מהמנ״י וספר״י)[18]. פליגי בה רבי יהודה ורבנן. חד אומר מפני ששיהם. וחד אומר מפני שהן של תורה[19]:

---

[1] ושם הוא בשינוי קצת. בד״ס דברים הרואין לו. הרבה שליחות זה המקרא עושה שהוא נדרש לכמה ענינים ריטב״א. ומכאן הביאו ראיה דל״ג במשנה מלת אף. ריטב״א: [2] כתמיהה. כ״ה גי׳ רש״י. ובד״ס בר קטלא הוא וכ״ה בילקוט שופטים ובריטב״א: [3] בניחותא. ובד״ס אין והאי תנא הוא דתניא. ובילקוט שופטים הא מני ר״י בר״י הוא דאמר בתחלה ועיין לקמן סי׳ ו׳: [4] בד״ס ולוקחין אותו משם ובילקוט שם ולוקחין אותו משם שנ׳ ושלחו זקני עירו: [5] בד״ס שלא נתחייב מיתה וכ״ה בספרי: [6] שם הוא בשינוי קצת ועיין ספרי מסעי ק״ס. ומייתי לברייתא ולא למשנה משום הא דרבי. ופי׳ מי שנתחייב מיתה הרגוהו לצדדין קאמר אם בב״ד כשהוא בעדים והתראה או שמוסרין אותו ביד גואל הדם ועיין ספרי מסעי ריש פ׳ ק״ס וקס״א: [7] בר״ה שרובה רצחנין וכ״ה בילקוט כי תצא תתק״ל ושם הגי׳ א״ר אליעזר: [8] בילקוט שם השמיט זה המאמר: [9] בילקוט שם המאמרים מקוטעין. ובד״ס ליתנייהו מלות בה בה וליתנייהו מלות עגלה ערופה בתר למ״ד וכו׳. ופליגי אי בעינן קרא כדכתיב ריטב״א. ועיין סנהדרין ט״ה ב׳: [10] בילקוט יהושע ל׳ ר׳ אחא בר״ח ובהגהות הד״ס א״ר חנינא: [11] בר״ח פ׳ רצחנים בלשון עז וכ״ה בילקוט יהושע: [12] ובשאר כל ספר יהושע לא נאמר אלא ויאמר: [13] בילקוט שם דכל דיבור ודיבור ל״ק היא. וגוסחת ר״ה ומנא לן דכל דבור ל״ק היא שנאמר וכו׳ ועיין בילקוט מקץ ושם סירס וקיטע: [14] בילקוט שם. ובד״ס ליתא מלת אין. וגי׳ הד״ס קשה היא דכתיב ובילקוט כמה דכתיב: [15] בר״ח איני והתניא: [16] כ״ה בד״ס ובילקוט מקץ. ובספרים ליתא אלא מלת נדברו: [17] ובפיעל הוא לשון עז ובנפעל ובהפעיל הוא לשון נחת. לשון דבר הוא נרדף עם לשון משיכה וניהול אם משיכת המלות כפה או משיכת אדם לארם. ועיין שבת ס״ג א׳: [18] בד״ס ליתא: [19] בד״ס ובילקוט מפני ששיהום. ולכך נאמר בלשון עז לפי שלא הפרישם מיד:

ויכתוב יהושע את הדברים האלה בספר תורת אלהים (יהושע כ"ד כ"ו) פליגי בה ר' יהודה ור' נחמיה. חד אומר שמנה פסוקים[1]. וחד אומר ערי מקלט. בשלמא למ"ד ח' פסוקים היינו דכתיב בספר תורת אלהים. אלא למ"ד ערי מקלט מאי בספר תורת אלהים. ה"ק ויכתוב יהושע בספרו את הדברים האלה[2] הכתובים בספר תורת אלהים:

ספר שתפרו בפשתן. פליגי בה ר' יהודה ור"מ. חד אומר כשר. וחד אומר פסול. למ"ד פסול דכתיב למען תהיה תורת ה' בפיך (שמות י"ג ט') ואיתקש כל התורה כולה לתפילין. מה תפילין הלכה למשה מסיני לתופרן בגידין. אף כל התורה לתופרה בגידין[3]. ואידך. כי איתקש למותר בפיך[4]. להלכותיו לא אתקש[5]: אמר רב חזינן להו לתפילין דבי חביבי[6] דתפירי בכיתנא. ולית הלכתא כוותיה:

משנה ז'.

אחד משוח בשמן המשחה[7] ואחד המרובה בבגדים[8] ואחד שעבר ממשיחותו[9] מחזירין את הרוצח[10]. רבי יהודה אומר אף משוח מלחמה מחזיר את הרוצח[11]. לפיכך אימותיהן של כהנים מספקות להן מחיה וכסות[12]. כדי שלא יתפללו על בניהם שימותו[13]:

מנא הני מילי. אמר רב כהנא דאמר קרא וישב בה עד מות הכהן הגדול (במדבר ל"ה כ"ה) וכתיב כי בעיר מקלטו ישב עד מות הכהן הגדול (שם שם כ"ח) וכתיב ואחרי מות הכהן הגדול (שם)[14]. ור' יהודה. כתיב קרא אחרינא לשוב לשבת בארץ עד מות הכהן (שם שם ל"ב)[15]. ואידך מדלא כתיב הגדול חד מהנך הוא:

לפיכך אמותיהן של כהנים וכו': טעמא דלא מצלו. הא מצלו מייתי[16]. והכתיב כצפור לנוד כדרור לעוף כן קללת חנם לא תבא (משלי כ"ו ב'). אמר להו ההוא סבא[17] מפירקיה דרבא שמיע לי. שהיה להן לבקש רחמים על דורן ולא בקשו[18]: ואיכא דמתני כדי שיתפללו על בניהם שלא ימותו[19]. טעמא דמצלו. הא לא מצלו מייתי. מאי הוה ליה למעבד. הכא אמרינן טוביה חטא וזיגוד מנגיד[20]. התם אמרו שכם נסיב ומבגאי גזיר[21]. אמר להו ההוא סבא[22] מפירקיה דרבא שמיע לי. שהיה להן לבקש רחמים על

---

[1] בד"ס שמונה פסוקים שבתורה וכ"ה בילקוט יהושע ל"ה. ועיין ב"ב ט"ו א' ומנחות ל' א': [2] בד"ס את הדברים האלה בספרו וכ"ה בילקוט שם: [3] כ"ה בילקוט פ' בא וגי' ר"ח אף כל התורה כולה בגידין. ובספרים אף כל לתופרן: [4] שלא לכתוב על עור בהמה טמאה עיין שבת כ"ח ב' וק"ח א': [5] ועיין מגילה ח' ב' וי"ט א'. וע"ע קידושין ל"ה א': [6] ר' חייא אחי אביו היה רש"י. ובספרים אחרים לספרי רבי חביבי. ואיכא דגרסי לתילי דבי רב ריטב"א. וסימן דאתנח הוא רבנן דפליגי עם ר' יהודה. מהמג"י אותיות נחמיה דלא מתמניעי רבנן בין ה"א להי"ת ופליגי במהימנותא דהיינו בשלימות התורה. וספר"י ר' מאיר שהיה סופר ופליג עם ר"י בהלכה ספר שתפרו: [7] כהנים גדולים שנמשחו בשמן המשחה: [8] בד"ס ובילקוט מעי וברי"ח ג' מרובה בגדים. כהן שלא נמשח אלא שמשמש בח' בגדי כהונה גדולה. ועיין הוריות י"ב א' דגנז שמן המשחה מימות יאשיהו ובירושלמי בפרקין ובהוריות פ"ג דבבית שני לא הוו להו שמן המשחה ועכ"ם אף בבית ראשון אירע שהיה משמש כהן מרובה בבגדים לחוד ריטב"א ועיין נזיר מ"ז ב' והוריות י"ג א': [9] שלא נמשח אלא לזמן לפי שאירע פסול בכ"ג: [10] בירושלמי ובכ"י קאנט' ליתא ובד"ס מחזיר: [11] בתוספתא פ"ג פליג עליה ר"ש ועיין הוריות י"ב ב': [12] בד"ס הן מספקות. ובע"י היו מספקות להם מים ומזון. ובר"ח היו מספקין בגדים לרצחנים: [13] מלת כדי ליתא בע"י: [14] הא תלתא: [15] ויש כאן ד'. ובספרים היה כתוב וגו' ומחקוהו עיי' בהגהות הד"ס: [16] בר"ח ג' לטיטרא דאי מצלו צלותיה מתקבלא: [17] כ"ה בד"ס. וי"ג אמר ליה וי"ג אמר ההוא: [18] ולאו קללת חנם הוא רש"י: [19] בד"ס ובנוסחאות איכא דאמרי: [20] הכא כבבל משל הוא בפי בני אדם עפ"י מעשה שאירע כמסופר פסחים קי"ג ב' דטוביה חטא ואתא זיגוד לחודיה ואסהיד ביה קמיה דר"פ נגדיה לזיגוד וכו' ומסיק התם משום מוציא שם רע: [21] ובא"י אמרי שכם נסיב את דינה ובני באני גימולים. עיין ערוך ערך באג וע' שכם וע' מבגאי ובבראשית רבה פ"ם ומגבאי קטע: [22] בספרים אמר ליה ועיין לעיל:

דורן ולא בקשו: כי הא, דההוא גברא דאכליה אריא ברחוק תלתא פרסי מיניה דר׳ יהושע בן לוי, ולא אישתעי אליהו בהדיה תלתא יומי[1]:

אמר רב יהודה אמר רב קללת חכם אפי׳ בחנם היא באה[2]. מנלן מאחיתופל. שבשעה שכרה דוד שיתין[3] קפא תהומא. בעא למישטפא לעלמא. אמר מהו לכתוב שם אחספא ומישדא בתהומא דליקו ארוכתיה. ליכא דאמר ליה מידי. אמר כל היודע דבר זה ואינו אומרו יחנק בגרונו[4]. נשא אחיתופל ק״ו בעצמו. אמר ומה לעשות שלום בין איש לאשתו אמרה התורה שמי שנכתב בקדושה ימחה על המים[5] לכל העולם כולו לא כל שכן. א״ל שרי. כתב שם אחספא שדי אתהומא נחת וקם ארוכתיה[6]. ואפ״ה כתיב ואחיתופל ראה כי לא נעשתה עצתו ויחבוש את החמור ויקם וילך אל ביתו ואל עירו ויצו אל ביתו ויחנק וגו׳ (שמואל ב׳ י״ז כ״ג)[7]:

א״ר אבהו קללת חכם אפילו על תנאי היא באה. מנלן מעלי. דקאמר ליה לשמואל[8] כה יעשה לך אלהים וכה יוסיף אם תכחד ממני דבר (שמואל א׳ ג׳ י״ז) ואף על גב דכתיב ויגד לו שמואל את כל הדברים ולא כחד ממנו (שם שם י״ח) ואפ״ה כתיב[9] ולא הלכו בניו בדרכיו וגו׳ (שם שם ח׳ ג׳):

יא ב *‏**אמר רב יהודה אמר רב** נידוי על תנאי אפילו מעצמו צריך הפרה[10]. מנלן מיהודה. דכתיב אם לא הביאותיו אליך וגו׳ (בראשית מ״ג ט)[11] וא״ר שמואל בר נחמני א״ר יונתן מאי דכתיב יחי ראובן ואל ימות וגו׳ וזאת ליהודה (דברים ל״ג ו׳ ז׳). כל אותן מ׳ שנה שהיו ישראל במדבר עצמותיו של יהודה היו מגולגלין בארון[12] עד שעמד משה ובקש עליו רחמים[13]. אמר לפניו. רבונו של עולם מי גרם לראובן שיודה יהודה. וזאת ליהודה. שמע ה׳ קול יהודה (שם)[14]. עאל איבריה לשפא[15]. לא הוה קא מעיילי ליה למתיבתא דרקיע. ואל עמו תביאנו (שם). לא הוה קא ידע למישקל ומיטרי[16] בשמעתא בהדי רבנן. ידיו רב לו (שם). לא הוה ידע לפרוקי קושיא. ועזר מצריו תהיה (שם)[17]:

---

[1] לפי שלא התפלל שלא יארע כזה. ובילקוט מסיים מאי הוה להו למיעבד וכו׳ כי ההוא גברא דאכליה וכו׳: [2] בר״ח אמר רב וכו׳ בחנם מתקיימת ובילקוט שמואל א׳ ג׳ ליתא אמר רב ובד״ס א״ר יהודה מניין לקללת חכם שאפי׳ בחנם וכו׳ ולפ״ז צריך למחוק מלת מנלן: [3] חלל שתחת המזבח כנגד מקום הנסכים עיין סוכה מ״ט א׳: [4] עיין סוכה נ״ג א׳ וכ׳ ושם הוא בשינוי קצת. ובע״י כשכרה דוד וכו׳ ובעי למשטפיה לעלמא אמר דוד מי איכא דידע אי שרי למיכתב שם ומישדי בתהומא וניזיה. ליכא דא״ל ולא מידי אמר כל היודע לומר ואינו אומר וכו׳. ובילקוט שמואל א׳ ג׳ מהו למכתב וכו׳ למישרייה לתהומא דליקום ארוכתיה וכו׳ היודע בדבר זה וכו׳ ועיין בהגהות הד״ס. ועיין בירושלמי דס׳ חלק ה״ב ובמדרש שמואל פכ״ו דמולא שם בענין אחר. ובירושלמי שם א״ר יוסי הדא היא דמתלא אמרה צריך בר נש חשיש על לווטיה דרבה אפי׳ על מגן ובמדרש שם א״ר יוסי מיכן צריך אדם לחוש על קללתו של זקן יותר אפי׳ על חנם. ובבלי ברכות נ״ו א׳ גרסינן נמי גמירי דקללת חכם אפי׳ בחנם היא באה. אבל בסנהדרין צ׳ ב׳ גרסינן לה נמי בשם אר״י אמר רב: [5] עיין ספרי נשא ט״ז ובמ״ע אות ד׳ והוא בשבת קט״ז א׳ נדרים ס״ו ב׳ וחולין קמ״א א׳: [6] עיין סוכה שם, בד״ס שדא בתהומא. ובע״י ק״ו בעצמו ומה לעשות וכו׳ אמרה תורה ישמי הנכתב וכו׳ לעשות שלום על כל העולם כלו עאכו״כ אמר שרי וכו׳ ושדא בתהומא הדר תהומא וקם בדוכתיה. ובילקוט שם בעצמו ומה וכו׳ לעשות שלום על כל העולם כולו עאכו״כ א״ל שרי וכו׳ ושדא בתהומא וכו׳: [7] במקרא כתוב אל עירו. ובד״ס וכתיב ויצו וגו׳: [8] בספרים הוסיפו דקא״ל עלי ע״ס הע״י. ובד״ס ליתא ובר״ח דאמר ליה לשמואל וכן בילקוט שם ליתא: [9] בספרים הוסיפו במחברות ואפ״ה וכ״ה בע״י ובד״ס. ובילקוט שם ליתא ובר״ח הא כתיב: [10] כ״ה נוסחת כל הראשונים עיין בהגהות הד״ס ובספרים ליתא אפי׳ מעצמו: [11] והטאתי לך כל הימים לשון נידוי הוא רש״י: [12] בד״ס ובנוס׳ הראשונים היו עצמותיו: [13] בד״ס וראשונים ובקש עליהן: [14] בד״ס שנאמר וזאת ליהודה ויאמר שמע וגו׳: [15] למקום חיבורם ששפו משם רש״י: [16] כ״ה בד״ס וי״ג ומיטרא וי״ג ולמיטרא פי׳ לישא וליתן. ובספרים ומישרח: [17] ובולא דרשב״ג בב״ק צ״ב א׳ ושם נ׳ היו עצמותיו וכו׳ ובקש רחמים וכו׳ שיודה יהודה מיד שמע ה׳ וכו׳ קא מסקי למתיבתא וכו׳ לא היה ידע מאי קאמרי רבנן ולמשקל ומיטרה בהדי רבנן וכו׳ לא הוה סליק ליה שמעתתא אליבא דהלכתא וכו׳. וע״ע סוטה ז׳ ב׳ ובירושלמי דסוטה פ״א ה״ד. ועיקרו בספרי ברכה שמ״ח ועיי״ש ברש״י עה״ת. וע״ע בילקוט מקץ. וכהא דמתיבתא דרקיעא עיין ברכות י״ח ב׳ ב״מ נ״ט ב׳ פ״ה א׳ וב׳ וס״ו א׳ וב״ב ע״ה א׳ ועבודה זרה ג׳ ב׳ גיטין ו׳ ב׳ ובב״ר פמ״ט אין יום ויום שאין הקב״ה מחדש הלכה בב״ד של מעלה. ואליהו הנביא הוא המוציא והמביא בין מתיבתא דרקיעא ומתיבתא דארעא תוספות ב״ב שם

איבעיא להו במיתת כולן הוא חוזר. או דילמא במיתת אחד מהן. ת"ש נגמר דינו בלא כ"ג אינו יוצא משם לעולם (לקמן משנה ח') ואם איתא ליהדר ברהנך[1]. בדליכא[2]:

משנה ח'.

משנגמר דינו מת כ"ג ה"ז אינו גולה[3]. אם עד שלא נגמר דינו מת כ"ג ומנו אחר תחתיו ולאחר מכן נגמר דינו חוזר במיתתו של שני[4]: נגמר דינו בלא כ"ג[5]. וההורג כ"ג[6]. וכ"ג שהרג. אינו יוצא משם לעולם[7]: ואינו יוצא לא לעדות מצוה[8]. ולא לעדות ממון. ולא לעדות נפשות. ואפי' ישראל צריכים לו[9]. ואפי' שר צבא ישראל כיואב בן צרויה[10]: אינו יוצא משם לעולם. שנאמר אשר נס שמה (במדבר ל"ה כ"ה) שם תהא דירתו. שם תהא מיתתו. שם תהא קבורתו[11]: כשם שהעיר קולטת כך תחומה קולט[12]: רוצח שיצא חוץ לתחום ומצאו גואל הדם. רבי יוסי הגלילי אומר מצוה ביד גואל הדם ורשות ביד כל אדם. רבי עקיבא אומר רשות ביד גואל הדם וכל אדם אין חייבין עליו[13]:

מ"ט. אמר אביי ק"ו. ומה מי שגלה כבר יצא עכשיו. מי שלא גלה אינו דין שלא יגלה. ודלמא האי דגלה איכפר ליה. האי דלא גלה לא. מידי גלות קא מכפרא[14]. מיתת כהן הוא דמכפרא[15]:

אם עד שלא נגמר דינו וכו': מנא הני מילי. אמר רב כהנא דאמר קרא וישב בה עד מות הכהן הגדול אשר משח אותו בשמן הקדש (במדבר ל"ה כ"ה) וכי הוא מושחו. אלא זה שנמשח בימיו[16]. מאי הוה ליה למעבד[17]. היה לו לבקש רחמים שיגמור דינו לזכות. ולא ביקש:

אמר אביי נקטינן[18] נגמר דינו ומת. מוליכין את עצמותיו לשם. דכתיב לשוב לשבת בארץ עד מות הכהן (שם שם ל"ב). ואיזהו ישיבה שהיא בארץ. הוו אומר זו קבורה:

ומוכח כן באינך מקומות ועיין עירובין מ"ג א' וב'. וענין הדברים כענין ובטובו מחדש בכל יום תמיד מעשה בראשית:

[1] כ"ה בד"ס וכריטב"א. וכרש"י ליהדר בהנך. ובספרים ליהדר ביה וכבר מחקוהו והסגירוהו: [2] אבל בדאיכא בשעת גמר דין יוצא במיתת כל אחד מהן: [3] כד"ס ובירושלמי ובכ"י קאנט' ובפי' ר"ח נגמר דינו ומת כ"ג וכו': [4] בירושלמי ובכת"י הנ"ל ומינו אחר. וגי' הכת"י לאחר מיכן נגמר דינו חוזר למיתתו של שני: [5] כד"ס מסיים אינו יוצא משם לעולם: [6] במשניות ובכת"י הנ"ל ובד"ס ההורג אלא שבד"ס הני' ההורג בלא כ"ג וגי' ר"ח ומי שהרג כ"ג ועיין בריטב"א: [7] עיין בסנהדרין י"ח א' וב': [8] בד"ס אינו יוצא: [9] בד"ס אפילו כל ישראל: [10] בד"ס ואפילו שר הצבא כיואב וגי' ר"ח ואפי' כל ישראל צריכין לו כיואב: [11] ובתוספתא פ"ג יליף לה ראב"י מדכתיב שמה שמה שלשה פעמים ועיין בילקוט מסעי בשם ספרי זוטא וגי' הד"ס ובילקוט מסעי ובכת"י הנ"ל שנאמר שמה. וג' בכת"י ושם וכו' ושם: [12] עיין לקמן בגמרא ובילקוט בשם ספרי זוטא: [13] כ"ה בנוסחאות הישנות ובמשנה ובירושלמי ובכת"י הנ"ל. ובספרים מחקו מלת אין עפ"י המהרש"ל ועיין תוספות יו"ט וכבר הגיה הגר"א ווילנא: [14] להחזירו לביתו. ועיין לעיל ב' ב': [15] בד"ס מיתת כ"ג: [16] בד"ס וכי הוא מושחו לכ"ג אלא שנמשח ועיי"ש בהגהות וברש"י עה"ת ד"ה וכי הוא מושחו לכהן או הכהן משח אותו אלא להביא את הנמשח בימיו: [17] דאמרינן לעיל עמוד א' שהיה להן לבקש על דורן ובתרגום יונתן באותו פסוק ומטול דלא צלי ביומא דכפורי וכו' על תלת עבירן קשיין וכו': [18] פרש"י בעירובין ה' א' מסורת מאבותינו מנהג מרבותינו. ובהגהות חכם צבי כתב שהוא מסגנון לשון אביי ברכות מ"ה ב' עירובין נ"ה ב' ביצה י"ז ב' מו"ק י"ב א' וי"ג א' תענית י' א' כתובות ס"ח ב' וק"ג א' וקי"א א' קידושין ל"ג א' גיטין ל"ב ב' ומ"ח ב' נ"ז ב' ונ"ט ב' נדרים מ"א א' נזיר נ"א ב' סוטה ל"ח א' חולין נ"ג א' (והתם נקט נמי ר' יוסף נקטינן ובעירובין ה' ר' נחמן) ערכין י"א ב' תמורה כ"ב ב' ונדה ל"ז א':

תנא מת קודם שמת כ"ג. מוליכין עצמותיו על קברי אבותיו[1]. דכתיב ישוב הרוצח אל ארץ אחוזתו (במדבר ל"ה כ"ח) איזהו ישיבה שהיא בארץ אחוזתו. הוי אומר זו קבורה:

נגמר דינו ונעשה כהן בן גרושה או בן חלוצה. פליגי בה ר' אמי ור' יצחק נפחא. חד אומר מתה כהונה[2]. וחד אומר בטלה כהונה[3]: לימא בפלוגתא דר"א ורבי יהושע קא מיפלגי. דתנן היה עומד ומקריב ע"ג המזבח. ונודע שהוא בן גרושה או בן חלוצה. ר"א אומר כל קרבנות שהקריב פסולין. ורבי יהושע מכשיר (תרומות פ"ח משנה א'). מאן דאמר מתה כר' יהושע[4]. ומאן דאמר בטלה כרבי אליעזר. יב א *אליבא דרבי אליעזר כולי עלמא לא פליגי[5]. כי פליגי אליבא דר' יהושע. מאן דאמר מתה כרבי יהושע. ומאן דאמר בטלה. עד כאן לא קאמר ר' יהושע התם. דכתיב[6] ברך ה' חילו ופועל ידיו תרצה (דברים ל"ג י"א) אפי' חללין שבו[7]. אבל הכא אפי' ר' יהושע מודה:

נגמר דינו וכו'[8]: אמר רב יהודה אמר רב שתי טעיות טעה יואב באותה שעה דכתיב וינס יואב אל אהל ה' ויחזק בקרנות המזבח (מלכים א' ב' כ"ח). טעה שאינו קולט אלא גגו. והוא תפס בקרנותיו. טעה שאינו קולט אלא מזבח בית עולמים. והוא תפס מזבח של שילה[9]. אביי אומר בהא נמי מיטעא טעה[10]. טעה שאינו קולט אלא כהן ועבודה בידו. והוא זר היה[11]:

אמר ריש לקיש שלש טעיות עתיד שרו של רומי לטעות. דכתיב מי זה בא מאדום חמוץ בגדים מבצרה (ישעיה ס"ג א'). טועה שאינה קולטת אלא בצר. והוא גולה לבצרה. טועה שאינה קולטת אלא שוגג. והוא מזיד היה[12]. טועה שאינה קולטת אלא אדם. והוא מלאך הוא[13]:

אמר ר' אבהו ערי מקלט לא נתנו לקבורה. דכתיב ומגרשיהם יהיו לבהמתם ולרכושם ולכל חייתם (במדבר ל"ה ג') לחיים נתנו ולא לקבורה[14]. מיתיבי שמה (שם שם כ"ה) ישם תהא דירתו שם תהא מיתתו שם תהא קבורתו. רוצח שאני דגלי ביה רחמנא[15]:

כשם שהעיר קולטת וכו': ורמינהו וישב בה (שם) בה ולא בתחומה (תוספתא פ"ג). אמר אביי לא קשיא. כאן לקלוט כאן לדור[16]. לדור תיפוק ליה[17] דאין עושין שדה מגרש ולא מגרש שדה לא מגרש עיר ולא עיר מגרש (משנה סוף פ"ט דערכין)[18] אמר רב ששת לא נצרכה אלא למחילות[19]:

---

[1] אחר שמת הכהן הגדול. וגי' ר"ח תנא מת הרוצח ומת כ"ג. ובד"ס מת ומת כ"ג. ומאי דתנן במשנה ישם תהא קבורתו הוא קודם שמת כ"ג: [2] והוי כנגמר דינו ומת כ"ג. בר"ח ליתנייהו מלות פליגי בה וכן ליתא מלת נפחא. ועיין בהגהות הד"ס: [3] והיה כנגמר דינו בלא כ"ג: [4] דלא מיפסל למפרע: [5] ומשני דאליבא דר"א תרוייהו מודו דהוה כנגמר דינו בלא כ"ג: [6] בר"ח אלא משום דכתיב: [7] בן פירש: אבוה דשמואל בקידושין ס"ו ב' ושם ג' אפי' חולין שבו ועיין פסחים ע"ב ב': [8] עד כיואב בן צרויה: [9] רש"י הגיה במזבח של במה וכ"ה בד"ס וי"ג במזבח גבעון והריטב"א מקיים גירסת הספרים שהכל נקרא ע"ש משכן שילה כמ"ש ויטוש משכן שילו וגו' ויבן כמו רמים מקדשו תהלים ע"ח: [10] בד"ס בהא נמי טעה שאינו וכו' וכ"ה בע"י: [11] ועיין מכילתא דמשפטים פ"ד ובמ"ע שם אות מ"ב ומ"ג. והא דאביי בירושלמי בפרקין אתאמר משמיה דר' יוחנן עיי"ש. מלת היה ליתא בד"ס: [12] מלת היה ליתא בד"ס וג' בכל הנהו שאינן קולטות: [13] ובקצת נוסחאות ליתא מלת הוא הגהות הד"ס. ובע"י הנוסחא טועה וכו' אדם והוא מלאך טועה וכו' שוגג והוא מזיד. וברש"י ישעיה שם אמרו רבותינו שתי טעיות עתיד שר של שעיר וכו' והשיב הא דבצרה ודמזיד. ובהגהות הד"ס הביא בשם אה"ת והוא מלאך. רב אחא ביה דרבא אמר בהא נמי טועה שאינה קולטת אלא ישראל והוא גוי. ועיין בילקוט וישלח בס' אדוני ידינו דרוש רב אחא. כעין זו הובא ממדרש אבכיר. ואולי עיקר המאמר ב' טעיות כמו שהוא ברש"י ויעס"י הא דר' אחא וכו' הם ג' ושינו אח"כ בספרים ונעשה מישראל וגוי אדם ומלאך. ועיין בע"ז נ"ה ב' דר"ל נסיה איחלף ליה בין בצר לבצרה. ואולי בצרה דהתם לאו היינו דאדום אלא דמואב ירמיה מ"ח כ"ד: [14] אמתניתין דישם תהא קבורתו מייתי לה: [15] בד"ס דגלי רחמנא ביה. ובילקוט מסיים דגלי ביה קרא. ושם ג' מיתיבי שם תהא דירתו וכו'. והטעם הוא דקבר אסור בהנאה ותמעט מקום חייתם אלא נותנים לכל עיר בית הקברות חוץ ממגרשיהם רמב"ם ה' שמיטה פי"ג ה"ג. וזה הדין הוא בכל ערי הלוים ונקט ערי מקלט לפי שאף הם קולטות: [16] עיין בתוספתא שם: [17] בד"ס ובילקוט מסעי ותיפוק ליה. ומלת לדור לא גרסי: [18] ובתוספתא שם פ"ה ובב"ב כ"ד ב': [19] שלא ידור שם ובד"ס ג' אמר רבא:

רוצח שיצא חוץ לתחום וכו': ת"ר ורצח גואל הדם את הרוצח (במדבר ל"ה כ"ז) מצוה ביד גואל הדם[1]. אין לו גואל הדם רשות ביד כל אדם[2]. דברי ר"י הגלילי. ר' עקיבא אומר רשות ביד גואל הדם וכל אדם אין חייבין עליו[3]: מאי טעמא דרבי יוסי הגלילי מי כתיב אם רצח. ורבי עקיבא מי כתיב ירצח[4]:

אמר מר זוטרא בר טוביה אמר רב רוצח שיצא חוץ לתחום ומצאו גואל הדם והרגו. נהרג עליו[5]: כמאן. לא כר"י הגלילי ולא כר"ע. הוא דאמר כי האי תנא. דתניא ר' אליעזר אומר עד עמדו לפני העדה למשפט (שם י"ב) מה ת"ל. לפי שנאמר ורצח גואל הדם את הרוצח (שם כ"ז). יכול מיד. ת"ל עד עמדו לפני העדה למשפט[6]: ורבי יוסי ור' עקיבא[7] האי עד עמדו לפני העדה למשפט. מאי דרשי ביה. ההוא מיבעי ליה לכדתניא. רבי עקיבא אומר מנין לסנהדרין שראו אחד שהרג את הנפש שאין ממיתין אותו עד שיעמוד בב"ד אחר. ת"ל עד עמדו לפני העדה למשפט. עד שיעמוד בב"ד אחר (תוספתא פ"ג)[8]:

ת"ר אם יצא יצא הרוצח (שם כ"ו)[9] אין לי אלא במזיד. בשוגג מנין[10]. ת"ל אם יצא יצא מ"מ. והתניא וההורגו במזיד נהרג בשוגג גולה (תוספתא פ"ג)[11]. לא קשיא. הא כמאן דאמר אמרינן דברה תורה כלשון בני אדם. הא כמאן דאמר לא אמרינן דברה תורה כלשון בני אדם[12]. אמר אביי מסתברא כמ"ד דברה תורה כלשון בני אדם. שלא יהא סופו חמור מתחלתו. מה תחלתו במזיד[13] נהרג בשוגג גולה. אף סופו במזיד[14] נהרג בשוגג גולה:

תני חדא. אב שהרג[15]. בנו נעשה לו גואל הדם. ותניא אידך. אין בנו נעשה לו גואל הדם. לימא הא רבי יוסי הגלילי[16] והא ר"ע[17]. ותסברא בין למ"ד מצוה בין למ"ד רשות מי שרי[18]. והאמר רבה בר רב הונא. וכן תנא דבי רבי ישמעאל. לכל אין הבן נעשה שליח לאביו להכותו ולקללתו חוץ ממסית. שהרי אמרה תורה לא תחמול ולא תכסה עליו (דברים י"ג ט')[19]. אלא לא קשיא[20] הא בבנו והא בבן בנו[21]:

משנה ט'.

אילן שהוא עומד בתוך התחום[22]. ונופו נוטה חוץ לתחום. או עומד חוץ לתחום. ונופו נוטה בתוך התחום. הכל הולך אחר הנוף:

---

[1] בד"ס מצוה בגואל הדם: [2] כ"ה בד"ס ובילקוט מסעי וכן הגיה הב"ח ובספרים אין גואל הדם: [3] כ"ה כר"ח ובדפוסים ישנים עיין לעיל במשנה וכן כתב הריטב"א דגי' הנכונה היא אין חייבין דלכתחלה אסור ואין לו רשות עליו: [4] בד"ס אם ירצח: [5] שאין זה בכלל כי יחם לבבו: [6] שאף כי שיצא מעיר מקלטו צריך עדים והתראה על כך ריטב"א וכעין זה בתוספתא פ"ג אלא דהתם ג' לה בשם ר' יוסי עיי"ש: [7] בד"ס ובילקוט ור"י הגלילי: [8] דאין עד נעשה דיין ועיין ר"ה כ"ה ב' וכ"ו א' וב"ק צ' ב' וכתובות כ"א ב' וב"ב קי"ד א': [9] במקרא כתוב ואם: [10] שאם רצחו גואל הדם שאין לו דם: [11] ועל כרחך ביצא בשוגג איירי דאי במזיד אין לו דם. ובד"ס ובילקוט ליתא מלת וההרגו וכן בכסף משנה ליתא וכן מחקו בהגהות ר"א ווילנא ופי' הריטב"א במזיד שיצא במזיד בשוגג שיצא בשוגג גולה שחוזר לגלותו ואינו נהרג. ואני קיימתי נוסחת הספרים ופירשתיה לפי שכן היא בתוספתא וסגנון הלשון הכי עדיף: [12] פלוגתא דר"י ור"ע היא. עיין ברכות ל"א א' יבמות ע"א א' כתובות ס"ז ב' קידושין י"ז ב' נשין מ"א ב' נדרים ג' א' ב"מ ל"א א' וב' וצ"ד ב' סנהדרין נ"ו א' ס"ד ב' פ"ה ב' וצ' ב' עבודה זרה כ"ז א' זבחים ק"ח ב' כריתות י"א א' ערכין ג' א' נדה ל"ב ב' וט"ר א' ובירושלמי דשבת פי"ט ה"א ויבמות פ"ה ה"א סוטה פ"ז ה"ה ופ"ח ה"א ונדרים פ"א ה"א. ועיין בתוספות סוטה כ"ד א' בד"ה ור"י: [13] הרג במזיד: [14] יצא במזיד. ונקט לה אביי בלשון נופל על לשון ולשונות שווין הם עם התוספתא והענינים שונים: [15] גי' רש"י שהרג את הבן בנו נעשה וכו'. ובד"ס את בנו בנו נעשה עיי"ש בהגהות: [16] דס"ל מצוה ביד גואל הדם: [17] דס"ל רשות היא: [18] בד"ס ליתא מי שרי: [19] סנהדרין פ"ה ב'. ובילקוט ראה המאמר משובש ודרשו בספרי אשר כנפשך זה אביך. במקרא כתיב ולא תחמול: [20] בד"ס וברמב"ן ליתא אלא: [21] והא דתני בנו נעשה לו גואל הדם בנו של נהרג קאמר: [22] במשניות ובכת"י קאנט' לתוך התחום:

ורמינהי אילן שהוא עומד בפנים ונוטה לחוץ[1]. או עומד בחוץ ונוטה לפנים. מכנגד החומה ולפנים כלפנים. מכנגד החומה ולחוץ כלחוץ (מעשר שני פ''ג מ''ז)[2]. מעשר אערי מקלט קא רמית. מעשר בחומה תלה רחמנא. ערי מקלט בדירה תלה רחמנא. בנופו מתדר ליה. בעיקרו לא מתדר ליה: ורמי מעשר אמעשר. דתניא בירושלים הלך אחר הנוף בערי מקלט הלך אחר הנוף[3]. אמר רב כהנא לא קשיא[4]. הא ר' יהודה והא רבנן. יב ב דתניא *רבי יהודה אומר במערה הולך אחר פתחה. באילן הולך אחר נופו[5]. אימור דשמעת ליה לר''י גבי מעשר. להומרא. עיקרו בחוץ ונופו בפנים. כי היכי דבנופו לא מצי פריק[6] בעיקרו נמי לא מצי פריק. עיקרו מבפנים ונופו מבחוץ. כי היכי דבנופו לא מצי אכיל בלא פרייה. בעיקרו נמי לא מצי אכיל בלא פרייה[7]. אלא גבי ערי מקלט. בשלמא עיקרו בחוץ ונופו בפנים. כי היכי דבנופו לא מצי קטיל ליה בעיקרו נמי לא מצי קטיל ליה[8]. אלא עיקרו בפנים ונופו בחוץ. כי היכי דבנופו מצי קטיל ליה בעיקרו נמי מצי קטיל ליה. הא גואי קאי[9]. אמר רבא בעיקרו כולי עלמא לא פליגי דלא מצי קטיל[10]. קאי בנופו ויכול להורגו בחצים ובצרורות כ''ע לא פליגי דמצי קטיל ליה[11]. כי פליגי במהוי עיקרו דרגא לנופו. מר סבר הוי עיקרו דרגא לנופו[12]. ומר סבר לא הוי עיקרו דרגא לנופו[13]. רב אשי אמר מאי אחר הנוף. אף אחר הנוף[14]:

משנה י'.

הרג באותה העיר גולה משכונה לשכונה[15]. ובן לוי גולה מעיר לעיר[16]:

תנו רבנן ושמתי לך מקום וגו' (שמות כ''א י''ג) ושמתי לך. בחייך[17]. מקום. ממקומך[18]. אשר ינוס שמה. מלמד שהיו ישראל מגלין במדבר[19]. להיכן מגלין[20]. למחנה לויה. מכאן אמרו בן לוי שהרג גולה מפלך לפלך[21]. ואם גלה לפלכו[22] פלכו קולטו: אמר רב אחא בריה דרב איקא מאי קרא[23]. כי בעיר מקלטו ישב (במדבר ל''ה כ''ח) עיר שקלטתו כבר:

משנה י''א.

כיוצא בו. רוצח שגלה לעיר מקלטו. ורצו אנשי העיר לכבדו.

---

[1] כ''ה במשנה שם ובראשונים ובד''ס. ובספרים בתוך הפנים: [2] אלמא בתר חומה אזלינן: [3] גי' ר''ח דהא תנן (במעשרות פ''ג מ''י) בערי מקלט הכל הולך אחר הנוף ובירושלים הכל הולך אחר הנוף. כלשון המשנה שם. אבל גי' רש''י והרמב''ן והריטב''א כמו שהיא בספרים. והאחרונים הגיהו דתנן. אמנם אין לשון המשנה כן. והא דמייתי לברייתא ושבק מתניתין לפי שבברייתא מדמה ערי מקלט לירושלים ובאילו קתני כשם שבירושלים וכו'. ועיין זה בריטב''א: [4] יש מגיהין אלא א''ר כהנא עיין רמב''ן וריטב''א: [5] ומשנתינו וברייתא אתיא כר' יהודה: [6] דכיון שנכנס בתוך המחיצות אין לו פדיון: [7] שאין אכילה למעשר אלא בפנים ואין לו פדיון אלא בחוץ. וי''ג ומיפרק נמי לא מצי פריק ליה ריטב''א. דלהומרא אזלינן בתר עיקרו: [8] ולהומרא: [9] בתמיה הא בפנים הוא והיכא מדמית ערי מקלט למעשר: [10] כ''ה בריש''י ובריטב''א. ובספרים דכולי עלמא. וי''ג אמר רבה עיין הגהות הב''ח והד''ס וכלו' בעיקרו בחוץ לא מצי קטיל ליה דשדי עיקרו בתר נופו לחומרא: [11] כ''ה בריש''י ובספרים דכ''ע. פי' כיון שהוא בחוץ דלא שדי נוף בתר עיקר: [12] ר''י סבר באילן הולך אחר נופו ורשאי הוא לעלות בעיקרו כדי להרגו אף שהעיקר בפנים: [13] ורבנן סברי כיון דעיקרו לפנים אינו רשאי לעלות בו דאינו דרגא לנופו אלא אם יכול להרגו בחצים ובצרורות מצי קטיל ליה: [14] בין משנתנו ובין הברייתא כר''י ולחומרא ובעיקרו בחוץ ונופו בפנים הלך אף אחר הנוף לחומרא אבל בעיקרו בפנים ונופו לחוץ ודאי שדינן נופו בתר עיקרו. ובמעשר נמי אזלינן לחומרא כדאמרינן. כך היא סוגית רש''י ועיין בתוספות ורמב''ן וריטב''א. ועיין גיטין כ''ב א' וב''מ קי''ח ב' והלשונות שווין והענינים שונים: [15] רוצח שגלה והרג שם בשוגג גולה שם משכונה לשכונה: [16] עיין בתוספתא פ''ג: [17] בחיין של משה: [18] בד''ס ובילקוט משפטים במקומך ובזבחים קי''ז א' הגי' מקומך. כלו' ממקום הלוים וקוב''ה קאמר הכי למשה: [19] בד''ס ליתא ישראל ובזבחים שם ג' שמגלין במדבר. ובילקוט שם גולין במדבר: [20] בכל הני ג' שם גולין: [21] דהיינו מעיר לעיר: [22] דהיינו משכונה לשכונה פלכו קולטו אלא דלכתחלה יגלה מפלך לפלך ועיין בריטב''א וכתו' זבחים: [23] בזבחים שם מאי קראה אר''א וכו':

יאמר להם רוצח אני. אמרו לו אף על פי כן, יקבל מהן. שנאמר וזה דבר הרוצח (דברים י"ט ד')[1]: מעלים היו שכר ללוים. דברי רבי יהודה. י"ג א
רבי מאיר אומר לא היו מעלים להן שכר[2]: והוזר לשררה שהיה בה. דברי רבי מאיר. רבי יהודה אומר[3] לא היה הוזר לשררה שהיה בה:

אמר רב כהנא מחלוקת בשש. דמר סבר לכם (במדבר ל"ה י"א)[4] לקליטה. ומר סבר לכם. לכל צרכיכם[5]. אבל בארבעים ושתים דברי הכל היו מעלין להם שכר. א"ל רבא הא ודאי לכם לכל צרכיכם משמע. אלא אמר רבא[6] מחלוקת בארבעים ושתים. דמר סבר ועליהם תתנו (שם שם ו') כי הנך לקליטה. ומר סבר ועליהם תתנו. כי הנך. מה הנך לכל צרכיכם. אף הני נמי לכל צרכיכם. אבל בשש. דברי הכל לא היו מעלים להן שכר:

חוזר לשררה שהיה בה כו': תנו רבנן ושב אל משפחתו ואל אחוזת אבותיו ישוב (ויקרא כ"ה מ"א) למשפחתו הוא שב. ואינו שב למה שהחזיקו אבותיו[7]. דברי ר"י. ר"מ אומר אף הוא שב למה שהחזיקו אבותיו. אל אחוזת אבותיו כאבותיו[8]. וכן בגולה כשהוא אומר ישוב (במדבר ל"ה כ"ה) לרבות את הרוצח (תו"כ בהר פרק ו')[9]: מאי וכן בגולה. כדתניא. ישוב הרוצח אל ארץ אחוזתו (במדבר ל"ה כ"ח) לארץ אחוזתו הוא שב. ואינו שב למה שהחזיקו אבותיו. דברי רבי יהודה. ר"מ אומר אף הוא שב למה שהחזיקו אבותיו (ספרי מסעי ק"פ)[10]. גמר שיבה שיבה מהתם[11]:

פרק ג'. משנה א'.

ואלו הן הלוקין[12]. הבא על אחותו[13]. ועל אחות אביו[14]. ועל אחות אמו[15]. ועל אחות אשתו[16]. ועל אשת אחיו[17]. ועל אשת אחי אביו[18]. ועל הנדה[19]: אלמנה לכהן גדול[20]. גרושה וחלוצה לכהן הדיוט[21]. ממזרת ונתינה לישראל. בת ישראל לנתין ולממזר[22]: אלמנה וגרושה חייבין

---

[1] עיין בריטב"א ובתוספות יו"ט ובד"ס דיש מוחקין מלות כיוצא בו ויש שנדהקו וקיימום ויש שמחקום הכא והוסיפום לסוף משנה דלעיל מעיר לעיר כיוצא בו והב"ח הוסיפום לגמרא שקלטתו כבר כיו"ב. ולכולהו אית להו פירכא ועיקר נראה דכולא איתוסף ממשנה דשביעית פ"י מ"ה ואינו מעיקר המשנה כאן וע"כ לא פירשו עלה כלל בגמרא. אבל בירושלמי גרסי לה עיי"ש ותני לה נמי בתוספתא פ"ג בשינוי קצת. ובשביעית שם לעיר מקלט ובכת"י קאנט' לעיר המקלט: [2] בד"ס ובכת"י קאנט' ובר"ח מעלות היו וכו' לא היו מעלות ובירושלמי ומעלות. ופי' נוסחא זו היא שהערים היו מביאין שכר ללוים ע"י כך שהרוצחים שוכרים מהם בית דירה. ולנוסחת מעלים בפשוטו שאין הדים ישם בחנם: [3] בכת"י הנ"ל והי"א: [4] והקריתם לכם ערים וגו': [5] ואין צריכין להעלית שום שכר ללוים. ובעין הדיש זה בסוכה ע' א' וב"ק ק"ב א' ועיין ביצה כ"ח ב' ומגילה ז' ב'. ועיין לעיל צד כ' והתם קרא אחרינא הדיש: [6] בד"ס אלא א"ר כהנא עיי"ש בהגהות ובילקוט מסעי הובא בשם ר' כהנא אבל נראה שהיא קטוע עיי"ש: [7] ברש"י ובד"ס שהוחזקו וכן לקמן. פי' לשררה של אבותיו: [8] בד"ס שנאמר ואל אחוזת וגו': [9] ושם גריס וכן הוא אומר בגולה ישוב לרבות וכו'. והגר"א הגיה וכן בגולה שנאמר. ובילקוט בהר הגי' כמו שהוא לפנינו: [10] ושם הוא בשינוי עיי"ש ובילקוט מסעי שינה וסירס עיי"ש: [11] גמר ישוב דרוצח מן ישוב דעבד שנאמר בו אל אחוזת אבותיו: [12] ברש"י בד"ס בכת"י קאנט' ובירושלמי אלו הן יב"ה כתובות ל"א ב'. ועיין לעיל ריש פ"ב. וכתבו המפרשים דלאו דוקא אלו דתנא תנא ושייר ולא נקט כאן אלא הנהו דאית בהו לאשמעינן מידי: [13] ויקרא י"ח ט' והיא בכרת שם כ' י"ז: [14] שם י"ח י"ב וכ' י"ט: [15] שם י"ח י"ג וכ' י"ט: [16] שם י"ח י"ח: [17] שם י"ח ט"ז וכ' כ"א: [18] שם י"ח י"ד וכ' כ': [19] שם י"ח י"ט וכ' י"ח. וכך הם שנוין בריש כריתות ובכתובות ריש פ"ג. ונקט כל השם אחות תחלה ואח"כ השם אשת אח. וכל הני במזיד בלא התראה בכרת ובהתראה במלקות: [20] שם כ"א י"ד: [21] שם שם ז'. ונקט להו משום בבא דב' שמות ריטב"א. וכתב הרמב"ן דחלוצה דנקט אינו רק אשגירת לישנא דהיא מדרבנן ועיין בריטב"א ולעיל בריש פ"א: [22] בבא זו ליתא בירושלמי ובכת"י הנ"ל. וכן דעת הריטב"א למחוק נתין ונתינה שאינם מדאורייתא. ורש"י כתב שהגבעונים הם מדאורייתא בלא תתחתן וכן דעת הרמב"ן ותו' שנץ. ועיין יבמות ע"ח ב' ובריש פ"ג דכתובות וריש פ"ד דסוטה. ועכ"פ היה צ"ל לממזר ולנתין שכך הוא הסדר בכ"מ וב"ה במשניות נאפילי עיין בהגהות הד"ס. ועיקר נראה דבבא זו הוספה באשגירת לישנא היא דמ' סוטה:

עליה משום שני שמות[1]. גרושה וחלוצה אינו חייב אלא משום אחת בלבד[2]: הטמא שאכל את הקדש[3]. והבא אל המקדש טמא[4]. ואוכל חלב ודם ונותר ופגול וטמא[5]. והשוחט ומעלה בחוץ[6]. והאוכל חמץ בפסח. והאוכל והעושה מלאכה ביום הכפורים[7]. והמפטם את השמן, והמפטם את הקטורת. והסך בשמן המשחה[8]. והאוכל נבילות וטריפות שקצים ורמשים[9]: אכל טבל[10]. ומעשר ראשון שלא נטלה תרומתו[11]. ומעשר שני והקדש שלא נפדו[12]: כמה יאכל מן הטבל ויהא חייב. רבי שמעון אומר כל שהוא. וחכמים אומרים כזית. אמר להן רבי שמעון אי אתם מודים לי[13] באוכל נמלה[14] כל שהיא שהוא חייב[15]. אמרו לו מפני שהיא כברייתה. אמר להן אף חטה אחת כברייתה:

חייבי כריתות קא תני. חייבי מיתות ב״ד לא קתני[16]. מתניתין מני רבי עקיבא
יג: היא. דתניא. אחד חייבי כריתות ואחד חייבי מיתות ב״ד *ישנן בכלל מלקות ארבעים[17]. דברי רבי ישמעאל. ר״ע אומר חייבי כריתות ישנן בכלל מלקות ארבעים. שאם עשו תשובה ב״ד של מעלה מוחלין להן. חייבי מיתות ב״ד אינן בכלל מלקות ארבעים. שאם עשו תשובה אין ב״ד של מטה מוחלין להן[18]. ר׳ יצחק אומר חייבי כריתות בכלל היו[19]. ולמה יצאת כרת באחותו[20]. לדונן בכרת ולא במלקות[21]:

מ״ט דר׳ ישמעאל. דכתיב אם לא תשמור לעשות את כל דברי התורה הזאת (דברים כ״ח נ״ח)[22] וכתיב והפלא ה׳ את מכותך (שם שם נ״ט)[23]. הפלאה זו איני יודע מה היא. כשהוא אומר והפילו השופט והכהו לפניו (שם כ״ה ב׳). הוי אומר[24] הפלאה זו מלקות היא[25]. וכתיב אם לא תשמור לעשות את כל וגו׳ (שם כ״ח נ״ח)[26]. אי הכי חייבי עשה נמי.

---

[1] ברש״י ובתוספות שתי שמות. ובנתאלמנה תחלה דהוה איסור גרושה איסור מוסיף תו׳ שנץ. ועיין קידושין ע״ח א׳: [2] בכת״י הנ״ל משום אחד. ובירושלמי משום שם אחד. ובד״ס אין חייבין עליה אלא משום שם אחד בלבד. ובקידושין ע״ח א׳ אינו חייב אלא אחת וכ״ה גי׳ הרמב״ן עיי״ש. ובריטב״א אינו חייב עליה אלא משום שם אחד. ועיין כל זה בתוספתא פ״ד והתם כללינהו להנהו בבי בחדא עיי״ש: [3] ברש״י טמא שאכל. ובריש כריתות וטמא שאכל קדש ועיין לקמן בגמרא. ויקרא י״ב ד׳ וכ״ב ג׳ וגו׳: [4] בד״ס למקדש ובכת״י הנ״ל על המקדש. ויקרא י״ב ד׳ במדבר ה׳ ג׳ וי״ט כ׳: [5] בד״ס והאוכל ובירושלמי ובכת״י הנ״ל האוכל. ובריש כריתות והאוכל. והתם לא חשיב וטמא והיינו בשר קדש שנטמא ויקרא ז׳ י״ט שאינו בכרת אבל אינך כולהו בכרת: [6] במשניות ובירושלמי ובכת״י השוחט והמעלה: [7] ברש״י האוכל ביוה״כ: [8] כולן בריש כריתות והתם ג׳ והסך את השמן המשחה: [9] בכת״י הנ״ל ושקצים ורמשים. בד״ס חייבי לאוין האוכל נבילות וכו׳. ויראה שהוא תוספות מגליון לומר שאינם בכלל חייבי כריתות וכן כתב הריטב״א. ובמפטם וסך עיין בתוספתא פ״ד. וכל הני מפורשין בתורה הלב ודם ויקרא ג׳ י״ז וז׳ כ״ג וגו׳. ודם שם י״ז י׳ וגו׳ ודברים י״ב כ״ג וגו׳. ונותר שמות כ״ט ל״ד. ופיגול הושוה לנותר פסחים כ״ד א׳ וכריתות ה׳ א׳. וטמא עיין פסחים שם כ׳. והשוחט ומעלה בחוץ ויקרא י״ז ח׳ וגו׳ ודברים י״ב י״ג. חמץ שמות י״ב ט״ו וגו׳. ויוה״כ ויקרא כ״ג כ״ז וגו׳. מפטם שמן וקטורת והסך שמות ל׳ ל״א וגו׳ ושם ל״ז. נבלות וכו׳ שמות כ״ב ל׳ ויקרא פרשה י״א וכ״ב ח׳ דברים פ׳ י״ד: [10] עיין בתוספתא. ויקרא כ״ב ט״ו: [11] אף הוא טבל במדבר י״ח כ״ו: [12] מעשר שני דברים י״ב י״ז והקדש עיין בסנהדרין פ״ג א׳ ופ״ד א׳ וזבחים מ״ה א׳: [13] בירושלמי ובמשניות ובכת״י הנ״ל אין אתם: [14] כ״ה כיוב הנוסחאות וכן הגיה רש״י אבל בירושלמי הגירסא נבילה ועיין חולין ק״ב ב׳; [15] בד״ס כל שהוא חייב ובנוסחאות הישנות האוכל נמלה שהוא חייב ונראה שכעין זו גי׳ רש״י וי״ג כל שהוא שהוא חייב. בהגהות שם: [16] שהן לוקין אם התרו בו למלקות: [17] כ״ה בד״ס ובר״ח וכן לקמן ובספרים כתוב ישנו: [18] בד״ס יעשו תשובה ובילקוט פ׳ תבא יעשה וכו׳ מוחלין לו: [19] ברייתא זו בפ׳ עריות נשנה והכי קאמר כל אילו העריות שבכרת נאמר עונשן בכלל כי כל אשר יעשה וגו׳ ונכרתו הנפשות וגו׳ ויקרא י״ח כ״ט: [20] שם כ׳ י״ז: [21] כ״ה בר״ה. ובד״ס לומר לך לכרת ניתנו ולא למלקות וכ״ה בילקוט שם וברש״י יבמות נ״ה א׳ ובספרים כתוב לדונו ועיין כריתות כ׳ ב׳ ולקמן כ״ג ב׳ ומגילה ז׳ ושם נ׳ לדוגה. וע״ע כתובות ל״ה ב׳: [22] בד״ס ובילקוט דס׳ תבא אמר קרא אם לא וגו׳ וכ״ה תמורה ג׳ ב׳: [23] בילקוט וכתיב בתריה ובד״ס ליתא וכתיב: [24] בד״ס ליתא הוי אומר: [25] בד״ס ובילקוט ובתמורה ליתא מלת היא. ופלו׳ שיהיו מופלאות ומובדלות משאר מכות (לשון רש״י עה״ת שם) ומאיזה מכות מאילו שנאמר עליהן והפילו השופט. ועיין שבת קל״ח ב׳ שדרשו והפלא מלשון כסוי כמו שתרגמו יונתן: [26] בד״ס ובילקוט וכתיב את כל דברי התורה הזאת:

אם לא תשמור כתיב. וכדרבי אבין א"ר אילעי. דאמר רבי אבין א"ר אילעי כל מקום שנאמר השמר פן ואל. אינו אלא לא תעשה[1]. אי הכי לאו שאין בו מעשה נמי[2]. לעשות כתיב. לאו שניתק לעשה נמי[3]. דומיא דלאו דחסימה[4]. השתא דאתית להכי. כולהו נמי דומיא דלאו דחסימה[5]: ור"ע מאי טעמא. כדי רשעתו (שם כ"ה ב') משום רשעה אחת אתה מחייבו. ואי אתה מחייבו משום שתי רשעיות[6]. ור' ישמעאל. הני מילי מיתה וממון. או מלקות וממון. אבל מיתה ומלקות מיתה אריבתא היא[7]. ולר' עקיבא[8]. אי הכי[9] חייבי כריתות נמי[10] מאי אמרת שאם עשו תשובה[11]. השתא מיהת לא עבדי[12]. אמר רבי אבהו בפירוש ריבתה תורה חייבי כריתות למלקות[13]. דגמר לעיני (ויקרא כ' י"ז)[14] מלעיניך (דברים כ"ה ג')[15]. מתקיף לה ר' אבא בר ממל[16]. אי הכי חייבי מיתות ב"ד נמי נגמרם מעיני[17] מלעיניך[18]. דנין לעיני מלעיניך. ואין דנין מעיני מלעיניך[19]. ומאי נפקא מיניה[20]. והא ותנא דבי ר' ישמעאל ושב הכהן (ויקרא י"ד ל"ט) ובא הכהן (שם שם מ"ד) זו היא שיבה וזו היא ביאה (תו"כ מצורע פרשתא ו')[21]. ועוד לגמור מעיני מלעיני. דהא גמור לעיני מלעיניך[22]. קבלה מיניה רבי שמואל בר רב יצחק[23]. כדי רשעתו. משום רשעה אחת אתה מחייבו. ואי אתה מחייבו משום שתי רשעיות. ברשעה המסורה לב"ד הכתוב מדבר[24]: רבא אמר אתרו ביה לקטלא כ"ע לא פליגי[25] דאין לוקה ומת. כי פליגי דאתרו ביה למלקות. רבי ישמעאל סבר לאו שניתן לאזהרת מיתת ב"ד לוקין עליו. ור"ע סבר לאו שניתן לאזהרת מיתת בית דין אין לוקין עליו[26]. ור"ע. אי הכי חייבי כריתות נמי לאו שניתן לאזהרת כרת הוא[27]. א"ל רב מרדכי לרב אשי. הכי אמר אבימי מהגרוניא משמיה דרבא. חייבי כריתות לא צריכי התראה. שהרי פסח ומילה ענש אף על פי שלא הזהיר[28]. ודלמא אזהרה לקרבן[29]. דהא פסח ומילה דלית בהו אזהרה לא מייתי קרבן[30]. התם לאו היינו טעמא. אלא משום דאיתקש כל התורה כולה לעבודת כוכבים. מה עבודת כוכבים שב ואל תעשה. אף כל שב ואל תעשה. לאפוקי הני דקום עשה[31]: רבינא אמר לעולם

---

[1] בילקוט חייבי עשה נמי תשמור כתיב. והא דר"א בעירובין צ"ו א' ושם ג' אילעאי וסוטה ה' א' ושם אילעא ויע"ז נ"א ב' ושם אילא. שבועות ד' א' ול"ו א' וזבחים ק"ו א' ושם ג' אר"א א"ר אלעזר. ועיין מנחות ל"ז כ' וצ"ט ב'. וגי' הריטב"א תשמור כתיב ואמר מר השמר פן וכו': [2] בד"ס א"ה אפילו לאו שאין בו מעשה לילקי. ובילקוט אפי' וכו' נמי לילקי. ועיין לעיל צד כ' וז': [3] בד"ס אי הכי אפי' לאו שניתק וכו' וכ"ה בילקוט: [4] בד"ס אלא דומיא: [5] לקמן צד מ' דבעינן לאו דומיא דלא תחסום שור בדישו דסמיך ליה קרא לחייבי מלקות. ועיין פסחים מ"א ב': [6] שאין הבית דין יכול לחייבו בב' דברים ועיין לעיל צד ז': [7] ורשעה אחת היא. ועיין כתובות ל"ז א': [8] גי' רש"י והילקוט ורבי עקיבא: [9] רש"י ל"ג אי הכי וכן כתב הריטב"א ראיכא דל"ג אי הכי ועיין בריטב"א: [10] בד"ס נמי משום רשעה אחת אתה מחייבו ואי אתה מחייבו משום שתי רשעיות. ובילקוט נמי ניטא משום וכו' אתה מחייב ואי אתה מחייב וכו'. ויראה שהיא תוספת פירוש מגליון: [11] ברש"י ובילקוט שאם עשה וכו'. ומסיים בד"ס בית דין של מעלה מוחלין להם וכ"ה בילקוט: [12] בריש"י לא עבד. ובד"ס לא עבד תשובה וכ"ה בילקוט: [13] בד"ס ליתא מלת בפירוש: [14] ונכרתו לעיני בני עמם [15] ונקלה אחיך לעיניך. ור"ע טעמא דקרא קאמר שאם עשו תשובה וכו'. וגי' הילקוט והד"ס דיליף לעיני: [16] בילקוט השמיט זה וגרס אי הכי וכו': [17] רש"י פי' אם מעיני העדה נעשתה לשגגה דבמדבר ט"ו כ"ד דבעבודה זרה איירי. ור"ה פי' ונעלם מעיני אישה שם ה' י"ג באשת איש שזנתה: [18] גי' הריטב"א נמי ניגמור מלעיניך וברש"י נמי נגמר מעיני וכ"ה בילקוט ובד"ס דיליף מעיני: [19] בד"ס יליף לעיני וכו' ולא יליף וכו': [20] אם הוא מעיני או לעיני מאי יוצא מזה להלק בהן לענין שלא תליף מעיני מלעיניך: [21] ודן להו בגזירה שוה. והתם תני לה סתמא. ועיין עירובין נ"א א' ויומא ב' ב' ויבמות י"ז ב' ונזיר ה' א' ובהוריות ח' ב' ומנחות ד' א' ומ"ה ב' ובכורות ל"ב א' וחולין פ"ה א' ונדה כ"ב ב': [22] בילקוט פ' תבא ליתא להאי ועוד. בד"ס ועוד ליהדר וליגמר וברש"י ועוד נגמר. וכלו' דנגמר חייבי מיתות ב"ד מחייבי כריתות: [23] יש מפרשים מיניה דר"א מר ממל דלא אמרינן חייבי כריתות נמי כדמסיק ויש מפרשים מר' אבהו קיבלה דלהכי לא גמרינן מעיני מלעיני: [24] בד"ס ובילקוט הגי' אמר קרא כדי רשעתו ברשעה המסורה לב"ד וכו': אבל בר"ח הגי' כמו שהוא בספרים: [25] בד"ס אי אתרו ביה ובילקוט דאתרו ביה ובר"ח כדאתרו ביה: [26] בד"ס ובילקוט ובריטב"א ור"ע סבר אין לוקין עליו ועיין שבת קנ"ד א' עירובין י"ז ב' וב"ק ע"ד ב' סנהדרין פ"ו כ' ושבועות ד' א': [27] בר"ח ליתא אי הכי: [28] בר"ה חייבי כריתות לאו בני אזהרה ניהו שהרי וכו'. ובד"ס חייבי כריתות אינ' צריכ' אזהרה. וכלו' ולהכא אתיא אזהרתן למלקות: [29] בד"ס ואימא אזהרה. וכלו' דלא למלקות אתי אלא לקרבן. ובילקוט נקטע כל זה עד רבינא: [30] בד"ס ולית בהו קרבן: [31] בד"ס כל התורה כולה לע"ז דכתיב תורה אחת יהיה לכם לעושה בשגגה והנפש אשר תעשה ביד רמה (במדבר ט"ו כ"ט וגו') הוקשה כל התורה כולה לע"ז מה ע"ז דאמר רחמנא לא

יד א * כדאמרינן מעיקרא[1]. שאם עשו תשובה בית דין של מעלה מוחלין להן. מאי אמרת הא לא עבוד תשובה[2]. לא פסיקא מלתא לכרת[3]:

רבי יצחק אומר חייבי כריתות בכלל היו ולמה יצאת כרת באחותו. לדונן בכרת ולא במלקות[4]: ורבנן[5] כרת באחותו למה לי. לחלק. וכדרבי יוחנן. דאמר רבי יוחנן שאם עשאן כולם בהעלם אחר. חייב על כל אחת ואחת[6]. ורבי יצחק לחלק מנא ליה. נפקא ליה מואל אשה בנדת טומאתה (ויקרא י"ח י"ט)[7] לחייב על כל אשה ואשה[8]. ורבנן נמי תיפוק להו מהא[9]. אין הכי נמי. ואלא כרת דאחותו למה לי[10]. לחייבו על אחותו ועל אחות אביו ועל אחות אמו[11]. פשיטא. הרי גופין מוחלקין הרי שמות מוחלקין[12]. אלא לחייבו על אחותו שהיא אחות אביו שהיא אחות אמו[13]. והיכי משכחת לה. ברשיעא בר רשיעא[14]. ורבי יצחק הא מנא ליה. נפקא ליה מק"ו. דתנן[15] אמר ר"ע שאלתי את רבן גמליאל ורבי יהושע[16] באיטליז של עימאום[17]. שהלכו ליקח בהמה למשתה בנו של ר"ג. הבא[18] על אחותו שהיא אחות אביו שהיא אחות אמו מהו[19]. חייב אחת על כולן או חייב על כל אחת ואחת[20]. אמרו לו זו לא שמענו[21]. אבל שמענו הבא על חמש נשים נדות בהעלם אחד[22] שחייב על כל אחת ואחת. ונראין הדברים ק"ו[23] (משנה כריתות פ"ג)[24] ומה נדה שהיא שם אחד חייב על כל אחת ואחת. כאן ששלשה שמות לא כל שכן[25]. ואידך[26]. ק"ו פריכא הוא. מה לנדה שכן גופין מוחלקין. ולאידך נמי האי ודאי ק"ו פריכא הוא[27]. אלא נפקא ליה מאחותו דסיפא[28]. ואידך. אחותו דסיפא למה לי. לחייבו על אחותו בת אביו ובת אמו לומר שאין עונשין מן הדין[29]. ואידך[30]. סבר עונשין מן הדין.
יד ב ואיבעית אימא. גמר עונש מאזהרה[31]: ואיבעית אימא. נפקא ליה * מאחותו דרישא[32].

תעכד ועבד מיחייב קרבן לאפוקי הני דקום עשה נינהו. ועיין שבת ס"ט א' וקנ"ג ב' וכריתות ג' א'. ועי' קידושין ל"ז א'. והוריות ח' א' ובספרי פ' שלח קי"ב ובתו"כ דבורא דחטאת פ"א:

[1] דטעמיה דר"ע משום ב' רשעיות ובכרת חייב משום שאם עשו וכו': [2] בילקוט ודקא אמרת וכו': [3] שהרי אפשר שיעשה תשובה. ובילקוט לא פסיקא ליה לכרת. ובר"ח מילתא דכרת: [4] בספרים לדונו: [5] בד"ס רבי ישמעאל ור"ע ורבנן. דכל שאר רבנן הכי ס"ל. ועיין יבמות נ"ה א': [6] שלכך נקט בהו מנינא בריש מסכת כריתות: [7] בד"ס נ"ל מהאי קרא ואל אשה וגו': [8] אם עבר בהן בהעלם אחד: [9] וכ"ה בכריתות ב' ב' ובספרים ליה: [10] בד"ס הכי נמי אלא וכו' ול"ג מלת אין: [11] שחייב בהעלם א' על כל א' וא': [12] בד"ס ליתא הרי שמות וכו' ועיין בכריתות ב' ב': [13] בד"ס אלא ההוא מיבעי ליה לחייבו וכו' אחות אביו ואחות אמו: [14] ומפרש לה ר' אדא בר אהבה בכריתות ט"ו א'. ובד"ס ג' א"ר אדא בר אהבה ברשיעא בר רשיעא גוי הבא על אמו והוליד שתי בנות וחזר ובא על אחת מהן והוליד בן ובא על אחות אמו שהוא אחות אביו ואחות אמו. והתם בכריתות גרס בר רשיעא שבא על אמו וכו' ולא נקט גוי. ובריש כריתות נמי לא תני לכולא: [15] כנ"ל להגיה ובספרים דתניא: [16] במשנה דכריתות ואת ר"י: [17] במשנה שם ובד"ס באיטליס. ופרש"י שוק. עימאום בסמ"ך ובספרים במ"ם: [18] בד"ס ואמרתי להם הבא: [19] במשנה שם ועל אחות אביו ועל אחות אמו. ופריך עלה בגמרא ומוקי לה שהיא אחות אביו וכו'. ובד"ס הוא כלישון המשנה ואח"כ ניתוסף היכי דמי אי נימא כדקתני הרי גופין מוחלקין הרי שמות מוחלקין אלא כך שאלו הבא וכו' שהיא וכו' ושהיא וכו': [20] כ"ה במשנה שם ובד"ס בסיפא אבל הכא ג' מהו חייב על כל אחת ואחת או חייב א' על כולן. ובספרים אינו חייב על כולן אלא אחת וכו' ומלת אינו נתוסף במחברות: [21] שם אמרו לא שמענו: [22] שם על ה' נשיו נדות בהעלם אחת: [23] במשנה שם ורואין אנו ובמשנה שבגמרא שם רואה אני ובמסקנתא דגמרא שם ורואינו שהדברים ק"ו. ובספרים דברים מק"ו ובד"ס ק"ו והגהתי הדברים ק"ו: [24] ויראה שלפי ששינו המגיהים לשון המשנה ע"כ כתבו דתניא: [25] כך פירשו בגמרא שם. בד"ס ג' לכולא הכי ומה חמש נשים נדות שהן שם וכו' כל אחת ואחת אחותו שהיא אחות אביו שהיא אחות אמו אינו דין שחייב על כל אחת ואחת ואידך ק"ו פריכא היא מה לחמש נשים נדות שכן גופין מוחלקין תאמר באחותו שהיא אחות אביו שהיא אחות אמו שאין גופין מוחלקין: [26] ר"י ור"ע: [27] הב"ח הגיה ואידך נמי ובד"ס ואידך נמי ק"ו פריכא היא אין ה"נ: [28] ערות אחותו גלה (ויקרא כ' י"ב). ובד"ס אלא מגלי' נפקא ליה מערות אחותו גלה. ובגמרא שם איכא למיפרך מה לה' נדות שכן גופין מוחלקין אלא אמר קרא ערות אחותו גילה לחייב על אחותו שהיא אחות אביו וכו': [29] כדלעיל צד י"א ובד"ס ואידך ערות אחותו מאי עבדי ליה אמר לך ההוא מיבעי ליה לחייבו וכו': [30] ר' יצחק ובד"ס ור' יצחק סבר וכו': [31] דבאזהרה איכא קרא יתירא לכך כדלעיל שם וכיון דאיכא קרא לאזהרה היא בכלל חייבי כריתות כולן דונכרתו הנפשות וגו' ולא הוי ק"ו דיענש אלא גלויא מילתא בעלמא ועיין בריטב"א. ובכריתות ג' א' ור' יצחק סבר עונשין מן הדין ואב"א יליף עונש מאזהרה. וכ"ה בכי' הר"ס. ובספרים ואידך איבעית אימא וכו' ונקטיע האי שנוייא דר"י סבר עונשין מה"ד: [32] ואיש אשר יקח את אחתו בת אביו או בת אמו (שם כ' י"ב) דמצי למיכתב אשר יקח את בת אביו וגו'. ויליף מיניה ר' יצחק שחייב על כל אחת ואחת בגוף אחד כגון אחותו שהוא אחות אביו ואחות אמו. והמפרשים פי'

ואידך[1]. ההוא מיבעי ליה לחלק כרת למפטם ולסך[2]. ואידך. סבר לה כר' אלעזר א"ר הושעיא[3]. דאמר רבי אלעזר אמר רבי הושעיא. כל מקום שאתה מוצא שני לאוין וכרת אחד. חלוקין הן לקרבן[4]. ואי בעית אימא. לא סבר לה כר' אלעזר ונפקא ליה[5] מואיש אשר ישכב את אשה דוה (ויקרא כ' י"ח)[6]. ואידך[7]. ההוא מיבעי ליה לכדרבי יוחנן. דאמר ר' יוחנן משום ר' שמעון בן יוחי. מנין שאין האשה טמאה עד שיצא מדוה דרך ערותה. שנאמר ואיש אשר ישכב את אשה דוה וגלה את ערותה וגו' (שם). מלמד שאין האשה טמאה עד שיצא מדוה דרך ערותה[8]:

וטמא שאכל את הקדש: בשלמא הבא למקדש טמא. כתיב עונש וכתיב אזהרה. עונש דכתיב את משכן ה' טמא ונכרתה (במדבר י"ט י"ג). אזהרה ולא יטמאו את מחניהם (שם ה' ג'). אלא טמא שאכל את הקדש. בשלמא עונש. כתיב והנפש אשר תאכל בשר מזבח השלמים אשר לה' וטומאתו עליו ונכרתה (ויקרא ז' כ'). אלא אזהרה מנין. ריש לקיש אומר בכל קדש לא תגע (שם י"ב ד'). רבי יוחנן אומר תני ברדלא אתיא טומאתו טומאתו. כתיב הכא וטומאתו עליו ונכרתה (שם ז' כ') וכתיב התם טמא יהיה עוד טומאתו בו (במדבר י"ט י"ג). מה להלן[9] עונש ואזהרה אף כאן[10] עונש ואזהרה: בשלמא ריש לקיש לא אמר כרבי יוחנן. גזירה שוה לא גמיר[11]. אלא ר' יוחנן מאי טעמא לא אמר כריש לקיש. אמר לך ההוא אזהרה לתרומה[12]. וריש לקיש אזהרה לתרומה מנא ליה. נפקא ליה מאיש איש מזרע אהרן והוא צרוע או זב בקדשים לא יאכל (ויקרא כ"ב ד')[13] אי זה דבר שהוא שוה בזרעו של אהרן. הוי אומר זו תרומה. ואידך ההוא לאכילה[14]. והא לנגיעה: וריש לקיש האי בכל קדש לא תגע (שם י"ב ד') להכי הוא דאתא. ההוא מיבעי ליה לטמא שנגע בקדש. דאיתמר טמא שנגע בקדש. ריש לקיש אומר לוקה. רבי יוחנן אומר אינו לוקה. ריש לקיש אומר לוקה. בכל קדש לא תגע. רבי יוחנן אומר אין לוקה.

לענין אחותו מאביו ומאמו דאשמעינהו נוסחת הספרים. ומכריתות ראיה למה שכתבתי גם סגנון הלשון סיפא ורישא מוכח כן:

[1] ר"י ור"ע. ובד"ס ואידך אחותו דרישא מאי עבדי ליה: [2] מפטם שמן המשחה דכתיב על בשר אדם לא ייסך ובמתכנתו לא תעשו וגו' איש אשר ירקח כמהו ואשר יתן ממנו על זר ונכרת מעמיו (שמות ל' ל"ב וגו') ואיצטריך לחלק כרת שמביא ב' חטאות אף שלא נכתב אלא כרת א' כשם שנכתב כרת אחת בעריות וחייב אפי' בגוף אחד על כל אחת ואחת. ולכך יצאת כרת דאחותו שאם אינו ענין לגופו תגיהו ענין למקום אחר שבכל מקום שלא נכתב אלא כרת אחת שהוא חייב ב' חטאות. ולא סבירא להו הא דאר"א א"ר הושעיא דלקמן. ויש גורסין בה ודלא כר' אלעזר דאמר וכו'. ויש גורסין וכדר' אלעזר והיינו לענין דחייב ב' אבל לא מטעמיה אלא דילפי לה מאחותו ודחה הריטב"א גי' זו דודאי כ"ע מודו במפטם וסך דחייב ב' ואין אנו דנין אלא מהיכא נפקא. וגי' ר"ח כגי' זו וקושית הריטב"א דאי משום הא לא שייך לומר וכדר"א דכ"ע מודי בכך עיין בכריתות שם דרנב"י אמר עלה אף אנן תנינא וכו' א"כ עיקרא דמילתא דחייב ב' צריך לאשמעינן: [3] כ"ה ברש"י ותוס'. ובספרים ליתא מלת לה. ובד"ס סבר לה מר וכדרבי אלעאי א"ר אושיעא דא"ר אלעאי. וכן בתו' שנין אלעאי. והנהו דגרסי וכדר' אלעזר לא גרסי מלות ואידך סבר לה. אלא כולא סיומא דואידך קמא היא: [4] ור' יצחק כוותיה ס"ל למפטם וסך והיא הדין להלק בעריות ומאחותו דרישא יליף שחייב על כל אחת וא' בגוף אחד. וכרת באחותו יצתה שלא לדונן במלקות: [5] לחלק בעריות: [6] שנאמר בה ונכרתו שניהם וגו' ובכלל היתה ויצתה לחלק. ובנוסין מוחלקין לא איצטריך שכבר אמר ואל אשה בנדת טומאתה וגו' אלא ללמדך על כולן שחייב על כל א' וא' בגוף אחד. וגי' רש"י ואיבעית אימא נפקא ליה מואיש. וע"כ מחק הב"ח מלות לא סבר לה כר"א. ויש גורסין לכולא הכי ואידך איבעית אימא סבר לה כר"א א"ר הושעיא ואב"א נפקא ליה מואיש. ולא איצטרכי לאתויי תו שנוסחתם היא למפטם וסך ודלא כר"א אר"ה דאמר ר"א וכו' כל מקום וכו'. ונוסחא זו ג"כ בד"ס. וב' נוסחאות מעורבבות הן דאי גרים כבר ואידך סבר לה מר וכו' כדלעיל אות ג' לא מצי גרים תו ואידך אב"א: [7] ר"י ור"ע דלא ילפי לחלק מהא: [8] עיקרו בנדה מ"א ב' ולאפוקי אם יצא דרך דופן וגי' ר"ח עד שיצא מטנה דרך ערותה. ולהכי אהדרה קרא לומר שאינו חייב כרת אלא אם את מקורה הערה ור"י לית ליה הא דרשב"י. והכי ברירא סוגיא דשמעתא דג' אוקימתות הם בדר"י לענין להלק. א' מאחותו דסיפא. ב' מאחותו דרישא. ג' מואיש אשר ישכב וגו': [9] בבא אל המקדש: [10] בטמא שאכל הקודש. ועיין זבחים ל"ג כ': [11] ואין אדם דן גז"ש מעצמו ובד"ס משום דלא גמר גז"ש: [12] עיין שבועות ז' א' ויבמות ע"ה א' ועיקרו בתו"כ תזריע פרק א'. ובד"ס ההיא בכל קדש לא תגע אזהרה לתרומה היא דאתא: [13] מלות בקדשים לא יאכל ליתנייהו בספרים והוספתים. ובד"ס נ"ל מהאי קרא איש וגו': [14] ביבמות ע"ד א' תני לה ר' יוחנן משום ר' ישמעאל:

ההוא אזהרה לתרומה הוא דאתא. טמא שנגע בקדש מדאפקיה רחמנא בלשון נגיעה[1]. ואזהרה לאוכל מדאתקיש קדש למקדש[2]: ואכתי לר"ל[3] להכי הוא דאתא. ההוא מיבעי ליה לטמא שאכל בשר קדש לפני זריקת דמים[4]. דאיתמר טמא שאכל בשר קדש לפני זריקת דמים. ריש לקיש אומר לוקה. רבי יוחנן אומר אינו לוקה. ריש לקיש אומר לוקה. בכל קדש לא תגע. לא שנא לפני זריקה ולא שנא לאחר זריקה. רבי יוחנן אומר אינו לוקה. רבי יוחנן לטעמיה דאמר אתיא[5] טומאתו טומאתו. וכי כתיב טומאתו[6] לאחר זריקה הוא דכתיב[7]. ההיא מבכל נפקא[8]: תניא כוותיה דריש לקיש. בכל קדש לא תגע (שם י"ב ד'). אזהרה לאוכל. אתה אומר אזהרה לאוכל. או אינו אלא אזהרה לנוגע. ת"ל בכל קדש לא תגע ואל המקדש וגו' (שם) מקיש קדש למקדש. מה מקדש דבר שיש בו נטילת נשמה[9] אף כל דבר שיש בו נטילת נשמה[10]. ואי בנגיעה[11] מי איכא נטילת נשמה[12]. אלא באכילה:

אמר רבה בר בר חנה אמר רבי יוחנן כל לא תעשה שקדמו עשה לוקין טו א עליו[13]. *אמרו לו[14]. אמרת. אמר להו. לא[15]. אמר רבא האלהים אמרה[16]. וכתיבא ותנינא[17]. כתיבא. וישלחו מן המחנה (במדבר ה' ב'). וכתיב[18] ולא יטמאו את מחניהם (שם שם ג'). תנינא הבא למקדש טמא[19]. אלא מאי טעמא קא הדר ביה. משום דקשיא ליה אונס. דתניא אונס שגירש. אם ישראל הוא מחזיר ואינו לוקה. אם כהן הוא לוקה ואינו מחזיר (תוספתא כתובות פ"ג)[20]:

אמר מר אם ישראל הוא מחזיר ואינו לוקה[21]: אמאי לא תעשה שקדמו עשה הוא[22] ולילקי[23]. אמר עולא לא יאמר לו תהיה לאשה באונס[24]. וליגמר ממוציא שם רע[25]. ומה מוציא שם רע שלא עשה מעשה[26]. אמר רחמנא ולו תהיה לאשה (דברים כ"ב י"ט). אונס לא כל שכן[27]. למה נאמר[28]. אם אינו ענין לפניו[29]. תנהו ענין לאחריו. שאם גירש יחזיר[30]: ואכתי[31]. אונס ממוציא שם רע לא גמר. דאיכא למיפרך. מה למוציא שם רע שכן לוקה

---

[1] כ"ה נוסחת רש"י וכד"ס ריש לקיש אזהרה לנוגע בקדש מדאפקיה וכו' ובנוסחאות ישנות ליתנייהו מלות טמא שנגע בקדש ועיין זבחים ל"ג ב': [2] כ"ה כד"ס ובזבחים שם אזהרה וכו' וכן ברש"י ובריטב"א מדאיתקש. ובספרים אזהרה איתקיש וכו' והוסיפו מלת לאוכל ואח"כ הסגירוה והגיהו אזהרה מדאיתקוש עיין מהרש"ל ומהרש"א. ולא ילפינן אוכל מנגיעה דאין מזהירין מן הדין ריטב"א: [3] כ"ה בד"ס. ובספרים ליתא לר"ל: [4] כד"ס לפני זריקה ועיין זבחים ע"ד א': [5] כן הגיה מהרש"א ובספרים דאמר קרא: [6] וטומאתו עליו ונכרתה דויקרא ז' כ' וסתמא דקרא בבשר הראוי לאכילה דהיינו לאחר זריקה כפי' ר"ח. והכי תני לה במנחות כ"ה ב' ועיקרו בת"כ פ' צו פרשה ט': [7] וא"כ לר"ל על כרחך מקרא אחר יליף לטמא שאכל את הקדש לאחר זריקה דבכל קדש אייתי לה לענין לפני זריקה: [8] כ"ה ברש"י ובד"ס ובשאר נוסחאות ומרבויא לשון בכל דריש אף לפני זריקה. ובספרים ההוא מבכל קדש: [9] דהיינו כרת. ובר"ח דבר שכתב בו נטילת נשמה וכו': [10] בין טמא שאוכל קדש שהיא בכרת וטמא שאוכל תרומה שהיא במיתה. ובר"ח אף קדש דבר שכתב בו נטילת נשמה. ובד"ס וזבחים ל"ג ב' ויבמות ע"ה א' הגי' אף קדש דבר וכו' עיי"ש ועיין בתו"כ פ' תזריע שם: [11] דלנגיעה דתרומה אתי כדר' יוחנן לעיל: [12] בד"ס נ"נ מי איכא. ובזבחים ל"ד א' ואי בנוגע נ"נ מי איכא. ועיין שבועות ז' א': [13] בר"ת לוקה. בד"ס ובריטב"א כל ל"ת שבתורה. שאין העשה תיקון הלאו ואע"ס שמקיים אח"כ את העשה לוקה: [14] בני הישיבה לרבב"ח: [15] חזר בו ובדמסיק דהוה קשה ליה עלה. וי"ג אמרו לו אמרת א"ל האלהים אמרה וכו' עיין ריטב"א: [16] כ"ה בד"ס וברמב"ן עיי"ש ובספרים אמר רבה. בד"ס אמרת. והיא כמו אמר אותה דהיינו אותה הלכה וכן לעיל: [17] בד"ס ותנינא להו: [18] כ"ה בד"ס ובספרים הוסיפו מלת וגו' במחברות: [19] בריש"י אל המקדש וכ"ה במשנה: [20] ועיין בירושלמי כתובות פ"ג ה"ו ושם הוא בשינוי קצת ועיין תמורה ה' א' ולקמן ט"ז א': [21] כ"ה בד"ס. ובספרים ליתא אמר מר ומלשון רש"י נראה דל"ג לכולא אלא גריס ואמאי ל"ת וכו' אמנם נוסחת הד"ס עיקר: [22] דכתיב ולו תהיה לאשה וגו' לא יוכל שלחה כל ימיו דברים כ"ב כ"ט: [23] אית דגרסי ואלא מ"ט אר"י דלוקין אמר עולא. ומלשון ר"ח נראה גם כן דנוסחא אחרת הוה ליה. ועכ"ם כולן עולין באחת דאליבא דר' יוחנן מקשי ומתרץ עולא דבאונס לאו שניתק לעשה הוא: [24] בד"ס אמר עולא משום דאיכא למימר לא יאמר וכו': [25] בד"ס ואתי ק"ו ממוציא שם רע: [26] שאין כאן אלא דיבור: [27] בד"ס אונס שעשה מעשה לא כש"כ: [28] בד"ס אלא למה נאמר ובספרים הסגירו מלות ל"נ: [29] לפני גירושין: [30] בד"ס והוי לאו הניתק לעשה. ובנוסחאות ישנות אם אינו ענין לאונס תניהו ענין למוציא שם רע שאם גירש יחזיר. ואונס ילפינן בק"ו ממוציא שם רע. והדר פריך אונס ממוציא שם רע לא גמיר. ולא גרסי מלת ואכתי. עיין בהגהות הר"ס. וכן גירסת הד"ס אמרו לו אונס וכו' ול"ג ואכתי: [31] ואכתי קשה דצריך הוא באונס אף לפניו:

ומשלם[1]. אלא, לא יאמר לו תהיה לאשה במוציא שם רע, וליגמר מאונס, ומה אונס שאינו לוקה ומשלם אמר רחמנא ולו תהיה לאשה, מוציא שם רע לא כל שכן, ולמה נאמר, אם אינו ענין למוציא שם רע, תנהו ענין לאונס, אם אינו ענין לפניו[2], תנהו ענין לאחריו[3]: ואכתי מוציא שם רע מאונס נמי לא גמר[4], דאיכא למיפרך, מה לאונס שכן עשה מעשה, אלא, לא יאמר לו תהיה לאשה במוציא שם רע שהרי אשתו היא[5], למה נאמר, אם אינו ענין למוציא שם רע, תנהו ענין לאונס, ואם אינו ענין לפניו, תנהו ענין לאחריו: ואימא ואם אינו ענין לפניו דמוציא שם רע, תנהו ענין לאחריו דידיה דלא לקי[6], אין הכי נמי, ואתי אונס וגמר מיניה[7]: במאי גמר מיניה, אי בקל וחומר[8], אי במה מצינו, איכא למיפרך מה למוציא שם רע[9] שכן לא עשה מעשה[10], אלא אמר רבא מאי כל ימיו (שם שם כ״ט)[11] כל ימיו בעמוד והחזר[12], וכן כי אתא רבין א״ר יוחנן, כל ימיו בעמוד והחזר[13]:

א״ל רב פפא לרבא והא לא דמי לאויה ללאו דחסימה[14], א״ל משום דכתב ביה רחמנא עשה יתירא מגרע גרע[15], אי הכי לאו שניתק לעשה נמי, לימא משום דכתב ביה רחמנא עשה יתירה מגרע גרע, א״ל ההוא לנתוקי לאו הוא דאתא[16], הניחא למאן דתני קיימו ולא קיימו, אלא למאן דתני[17] ביטלו ולא ביטלו מאי איכא למימר[18], טו ב *מידי הוא טעמא אלא לרבי יוחנן, האמר ליה רבי יוחנן לתנא, תני קיימו ולא קיימו[19], דתני תנא קמיה דרבי יוחנן, כל מצות לא תעשה שיש בה קום עשה, קיים עשה שבה פטור ביטל עשה שבה חייב, א״ל מה קא אמרת, קיים פטור לא קיים חייב[20], ביטל חייב לא ביטל פטור[21], תני קיימו ולא קיימו[22], ורבי שמעון בן לקיש אומר ביטלו ולא ביטלו, במאי קא מיפלגי[23], בהתראת ספק קא מיפלגי, מר סבר התראת ספק שמה התראה[24], ומר סבר התראת ספק לא שמה התראה[25]: ואזדו לטעמייהו, דאיתמר שבועה שאוכל

[1] עיין כתובות מ״ו א׳: [2] שכבר כתוב בו. בר״ס מוציא שם רע שליקה ומשלם לכ״ש אלא ל״ל אם אינו ענין לגופו וכו׳: [3] ויליף מיניה שם רע מאונס: [4] כ״ה בר״ס, והתם ג׳ ואכתי מוציא שם רע מאונס לא אתי משום דאיכא למיפרך. ובספרים ליתא מלת ואכתי וג׳ ומוציא שם רע וכו׳: [5] וכולא קרא מיותר: [6] והוה כמוציא שם רע לאו הניתק לעשה: [7] בר״ס ואתי אונס ממוציא שם רע. בנוסחאות ישנות ליתא מלת אין: [8] דמוציא שם רע חמור דליקה ומשלם: [9] כ״ה בר״ס. ובספרים איכא למיפרך כדפרכינן והסגירוה עפ״י מהרש״א. ובנוסחאות ישנות אי בק״ו איכא למיפרך כדפרכינן אי במה מצינו איכא למיפרך מה למוציא וכו׳. הגהות הר״ס. ובספרים אחרים אי בק״ו איכא למיפרך מה למוציא שם רע שכן לא עשה מעשה אי במ״מ איכא למיפרך כדפרכינן. הגהות הב״ח: [10] בר״ס תאמר בזה שעשה מעשה: [11] כ״ה בר״ס וכן נראה גי׳ רש״י ובספרים ליתא מאי כל ימיו: [12] וה״ק ולו תהיה לאשה כל ימיו. ומאמר לא יוכל שלחה היא מוסגר. ריטב״א בשם רמ״ה: [13] כמו שפירשו רבא וכמו שהעיד לעיל האלהים אמרת: [14] עיין לעיל צד ל״ו. בריטב״א הגי׳ והא לא דמי ללאו דחסימה ובר״ס והא לא מייחד לאו כלאו דחסימה וכפי׳ ר״ח והא לא דמי לאו שקדמו עשה ללאו דחסימה: [15] בריטב״א א״ל רבא וכו משום דכתיב ביה עשה מיגרעי גרע, ובר״ס משום דאיכא עשה: [16] גי׳ ר״ח והרמב״ן לתקוניה לאו. ובר״ס אמרי ההיא לנתוקי לאוי הוא דאתא דפטור. ובריש״י וריטב״א לאויה: [17] כ״ה בריש״י ובר״ס ובכל הראשונים ובספרים דאמר וכו׳ דאמר: [18] כ״ה נוסחת הר״ח והרמב״ן וכ״ה בכל נוסחאות הראשונים עיין ריטב״א ובספרים שינו עפ״י נוסחת רש״י דניחא למ״ד ביטלו ולא ביטלו אלא למ״ד קיימו ולא קיימו וכו׳. ופי׳ הא דאמרת ההיא לנתוקי לאו וכו׳ שהעשה הוא לתקן הלאו שעבר ולנתקו ממלקות היא, אתי שפיר אי אמרינן קיימו לעשה פטור ממלקות לא קיימו לעשה לוקה שלא תיקן את הלאו, אלא אי אמרינן אי ביטלו לעשה בידים כגון בנותר שהאכילו לכלבים היא לוקה אבל כל זמן שלא ביטלו בידים אינו לוקה אעפ״י שלא קיים את העשה שאין הלאו נגמר אלא בביטול העשה, ואינו לוקה משום דלא דמי ללאו דחסימה, מאי איכא למימר והא לאו שקדמו עשה נמי לא דמי ללאו דחסימה מה לי שקדמו העשה ומה לי שמאחרו: [19] בנוסחת רש״י ובספרים שלפנינו בטלו חייב ולא (בריש״י לא) בטלו פטור. ובר״ס וכן הביא הריטב״א נוסחת רש״י תני ביטלו ולא ביטלו. וכפי׳ ר״ח הגי׳ כאן תני כל ל״ת שקדמו עשה לוקין עליו ר״י האמר ר״י לתנא תני קיימו וכו׳: [20] פי׳ דבריך סותרין זה את זה דקאמרת קיים פטור ומשמע מזה הא לא קיים חייב: [21] והדר אמרת ביטל חייב ומשמע אם לא ביטל אעפ״י שלא קיים פטור. ובר״ס קיים עשה שבה פטור. הא לא קיים עשה שבה חייב. תני ביטל עשה שבה חייב. הא לא ביטל עשה שבה פטור. והוגה בהגהות והדר תני: [22] וגרש״י כתב ה״ג תני בטלו ולא בטלו וכ״ה בספרים. ובר״ס א״ל ר׳ יוחנן תני: [23] בר״ח במאי פליגי ובריטב״א וקמיפלגי בהתראת ספק מר סבר וכו׳: [24] בריש״י ר׳ יוחנן סבר התראת וכו׳. דהתראה היא בשעת עבירת הלאו ואי לא קיים לעשה חייב: [25] בריש״י ור״ל סבר התראת וכו׳. ובר״ס ומר סבר לא שמיה התראה. דלא מתרינן ביה אלא בביטול העשה

ככר זה היום. ועבר היום ולא אכלה. רבי יוחנן ור"ל דאמרי תרוייהו אינו לוקה. רבי
טז א יוחנן אומר אינו לוקה. *משום דהוי לאו שאין בו מעשה. וכל לאו שאין בו מעשה אין לוקין עליו[1]. ר"ל אומר אינו לוקה. משום דהוי התראת ספק. וכל התראת ספק לא שמה התראה[2]: ותרוייהו אליבא דרבי יהודה. דתניא ולא תותירו ממנו עד בקר והנותר ממנו עד בקר וגו' (שמות י"ב י') בא הכתוב ליתן עשה אחר לא תעשה לומר שאין לוקין עליו. דברי רבי יהודה. רבי יעקב אומר לא מן השם הוא זה. אלא דהוי לאו שאין בו מעשה. וכל לאו שאין בו מעשה אין לוקין עליו[3]. ר' יוחנן דייק הכי. טעמא דבא הכתוב. הא לא בא הכתוב לוקה. אלמא התראת ספק שמה התראה. ור"ל דייק הכי. טעמא דבא הכתוב. הא לא בא הכתוב לוקה. אלמא לאו שאין בו מעשה לוקין עליו: ור"ש בן לקיש נמי. הא ודאי התראת ספק הוא[4]. סבר לה כאידך תנא דר' יהודה[5]. דתניא הכה זה וחזר והכה זה. קילל זה וחזר וקילל זה. הכה שניהם בבת אחת. או קילל שניהם בבת אחת. חייב. רבי יהודה אומר בבת אחת חייב. בזה אחר זה פטור (תוספתא יבמות פי"ב)[6]: ורבי יוחנן נמי. הא ודאי לאו שאין בו מעשה הוא[7]. סבר לה כי הא[8] דאמר רב אידי בר אבין אמר רב עמרם א"ר יצחק[9] א"ר יוחנן. רבי יהודה אומר[10] משום רבי יוסי הגלילי. כל לא תעשה שבתורה לאו שיש בו מעשה לוקין עליו. לאו שאין בו מעשה אין לוקין עליו[11]. חוץ מן הנשבע ומימר והמקלל את חבירו בשם (תוספתא מכות פ"ה)[12]: קשיא דרבי יהודה אדרבי יהודה[13]. אי לר"ש בן לקיש. תרי תנאי אליבא דרבי יהודה[14]. אי לרבי יוחנן. לא קשיא. הא דידיה[15]. הא דרביה[16]:

תנן התם. הנוטל אם על הבנים. רבי יהודה אומר לוקה ואינו משלח. וחכ"א משלח ואינו לוקה. זה הכלל. כל מצות לא תעשה שיש בה קום עשה אין חייבין עליה (לקמן משנה ב' וחולין ס"ס י"ב). א"ר יוחנן אנו אין לנו אלא זאת ועוד אחרת[17]. א"ל רבי אלעזר היכא. א"ל לכי תשכח[18]. נפק דק ואשכח. דתניא אונס שגירש. אם ישראל הוא מחזיר ואינו לוקה. ואם כהן הוא לוקה ואינו מחזיר (תוספתא כתובות פ"ג)[19]. הניחא למאן דתני קיימו ולא קיימו[20]. אלא למאן דתני ביטלו ולא ביטלו. בשלמא גבי שילוח הקן

דכשיבטלה ילקה על הלאו. אי נמי דמתרינן ליה בשעת עבירת הלאו אטנם גמר הלאו הוא בביטול העשה. כך היא נוסחת הספרים הישנים וגי' הרי"ף והראשונים ופירושם. אבל רש"י נסבך בגירסתו לפרש בדרך רחוק והחזיקו בעלי התוספות בנוסחתו ופירשו בדרך קרוב מרש"י עיין בהם:

[1] אבל משום התראת ספק לא מיפטר. כד"ס הוה ליה לאו שאין בו מעשה ואין לוקין עליו. וברש"י משום דהוה ליה וכו': [2]וקסבר לאו שאב"מ לוקין עליו. כד"ס הוה ליה ספק והתראת ספק וכו' וברש"י משום דהויא לה התראת ספק. ועיין פסחים ס"ג ב' ושבועות ג' ב' וכ"א א' ותמורה ג' ב' ובירושלמי פסחים פ"ח ה"ד ויבמות סוף פי"א ונזיר פ"ח ה"א ושבועות פ"ג ה"ח: [3]כ"ה כד"ס וכך הברייתא בתשלומה לעיל צד ז' ועיין שם בהערות סי' ט"ו: [4]בד"ס ור"ל קשיא התראת ספק היא. ובר"ח ור"ל והא התראת וכו'. ויש לך ללמוד מכאן דשמה התראה: [5]דלא שמיה התראה. ברש"י כי אידך: [6]בד"ס או שהכה שניהם וכו' שקלל. ובתוספתא שם בשינוי עיי"ש ועיין ירושלמי יבמות סוף פי"א ובבלי יבמות ק"א א' וחולין פ"ב ב' וצ"א א'. פי' מי שהוא ספק בן ט' לראשון ובן ז' לאחרון לת"ק חייב אף בזה אחר זה דהתראת ספק שמה התראה ולר"י פטור: [7]בד"ס לר"י קשיא לאו שאב"מ הוא. ושם המאמרים מסורסים תחלה מקשי לר"י והדר לר"ל: [8]בד"ס ס"ל האי תנא ר' יהודה והוגה בהגהות כהאי תנא דר"י: [9]בד"ס ר' עמרם בר צדוק: [10]הב"ח הגיה אומר היה ר"י משום ריה"ג: [11]בד"ס כל ל"ת שבתורה יש בו מעשה וכו' אין בו מעשה וכו' וכ"ה בפי' ר"ח: [12]ושם הוא בשינוי ועיין בתוספתא כריתות פ"א ועיין שבועות כ"א א' ותמורה ג' א'. וגי' רש"י ומימר. ועיין בירושלמי ספ"ג דשבועות וסוף פ"ד שם ובפסיקתא רבתי ספכ"ב: [13]בר"ח אי הכי קשיא וכו': [14]חד אמר בשמו דהתראת ספק שמה התראה וחד אמר לא שמה התראה: [15]דלוקין על לאו שאב"מ: [16]דאין לוקין הוא משום ריה"ג. ובד"ס מסרס אי לר"י ל"ק הא דידיה וכו' אי לר"ל לא קשיא תרי תנאי וכו' וכ"ה בפי' ר"ח ובריטב"א. והריטב"א הביא בשם רש"י הגי' ור"י ל"ק תרי תנאי ואליבא דר"י לר"ל הא דידיה והא דרביה עיי"ש וברש"י שלפנינו ליתא הכי. וע"ע זבחים ע"ח א' וב"מ צ"א א': [17]כ"ה ברש"י ובר"ח ובריטב"א. ובספרים ליתא מלת אנו. וכלו' אין לנו שיהא פטור המלקות תלוי בקיום העשה שאם ביטל העשה לוקה אלא וכו': [18]תדע אם תמצא: [19]לעיל צד ט' ועיין חולין קמ"א א': [20]יש לנו עוד אחרת:

משכחת לה[1]. אלא אונס ביטלו ולא ביטלו היכי משכחת לה[2]. אי דקטלה. קם ליה בדרבה מיניה[3] אמר רב שימי מחוזנאה כגון שקיבל לה קידושין מאחר[4]. אמר רבא אי שוויתיה שליח. איהי קא מבטלא ליה[5]. אי לא שוויתיה שליח. כל כמיניה[6]. ולא כלום היא[7]. אלא אמר רב שימי מנהרדעא כגון שהדירה ברבים[8]. הניחא למ״ד נדר שהודר ברבים אין לו הפרה. אלא למ״ד יש לו הפרה מאי איכא למימר[9]. דמדירה לה על דעת רבים[10]. דאמר אמימר הלכתא נדר שהודר ברבים יש לו הפרה. על דעת רבים אין לו הפרה[11]: ותו ליכא. והא איכא גזל משכון ופאה[12]. גזל. דרחמנא אמר לא תגזול (ויקרא י״ט י״ג) וכתיב והשיב את הגזלה (שם ה׳ כ״ג)[13]. משכון. דרחמנא אמר לא תבא אל ביתו לעבוט עבוטו (דברים כ״ד י׳) וכתיב השב תשיב לו העבוט כבא השמש (שם שם י״ג)[14] ומשכחת לה בקיימו וביטלו ולא קיימו ולא ביטלו[15]. התם כיון דחייב בתשלומין אין לוקה ומשלם[16]: מתקיף לה רבי זירא הא איכא משכונו של גר ומת הגר[17]. [טז ב] *התם גברא בר תשלומין הוא[18] ושיעבודא דגר הוא דקא פקע[19]. והא איכא פאה[20]. דרחמנא אמר לא תכלה פאת וגו׳ לעני ולגר תעזוב אותם וגו׳ (ויקרא כ״ג כ״ב)[21] דמשכחת לה בקיימו ולא קיימו ביטלו ולא ביטלו[22]. דתניא[23] מצות פאה להפריש מן הקמה. לא הפריש מן הקמה מפריש מן העומרין. לא הפריש מן העומרין מפריש מן הכרי עד שלא מירח. מירחו מעשר ונותן לו (תוספתא פאה פ״א)[24]. כרבי ישמעאל[25] דאמר אף מפריש מן העיסה ונותן לו[26]. ולר׳ ישמעאל נמי משכחת לה דאכל עיסה[27]. אלא זאת ועוד אחרת אהא. אבל אונס לא. דהיכא אמרינן על דעת רבים אין לו הפרה. לדבר הרשות. אבל לדבר מצוה יש לו הפרה[28]. כי הא דההוא מקרי דרדקי[29]. דאדריה רב אחא[30] דהוה פשע בינוקי. ואהדריה רבינא דלא אשתכח דדייק כוותיה[31]:

והאוכל נבלות וטריפות שקצים ורמשים וכו׳: אמר רב יהודה האי מאן דאכל ביניתא דבי כרבא[32]. מלקינן ליה משום שרץ השורץ על הארץ (ויקרא י״א מ״א)[33]: ההוא דאכל ביניתא דבי כרבא. ונגדיה רב יהודה[34]:

---

[1] כגון ששחטה: [2] בד״ס הגי׳ אלא למאן דתני ביטלו ולא ביטלו היכי משכחת לה וכו׳ והשאר ליתא: [3] והייב מיתה. בד״ס הגי׳ היכי משכחת לה כגון דקטלה. קטלה קם ליה וכו׳: [4] בד״ס הכא במאי עסקינן כגון וכו׳: [5] בספרים רב והוגה בגליון רבא. ובד״ס א״ר מבלי מה נפשך אי היא שוויתיה שליח איהי דקא וכו׳. וכתב בהגהות זצ״ל אמר רבא מבלי לב ומצינו לו זה הסגנון ביבמות ס״א ב׳ ופרש״י שם כמו מבלי לב: [6] וכי הכל תלוי ממנו והרי אין הקידושין כלום: [7] בד״ס אי לא לא כל במיניה אלא וכו׳: [8] ואסרה על עצמו. בד״ס א״ר שימי בר אשי מנהרדעא הכא במאי עסקינן כגון וכו׳: [9] ופלוגתא היא בגיטין ל״ה ב׳ וערכין כ״ג א׳ ובכורות ט״ו א׳: [10] בד״ס כגון שהדירה וברמב״ן כגון שהדירה על דעת ב״ד ובריטב״א כגון שמדירה על דעת רבים: [11] עיין בגיטין ובכורות שם דגריס הלכתא אפי׳ למ״ד נדר שהודר ברבים וכו׳. בד״ס וכי הא דאמר אמימר: [12] בספרים סימן גז״ל וכו׳ במחברות והגהתי עפ״י הד״ס: [13] בספרים ליתא וכתיב וכן להלן והגהתי עפ״י הד״ס: [14] במקרא כתיב את העבוט. ומוקמינן לה בב״מ ל״א ב׳ שהיא עשה אף במשכנו שלא ברשות: [15] כגון שאיבדה או שרפה: [16] גי׳ התוספות התם איתא בתשלומין. ותו לא. ובריטב״א כיון דמיחייב בתשלומין אינו לוקה ומשלם: [17] ברש״י ותו׳ ובד״ס הרי משכונו וכו׳ וזה ליתא בתשלומין אם שרפו בחייו והיינו בגר שאין לו יורשין: [18] כששרפו: [19] בשמת. בריטב״א ותוספות ושיעבודא דגר פקע. בד״ס נ׳ לכולא הכי והרי משכון גזל ופיאה משכון דאמר רחמנא וכו׳ וכתיב וכו׳ אמרי שאני משכון כיון דמיחייב בתשלומין וכו׳ הרי משכונו של גר ומת הגר אמרי התם וכו׳ דקא פקע והרי גזל דרחמנא אמר וכו׳ וכתיב וכו׳ ומשכחת לה בקיימו וכו׳ ולא ביטלו אמרי הכי נמי כיון דמיחייב בתשלומין אינו לוקה ומשלם: [20] בד״ס והרי פאה: [21] בד״ס וכתיב לעני וגו׳: [22] וכגון שעשאה קמח כדלהלן. בד״ס וברש״י משכחת והב״ח הגיה והוגה בגליון דתניא ועיין ב״ק צ״ד א׳ סנהדרין פ״ח א׳ ותמורה ו׳ א׳: [23] בספרים דתנן והוגה בגליון דתניא ועיין ב״ק צ״ד: [24] והוא שם בשינוי קצת: [25] סבירא ליה: [26] כ״ה בד״ס ובספרים ליתא ונותן לו. ובב״ק ובאינך מייתי לה הכי משום ר׳ ישמעאל אמרו אף וכו׳ ונותן לו ובתוספתא ליתא ואולי היא קטיעה: [27] בד״ס כגון שאכלה לעיסה: [28] והכא לדבר מצוה היא דכל ימיו בעמוד והחזור קאי: [29] בד״ס כי ההוא מקרי וכו׳: [30] כ״ה בריטב״א ובד״ס וגיטין ל״ו א׳ ובכורות ט״ו א׳. ובד״ס ובבכורות אדריה. ובספרים דהוה פשע בינוקי אדריה ר״א: [31] בד״ס משום דלא וכו׳. ובבכורות דלא אשכח דהוה דייק וכו׳: [32] כ״ה בכל הנוסחאות ובד״ס הגי׳ מניתא וכן לקמן ופרש״י תולעת הנמצאת בכיוב שקורין צי״לא (ובריטב״א הביא קני״לה ובתו׳ שנין קניא״לה) והערוך וכל הראשונים פירשו דג שנמצא בלהות תלם המחרישה ועיין בריטב״א ובערוך. ועיין חולין ס״ז א׳: [33] בד״ס ובילקוט כל השרץ וגו׳ ונוסחת הרמב״ן והריטב״א משום רמש האדמה: [34] בד״ס ההוא גברא דאכל מניתא:

אמר אביי אכל פוטיתאי לוקה ארבעה. נמלה[2] לוקה חמש. משום שרץ השורץ על הארץ. צרעה[3] לוקה שש. משום שרץ העוף:

אמר רב אחאי המשהה את נקביו עובר משום לא תשקצו[4]:

אמר רב ביבי בר אביי האי מאן דשתי בקרנא דאומנא קא עבר משום לא תשקצו[5]:

אמר רבא בר רב הונא[6] ריסק תשעה נמלים. והביא אחד חי[7] והשלימן לכזית. לוקה ו׳. ה׳ משום בריה. ואחד משום כזית נבלה. רבה א״ר יוחנן אפילו שנים והוא[8]. רב יוסף א״ר יוחנן אפילו אחד והוא[9]. ולא פליגי. הא ברברבי והא בזוטרי[10]:

אכל טבל ומעשר ראשון כו׳: אמר רב אכל טבל של מעשר עני לוקה[11]. כמאן. כי האי תנא. דתניא אמר ר׳ יוסי יכול לא יהא חייב אלא על הטבל שלא הורם ממנו כל עיקר. הורם ממנו תרומה גדולה ולא הורם ממנו מעשר ראשון. מעשר ראשון ולא מעשר שני. ואפי׳ מעשר עני מנין. ת״ל לא תוכל לאכול בשעריך וגו׳ (דברים י״ב י״ז) ולהלן הוא אומר ואכלו בשעריך ושבעו (שם כ״ו י״ב). מה להלן מעשר עני. אף כאן מעשר עני (ספרי ראה ע״ב). ואמר רחמנא לא תוכל[12]: אמר רב יוסף כתנאי. ר״א אומר אין
י״ו א צריך לקרות את השם על מעשר עני של דמאי[13]. וחכ״א *קורא את השם ואינו צריך להפריש (משנה דמאי פ״ד מ״ג)[14]. מאי לאו בהא קא מיפלגי. דמר סבר ודאי טובלו[15] ומר סבר ודאי אינו טובלו. אמר ליה אביי. אי הכי אדמיפלגי בספיקו ליפלגו בודאי. אלא דכולי עלמא ודאי טובלו. והכא בהא קא מיפלגי. מר סבר לא נחשדו עמי הארץ על

---

[1] היא שרץ המים: [2] היא שרץ הארץ: [3] היא שרץ העוף. ועיין עירובין כ״ח א׳ ופסחים כ״ד א׳. ובילקוט ס׳ שמיני אמר אביי אכל פוטיתא לוקה ארבע משום בל תשקצו. כל אשר אין לו סנפיר וקשקשת. ומשום לא תטמאו. ומשום מבשרם לא תאכלו. ובד״ס ג׳ לכולא הכי פוטיתא לוקה ד׳ נמלה לוקה ה׳ צרעה לוקה ו׳. אכל פוטיתא לוקה ארבעה. משום לא תשקצו ומשום אשר אין לו סנפיר וקשקשת ומשום לא תטמאו. ומבשרם לא תאכלו. נמלה לוקה חמש. משום השרץ השורץ .על הארץ שקץ הוא לא יאכל ומשום כל הולך על גחון ומשום לא תשקצו את השרץ הרומש על הארץ (והוא משובש). צרעה לוקה שש משום כל שרץ העוף. וברב אלפס חולין ס״פ אלו טריפות עיקר הנוסחא כעין שהוא בד״ס והדר מפרש לה ארבע דכתיב בדגים ושקץ יהיו לכם מבשרם לא תאכלו וגו׳ וכתיב אל תשקצו את נפשותיכם בכל השרץ וגו׳ ל״ש דים ולא שנא דיבשה הרי תרי וכתיב בהו ולא תטמאו הרי תלתא וכתיב במשנה תורה וכל אשר אין לו סנפיר וגו׳ נמלה וכו׳ תרי בהאי קרא דאמרינן לא שנא דים וכו׳ ואידך כל השרץ השורץ על הארץ ואידך כל הולך על גחון וגו׳ ואידך לא תטמאו את נפשותיכם בכל השרץ הרומש וגו׳ ועיין בר״ן שם שהביא נוסחא אחרת. ובערוך ערך פטתא אכל פוטיתא לוקה ד׳ וסימניך תאל״ס. פי׳ ת׳ תאכלו ושקץ יהיו לכם מבשרם לא תאכלו זה הפסוק בדגים וכתיב בשרצים אל תשקצו את נפשותיכם בכל השרץ השורץ ולא תטמאו בהם הוו להו תרי. א׳ אל תשקצו. (ב׳) [ל] לא תטמאו. וכתיב השרץ השורץ סתם ל״ש דים ול״ש דיבשה. הני ג׳ דויקרא בסוף ויהי ביום השמיני. וא׳ במשנה תורה (והיא סי׳ המ״ס) בפ׳ ראה וכל אשר אין לו סנפיר וגו׳. פי׳ פוטיתא דג טמא והוא גוריתא (עיין ערך גרתא). נמלה לוקה ה׳ כולם בפ׳ אחרונה דויהי ביום השמיני ואלה הם לא יאכלו לא תאכלום לא תשקצו לא תטמאו ולא תטמאו וע״ע ברש״י ובריטב״א. ועכ״פ נראה שכל אלו אינם מעיקר הנוסחא אלא פירושים הם. והובאו במקצת ספרים בפנינו ולזה ראיה ג״כ מה׳ הרמב״ם בפ״ב ממאכלות אסורות ועיין במגדל עוז שם שהביא ב׳ הנוסחאות: [4] בד״ס אמר רבא האי מאן דמשהה בנקביו עובר בלא תשקצו. וכעין זה הוא בילקוט שמיני ר׳ תקמ״ה אלא דהתם ג׳ רב אחאי וכו׳ בל תשקצו. ויש ר׳ תקל״ז אמר ר׳ האי מאן וכו׳. ואולי נשתבש מן אמר רבא האי מאן אל אמר רב אחאי ואח״כ כל הסגנון עפ״י שבוש זה. ולשון האי מאן דלעיל ודלהלן מוכיח כן ועיין בהגהות הד״ס: [5] בד״ס דשתי מיא וכו׳ עובר בלא תשקצו וכ״ה בילקוט שם ובהגהות הד״ס הביא נוסחא ר׳ אידי בר אמי: [6] ובגליון נ״א רבה: [7] כן הוא נוסחת רש״י והתוספות ופירשו חי שלם ורש״י פי׳ חי ממש אלא כשבליעו הוא מת והוי נבילה ובד״ס הגי׳ והביא אחרת והשליטן. וברמב״ם בהלכות שם והביא אחת שלימה: [8] כך הוגה בגליון ומסתברא הכי מדאקדמיה לר׳ יוסף ובספרים רבא ובד״ס אמר רבא א״ר יוחנן: [9] כ״ה בכל הספרים הישנים עיין הגהות הד״ס ובספרים ליתא א״ר יוחנן: [10] ורבותא דאפילו לאו בעיקר דינא אלא רבותא לאשמועי נמלים גדולים כולי האי ריטב״א: [11] ושאר המתנות הופרשו וי״ג טבל טבול למעשר עני בהגהות הד״ס: [12] דאתיא גזירה שוה להכי דלא תוכל לאכול עד שיש בו אפי׳ דבר הנאכל בשעריך. ובספרי שם האי סיומא ליתא עיי״ש ואולי היא קטועה. בד״ס הגי׳ ר׳ יוסי אומר וכ״ה בספרי שם וביבמות פ״ו א׳. וגי׳ הד״ס ניטלה הימנו תרומה גדולה ניטלה הימנו תרומת מעשר ועיין בתוספתא פ״ד: [13] במשנה אין אדם צריך וכו׳ למיעשר וכו׳: [14] במשנה קורא שם וכו׳. בד״ס וברש״י קורא ואין צריך: [15] ברש״י וכן בד״ס טבול וכן לקמן. וכיון דודאי טביל לסיבך בדמאי צריך להוציאו מידי ספק טבל:

מעשר עני של דמאי. כיון דממונא הוא אפרושי מפריש[1]. ורבנן סברי כיון דטריחא ליה מילתא[2] לא מפריש:

כמה יאכל מן הטבל וכו': אמר רב ביבי אמר רבי שמעון בן לקיש מחלוקת כחטה. אבל בקמח דברי הכל כזית. ורבי ירמיה אמר רבי שמעון בן לקיש. כמחלוקת בזו כך מחלוקת בזו[3]. תנן. אמר להם ר' שמעון אי אתם מודים לי באוכל נמלה כל שהוא שהוא חייב. אמרו לו מפני שהיא כברייתה. אמר להן אף חטה אחת כברייתה. חטה אין קמח לא. לדבריהם קאמר להו[4]. לדידי אפילו קמח נמי. אלא לדידכו אודו לי מיהת דחטה אחת כברייתה[5]. ורבנן. בריית נשמה חשובה. חטה לא חשובה[6]: תניא כותיה דרבי ירמיה. רבי שמעון אומר כל שהוא למכות. לא אמרו כזית אלא לענין קרבן[7]:

משנה ב'.

האוכל בכורים עד שלא קרא עליהם[8]. קדשי קדשים חוץ לקלעים[9]. קדשים קלים ומעשר שני חוץ לחומה[10]. והשובר את העצם בפסח הטהור[11]. ה"ז לוקה ארבעים. אבל המותיר בטהור והשובר בטמא אינו לוקה ארבעים[12]: הנוטל אם על הבנים. רבי יהודה אומר לוקה ואינו משלח. וחכמים אומרים משלח ואינו לוקה. זה הכלל. כל מצות לא תעשה שיש בה קום עשה אין חייבין עליה[13]:

אמר רבה בר בר חנה א"ר יוחנן זו דברי ר' עקיבא סתימתאה[14]. אבל חכמים אומרים בכורים הנחה מעכבת בהן[15]. קריאה אין מעכבת בהן[16]. ולימא זו דברי רבי שמעון סתימתאה[17]. הא קא משמע לן דרבי עקיבא כרבי שמעון סבירא ליה[18]: מאי ר' שמעון. דתניא ותרומת ידך (דברים י"ב י"ז) אלו בכורים. אמר רבי שמעון מה בא זה ללמדנו[19]. אם לאוכלן חוץ לחומה. קל וחומר ממעשר הקל. ומה מעשר הקל אוכלן חוץ לחומה לוקה. בכורים לא כל שכן. הא לא בא הכתוב אלא לאוכל מבכורים עד שלא קרא עליהן שהוא לוקה[20]: ונדבותיך (שם) זו תודה ושלמים. אמר רבי שמעון מה בא זה ללמדנו. אם לאוכלן חוץ לחומה. קל וחומר ממעשר. הא לא בא הכתוב אלא לאוכל בתודה ובשלמים לפני זריקה שהוא לוקה[21]: ובכורות (שם). זה הבכור. אמר ר'

---

[1] בד"ס דכיון וכו' ובריטב"א כיון דממוניה הוא וברש"י אפרושי מפריש ליה. והוא עצמו יכול לזכות בו שיכול הוא להפקיר נכסיו והוה עני: [2] בד"ס סברי נחשדו עמי הארץ משום טירחא דכיון דטריחא וכו'. והגר"א הגיה דסגיא ליה מילתא. פי' טריחא ליה להפקיר נכסיו ולשמור שלא יזכה בהן אחר. ובנדרים פ"ד ב' אמרו נכסי לא מיפקר דטירתת דילמא זכי בהו וכו'. ועפ"י סוגיא דהתם פירשתיה עיי"ש ורש"י וריטב"א פי' בדרך אחר: [3] דס"ל לר"ש כל שהוא למכות: [4] בד"ס ר"ש לדבריהם דרבנן קאמר להו: [5] בד"ס אודי לי מיהת בחטה שהיא כברייתה: [6] בד"ס אמרו לו רבנן הכא איכא נשמה הכא ליכא נשמה. ועיין חולין צ"ו א' ק' א' וקי"ט א': [7] עיין נזיר ד' א' שבועות כ"א ב' וכ"ד א' ומעילה י"ה א'. בד"ס א"ר שמעון וכו' אלא לקרבן: [8] פרשת בכורים דברים כ"ו ה' וגו': [9] מחיצת ביהמ"ק: [10] מחיצת ירושלים: [11] כ"ה בד"ס. ובספרים השובר. בכת"י קאנמ' בפסח טהור ובמשנה פסחים שם ושם פ"נ א' אבל וכו' אינו סופג את הארבעים. ובשבועות ג' ב' אינו לוקה את הארבעים: [12] במשנה פסחים פ"ד א' בפסח הטהור אבל וכו': [13] משנה סוף חולין ושם ג' אין לוקין עליה. בד"ס ובירושלמי ובכת"י הנ"ל הגי' כל מצוה בלא תעשה שיש וכו'. ובירושלמי קום ועשה. ועיין בתוספתא פ"ה ובתוספתא דחולין פ"י: [14] דאליבא דר"ע סתם אותה. ובעין זו מגילה ב' א' עיין רש"י שם וכ"ו א' ובכורות ל' א' ועיין ירושלמי ביכורים פ"א ה"ז ופ"ב ה"א. ובד"ס אמר רבה בר רב הונא: [15] הנחה לפני המזבח ועיין לקמן צד מ"ו: [16] ומפי השמועה אמרה ר"י: [17] דשמעינן ליה בברייתא הכי ויש שאינן גורסין סתימתאה ועיין בריטב"א: [18] ור"ש אליבא דר"ע רביה אמרה: [19] בד"ס וכי מה וכו' וכן בכולא. ובספרי אלו הביכורים וכי מה בא הכתוב וכו': [20] בד"ס אם לאוכל ביכורים חוץ לחומה וכו' ומה מעשר שהוא קל אכל חוץ לחומה לוקה ביכורים שחמורים לכ"ש אלא לא בא אלא לאוכל בכורים וכו' ועיין בספרי: [21] בד"ס אם לאוכל תודה ושלמים חוץ וכו' אלא לא בא הכתוב אלא לאוכל תודה ושלמים וכו' ובריטב"א תודה ושלמים לפני זריקת דמים ועיין בספרי:

שמעון מה בא זה ללמדנו. אם לאוכלן חוץ לחומה. ק"ו ממעשר. אם לפני זריקה. ק"ו מתודה ושלמים. הא לא בא הכתוב אלא לאוכל מן הבכור אפי' לאחר זריקה שהוא לוקה[1]: בקרך וצאנך (שם). זו חטאת ואשם. אמר רבי שמעון מה בא זה ללמדנו. אם לאוכלן חוץ לחומה. קל וחומר ממעשר. אם לפני זריקה. קל וחומר מתודה ושלמים. אם לאחר זריקה. קל וחומר מבכור. הא לא בא הכתוב אלא לאוכל מחטאת ואשם אפילו לאחר זריקה חוץ לקלעים שהוא לוקה[2]: נדריך (שם). זו עולה. אמר ר"ש מה בא זה ללמדנו. אם לאוכלן חוץ לחומה. ק"ו ממעשר. אם לפני זריקה. קל וחומר מתודה ושלמים. אם לאחר זריקה. ק"ו מבכור. אם חוץ לקלעים. קל וחומר מחטאת ואשם.
יז ב הא לא בא הכתוב *אלא לאוכל מן העולה לאחר זריקה אפילו בפנים שהוא לוקה (ספרי ראה ע"ב ע"ג וע"ד)[3]: אמר רבא דילידא אימיה כר"ש תיליד[4]. ואע"ג דאית להו פירכא[5]. מאי חומרא דבכורים ממעשר שכן אסורים לזרים. אדרבה מעשר חמור שכן אסור לאונן[6]: ומאי חומרא דתודה ושלמים ממעשר שכן טעונין מתן דמים ואימורין לגבי מזבח. אדרבה מעשר חמור שכן טעונין כסף צורה[7]: ומאי חומרא דבכור מתודה ושלמים שכן קדושתו מרחם. אדרבה תודה ושלמים חמורים שכן טעונים מתן ארבע סמיכה ונסכים ותנופת חזה ושוק[8]: ומאי חומרא דחטאת ואשם מבכור שכן קדשי קדשים. אדרבה בכור חמור שכן קדושתו מרחם[9]: ומאי חומרא דעולה מחטאת ואשם שכן כליל. אדרבה חטאת ואשם חמירי שכן מכפרי[10]. וכולהו חמירי מעולה דאית בהו שתי אכילות[11]. אלא מאי דילידא אימיה כרבי שמעון[12]. דלמאי דסבירא ליה לדידיה מסרס ליה לקרא ודריש ליה[13]: וכי מזהירין מן הדין. הא אפילו למאן דאמר עונשין מן הדין אין מזהירין מן הדין[14]. איסורא בעלמא[15]. והאמר רבא זר שאכל מן העולה לפני זריקה חוץ לחומה לרבי שמעון לוקה חמש[16]. חמשה איסורין הוו[17]. והא אנן תנן אלו הן הלוקין[18].
יח א *אלא קרא יתירא היא. מכדי כתיב והבאתם שמה וגו' ואכלתם שם לפני ה' אלהיכם וגו' (דברים י"ב ו' וז')[19]. לכתוב רחמנא לא תוכל לאוכלם[20]. מיהדר מפרש בהו רחמנא למה לי[21]. אלא ליחודי להו לאוי לכל חד וחד[22]:

---

[1] בד"ס אם לאוכל וכו' לאוכל לפני זריקה וכו' אלא לא בא וכו' ועיין בספרי: [2] בד"ס אם לאוכל חטאת ואשם וכו' אם לאוכל לפני זריקה וכו' מחטאת ואשם חוץ לקלעים וכו' ועיין בספרי: [3] בד"ס אם לאוכל עולה וכו' לאוכל לאחר זריקה וכו' אלא לאוכל עולה וכו'. וגי' רש"י לאוכל עולה אפי' בפנים ועיין בספרי וכולא שם בשינוי. ועיין כולא בילקוט ראה שם והתם גרים לה תנו רבנן תרומת ידך וכו' ונראה דכצ"ל דלכך מקשי מינה דהוה ידיע להו ועיין פסחים ל"ו ב' יבמות ע"ג ב' חולין ק"כ ב' דמייתי לה בלשון דאמר מר ובמעילה ט"ו ב' דתניא: [4] בריטב"א דילדה. פי' כל בן שתלד אמו יהיה כר"ש. ואולי קרא לאשתו אמו ורש"י פי' בדרך אחר ועיין בריטב"א. ובספרים כתיב ואי לא לא תילד ומחקו הריטב"א וכן ליתא בד"ס ובילקוט: [5] דבכולהו איכא למיפרך כדמסיק ובד"ס דאית לה פירכא למילתיה: [6] בד"ס גרים בכולהו חומריה. וג' מעשר עדיף. ובכורים מותרים לאונן לר"ש ביבמות ע"ג שם ריטב"א: [7] בד"ס מעשר עדיף שכן טעון כסף צורי (והוא ט"ס) שאינו נפדה אלא במטבע שיש עליה צורה אבל תודה ושלמים שהוממו אין טעונין בפדיונן כסף צורה: [8] כ"ה בד"ס ובילקוט. ובספרים ליתא מתן ארבע. בד"ס תודה ושלמים עדיפי: [9] בד"ס בכור עדיף: [10] בד"ס עדיפי. לאפוקי עולה שבא בנדבה: [11] בד"ס שכן יש בהם ב' אכילות. וכולהו אינך דלא מכפרי כגון תודה ושלמים יש בהן אכילת מזבח ואכילת הכהנים או הבעלים וע"כ שייך בהו הא דלא תוכל לאכול. ועיין הגי הומרות בספרי שם: [12] בריטב"א ואלא האי דקאמר רבא דילדה אימיה כר"ש תלד. וברש"י אלא מאי היא דילידא וכו'. ולמה קילסו בכך: [13] ברש"י דלמאי דס"ל מסרס לקרא וכו' ובד"ס דכי היכי דס"ל לדידיה מסרס קרא וכו' ובילקוט מפרש קרא. ובזה קילסו שסירס את המקרא ודרשו בענין שהיה מוצא בהם אלו החומרות: [14] עיין לעיל צד ל"ז וסנהדרין נ"ד א' וזבחים ק"ו ב': [15] ולוקה לאו דוקא אלא איסור לאו קאמר: [16] משום חוץ לחומה ומשום חוץ לקלעים ומשום לפני זריקה ומשום כולו כליל ומשום זרות: [17] ולוקה לאו דוקא: [18] ומני בהו בכורים עד שלא קרא ואוכלי קדשים חוץ לקלעים וחוץ לחומה. ועיין בתוספות: [19] כ"ה בד"ס וכן הגיהו בגליון. ובספרים והבאת שם ואכלת לפני ה' אלהיך במקום וגו' והוא משובש: [20] בד"ס לא תוכל לאכול בשעריך: [21] בילקוט מהדר ומפרש בהו ל"ל. ובתו' שנ"ץ מהדר ומפרש בכל חד וחד ל"ל. ובריטב"א מהדר ומפרט כל הני ל"ל. וברש"י מיהדר פרושי בכל חד ל"ל. ובד"ס מהדר ל"ל: [22] ברש"י ש"מ ליחודי לאו לכל חד וחד וכ"ה בתו' שנ"ץ ושם מסיים לכל חד וחד הוא דאתא. ובילקוט ש"מ ליחודי להו לאוי אכל חד וחד. ובד"ס ליהודי לאוי וכו'. וליתא מלת אלא ומלות ש"מ:

גופא אמר רבא זר שאכל מן העולה לפני זריקה חוץ לחומה לרבי שמעון לוקה חמש: ולילקי נמי משום וזר לא יאכל כי קדש הם (שמות כ"ט ל"ג)[1] הני מילי היכא דלכהנים חזי[2]. הכא לכהנים נמי לא חזי[3]. ולילקי נמי משום ובשר בשדה טרפה לא תאכלו (שם כ"ב ל') כיון שיצא בשר חוץ למחיצתו נאסר[4]. הני מילי היכא דכפנים חזי. הכא בפנים נמי לא חזי[5]. ולילקי נמי משום דר' אליעזר[6]. דאמר ר' אליעזר לא יאכל
יח ב כי קדש הוא (שם כ"ט ל"ד)[7] *כל שבקדש פסול. בא הכתוב ליתן לא תעשה על אכילתו[8]. הני מילי היכא דקודם פסולו חזי[9]. הכא קודם פסולו נמי לא חזי[10]. ולילקי נמי כאידך דר' אליעזר. דתניא רבי אליעזר אומר כל שהוא בכליל תהיה ליתן לא תעשה על אכילתו (תורת כהנים פ' צו פרק ה')[11] אין הכי נמי. ורבא מהאי קרא קאמר[12]:

אמר רב גידל אמר רב (סימן כוז"א)[13] כהן שאכל מחטאת ואשם לפני זריקה לוקה. מאי טעמא. דאמר קרא[14] ואכלו אותם אשר כופר בהם (שמות כ"ט ל"ג) לאחר כפרה אין. לפני כפרה לא[15]. לאו הבא מכלל עשה לאו הוא: מתיב רבא וכל בהמה מפרסת פרסה ושוסעת שסע שתי פרסות מעלת גרה בבהמה אותה תאכלו (דברים י"ד ו') אותה תאכלו ולא בהמה טמאה ולאו הבא מכלל עשה עשה (ספרי ראה פי' ק"א)[16]. אלא אי איתמר הכי איתמר. אמר רב גידל אמר רב זר שאכל מחטאת ואשם לפני זריקה פטור. מאי טעמא. דאמר קרא[17] ואכלו אותם אשר כפר בהם (שמות כ"ט ל"ג). כל היכא דקרינן ביה ואכלו אותם אשר כפר בהם קרינן ביה וזר לא יאכל (שם)[18]. וכל היכא דלא קרינן ביה ואכלו אותם אשר כפר בהם. לא קרינן ביה וזר לא יאכל:

אמר ר' אלעזר אמר ר' הושעיא בכורים הנחה מעכבת בהן קרייה אין מעכבת בהן[19]. ומי אמר ר' אלעזר הכי. והא אמר רבי אלעזר אמר רבי הושעיא הפריש בכורים קודם לחג[20] ועבר עליהן החג[21] ירקבו. מאי לאו[22] משום דלא מצי למיקרי עליהן. ואי ס"ד קרייה אין מעכבת בהן אמאי ירקבו. כדרבי זירא. דאמר ר' זירא כל הראוי לבילה אין בילה מעכבת בו. וכל שאינו ראוי לבילה בילה מעכבת בו[23]: ר' אחא בר יעקב מתני לה כדרבי אסי אמר רבי יוחנן[24]. וקשיא ליה דר' יוחנן אדרבי יוחנן. ומי אמר רבי יוחנן בכורים הנחה מעכבת בהן קרייה אין מעכבת בהן. והא בעי מיניה רב אסי מרבי

---

[1] כ"ה גי' רש"י וריטב"א ותו' שנ"ץ ובד"ס הגי' וכל זר לא יאכל קדש דפ' אמור כ"ב י' ועיין בהגהות הד"ס: [2] ברש"י דחזי לכהן: [3] בילקוט אמור תרל"ו היכא דחזי לכהנים הכא לכהנים לא חזו. ובספרים הכא דלכהנים וכו' והגהתיו: [4] וכן דרשינן לה בזבחים פ"ב ב' ועיין חולין ס"ח א' ובילקוט משפטים נ' דכיון דיצא בשר חוץ לקלעים נאסר: [5] כ"ה בדפוסים הישנים הגהות הד"ס. ובספרים הכא דבפנים. ובד"ס כל היכא דחזי מבפנים קרינא ביה ובשר בשדה טרפה כל היכא דלא חזי מבפנים לא קרינא ביה ובשר בשדה טרפה וכ"ה בילקוט משפטים: [6] כ"ה בתו' שנ"ץ ובד"ס. ובספרים נמי כדר"א וגי' הד"ס ר' אליעזר: [7] כ"ה בכל המקומות והוא מקרא ל"ד שם וכ"ה ברש"י דכתיב בנותר לא יאכל וגו' ובגליון הגיהו הם והוא מקרא ל"ג שם וכ"ה בד"ס ועיין בהגהות שם ובתו' שנ"ץ הגי' הם: [8] בד"ס דתניא ר' אליעזר אומר וכ"ה במעילה י"ז ב' אלא דהתם הגי' ר' אליעזר ובפסחים כ"ד א' הגי' דאמר ר' אליעזר ועיין בהגהות הד"ס: [9] בנותר רש"י: [10] בד"ס הא קודם וכו' ובספרים דקודם והגהתיו: [11] אמקרא קאי כליל תהיה לא תאכל ויקרא ו' ט"ז. ובד"ס ולילקו נמי משום אידך דר"א וכו' כל שהוא בכל תקטר בא הכתוב וכו' ובמנחות ע"ד ב' הגי' כמו הכא אלא דהתם גריס ר' אליעזר אבל בתו"כ הגי' ר' אליעזר ועב"ס הא דלעיל נמי ברייתא היא: [12] דלוקה ולר"ש לוקה חמש ולאו לאיסורא קאמר דאזהרתיה מהכא. ובד"ס ורבא דלוקה חמש מהאי לא תוכל קאמר: [13] בד"ס ליתא להאי סימנא: [14] בד"ס לוקה שנאמר: [15] בד"ס קודם כפרה. ויש נוסחאות דליתא בהו לאחר כפרה אין: [16] כ"ה בד"ס ובזבחים ל"ד א' וכ"ה גי' רש"י והריטב"א ועיין בהגהות הד"ס ותנא לה נמי בתו"כ שמיני פרק ג' אלא שבד"ם הגי' ולא בהמה טמאה תאכלו. ובספרים ואין בהמה אחרת תאכלו ואי כדקאמרת את זה לא תאכלו למה לי. והאי כללא היא בפסחים מ"א ב' ויבמות נ"ד ב' נ"ו ב' ס"ח א' וע"ג ב' וחולין פ"א א' וירושלמי ביכורים פ"א ה"ה: [17] בד"ס פטור שנאמר: [18] כ"ה ברש"י. ובספרים ובד"ם לא יאכל קדש ובגליון הגיהו כי קדש הם בלשון המקרא: [19] עיין לעיל צד מ"ד ובירושלמי ביכורים פ"א ה"ז. בריטב"א הנחה לפני ה' מעכבת. בד"ס אושעיא באל"ף: [20] שקורין עליהם. בד"ס וברש"י לפני החג. ובירושלמי ביכורים פ"א ה"ח אמרי לה חברייא בשם ריב"ל עיי"ש: [21] שמביא ואינו קורא משנה ביכורים פ"א. בד"ס ועבר החג: [22] בד"ס מאי טעמא: [23] כל מנחה שראויה ליבלל בבלי במנחות ק"ג ב' ובכמה מקומות: [24] דר' אסי אמרה בשם ר"י:

יוחנן בכורים מאימתי מותרין לכהנים[1]. ואמר ליה הראויין לקרייה משקרא עליהן[2]. ושאין ראויין לקרייה משראו פני הבית[3]. קשיא קרייה אקרייה. קשיא הנחה אהנחה[4]. קרייה אקרייה לא קשיא. הא רבי שמעון הא רבנן[5]. הנחה אהנחה נמי לא קשיא[6]. הא רבי יהודה והא רבנן. מאי רבי יהודה. דתניא רבי יהודה אומר והנחתו (דברים כ"ו י') זו תנופה. אתה אומר זו תנופה. או אינו אלא הנחה ממש. כשהוא אומר והניחו (שם שם ד') הרי הנחה אמור. הא מה אני מקיים והנחתו זו תנופה[7]. ומאן תנא דפליג עליה דרבי יהודה. רבי אליעזר בן יעקב היא[8]. דתניא ולקח הכהן הטנא מידך (שם) לימד על הבכורים שטעונין תנופה דברי ר' אליעזר בן יעקב (ספרי תבא פי' ש')[9]. מאי טעמא דרבי אליעזר בן יעקב. אתיא יד יד משלמים. כתיב הכא ולקח הכהן הטנא מידך. וכתיב התם[10] ידיו תביאינה את אשי ה' (ויקרא ז' ל') מה כאן כהן. אף להלן כהן. מה להלן בעלים. אף כאן בעלים. הא כיצד מניח כהן ידיו תחת ידי בעלים ומניף[11]:

יט א **אמר רבא בר אדא**[12] **אמר ר' יצחק** בכורים *מאימתי חייבין עליהן[13]. משיראו פני הבית. כמאן כי האי תנא. דתניא רבי אליעזר אומר בכורים מקצתן בחוץ ומקצתן בפנים. שבחוץ הרי הן כחולין לכל דבריהם. שבפנים הרי הן כהקדש לכל דבריהם[14]:

אמר רב ששת בכורים הנחה מעכבת בהן. קרייה אין מעכבת בהן. כמאן. כי האי תנא. דתניא רבי יוסי אומר שלשה דברים משום שלשה זקנים. רבי ישמעאל אומר יכול יעלה אדם מעשר שני בזמן הזה בירושלים ויאכלנו[15]. ודין הוא. בכור טעון הבאת מקום. ומעשר שני טעון הבאת מקום[16]. מה בכור אינו אלא בפני הבית אף מעשר אינו אלא בפני הבית. מה לבכור שכן טעון מתן דמים ואימורין לגבי מזבח[17]. בכורים יוכיחו. מה לבכורים שכן טעונים הנחה. ת"ל ואכלת לפני ה' אלהיך וגו' (דברים י"ד כ"ג). מקיש מעשר לבכור. מה בכור אינו נאכל אלא בפני הבית. אף מעשר אינו נאכל אלא בפני הבית (ספרי ראה פ' ק"ו ותוספתא סנהדרין פ"ג)[18] ואם איתא[19] ליפרוך מה לבכורים שכן טעונין קרייה והנחה[20]. א"ר אשי נהי דעיכובא ליכא מצוה מי ליכא[21]. ולימא מצוה וליפרוך[22]. אלא אמר רב אשי כיון דאיכא בכורי הגר דבעי למימר אשר נשבע ה' לאבותינו (דברים כ"ו ג') ולא מצי אמר[23]. לא פסיקא ליה[24]: וליהדר דינא[25]. ותיתי במה הצד[26]. משום דאיכא למיפרך מה להצד השוה שבהן שכן יש בהן צד מזבח[27]: ומאי קסבר[28]. אי קסבר

---

[1] בד"ס לכהן: [2] בד"ס משיקרא: [3] ברש"י משיראו: [4] דמשיראו פני הבית פני ואין הנחה מעכבת: [5] דלעיל צד מ"ד: [6] בד"ס ליתא נמי: [7] אבל הנחה אינה מעכבת דלא שינה עליה הכתוב. והגר"א הגיה והניחו זו תנופה וכו' כשהוא אומר והנחתו וכו'. ועיין בספרי תבא ש"א דיליף מוהנחתו תנופה ב' דהיינו בשעת השתחוואה ותנופה קמייתא ר"י נמי יליף לה מולקח הכהן וגו': [8] דלא שמעינן ליה אלא תנופה קמייתא ואתי והנחתו כמשמעה לענין הנחה: [9] בד"ס דתניא ראב"י אומר ולקח וכו'. וכולא סוכה מ"ז ב' ומנחות ס"א ב' ועיין ירושלמי ביכורים פ"ב ה"ג: [10] כך הוגה בגליון ובספרים ליתא התם: [11] בד"ס כהן מכניס ידו תחת יד בעלים. ובריטב"א מניח ידו וכו' ועיין סוכה ומנחות שם וקידושין ל"ו ב' וסוטה י"ט א'. וע"ע ביכורים פ"ב מ"ד ופ"ג מ"ו: [12] בד"ס רבין בר אדא: [13] כ"ה ברש"י ותו'. ובד"ס הגי' חייב ובספרים מחייבין. פי' זר האוכלן או כהן חוץ למחיצתן: [14] בד"ס מסרס להו ונקיט שבפנים קודם ואח"כ שבחוץ. וס"ל לר"א דלא קרייה ולא הנחה מעכבת: [15] בד"ס מ"ש לירושלים בזה"ז: [16] בד"ס ליתא שני: [17] בד"ס איכא למיפרך מה לבכור וכו': [18] ושם הוא בשינוי קצת ועפ"י התם הגהתי וכ"ה בתמורה כ"א א'. ובספרים מה בכור אינו אלא לפני הבית וכו' אינו אלא לפני הבית. ועיין זבחים ס' א' וב' דהתם מייתי קרא אחרינא: [19] דקרייה מעכבת: [20] בד"ס שכן טעונין קרייה קרייה לא מ"ט לא משום דקרייה לא מעכבא: [21] בד"ס נהי דעיכובא לא מעכב מצוה מי ליכא: [22] בד"ס וליפריך מה לביכורים שכן טעונין הנחה לעכב וקרייה. ועיין בילקוט ראה תתצ"ז והתם גריס וקרייה למצוה: [23] ותנן ביכורים פ"א מ"ד דמביא ואינו קורא ור' יהודה בברייתא בירושלמי שם ס"ל דקורא: [24] להכריע. ולא מצי למימר שכן טעונין קרייה שהרי הגר מביא ואינו קורא: [25] בכור יוכיח וחזר הדין לא ראי זה כראי זה הצד השוה שבהן וכו': [26] תיתי מעשר שני במה הצד השוה בבכור וביכורים שאינן אלא בפני הבית: [27] זה למתן דמים וזה להנחה לאפוקי מעשר שני שאין בו צד מזבח והו"א דיעלהו אף שלא בפני הבית: [28] דפסיקא ליה בבכור ולא פסיקא ליה במ"ש. ובד"ס מאי קסבר קדושה ראשונה. וכולא כזבחים וכתמורה שם. ובזבחים גריס מאי קסבר:

קדושה ראשונה קדשה לשעתה וקדשה לעתיד לבא[1]. אפי' בכור נמי[2]. אי קסבר קדושה ראשונה קדשה לשעתה ולא קדשה לעתיד לבא[3]. אפילו מעשר נמי לא תבעי לך[4]. אמר רבינא לעולם קסבר קדושה ראשונה קדשה לשעתה וקדשה לעתיד לבא[5]. והכא בבכור שנזרק דמו קודם חורבן הבית וחרב הבית ועדיין בשרו קיים. ומקשינן בשרו לדמו. מה דמו במזבח. אף בשרו במזבח[6]. ומקיש מעשר לבכור[7]. וכי דבר הלמד בהקש חוזר ומלמד בהקש[8]. מעשר דגן חולין הוא[9]. יט ב הניחא למאן דאמר בתר למד אזלינן. אלא למאן דאמר בתר מלמד אזלינן מאי איכא למימר[10]. דם ובשר חדא מילתא היא[11]:

קדשי קדשים וכו': תנינא חדא זימנא[12] מעשר שני והקדש שלא נפדו (לעיל משנה א')[13]. אמר רבי יוסי בר חנינא סיפא במעשר שני טהור וגברא טהור וקא אכיל ליה חוץ לחומה[14]. רישא במעשר שני טמא וגברא טמא וקא אכיל ליה בירושלים בלי פדייה[15]. ומנ"ל דמחייב עליה משום טומאה. דתניא ר"ש אומר לא בערתי ממנו בטמא (דברים כ"ו י"ד) בין שאני טמא והוא טהור. בין שאני טהור והוא טמא. והיכן מוזהר על אכילה. איני יודע (ספרי ראה פי' ע"ב ותבא פי' ש"ב)[16]. טומאת הגוף בהדיא כתיב נפש אשר תגע בו וטמאה עד הערב ולא יאכל מן הקדשים וגו' (ויקרא כ"ב ו'). אלא טומאת עצמו מנין[17]. תלמוד לומר לא תוכל לאכול בשעריך (דברים י"ב י"ז)[18]. ולהלן הוא אומר בשעריך תאכלנו הטמא והטהור (שם ט"ו כ"ב) ותניא דבי רבי ישמעאל אפילו טמא וטהור אוכלין בקערה אחת ואין חוששין (ספרי ראה פי' ע"א וע"ה)[19]. וקאמר רחמנא האי טמא דשראי לך התם[20]. הכא לא תוכל[21]. ומנ"ל דבר פדייה הוא. דאמר ר"א[22] מנין למעשר שני

[1] בד"ס אי קסבר קדשה לשעתה וכו'. והרי קראי קדריש ועל כרחך אקדושה ראשונה קאי ותלי מעשר דזמן הזה בדין מעשר דהורבן בית ראשון: [2] ליתי ולקרב וליכול וכדתנן בעדיות פ"ח משנה ו' א"ר יהושע שמעתי שמקריבין ואעפ"י שאין בית ואוכלין וכו' קדשים קלים ומעשר שני אעפ"י שאין חומה שקדושה ראשונה קדושה לשעתה וקדושה לע"ל. והובא בשבועות ט"ז א' ומגילה י' א' וזבחים ס"ב א' עיי"ש וק"ז ב': [3] בד"ס אי קסבר לא קדשה וכו': [4] כ"ה בד"ס וברוב הנוסחאות העתיקות רמב"ן וראב"ד וריטב"א ותו' שנ"ץ אלא דגרסי נמי לא ניכול. כלו' בזמן הזה שהרי קדושה שנייה קיימת לענין תרומות ומעשרות לר' יוסי כדתניא ביבמות פ"ב ב' וקדושת ירושלים בטילה ובמעשר גופיה כתיב ואכלת שם לפני ה' אלהיך: [5] כ"ה בד"ס ובילקוט ראה ובנוסחאות הראשונים. ולפני ה' קרינן ביה: [6] ואילו בנו מזבח היה נאכל ועכשיו שאין כאן מזבח אינו נאכל: [7] דמה בכור אינו נאכל אלא בזמן שיש מזבח אף מעשר אינו נאכל אלא לפני מזבח. כך היא נוסחת הראשונים וכעין זו פירשוה והכי גרסי בזבחים שם. אבל בגמ' תמורה הגי' ומאי קסבר וכו' וקידשה לע"ל ל"ש בכור ול"ש מעשר בני הבאה ניגהו ואי קסבר וכו' ולא קידשה לע"ל אפילו בכור נמי תיבעי לך לעולם קסבר וכו' ולא קדשה לע"ל והכא כמאי עסקינן וכו' בשינוי קצת. ועפ"י גי' זו גרים רש"י אפי' בכור נמי תיבעי אמר רבינא לעולם קסבר קדשה לשעתה ולא קדשה לע"ל והכא וכו' ופי' בדרך רחוק דאי קסבר קדושת הבית בטילה ומבעיא ליה במעשר הואיל ואינו צריך לבית אי מתאכיל בירושלים לפני ה' קרינא ביה אי לא אפילו בכור נמי כי האי גוונא תיבעי ליה כגון בכור שנזרק דמו וחרב הבית ועדיין בשרו קיים מהו שיאכלוהו. וע"ז משני רבינא דאה"נ בכה"ג דבבכור איירי ובבכור פשיטא ליה דאיתקש בשרו לדמו. וכבר האריכו הראשונים בגי' זו ודחאוה. ועניין קדושה ראשונה וכו' היא ג"כ חגיגה ג' ב' הולין ז' א' וערכין ל"ב ב' ומפלגינן בין קדושת הארץ לקדושת הבית: [8] שאין למדין בקדשים למד מן הלמד בזבחים מ"ט ב' ושבועות י' א': [9] ולמד מן ההיקש. ועיין זבחים מ"ה א': [10] פלוגתא היא בזבחים ג' א' עיין רש"י שם: [11] בד"ס ובילקוט בשר ודם וכו'. ולאו היקישא הוא ולא הוה למד מן הלמד. וכולא מילתא בזבחים ס' שם ובתמורה כ"א שם עיי"ש: [12] אמעשר שני חוץ לחומה קבעי: [13] וקא סלקא דעתיה דתרווייהו באוכל מעשר בלא פריון חוץ לירושלים: [14] כ"ה בד"ס ובספרים דקא אכיל הוץ: [15] כ"ה בד"ס ובספרים ליתא בלי פדייה. פי' או גברא טמא דחייב עליה אם אכלו בירושלים: [16] תרי ברייתות נינהו וכלליגהו בחדא והתם מסיים ת"ל לא תוכל לאכול בשעריך מעשר דגנך וגו' והכא לא סיימוה עד דמפרש לה והדר מסיים לה והכי גרסינן לה נמי ביבמות ע"ג ב' ועיין רש"י שם ואולי גי' אחרת הויא להו בספרי דתנא: [17] בד"ס ליתא אלא וגרים מנלן: [18] כ"ה בד"ס ובילקוט ראה תתפ"ג וכ"ה בספרי דראה וסיומא דברייתא דלעיל הוא והדר מפרש לה הכא. ובספרים הגי' דכתיב לא תוכל וגו': [19] ושם הוא בשינוי קצת: [20] כ"ה במפרש לריב"ן וביבמות שם גרים ההיא דאמרי לך התם בשעריך תאכלנו ובד"ס מאי קאמר רחמנא דהנך דאמרי לך בשעריך תאכלנו. וי"ג דשרי לך גבי בכור התם עיין בהגהות הב"ח והד"ס. ובילקוט ראה ג' האיך טמאין דשראי לך גבי בכור ובספרים היאך טמא דשרי לך גבי טהור התם: [21] כ"ה במפרש ובילקוט. פי' הכא גבי מעשר לא תוכל לאכול בשעריך וגו'. ובספרים לא תיכול: [22] בד"ס ובראב"ן דתניא ר' אליעזר אומר ובילקוט ראה א"ר אלעזר ובפסחים ל"ו ב' דא"ר אליעזר והוגה בגליון אלעזר וכ"ה בכ"ם נ"ג א' ובסנהדרין קי"ב ב' ועיין בתוספתא דמ"ש פ"ב ויראה להוכיח שר' אליעזר דברייתא הוא:

שנטמא[1] שפודין אותו אפילו בירושלים. ת"ל כי לא תוכל שאתו (דברים י"ד כ"ד) ואין שאת אלא אכילה[2] שנאמר וישא משאת מאת פניו (בראשית מ"ג ל"ד)[3]:

א"ר ביבי א"ר אסי[4] מנין למעשר שני טהור שפודין אותו אפילו בפסיעה אחת חוץ לחומה. שנאמר כי לא תוכל שאתו (דברים י"ד כ"ד)[5]. האי מבעי ליה לכדר' אליעזר[6]. א"כ לימא קרא לא תוכל לאוכלו[7]. מאי שאתו[8]. ואימא כולו להכי הוא דאתא. א"כ לימא קרא לא תוכל ליטלו[9]. מאי שאתו. ש"מ תרתי:

יתיב רב חנינא ורב הושעיא אפיתחא דירושלים וקא מבעיא להו[10]. פשיטא הוא בחוץ ומשאו בפנים קלטוהו מחיצות. הוא בפנים ומשאו בחוץ מהו[11]. תנא להו ההוא סבא בדבי רבי שמעון בן יוחי[12] כי ירחק ממך המקום (שם)[13] במילואך[14]: בעי רב פפא נקיט ליה בקניא מאי[15]. תיקו:

אמר ר' אסי אמר ר' יוחנן מעשר שני מאימתי חייבין עליו[16]. משראה פני החומה[17]. מ"ט[18]. דאמר קרא כי אם לפני ה' אלהיך תאכלנו (שם י"ב י"ח)[19]. וכתיב לא תוכל לאכול בשעריך (שם שם י"ז)[20]. כל היכא דקרינן ביה לפני ה' אלהיך תאכלנו. קרינן ביה לא תוכל לאכול בשעריך. וכל היכא דלא קרינן ביה לפני ה' אלהיך תאכלנו. לא קרינן ביה לא תוכל לאכול בשעריך[21]: מיתיבי רבי יוסי אומר כהן שעלתה בידו תאנה של טבל. אמר תאנה זו תרומתה בעוקצה. מעשר ראשון בצפונה. ומעשר שני בדרומה[22]. והיא שנת מעשר שני והוא בירושלים. או מעשר עני והוא בגבולין[23]. אכלה

כ א *לוקה אחת[24]. וזר שאכלה לוקה שתים[25] שאילו מתחלה[26] אכלה אינו לוקה אלא אחת[27] (תוספתא פ"ד)[28]. טעמא דאיתי' בירושלים. הא בגבולין זר לוקה שלש וכהן שתים[29] ואע"ג דלאו רואה פני חומה[30]. דעיילי ואפקי[31]. אי הכי מאי למימרא. הכא במאי עסקינן כגון

---

[1] בד"ס למ"ש טמא ועיין ירושלמי דמ"ש פ"ג ה"ח: [2] לא נקט המקרא לשון שאת אלא לכלול בו לשון אכילה: [3] וביחיד משאה ופירשוהו דברים שנוהין להתאכל כענין אכילת האש שנקראת משאה: [4] בד"ס לא גריס אלא וא"ר אשי ובילקוט ראה א"ר אשי: [5] בילקוט שם תלמוד לומר. שהוא מיותר שהרי אין הפרש בין מרובה למועט כמו ששנינו בספרי שם אלא הכי דריש וכי ירבה ממך הדרך וכי לא תוכל שאתו והוי"ו נמשך גם למטה: [6] בגליון הוגה ר' אלעזר ועיין לעיל סי' כ"ב: [7] בד"ס א"כ ניכתוב ובילקוט שם ליכתוב קרא: [8] בד"ס מסיים שמע מינה: [9] בילקוט א"כ ליכתוב: [10] כ"ה במפרש לריב"ן ובילקוט ראה ושם ג' ר' חנניה ועיין בהגהות הד"ס. ובד"ס וקאי כפיתחא דירושלים מיבעי להו פשיטא. ובספרים וקא מבעיא להו אפיתחא דירושלים מהו: [11] בד"ס ובילקוט אלא הוא בפנים: [12] תנא להו ברייתא דאיתנייא בדבי רשב"י ובילקוט ג' סבא דבי רשב"י ובד"ס סבא בר' שמעון בן יוחי והוא שיבוש ובתוספות ליתא כלל אלא גריס מהו א"ל כי ירחק וכו': [13] בד"ס ובילקוט אמר קרא כי ירחק: [14] כ"ה בנוסחאות העתיקות ובד"ס ועיין בהגהות שם ובספרים ממילואך ובקצתן ממלואך וי"ג ממך להודיה עיין בתוספות. ופי' ממך כמו שאתה במילואך דהיינו במשאך על כתפך אמר רחמנא. וכיון שנכנס לפנים אעפ"י שעדיין משאו מבחוץ לאו ריחוק מקום הוא: [15] אם הוא כמו במילואו דהיינו משאו על כתפו או לא: [16] אם אכלו חוץ לחומה: [17] בד"ס ובילקוט משיראה. אבל לא ראה פני החומה אינו לוקה דלא עבר אלא אעשה: [18] בד"ס ליתא: [19] כ"ה בד"ס ובילקוט וכן הוגה בגליון ובספרים לפני ה' אלהיך תאכלנו שנה בשנה והוא מקרא דבכור שם ט"ו: [20] ובספרים כי לא תוכל ומתקוהו. ודברי הריטב"א תמוהים עיי"ש: [21] בד"ס ליתא מן וכל היכא וכו' ובילקוט תתפ"ד ותתצ"ז איתא אלא שבסי' הא' הנוסחא דקריא ביה וכו' קרי ביה וכו' דלא קריא ביה וכו' לא קרי ביה. ובסי' כ' הנוסחא בכולא קרינא. וכן בנוסחת המפרש לריב"ן קרינא: [22] כ"ה במפרש ובד"ס. ובספרים לדרומה ובריטב"א לצפונה לדרומה: [23] בד"ס של טבל והיה שנת מעשר שני בירושלים ושנת מעשר עני בגבולין ואמר תאנה זו וכו' בדרומה אכלה וכו' וכעין זו היא בתוספתא. ובריטב"א והיא שנת מעשר שני בירושלים וכו': [24] אע"ג שייחד מקום למתנות לוקה אחת לפי שלא ייחד מקום לתרומת מעשר והויא דרומה טבל לגבי תרומת מעשר: [25] משום תרומה ומשום טבל לתרומת מעשר: [26] כ"ה בתוספתא ובספרים בתחלה: [27] משום טבל. דשם טבל אחת היא: [28] ושם הוא בשינוי עיי"ש: [29] משום מעשר שני חוץ לירושלים דע"כ האי דיוקא אתי לאשמעינן דאי לא מאי למימרא ועיין במפרש ותו' שנ"ץ. וגי' המפרש טעמא דמ"ש בירושלים ומ"ע בגבולין הא מ"ש בגבלין לוקה שלש. ובד"ס טעמא דשנת מעשר בירושלים הוא דאינו לוקה אלא אחת הא בגבולין לוקה שתים. ובספרים הא בגבולין לוקה שלש. ובריטב"א טעמא דאכל מ"ש זה בירושלים הא אלו אכלו בגבולין זר לוקה שלש וכהן שתים. ועפי"ז הגהתי: [30] בספרים דאע"ג. ובד"ס ואע"ג דלא חזי פני ירושלים ובריטב"א ואע"ג דלא ראה פני החומה כלל: [31] במפרש דעייליה ואפקיה ובד"ס הכא במאי עסקינן דעייליה ואפקיה. ופי' והדר עייליה ואשמעינן הא בגבולין לוקין נמי משום מעשר שני חוץ לחומה:

דעיילינהו בטיבלייהו[1]. וקסבר מתנות שלא הורמו כמי שהורמו דמיין[2]. וסבר ר' יוסי מתנות שלא הורמו כמי שהורמו דמי[3]. והתנן[4] רבי שמעון בן יהודה אומר משום רבי יוסי לא נחלקו בית שמאי ובית הלל על פירות שלא נגמרה מלאכתן ועברו בירושלים[5]. שיפדה מעשר שני שלהן ויאכל בכל מקום. ועל מה נחלקו. על פירות שנגמרה מלאכתן ועברו בירושלים[6]. שבית שמאי אומרים יחזיר מעשר שני שלהם ויאכל בירושלים[7]. וב"ה אומרים יפדה ויאכל בכל מקום (מעשר שני פ"ג מ"ו). ואי סלקא דעתך מתנות שלא הורמו כמי שהורמו דמיין הא קלטוהו מחיצות[8]. אמר רבא[9] מחיצה לאכול דאורייתא[10] מחיצה לקלוט דרבנן[11]. וכי גזור רבנן כי איתיה בעיניה. בטבליה לא גזור רבנן[12]: רבינא אמר כגון דנקיט ליה בקניא[13]. ותפשוט בעיא דרב פפא:

משנה ג'.

הקורח קרחה בראשו[14]. והמקיף פאת ראשו[15]. והמשחית פאת זקנו[16]. והשורט שריטה אחת על המת חייב[17]: שרט שריטה אחת על חמשה מתים. או חמש שריטות על מת אחד. חייב על כל אחת ואחת[18]: וחייב על הראש שתים. אחת מכאן ואחת מכאן[19]. ועל הזקן שתים מכאן ושתים מכאן ואחת מלמטה[20]. רבי אליעזר אומר אם ניטלו כולן כאחת אינו חייב אלא אחת[21]: ואינו חייב עד שיטלנו בתער. רבי אליעזר אומר אפילו לקטו במלקט או ברהיטני חייב[22]:

תנו רבנן לא יקרחו (ויקרא כ"א ה')[23] יכול אפילו קרח ארבע וחמש קריחות לא יהא חייב אלא אחת. תלמוד לומר קרחה (שם) לחייב על כל קרחה וקרחה[24]: בראשם (שם) מה ת"ל. לפי שנאמר לא תתגודדו ולא תשימו קרחה בין עיניכם למת (דברים י"ד א').

---

[1] ובד"ס אלא כגון. במפרש הגי' דעיילה בטיבלה: [2] והא קמ"ל דהוה כמ"ש שראה פני החומה משום דמתנות שלא הורמו וכו'. ועיין קידושין נ"ח ב' ונדרים פ"ה א' ב"ב קכ"ג ב' חולין ק"ל ב' וקל"א א' ובכורות י"א א': [3] בד"ס ליתא מן וסבר וכו': [4] כך הוגה בגליון. ובספרים והתניא ואיברא דמשנה היא אלא שנתוספו בה דברים לפרשה לפי שהיא קטועה רישא ולכך כתבו המעתיקים דתניא לפי שאינה מסכמת עם נוסחת המשנה: [5] מלות ועברו בירושלים ליתנייהו במשנה שם אלא ברישא דעלה קאי. ובד"ס שעברו בירושלים ויצאו: [6] שעברו בירושלים ליתא שם. בד"ס על מה וכו': [7] במשנה יחזור. בד"ס חוזר מ"ש שלהם לירושלים ויאכל: [8] ואמאי יפדה ויאכל בכ"מ הא כבר היו בירושלים: [9] כ"ה בנוסחאות וב"מ נ"ג ב' וסנהדרין קי"ג א' ובד"ס. ובספרים רבה: [10] כל שנכנס אסור לאוכלו חוץ לחומה היא דאורייתא ולכך מחמרינן אף במתנות שלא הורמו: [11] שאסור לפדותו משנכנס דרבנן: [12] בד"ס לאכול דאורייתא לקלוט ולפדות דרבנן. ובריטב"א הגי' אמר רבא מחיצה לקלוט מדרבנן מחיצה לאכול דאורייתא וכי גזור בדעל מעשר לירושלים בעיניה אבל כי לא על אלא בטבליה וכו' ובתו' שנ"ץ לקלוט דרבנן לאכול דאורייתא וכו': [13] הא דאתי לאשמעינן הא בנבולין לוקה וכו' לאו בעייליה ואפקיה אלא כגון וכו' ואשמעינן דהוה כמי שנכנס לפנים ולוקה עלה משום חוץ לחומה ותפשוט וכו' דלעיל צד מ"ט: [14] ויקרא כ"א ה' דברים י"ד א': [15] ויקרא י"ט כ"ז: [16] ויקרא שם וכ"א ה': [17] ויקרא שם ושם. בד"ס ליתא מלת חייב. בכת"י קאנט' שירטה וכן לקמן אבל להלן שריטות. ברי"ף על מת. וכתב המפרש דכמדומה דל"ג כאן אחת דמיותר: [18] עיין בתוספתא פ"ד ותו"כ קדושים פ"ו ואמור פ"א וספרי ראה סוף פי' צ"ו: [19] כ"ה ברי"ף ורא"ש ובריטב"א. ובד"ס ובמפרש לריב"ן ושבועות ב' ב' חייב. ובספרים ליתא וחייב. בירושלמי ובכת"י הנ"ל מיכן ומיכן וכן להלן. ועיין בתוספתא ובתו"כ שם: [20] כ"ה בד"ס ובירושלמי ובראשונים ושבועות ג' ב' ולקמן בגמרא. ובספרים על הזקן. בד"ס ובירושלמי ובכת"י הנ"ל מלמטן. ועיין בתוספתא ובתו"כ שם: [21] ברי"ף ורא"ש ובירושלמי ובנוסחאות ישנות (עיין הגהות הד"ס) ובתו"כ קדושים ובתוספתא ר' אלעזר ובכת"י ר' לעזר. בכת"י ובמשניות נטלו כולו ובירושלמי נטלן כולן וכ"ה לקמן בגמרא. וכתו"כ ובתוספתא: [22] הרי"ף גרים נמי ר' אליעזר ואינך גרסי ר' אלעזר. גי' הירושלמי והכת"י ליקטו. ובכת"י הנ"ל במלקטת או ברהיטני וברא"ש במלקט ורהיטני וכ"ה לקמן בגמרא. ועיין נזיר מ' ב' והתם נמי ג' ר' אליעזר ובתו"כ קדושים הגי' ר' אלעזר ועיי"ש ובתוספתא. ורהיטני פי' הר"מ כלי ברזל משרש השער ותולש אותו מעיקרו ומלקט כעין מלקחיים: [23] במפרש ובריטב"א ג' ת"ר לא יקרחו קרחה. בקידושין ל"ו א' גרים לה בדתניא: [24] בקידושין לחייב על כל אחת ואחת:

יכול לא יהא חייב אלא על בין העינים בלבד. מנין לרבות כל הראש[1]. תלמוד לומר בראשם. לרבות כל הראש[2]: ואין לי אלא בכהנים שריבה בהן הכתוב מצות יתירות[3]. ישראל מנין. נאמר כאן קרחה[4] ונאמר להלן קרחה. מה להלן חייב על כל קרחה וקרחה וחייב על הראש כבין העינים[5]. אף כאן חייב על כל קרחה וקרחה וחייב על הראש כבין העינים. ומה להלן על מת. אף כאן על מת (תו״כ פ׳ אמור פ״א)[6]: הני ד׳ וה׳ קריחות ה״ד.
כב אילימא בזה אחר זה ובחמש התראות[7]. פשיטא. *אלא בחדא התראה[8]. מי מחייב[9]. והתנן נזיר שהיה שותה יין כל היום אינו חייב אלא אחת. אמרו לו אל תשתה. אל תשתה. והוא שותה. חייב על כל אחת ואחת (לקמן משנה ה׳)[10]. לא צריכא. דסך חמש אצבעותיו נשא[11]. ואותבינהו בבת אחת בה׳ מקומות[12]. דהויא ליה התראה לכל חדא וחדא:

וכמה שיעור קרחה. רב הונא אומר כדי שיראה מראשו[13]. ר׳ יוחנן אומר משום ר״א ברבי שמעון כגרים[14]: כתנאי כמה שיעור קרחה. כגרים. אחרים אומרים כדי שיראה מראשו[15]: אמר רב יהודה בר חביבא פליגי בה תלתא תנאי[16]. חד אומר כגרים. וחד אומר כדי שיראה מראשו. וחד אומר כשתי שערות. ואיכא דמפיק שתי שערות ומעייל בכעדשה[17]. וסימנך בהרת כגרים ומחיה בכעדשה (נגעים פ״ו משנה ה׳):

תנא הנוטל מלא פי הזוג בשבת חייב[18]: וכמה מלא פי הזוג. אמר רב יהודה שתים. והתניא לקרחה שתים[19]. אימא וכן לקרחה שתים: תניא נמי הכי הנוטל מלא פי הזוג בשבת חייב. וכמה מלא פי הזוג שתים. רבי אליעזר אומר אחת[20]. ומודים חכמים לרבי אליעזר במלקט לבנות מתוך שחורות אפילו אחת שהוא חייב (תוספתא שבת פ״י)[21]. ודבר זה אפילו בחול אסור[22]. משום שנאמר לא ילבש גבר שמלת אשה (דברים כ״ב ה׳)[23]:

והמקיף פאת ראשו וכו׳: ת״ר פאת ראשו. סוף ראשו. ואיזהו סוף ראשו. זה המשוה צדעיו לאחורי אזנו ולפדחתו (תו״כ פ׳ קדושים פ״ו)[24]:

---

[1] בד״ס כל הראש כבין העינים. ובקידושין ליתא מלת בלבד: [2] בקידושין על הראש כבין העינים: [3] בד״ס כהנים וכ״ה בקידושין: [4] בד״ס ת״ל קרחה קרחה לגז״ש נאמר כאן וכו׳ וכ״ה בתו״כ: [5] בד״ס מה כאן לחייב על כל קרחה וקרחה ועל הראש וכו׳ אף להלן וכו׳ ועל הראש וכו׳ וכ״ה בקידושין ועיין בהגהות הד״ס. וענין כהנים שריבה בהן וכו׳ עיין יבמות ה׳ א׳ ושם נסמן: [6] ושם הוא בשינוי קצת עיי״ש וסבבא דבראשם וכו׳ איתא לה נמי בספרי ראה סוף פי׳ צ״ו: [7] בד״ס בה׳ התראות וה׳ פעמים: [8] כ״ה גי׳ המפרש והרטב״ן ובד״ס אלא בחד זימנא ובחדא התראה וכ״ה בילקוט אמור ובנוסחאות ישנות אלא בבת אחת ובחדא התראה וכ״ה בתוס׳ שנ״ץ ועיין בהגהות הד״ס. ופי׳ הריטב״א דבבת אחת היינו בזה אחר זה בלי הפסק. וי״ג אלא בזה אחר זה ובהתראה אחת וכן נראה גי׳ התוספות: [9] בד״ס מחייב חמש ול״ג מי. וכן בנוסחאות הישנות ליתא מי. אלא גריס בחדא התראה מחייב ולפנינו גי׳ המפרש לריב״ן: [10] בד״ס נזיר השותה יין כל היום כולו אינו חייב אלא אחת. ואידך ליתא: [11] בד״ס אלא במאי עסקינן כגון דסכינהו לחמש אצבעתיה נשא וכ״ה בילקוט שם. ופי׳ נשא סם שמשיר את השער עיין נזיר מ׳ א׳ וב״ק פ״ו א׳ ובערוך ערך נש: [12] כ״ה בד״ס ובילקוט וכן נראה גי׳ המפרש עיין בהגהות הד״ס ובתו׳ שנ״ץ ואותבינהו בה׳ מקומות ובספרים בבת אחת דהויא ליה וכו׳: [13] מקום קרחה. כך מפורש בתוספתא. בד״ס אמר ר״ה ובריי״ף ר״ה אמר. וי״ג א״ר כהנא בהגהות הד״ס: [14] בד״ס ר״י משום ר״א בר״ש אמר. ובריי״ף משום ר׳ אליעזר בן שמוע וי״ג ר׳ אליעזר וי״ג משום ראב״ש דאמר כגרים בהגהות הד״ס: [15] כך היא גי׳ הרא״ש. והב״ח הגיה רשב״א (אולי צ״ל ראב״ש) כגרים ובנוסחאות ישנות כמה שיעור קרחה אחרים אומרים וכו׳. ובילקוט אמור השמיט כל זה וגרים וכמה שיעור קרחה פליגי בה תלתא וכו׳: [16] כ״ה גי׳ המפרש וגי׳ הילקוט תלתא אמוראי וכד״ס תלתא אמוראי במערבא. י״ג אר״י אמר רב חביבא וי״ג אמר ר״י אמר בר חביבא: [17] בד״ס דמפיק כגרים ועייל כעדשה וכ״ה בנוסחאות ישנות עיין בהגהות הד״ס ונוסחתנו היא נוסחת המפרש לריב״ן והריטב״א הביא ב׳ הנוסחאות ופי׳ הסימן לנוסחתנו דכשם שלענין טומאת נגעים השיעורים כגרים וכעדשה כמו כן לענין קרחה ומפיק ב׳ שערות ולנוסחאות הישנות פי׳ הסימן שדוקא בנגעים הוזכרו אלו השתים ביחד ולא הוזכרו שתי שערות עם אחד מהם אע״ג דהתם נמי שתי שערות עיקרן מלבין סימן טומאה כדתנן בנגעים פ״ד מ״ד. אבל לענין קרחה אינו כן אלא נזכרו אלו השתים ביחד אלא או ב׳ שערות וכגרים או ב׳ שערות וכעדשה ועיין בריטב״א: [18] וכ״ה בשבת צ״ד ב׳ ובד״ס תנו רבנן ובנוסחאות הישנות הגי׳ תניא וכ״ה במפרש ה״ג תניא וכו׳ ולא גרסינן תנא אבל בספרים שלנו הגי׳ איפכא ה״ג תנא וכו׳ ולא גרסינן תניא עיין בהגהות הד״ס: [19] פרש״י בשבת שם והא תניא בההיא ברייתא בסיפא ולקרחה וכו׳ מכלל דפי הזוג לאו ב׳ שערות נינהו: [20] בד״ס אפילו אחת: [21] שם הוא בשינוי עיי״ש. בד״ס מתוך שחורות ושחורות מתוך לבנות וכ״ה בתוספתא שם ונוסחת המפרש והריטב״א כנוסחתנו ונוסחת תו׳ שנ״ץ במלקט שחורות מתוך לבנות: [22] בד״ס ולבנות מתוך שחורות אפי׳ בחול וכו׳: [23] כולא בשבת שם ועיין נזיר נ״ט א׳ וספרי פ׳ כי תצא פי׳ רכ״ו: [24] שם

תני תנא קמיה דרב חסדא אחד המקיף ואחד הניקף לוקה (תו״כ שם)[1]. אמר ליה מאן דאכיל תמרי בארבילא לקי[2]. דאמר לך מני. רבי יהודה היא[3]. דאמר לאו שאין בו מעשה לוקין עליו[4]. רבא אומר במקיף לעצמו ודברי הכל[5]. רב אשי אומר במסייע ודברי הכל[6]:

והמשחית פאת זקנו: תנו רבנן פאת זקנו. סוף זקנו. ואיזהו סוף זקנו. שבולת זקנו (תו״כ שם)[7]:

והמשרט שריטה אחת וכו׳: ת״ר ושרט (ויקרא י״ט כ״ח). יכול אפילו שרט על ביתו שנפל[8] ועל ספינתו שטבעה בים. ת״ל לנפש (שם). אינו חייב אלא על המת בלבד[9]. ומנין למשרט חמש שריטות על מת אחד שהוא חייב על כל אחת ואחת[10]. ת״ל ושרט. לחייב על כל שריטה ושריטה. רבי יוסי אומר מנין למשרט שריטה אחת על ה׳ מתים שהוא חייב על כל אחת ואחת[11]. ת״ל לנפש. לחייב על כל נפש ונפש (תו״כ שם)[12]. והא אפיקתיה לביתו שנפל ולספינתו שטבעה בים.
כא א *קסבר רבי יוסי שריטה וגדידה אחת היא. וכתיב התם למת (דברים י״ד א׳)[13]:

אמר שמואל המשרט בכלי חייב: מיתיבי שריטה וגדידה אחת היא. אלא ששריטה ביד וגדידה בכלי[14]. הוא דאמר כרבי יוסי[15]:

תני תנא קמיה דרבי יוחנן[16] על מת בין ביד בין בכלי חייב[17]. על עבודת כוכבים ביד חייב בכלי פטור (תוספתא פ״ד)[18]. והא איפכא כתיב ויתגודדו כמשפטם בחרבות וברמחים (מלכים א׳ י״ח כ״ח). אלא אימא ביד פטור בכלי חייב[19]:

וחייב על הראש[20]: מחוי רב ששת בין פירקי רישא[21]:

ועל הזקן שתים מכאן ושתים מכאן ואחת מלמטה[22]: מחוי רב ששת בין פירקי דיקנא[23]:

רבי אליעזר אומר אם נטלן וכו׳[24]: קסבר חד לאו הוא[25]:

הוא בשינוי קצת. בד״ס ואיזהו סוף ראשו אלו שתי צדעיו אילך ואילך ואיזוהי הקפה זה המשוה צדעיו וכו׳ ופדחתו:

[1] כעין זה בתוספתא דמכות פ״ד: [2] כעין זו לר׳ הסדא בסנהדרין פ״ט ב׳ ופרש״י שם והמפרש הכא האוכל תמרים בבברה. פי׳ הא לאו שאין בו מעשה הוא ולא לילקי. א״ל ר׳ הסדא וכו׳ וכי מפני שהוא נהגה במעשה ז׳ יהא לוקה בלא שום מעשה א״כ מי שאוכל ביו״ט פירות שליקט חבירו באותו יום יהא לוקה לפי שנהגה. ובד״ס אלא מעתה אכל תמרי בארבי (פי׳ ספינה) ה״נ לילקי. ובילקוט אלא מעתה דאכל תמרי בארבלא. ויותר נראה שהוא לשון גוזמא ונוסחתנו עיקר: [3] בד״ס א״ל תתרגם מתניתך כר׳ יהודה דאמר וכו׳ ובילקוט תתרגם מתניתין כר״י דאמר וכו׳: [4] לעיל צד ט״א: [5] וקמ״ל דחייב ב׳ משום מקיף וניקף ועיין בתוספתא שם: [6] ובמעשה כל דהוא לקי: [7] שם הוא בשינוי. בד״ס שבילת של זקן: [8] בד״ס אפי׳ על ביתו ובתו״כ איתא לה: [9] בד״ס לחייב על המת. ובתו״כ לא אמרתי שריטה אלא שהוא על המת: [10] בד״ס ומניין שאם שרט ד׳ וה׳ שריטות וכו׳ ובתו״כ מניין לה׳ שריטות וכו׳ שהוא חייב על כל שריטה ושריטה: [11] על כל נפש ונפש. וב״ח הגיה אחד ואחד ובתו״כ על כל מת ומת: [12] בד״ס ובתו״כ על כל מת ומת. ועיין עוד בתוספתא פ״ד: [13] ולא סבר דשריטה ביד וגדידה בכלי וקאמר דאחת היא בין ביד בין בכלי ושם מפורש למת ואייתר ליה לנפש להייב על כל נפש ונפש. בילקוט אחת הן וע״ע קידושין ל״ה סוף ב׳: [14] ברייתא היא וכעין זו בתוספתא: [15] בד״ס שמואל סבר לה כר׳ יוסי דאמר שריטה וגדידה אחת היא: [16] וכ״ה בילקוט. ובר״ף ורא״ש קמיה דר׳ נחמן ובד״ס קמיה דר׳ אבהו ועיין בהגהות שם: [17] בד״ס ובילקוט למת בין ביד וכו׳: [18] והתם תני לה איפכא. עיין לקמן. בד״ס ובילקוט לע״ז: [19] בריטב״א הגי׳ אלא אימא על ע״ז ביד פטור וכו׳ וכ״ה בילקוט אלא שהוא קטוע. אבל בתוספתא שנו המתגודד על המתים ביד פטור ובכלי חייב לע״ז בין ביד ובין בכלי חייב ועיין בחסדי דוד. וע״כ נ״ל דה״פ אלא אימא על מת ביד פטור בכלי חייב דס״ל כרבנן ששריטה ביד וגדידה בכלי אבל בע״ז הוא משום לא תעבדם ואם דרך עבודתה ביד לקי. ועיין בריטב״א: [20] עיין בהערות במשנה: [21] הב״ח הגיה פירקי דרישא וכ״ה ברא״ש. ובר״ף בי פירקי רישא ובד״ס מחוי ר׳ יהודה בי פרקי ראש: [22] עיין בהערות במשנה ויש גורסין וחייב על הזקן חמש שתים מכאן וכו׳ עיין בריטב״א: [23] ברא״ש דדיקנא וכן הגיה הב״ח ובר״ף בי פרקי ובד״ס בי פרקי דדיקניה. ונ״ל דצ״ל דראשיה דדיקניה שהראו כך בעצמם: [24] עיין בהערות במשנה: [25] בד״ס אלמא קסבר וכו׳:

ואינו חייב עד שיטלנו בתער: ת''ר ופאת זקנם לא יגלחו (ויקרא כ''א ה') יכול אפילו גלחו במספרים יהא חייב. ת''ל לא תשחית (שם י''ט כ''ז)[1] אי לא תשחית. יכול אם לקטו במלקט ורהיטני יהא חייב[2]. תלמוד לומר לא יגלחו. הא כיצד גילוח שיש בו השחתה. הוי אומר זה תער (תו''כ קדושים פ''ו)[3]:

רבי אליעזר אומר אפילו לקטו במלקט ורהיטני חייב[4]: מה נפשך. אי גמיר גזרה שוה[5] ליבעי תער[6]. אי לא גמיר ג''ש מספרים נמי[7]. לעולם גמיר ג''ש[8]. וקסבר הני נמי גילוח עבדי[9]:

משנה ד'.

הכותב כתובת קעקע. כתב ולא קעקע קעקע ולא כתב אינו חייב עד שיכתוב ויקעקע[10]. בדיו ובכחול ובכל דבר שהוא רושם[11]. ר''ש בן יהודה משום ר' שמעון אומר[12] אינו חייב עד שיכתוב שם השם[13] שנאמר וכתובת קעקע לא תתנו בכם אני ה' (ויקרא י''ט כ''ח)[14]:

תנו רבנן וכתבת קעקע (ויקרא שם) יכול אפילו כתב ולא קעקע יהא חייב. ת''ל קעקע. אי קעקע. יכול קעקע ולא כתב יהא חייב. ת''ל וכתבת. הא כיצד. עד שיכתוב ויקעקע (תו''כ פ' קדושים פ''ו)[15]: אמר ליה רב אחא בריה דרבא לרב אשי עד דיכתוב אני ה' ממש[16]. אמר ליה כדתני בר קפרא. דתני בר קפרא[17] אינו חייב עד שיכתוב שם עבודת כוכבים שנאמר וכתובת קעקע לא תתנו בכם אני ה' (ויקרא שם) אני ה' ולא אחר[18]:

אמר רב מלכיא אמר רב אדא בר אהבה[19] אסור לו לאדם שיתן אפר מקלה על גבי מכתו. מפני שנראית ככתובת קעקע: אמר רב חנינא בריה דרב איקא[20] שפוד[21]. שפחות[22]. וגומות[23]. רב מלכיו[24]. בלורית[25]. אפר מקלה[26]. וגבינה[27]. רב

---

[1] במקרא כתוב ולא: [2] בד''ס יכול אפי' לקטו: [3] ושם הוא בשינוי קצת ועיין קידושין ל''ה ב' ונזיר מ' ב' ונ''ח ב' ומסתברא דאותן הברייתות ששנו בביה''מ וגרסינן להא בשם ת''ר שינו בהם מטה שהם בעיקרם ובמקורן. בד''ס הא כיצד איזו היא גלוח וכו' ובריטב''א הא כיצד הוא גילוח וכו': [4] בספרים יהא חייב ומחקוהו במסגרת שהוא ט''ס מדלעיל: [5] בד''ס ובילקוט קדושים אי אית ליה גז''ש. והיא גז''ש דופאת זקנם לא יגלחו דויקרא כ''א ה' ולא תשחית את פאת זקניך דשם י''ט כ''ז ועיין קידושין ל''ה ב': [6] דבעינן גילוח שיש בו השחתה ומלקט ורהיטני היא השחתה בלא גילוח: [7] נמי יהא אסור דגילוח הוא. וגי' המפרש לריב''ן מספרים מנא ליה פי' דמותר לגלח בהם. ובד''ס אי לית ליה גז''ש אפי' במספרים נמי וכ''ה בילקוט ושם גריס נמי ליחייב. ובספרים הוסיפו וגרסו נמי לא ועיין בהגהות הד''ס: [8] בד''ס ובילקוט אית ליה גז''ש: [9] בילקוט גילוח נינהו. והוה השחתה שיש בה גילוח אבל מספרים הוא גילוח בלא השחתה: [10] בירושלמי ובכת''י קאנט' קיעקע: [11] בכל הנוסחאות איתא בדיו ובספרים נשתבש וכתוב בידו. ובירושלמי ובכת''י הנ''ל איתא ובכוחל ובד''ס ליתא לה כלל ועיין בהגהות הד''ס ובתוספתא פ''ד בדיו ובכוחל וכ''ה בתו''כ פ' קדושים פ''ו: [12] בד''ס אומר משום ר''ש ועיין בהגהות שם: [13] כ''ה במשניות ובתו''כ ובירושלמי ובכת''י וברי''ף ורא''ש ובד''ס ובילקוט קדושים. ובמפרש ובריטב''א שיכתוב את השם. ובספרים שיכתוב שם את השם והוא עירבוב ב' נוסחאות: [14] כולא בתו''כ פ' קדושים פ''ו: [15] כעין זו הוא בד''ס ועיי''ש בהגהות ובספרים ליתא לכולא והוספתי: [16] כ''ה במפרש לריב''ן אלא שגרס עד שיכתוב פי' שהיה שואלו אם על תיבות הללו אני ה' אתה מחייבו. ובד''ס הגי' א''ל וכו' לרב אשי מאי שם שם ממש. וי''ג מאי שם אמר ליה וכו' וי''ג עד דכתב אני ה' עיין בהגהות שם וגי' זו היא בריטב''א בשם ג' ספרים ישנים. וגירסת הספרים שבריטב''א היא ואימא עד דכתב אני ה' ועיי''ש: [17] כ''ה בד''ס. ובנוסחאות הישנות א''ל כדתני בר קפרא אינו חייב וכו'. ובספרים א''ל לא כדתני ב''ק אינו חייב: [18] כעין זה בתוספתא פ''ד. ופי' שם השם של ע''ז. בד''ס עד שיכתוב את שם ע''ז וכו' אני הוא ולא אחר. ועיין בילקוט. אבל לת''ק חייב בכל כתובת קעקע וכן תרגם יונתן וכתב חקיק לרשום חרית ציורא לא תתנון בכון: [19] בריטב''א א''ר מלכיא אסור לו וכו': [20] כ''ה בד''ס ובכתובות ס''א ב' ובע''ז כ''ט א' ונדה נ''ב א'. ובביצה כ''ח ב' ר' חיננא וכן הגיה הב''ח. ובספרים א''ר נחמן בריה דר''א: [21] ביצה שם שפוד שצלו בו וכו' ר' אדא בר אהבה אמר רב מלכיו וכו' וגי' המפרש לפנינו א''ר מלכיו א''ר אדא וכו': [22] כתובות שם אמתניתין רא''א אפי' הכניסה לו מאה שפחות א''ר מלכיו א''ר אדא וכו': [23] נדה שם שתי שערות וכו' בעיקרן גומות ר' מלכיו א''ר אדא וכו': [24] פי' אלו ג' הלכות ר' מלכיו אמרן: [25] בע''ז שם נכרי המסתפר מישראל כיון שהגיע לבלוריתו וכו' א''ר מלכיא א''ר אדא וכו': [26] היינו דאמרן: [27] בע''ז ל''ה ב' בגבינות דבית אונייקי דמשנה שם ר' מלכיא משמיה דר' אדא וכו':

מלכיא[1]. רב פפא אמר מתניתין ומתניתא רב מלכיא. שמעתתא רב מלכיו[2]. וסימניך מתניתא מלכתא[3]. מאי בינייהו. איכא בינייהו שפחות[4]: רב ביבי בר אביי קפיד אפילו אריבדא דכוסילתא[5]. רב אשי אמר כל מקום שיש שם מכה. מכתו מוכחת עליו[6]:

משנה ה׳.

נזיר שהיה שותה יין כל היום[7] אין חייב אלא אחת[8]. אמרו לו אל תשתה. אל תשתה. והוא שותה. חייב על כל אחת ואחת: היה מטמא למתים כל היום[9] אינו חייב אלא אחת. אמרו לו אל תטמא. אל תטמא. והוא מטמא. חייב על כל אחת ואחת: היה מגלח כל היום אינו חייב אלא אחת. אמרו לו אל תגלח. אל תגלח. והוא מגלח. חייב על כל אחת ואחת[10]: היה לבוש בכלאים כל היום[11] אינו חייב אלא אחת. אמרו לו אל תלבש. אל תלבש. והוא פושט ולובש. חייב על כל אחת ואחת: *יש חורש תלם א׳ וחייב עליו משום שמונה לאוין[12]. החורש כא ב בשור וחמור[13]. והן מוקדשין[14]. וכלאים בכרם[15]. ובשביעית[16]. ויום טוב. וכהן. ונזיר. בבית הטומאה[17]. חנניה בן חכינאי אומר אף הלובש כלאים[18]. אמרו לו אינו השם[19]. אמר להם אף הנזיר לא הוא השם[20]:

אמר רב ביבי אמר ר׳ יוסי[21] לא פושט ולובש ממש. אלא אפילו מכניס

[1] כלו׳ אלו ג׳ הלכות ר׳ מלכיא אמרן. ואתנח כהו סימנא כדי שלא להחליף ר׳ מלכיא בר׳ מלכיו: [2] שפוד הוא שמעתתא דר״י אמר שמואל והוא לר׳ מלכיו. שפחות היא מתניתין והוא שם לר׳ מלכיו. וגומות הוא שמעתתא דר׳ חלבו אמר רב הונא והוא לר׳ מלכיו. בלורית היא מתניתא דת״ר שם והוא לר׳ מלכיא. אפר מקלה הוא שמעתתא דר׳ מלכיא דאמרן. וגבינה הוא מתניתין והוא לר׳ מלכיא. וקאמר רב פפא שכל מתניתין שהם שפחות וגבינה וכן מתניתא דהיינו בלורית הם לר׳ מלכיא אבל השמעתתא שהם שפוד וגומות ואפר מקלה איכא בהם לר׳ מלכיו: [3] רב פפא נתן סימן לדבריו מתניתא מלכתא וכלו׳ ר׳ מלכיא אמרן: [4] פי׳ כיון שנתן סימן במתניתא מוכח דליתא בינייהו אלא שפחות שהמתניתא היא לר׳ מלכיא וא״כ שפחות לא ר׳ מלכיו אמרה אלא ר׳ מלכיא אבל כשמעתתא לא הקפיד רב פפא ולא נתן בהם סימן וא״כ אפר מקלה תהיה לר׳ מלכיא כדר״ח בריה דר׳ איקא ולא נשארו לר׳ מלכיו כ״א שפוד וגומות. ויש שפירשו איכא בינייהו שפחות לאפוקי מר׳ מלכיו וכיון דג׳ להא וג׳ להא על כרחך עייל אפר מקלה לר׳ מלכיו עיין במפרש ובריטב״א: [5] הקפיד על מקום הקזת הדם. וכוסילתא הוא שם כלי הקזה וריבדא היא השריטה עיין בערוך ערך כסיל ועיין בריטב״א. ואעפ״י שאינה אלא שריטה קטנה קפיד שלא ליתן עליה אפר מקלה להעמיד הדם: [6] כ״ה ברא״ש וכן הגיה הב״ח. ובספרים מוכיח עליו. וברי״ף כל מקום מכה מכתו מוכחת עליו. ובילקוט ר״א אמר מכתו מוכחת עליו ועיין בהגהות הר״ס: [7] במשניות ובירושלמי ובכת״י קאנט׳ ובנוסחאות ישנות שותה ביין: [8] בירושלמי אינו חייב וכ״ה ברי״ף ורא״ש: [9] בירושלמי מיטמא וכן לקמן תיטמא: [10] כולא משנה זו בנזיר מ״ב א׳ וסדר המשנה שם יין גילוח טומאה ועיי״ש ל״ח ב׳ ובתוספתא דנזיר פ״ד וקידושין ע״ז ב׳ והולין פ״ב ב׳ ועיין ירושלמי נזיר פ״ג ה״ה ותוספתא דמכות פ״ה: [11] במפרש לבוש כלאים. ואינו קאי על נזיר אלא מי שהיה לבוש: [12] עיין פסחים מ״ז א׳: [13] בירושלמי ובחמור וכ״ה במשניות ולקמן בגמרא: [14] בבכורה וכגון פטר חמור ויש מפרשים חמור דבדק הבית ועכ״ס לא חשיב אלא לאו א׳ משום עבודה במוקדשין והוי ב׳ לאוין ועיין בפי׳ הר״מ ובמפרש ובתוספות דפרקין ודפסחים ובריטב״א: [15] בנוסחאות הישנות ובמשניות ובירושלמי הגי׳ בכלאים בכרם. ומפרש לה בגמרא דמחפה להו בחרישה וחייב משום זורע ופי׳ וכלאים שהם בכרם והיינו כלאי זרעים בכרם דחייב תרתי משום כלאי זרעים ומשום כלאי כרם והוי ד׳ לאוין עיין בפי׳ הר״מ ובתוספות בפרקין ופסחים שם וברמב״ן ובריטב״א ובירושלמי כלאים פ״ח ה״א וכספרי תצא פי׳ ר״ל: [16] בירושלמי ובר״ס ונוסחאות הישנות ושביעית אית דמפרשי משום חרישה וחורש בשביעית לוקה ואית דמפרשי משום מחפה בזרעים עיין ירושלמי שם ובבלי בריש מועד קטן. והוין ה׳ לאוין: [17] והן עוד ג׳ לאוין וכלו׳ כהן שהוא נזיר. בד״ס וכן בפסחים שם הגי׳ אבית הטומאה ובירושלמי ואף בית הטומאה וכ״ה בכת״י קאנט׳ ונראה שהוא ט״ס וצ״ל ואבית הטומאה: [18] בכת״י קאנט׳ הלבוש כלאים ונוסחא נכונה היא: [19] אין לאו זה משום הרישהו: [20] במפרש הגי׳ אף הנזיר אינו השם וכ״ה בד״ס. ובמשניות אף לא הנזיר הוא השם וכ״ה בירושלמי ובנוסחאות הישנות. ותפיס נזיר וה״ה כהן דשם טומאה לאו משום הרישה הוא ות״ק אתלם א׳ חשיב ותלם זה בבית הטומאה הוא: [21] בילקוט תצא תתקל״ב וברי״ף ורא״ש א״ר אסי ובד״ס אשי והוא ט״ס:

ומוציא בית יד אונקלי שלו[1]. מחוי רב אחא בריה דרב איקא עיולי ואפוקי[2]. רב אשי אומר אפילו לא שהה אלא כדי לפשוט וללבוש חייב[3]:

יש חורש תלם וכו': א"ר ינאי בחבורה נמנו וגמרו החופה בכלאים לוקה[4]. אמר ליה רבי יוחנן לאו משנתנו היא זו[5]. יש חורש תלם אחד וחייב עליו משום שמונה לאוין החורש בשור ובחמור והן מוקדשין וכלאים בכרם. האי חורש דמחייב משום כלאים היכי משכחת לה. לאו דמיכסי בהדיה דאזיל[6]. א"ל אי לאו דדלאי לך חספא מי משכחת מרגניתא תותה[7]. אמר ליה ריש לקיש לר' יוחנן אי לאו דקילסך גברא רבה. הוה אמינא. מתני' מני רבי עקיבא היא[8] דאמר המקיים כלאים לוקה[9]: מאי רבי עקיבא. דתניא[10]. המנכש והמחפה בכלאים לוקה. רבי עקיבא אומר אף המקיים (תוספתא כלאים פ"א)[11]. מאי טעמא דר' עקיבא. דתניא[12]. שדך לא תזרע כלאים (ויקרא י"ט י"ט) אין לי אלא זורע. מקיים מנין. ת"ל כלאים שדך לא (תו"כ פ' קדושים פרק ד')[13]:

אמר ליה עולא לרב נחמן[14] ולילקי נמי משום זורע ביום טוב. אמר ליה תנא ושייר[15]. א"ל תנא קתני שמונה. ואת אמרת תנא ושייר[16]. אלא אמר רבה[17] יש חילוק מלאכות בשבת. ואין חילוק מלאכות ביום טוב[18]. א"ל עדא תהא[19]. איתיביה אביי ואין חילוק מלאכות ביום טוב. והתניא[20] המבשל גיד בחלב ביום טוב[21] ואכלו לוקה חמש. לוקה משום אוכל גיד. ולוקה משום מבשל ביום טוב שלא לצורך[22]. ולוקה משום מבשל כב א בשר בחלב[23]. ולוקה משום אוכל בשר בחלב. ולוקה *משום הבערה[24]. ואם איתא משום

[1] כ"ה במפרש וברי"ף והגיה כן הב"ח וכן הגיהו בגליון. ובתוספות שבועות י"ז א' גריס אלא מכניס וכן הוא כרא"ש. ובילקוט שם אלא כל שאילו מכניס ומוציא וכן הוא בד"ס והתם ג' מוציא ומכניס. ובספרים אר"י פושט ולובש לובש ממש או אפי' וכו': [2] ממש. ולפרש הא דר' ביבי אתא: [3] דבשהייה נמי חייב ועיין בתו' שבועות שם. בד"ס ליתא מלת חייב: [4] בד"ס המחפה. וכעין סגנון זה ביבמות צ"ב ב': [5] בספרים אמר להן והגיהו בגליון ובד"ס א"ל ר' יוחנן והלא משנתנו וכו' וביבמות שם כעין זה א"ל ר"י רבי לא משנתנו: [6] בד"ס לאו דקמכסי ואזיל וכ"ה בתו' שנ"ץ: [7] בד"ס מי אשכחת מרגניתא תותיה וכן ביבמות שם תותיה. ונשתמש ר"י גופיה בסגנון זה בב"מ י"ז ב' נגד ר' חייא בר אבא ושם איתא לא משכחת וכו' תותה. וכן בירושלמי סוף מעשרות לר"ח בר ווא א"ל בבלייא מן דגליית לך חספא אשכחת מרגניתא את אמות ולאו מתניתא הוא: [8] וכעין זה ביבמות שם. בד"ס ובמפרש הוה מוקמינן לה למתני' כר"ע: [9] בד"ס המקיים בכלאים לוקה אבל רבנן לא: [10] בספרים ישנים דתנן וכתב המפרש לריב"ן ל"ג דתנן דברייתא היא ולא משנה: [11] בד"ס הגי' עובר בלא תעשה וכ"ה בתוספתא שם והתם תנא הזורע והמחפה והמנכש עובר וכו' אף המקיים עובר בל"ת. ובתוספתא ידפוקין שנינו והמקיים בכלאים עובר בל"ת אבל אינו לוקה את הארבעים לפי שאין בהן מעשה עיי"ש והכא דלקי שמקיים ע"י מעשה ועיין בתוספות ע"ז ס"ד א' וגי' הערוך ערך הף וערך נכש כגירסתנו. ועיין במו"ק ב' ב' ואיכא לט"ד התם דכולא רבי עקיבא הוא והכי קאמר שר"ע אומר וכו'. ועיין בירושלמי דכלאים ריש פ"ח ובספרי כי תצא פי' ר"ל: [12] בד"ס דכתיב. ועיין בהגהות שם ועיין בע"ז ובמו"ק שם: [13] וכ"ה במו"ק שם וכן נראה גי' המפרש ובע"ז הגי' ת"ל לא כלאים וכ"ה בתו"כ ושם מסיים לא אמרתי אלא משום כלאים ובד"ס ת"ל כלאים ובספרים הגי' ת"ל בהמתך לא תרביע כלאים שדך לא תזרע כלאים ועיין במפרש וברש"י שם. שטלת כלאים נמשך גם למטה כלאים שדך לא תזרע מדלא כתיב ושדך ואייתר ליה חד כלאים למקיים ועיין בירושלמי דכלאים ריש פ"ח: [14] בד"ס הגי' א"ל רב עוירא לר' מני ואמרי לה ר' מני לר' עוירא נילקי וכו': [15] סוכה נ"ד א' תענית י"ג ב' יבמות נ"א ב' וע"ג א' וס"ד ב' וכתובות מ"א א' קידושין ט"ז א' וט' א' נזיר ל"ח ב' סוטה ט"ז א' וב"ק מ"ג ב' וס"ב ב'. ושייר נמי בשביעית משום זורע: [16] גי' הריטב"א תנא תני יש ואת אמרת וכו' וכ"ה בנוסחאות ישנות עיין הגהות הד"ס ועיין קידושין ט"ו ב' ותוספות מנחות י"ח ב' בד"ה מניין: [17] בד"ס אלא אמר רבא והב"ח הגיה אמר ליה רבא ובספרים אמר רבא. ועיין פסחים מ"ח א' ומשם מוכח דצ"ל רבה ועיין בהגהות הד"ס: [18] בד"ס לשבת וכו' ליו"ט ול"ג מלת יש וכ"ה בפסחים שם. שאם עשה ב' מלאכות אינו לוקה אלא אחת: [19] כמו הדא. ואת תהיה בזו אני מודה כן פרש"י דבור זה בפסחים נ"ג סוף ב' ועיין בערוך ערך עד ד' וברש"י גטין מ"ה סוף א': [20] כך הוגה בגליון ובספרים והתנן וברייתא היא דתני לה תנא קמיה דר"י בביצה י"ב א': [21] כ"ה בביצה שם ובפסחים מ"ז ב' ובד"ס גיד הגשה ביום טוב בחלב ובספרים גיד בחלב: [22] בפסחים וביצה שם לוקה משום מבשל גיד ביום טוב ולוקה משום אוכל גיד ומלות שלא לצורך ליתא בנוסחאות ישנות עיין הגהות הד"ס: [23] וכ"ה בפסחים וביצה שם ובספרים משום מבשל גיד בחלב: [24] בד"ס ג' לכולא הכי לוקה משום מבשל גיד ביום טוב ולוקה משום מבשל בשר בחלב ולוקה משום מבעיר ולוקה משום אוכל בשר בחלב ולוקה משום אוכל גיד. וכ"ג גי' המפרש:

הבערה לא מחייב[1]. דהא איחייב ליה משום בישולו[2]. אפיק הבערה. ועייל גיד הנשה של נבילה[3]. והתני ר׳ חייא לוקה שתים על אכילתו ושלש על בישולו. ואי איתא שלש על אכילתו הוא חייב[4]. אלא אפיק הבערה ועייל עצי אשירה[5]. ואזהרתיה מהכא ולא ידבק בידך וגו׳ (דברים י״ג י״ח). א״ל רב אחא בריה דרבא לרב אשי[6] ולילקי נמי משום לא תביא תועבה אל ביתך (שם ז׳ כ״ו) אלא הכא במאי עסקינן כגון שבישלו בעצי הקדש[7]. ואזהרתיה מהכא ואשריהם תשרפון באש לא תעשון כן לה׳ אלהיכם (שם י״ב ג׳ וד׳)[8]:

סימן שנבא״י שנ״ז:[9] מתקיף לה רב הושעיא. וליחשוב נמי הזורע בנחל איתן[10]. ואזהרתיה מהכא אשר לא יעבד בו ולא יזרע (דברים כ״א ד׳): מתקיף לה רב חנניא. וליחשוב נמי המוחק את השם בהליכתו[11]. ואזהרתיה מהכא ואבדתם את שמם וגו׳ לא תעשון כן לה׳ אלהיכם (שם י״ב ג׳ וד׳)[12]: מתקיף לה רבי אבהו. וליחשוב נמי הקוצץ את בהרתו[13]. ואזהרתיה מהכא השמר בנגע הצרעת (שם כ״ד ח׳)[14]: מתקיף לה אביי. וליחשוב נמי המזיח החושן מעל האפוד[15]. והמסיר בדי ארון[16]. ואזהרתיה מהכא לא יסורו (שמות כ״ה ט״ו) ולא יזח החושן (שם כ״ח כ״ח)[17]: מתקיף לה רב אשי. וליחשוב נמי החורש בעצי אשירה[18]. ואזהרתיה מהכא ולא ידבק בידך מאומה וגו׳ (דברים י״ג י״ח): מתקיף לה רבינא. וליחשוב נמי הקוצץ אילנות טובות[19]. ואזהרתיה מהכא כי ממנו תאכל ואותו לא תכרות (שם כ׳ י״ט): א״ל רבי זעירא לרבי מני. וליחשוב נמי[20] כגון דאמר שבועה שלא אחרוש ביום טוב. התם לא קא חלה שבועה[21] מושבע ועומד מהר סיני הוא. א״ל כגון דאמר שבועה שלא אחרוש בין בחול בין ביום טוב. דמגו דחלה עליה שבועה בחול חלה עליה נמי ביו״ט[22]. מידי דאיתיה בשאילה לא קתני[23]. ולא. והרי הקדש[24]. בבכור[25]. והרי נזיר[26]. בנזיר שמשון[27]. נזיר שמשון בר איטמויי למתים הוא[28]. אלא האי תנא איסור כולל לית ליה[29]:

אמר רבי הושעיא המרביע שור פסולי המוקדשים לוקה[30]: אמר רבי יצחק המנהיג בשור פסולי המוקדשים לוקה. שהרי גוף אחד הוא ועשאו הכתוב כשני גופים[31]:

---

[1] בד״ס ובמפרש לא ליחייב. ובריטב״א ואם איתא דאין חילוק מלאכות ביו״ט אהבערה לא ליחייב. וי״ג לא ליחייב דהא הויא ליה לצורכיה עיין בריטב״א ובהגהות הד״ס: [2] בד״ס דהא איחייב משום בישול. ובמפרש משום מבשל: [3] בד״ס א״ל אפיק וכו׳ וכ״ה בפסחים שם. ופי׳ דלוקה משום אכילת נבילה: [4] בד״ס ליתא ואי איתא וכו׳ וכן ליתא בנוסחאות ישנות ובפסחים איתא ואי איתא ג׳ על אכילתו מיבעי ליה: [5] גי׳ הריטב״א אלא הב״ע בשבשלו בעצי אשרה: [6] בפסחים מ״ח א׳ הגי׳ א״ל ר״א בריה דרבא לאביי: [7] בד״ס אלא אפיק הבערה ועייל עצי הקדש וכ״ה בפסחים שם: [8] עיין ספרי ראה פי׳ ס״א ובתוספתא בפרקין פ״ח: [9] בד״ס ליתא לסימנא. ש׳ הושעיא. נ׳ חנניא. ב׳ אבהו. א״י אביי. ש׳ אשי. נ׳ רבינא ז׳ זעירא. וכולהו אמתניתין קאי דליחשוב עוד טובא: [10] בד״ס ר׳ אושעיא ולילקי נמי משום זורע וכו׳: [11] בד״ס גרים בדר׳ חנניה הא דהמזיח ובדר׳ אבהו הא דהמוחק ובדאביי הא דקוצץ. וגרים ונלקי נמי משום מוחק. וכגון שהיה השם חקוק בקרקע ומוחקו בחרישתו: [12] בספרים כתוב ולא ומחקו הוי״ו: [13] בד״ס ולילקי נמי משום קוצץ בהרתו בהליכתו. ולחנניה בן חכינאי פריך וכגון שהיה לו בהרת על גב הרגל וקצצה בחרישתו: [14] בד״ס מסיים וכדר׳ אבין א״ר אלעאי. דהשמר לאו הוא כדלעיל צד ל״ו: [15] בד״ס ונילקי נמי משום המזיח. והאי נמי להנניה בן חכינאי פריך שכבר אפשר שהיה כ״ג חורש והוא לבוש השן ואפוד והזיחו בהדי דהרש: [16] ולקחן לכלי מחרישה דכל שעה שחורש בהן ואינו מחזירן עובר. ריטב״א: [17] בספרים ולא יסורו ומחקו הוי״ו. ועיין יומא ע״ב א׳: [18] בד״ס ונילקי נמי משום חורש וכו׳ וכן במפרש נילקי נמי: [19] בד״ס ונילקי נמי משום קוצץ אילנות טובות בהליכתו: [20] בד״ס ר׳ עוירא לרב מני ואמרי לה ר׳ מני לר׳ עוירא ונילקי נמי: [21] בד״ס א״ל מי קא חיילא עליה שבועה וכ״ה במפרש: [22] בד״ס חייל נמי ביום טוב: [23] בד״ס א״ל במידי דאיתיה בשאלה לא קמיירי. שיכול לשאול להכם והוא עקרו מעיקרא ולא עבר על לאו כלל. ריטב״א. ועיין שבועות כ״ד ב׳: [24] בד״ס והרי קדשים: [25] בד״ס בבכור דקדושתו מרחם. ועיין שבועות שם: [26] ונמי איתיה בשאלה: [27] ע״י מלאך דליתיה בשאלה: [28] בד״ס נזיר שמשון מי אסיר לאיטמויי ועיין נזיר ד׳ ב׳: [29] ולא חיילה עליה שבועה ביום טוב. ובד״ס הני׳ באיסור כולל לא קמיירי. ובהגך אתקפתא דלעיל על כרחך צ״ל תנא ושייר שלא בא למנות אלא מידי דשכיח: [30] בד״ס אמר רב אושעיא וכו׳ לוקה שהרי גוף אחד הוא ועשאו הכתוב כשני גופין וכ״ה במפרש ותוספות. ובספרים לוקה שנים והוא ט״ס עיין בהגהות הד״ס: [31] ופי׳ הר״מ בה׳ כלאים פ״ט הי״א מפני שהיתה קדש ונעשית כקדש וכחול מעורבין זה בזה ונמצאת בהמה זו כבהמה טמאה עם הטהורה המעורבין כאחד הרי הוא אומר ואם כל בהמה טמאה אשר לא יקריבו וכו׳ (ויקרא כ״ז י״א) מפי השמועה למדו שאינו מדבר אלא בפסולי המוקדשין (בתו״כ בחוקתי פרשה

משנה ו׳.

כמה מלקין אותו[1]. ארבעים חסר אחת. שנאמר במספר ארבעים (דברים כ״ה ב׳ וג׳) מנין שהוא סמוך לארבעים[2]. רבי יהודה אומר ארבעים שלימות[3]. והיכן הוא לוקה את היתירה[4]. בין כתפיו[5]: אין אומדין אותו אלא במכות ראויות להשתלש[6]: אמדוהו לקבל ארבעים. ולוקה מקצת. כב: *ואמדו שאין יכול לקבל ארבעים[7]. פטור: אמדוהו לקבל שמונה עשרה. ומשלקה אמדו שיכול הוא לקבל ארבעים[8]. פטור:

מאי טעמא. אי כתיב ארבעים במספר. הוה אמינא ארבעים במניינא[9]. השתא דכתיב במספר ארבעים. מנין שהוא סוכם את הארבעים[10]:

אמר רבא כמה טפשאי שאר אינשי[11]. דקיימי מקמי ספר תורה ולא קיימי מקמי גברא רבה[12]. דאילו בס״ת כתיב ארבעים. ואתו רבנן בצרו חדא[13]:

רבי יהודה אומר ארבעים שלימות וכו׳: אמר ר׳ יצחק[14] מאי טעמא דרבי יהודה. דכתיב מה המכות האלה בין ידיך ואמר אשר הכתי בית מאהבי (זכריה י״ג ו׳)[15]. ורבנן. ההוא בתינוקות של בית רבן הוא דכתיב:

אין אומדין אלא במכות הראויות וכו׳: לקה אין[16]. לא לקה לא. ורמינהו. אמדוהו לקבל ארבעים. וחזרו ואמרו[17] שאין יכול לקבל ארבעים. פטור[18]. אמדוהו לקבל שמונה עשרה. וחזרו ואמדוהו שיכול לקבל ארבעים[19]. פטור. אמר רב ששת לא קשיא. הא דאמדוהו ליומי. הא דאמדוהו למחר וליומי אוחרא[20]:

ר׳ ועיין ברש״י על התורה) וכו׳ ואיסור זה מדברי קבלה. ולשון הר״מ שם אעפ״י שהוא גוף א׳ עשאה הכתוב כב׳ גופין. ונראה שכך היתה גירסתו בגמרא. אמנם בבכורות ל״ג א׳ גרסינן תלתא צבי ואיל כתיבי הד לכדר׳ יצחק ור׳ אושעיא וכו׳. ופירשו ר״ת סמוך לפטירתו דהיינו הא דסוגיא דילן שחם כב׳ גופין כצבי ואיל עיין בריטב״א ותו׳ שנ״ץ וכתוספות. ועיין חולין קט״ו ב׳:

[1] בד״ם וכמה וכ״ה בילקוט תצא: [2] בד״ם מנין שהוא סוכם את הארבעים. וכ״ה במפרש וכדאיתא בגמרא לקמן וכ״ה בריטב״א אמנם ברוב הנוסחאות הוא כמו שלפנינו ובספרי תצא פי׳ רפ״ו מנין סמוך למ׳ ובילקוט שם מנין שהוא סמוך את הארבעים: [3] כ״ה בד״ם ובירושלמי ובכת״י קאנט׳ ובספרי וילקוט שם. ובספרים שלימות הוא לוקה: [4] בד״ם ליתא את היתירה וכן ליתא בספרי שם. ובירושלמי ובכת״י ואיכן: [5] בד״ם כנגד כתפיו [6] במשנה ובירושלמי ובכת״י ובד״ם הראויות וכ״ה לקמן בגמרא ובכריתות י״א א׳ הראוין. ובפי׳ הר״מ ואין אומדין וכו׳ הראויות: [7] בד״ם לוקה מקצת ואמרו אין. ובירושלמי ובכת״י הנ״ל לקה מקצת ואמרו אינו וכ״ה במשנה. אלא שכתוב שם אין. וכן בנוסחאות ישנות ואמרו ברי״ש עיין בהגהות הד״ס. במפרש שאין יכול לקבל פטור: [8] במשנה ובד״ם ובירושלמי ובכת״י משלקה אמרו יכול וכו׳: [9] בד״ם ארבעים במספר ארבעים במנין. בילקוט תצא מ״ט דתנא קמא וכו׳ הוה אמינא מ׳ במנין: [10] בילקוט שם שהוא סמוך את הארבעים ובילקוט זכריה י״ג בנוסחתנו. ועיין לשון רש״י עה״ת. ופסוק זה הוא סדור שנהלק כמדה י״א בטדות דר״א בריה״ג: [11] בד״ם ובילקוט הני אינשי: [12] בילקוט דמיקמיה ס״ת קיימי ומיקמי גברא רבה לא קיימי. ובד״ם מקמי ספר קיימי מקמי גברא רבה לא קיימי: [13] בד״ם תורה אמרה ארבעים יכנו ואתו רבנן בצרו ליה חדא. ובילקוט התורה אמרה וכו׳ ובצרו להו חדא. ועיין קידושין ל״ג ב׳: [14] בד״ם ליתא אמר ר׳ יצחק. ובילקוט דתכא ודזכריה הדברים מקוטעין עיי״ש: [15] ובין ידיך היינו בין כתפיו. ואי גרסינן במשנה את היתירה. צריך לומר דמלקין אותו אחת יתירה זכר לזה המקרא: [16] לקה מקצת הוא דפטור: [17] הב״ח הגיה ואמדוהו ואמרו: [18] מלת פטור ליתא בד״ם: [19] בד״ם ואמדוהו ואמרו יכול וכו׳ ועיין בריטב״א דגרים בסיפא כמו במתניתין משלקה אמדוהו שיכול לקבל: [20] בד״ם וליומא אחרינא ובריטב״א וליומי אוחרי. ובנוסחאות הישנות וליומחרא ובעין הא דב״ם י״ז א׳ עיי״ש. והגיהו בה וליומא חרא או אוחרא עיין בהגהות הד״ס. פי׳ אם אמדוהו ללקות באותו היום אין חוזרין מאומד הראשון להקל עליו משום זילותא דבי דינא אלא א״כ לקה מקצת ומוכח שאינו יכול לקבל. אבל להחמיר עליו אין חוזרין. ואם אמדוהו לאחר זמן חוזרין מאומד הראשון להקל עליו בלא הוכחה אבל אין חוזרין להחמיר עליו. ומתניתין באמדוהו לאותו היום וברייתא באמדוהו לאח״ז. כ״ה

משנה ז'.

עבר עבירה שיש בה שני לאוין. אמדוהו אומד אחד. לוקה ופטור. ואם לאו. לוקה ומתרפא וחוזר ולוקה:

והתניא אין אומדין אומד אחד לשני לאוין (תוספתא פ"ה)[1]. אמר רב ששת לא קשיא. הא דאמדוהו לארבעים וחדא[2]. הא דאמדוהו לארבעים ותרתי[3]:

משנה ח'.

כיצד מלקין אותו. כופת שתי ידיו על העמוד הילך והילך[4]. וחזן הכנסת אוחז בבגדיו. אם נקרעו נקרעו ואם נפרמו נפרמו[5]. עד שהוא מגלה את לבו[6]. והאבן נתונה מאחריו[7]. חזן הכנסת עומד עליו[8]. ורצועה בידו של עגל[9]. כפולה אחד לשנים. ושנים לארבעה[10]. ושתי רצועות עולות ויורדות בה[11]. ידה טפח. ורחבה טפח. וראשה מגעת על פי כריסו[12]. ומכה אותו שליש מלפניו ושתי ידות מלאחריו[13]. ואינו מכה אותו לא עומד ולא יושב. אלא מוטה. שנאמר והפילו השופט (דברים כ"ה ב')[14]. והמכה מכה בידו אחת בכל כחו[15]. והקורא קורא אם לא תשמור לעשות וגו' והפלא ה' את מכותך ואת מכות וגו' (שם כ"ח נ"ח ונ"ט). וחוזר לתחלת המקרא[16]. ואם מת תחת ידו פטור[17]. הוסיף לו רצועה אחת ומת[18]. הרי זה גולה על ידו[19]: נתקלקל בין בריעי בין במים פטור[20]. רבי יהודה אומר האיש בריעי. והאשה במים:

לפי גרסתנו ולגי' הריטב"א דגרס בסיפא דברייתא ומשלקה חזרו ואמדוהו וכו' כל שלקה אין חוזרין להחמיר עליו. אמנם להקל באותו היום חוזרין משלקה וראו שאינו יכול לקבל. וליומא אחרא ולא לקה עדיין חוזרין בין להקל ובין להחמיר עליו. ולהר"מ בה' סנהדרין פי"ז שיטה אחרת ונראה דגריס בסיפא דברייתא חייב. עיי"ש:

[1] שם הוא בשינוי קצת. בד"ס אומדין אותו וכ"ה בתוספתא: [2] דאין כאן אפי' שלש יתר על ל"ט כזו לוקה ומתרפא והוזר ולוקה: [3] דאיכא שיעור שראוי להשתלש: [4] כ"ה בירושלמי ובכת"י קאנט' וכר"מ ה' סנהדרין פט"ז וכריטב"א. ובד"ס כופת ידיו. ובספרים ובמשניות כופה: [5] בד"ס אם נפרעו נפרעו וכו'. פרימה היא קריעה של התפירה: [6] בד"ס עד שטגלה וכו' ובירושלמי עד שהוא מגלהו את לבו: [7] במשניות והאבן נתון. בירושלמי ובכת"י מאחוריו: [8] בד"ס ובירושלמי ובכת"י ובילקוט עליה. ואין להכריע שלשון תורה לחוד ולשון חכמים לחוד: [9] בד"ס ובירושלמי ובכת"י של עגל בידו וכ"ה בר"מ: [10] כ"ה בכל הנוסחאות והב"ח הגיה אחת לשתים ושתים לארבע וכ"ה בריטב"א ולשון הר"מ שם כפולה לשנים ושנים לארבעה: [11] כ"ה בד"ס ובכל הנוסחאות. ובספרים רצועות של חמור וכבר הוגה בגליון: [12] בד"ס ובילקוט ומגעת עד פי וכו' וכ"ה בטפרש. ובירושלמי ובכת"י ומגיעת על פי וכו' ולשון הר"מ וארכה כדי שתהא מגעת עד פי כרסו. ולשון הריטב"א ומגעת לארכה לפי כרסו של אדם ולכן לא נתן התנא בארכה שיעור מסוים: [13] בירושלמי ומכה שליש. בד"ס ובירושלמי ובכת"י מאחוריו. ועיין בספרי תצא פי' רפ"ו: [14] עיין ספרי שם: [15] בד"ס ובכל כחו וכ"ה בילקוט. בכת"י הנ"ל באחת ידו. ולהלן בגמרא המכה מכה: [16] כ"ה בד"ס ובירושלמי ובכת"י וברוב הנוסחאות. ובספרים כתוב וחוזר לתחלת המקרא ושמרתם את דברי הברית וגו' וחותם והוא רחום יכפר עון וגו' וחוזר לתחלת המקרא. והדבר מוכיח שהוא תוספות מגליון והסגירוהו במשניות דבס"א ל"ג ליה עיי"ש בתוי"ט ועיין במהרש"א. ואולי נתוסף בגליון עפ"י המנהגים בעי"ב עיין בהגה או"ח ססי' תר"ז. ובמשניות נאפולי וחוזר ושמרתם את דברי וגו' וחותם בוהוא רחום וגו'. עיין בהגהות הד"ס. והוא הגהה ותיקון כדי לאחד ההוספה עם לשון המשנה: [17] עיין לעיל צד י"ח. ובב"ק פ"ד א' גרסינן אמדוהו ומת וכו' ואולי בצ"ל ונשתבשה מלת אמדוהו למלת ואם. וכמפרש אם מת. ובד"ס אם מת על ידו: [18] כ"ה בד"ס ובירושלמי ובב"ק ל"ב ב'. ובספרים ובכ"י קאנט' עוד רצועה. ופי' הוסיף על האומד: [19] בירושלמי ובכת"י הנ"ל על ידיו: [20] בד"ס ובין במים:

כג
א

*מאי טעמא, משום נקלה[1]:

אמר רב ששת משום רבי אלעזר בן עזריה מנין לרצועה שהיא של עגל. דכתיב ארבעים יכנו (דברים כ״ה ג׳) וסמיך ליה לא תחסום שור בדישו (שם שם ד׳)[2]:

ואמר רב ששת משום רבי אלעזר בן עזריה מנין ליבמה שנפלה לפני מוכה שחין שאין חוסמין אותה. דכתיב לא תחסום שור בדישו (שם) וסמיך ליה כי ישבו אחים יחדו וגו׳ (שם ה׳)[3]:

ואמר רב ששת משום רבי אלעזר בן עזריה כל המבזה את המועדים כאילו עובד עכו״ם דכתיב אלהי מסכה לא תעשה לך (שמות ל״ד י״ז) וסמיך ליה את חג המצות תשמור (שם שם י״ח)[4]:

ואמר רב ששת משום רבי אלעזר בן עזריה כל המספר לשון הרע. וכל המקבל לשון הרע. וכל המעיד עדות שקר. ראוי להשליכו לכלבים. דכתיב לכלב תשליכון אותו (שם כ״ב ל׳) וסמיך ליה לא תשא שמע שוא וגו׳ (שם כ״ג א׳)[5]. קרי ביה נמי לא תשיא[6]:

ושתי רצועות וכו׳: תנא של חמור[7]. כדדריש ההוא גלילאה[8] עליה דרב חסדא[9] ידע שור קונהו וחמור אבוס בעליו ישראל לא ידע וגו׳ (ישעיה א׳ ג׳). אמר הקב״ה יבא מי שמכיר אבוס בעליו ויפרע ממי שאינו מכיר אבוס בעליו:

ידה טפח וכו׳: אמר אביי שמע מינה כל חד וחד לפום גביה עבדינן ליה[10]. אמר ליה רבא אם כן נפיש להו רצועות טובא[11]. אלא אמר רבא אבקתא אית ליה[12]. כי בעי מיקטר ביה. כי בעי מרפה בה[13]:

מלקין אותו וכו׳[14]**:** מנא הני מילי. א״ר כהנא[15] דאמר קרא והפילו השופט והכהו לפניו כדי רשעתו במספר (דברים כ״ה ב׳). רשעה אחת מלפניו[16]. שתי רשעיות מאחריו[17]:

אין מלקין אותו וכו׳[18]**:** אמר רב חסדא אמר רבי יוחנן. מנין לרצועה שהיא מוכפלת. שנאמר והפילו (שם שם ב׳)[19]. והא מיבעי ליה לגופיה[20]. א״כ לכתוב קרא יטיהו[21]. מאי והפילו[22]. ש״מ תרתי[23]:

---

[1] נראה שהוא הוספה מגליון לפרש הא דחזן הכנסת אוחז בבגדיו כמ״ש התוספות סוטה ח׳ א׳ וכבר פירשו כך בגליון על המשנה ובד״ס ליתא וכן מחקו הב״ח דבס״א אינו והרמב״ם בהלכות סנהדרין פט״ז כתב הטעם לפי שאינו מכהו על כסותו שנאמר והכהו ולא לכסותו ומקור הדרוש בספרי ולשון הריטב״א כדי שיהא המלקות בבשרו: [2] בעין יעקב שנאמר ארבעים וגו׳: [3] ועיין יבמות ד׳ א׳ דרב ששת משמיה דר׳ אלעזר אמרה ור״א משמיה דראב״ע. בע״י תלמוד לומר לא תחסום וכו׳ וכן תרגמו יונתן עיי״ש: [4] בפסחים קי״ח א׳ ובילקוט פ׳ תשא ובע״י את המועדות וכו׳ שנאמר וכו׳ וכ״ה במפרש ועיין חגיגה י״ח א׳ דלענין חולו של מועד נאמר: [5] ובאותו מקרא אל תשת ידך עם רשע להיות עד חמס. בפסחים שם הגי׳ עדות שקר בחבירו: [6] בד״ס ליתא מלת נמי ובפסחים שם וקרי ביה לא תשיא וכ״ה בע״י והרשב״ם כתב שם דלא גרסינן ליה כלל ועיין במכילתא שם: [7] עיין בהערות במשנה. בילקוט ובע״י ושל חמור: [8] בד״ס דריש: [9] י״ג קמיה דר״ח עיין בהגהות הד״ס: [10] ש״מ מדקתני וראשה מגעת עפ״י כריסו דלשון עולות ויורדות בה היא כלשון עולה ויורד דקרבנות דהיינו אם גבו עב היא ארוכה ואם גבו קצר היא קצרה וקושר אחת באחת כפי שצריך והיינו עולות ויורדות. גי׳ הד״ס ש״מ רצועה לפום וכו׳: [11] הרי לפעמים לא סגי בשתים והיה לתנא לומר ורצועות עולות ויורדות בה. גי׳ הד״ס נפישא להו רצועות אלא וכו׳: [12] באותה יד אית אבקתא דהיינו חלל להכניס בה הרצועה. ובערוך ערך אבקתא ג׳ אבקתא אית בה מקום שמכניסין את הרצועה כי בעו מרפו לה מפקי לה לגבי אריכא וכי בעו מלקטי לה לפום גבא קצירא: [13] בד״ס דכי בעי מרפי להו וכי בעי מקליש להו. וכעין זה גי׳ הערוך דלעיל. שאין ההקפד אלא על רצועה של עגל שתהא מגעת עד פי כריסו ואותן שתי הרצועות שהן האבקתא עולות ויורדות בה כפי שצריך. ועיין בריטב״א ובמפרש במשנה: [14] עיין במשנה: [15] בד״ס אמר רב הונא ובילקוט השמיט שם האומר: [16] ופי׳ לפניו דגלקה קאמר: [17] שיעיקרן של מלקות הן שליש על החטא. ולכך בעינן מכות הראויות להשתלש. ואם כן כדי רשעתו הוא שליש מהמנין הקצוב. בד״ס הגירסא כדי רשעה וכו׳ ושתים מלאחריו: [18] עיין במשנה: [19] בד״ס ת״ל והפילו קרי ביה והכפילו. ועיין בהגהות הד״ס ישר׳ בחיי ואחריו שאר מפורשים הביאו כן מן הירושלמי: [20] שיפיל את הנלקה: [21] שהרי אינו אלא מוטה ולשון והפילו כמו ותפל מעל הגמל (בראשית כ״ד) שתרגומו ואתרכינת דהיינו הטייה. בילקוט נכתוב קרא. בד״ס לכתוב קרא יכיהו והוא ט״ס: [22] כ״ה בילקוט ובספרים הפילו: [23] עיין בהגהות הד״ס שכל זה מן והא מיבעי ליה וכו׳ ליתא בנוסחאות ישנות והוסיפוהו

המכה מכה בידו[1]: תנו רבנן אין מעמידין חזנין אלא חסירי כח ויתירי מדע, רבי יהודה אומר אפילו חסירי מדע ויתירי כח[2]: אמר רבא[3] כוותיה דרבי יהודה מסתברא, דכתיב לא יוסיף פן יוסיף (שם שם ג') אי אמרת בשלמא חסירי מדע[4], היינו דצריך לאזהורי, אלא אי אמרת יתירי מדע, מי צריך לאזהורי[5] ורבנן, אין מזרזין אלא למזרז[6]:

תנא[7] כשהוא מגביה, מגביה בשתי ידיו, וכשהוא מכה, מכה בידו אחת. כשהוא מגביה מגביה בשתי ידיו, דמרלי טובא, וכשהוא מכה מכה בידו אחת[8], כי היכי דתיתי מרזיא[9]:

והקורא קורא כו': תנו רבנן הגדול שבדיינין קורא, השני מונה, והשלישי אומר הכהו, בזמן שמכה מרובה, מאריך, בזמן שמכה מועטת, מקצר[10]: והא אנן תנן חוזר לתחלת המקרא, מצוה לצמצם ואי לא צמצם חוזר לתחלת המקרא:

תנו רבנן[11] מכה רבה (שם שם ג') אין לי אלא מכה רבה, מכה מועטת מנין, ת"ל לא יוסיף (שם) אם כן מה תלמוד לומר מכה רבה, לימד על הראשונות שהן מכה רבה (ספרי כי תצא פי' רפ"ו)[12]:

נתקלקל וכו': תנו רבנן אחד האיש ואחד האשה בריעי ולא במים, דברי רבי מאיר, רבי יהודה אומר האיש בריעי והאשה במים, וחכ"א אחד האיש ואחד האשה בין בריעי בין במים (תוספתא פ"ה)[13]: והתניא רבי יהודה אומר אחד האיש ואחד האשה בריעי, אמר רב נחמן בר יצחק שניהם שוין בריעי[14]:

אמר שמואל כפתוהו ורץ מבית דין פטור[15], מאי טעמא, ונקלה (שם) והא נקלה[16]: מיתיבי קלה[17] בין בראשונה בין בשניה פוטרין אותו[18], נפסקה רצועה בשניה פוטרין אותו בראשונה אין פוטרין אותו[19], אמאי להוי כרץ[20], התם רץ הכא לא רץ:

ת"ר אמרוהו לכשילקה יקלה, פוטרין אותו[21]. לכשיצא מבית דין יקלה[22], מלקין

האחרונים עפ"י הילקוט ודרשו והפילו מלשון לא נופל אנכי מכם דאיוב י"ב שמפילו במה שמכהו למנין שביע שהמכות משולשות והרצועה מוכפלת לארבעה:

[1] עיין במשנה: [2] בד"ס רי"א יתירי כח והסירי מדע וכ"ה בתוספות שג"ץ ובילקוט נמי גריס הכי, ואיכא דגרסי ביה אפילו ואיכא דלא גרסי ובנוסחאות ישנות ליתא אפילו עיין בהגהות הד"ס, ונוסחת המפרש לריב"ן אפילו יתירי כח ואפילו הסירי מדע, וכלו' דאין להקפיד בכך, וכתו' שג"ץ פי' דלר"י יתירי כח ודאי בעינן וחסירי מדע סגי דלא בעינן יתירי מדע: [3] בד"ס אמר רב: [4] במפרש דאפילו חסירי מדע: [5] בד"ס לא איצטריך לאזהוריה, ובילקוט א"א בשלמא חסירי מדע היינו דאיצטריך לאזהורי, והשאר נקטיע: [6] בנוסחאות ישנות למזורז בהגהות הד"ס, ובילקוט למזורזין ועיין בריש ספרי ובטרמו במ"ע שם אות ד': [7] בד"ס ת"ר וכ"ה בילקוט, ובילקוט ובד"ס סדר המאמרים בהיפך ממה שלפנינו דבתחלה סדרו להא ואח"כ הא דלעיל ת"ר אין מעמידין וכו': [8] כ"ה בד"ס ובילקוט אלא שבילקוט הגי' דמדליא, ובספרים חסר מן כשהוא מגביה וכו' דסיומא: [9] כ"ה בערוך ערך רז, ופי' מרזיא בכח, ובילקוט דאתיא מרזיא ובד"ס דאתי מרזיא, ול"ג כי היכי, ובספרים דליתיה מדידיה: [10] בד"ס ובילקוט מאריך מכה מועטת מקצר, ובב"ק ל"ב ב' ובכריתות י"א א' מייתי לה והתניא וגרים בכריתות גדול הדיינין מקרא שני וכו' ועיין בתוספתא פ"ה: [11] בד"ס מסמך הוסיף לו רצועה וכו' ת"ר: [12] והתם גרס ת"ל על אלה א"כ וכו' והגיה הגר"א לפנינו כך, והתם מסיים מלמד שאף הראשונה מכה רבה, שהתורה קראה לראשונות מכה רבה, לפי שהן שליש על הטאו, ועיין במ"ע שם ויעיין במפרש ובריטב"א: [13] והתם מלות ולא במים ליתא וכן ליתא בנוסחאות ישנות ובמפרש גרים לה, ובד"ס וחכ"א שניהם שוין אחד האיש וכו'. ויעיין בספרי תצא רפ"ו: [14] וכי פליגי במים הוא דפליגי, וגי' המפרש א"ר יצחק הכי קאמר שניהם שוין וכו': [15] בשבועות כ"ח א' הגי' כפתיהו על העמוד: [16] כ"ה בילקוט ובד"ס אלא שבד"ס ג' פ"ט משום ונקלה הא נקלה ובספרים ליתא מן מ"ט וכו': [17] נתקלקל ונקלה: [18] מי שאמדוהו לב' מלקיות ונתקלקל: [19] מאומד הב' אלא נפטר מאומד הא' ולוקה אומד הב'. כן פירשה הר"מ בה' סנהדרין פי"ז וכן מוכח מן התוספתא פ"ה והמפרש והריטב"א פירשו בדרך אחרת, וגי' הד"ס בראשונה מלקין אותו: [20] ונפטריה בנפסקה הרצועה אפי' מאומד הב'. וגי' הד"ס ואמאי ה"נ ניהוי כרץ: [21] בילקוט הגי' אין מלקין אותו, ובד"ס הגי' לכשילקה יקלה מלקין אותו וכ"ה בתוספתא שלפנינו וכ"ה בר"מ ה' סנהדרין פי"ז, בספרים הגי' לכשילקה קלה וכ"ה במפרש ובילקוט: [22] לכשיצא להלקות, כן פי' הר"מ שם, בספרים ובילקוט הגי' קלה וגי' הד"ס יקלה:

אותו. ולא ע״ד אלא אפילו קלה בתחלה[1]. מלקין אותו. שנאמר והכהו וגו׳ ונקלה (שם שם)[2] ולא שקלה כבר בבית דין[3] (תוספתא פ״ה)[4]:

משנה ט׳.

כל חייבי כריתות שלקו נפטרו ידי כריתתם. שנאמר ונקלה אחיך לעיניך (דברים כ״ה ג׳) כשלקה הרי הוא כאחיך. דברי רבי חנניה בן גמליאל[5]. ואמר רבי חנניה בן גמליאל[6] מה אם העובר עבירה אחת נוטל נפשו עליה[7]. העושה מצוה אחת. על אחת כמה וכמה שתנתן לו נפשו. ר״ש אומר[8] ממקומו הוא למד[9] שנאמר ונכרתו הנפשות העושות וגו׳ (ויקרא י״ח כ״ט) ואומר *אשר יעשה אותם האדם וחי בהם (שם שם ה׳) הא כל היושב ולא עבר עבירה. נותנין לו שכר כעושה מצוה[10]: ר״ש בר רבי אומר[11] הרי הוא אומר רק חזק לבלתי אכול את הדם כי הדם הוא הנפש וגו׳ (דברים י״ב כ״ג)[12]. ומה אם הדם שנפשו של אדם קצה ממנו[13] הפורש ממנו מקבל שכר[14]. גזל ועריות שנפשו של אדם מתאוה להן ומחמדתן[15]. הפורש מהן על אחת כמה וכמה שיזכה לו ולדורותיו ולדורות דורותיו עד סוף כל הדורות[16]: ר׳ חנניא בן עקשיא אומר רצה הקב״ה לזכות את ישראל. לפיכך הרבה להם תורה ומצות[17]. שנאמר ה׳ חפץ למען צדקו יגדיל תורה ויאדיר (ישעיה מ״ב כ״א):

א״ר יוחנן חלוקין עליו חבריו על רבי חנניה בן גמליאל[18]. אמר רב אדא בר אהבה אמרי בי רב. תנינן אין בין שבת ליום הכפורים אלא שזה זדונו בידי אדם וזה זדונו בהכרת (משנה מגילה פ״א ב׳ ב׳)[19] ואם איתא. אידי ואידי בידי אדם הוא[20]. א״ר נחמן

---

[1] כשנגמרו דינו להלקות: [2] מלת וגו׳ ליתא בנוסחאות ישנות ובתוספתא: [3] וכ״ה בריטב״א. ובספרים ולא שלקה ובד״ס ולא שיקלה כבר. ובילקו׳ ולא שנקלה כבר. ובכל אלו הנוסחאו׳ ליתנייהו מלות בב״ד ובדפ״י ליתא מלת כבר ועיין בהגהות הד״ס: [4] ושם היא בשינוי קצת עיי״ש: [5] בד״ס מידי כריתן ועיין בהגדות שכן בנוסחאות עתיקות. בירושלמי ובכת״י קאנט׳ ובד״ס משלקה. ובילקוט מידי כריתתן וכו׳ כיון שלקה הרי הוא אחיך. וכן בד״ס ובשאר נוסחאות ה״ה אחיך ועיין בספרי פי׳ רפ״ו. ובמגילה ז׳ ב׳ מידי כריתתן וכו׳ כיון שלקה ה״ה כאחיך. בד״ס הני׳ ר׳ חנינא בן גמליאל ועיין בספרי שם: [6] בד״ס אמר רחב״ג וכ״ה במשניות ובנוסחאות ישנות. ובילקוט ובירושלמי ליתא כלל אלא גריס דברי רחב״ג ומה אם העובר וכו׳. ובכת״י הג״ל כתוב בגליון הוא היה אומר ומה: [7] בד״ס נפשו נטלת עליו ובירושלמי ובכת״י הג״ל נטלת עליה ובילקוט ניטלת לו וי״ג ממנו עיין בהגהות הד״ס: [8] בד״ס ר׳ ישמעאל אומר וכ״ה בע״י ובילקוט ר׳ שמואל והוא ט״ס אבל בכל הנוסחאות ובספרי תצא רפ״ו ר׳ שמעון: [9] בד״ס במקומו ובספרי שם ממקומו הוא מוכרע. ופי׳ ממקומו שנאמר בו כרת: [10] בד״ס שכר מעשה כעושה וכו׳. בע״י היושב ואינו עובר עבירה. ובמפרש הא למדת כל היושב ואינו עובר. נפקא ליה מדקרי מניעה מעבירות עשייה ובקידושין ל״ט ב׳ פירשו שבא דבר עבירה לידו וניצול. ועיין בספרי שם ובירושלמי קידושין ספ״א ה״י: [11] וי״ג ר״ש בר׳ יהודה הגהות הד״ס: [12] במקרא ליתא את ומתקוהו בספרים ובשאר הנוסחאות ליתא: [13] בד״ס חתה ממנו וכ״ה בירושלמי ובכת״י: [14] דכתיב ביה למען ייטב לך ולבניך אחריך. שם כ״ה: [15] בכת״י ומתחמדתן ובחגיגה י״א ב׳ מחמדתן ומתאוה להן. והוא כשם שנאמר בעשרת הדברות דיתרו ודואתחנן לא תחמד ולא תתאוה. וגזל כל חימוד ממון במשמע וכן עריות כל חימוד נשים במשמע: [16] בד״ס וכן בספרי ליתא ולדורות דורותיו. וג״ל דב׳ נוסחאות הם דכאן דגריס לה לא גריס עד סוף כל הדורות. והיינו ארבעה דורות. שהוא הקין ומספר הדורות שלפניו של אדם כדתנן בעדיות פ״ב מ״ט. וט״ש עושה חסד לאלפים היינו באוהבים ושומרים כל מצות ה׳: [17] ויכול כל אחד ואחד לזכות באחת מהם ועיין קידושין ל״ט ב׳. בד״ס ר׳ חנינא וכו׳ ובירושלמי ובכת״י ר׳ חנינה וכו׳ המקום ב״ה: [18] בד״ס אמר רבה בר בר חנה אר״י וכו׳. אפי׳ ר״ע הר׳ ישמעאל דס״ל לעיל י״ג צד ל״ה דחייבי כריתות וחייבי מיתות בכלל מלקות חלוקין עליו בהא דנפטר מידי כריתתן ריטב״א. ועיין בתוספתא ספ״ה דהוא הדין במיתה בידי שמים: [19] שם במשנה בכרת ובגמרא בדיבכרת: [20] בד״ס אמר רבא אמרי בי רב תנינא וכו׳ וכ״ה במגילה שם אלא שבד״ס ובהגהות שם נוסחאות

בר יצחק[1] הא מני רבי יצחק היא. דאמר מלקות בחייבי כריתות ליכא. דתניא ר' יצחק אומר חייבי כריתות בכלל היו ולמה יצאת כרת באחותו לדונו בכרת ולא במלקות[2]. רב אשי אמר אפילו תימא רבנן. זה עיקר זדונו בידי אדם. וזה עיקר זדונו בידי שמים[3]:

אמר רב אדא בר אהבה אמר רב הלכה כר' חנניה בן גמליאל. אמר רב יוסף[4] מאן סליק לעילא ואתא ואמר[5]. אמר ליה אביי. אלא הא דאמר רבי יהושע בן לוי[6]. שלשה דברים עשו ב"ד של מטה והסכימו ב"ד של מעלה על ידם[7]. מאן סליק לעילא ואתא ואמר[8]. אלא קראי קא דרשינן, ה"נ קראי קא דרשינן[9]:

גופא א"ר יהושע בן לוי שלשה דברים עשו ב"ד של מטה והסכימו בית דין של מעלה על ידם. אלו הן. מקרא מגילה[10]. ושאילת שלום בשם[11]. והבאת מעשר[12]: מקרא מגילה. דכתיב קימו וקבלו היהודים (אסתר ט' כ"ז). קיימו למעלה מה שקבלו למטה[13]: ושאילת שלום בשם[14]. דכתיב והנה בועז בא מבית לחם ויאמר לקוצרים ה' עמכם (רות ב' ד'). ואומר ה' עמך גבור החיל (שופטים ו' י"ב). מאי ואומר. וכי תימא בועז הוא דעביד מדעתיה. ומשמיא לא אסכימו על ידו. ת"ש ואומר ה' עמך גבור החיל[15]: הבאת מעשר. דכתיב וכפרץ הדבר הרבו בני ישראל ראשית דגן תירוש ויצהר ודבש וכל תבואת שדה ומעשר הכל וגו' (דהי"ב ל"א ה'). וכתיב[16] הביאו את כל המעשר אל בית האוצר ויהי טרף בביתי ובחנוני נא בזאת אמר ה' צבאות אם לא אפתח לכם את ארובות השמים והריקותי לכם ברכה עד בלי די (מלאכי ג' י')[17]: מאי עד בלי די. אמר רמי בר רב יוד אמר רב עד שיבלו שפתותיכם מלומר די[18]:

שונות יש גורסין והאמר ר' אידי בר אבין אמרי וכו' וי"ג א"ר אבא בר אהבה וי"ג כדהכא ועיין לקמן. בד"ס ואי ס"ד כיון שלקו נפטרו מידי כריתן אידי ואידי וכו' ואיכא דאמרי ארבב"ה אר"י הלוקין עליו וכו' אמר ר' אדא בר אהבה וכו' ואי ס"ד כיון שלקו וכו'. ולפ"ז תרי לישני נינהו חדא בשם ר"א בר אהבה והדא בשם רבא וקיטעו הסופרים הכא ובמגילה ומתוך כך נתבלבלו הנוסחאות. אולם הנוסחא ר' אדא מקויימת עפ"י רוב ור' אבא ט"ס וגו' ר' אידי בר אבין נעשית מר"ת ראב"א:

[1] וכ"ה בד"ס ובריטב"א ובמגילה שם אמר ר"נ אבל בד"ס שם אר"נ בר יצחק. ובספרים ר"נ בר יצחק אומר והסגירו בר יצחק: [2] לעיל צד ל"ה. בד"ס גרס לומר לך לכרת ניתנו ולא למלקות. בספרים לדונו ובמגילה שם לדונה ובד"ס שם לדונו ובהגהות שם לומר לך לדונן בכרת ולא לדונן במלקות. והגהתי לדונן ועיין לעיל שם: [3] בד"ס וזה זדונו בהיכרת. ובמגילה שם וזה עיקר זדונו בהיכרת ובד"ס שם בידי שמים ובריטב"א עיקר זדונו בידי שמים בכרת: [4] בד"ס א"ל: [5] בד"ס ליתא ואמר: [6] בד"ס ליתא אלא: [7] עיין לקמן. בריטב"א והסכימו עליהם בית דין של מעלה: [8] בד"ס הכי נמי מאן וכו' ואתא: [9] וכיון שמצאו להם מקרא קרי לה הסכמת בית דין של מעלה ובדרך פיוט אמרו כך על דבר שמצאו לו מקרא ובירושלמי דמגילה פ"א ה"ה זקנים וכו' היו מצטערין על הדבר הזה עד שהאיר הקב"ה את עיניהם וכו' וכיוצא בזה בב"ר פט"ו האיר הקב"ה עיניו של ר' יוסי ומצא לו מקרא. ובדברים רבה פ"ה לא בשמים היא שלא נשתייר הימנה בשמים. ואמרו בירושלמי הדיש מגילה הכל בכתב מיד ה' וגו' מיד ה' זו רוח הקודש וכו' ופירשה ר' יוסף גופיה בזבחים ס"ב א' קרא אשכח ודריש וכו'. ועיין ב"ב ע"ה א' ובפסיקתא רבתי פל"ב בט"ע אות י"ב. ועיין ב"מ נ"ט ב' ובפסיקתא רבתי פ"ט וע"ע שם פ"ט ובט"ע אות ו'. ובב"מ פ"ג א' ופ"ה ב' דברי פיוטים הם וכמו כן הא דקי"ד שם: [10] וכ"ה בע"י ובספרים הוסיפו ג"כ מלות אלו הן במסגרות: [11] וכ"ה בע"י ובד"ס וכן הוסיפו בספרים מלת בשם במחברות: [12] בד"ס והבאת מעשר ושאילת שלום בשם: [13] עיין ביתו' דמגילה במה שרמזתי לעיל ובבלי ז' א': [14] וכן הגיה הב"ח וכ"ה בע"י ובד"ס ובמפרש. ובספרים ליתא בשם: [15] כל זה מן מאי ואומר וכו' ליתא בד"ס ועיין בהגהות שם ובע"י גרים לה וכן הביא הריטב"א גירסא זו. ועיקרו בסוף משנה דברכות ועיי"ש ס"ג א': [16] כ"ה בע"י ובד"ס ובמפרש. ובספרים דכתיב הביאו את כל וגו' והשאר ליתא. ופי' המפרש והריטב"א שהתקנה היתה להביא אל בית האוצר ושלא יהיה להם טובת הנאה לתת לכהן ולוי שירצה. ושנתחייבו במעשר ירק ואילך עיין נדרים נ"ה א'. ועיין רמב"ן דברים י"ב ו' וי"ד כ"ב: [17] ובירושלמי סוף ברכות א"ר יהושע דרוטיא ג' דברים וכו' ואלו הן הרמה של יריחו ומגילת אסתר ושאילת שלום בשם וכו' ר' אבון בשם ר' יהושע בן לוי אף המעשרות ועיי"ש. ועיין בירושלמי דשביעית ריש פ"ו דס"ל לר' אליעזר שמאליהן קבלו עליהן את המעשרות וכו'. ואפשר דריב"ל נמי סבר הכי. ובמדרש רבה פ"ד גרים לה בשם ר' תנחומא בשם רבנן ג' דברים גזרו וכו' מעשרות מנין וכו' שמעון בר אבא בש"ר יוחנן אמר כיון שגלו נפטרו וכו' ועיי"ש. וע"ע בתנחומא ויחי דגרס בשם ריב"ל שלשה דברים וכו' אחד בימי עזרא בשעה שעלו מבבל בקש הקב"ה להתיר להם את המעשרות וכו' ועיי"ש וכ"ה בשיטה חדשה לפ' ויחי ובמדרש תהלים נ"ז אמרה ר' סימון בשם רבי יהושע עיי"ש. ואעפ"כ הגהתי לפי שכך היתה בנוסחאות ישנות ובבבל הבינו דברי ריב"ל בדרך אחר ממה שאמרו בשמו בא"י. בד"ס מהפך הסדר ומפרש מעשרות ואח"כ שאילת שלום ועיין לעיל: [18] בספרים אמר רמי בר רב

א"ר אלעזר בג' מקומות הופיע רוח הקודש. בבית דינו של שם[1]. ובבית דינו של שמואל הרמתי[2]. ובבית דינו של שלמה: בבית דינו של שם. דכתיב ויכר יהודה ויאמר צדקה ממני (בראשית ל"ח כ"ו). מנא ידע. דלמא כי היכי דאזל איהו לגבה אזל נמי איניש אחרינא לגבה[3]. אלא יצאת בת קול ואמרה. ממני יצאו כבושים[4]: בבית דינו של שמואל. דכתיב הנני ענו בי נגד ה' ונגד משיחו את שור מי לקחתי (שמואל א' י"ב ג') ויאמרו לא עשקתנו ולא רצותנו (שם שם ד') ויאמר עד ה' ועד משיחו כי לא מצאתם בידי מאומה ויאמר עד (שם שם ה')[5]. ויאמר. ויאמרו מיבעי ליה. אלא יצאת בת קול ואמרה. אני עד בדבר זה[6]: בבית דינו של שלמה. דכתיב ויען המלך ויאמר תנו לה את הילד החי והמת לא תמיתוהו כי היא אמו (מלכים א' ג' כ"ז)[7]. מנא ידע. דילמא איערומא מיערמא. אלא יצאת בת קול ואמרה היא אמו[8]: אמר רבא ממאי. דלמא יהודה. כיון דחשיב[9] ירחי ויומי ואיתרמי ליה[10] דחזינן מחזקינן דלא חזינן לא מחזקינן[11]. שמואל נמי. כולהו ישראל קרי להו בלשון יחידי[12]. דכתיב ישראל נושע בה' (ישעיה מ"ה י"ז). שלמה נמי[13]. מדהא קא מרחמתא והא לא קא מרחמתא[14]. אלא גמרא[15]:

דרש רבי שמלאי שש מאות ושלש עשרה מצות נאמרו לו למשה. שלש מאות וששים וחמש לאוין כמנין ימות החמה[16]. ומאתים וארבעים ושמונה עשה כנגד איבריו

עד שיבלו וכו' ובגליון נ"א א"ר חמא אמר רב וכ"ה בע"י. ובד"ס אמר רמי בר רב אמר רב. ובשבת ל"ב ב' אמר רמי בר רב אמר רב ובגליון הוגה אמר רמי בר חמא וכו' ובד"ס שם אמר רמי בר רב יוד. ובתענית ט' א' אמר רמי בר חמא אמר רב. ובד"ס והגהות שם י"ג אמר רב סתם וי"ג אמר רמי בר רב יוד אמר רב וגי' זו היתה לפני היוחסין לפנינו כאן וכתוב בהגהות שם שהוא רמי בר יודא דפסחים ס"ב ב' וזבחים נ"ה ב' עיי"ש. ושם כ"כ ב' אמר רמי בר רב יוד עד שיבלו וכו' אמר רמי בר רב יו"ד ובגולה וכו' ובד"ס שם א"ר יהודה אמר רב ובגולה וכו'. ובהגהות שם הרבה נוסחאות מסכימין במאמר שלפנינו אמר רמי בר רב יוד אלא אית דג' יודי ואית דג' יודא ואית דג' ר' אמי בר רב יוד ואית דג' בשם אמר רב ואית דל"ג עיי"ש. ובירו' סוף ברכות ר' ברכיה ור' חלבו ורב אבא בר עילאי בשם רב עד שיבלו שפתותיכם מלומר דיינו ברכות וכ"ה שם בתענ' פ"ג ה"ט וכ"ה בויקרא רבה ספל"ה. ובבמדבר רבה פי"ב וסוף אסתר רבה המאמר סתם בהשמטת השמות. ומכל הלין מוכח שעיקר המאמר הוא לרב. ורמי היינו ר' אמי אמרה בשמיה. והנה יש לדון איזה רמי הוא. אם בר חמא או בר יוד. ומסתברא שהוא רמי בר יוד ולפי שהוא שם שאינו מורגל שבשוהו המעתיקים וכן הגהתי:

[1] י"ג של יהודה בהגהות הד"ס: [2] מלת הרמתי ליתא בד"ס ובע"י ובשאר נוסחאות בהגהות הד"ס: [3] בספרים הוסיפו לגבה וכ"ה בע"י. ובסוטה י' ב' מנא ידע יצתה ב"ק וכו'. ובד"ס כי היכי דאזדקיקא ליה אזדקיקה נמי לאחרינא אלא יצאת וכו' וכ"ה בילקוט פ' וישב ובשמואל י"ב אלא שהוא משובש קצת ושם גרס א"ר אליעזר: [4] ועיין ברש"י עה"ת ותרגום יונתן וירושלמי שם. ופרש"י בסוטה שם כבושים דברים עלומים וכו' עיי"ש ובמפרש. ובב"ר פפ"ה ר' ירמיה בש"ר שמואל בר ר' יצחק בג' מקומות הופיעה רוה"ק וכו' מהו ממני א"ר ירמיה בשם [ר' שמואל בר] ר' יצחק אמר הקב"ה אתם תהיו מעידין מה שבגלוי ואני מעיד עליו מה שבסתר. שבע"כ נטה אליה כמ"ש בב"ר שם. ועפי"ז תרגם יונתן תריכון זכון בדינא. ולפ"ז אפשר לפרש כבושים אגוסים מלשון הגם לכבוש את המלכה. ובהגהות הד"ס י"ג היו כבושים ובנוסחאות ישנות יצאו היו כבושים בתערובות הנוסחאות. ולגי' יצאו כבושים כמו כובשים. לכבוש אותם. ובקהלת רבה פ"י א"ר שמואל בר נחמני בג' מקומות צווחה מדה"ד וכו' בב"ד של שם וכו' צדקה ממני ורוה"ק צווחת ואומרת ממני היו כל הדברים. ובמדרש תהלים ע"ב א"ר אליעזר בג' מקומות הופיע הקב"ה וכו' איניש אחרינא אלא יצאת וכו'. ובספרים ליתא מלת אלא ועפ"י הד"ס והמדרש הגיהתי: [5] במקרא כתוב ויאמר אליהם עד ה' בכם וגו' וכ"ה בד"ס: [6] בד"ס אלא יצאת ב"ק. ואית דל"ג בדבר זה בהגהות הד"ס שם וכן בע"י ליתא. ובמדרש תהלים שם אלא יצתה וכו' בדבר הזה. וכ"ה בילקוט. ובספרים ליתא מלת אלא. וע"ע בב"ר וקהלת רבה שם ובמדרש שמואל ספי"ד: [7] במקרא כתוב הילוד ומלת כי ליתא: [8] וכ"ה בד"ס. ובמדרש תהלים שם מנא ידע שלמה וכי קא מיערמא כי היכי דלית ביה ניהלה אלא ב"ק יצאת וכו' ובספרים ליתא אלא. ובב"ר היא אמו מי אמרו אמר שמואל ב"ק צווחת ואומרת היא אמו ודאי ובקהלת רבה ורוה"ק אומרת היא אמו ודאי. ובילקוט שם ושם ליתא מנא ידע וכו' אלא גריס היא אמו יצתה ב"ק וכו': [9] בד"ס דילמא ב"ד של שם כיון דמנו: [10] וכ"ה בע"י ובילקוט פ' וישב ובספרים ליתא מלת ליה. והתם גרסי יומי וירחי: [11] בילקוט דחזיא מחזקינן ודלא חזיא וכו'. שראויה היא להיות ממנו בחשבון ירחי ויומי: [12] בד"ס בית דינו של שמואל נמי כל ישראל יחידים איקרי. ובע"י דכולהו וכו'. ובילקוט כולהו ישראל יחיד מיקרו: [13] בד"ס ב"ד של שלמה סברא היא וכ"ה בילקוט וישב: [14] בע"י הא מרחם קא מרחמא והא לא קא מרחמא. ובילקוט הא מרחמא וכו'. ופי' הריטב"א שאכזריותה של השנית מוכחת על זו שאינה מערמת: [15] בד"ס גמרא גמירי לה ובילקוט גמרא גמירי לה. וראית הפסוקים איבא למידחי: [16] בד"ס שס"ה כנגד ימות החמה וכו'. בילקוט מיכה תקנ"ו וכן בהרבה נוסחאות ליתא לאוין. וי"ג נאמרו לו למשה מסיני וכ"ה בע"י ובהגהות הד"ס:

של אדם[1]: אמר רב המנונא מאי קרא[2] תורה צוה לנו משה מורשה (דברים ל"ג ד') תורה, בגימטריא *שית מאה וחד סרי הוי[3]. אנכי ולא יהיה לך מפי הגבורה שמענום[4]. (סימן דמשמ"ק ס"ק)[5]: כד א

בא דוד והעמידן על אחת עשרה דכתיב מזמור לדוד ה' מי יגור באהליך מי ישכון בהר קדשך. הולך תמים. ופועל צדק. ודובר אמת בלבבו. לא רגל על לשונו. לא עשה לרעהו רעה. וחרפה לא נשא על קרובו. נבזה בעיניו נמאס. ואת יראי ה' יכבד. נשבע להרע ולא ימיר. כספו לא נתן בנשך. ושוחד על נקי לא לקח. עושה אלה לא ימוט לעולם (תהלים מזמור ט"ו): הולך תמים. זה אברהם. דכתיב התהלך לפני והיה תמים (בראשית י"ז א')[6]: פועל צדק. כגון אבא חלקיהו[7]: ודובר אמת בלבבו. כגון רב ספרא[8]: לא רגל על לשונו. זה יעקב אבינו. דכתיב אולי ימושני אבי והייתי בעיניו כמתעתע (שם כ"ז י"ב)[9]: לא עשה לרעהו רעה. זה שלא ירד לאומנות חבירו[10]: וחרפה לא נשא על קרובו. זה המקרב את קרוביו[11]: נבזה בעיניו נמאס. זה חזקיהו המלך. שגירר עצמות אביו במטה של חבלים[12]: ואת יראי ה' יכבד. זה יהושפט מלך יהודה. שבשעה שהיה רואה תלמיד חכם[13]. היה עומד מכסאו ומחבקו ומנשקו. וקורא לו אבי אבי. רבי רבי. מרי מרי[14]: נשבע להרע ולא ימיר. כר' יוחנן. דא"ר יוחנן אהא בתענית עד שאבא לביתי[15]: כספו לא נתן בנשך. אפילו ברבית עובד כוכבים[16]: ושוחד על נקי לא לקח. כגון רבי ישמעאל בר' יוסי[17]: כתיב עושה אלה לא ימוט לעולם[18]. כשהיה ר"ג מגיע

---

[1] בד"ס ורמ"ח כנגד איברים שבאדם וכ"ה בהרבה נוסחאות: [2] בד"ס אמר מר זוטרא מאי קראה: [3] בד"ס תורה בגימטריא הכי היו הני שית וכו'. ובע"י בגימטריא הכי הוו תורה שית מאה וחד סרי הווין ועל זה משני אנכי ולא וכו'. ובמפרש הגי' הכי הווי מפי משה שית מאה וחד סרי אנכי ולא וכו': [4] עיין הוריות ח' סוף א' ועיין בפסיקתא רבתי פכ"ב ובמ"ע שם אות י'. וע"ע בתנחומא פ' וילך ובתנחומא ורבה פ' קרח בענין תרי"ג: [5] בד"ס ובע"י ליתא. ופי' הסימן ד' דוד. המ' הוא טעות סופר וצריך להיות דשמ"ק. ש' ישעיה. מ' מיכה ק' חבקוק. ס"ק הוא סי' אחר והיינו ס' עמוס ק' חבקוק ועיין לקמן בגמרא. והוצרכו לסימן לפי שעירב בה מסדר הגמרא הרבה דברים. ובתנחומא שופטים דרשת רבי שמלאי בעיקרה והתם גריס אמר רבי שמלאי שש מאות ושלש עשרה מצות נאמרו למשה בסיני בא דוד והעמידן וכו'. ואידך כולא היא תוספת הגמרא: [6] ניתוסף כאן דרוש בזה המזמור והוא מעורב מב' מדרשים שוגים המדרש הא' עיקרו כמו שהיא במדרש תהלים הולך תמים זה אברהם וכו' עיי"ש ועיין לקמן: [7] שצדק הוא תואר אל פועל ובפועל שכיר יום איירי וכענין אבא חלקיה שהיה שכיר יום כמפורש בתענית כ"ג ב': [8] וכן אמרינן בב"ב פ"ח א' לענין גמר בלבו כגון ר"ס דקיים בנפשיה ודובר אמת בלבבו ופירש המפרש לריב"ן והרשב"ם בב"ב מעובדא שהובאה בשאלתות פ' ויחי דהוה קרי ק"ש וא"ל ההוא גברא הב לי עיסקך בכך וכך מעות וסבר דמשום מיעוט דמים הוה שתיק והעלה לו דמים מרובים ולאחר תפלתו לא רצה לקבל אלא במיעוט מעות הראשונות משום דגמר בלבו להקנותו בכך. ובעל סדר הדורות מביא הא דחולין צ"ד ב' דרבא ור' ספרא פגעו במר זוטרא וכו'. בד"ס הגי' כדרב ספרא: [9] בד"ם ובילקוט מיכה כגון יעקב. במדרש תהלים שם ודובר אמת זה יעקב שנ' תתן אמת ליעקב לא רגל על לשונו זה בנימין שהיה יודע במכירתו של יוסף ולא גילה לאביו. ולפום נוסחתנו יש לפרש שאמר והבאתי עלי קללה וגו' יהיה יכול לגלות שאמו היא שהשיאתו לכך אי נמי שבכר מיזה עשו את הבכורה: [10] כ"ה בילקוט ובספרים ליתא מלת זה. ובענין זו בסנהדרין פ"א א' ועיין ב"ב כ"א ב': [11] בירושלמי ברכות פ"ט סה"א בו"ד יש לו קרוב וכו' אם היה עני כופר בו וכו' והובא בדברים רבה פ"ב ובמדרש תהלים מזמור ד'. ובענין זו בשמות רבה ותנחומא פ' משפטים במ' את העני עמך: [12] בד"ס זה חזקיהו מלך יהודה וכו' על מטה וכ"ה בילקוט ובע"י וכ"ה בסנהדרין מ"ז א' ועיין פסחים נ"ו א' ולפי שלא הציאו בדרגש ומיטה נאה נקט לשון גירר ועיין רש"י שם: [13] בד"ס בשעה שרואה ובע"י שבשעה שראה: [14] בד"ס ובכתובות ק"ג ב' ליתא אבי אבי והסגירוס בספרים ובע"י אבי רבי רבי וכו' ובילקוט וקורא לו מרי מרי. ובמדרש תהלים שם נ' דבר אחר נבזה בעיניו נמאס זה חזקיה מלך יהודה שגירר עצמות אביו על מטת של חבלים. ואת יראי ה' יכבד זה יהושפט מלך יהודה שבשעה שרואה ת"ח וכו' וקוראו רבי רבי מורי מורי. נשבע להרע זה בועז וכו' ד"א זה אלישע וכו' ד"א זה אליהו וכו'. כספו לא נתן זה עובדיה וכו' ד"א כספו זה שמאי והלל שלא למדו בדמים. ושוחד על נקי זה שמואל וכו': [15] ומפורש במס' תענית י"ב א' דאין זה קבלת תענית ושרי לאכול שאין בנדרו כלום ור"י עביד הכי לשמוטיה נפשיה מבי נשיאה ואפ"ה ולא ימיר אלא מקיים את דבריו. בד"ם כדר"י ובילקוט כי הא דר' יוחנן אמר וכו': [16] בד"ס ובמפרש ואפי' לגוי וכ"ה בילקוט. ובע"י אפי' רבית עכו"ם ועיין ב"מ ע' ב' שדרשו מרבה הונו בנשך וגו' ברבית נכרי: [17] מפורש בכתובות ק"ה ב' שהיה אריסו מביא לו משלו ולא רצה להיות לו דיין עיין שם. בריטב"א הגי' וכרבי ישמעאל בר אלישע והאי עובדא נמי בכתובות שם: [18] בד"ס ובע"י וכתיב ובילקוט ליתיה כלל:

[redacted]

למקרא הזה[1] היה בוכה. אמר מאן דעביד להו לכולהו הוא דלא ימוט. הא חדא מינייהו ימוט[2]. אמרו ליה מי כתיב עושה כל אלה. עושה אלה כתיב. אפילו בחדא מינייהו[3]. דאי לא תימא הכי. כתיב קרא אחרינא[4]. אל תטמאו בכל אלה (ויקרא י"ח כ"ד). בכל אלה הוא דלא תטמא. הא בחדא מינייהו תטמא. אלא לאו באחת מכל אלה. הכא נמי באחת מאלה[5]:

בא ישעיהו והעמידן על שש. דכתיב הולך צדקות. ודובר מישרים. מואס בבצע מעשקות. נוער כפיו מתמוך בשוחד. אוטם אזנו משמוע דמים. ועוצם עיניו מראות ברע (ישעיה ל"ג ט"ו)[6]: הולך צדקות. זה אברהם אבינו דכתיב כי ידעתיו למען אשר יצוה וגו' (בראשית י"ח י"ט)[7]: ודובר מישרים. זה שאינו מקניט את חבירו בדברים[8]: מואס בבצע מעשקות. כגון ר' ישמעאל בן אלישע[9]: נוער כפיו מתמוך בשוחד. כגון רבי ישמעאל בר' יוסי[10]: אוטם אזנו משמוע דמים. דלא שמע בזילותא דצורבא מרבנן ושתיק. כגון ר"א ברבי שמעון[11]: ועוצם עיניו מראות ברע. כדרבי חייא בר אבא. דאמר רבי חייא בר אבא זה שאינו מסתכל בנשים בשעה שעומדות על הכביסה[12]: וכתיב הוא מרומים ישכון וגו'[13]:

בא מיכה והעמידן על שלש. דכתיב[14] הגיד לך אדם מה טוב ומה ה' דורש ממך. כי אם עשות משפט. ואהבת חסד. והצנע לכת עם ה' אלהיך (מיכה ו' ח')[15]: עשות משפט. זה הדין. אהבת חסד. זו גמילות חסדים[16]. והצנע לכת. זו הוצאת המת והכנסת כלה[17].

[1] בד"ס וכשהיה ר"ג מגיע לפסוק זה וכ"ה בילקוט: [2] בע"י דעביד כולהו וכו' הא דעביד חדא וכו'. ובילקוט אמר אי עבד כולהו הוא דחיי דיעבד חדא מנייהו לא חיי וכ"ה בד"ס ונוסחא זו היא בסנהדרין פ"א א' דקאי שם אמקרא צדיק הוא חיה יחיה אבל הכא נוסחתנו עדיפא: [3] בד"ס א"ל ר' עקיבא מי כתיב ועושה כל אלה לא ימוט לעולם ועד ועושה אלה וכו' ועיין לקמן: [4] בע"י גרס לכולא הכי אמר ליה רבי עקיבא אלא מעתה אל תטמאו וכ"ה בילקוט והיא גם כן על פי הא דסנהדרין שם והרבה נוסחאות כן בהגהות הד"ס עיי"ש. וכלומר דאלת"ה דבחדא מינייהו כתיב קרא אחרינא הרי אפי' לשון כל אינו מבורר דבכולהו וק"ו דהוה צריך למיכתב עשה כל אלה: [5] כ"ה בילקוט מיכה והתם נ' אלא באחת וליתא מלת לאו. וג' הכי נמי באחת מכל אלה. ובע"י הגי' אל תטמאו בכל אלה בכולהו אין בחדא מנייהו לא אלא בכל אלה באחת מאלה הכא נמי עשה אלה אחת מאלה. ובסנהדרין שם הכי נמי בכולהו אין וכו' אלא באחת מכל אלה הכא נמי באחת מכל אלה. ובד"ס הנוגע בכל אלה הוא דמטמא הא בחדא מינייהו לא אלא באחד וכו'. ואית דלא גרסו הנוגע ואית דג' בכל אלה אין בהגהות שם. ובספרים התם נמי הנוגע בכל אלה הוא דמטמא בחדא מנייהו לא אלא לאו באחת מכל אלה הכא נמי באחת מכל אלה. ולנוסחת הנוגע צריך לפרשה מלשון לא נתתיך לנגע אליה בראשית כ' שהרי בעריות משתעי קרא. ובתורת כהנים שנינו אל תטמאו בכל אלה בין בכולן בין במקצתן. ובמדרש תהלים שם ג' לכולא הכי וכשהיה ר"ג קורא המקרא הזה היה בוכה ואמר מי יוכל לעשות כל אלה וכשהיה רבי עקיבא קורא בפסוקים הללו וכו' אמר ליה ראה מה כתיב בשרצים וכו' הוי אומר כשם שאלה שכתוב בשרצים כאילו נוגע בכולן כך עושה מצות וכו' אמר ליה ר"ג נחמתני עקיבא נחמתני. ואולי שעיקרו כך היא ומשום הכי מייתי להלן בגמרא ענין דומה לזה. וע"ע בת"כ סוף פרק ז'. ויראה דדריש אל תטמאו בכל אלה דהיינו בכולהו במאכלות טמאות בשרצים ובנגעים וזיבה ובעריות. ובעיקרו של ענין עיין סנהדרין ק"א א' לבלי חוק אר"ל למי ששייר אפי' חוק אחד וכו': [6] בתנחומא פ' שופטים בא ישעיה והעמיד על שש שנאמר הולך צדקות וגו' וכתיב בתריה הוא מרומים ישכון מצידות סלעים משגבו וגו'. וסיום זה הוא לקמן אלא שנתוספו כאן איזה הוספות: [7] אף אלו ההוספות מתערובות מדרשים. וכולא האי קרא מידריש באברהם בב"ר פמ"ח והועתק בילקוט ישעיה שם: [8] בספרים מקניט פני חבירו ברבים ובילקוט מקניט את חבירו. ובד"ס ברבים בדברים ובהגהות שם העיר שהיא תערובות ב' נוסחאות וי"ג פני חבירו בדברים וי"ג שאינו מלבין וכו'. ולפ"ז נוסחא א' שאינו מלבין פני חבירו ברבים ונוסחא ב' שאינו מקניט את חבירו בדברים. ונוסחא זו מסכמת יותר עם לשון המקרא וכן הגהתי וכן נראה נוסחת המהרש"א: [9] עיין לעיל צד ס"ד אות י"ז יעובדיה בכתובות שם עיי"ש: [10] כהא דלעיל שם: [11] הכ"ח הגיה כגון ר"א בר"ש דלא שמע וכו' וכ"ה בע"י. וכהרבה נוסחאות ליתא כלל להא כגון ר"א בר"ש. ובילקוט כגון ר' אלעזר בר שמוע ואולי הוא ט"ס. ועובדא דרבי אלעזר בר שמעון בב"מ פ"ד ב' עיי"ש. וקרי לזילותא דמים שהמלבין פני חבירו כאילו שופך דמים: [12] בב"ב נ"ז ב' ובילקוט כגון רחב"א דאמר רחב"א א"ר יוחנן זה העוצם עיניו מן הנשים בשעה וכו' ובילקוט ישעיה שם הביא הא דב"ב כמו שהוא שם ולפנינו ואח"כ ג' ד"א עוצם עיניו מראות כרע זה העוצם עיניו כשעומדות בנות ישראל על הכביסה וכ"ה בד"ס ול"ג כדרחב"א דאמר רחב"א אלא גריס זה העוצם עיניו מן הנשים וכו' וי"ג כדרחב"א דאמר זה וכו' בהגהות שם: [13] בד"ס ליתא להאי סיומא וכן ליתא בילקוט. ובאמת הוא מסיומא דדרשת רבי שמלאי כמו שהיא בתנחומא שרמזתי לעיל: [14] בתנחומא ובילקוט שנאמר: [15] וכ"ה בד"ס ובע"י שלפנינו ובמקרא לכת עם אלהיך: [16] כ"ה בד"ס וע"י וילקוט. ובספרים זה ג"ח: [17] וכ"ה

והלא דברים קל וחומר. ומה דברים שאין דרכן לעשותן בצנעא[1] אמרה תורה והצנע לכת. דברים שדרכן לעשותן בצנעא על אחת כמה וכמה[2]:

חזר ישעיהו והעמידן על שתים. שנאמר כה אמר ה' שמרו משפט ועשו צדקה (ישעיה נ"ו א')[3]:

בא עמוס והעמידן על אחת. שנאמר כה אמר ה' לבית ישראל דרשוני וחיו (עמוס ה' ד'): מתקיף לה רב נחמן בר יצחק[4] אימא דרשוני בכל התורה כולה. אלא בא חבקוק והעמידן על אחת. שנאמר וצדיק באמונתו יחיה (חבקוק ב' ד')[5]:

אמר רבי יוסי בר חנינא ארבע גזירות גזר משה רבינו על ישראל באו ארבעה נביאים וביטלום[6]. משה אמר וישכון ישראל בטח בדד עין יעקב (דברים ל"ג כ"ח) בא עמוס וביטלה. שנאמר[7] חדל נא מי יקום יעקב וגו' (עמוס ז' ה') וכתיב ניחם ה' על זאת וגו' (שם שם ו')[8]. משה אמר ובגוים ההם לא תרגיע (דברים כ"ח ס"ה) בא ירמיה ואמר[9] הלוך להרגיעו ישראל (ירמיה ל"א א'). משה אמר פוקד עון אבות על בנים (שמות כ' ה') בא יחזקאל וביטלה. הנפש החוטאת היא תמות (יחזקאל י"ח ד')[10]. משה אמר ואבדתם בגוים (ויקרא כ"ו ל"ח) בא ישעיהו ואמר[11] והיה ביום ההוא יתקע בשופר גדול וגו' (ישעיה כ"ז י"ג)[12]:

אמר רב מסתפינא מהאי קרא ואבדתם בגוים[13]: מתקיף לה רב פפא דלמא כאבידה המתבקשת דכתיב תעיתי כשה אובד בקש עבדך (תהלים קי"ט קע"ו)[14]. אלא מסיפא דקרא[15] ואכלה אתכם ארץ אויביכם. מתקיף לה מר זוטרא. ואיתימא רב אשי[16]. דלמא כאכילת קישואין ודילועין[17]:

וכבר[18] היו[19] ר"ג ורבי אלעזר בן עזריה ורבי יהושע ורבי עקיבא מהלכין בדרך[20]. ושמעו קול המונה של רומי מפלטה ברחוק מאה ועשרים מיל[21]. התחילו הם בוכין ורבי עקיבא משחק[22]. אמרו לו מפני מה אתה משחק[23]. אמר להם ואתם מפני מה אתם

במפרש ובסוכה מ"ט ב' ושם הגי' כלה לחופה. ובספרים זה ובע"י זה הכנסת כלה והוצאת המת. בד"ס בהוצאת המת והכנסת כלה הכתוב מדבר. ובילקוט והצנע לכת בהוצאת המת ובהכנסת כלה:

[1] בד"ס דברים שדרכן לעשותן בפרהסיא וכ"ה בסוכה שם: [2] עיקרו דרשת רבי אליעזר בסוכה שם ואיתוסף הכא: [3] בתנחומא ליתא הכי אלא ג' בא עמוס וכו': [4] בע"י ליתא בר יצחק. ובילקוט קיטע כל זה עיי"ש: [5] ובתנחומא גריס לה הכי בא עמוס והעמידן על שנים שנאמר כי כה וגו' דרשוני וחיו בא חבקוק וכו'. ונראה דכהא דעמוס אסיפא דקראי כוון. והסכים ללענה משפט וצדקה לארץ הניחו שם פסוק ז'. ובבבל הבגיסו תחתיו דישעיה. ונסדרה דרשה זו כאן משום משנת דר"ח בן עקשיא. ובענין אמונה עיין שבת ל"א א' ותמיד פרק א' כ"ח א' וע"ע מכילתא בשלח סוף מס' ב' וסוטה מ"ח ב': [6] בע"י גזר משה (וכ"ה בד"ס) על ישראל ובאו ארבע וקנים וביטלום: [7] כספרים הוסיפו שנאמר עפ"י הע"י: [8] שלדברי משה אינם שוכנים בטח אלא כשהם לבדד וכמ"ש בספרי שם בדד ולא כבדד שאמר משה ה' בדד ינחנו (דברים ל"ב) ולא כבדד שאמר ירמיה וכו' אלא כבדד שאמר אותו רשע הן עם לבדד ישכון (במדבר כ"ג) והסכים משה עמו ועמוס בישלה שיתקיים בהם ה' בדד ינחנו אבל כמילי דעלמא יתחשבו בגוים דאל"כ מי יקום יעקב כי קטן הוא. וכעין הא דבא ירמיה: [9] בד"ס ובע"י ובילקוט יתיו וירמיה ל"א וביטלה: [10] ועיין במכילתא שם ובת"כ בחוקותי פרק ה' וסנהדרין כ"ז ב': [11] בנוסחאות שם וביטלה: [12] וסיפיה דקרא ובאו האבדים בארץ אשור וגו'. ובד"ס שנאמר ובאו האבדים בארץ אשור: [13] עיין בתו"כ בחוקותי פרק ח'. וכר"א דסנהדרין צ"ז ב' אם ישראל עושין תשובה נגאלין ואם לאו אין נגאלין. בד"ס אמר רבא: [14] עיין סנהד' ק"ט ב' ובבמדבר רבה פי"ח: [15] מלת דקרא הוסיפו בספרים עפ"י הע"י וכ"ה בילקוט בחוקותי: [16] כ"ה בד"ס ובע"י ובשאר נוסחאות בהגהות הד"ס. ובספרים ליתא ואיתימא וכו' ובילקוט שלפנינו שם קטוע כולא וגרים ודילמא אכילת וכו'. ובנוסחאות הישנות ליתא ודילועין וכן ליתא בד"ס עיין בהגהות שם. ובמפרש לר"ג פי' שאוכלים מקצתם ומקצתם אין אוכלים. ובפי' יגל ע"י שאעפ"י שנתאכלו אין זרעם מתאכל. וביתר ביאור במהרש"א עיי"ש. והם קשים לגוף עיין ע"ז י"א א' ובמכילתא בשלח פס' ויסע משה פס"א: [18] דמיון סגנון זה במכילתא דשירתא פ"ט וספרי ברכה שמ"ד ופ' שנ"ז: [19] כ"ה בילקוט ישעיה ח'. ובספרים ובספרי היה: [20] בד"ס ובילקוט שם ר"ג ור"י וראב"ע ור"ע. וכ"ה בספרי ועיין סוכה מ"א ב' מעשה בר"ג ור"י וראב"ע ור"ע שהיו באין בספינה וכו': [21] מלת ברחוק הוסיפו בספרים עפ"י הע"י ושם הגי' מפטילוס ובמפרש שם לר"ג מפלטירו. ובד"ס המונה של רומי בפלטום מאה וכו' וי"ג מפלטיה וי"ג מפלטים ואיכא דל"ג ליה כלל בהגהות שם ובילקוט שם מפניליאוס כמאה וכו'. וי"ג מאה מילין בהגהות הד"ס ובספרי ור"ע נכנסים לרומי שמעו קול הבייה של מפטילון עד ק"כ מיל: [22] וכ"ה בד"ס ובע"י ובספרי ובילקוט. ובספרים והתחילו בוכין: [23] בד"ס עקיבא מפני מה. ובע"י ובילקוט א"ל עקיבא למה אתה משחק. וי"ג מ"מ אנו בוכין ואתה משחק בהגהות הד"ס:

בוכים[1]. אמרו לו הללו כושיים שמשתחוים לעצבים ומקטרים לעבודת כוכבים יושבין
כד ב בטח והשקט[2]. ואנו בית הדום רגלי אלהינו שרוף * באש. ולא נבכה[3]. אמר להן לכך
אני מצחק. ומה לעוברי רצונו כך. לעושי רצונו על אחת כמה וכמה[4]:

שוב פעם אחת היו עולין לירושלים[5]. כיון שהגיעו להר הצופים קרעו בגדיהם[6]. כיון שהגיעו להר הבית ראו שועל שיצא מבית קדשי הקדשים[7]. התחילו הן בוכין ור״ע מצחק. אמרו לו מפני מה אתה מצחק[8]. אמר להם מפני מה אתם בוכים[9]. אמרו לו מקום שכתוב בו והזר הקרב יומת (במדבר א׳ נ״א) ועכשיו שועלים הלכו בו (איכה ה׳ י״ח) ולא נבכה[10]. אמר להן לכך אני מצחק[11]. דכתיב ואעידה לי עדים נאמנים את אוריה הכהן ואת זכריה בן יברכיהו (ישעיה ח׳ ב׳)[12] וכי מה ענין אוריה אצל זכריה. אוריה במקדש ראשון וזכריה במקדש שני[13]. אלא תלה הכתוב נבואתו של זכריה בנבואתו של אוריה. באוריה כתיב לכן בגללכם ציון שדה תחרש (מיכה ג׳ י״ב)[14]. בזכריה כתיב עוד ישבו זקנים וזקנות ברחובות ירושלים (זכריה ח׳ ד׳)[15]. עד שלא נתקיימה נבואתו של אוריה הייתי מתיירא שלא תתקיים נבואתו של זכריה[16]. עכשיו שנתקיימה נבואתו של אוריה[17] בידוע שנבואתו של זכריה מתקיימת[18]. בלשון הזה אמרו לו עקיבא ניחמתנו (ספרי דברים סי׳ מ״ג)[19]:

---

[1] בד״ם ליתא ואתם ובע״י א״ל למה אתם בוכים ובילקוט א״ל ומפני מה וכו׳: [2] בד״ם מקום שגוים הללו משתחוים לאלילים ומקטרים לעצבים יושבין בטח ושלוה והשקט. ובע״י עכו״ם הללו וכו׳ ושלוה והשקט. ובילקוט א״ל ולא נבכה אל מקום שכותים הללו משתחוים לאלילים ומקטרים לעצבים יושבין בשלוה ובהשקט: [3] בד״ם ואנו מקום רגלי אלהינו נשרף וכו׳ ובילקוט ואנו רואים מקום רגלי אלהינו נשרף: [4] בד״ם ובשאר נוסחאות ג׳ בכולא משחק. וגי׳ הילקוט א״ל ולכך אני משחק א״כ למכעיסין לעושי רצונו עאכו״כ ויעיין נדרים נ׳ ב׳: [5] בילקוט עאכו״כ כיון שהגיעו וכו׳: [6] בד״ם ובילקוט לצופים ובע״י להר צופים ואיכא דל״ג כלל לזה המאמר בהגהות הד״ס: [7] בד״ם הגיעו וכו׳ ובילקוט הגיעו לירושלים וכו׳ יוצא וכו׳. בע״י שהיה יוצא: [8] בד״ס ובע״י עקיבא מפני מה וכו׳ ובילקוט עקיבא למה אתה וכו׳: [9] בד״ס ובילקוט ומפני: [10] בד״ס אפשר מקום וכו׳ נתקיים בו שועלים וכו׳ וי״ג מקדש שכתוב בו בהגהות שם ומלות ולא נבכה ל״ג שם. ובע״י עכשיו נתקיים בו על הר ציון ששמם וגו׳ ובילקוט כגי׳ הד״ס אלא דג׳ נתקיים בו לעינינו על הר ציון וגו׳: [11] בילקוט ולכך: [12] בילקוט שנאמר וכו׳: [13] בע״י והלא אוריה וכו׳. ובד״ם ובילקוט ל״ג וכי מה וכו׳ אלא ג׳ והלא אוריה וכו׳. ואוריה הוא שנזכר בירמיה כ״ו כ׳: [14] ונאמר שם בירמיה כ״ו י״ח מיכה המורשתי היה נבא וגו׳ ציון שדה תחרש וגו׳ ומסופר שם וגם איש היה מתנבא בשם ה׳ אוריהו בן שמעיהו וגו׳ על העיר הזאת ועל הארץ הזאת וגו׳. והיתה נבואתו כאותה של מיכה: [15] בד״ס תלה הכתוב נבואתו של אוריה דכתיב לכן בגללכם וגו׳ בנבואת זכריה כתוב עוד וגו׳. י״ג נבואת זכריה בנבואת אוריה וכו׳ וכן לקמן בהגהות שם: [16] בד״ס ובע״י שמא לא תתקיים. בד״ם נבואת זכריה: [17] בד״ם ועכשיו שנתקיי׳ נבואת אוריה: [18] בד״ם הגי׳ שמח אני ומובטח שתתקיים נבואת זכריה. ובילקוט ל״ג עד שלא נתקיימה וכו׳ אלא ג׳ ואחרי שנתקיימה נבואתו של אוריה שמח ומובטח אני שתתקיים גם נבואתו של זכריה: [19] בד״ם עקיבא ניחמתנו ניחמתנו. ובילקוט ובלשון הזה אמרו לו עקיבא נחמתנו ובע״י ובלשון הזה וכו׳. ועיין כמה שרמזתי לעיל צד ס״ה אות ה׳ למדרש תהלים. ובר״ה כ״ה א׳ גרס ליה בר׳ יהושע בלשון הזה אמר לו עקיבא ניחמתני ניחמתני. ובספרי כולא בשינוי עיי״ש ומסיים עקיבא נחמתנו:

ראשי תיבות ושמות הספרים והמחברים שהובאו בזה הספר:

הערה. ראשי התיבות שנרשמו כאן רובן הם בלא אותיות המשמשות בראשי התיבות. דרך משל. ב״ד בית דין. והנה כבר אפשר שיבא בב״ד לב״ד מב״ד. וכיוצא בזה הרבה:

א״א אי אפשר: **אב״א** אי בעית אימא: **א״ד** איכא דאמרי. איכא דמתני: **א״ה** אי הכי: **אה״נ** אין הכי נמי: **אח״ו** אחר זמן. אחר זה: **אח״ב** אחר כך: **א״י** ארץ ישראל: **א״כ** אם כן: **א״ל** אמר לו. אמר

ליה: א״נ אין נראה: אע״ג אף על גב: אעפ״י אף על פי: אעפי״כ אף על פי כן: אפ״ה אפילו הכי: אפי׳ אפילו: א״צ אין צריך: אצ״ל אין צריך לומר: א״ר אמר רבי:

ב״ב בבא בתרא: ב״ד בית דין: ב״ה בית הלל: בו״ד בשר ודם: ב״ח בית חדש. הגהות בגליון הש״ס דפוס ווילנא: ביהמ״ק בית המקדש: ב״מ בבא מציעא: ב״ק בבא קמא: ב״ר בר רבי. בראשית רבה. מדרש על התורה: ב״ש בית שמאי:

ג׳ גרס: גז״ש גזירה שוה: ג״ח גמילות חסדים: גי׳ גירסא. גירסת: ג״כ גם כן: גמ׳ גמרא:

ד״א דבר אחר: דאלת״ה דאי לא תימא הכי: דה״ל דהוה ליה: ד״ס דקדוקי סופרים עם הגהות דברי סופרים קבוצי נוסחאות שונות על פי כתבי יד ודפוסים שונים לר׳ רפאל נתן נטע ראבינאוויץ בעיר מינכען: דפ״י דפוס ישן: דקא״ל דקאמר ליה:

ה׳ יהוה. הלכה. הלכות: הב״ע הכא במאי עסקינן: הגר״א הגאון ר׳ אליה מווילנא הגהותיו על הש״ס: ה״ד היכי דמי: ה״ה הרי הוא. הוא הדין: ה״ז הרי זה: ה״מ הני מילי: ה״נ הכא (הכי) נמי: הנ״ל הנזכר לעיל: ה״ק הכי קאמר: הקב״ה הקדוש ברוך הוא:

וגו׳ וגומר להשלמת מקרא: וכו׳ וכולא לרשלמת מאמר:

חו״ל חוצה לארץ: חכ״א חכמים אומרים:

ט״ס טעות סופר:

י״ג יש גורסין: י״מ יש מפורשים: ירוש׳ ירושלמי תלמוד ירושלמי: ילקוט. קובץ מדרשים על תנ״ך נקרא ילקוט שמעוני:

כ״ג כהן גדול: כדר״ל כדריש לקיש: כ״ה כן הוא: כה״א כן הוא אומר: כה״ג כהאי גוונא: כלו׳ כלומר: כ״מ כל מקום: כמ״ד כמאן דאמר: כמ״ש כמו שכתוב. כמו שאמר: כ״ע כולי עלמא: כצ״ל כן צריך להיות: כת״י כתב יד: כת״י קאנט׳ משנה ירושלמית נדפסה בקאנטבריגיא:

ל״ג לא גרס: לית׳ ליתא. ליתנייהו: ל״ל למה לי: לכ״ש לא כל שכן: למ״ד למאן דאמר: לע״ל לעתיד לבא: לפ״ז לפי זה: ל״ק לא קשיא. לשון קשה: ל״ש לא שנא: ל״ת לא תעשה:

מ׳ משנה: מדרש תהלים הנקרא שוחר טוב: מהרש״א. מהרש״ל. ומהר״ם מלובלין חידושים והגהות: מו״ק מועד קטן: מ״ט מאי טעמא: מכילתא. מדרש לספר שמות: מ״מ מכל מקום: מ״ע מאיר עין: מ״ש מאי שנא. מעשר שני: מת״ל מה תלמוד לומר:

נו״א נוסחא אחרינא:

ס״א ספרים אחרים: ס״ד סלקא דעתך. דעתיה: סה״ד סדר הדורות של תנאים ואמוראים: סי׳ סימן: ס״ל סבירא ליה: ס״פ סוף פרק. פרשה (ספ״א סוף פרשה א׳): ספר׳ ספרים: ספרי מדרש לספר במדבר וספר דברים. ס״ת ספר תורה:

עאכו״כ על אחת כמה וכמה: ע״ג על גבי: עה״ת על התורה: ע״ז על זה. עבודה זרה: ע״י עין יעקב קובץ אגדות הש״ס: ע״י על ידי: עיי׳ עיין: עיי״ש עיין שם: ע״כ על כרחך. עד כאן: עכו״ם עובד (עבודת) כוכבים ומזלות: עכ״פ על כל פנים: ע״מ על מנת: עמש״כ על מה שכתוב: ע״ע עיין עוד: ע״פ על פה. פי: ע״ש על שם:

פ׳ פרק. פרשה: פי׳ פירוש: פירש״י פירש רש״י: פני יהושע חידושים:

צ״ל צריך לומר. להיות:

ק״ו קל וחומר: קוב״ה קודשא בריך הוא: קמ״ל קמשמע לן: קס״ד קא סלקא דעתיה. דעתך:

ר׳ רמז: ר״א רבי אליעזר. אלעזר. רב אשי: ראב״י רבי אליעזר בן יעקב: ראב״ד רבי אברהם בר דוד השגות על הרמב״ם ופירושים אל המשנה: ראב״ע רבי אלעזר בן עזריה: רא״ש רבינו אשר הלכות: ר״ב רבי בנימין מוספיא מוסיף אל הערוך: רבש״ע רבונו של עולם: ר״ג רבינו גרשון. רבן גמליאל: ר״ה ראש השנה: ר״ז רבינו זרחיה בעל המאור השגות על הרי״ף: ר״ח רבי חייא. חנינא. רבינו חננאל פירושים נדפסו בש״ס ווילנא: ר״י רבי יוסי. יהודה. ישמעאל. רב יוסף. רבינו יצחק בעל התוספות: ריב״ל רבי יהושע בן לוי: ריב״נ רבי יוחנן בן נורי. רבי יהודה בר נתן שפירש מדף י״ט ב׳ ולהלן: ריטב״א ר׳ יום טוב בר אברהם חידושים ופירושים: רי״ף רב אלפס. רבי יצחק אלפסי הלכות: ר״ל ריש לקיש: ר״מ רבי מאיר. רבינו משה (בר מיימון) פירוש המשנה: רמב״ם ר׳ משה בר מיימון הלכות: רמב״ן רבי משה בר נחמן פירושים וחדושים: ר״נ רבי נתן. רב נחמן. רבינו נסים פירוש על הרי״ף: ר״ע רבי עקיבא: ר״פ רב פפא: ר״ש רבי שמעון. רבינו שמשון פירושים על המשנה: רשב״ג רבן שמעון בן גמליאל: רשב״ל רבי שמעון בן לקיש: רש״י רבינו שלמה יצחקי פירושים: ר״ת ראשי תיבות. רבינו תם. ר׳ יעקב תם בעל התוספות:

ש״מ שמע מינה: שמות רבה מדרש: שאלתות הלכות לר׳ אחאי גאון: ש״ר שם רע:

תו׳. תוס׳ תוספות. תוספות שנ״ץ נדפסו בספר סם חיים בליוורנו תקס״א: תוי״ט. תוס׳ י״ט תוספות יום טוב פירושים אל המשנה: תו״כ תורת כהנים מדרש לספר ויקרא: תוספתא ברייתות על פי סדר המשנה: ת״ח תלמידי חכמים: ת״ל תלמוד לומר: תנחומא מדרש על התורה: ת״ק תנא קמא: ת״ר תנו רבנן: ת״ש תא שמע:

هذه رسالة

في مميّزات لغات قبائل العرب وتخريج ما يمكن من اللّغات العامّيّة عليها وفائدة علم التّاريخ من ذلك

تاليف

حفني افندى ناصف

أحد عمّال النيابة العموميّة بمحكمة الاستيناف الاهليّة المصريّة وسكرتير الوفد المصرى إلى جمعية العلوم المشرقيّة في ويانا سنه ١٨٨٦ ميلاديّة

كتاب مميزات لغات العرب

* (بسم الله الرحمن الرحيم) *

اما بعد حمد موفّق من شاء الى ما شاء والصلاة والسلام على جميع الانبياء فان للّغة العربية من الفوائد خزائن لا تنفد وكنوزا لا تفنى وبدورا لا تحتجب وعيونا لا تنضب ورياضا لا تذوى ولكن لا يصل اليها الا من غاص بحرها وولّى وجهه شطرها وسبر كنه أغوارها وجاس خلال ديارها وجاب نجادها ووهادها وراد مروجها وورد مناهلها وكم فى زواياها خبايا مستكنة يعثر عليها الباحثون وخفايا مستورة لا يقف عليها الا المنقّبون وكم بكهوفها البعيدة المنتهى وفى شعابها العديدة التشعّب من معادن نفيسة وجواهر كريمة تظهر لطالبها متى عمل على استخراجها ووجه اليها عوامل البحث بمعاول الفكر يؤمّها دليل من التبصّر يحمل مصباحا من التنبّه يضىء غياهبها ومغناطيسا من التدبّر يرشدها الى مقاصدها وما لم يُعانِ الطالب هذه الاعمال تبقى تلك النفائس كامنة فى مناجمها ساكنة فى مواطنها لا تتمتع العيون بحسن روائها ولا تجد النفوس سبيلا الى اقتنائها

ولقد هدتنى ممارسة هذه اللغة الشريفة الى أصل عظيم فى استنباط التواريخ واكتشاف مجهولاتها وأوقفتنى على طريق قويم يُسْلَك منه الى ابراز كثير من أسرارها الغامضة وحلّ جملة من طلاسمها المستعصية ألا وهو (الاستدلال بطريقة الكلام)

ولبيان ذلك نقول ان الذى يسمع انسانا يتكلّم بعبارة من العبارات يستفيد منها فائدتين فى آن واحد فائدة ذاتية وفائدة عرضيّة

أما الفائدة الذاتية فهى التى لاجلها ساق المتكلّم حديثه وبالضرورة يكون شاعرا باستفادة السامع له وتلك هى فائدة الخبر أو لازم فائدة الخبر أو ما يخرج عنهما الى الاغراض المبينة فى علم المعانى

وأما الفائدة العرضيّة فهى المفهومة من هيئة النطق وقد لا يشعر المتكلّم باستفادة السامع لها مثال ذلك رجل يقول (ما البدر طالعا) فانت بمجرد استماع هذه الجملة تفهم ان القمر لم يخرج من تحت الافق وأن المتكلّم بهذه الجملة حجازى الاصل أو له ارتباط بأهل الحجاز لانهم هم الذين ينصبون الخبر بعد ما والذى يعاشر عوامّ بلادنا زمنًا يمكنه اذا سمع كلام انسان لم يره قط أن يعرف أنه من سكّان الصعيد الاعلى أو الادنى أو الفيوم أو الشرقيّة أو البحيرة بل يمكنه أن يعرف من أىّ قسم هو من أقسام الشرقيّة مثلا بل يمكنه اذا كان واقفا على اللغات المستعملة فيها حقّ الوقوف أن يميز عين البلد الذى هو منه

وليس هذا بأمر خاصّ باللغة العربيّة أو بالبلاد الشرقيّة بل هو عامّ فى سائر اللغات وكل البلدان يعلم ذلك من نصب نفسه للبحث والتنقير عن غوامض اللغات وتمييز حقائقها

وأوّل ما انقدح بضميرى هذا الخاطر رأيت فى أحد الاندية قوما يتحاورون بعضهم من مديريّة المنيا وبعضهم من مديرية بنى سويف فتسمّعت كلامهم فاذا هم على تقارُب ديارهم وتجاور مواطنهم متباعدون فى اللهجة متباينون فى طريقة الكلام أىّ تباينٍ فقلت يا سبحان الله كيف يكون هذا التباين والاختلاط موجود والتقارب حاصل فلا بدّ أن يكون لذلك سرّ خفىّ وسبب واقعىّ انبنى عليه هذا التخالف العجيب رغما عن مُصادمة الاختلاط والتجاور ثم قلت لا شك أن هذا الجيل القائم لم يأت بِدْعا فى اللغة ولم ينطق بشئ غير ما سمعه من الجيل الذى قبله كما هو مشاهد فى تساوى لهجة الشيوخ والصبيان فبالضرورة هذا الجيل ورث طريقة الكلام عن سلفه ثم نقلتُ النظر الى الجيل السابق المتّصل بالجيل القائم وبحثت عن سبب اختلافه أيضا فتبيّن لى بقياس الغائب على الشاهد أن سببه إرْثُ اللغة عن الجيل الذى قبله أيضا ولم أزَل أنقل النظر من جيل الى جيل راجعا الى جهة الماضى حتى انتهيت الى الجيل الذى دخلت العربيّة فيه أرض مصر وذلك أيام ما فتحها المسلمون

فى خلافة سيّدنا عمر بن الخطّاب رضى الله عنه فقلت ههنا تنحلّ المسألة ويظهر السرّ الخفىّ ويتجلى للعيان السبب فى اختلاف طريقة الكلام فى الاجيال المتتالية من ذلك العهد الى هذا الوقت الحاضر فأخذت مادّة من موادّ الاختلاف وألقيتها تحت منظار البحث ووضعتها موضع التأمّل حتّى اذا ظهر خافيها تكون نموذجا لباقى الموادّ وتلك المادّة هى طريقة النطق بالقاف فأهل بنى سويف ينطقون بها قافا صريحة كالقاف التى ينطق بها القُرّاء والعلماء وأهل المنيا ينطقون بها مشوبة بالكاف مثل ما ينطق بالجيم عوامّ أهل القاهرة أى كنطق الافرنج بحرف G اذا تلاه A أو O أو U ثم عرضتُ هذا الاختلف فى تلك المادّة على المنقول عن قبائل العرب فوجدته موافقا حذو النعل بالنعل للاختلاف بين قريش وغيرهم حيث كانت قريش تنطق بها قافا خالصة وغيرها يشوبهـــا بالكاف فأوقفتنى تلك المقارنة على أن العرب الذين استوطنوا أرض بنى سويف مدة الفتح وبعده كانوا قرشيين والذين استوطنوا أرض المنيا كانوا من غير قريش

وعلى هذا فيمكن أن ننسب الى قريش امّا بالنسب أو الولاء أو المخالطة كلّ من ينطق من أهل مصر بالقاف الصريحة كسكّان مديريّة الفيوم وبعض مديريّة الجيزة وأهل أبياورشيد وضواحيهـــا والمحلة الكبرى والبُرُلّس وبُلْبَيْس من الشرقيّة والخصوص من القليوبية وأن نحكم على كلّ من يتكلّم بالقاف المشوبة بأنه ليس من قريش كأهل الصعيد ومديريّتى الشرقيّة والبحيرة الا قليلا وبعض مديريّة المنوفيّة وجميع سكّان بوادى مصر

وأكّد لى صحة ذلك الحكم ما كان ولا يزال كائنا من عموم الخصب والنماء على جميع الاراضى التى يسكنهـــا المتكلّمون بالقاف الصريحة دون الاراضى التى يسكنها المتكلّمون بالقاف المشوبة فان منها ما هو صحار فحلاء لا ترى العين فيها الا الرمل والحصى ومنها ما هو سهول سبخة لا تصلح الّا لزراعة بعض الاصناف ويتوقّف استنباتها على مشاقّ زائدة وتكاليف باهظة ومنها ما لا يزرع فى العام الّا مرّة واحدة ومنها ما هو على خلاف ذلك وأنت تعلم أنه مركوز فى طباع الامم الفاتحة حُبّ الاستئثار بالمنافع والميل الى الاختصاص بأحسن ما يمكن وضع اليد عليه

من الارض التى يفتحونها سنّة الله التى فطر الناس عليها وقريش أيّام فتوح مصر كانت أشرف العرب نسبا وأكثرها نَشَبًا وأوفرها قوّة وأعزّها نفرا وكان لها فى الدولة الاسلاميّة النفوذ الأقوى والسطوة العليا لقرابتها من صاحب الدين عليه الصلاة والسلام فلا جرم أن سكنت أخصب البقاع وامتازت بأحسن الاصقاع

وانما يكون مثل هذا الحكم يقينيّا اذا أيّد بخصائص اخرى وعضّد بمميّزات لغويّة فى كلا العهدين عهد دخول العرب أرض مصر والعهد الحاضر والا كان ظنّيا فقط وههنا وقفت على الضالّة المنشودة وتيقّنت امكان فتح الكنوز المرصودة بأن تُطبّق جيع موادّ الاختلاف الشائعة فى اللغات العامّية على ما يماثلها من لغات العرب الصحيحة وينسب كلّ من يتكلّم بطريقة الى أصحابها وحينئذ يمكن لاصحاب الانساب المجهولة فى مصر والشام والغرب والسودان والعراق وسائر الممالك التى افتتحتها العرب أن يعلموا الى من ينتسبون وبمن يرتبطون سواء فى ذلك ارتباط النسب وارتباط الولاء والمحالفة ويمكن ايضا للقبائل المتفرّقة فى أقطار مختلفة اذا كانت طريقة كلامهم متّحدة أن يعلموا أن لهم أصلا واحدا يجمعهم ويؤول اليه انتماؤهم

ولعمرك ليس هذا بقليل عند من يُقدّر الامور حقّ قدرها ويعنيه استخراج الدقائق التاريخية بل هو أمر يتنافس فيه المتنافسون ويسعى الى تحصيله المجدّون وما الاستدلال بهذه الطريقة (طريقة الكلام) بأدنى خطرا ولا أقلّ أهمّية من الاستدلال بالاحجار الصامتة والدفائن العتيقة وانى لاعجب كيف لم يتناول هذا الموضوع جهابذة العلماء ومشاهير المتقدمين مع ما لهم من سعة الاطّلاع ورسوخ القدم أو كيف لم يهتمّ المتأخرون باذاعة ما كُتب والحذو عليه ان كان قد كتب شىء فى هذا المعنى

ويجب على من يريد أن يخوض عباب هذا الموضوع ويوفيه حقّه من البحث ليصل الى النتائج التى نوّهنا بذكرها أن يشبع القول فى بابين عظيمين هما دعامتا هذا الموضوع اللتان لا يقوم بناؤه الا بهما

يضمن الباب الاول ذكر الاشياء التى انفردت بالتكلم بها شعوب مخصوصة من العرب وامتازت بذلك لغتهم عن اللغة الشائعة بين

أحيائهم ولتوضيح ذلك نقول ان اللغة العربيّة وان كانت فى ذاتها لغة واحدة مغايرة للغة الفرنسيس والانجليز والالمان وبقيّة الامم الّا أنها تتعدّد بالنسبة للاختلافات التى توجد فى ألسنة المتكلّمين بها فلغة هذيل غير لغة عقيل وكلاهما غير لغة قيس وكلّ منها غير لغة أسد والاربع تتميّز عن لغة تميم ويغاير الجميع لغة الحجاز وهلمّ جرّا فالاتّحاد والتعدّد من جهتين مختلفتين فلا تناقُض فى الكلام ويمكن تشبيه ذلك بأفراد بنى آدم فانهم يتّحدون جميعا فى الحيوانيّة الناطقيّة بحيث يُطْلَق على كلّ فرد منهم لفظ انسان ولكنّهم يختلفون بمميّزات أخرى مثل الطول والقصر والسمن والنحافة والبياض والسمرة على ان ذلك أمر موجود فى كلّ اللغات كما قدمنا فالخبير بلغة الفرنسيس مثلا يمكنه أن يميّز الباريسىّ من المارسيلىّ والاثنين من المونبيلىّ بمجرد ما يسمع كلامهم مع انّ كلّا منهم يتكلّم باللغة الفرنساويّة

ويضمّن الباب الثانى ذكر الفروق التى توجد فى اللغة العامّية ويحصل بها امتياز قوم عن قوم وهذه الفروق كما لا يخفى على من يُلقى سمعه اليها عظيمة جدّا فلهجة أهل مصر تخالف لهجة أهل الشام بحيث يُعْرَف بذلك المصرىّ فى الشام ولو كان متزيّيا بزىّ أهل الشام والشامىّ فى مصر ولو كان متزيّيا بزىّ أهل مصر وكلا اللهجتين يباين لهجة المغاربة وتغاير اللهجات الثلاث لهجة سكّان الحجاز ولهجة السودان لا توافق واحدة مما ذكر بل اذا أخذنا لهجة واحدة من هذه اللهجات كلهجة المصريّين مثلا نجدها متنوّعة تنوّعا عظيما وان كانت معدودة واحدة فى مقابلة لغة المغاربة أو السودان أو الشاميّين اذ كلّ مديريّة من المديريّات الاربع عشرة التى فى مصر لها طريقة مخصوصة فى المكلام وكثيرا مّا تكون المديريّة الواحدة مشتملة على جملة طرق كلّ قسم منها يمتاز بطريقة بل قد يكون لكلّ بلد طريقة خاصّة فى تأدية العبارات

وأكثر الناس تحقّقا من هذا المعنى السائحون فى أقطار الارض الضاربون فى أنحائها بشرط معاشرة عوامّ كلّ جهة ينزلون بها بخلاف الذين يقضون أزمنة سياحتهم اعتكافا فى الفنادق وداخل أسوار العجلات أو هُياما فى البرارى والغابات أو مصاحبة لامراء البلد الذى هم فيه وأولئك لا يتقيّدون بلغة شعبهم بـــــل يتكلّمون بلغة نزلائهم مضارعةً لهم

أو يقربون منها مهما أمكنهم وربّما أفادوا أولئك الغرباء بعض اصطلاحات قليلة فيظنّونها مبلغ العلم ومنتهى الظفر فيودعونهـــــا بطون الدفاتر ويعلّقون عليها الشروح ويحكمون بأن اصطلاح سكّان الجهة الفلانيّة كيت وكيت وما هو الا اصطلاح قليل منهم على فرض ضبطه ونقله كما هو عمّن سمعوه منهم

ومتى استوفى الباحث هٰذين البابين فليس عليه الّا أن يقارن كلّ شيء بما يماثله أو بما يقاربه ويخرج كلّ خاصّة من خواصّ اللغة العاميّة على خاصّة من خواصّ اللغة الصحيحة فان كانت جميع خواصّ لغة القوم المبحوث عنهم موافقة لخواصّ لغة قبيلة من قبائل العرب فى الكلّ أو الاكثر حُكِمَ بأن بعض هذه القبيلة أعقَبَ أولئك القوم أو استخدمهم أو نزل بهم مع رفعة الجاه التى تدعو الى تقليد أعمال صاحبها أو خالطهم على أىّ وجه من الوجوه الممكنة وان كانت موافقة لخواصّ لغتَىْ قبيلتين أو لغات عدّة قبائل حكم بنسبة أولئك القوم لهما معا أو لهم امّا على الترتيب بأن يطرأ عليهم جماعة من احدى القبائل بعد ما انتسبوا لجماعة أخرى من قبيلة أخرى باحد الاوجه المتقدّمة وامّا على المصاحبة بأن ينزل بهم فى وقت واحد جماعات من قبائل مختلفة وحكم بأنّ النسبة لهم على التساوى أو على الكثرة والقلّة حسب تساوى تلك الخواصّ أو كثرتها بالنسبة لقبيلة وقلتها بالنسبة لاخرى

ويتفرّع على ما تقدّم امكان معرفة انتساب أقوام متفرّقين فى جهات عديدة الى قبيلة واحدة فاذا اشترك قوم من الشام وقوم من المغرب فى جملة خواصّ لقبيلة واحدة بحيث تكفى تلك الخواصّ للتمييز حُكِمَ بأنّهم من أصل واحد ولسبب من الاسباب الكونيّة قضى الزمان بتفرّقهم وتشتّتهم فى النواحى وههنا تتنبّه الخواطر للسؤال عن علّة تلك الحادثة وتستشعر بنقص التأريخ من هذه الجهة فتتشوّف الى تكميله بالبحث عن أسباب هذا التبدّد ولا بد أن تعثر ولو بعد حين على مطلبها فتقضى حاجة فى نفسها ومن جدّ وَجَد

فقد تبيّن لك بما ذكرناه أن هٰذين البابين هما أساس هذا الموضوع (الاستدلال بطريقة الكلام) فمن أدرك الوطر منهما فقد أدرك أربه من الموضوع وظفر منه بما يبتغيه

ولا يخفى ان الحصول عليهما يحتاج لشغل شاغل وتعب متواصل ونصب متوال وسعة من الاموال وتفرّغ من الاعمال وانقطاع الى الكرّ فى هذا المجال بمراجعة الدفاتر واستنزاف المحابر وجَوْب الاقطار وتسمّع الاخبار واقتباس الطرائف من معاشرة الطوائف

ولكن لمّا كان ورود هذا الخاطر حديثا عندى وبَغَتَنى الوقت الذى فيه ينعقد الاحتفال السابع للجمعيّة العلميّة المشرقيّة ولم أر من المفيد السكوت حتى أتمم البحث فيه على ما تشتهيه نفسى ويرتاح اليه ضميرى كان من المناسب أن أعجّل بالفائدة فالمّ بالموضوع اجمالا وأدخل فى التفصيل بقدر ما أستطيع الآن وأعد بتحقيق الامل واتمام العمل بعد استحسان المشروع والاقرار على الموضوع وألتمس من أعضاء الجمعيّة أن يأخذوا على عاتقهم من هذا العمل القسم المتعلق بمميّزات اللغات العاميّة الخارجة عن الديار المصريّة وأنا كفيل بالقيام بحصر مميّزات اللغات العاميّة المصريّة على تعدّدها وتبدّدها وبحصر مميزات اللغات العربيّة الصحيحة بأسرها ومقارنة الاولى بما يوافقها من الثانية واستنباط الارتباطات والعلاقات بين هذا الجيل القائم والجيل الذى فتحت فى عهده أرض مصر ان شاء الله تعالى

فلأكتفِ الآن بالكلام على ما يتعلّق بالباب الاوّل من البابين اللذين هما أسّ مشروعنا لان هذا الباب هو الذى به يتمّ الانتاج ومنه يُخْرَج الى المراد فضلا عن استفاضة الجهل به وصعوبة الوقوف عليه لمريده بخلاف الباب الثانى فان أكثر عوامّ بلادنا تعرف ما يختص منه بالقطر المصرى لتعوّدهم بالفعل على استماع اللهجات المختلفة من الطوائف المتعدّدة التى منها تتألف الامّة المصريّة ومتى تصدّى له المجدّ العارف بعادات البلاد زمنا نال منه الامنيّة فى أمد وجيز على ان كتّاب الافرنج تناولوه بأقلامهم ودوّنوا منه قسما ليس بالقليل ولا أعلم أنّ أحدا عنى بالباب الاوّل فألّف فيه كتابا أو ألقى فى مسائله خطابا أو عقد له فى كتاب بابا وأيضا فما لا يدرك كلّه لا يترك كلّه وما فاتنا كثره لا يفوتنا قُلّه وهذا الباب الذى حصرنا القول فيه يمكن تقسيمه الى تسعة مطالب يدخل تحت كل مطلب منه طائفة من المسائل المتّحدة فى أمر مشترك بينها

(المطلب الاول)

(فى الابدال)

الابدال هو وضع حرف مكان آخر وينقسم الى قسمين ابدال قياسىّ وابدال سماعىّ

(فالاوّل) مثل ابدال حرف المدّ الزائد الواقع ثالثا فى المفرد همزا فى تكسيره على صيغة منتهى الجموع كقلادة وقلائد وصحيفة وصحائف وعجوز وعجائز ومثل ابدال الهمزة الساكنة الثانية فى الكلمة من جنس حركة ما قبلها نحو آمنتُ أومن ايمانا الاصل أأمَنْتُ أُومِنُ إئمانا وجملة الحروف التى يُبْدَلُ بعضها من بعض ابدالا قياسيّا تسعة الهمزة والالف والواو والياء والتاء والطاء ولدال والميم والهاء وجمعها ابن مالك بقوله (هدأت موطئا) وهذا النوع من الابدال لا مناص للمتكلّم باللغة العربيّة من استعماله لكن فى المواضع التى عُيِّنَتْ له فى علم الصرف بحيث يُعَدّ مخطئـــا اذا نطق بالاصل كأن يقول (قلايد وصحايف وعجايز) و(أأمنت أؤمن إئمانا)

(والثانى) وهو الابدال السماعىّ مثل ابدال الهمزة المبدوءُ بهـــا فى الكلمة عينا فى لغة تميم وقيس يقولون فى إنّك عِنّك وفى أنْتَ عَنْتَ ولاضابط للحروف التى يبدل بعضها من بعض فى هذا النوع وليس للمتكلّم باللغة العربيّة أن يستعمل هذا النوع من الابدال الا اذا أراد أن يحاكى أصحابه (أى أصحاب هذا النوع) فمن شاء الجرى على لغة تميم وقيس مثلا قال عنّك وعنت ومن شاء متابعة جمهور العرب قال انك وأنت والمقصود لنا بالكلام فى هذه الرسالة هو النوع الثانى لانّه هو الذى يخصّ قوما دون قوم فلنذكر منه جملة مسائل

(المسألة الاولى) تبدل الياء الواقعة بعد عين جيمًا فى لغة قضاعة فيقولون (الراعج خرج مَعِج) أى الراى خرج معى و(الساعج يدّعج انه أفضل من يعج) أى الساعى يدّعى أنه أفضل من يعى وعلماء اللغة يسمّون ذلك عجعجة قضاعة وقضاعة حىّ باليمن ينتمون لعمرو بن مالك بن حمير الملقّب بقضاعة ومعنى قضاعة فى الاصل الفَهْد ومنهم القاضى القضاعىّ وهو أبو عبد الله محمد بن سلامة من مشاهير المحدّثين

(المسألة الثانية) تبدل الياء مطلقا جيما فى لغة فُقَيْم أنشد أبو زيد

يا رَبِّ انْ كُنْتَ قبلتَ حَجَّتِجْ * فلا يزال ساجِجٌ يأتيك بِـــجْ

أى حجّتى وبى والساجج السريع من الدوابّ وقال الحماسىّ

خالِى عُوَيْفٌ وأبو عِلِـــجّ * المُطْعِمانِ الضيفَ فى العَشِجّ

أى علىّ والعشىّ وقال أبو عمرو قلت لرجل من حنظلة ممّن أنت فقال فقيمجّ فقلت من أيّهم فقال مرجّ أى فُقَيْمىّ ومُرىّ فتلخص من ذلك أنهم يبدلون الياء جيما سواء كانت متحرّكة او ساكنة مخفّفة أو مشدّدة وسواء وقعت قبلها العين أو لم تقع فلغة قُضاعة فى هذا الابدال بعضُ لغة فُقَيْم وفقيم هذه هى فقيم دارم لا فقيم كنانة نَسَأة الشهور فى الجاهلية أى الذين كانوا يؤخّرون حرمة الاشهر الحُرُم الى غيرها من الشهور وفيهم نزل قوله تعالى انما النّسىء زيادة فى الكفر والنسبة الى فقيم كنانة فُقَمىّ والى فقيم دارم فُقَيْمِىّ ومن العرب من يعكس هذا الابدال قال الشاعر

اذا لم يَكُنْ فِيكُنَّ ظِلٌّ ولا جَنًى * فأبْعَدَكُنَّ اللّهُ مِنْ شَيَـــراتِ

أى شَجَرات

(المسألة الثالثة) تبدل الحاء عينا فى لغة هُذَيْل فيقولون (اللَّعْمُ الاعْمرُ أعْسَنُ من اللعم الابيض) أى اللحم الاحمر أحسن من اللحم الابيض ويقولون (علت العَياة لكلّ عَىّ) أى حلت الحياة لكل حىّ وعلى لغتهم قرأ ابن مسعود عتّى حين فارسل اليه عمر رضى اللّه عنه انّ القرآن لم ينزل على لغة هذيل فأقرئ الناس بلغة قريش ويسمّى هذا الابدال عند العلماء فَحْفَحَة هذيل وهذيل حىّ من مُضَر أبوهم هذيل بن مُدْرِكة بن الياس بن مضر

(المسألة الرابعة) تبدل الهمزة المبدوّ بها عينا فى لغة تميم وقيس فيقولون (عنّكَ فاضل) أى انّك (وعنت كريم) أى أنت (وعِذَنْ أكرمك) أى اذن ويسمّى هذا الابدال عَنْعَنَة تميم وقيس وتميم شعب عظيم أبوهم تميم بن مُرّ بن أُدّ بن طابخة وقيس قبيلة أبوها قيس عَيْلان واسمه الناس واسم أخيه الياس والناس والياس وَلَدا مُضَر لصُلْبه على ما اعتمد النّسّابون والقيسانِ من طىّء قيس بن عَتّاب وقيس بن هَذَمة بن عَتّاب

وقد توسع فى ذلك سكّان البوادى فى الديار المصرية اذ يبدلون الهمزة المتوسّطة عينا فيقولون (اسعل الله) أى اسأله

(المسألة الخامسة) تبدل لام التعريف ميما فى لغة حِمْيَر فيقولون (طاب امهواء وصفا امجوّ) أى طاب الهواء وصفا الجوّ ومن ذلك قوله عليه الصلاة والسلام يخاطب بعض الحِمْيَريّين ليس من امبرّ امصيامُ فى امسَفَر ويسمّى هذا الابدال طُمْطُمانيّة حمير ويمكن أن يخرّج عليها قول العوامّ فى الديار المصريّة كلّها الّا مديريّة الشرقيّة (امبارح) يعنون البارح وهو أقرب يوم مضى وأهل مديريّة الشرقية يقولون (البارح) كما يقول جمهور العرب

(المسألة السادسة) تبدل كاف المؤنّثة شينا فى لغة ربيعة عند الوقف على الكلمة ومنهم من يبدل هذا الابدال فى الوصل فيقولون (مِنْشِ وعليشِ) أى منك وعليك وقد روى قول الشاعر يخاطب الظبية

فعَيْنَكِ عَيْناها وجِيدُكِ جِيدُها * ولكنّ عَظْمَ الساقِ مِنْكِ دَقِيــقُ

بابدال كافات الخطاب شينات هكذا

فعَيْنُشِ عَيْناها وجِيدُشِ جِيدُها * ولكنّ عَظْمَ الساقِ مِنْشِ دَقِيــقُ

وحكى بعضهم أنه سمع أعرابيّة تقول لجاريتهـا (ارجعى وراءَشِ فانّ مولاشِ يناديشِ) أى وراءك ومولاك يناديك ويسمّى هذا الابدال كَشْكَشَة ربيعة وفائدة هذا الابدال الفرق بين خطاب المذكّر والمؤنّث عند الوقف ولا فائدة له عند الوصل

(المسألة السابعة) تبدل كاف المذكّر سينا فى لغة ربيعة ومُضَر فيقولون (مِنْسَ وعَلَيْسَ) أى منك وعليك ويقولون (عرفتُسَ لمّا أن نَظرتُسَ) أى عرفتك لما أن نظرتك ويسمّى هذا الابدال كسكسة ربيعة ومضر وفائدتها كفائدة الكشكشة وسيأتى للكشكشة والكسكسة تفسير آخر

(المسألة الثامنة) تبدل الكاف مطلقا شينا فى لغة اليمن سُمِعَ أحدهم فى عرفة يقول (لَبَّيْشَ اللهم لبّيشَ) أى لبّيك ويسمّى هذا الابدال شنشنة اليمن وكأنّ هذه الشّنشنة أصل لغة شَرْوِيدة وزَنْكَلون وما حولهما من مديريّة الشرقيّة حيث يبدلون الكاف فى نحو كلب وكشك وكمّون شينا أو حرفا يقرُب من الشين

(المسألة التاسعة) تبدل السين المهملة تاء فوقيّة فى لغة اليمن أيضا

فيقولون (النات بالنّات) أىّ الناس بالناس وهذا الابدال يسمّى بالوَتْم ولعلّه منشأ قول العوامّ فى عثمان وثعلب وثعبان (عِتْمان وتَعْلب وتِعْبان) بأن يكونوا حرّفوا أوّلا الثاء المثلّثة سينا ثم أبدلوا السين تاء على لغة اليمن

(المسألة العاشرة) تبدل العين الساكنة نونا اذا جاورت الطاء فى لغة سعد بن بكر وهذيل والازد وقيس والانصار يقولون (أنطاه درهما) أى أعطاه وقد قرئ (انّا أنطيناك الكَوْثَر) وروى فى الدعاء (لا مانع لما أنطيت) وفى حديث عطيّة السّعدىّ (فانّ اليد العليا هى المنطية واليد السّفلى هى المُنطاة) يعنى المُعطية والمعطاة ويسمّى هذا الابدال بالاستنطاء وهو شائع فى لغة الاعراب بصحارِى مصر

(المسألة الحادية عشرة) تبدل الميم باء والباء ميما[1] فى لغة مازن يقولون (بات المعير) أى مات البعير و(مان المدر فى السّماء) أى بان البدر فى السماء

وممّا يحسن ايراده هنا ما رواه المبرّد أن بعض أهل الذمّة قصد أبا عثمان المازنىّ إمام الصرفيّين فى زمانه ليقرأ عليه كتاب سيبويه وبذل له مائة دينار فى تدريسه ايّاه فامتنع أبو عثمان من ذلك قال فقلت له جُعِلْت فداك أتردّ هذه المنفعة مع فاقتك وشدّة إضاقتك فقال ان هذا الكتاب يشتمل على ثلثمائة وكذا وكذا آية من كتاب الله عزّ وجلّ ولست أرى أن أمكّن منها ذمّيّا غيرةً على كتاب الله وحميّةً له قال فاتّفق أن غنّت جارية بحضرة الواثق بالله بقول العَرْجىّ

أظَلُومُ إنّ مُصابَكم رَجُلًا * أهْدَى السلامَ تَحِيّةً ظُلْمُ

فاختلف من كان بالحضرة فى إعراب رجلا فمنهم من نصبه وجعله اسم إنّ ومنهم من رفعه على انه خبرها والجارية مصرّة على أن شيخها أبا عثمان المازنىّ لقّنها ايّاه بالنصب فأمر الواثق باشخاصه قال أبو عثمان فلما مثلت بين يديه قال ممّن الرجل قلت من بنى مازن قال أىّ الموازن أمازن تميم أم مازن قيس أم مازن ربيعة قلت من مازن ربيعة فكلّمنى بكلام قومى وقال (با اسمك) لانهم يقلبون الميم باء والباء ميما

[1] قيد بعضهم ذلك بأوائل الكلمات اه منه

قال فكرهت أن أجيبه على لغة قومى كيلا أواجهه بالمَكْر فقلت بَكْر يا أمير المومنين ففطن لما قصدته وأعجب به ثم قال ما تقول فى قول الشاعر (أظلوم إن مصابكم رجلا)

أترفع رجلا أم تنصبه فقلت بل الوجه النصب يا أمير المومنين فقال ولِمَ ذلك فقلت ان مُصابكم مصدر بمعنى اصابتكم فأخذ اليزيدىّ فى معارضتى فقلت هو بمنزلة قولك انّ ضَرْبَك زيدا ظلم فالرجل مفعول مصابكم وهو منصوب به والدليل عليه أن الكلام معلّق الى أن تقول ظلم فيتمّ فاستحسنه الواثق وقال هل لك من ولد فقلت نعم بُنيّة يا أمير المؤمنين قال ما قالت لك عند مسيرك فقلت أنشدَتْ قول الاعشى

أيا أبتا لا تَرِمْ عِنْدَنــا * فانّا بخَيْرٍ اذا لَمْ تَــرِمْ

أرانا اذا أضْمَرَتْكَ البـلا * دُ نُجْفَى وتُقْطَعُ مِنّا الرَّحِمْ

قال فما قلت لها قال قلت قول جرير

ثِقِى باللّهِ لَيْسَ له شريكٌ * ومِنْ عِنْدِ الخَليفةِ بالنَّجـاحِ

قال علىّ النّجاح ان شاء اللّه تعالى ثم أمر لى بالف دينار وردّنى مكرما قال المبرّد فلمّا عاد الى البصرة قال لى كيف رأيت يا أبا العبّاس رددنا للّه مائة فعوّضنا ألفا

وأهل مديريّة الدقهليّة وبعض الغربيّة يبدلون هذا الابدال ولكن لا فى كلّ المواضع بل يبدلون الباء الساكنة اذا تلاها نون فيقولون (يا امنى الجمنه وقعت على التّمن) أى يا ابنى الجبنة وقعت على التّبن وقسم دَيْرُوط من مديريّة أسيوط يبدلون الميم باء فى بعض الكلمات فيقولون (اقعد بكانك) أى مكانك ولا يبعد عندى أن تكون الباء فى لفظة بكّة مبدلة من الميم فى لفظة مكّة أو بالعكس جريا على لغة مازن هذه اذ لا ضرورة لنا الى القول بان الواضع وضع مادّتين مستقلّتين لمعنى واحد ما دام لنا مَنْدوحة عنه

(المسألة الثانية عشرة) تبدل التاء هاء فى الوقف عند طيّئ سُمِعَ من بعضهم (دفن البناه من المكرماه) أى البنات والمكرمات وفى مديريّة المنوفيّة عدّة قرى تبدل هذا الابدال فتقول (يابِهْ) تريد يابنت باسقاط

النون ومن العرب من يعكس هذا الابدال فيبدل هاء التأنيث تاء فى الوقف كما يفعل بها فى الوصل سمع بعضهم يقول يا أهل سورة البقرتْ فقال مجيبٌ ما أحفظُ منها ولا آيتْ

وعلى هذا قول أهل الشام فى الوقف (تعلّمت الفلسفت) و(قرأت الكتب الادبيّت) ونحو ذلك والفصيح المشهور الوقف بالتاء فى جمع المونّث السالم وبالهاء فى المفرد

(المطلب الثانى)

(فى أوجه الاعراب)

أَوْجُهُ الاعراب هى الرفع والنصب والخفض والجزم ولكلّ منها مواضع معيّنة لا يكون فى غيرها وعلم النحو هو الكافل ببيان ذلك غير أن منها ما هو مستفيض بين قبائل العرب شائع بين جماهيرهم ومنها ما هو قليل يختصّ ببعض القبائل دون البعض الاخر وكلامنا انما هو فى هذا فلنذكر منه ما عثرنا على نسبته لبعض القبائل تاركين ما لم نعرف له قائلا وان كان كثيرا حتّى نتبيّن قائله ونعرف مصدره

(المسألة الاولى) تستعمل متى استعمالَ مِنْ فى لغة هذيل فيجرّون بها نقل عن بعض الهذليّين (أخرجها متى كُمِّهِ) أى منه قال شاعرهم يصف السحاب

شَرِبْنَ بماء البحرِ ثُمَّ ترفَّعَتْ * مَتَى لُجَجٍ خُضْرٍ لهُنَّ نَئِيــجِ

أى مِنْ لجج خضر لها تصويت مع سرعة وغير هذيل يستعمل مَتَى اسمَ استفهام أو اسمَ شرط مثال الاوّل مَتَى نَصْرُ الله ومثال الثانى

مَتَى جِئْتَه تَعْشُو الى ضَوْء نارِه * تَجِدْ خَيْرَ نارٍ عِنْدَها خَيْرُ مُوقِــدِ

(المسألة الثانية) لغة عُقَيْل جرُّ اسم لعلّ بها قال شاعرهم

لَعَلَّ اللّهِ فضَّلَكُمْ عَلَيْنا * بشَيْءٍ أنَّ أمَّكُمُو شَرِيــمُ

والشّريم المرأة المفضاة وقال الاخر

وداعٍ دَعا يا مَنْ يُجيبُ الى النَّدَى * فلَمّا يُجِبْه للنّداء مُجِيـــــبُ
فقُلْتُ ادْعُ أُخْرَى وارْفَعِ الصَّوْتَ جَهْرَةً * لَعَلَّ أبِى المِغْوارِ مِنْكَ قَرِيـــبُ

ولغة غيرِ عُقَيْل نَصْبُ اسمها بها كقوله تعالى لَعَلَّ اللّهَ يُحْدِثُ بَعْدَ ذٰلِكَ أَمْرا

(المسألة الثالثة) لغة تميم نَصْبُ تمييزِ كم الخبريّة مفردا ولغة غيرهم وجوبُ جرّه وجوازُ افراده وجمعه فعلى لغة غير تميم تقول كَمْ دِرْهَمٍ أنفقتُ وكم عبيد ملكتُ وعلى لغة تميم تقول كم درهمًا أنفقتُ وكم عبدا ملكتُ وعليها ورد قول غالب التميميّ يهجو جريرا

كَمْ عمّةً لك يا جَرِيرُ وخالـةً * فَدْعَاء قد حَلَبَتْ عَلَيَّ عِشارِي

وبعضهم خرّج النصب على ان كم استفهاميّة والاستفهام للتهكّم ولا ضرورة الى هذا التخريج ما دام يروى عن تميم

(المسألة الرابعة) تمتنع حكاية العلم عند تميم والحجازيّون يجيزونها فتقول على لغة الحجازيّين (مَنْ زَيْدًا) بالنصب لمن قال رأيت زيدًا و (مَنْ زيدٍ) بالجرّ لمن قال مررت بزيد ويجب على لغة تميم أن تقول (من زيدٌ) بالرفع فى المثالين ويشترط فى جواز حكاية العلم عند الحجازيّين أن لا يُقْرَنَ بتابع وأن لا تقرن مَن الاستفهاميّة بعاطف فلا يجوز باتّفاق الحجازيّين وغيرهم أن تقول مَنْ زيدًا الفاضلَ لمن قال رأيت زيدا ولا أن تقول ومن زيدا لمن قال ذلك وأما النكرة فيُحْكَى إعرابُها باجماع الحجازيّين وغيرهم فى الوقف فتقول لمن قال جاء رجل (مَنُو) ولمن قال رأيت رجلا (مَنَا) ولمن قال مررت برجل (مَنِي) وفى التأنيث (مَنَهْ) وفى تثنية المذكر (مَنَانْ ومَنَيْنْ) وفى تثنية المؤنّث (مَنْتانْ ومَنْتَيْنْ) وفى الجمع للذكور (مَنُونْ ومَنِينْ) وفى الجمع للاناث (مَنَاتْ)

المسألة الخامسة) يرتفع الخبر بعد ما عند تميم والحجازيّون ينصبونه وبلغتهم جاء التنزيل قال تعالى ما هذا بشرًا وقال ما هنّ أمّهاتِهم ولبعضهم

ومُهَفْهَفِ الأَعْطافِ قُلْتُ لهُ انْتَسِبْ * فأجاب ما قَتْلُ المُحِبِّ حَـــرامُ

وانما ينصب الخبر عندهم اذا لم يقترن الاسم بإن الزائدة ولم ينتقض نفى الخبر بالّا ولم يتقدم هو ولا معموله فلهذا وجب الرفع فى قول الشاعر

بَنِي غُدانَةَ ما إنْ أَنْتُمو ذَهَبٌ * ولا صَرِيفٌ ولكن أنتمُ الخَزَفُ

وفى قوله تعالى وما امرنا الا واحدةٌ وفى قول الاخر

وما خُذِّلَ قَوْمِى فَأَخْضَعَ للعِدا * ولكنْ اذا أدْعُوهُمُو فهُمُو هُمُـــو

وفى قول مزاحِم بن الحُرث

وقالوا تَعَرَّفْهَا المَنازِلَ مِنْ مِنًى * وما كُلّ مَنْ وافَى مِنًى أنا عارِفُ

قال العلماء فى قول الفرزدق

فأَصْبَحُوا قد أعادَ اللّهُ نِعْمَتَهُـمْ * اذْ هُمْ قُرَيْشٌ واِذْ ما مِثْلَهم أَحَدُ

(بنصب مثل) انه أراد أن يحاكى الحجازيّين فى لغتهم فغلط اذ نصب الخبر المتقدم وهم لا يفعلون ذلك

(المسألة السادسة) ينصب الخبر بعد إن النافية فى لغة أهل العالية سُمِعَ من بعضهم ان أحد خيرا من أحد الا بالعافية ومن بعض آخران ذلك نافعَك ولا ضارّك وقال شاعرهم

انْ هُوَ مُسْتَوْلِيًا على أحدٍ * الّا على أضْعَفِ المجانِينِ

وقرأ سعيد بن جُبَيْر (اِنِ الذِينَ تَدْعونَ مِنْ دُونِ اللّه عِبادًا أمثالكم) بإن النافية ونصب عباد وأمثال والقرّاء السبعة يقرؤن (انّ الذين تدعون من دون اللّه عبادُ أمثالُكم) بانّ الموكّدة ورفع عباد وأمثال

(المسألة السابعة) بنو أسد يصرفون ما لا ينصرف وانما يقع منهم ذلك فيما علّتُهُ منعه الوصفيّة وزيادة الالف والنون فيقولون (لَسْتُ بِسَكْرانٍ) بالتنوين ويلحقون المؤنث التاء فيقولون سكرانة

(المسألة الثامنة) الحجازيّون ينصبون خبر ليس مطلقا وبنوتميم يرفعونه اذا اقترن بالّا حَمْلًا لها على ما قال الاصمعىّ كنّا عند أبى عمرو بن العلاء يوما فجاء عيسى بن عمر الثقفىّ فقال يا أبا عمرو ما شئٌ بلغنى عنك تجيزه قال وما هو قال بلغنى أنك تجيز ليس الطِّيبُ الا المِسْكُ بالرفع فقال أبو عمرو نِمْتَ وأدلج الناس ليس فى الارض حجازىّ الا وهو يَنْصِب ولا تميمىّ الا وهو يرفع ثم قال لليزيدىّ ولِخَلَف الاحمر اذهبا الى أبى مهدىّ ولقّناه الرفعَ فانّه لا يرفع ولابى المنتجع ولقّناه النصب فانّه لا ينصب

فذهبا الى أبى مهدىّ فوجداه يصلّى فلما قضى صلاته التفت اليهما وقال ما خطبكما قالا جئنا نسالك عن شىء من كلام العرب فقال هاتيا قالا كيف تقول ليس الطّيبُ الا المِسْكُ فقال تأمرانّى بالكذب على كبرسنّى فقال خلف ليس الشّرابُ الا العَسَلُ فأدرك اليزيدىّ مقصوده فقال له ليس مِلاكُ الأمْرِ الاطاعةُ اللّه فقال هذا كلام لا دخل فيه ليس مِلاكُ الأمْرِ الاطاعةَ اللّه بالنصب فأعادها اليزيدىّ عليه بالرفع فقال ليس هذا لحنى ولا لَحنَ قومى فكتبا ما سمعا منه ثم أتيا أبا المنتجع فقال له خلف كيف تقول ليس الطّيبُ الا المِسْكَ فقالها ورفع فجهدا به أن ينصب فأبى الا الرفعَ ثم رجعا الى ابن العلاء وأخبراه الخبر وعيسى عنده لم يبرح فأخرج عيسى خاتمه من يده وقال له ولك الخاتم بهذا واللّه فُقْتَ الناسَ

(المسألة التاسعة) المعروف أن المثنّى يعرب بالالف رفعا وبالياء نصبا وجرّا ولغة بَلْحرث وخَثْعم وكِنانة اعْرابهُ بالالف مطلقا فيقولون (انّ أخَواكَ يُقَبّلانِ يَداكَ وما بَيّنَ حاجِباكَ) وعليها قول من قال

* قد بَلَغا فى المَجْد غايَتاها *

وليس فى مصر من يُلْزِم المثنّى الالفَ بل كلّهم يلزمونه الياء فيقولون (حضر هنا رجلين وسعهما فرسين) ولا أعلم لهم وجها فى هذا النصب اللهمّ الّا أن يكون ذلك توسّعا منهم فى لغة هذيل كما سيأتى فى المطلب الخامس أو جريا على امالة تميم وأسد وقيس ونَجْد كما سيأتى فى المطلب الثامن

والقاعدة العامّة عند بَلْحرث وخَثْعم وكنانة هولاء أن كلّ ياء بعد فتحة تُقْلَب ألفا فيقولون فى (جئت اليْكَ لانّ زيدا لمّا مررت عليه لم اجد أحدا لديه) جئت الاكَ لانّ زيدا لمّا مررت علاه لم اجد احدا لداه قال الشاعر

* طارُوا عَلاهُنّ فطِرْ عَلاها *

أى عليهن وعليها فيكون حكم الى وعلى ولدى عندهم حينما تدخل على الضمير حكمُها عند دخولها على الظاهر

(المطلب الثالث)

(فى أوجه البناء والبنية)

هى أربعة أيضا الضم والفتح والكسر والسكون وحركات البناء والبنية وسكونهما لا تتغيّر أبدا وعلى حسب ما سُمع اللفظ يجب النطق به فما سمع بالفتح لا يجوز ضمّه وما سمع بالكسر لا يجوز سكونه وهلمّ جرّا وقد ضبط جميع ذلك علماء الصرف واللغة ويمكن تقسيم ذلك الى قسمين أيضا قِسْم عليه جمهور العرب وقسم اختصّ به بعض القبائل وهذا محل كلامنا فلنذكر شيأ مما تحقّق لنا انتسابه من ذلك

(المسألة الاولى) المشهور فى امّا التى للتفصيل كسر الهمزة قال تعالى (فإمّا مَنًّا بَعْدُ وإمّا فِداءً) ولغة تميم وقَيْسٍ وأسَدٍ فتح الهمزة فتكون صورتها كأمّا الشرطيّة قال شاعرهم

يا لَيْتما أمّنا شالَتْ نَعامَتُها * أمّا الى جَنّةٍ أمّا الى نـــار

روى بفتح الهمزة فى الموضعين ولا تفتحها العامّة الا نادرا والاستعمال الغالب الكسر وأكثر منه الاعتياض عنها بحرف (يا) كقولهم (العدد يا جَوْز يا فَرْد) أى إمّا زوج وإمّا فرد

(المسألة الثانية) المشهور فى مثل يا أيّها الناس بناء الهاء على الفتح ووصلها بالف تظهر عند الوقف ولغة بنى مالك من بنى أسد ضمّها فيقولون (يا أيُّهُ الناس ويا أيُّهُ الرجل) الا اذا تلاها اسم اشارة فتفتح اتفاقا كيا أيّهذا

(المسألة الثالثة) المشهور فتح ياء المتكلّم اذا أضيف اليها جمع مذكّر سالم نحو ضاربيَّ وطالبيَّ وفى التنزيل ما أنا بِمُصرِخِكُم وما أنتم بمصرخيَّ وفى الحديث أوَمُخْرِجِيَّ هم ولغة بنى يَرْبوع كسرها فيقولون ضاربيِّ وطالبيِّ وقرئ وما أنتم بمصرخيِّ وبنو يربوع حىّ من تميم أبوهم يربوع بن حَنْظَلة بن مالك ومنهم مُتَمِّم بن نُوَيرة الصحابىّ

(المسألة الرابعة) المشهور أنّ أحْرُفَ المضارعة دائما مفتوحة ما لم يكن الفعل رباعيّا فتضمّ ولغة بَهْراء كسرها مطلقا [1] فيقولون فى نحو نَعْلم أنّك

---

[1] هذا مقتضى اطلاق كثير لكنّ نصّ الرضى على انّ جميع العرب ما عدا

تُعْطِى الفقراء وتاخذ بيد الضّعفاء (نِعْلَم أنك تِعْطى الفقراء وتِتّخذ بيد الضّعفاء) وبَهْراء بطن من تميم قال شاعرهم

لو قُلْتَ ما فى قَوْمِها لم تِيثَمِ * يَفْضُلُها فى حَسَبٍ ومِيسَمِ

أى لم تَأْثَمْ لو قلت ذلك وهذا الكسر يسمّى عند العلماء تَلْتَلَة بَهْراء وللشّعبىّ مع لَيْلَى الأَخْيَلِيّة فى كسر نون المضارعة نادرة مشهورة ولغة بهراء هذه شائعة فى الديار المصريّة بين سكّان المَدَر أكثر مــن سكّان الوَبَر

(المسألة الخامسة) المشهور فى كاف الخطاب المتلوّة بالميم الضمّ قال تعالى لَقَدْ جاءَكُمْ رَسُولٌ مِنْ أَنْفُسِكُمْ عَزِيزٌ عَلَيْهِ مَا عَنِتُّمْ حَرِيصٌ عَلَيْكُم وبنو كلب يكسرونها اذا سُبقت بكسرة أو ياء فيقولون (جئتُ مِنْ دِيارِكِم) و(السلامُ عليكِمْ) ويسمّى ذلك بِوَكْمِ بنى كلب

المسألة السادسة) المشهور فى هاء الغيبة المتلوّة بالميم أن تبنى على الضمّ ما لم يقع قبلها كسرة أو ياء فتنكسر قال تعالى سواءٌ عَلَيْهِمْ أَأَنْذَرْتَهُمْ أَمْ لَمْ تُنْذِرْهُمْ وبنو كلب يكسرونها مطلقا فيقولون (لم نَكُنْ مِنْهِم وانما أقَمْنا بينَهِم وأَخَذْنا عنْهِم) ويسمّى ذلك بِوَهْمِ بنى كلب ولا أثر للوَهْم والوَكْم عند أهل بلادنا كانما لم يكن بينهم أحد من بنى كلب

(المسألة السابعة) المشهور فى مع البناء على الفتح قال تعالى حكاية عن نوح عليه السلام يا بنىّ اركب مَعَنا ولغة رَبيعة وغَنْم بناؤها على السكون فيقولون (غدامْعْ أبيه وراح مَعْنا) وعلى هذا صحّ الجناس فى قولى

رأى الواشِى تَبارِيحِى * فقال الصّبُّ قد جُنّا
ولَوْ أَبْصَرَ وَجْنــــاتٍ * تُضِىءُ اللّيْلَ اِنْ جَنّا
ووَجْهًا لا تَرَى للبَــدْ * رِ اِنْ أَبْصَرْتَه مَعْنَــى
لَأَضْحَى فى الهَوَى صَبًّا * وأَمْسَى هائمًا مَعْنَـــا

الحجازيّين يجوّزون كسر حروف المضارعة جميعا فى ثلاثة مواضع وما عدا الياء فى ثلاثة أيضا فالثلاثة الاولى مضارع أَبَى وحَبّ ونحو وَجِلَ من كل ثلاثىّ واوىّ الفاء على فَعِلَ بكسر العين والثلاثة الثانية مضارع الثلاثىّ المبنىّ للفاعل على فَعِلَ بكسر العين نحو عَلِمَ وخالَ وشَقِىَ وعَضّ ومضارع ما أوّله همزة وصل مكسورة نحو اسْتَغْفَرَ ومضارع ما أوّله تاء زائدة نحو تكلم وتغافل وتدحرج اه منه

واذا وليها ساكن فمن يفتح العين يستصحب الفتح ومن يسكّنها يكسرها للتخلّص وغَنْمٌ بفتح الغين وسكون النون حَيٌّ من تَغْلِبَ بن وائل وأكثر العامّة فى ديارنا على هذه اللغة الا أنّهم يكسرون الميم فيقولون (تَعالَ مِعْ صاحبك) ومنهم من يفتح العين ويلحقها ألفا فيقول (مِعاهُمْ مِعاهُمْ عَلِيهُمْ عَلِيهُمْ) كناية عن الرجل الإمّعَة

(المسألة الثامنة) المشهور فى شين عشرة التسكين وهى لغة الحجاز قال تعالى فانْفَجَرَتْ منه اثْنَتا عَشْرَةَ عَيْنًا ومن تميم مَنْ يفتحها فيقول عَشَرة ومنهم مَنْ يكسرها فيقول عَشِرة وعليه قراءة أبى جعفر يزيد بن القعقاع فانفجرت منه اثْنَتا عَشِرَةَ عينا ولم تُنْقَل عنه هذه القراءة فى الكتب المشهورة وانما نسبت اليه فى المُحْتَسب للاعمش ومنهم من يسكّن العين من عشر اذا تركّبت مع غيرها فيقول أحَدَ عْشَرَ فرارا من توالى المتحرّكات ففيها أربع لغات كلّها لتميم الّا الاولى فلِأَهْل الحجاز والاولى فاشية عندنا فى القاهرة وما حولها والثانية فى أكثر مديريّات الوجه البحرىّ والثالثة والرابعة فى الصعيد الاعلى وبين الاعراب

(المسألة التاسعة) المشهور فى الوتْر أنّه بفتح الواو للفَرْد ضدّ الشَّفْع وبكسرها للذَّحْل أى الثَّأْر وهى لغة أهل الحجاز وعلى العكس من هذا التفصيل لغة أهل العالية وبنو تميم يكسرونها مطلقا

(المطلب الرابع)

(فيما يتردّد بين الاعراب والبناء)

انّ من الالفاظ ما هو مبنىّ دائما ومنها ما هو معرب دائما ومنها ما يبنى ويعرب فالاوّل كالحروف بأسرها وكالافعال بأسرها ما عدا المضارع العارى من نون التوكيد ونون النسوة وكالضمائر وأسماء الاشارات وأسماء الاستفهام وأسماء الافعال والاسماء الموصولة وأسماء الشروط والثانى كالاسماء المتمكّنة اذا لم تُنادَ ولم تدخل عليها لا التى لنفى الجنس ولم تُرَكَّبْ ولم تكن ظرفا مضافا الى جملة مثال ذلك الارض والسماء والشمس والقمر والثالث ينقسم الى قسمين قسم يعرب فى بعض التراكيب ويبنى فى بعضها الآخر فيبنى الاسم اذا تركّب مع لا أو وقع مُنادًى أو كان ظرفا مضافا لجملة أو مركّبا أو أيًّا الموصولة المضافة المحذوف صَدْرُ

صِلَتها نحو (لارجُلَ فى الدار يا زيدُ) و(هذا يومَ ينفع الصادقين صدْقُهم) و(رأيت خمسةَ عشرَ يشتغلون صَباحَ مساء) و(ثُمَّ لَنَنْزِعَنَّ مِنْ كِلّ شِيعةٍ أيُّهُمْ أشَدُّ على الرَّحْمٰنِ عتِيًّا) ويعرب فى غير ذلك نحو (جاءنى رجل يسمّى زيدا فى صباح هذا اليوم ومعه خمسة رجال وذهبوا فى المساء فلا أدرى أيًّا أغْضبْتُ ولا أيًّا أرْضيْتُ) وقسم يبنى فى جميع التراكيب عند جمهور العرب ويعرب عند بعض منهم أو يعرب فى جميع التراكيب عند الجمهور ويبنى عند البعض وهذا القسم ما نريد الكلام عليه فى هذه المسائل

(المسألة الاولى) المشهور فى لفظ لَدُن الظرفيّة البناء وبنو قَيْسِ بنِ ثَعْلَبَةَ يُعْرِبونها وعلى لغتهم قرئ (مِنْ لَدُنهِ) وهى تستعمل ظرفَ زمان وظرف مكان كعند الا أنها لم تتمكّن تمكُّنَ عند تقول هذا القول عندى صواب ولا تقول هو لَدُنّى صواب

(المسألة الثانية) المشور فى الاعلام التى على وزن فَعَالِ وليس آخرها راء مثل حَذامِ وقَطامِ البناء على الكسر وتلك لغة أهل الحجاز وتميم تعربها وتمنعها الصرف للعلميّة والعدل فتقول على المشهور

اذا قالَتْ حَذامِ فصَدِّقُوها * فإنَّ القولَ ما قالَتْ حذامِ

وعلى غير المشهور ترفع وأما التى آخرها راء مثل وبَارِ اسم قوم عاد وظَفارِ اسم مدينة باليمن فتُبْنى على الكسر اتّفاقا

(المسألة الثالثة) المشهور فى لفظ أمْسِ البناء على الكسر وتلك لغة الحجازيّين والتميميّون يعربونها اعراب ما لا ينصرف وعلى اللغة الاولى ورد قول أسْقُفِ نَجْرانَ

منعَ البَقاءَ تقلُّبُ الشمسِ * وطُلوعُها مِنْ حيثُ لاتُمْسِى
وشُروقُها حَمْراءَ صافِيةً * وغُروبُها صَفْراءَ كالوَرْسِ
اليومُ أجْهلُ ما يَجِيءُ بهِ * ومَضَى بفَصْلِ قَضائه أمْسِ

وعلى اللغة الثانية ورد قول من قال

لقد رأيتُ عَجَبًا مُذْ أمْسَا * عجائزًا مِثْلَ السَّعالى خَمْسَا
يأكُلْنَ ما فى رَحْلِهِنّ هَمْسا * لا تَرَكَ اللّهُ لَهُنَّ ضِرْسَا

ومحلّ الخلاف بين الحجازيّين والتميميّين اذا لم تُنكّر أمسِ أو تُعرّف بأل أو بالاضافة أو تجمع وإلا أعربت اتّفاقا نحو كلّ غدٍ صائرٌ أمسًا وكان الامسُ طيّبا أو أَمْسُنا وكقول الشاعر

مَرّتْ بِنا أوّلَ مِنْ أُمُـــوسِ * تَميسُ فِينا مِشْيَةَ العَرُوسِ

(المسألة الرابعة) المشهور فى لفظ الذين البناء سواء تسلّط عليها عاملُ رفع أو نصب أو جرّ قال تعالى أولئك الذِين هدَى اللّهُ ولغةُ هُذيْل أو عُقَيْل (شكّ من النّقلة) اعرابُها اعرابَ جمع المذكّر السالم قال شاعرهم

نحْنُ اللّذونَ صَبّحُوا الصّباحا * يومَ النُّخَيْلِ غارةً مِلْحاحـــــا

(المطلب الخامس)

(فى التصحيح والاعلال وما يشبههما)

التصحيح والاعلال معنيان متضادّان فالاوّل ابقاء حرف العلّة على ما هو عليه واعطاء الكلمة وَزْنَها الذى تستحقّه والثانى قلبهُ حرفا آخرَ من حروف العلّة فتخرج الكلمة ظاهرا عن وزنها الذى تستحقّه مثالُ الاوّل اسْتَحْوَذَ ومثال الثانى اسْتَقامَ وسنتكلّم فى هذا المطلب على التصحيح والاعلال المسموعين على خلاف المشهور وعلم مصدرهما (المسألـــــة الاولى) المشهور فى الافعال الماضية الثّلاثيّة التى من باب عَلِم مثل رَضِىَ ورَقِىَ وعَرِىَ التصحيح ولغة طيىّء اعلالُها فتقلب الياء ألفا وتقلب الكسرة لاجل ذلك فتحة فتقول رَضَى ورَقَى وعَرَى وهذه اللغة مستعملة فى مديريّتى الدقهليّة والغربيّة كثيرا الا أنّهم يكسرون أوّل الفعـــل فيقولون لِقَى وِجَى ورِضَتْ وعِمَتْ وغيرهم يقولون رَضِيَتْ وعَمِيـــتْ وهلمّ جرّا

(المسألة الثانية) المشهور فى الياء والواو من مثل بَيْضات وهَيْئـات وخَيْرات وجَوْزات وعَوْرات ومَوْتاتِ الإسْكانُ ولغة هُذَيْل تحريكها بالفتح فتقول على لغتهم بَيَضات وهَيَئات وخَيَرات وجَوَزات وعَوَرات ومَوَتات كما تقول فى نحو جَفَنات وسَجَدات عند الجميع

(المسألة الثالثة) لغة الحجازيّين فى اسم المفعول من الثلاثىّ المعتلّ العين الاعلال مطلقا نحو مَبِيع ومَدِين من باع ودان ومقول ومصون من

قال وصان ولغة تميم التصحيح اذا كانت العين ياء فتقول مَبْيوع مَدْيون ولا يُعرف غير هذه اللغة عند عوامّ ديارنا وأما اذا كانت واوًا فالكثير عندهم الاعلال فيقال مَصُون ومَقُول وندر مصوون ومصووغ على التمام

(المسألة الرابعة) المشهور تحقيق الهمزة الساكنة من نحو رَأس وفَأس وكَأس وثأر وبِئر وظِئر ولُؤم وشُؤم وتميمٌ تَقلِبُها من جنس حركة ما قبلها فتقول راس وبِير وشُوم وكأنّ جميع السكّان عندنا تميميّون اذ لم يسمع لهم هَمَزات فى مثل هذه الكلمات

(المسألة الخامسة) المشهور بقاء الالف من المقصور على حالها عند الاضافة نحو هذا فتاكَ وذا فُتاىَ وهذيل تقلبها ياء اذا أضيف الاسم لياء المتكلم فيقولون عَصَىَّ مع فَتَىَّ قال شاعرهم

سَبَقُوا هَوَىَّ وأعْنَقُوا لِهَواهُمُو * فَتُخُرِّمُوا ولكلِّ جَنْبٍ مَصْرعُ

وسائر سكّان مصر يقلبون ألف التثنية ياء عند الاضافة للياء فيقولون رِجْلَىَّ وعَيْنَىَّ أى رِجْلاىَ وعَيْناىَ فلعل ذلك توسّعٌ منهم فى لغة هذيل

(المسألة السادسة) المشهور فى الوقف على الالف المتطرّفة أن تبقى على أصلها ولغة فَزارةَ وبعض قَيْسٍ قلْبُها ياء فيقولون فى الهُدَى (الهُدَىْ)

(المسألة السابعة) مِن تميم مَن يقلب هذه الالف فى الوقف واوًا فيقول (الهُدَوْ) ومنهم من يقلبها همزة فيقول (الهُدَأْ) وعلى ذلك قول عوامّ المصريّين فى لا (لأْ) والحاصل أنّ فى الوقف على الالف أربعَ لغات بقاءها على حالها وقلبها ياء وقلبها واوًا وقلبها همزة

(المطلب السادس)

(فى الزيادة والنقص)

الغرض من الزيادة والنقص هنا زيادة حروف الكلمة أو نقْصُها فى بعض لغات العرب عمّا استقرّ لها فى المشهور الذائع ولنذكر من ذلك عدّة مسائل

(المسألة الاولى) المشهور فى لغة العرب الوقف على كاف خطاب المؤنّثة بصورة الوقف على كاف خطاب المذكّر فيقال (نظَرْتُكْ) للذكر والانثى وربيعة ومضر يزيدون شيئا بعد كاف المؤنّثة للفرق بين الخطابَيْن

فيقولون (مِنْ زمانٍ ما تَظَرْتُكِشٍّ) و(أنا معتمد عليكِكِشٍّ) و(استَجَرْتُ بِكِشٍّ) ومنهم مَنْ يُثْبِتها فى الوصل أيضا مع أنّه لا لَبْس وتسمّى هذه الشين شِينَ الكَشْكَشَةِ وقد تقدّم فى المطلب الاوّل قول آخر فى تفسير الكَشْكَشَة

وكأن هذه اللغة أصل زيادة الشين فى لغة العوامّ سواء بعد كاف أو غيرها فيقولون (مَأتكِلِّمْنِيشْ) فاتّى ما كَلِّمْتَكَّشْ ودا ما بِنْفَعَكْش) ويمكن أن تكون مقتطعة من كلمة شيء فأصل (ما بِنْفَعَشْ) مثلا ما بِنفع شيئًا من النفع ثم صار الى ما سمعتَ ولا تزال هذه الشين عند العامّة الّا فى النفى كما رأيت أو فى الاستفهام كقولك (فلان سافَرْشْ) أى هل سافر فلان وأكثر من يزيدها فى الاستفهام هم أهل دِمياط وما جاورها من بلاد مديرّيتى الغربيّة والدقهليّة

(المسألة الثانية) تقدم أن الكَسْكَسَة ابدال كاف خطاب المذكّر سينا وقال الفرّاء هى إلحاقُ كاف المذكّر سينا فى لغة ربيعة ومضر فيقولون فى رأيتكَ (رأيْتُكَسْ) فرقا بين خطابَى المذكّر والمؤنّث عند الوقف وجُلّ الوصل عليه فيمن يكسكس فى الوصل ونقل الحريرىّ انّها لِبَكْر لا لربيعة ومضر وفسّرها بزيادة سين مهملة بعد كاف المؤنّثة لا كاف المذكّر وفى القاموس انّها لتميم لا لبكر وفسّرها كما فسّر الحريرىّ

(المسألة الثالثة) ذكر العلماء فى مَعايب اللغات اللَّخَلْخانِيَّة بفتح اللامين فى لغة الشَّحْر وعُمانَ وهى حذف فى بعض الحروف اللينة فيقولون فى ماشاء اللّه (مَشا اللّه) وعليها أكثر العوامّ بمصر

(المسألة الرابعة) وعدّوا أيضا منها القُطْعَة بضم القاف فى لغة طيئٍ وهى قطع اللفظ قبل تمامه يقولون (يا أبا الحَكا) يريدون يا أبا الحَكَم ويقولون (لم يَسْمَا) يريدون لم يُسْمَعْ والقطعة تشارك الترخيم فى أنّها حذف آخر الكلمة الّا أنّ الحذف فى الترخيم واردٌ على آخر الاسم المنادى وهنا واردٌ على كلّ كلمة حرفا كانت أو فعلا أو اسما منادى أو غير منادى والمحذوف فى الترخيم حرف واحد أو حرفان أوّلهما لين زائد ساكن مكمّل أربعة فصاعدا مثل ياسَلْمَ ويامَنْصُ ويامِسْكِ فى سُلَيْمان ومنصور ومسكين وهنا يكون حرفا واحدا أو حرفين بدون الشروط المتقدمة كقول الشاعر

دَرَسَ المنا بُمتالِعٍ فأبــانِ * فتقادمَتْ بالحِبْس والسّوبانِ

أى المنازل ومتالع وأبان اسما موضعين كالحِبْس والسوبان ولغة بنى عامر أنّه يكون بجملة حروف فيقولون (سَلْ عنْكَ) أى عمّا بدا لك وعلى لغة بنى عامر استعمال الاعراب فى مصر

وكما يكون للمرخّم أن يستعمل لغة من ينتظر أو لغة من لا ينتظر كذلك يكون للقاطع فمن الاوّل قولهم فى يا أبا الحَكَم يا أبا الحَكا كما قدمنا ومن الثانى قول الشاعر

تَضِلّ منه إبِلى بالهَوْجَــلِ * فى لَجّةٍ أمْسِكْ فُلانًا عن فُلِ

أى عن فلان اذ لو جرى على لغة من ينتظر لقال عن فلا وقول الشاعر

* دَرَسَ المَنا بُمتالِعٍ فأبانِ * يَصْلُح على كلتا اللغتين

والقُطْعةُ لغة كثير من البلاد المصريّة الآن كالمحلة الكبرى وما حولها وجزيرة بنى نَصر وأبْيار وكثير من مديريّتى البحيرة وبنى سويف يقولون (النهار طلا) أى طلع و(النور ظها) أى ظهر و(خمدت النا) أى النار وهلمّ جرّا

(المسألة الخامسة) المشهور فى نون من الجارّة أن تبقى دائما سواء وَلِيهَا متحرّك أو ساكن الّا أنّها تكون ساكنة اذا وليها متحرّك ومكسورة اذا وليها ساكن غير أل ومفتوحة اذا وليتها أل مثالها فى المواضع الثلاثة (مِن ابتداء الساعة الاولى مِنْ يوم الجمعة ما رأيت أحدا مِنَ الناس) الاولى مكسورة والثانية ساكنة والثالثة مفتوحة وخثعم وزبيد من قبائل اليمن يحذفون النون اذا وليها ساكن فيقولون (خرجت مِالدّار) و(جئت مالمسجد) وقال شاعرهم

لقد ظَفِرَ الزّوّارُ أقْفِيةَ العِـــدا * بما جاوَزَ الآمالَ مِلْأَسْرِ والقَتْلِ

وهى مستعملة عند العامّة فى مصر وغير مصر وكثير من الشعراء تابعهم فى ذلك قال البيوسىّ

وتجاذَبَ الخُلَصاءُ كأساتٍ بهـــا * مِلْأُنْسِ أعْذَبَ مِنْ سُلافةِ صَرْخَدِ

ومَطارِفًا مِلْوِدّ يَلْتَحِفونهـــا * يُرْخِى الخَفِىّ على الخَفِىّ بمَحْفَدِ

وصَرْخَد اسم بلدة بالشام تنسب اليها الخَمْر الجيّدة والحفىّ الصّديق النّصوح والمِحْفَد طرف الثوب

(المسألة السادسة) المشهور فى أولى التى يشار بها للجمع المّد قال تعالى حكاية عن لُوطٍ عليه السلام هؤلاء بَناتِى وقال أولئك على هُدًى مِن رَبِّهِم وقيسٌ وربيعةُ وأسدٌ وأهلُ نجد من بنى تميم يَقْصُرونها واللام انما تَلْحَقُها مقصورة لا ممدودة فلا يقال أولائِلِك ويقال أولالك قال الشاعر

أولالِكِ قَوْمى لم يكونوا أشابةً * وهل يَعِظُ الضِّلِّيلَ الّا أولالِكِ

والاشابة من القوم أخْلاطُهم

(المسألة السابعة) المشهور فى اللّذَيْن واللّتَيْن بقاء النون دائما وبَلْحرِثِ بن كعب وبعض ربيعة يحذفونها فى حالة الرفع وعليه قول الفرزدق فى هجاء جرير

أبَنِى كُلَيْبٍ إنّ عَمّىَّ اللّذا * قَتَلا المُلُوكَ وفَكَّكا الأغْلالا

وقول الاخطل

هُما اللّتا لَوْ وَلَدَتْ تَمِيمُ * لَقِيلَ فَخْرٌ لَهُمُو صَمِيمُ

(المسألة الثامنة) تميم وقيس يُثْبِتون النون فى اللّذَيْن واللّتَيْن ولكنّهم يشدّدونها فيقولون (اللّذانِّ واللّتانِّ) وقرئ واللّذانّ يأتيانها منكم ولا يختصّ ذلك بحالة الرفع بل يكون فى النصب والجرّ وقد قرئ رَبّنا أرِنا اللّذَيْنِّ أضَلّانا والمعنى فى هذا التشديد تعويض الحرف المحذوف وهو الياء فى الّذى والّتى اذ كان مقتضَى القياس أن يقال فى تثنيتهما اللّذِيان واللّتِيان كما يقال القاضِيان والمعتدِيان وقيل تأكيد الفرق بين تثنية المُعْرَب وتثنية المبنى

(المسألة التاسعة) المشهور فى الوقف على الاسم المنوّن أن يسكّن آخره اذا كان مرفوعا أو مجرورا ويُقْلَبَ تنوينه ألفا إذا كان منصوبا فيقال جاء خالدْ ومررت بخالدْ ورأيت خالدا ولغة ربيعة حذف التنوين والوقف بالسكون فى جميع الاحوال فيقولون رأيت خالدْ ولغة ربيعة هذه هى المستعملة فى جميع البلاد العربيّة الآن

(المسألة العاشرة) لغة الأزْد إبدال التنوين فى الوقف من جنس حركة

آخر الكلمة سواء كانت مرفوعة أو منصوبة أو مجرورة فيقال على لغتهم (جاء خالدُو) و(مررت بخالِدِى) و(أنت فاضلُو) و(أكرِمْ بِكَ مِنْ فاضِلِـــى) ولم أسمع من عوامّ بلادنا من يستعمل هذه اللغة الّا قليلا من أهل المَطَريّة وما يجاورها من القرى التى على شواطئ بحيرة المَنْزِلة

(المسألة الحادية عشرة) لغة سَعْد تضعيف الحرف الاخير من الكلمـــة الموقوف عليها فيقولون (هذا خالدّ) و (أنت فاضلّ) بشرط أن لا يكون الحرف الاخير همزة وأن لا يكون ما قبله ساكنا فلا يضعف فى نحو (هذا رَشَأ) و(هذا بكْر) وليس لهذه الطريقة السّعديّة أتباع فى مصر

(المسألة الثانية عشرة) لغة بَلْحرث حذف اللام والالف من على الجـارّة اذا وليها ساكن فيقولون (رِكِبْتُ عَلْفَرَس) و(رأيت كأنّى أمْشِى عَلْماء) وهذه اللغة لا يكاد يستعمل سواها عند العوامّ فيقولون اقْعُدْ عَلْكُرْسى وصلّ عالنبىّ

(المطلب السابع)

(فى الادغام والفكّ)

لا كلامَ لنا فى الادغام والفكّ المتّفق عليهما عند عامّة العرب وانّما كلامنا فى الادغام والفكّ المأثورين عن بعض القبائل ولنذكر من ذلك بعض مسائل

(المسألة الاولى) لغة أهل الحجاز فكّ المثلين فى الفعل المضارع المضعّف المجزوم بالسكون وفى فعل الامر المبنىّ عليه قال تعالى وَمَنْ يَرْتَدِدْ منكم عن دِينِه فيَمُتْ وَهُوَ كافِرٌ وقال واغْضُضْ مِنْ صَوْتِكَ ولغة تميم الادغام فتقول مَنْ يَرْتَدَّ وبه قرئ وتقول غُضَّ قال شاعرهم

فغُضَّ الطَّرْفَ إنّكَ مِنْ نُمَيْرٍ * فلا كَعْبًا بَلَغْتَ ولا كِلابـــا

نعم اذا اتّصل بالفعل واو جمع أو ياء مخاطبة أو نون توكيد وجب الادغام عند الجميع نحو رُدُّوا ورُدِّى ورُدَّنَّ فعلى لغة تميم يقال مُرَّ بزيد ولا تُمُرَّ به وشُدَّ قُواكَ للطاعة ولا تَشُدَّها لمعصية وعلى لغة الحجاز يقال امْرُرْ بزيد ولا تَمْرُرْ به واشْدُدْ قُواكَ للطاعة ولا تَشْدُدْها لمعصية قال علىّ كرم اللّه وجهه

أُشْدُدْ حَيازِيمَكَ لِلمَوْتِ * فإنّ الموتَ لاقِيكـــا

وهذا البيت من الهزج ودخله الخزم بأربعة أحرف والخزم بالزاى زيادة

فى أوّل البيت والجزم بالراء نقص فيه ولغة تميم هى المستعملة عند العامّة

(المسألة الثانية) لغة تميم وان كانت أقلّ اشتهارا من لغة الحجاز الّا أنّها كثيرة الاستعمال فى ذاتها وعليها فيجب طرح همزة الوصل من فعل الامر فيقال رُدَّ وغُضَّ وشُدّ وهلمّ جرّا لانّها انّما اجْتُلبت للنطق بالساكن ولاساكنَ مع الادغام فلا حاجة اليها وحكى الكسائىّ أنّه سمع من عبد القيس أُرُدَّ وأُغُضَّ وإفِرَّ بهمزة الوصل

(المسألة الثالثة) الاشهر فى هَلُمَّ أن تلزم حالة واحدة سواء أسندت لمذكّر أو لمؤنّث وسواء كان مفردا أو مثنى أو جمعا فيقال هَلُمَّ يا زيد أو يا زيدان أو يا زيدون وهَلُمَّ يا هند أو يا هندان أو يا هندات وتلك لغة الحجاز وبها جاء التنزيل قال تعالى هَلُمَّ شُهَداءكم وقال هَلُمَّ الينا وهى حينئذ مُدْغَمة دائما لِثقْلِها بالتركيب ومن ثَمّ التزموا فى آخرها الفتح زعموا أنّها فى الاصل مركّبة من هاء التنبيه ولُمَّ أى ضُمَّ نفسك الينا ولغة نجد من بنى تميم أنها تتغيّر بحسب من هى مُسْنَدة اليه وحينئذ يدخلها الفكّ تقول على لغتهم هَلُمَّ يا زيد وهَلُمِّى يا هند وهَلُمّا يا زيدان أو يا هندان وهَلُمُّوا يا رجال وهَلْمُمْنَ يا نساء واذا أسندت لمفرد جاز الفتح والكسر كما حكاه الجَرْمىّ عنهم واذا اتّصل بها هاء غائب نحو هَلُمّه تُفْتَح حَتْمًا

(المسألة الرابعة) المشهور المستعمل فكّ الادغام اذا اتّصل آخر الكلمة بضمير الرفع البارز نحو حَلَلْت وضَلَلْت وشَدَدْنا ورَدَدْنا وعَدَدْتُم وبَرِرْتُم وذلك لانّه يجب تسكين آخر الفعل اذا اتّصل بضمير الرفع البارز لدفع كراهة توالى أربع متحرّكات فيما هو كالكلمة الواحدة ولا يمكن التسكيـــن الّا بالفكّ ولغة بكر بن وائل ابقاء الادغام قال سيبويه زعم الخليل أن ناسا من بكر بن وائل يقولون رَدّنا ومَدّنا ورَدّتُ أى رَدَدْنا ومَدَدْنا ورَدَدْتُ قال وكأنهم قدّروا الادغام قبل الضمير فأبقوا اللفظ على حاله أقول على هذا يحصل لَبْسٌ فى الكلام اذ لا يُعْرَف انّ نا فى رَدّنا مثلا فاعل أو مفعول ولكن المدار فى ذلك على القرائن

(المطلب الثامن)

(فى هيئة التلفّظ)

للقبائل المختلفة هيئات مختلفة فى التلفّظ بالكلمات والنطق بالعبارات فالعبارة الواحدة المركّبة من كلمات معيّنة وان كانت متّحدة مادّة تختلف هيئة تبعا لعادات الناطقين بها وذلك عامٌّ فى اللغة لعربيّة الصحيحة واللغة العُرْفيّة بل وفى سائر اللغات

وكثيرا ما يختلف معنى العبارة باختلاف النطق بها ألا ترى أن الجملة المحذوف منها همزة الاستفهام كقولك (طلع الهلال) لا يتبيّن كونها استفهاميّة أو خبريّة الّا بهيئة النطق يروى أن أبا هُرَيْرة سمع النبىّ صلّى اللّه عليه وسلّم يقول من قال لا اله الّا اللّه فقد دخل الجنّة فذهب يبشّر المسلمين ذات الشمال وذات اليمين فلقيه عمر بن الخطاب وهو على تلك الحالة فدفعه الى خلفه فوقع على أسته فذهب الى النبىّ صلّى اللّه عليه وسلّم وأخبره الخبر فاستحضر عمر وكلّمه فى ذلك فقال يا رسول اللّه إنّ الناس اذا سمعوا ذلك يتّكلون فَخَلِّهم يعملون فاستحسن كلامه وقال خَلِّهم يعملون فانظر الى جملة خلّهم يعملون فانها فى كلامه صلّى اللّه عليه وسلّم غيرها فى كلام عمر رضى اللّه عنه من حيث المعنى المراد وان كانت هى هى من حيث اللفظ

وكثيرا ما تلتبس معانى الاحاديث والاخبار والكلمات المأثورة عن مشاهير الملوك والعلماء والظّرفاء ويذهب المفسّرون فيها كلّ مذهب لعدم الوقوف على الهيئة التى صدرت من المتكلّم بها ولو نُقِلَتْ الهيئة مع الجملة لما حصل لبس فى معناها ولهذا قال بعض المحقّقين انّ نقل الاخبار فى الحوادث التاريخية بالطريقة التى عليها المؤرّخون لا يفيد القطع ولا يحمل على اليقين وانّما يفيد الظنّ فقط ومن ثمّ رجّح الناس الآن استعمال التليفون على استعمال التلغراف كما رجّحوا النقل بالفنوغراف على النقل بالكتابة ولولا ما يستلزمه الاوّل من النفقات لعُطِّلَ الثانى بالمرّة

والاختلاف فى الهيئة يكون بالشدّة والرّخاوة والسّرعة والبطء والتفخيم والترقيق والوصل والتقطيع والامالة وعدمها ونحو ذلك ونقلة اللغة العربيّة

لم ينقلوا لنا الهيئات التى كان عليها نُطْقُ العرب ولم يضعوا لها فى الكتابة اشارات تدلّ عليها وللافرنج فى كتابتهم اشاراتٌ تدلّ على بعض الهيئات ولكنّها ليست كافية أيضا فى الغرض المقصود ويمكن استنباط الهيئات التى كان عليها نُطْقُ العرب من الهيئات التى عليها نطق العوامّ اليوم فاذا رأينا فى لَهْجة قوم من العامّة خصائصَ كثيرة من خصائص لغة قبيلة من العرب حكَمْنا أوّلا بأنّ أولئك القوم ينتسبون لتلك القبيلة كما تقدّم وثانيا بأنّ هيئة نُطْقهم الموجودة الان لا بدّ أن تكون موروثة عنهم وحينئذ يُمْكِنُنا أن ننسُب الى المُورِّث ما تحقّقناه فى الوارث ولنذكر من المسائل ما عثرنا على نسبة بعض الهيئات فيه للعرب حتّى يتيسّر لنا الوقوف على غيره

(المسألة الاولى) نقل العلماء أنّ بنى قُضاعة كانوا اذا تكلّموا لا تكاد تظهر حروفهم ولا تتميّز كلماتهم وعَدُّوا ذلك من المَعايب وسَمَّوْه غَمْغَمة قضاعة ومن قُرَى مديريّة الشرقيّة قريتا تَلّ رُوزن ومِيتْ حَمَل يُغَمْغِمُ أهلهما فى الكلام

(المسألة الثانية) لغة تميم وأسَد وقيس وعامّة نجد امالة الفتحة والالف الى الكسرة والياء فتحصُل بذلك حركةٌ بين الفتحة والكسرة كالحركة الافرنجيّة التى تحدث بالحرف Ê والحجازيّون لا يميلون الّا نادرا والامالة نادرة فى لغة بنى سويف وبعض الفيوم والمحلّة وسائر البلاد التى يتكلّم أهلها بالقاف الصريحة وكثيرة فى لغة بقيّة العوامّ فى الديار المصريّة فأهل القاهرة مثلا يُميلون ألف التثنية فى نحو حَسَنين وكتابين وفرسين والمحلّيّون لا يميلونها بل يضعون مكانها الياء الخالصة فيقولون حسنَيْن وفرسَيْن بفتح النون فى الاوّل والسين فى الثانى

وبين سُكّان بلادنا اختلاف عظيم فى هيئة النطق فأهل دِمياط وما يجاورها من القُرَى وأهل الفَشْن وما حولها يُرَكِّزون رَكْزةً خفيفة على الحرف الساكن فى نحو مُصْطفى ومُرْتَضى ومُنْتَهى ونحو مُجْزرة ومَنْشفة ومَخْرطة وأهل شِبِين القناطِر من مديريّة القليوبيّة والقُرِينَيْن من المنوفيّة يتراخَون فى أواخر الكلمات وأهل المَرْج من القليوبيّة يرقّقون الرّآت مطلقا وأهل دَمَنْهور وما يجاورها يرقّقونها فى مثل (رابع) و(يوم الاربع) وأهل البحر الصغير يُسْرِعون بالنطق ولكن مع التمييز

(المطلب التاسع)

(فى ألمترادف)

كثيرا ما يجد الناظر فى كُتُب متن اللغة طوائف من الالفاظ تترادَفُ كلّ طائفة منها على معنى واحد كالاسَد واللّيْث والهِزبْر والغَضَنْفَر والرِّئبال والضَّيْغم وكالخَمْر والراح والقَرْقَف وكالسَّيْف والحُسَام والعَضْب والصَّارِم والقَضِيب والصَّمْصامة والمُنْصُل والمَشْرَفِىّ وكالعَسَل والضَّرَب والذَّوْب والشَّوْب والوَدِيس والارْى والطِّرْم والشهد ولكن اذا أمْعَنَ نظرَه يتبيّن له أن لا ترادُفَ فى الحقيقة لانّ العرب شُعوب وقبائل ولكلّ شعْب ألفاظ محصورة وضَعها واضِعهم ليتقاضَوْا بها أغراضهم ولا ضرورة فى تقاضى الاغراض الى وَضْع أزْيَدَ من لفظ واحد لكلّ معنى فالذين يُسمّون السبُعَ أسدًا لا يُسمّونه لَيْثاً والذين يقولون مُدْية لا يقولون سِكّينا اذ لا تَمَسّ الحاجة الى ذلك فالحقّ أنّ الترادف فى اللّغات ليس طبيعيّا ولا وُجُودَ له متى وجّهنا النظر الى كلّ قبيلة على حِدَتِها وانّما هو أمْرٌ يحدُث عند النظر الى كافّة القبائل وعُموم الشُّعوب

وحُدوث الترادُفِ فى اللغة العربيّة كان على وجهين

(الوجه الاول) أنّ قبائل العرب كانوا يجتمعون كلّ عامٍ فى مواسم عامّة كسُوق عُكاظ وذى المَجاز ومَجَنّة ويتناشدون الاشعار ويتساءلون الاخبار فكان يسمع كلّ واحد منهم لغات الآخَرِين ويستعمل منها ما شاء فضلا عن اجتماعهم فى مواقف الحروب وتَلاقِيهم فى الأسْفار فكانت تتجدّدُ لهم كلماتٌ كثيرة وتُنْشَر على ألسنة الشّعراء والخطباء منهم

(الوجه الثانى) أنّ العلماء فى الصدر الاوّل لمّا رأوا اختلاط العجَم بالعرب وخافوا على اللغة أن يَفْسُدَ أمْرُها جمعوها وضبَطوها لتكون لغة متميّزة عن لغات العجَم لا يُخْشَى عليها اشتِباهٌ أو انْقِراضٌ ولمّا كان نَقْلُ لغة كلّ حىّ على حِدَتِها موجِبا للتّكْرار وطول العمل نقلوها مجملة فما كان مُتّفَقا عليه بين جميع الاحياء ذكروه على وجهه وما كانوا مُفْتَرقِين فيه عَدّدُوا أوْجُهَ الخِلاف بالانْسْبةِ لقائليه فى الاكثر ومع النسبة فى الاقلّ فتراهم يقولون انّ فى لفظ (حيث) تسْعَ لغات بناءها على الضمّ أو الفتح أو الكسر وعلى كلّ فالحرف الثانى امّا ياء أو واو أو ألف ويقولون انّ فى

المنادى المضاف للياء سِتّ لغات يجوز أن تقول يا ربّي بالسكون ويا ، ربّيَ بالفتح ويا رَبّا ويا رَبِّ بحذف الياء وكسر الباء ويا رَبَّ بالحذف والفتح ويا رَبُ بالحذف والضمّ ويذكرون للمعنى الواحد لَفْظَيْن أو ثلاثا أو أكثر الى مائة وألف ويسمّونها مترادفة عليه وللّفظ الواحد معنيَيْن أو ثلاثا أو أكثر الى سبعين أو فوقها ويسمّونها مشتركةً فيه ولو حُقّقَتْ الأمْرَ لَوَجَدْتَ اللغات التسعَ التى فى (حيث) مُوَزَّعةً على تسع قبائل والأَوْجُهَ السّتَّ فى نحو يا ربِّ مجتمعة من ستّة أحياء وهلمّ جرّا لا يريد العلماء بما فعلوه الّا حصْرَ اللغة وضبْطَ الأَوْجُهِ التى يجوز لمن يريد التكلّم بها اتّباعُها بحيث يُعَدّ مُصِيبًا متى جرى فى مَنْهَجٍ من تلك المناهج المأثورة ومُخْطئًا متى خرج عنها ولم يكن من غرضهم تمييز اللغات بعضها من بعض وضبط نحلة كلّ قوم على حِدَتِها كما هو غَرضُنا الآن لانّ مَقْصِدَنا هذا وان كان مُهِمًّا بالنسبة للتاريخ وأصلا من أصوله الضروريّة لكنّه يُعَدّ ثانويًّا بالنسبة لما قصدوه هم مِنْ ضبط انتشار اللغة ولَمِّ شَعْثِها وجَمْع متفرِّقها واستمرار وُجود جملتها سالمة من الخَلَل بَرِيئة من العِلَل ومن هذا الوجه الثانى جاء أكثر ما نجده من المترادف

يروى أنّ أعرابيّة ممّن لم تفْسُد لغة قومها بالاختلاط يقال لها أمّ الهَيْثَم نزلت العراق وعلماؤه يومئذ مشمّرون فى اثبات اللغة وضبطها والتنازُع مُحْتَدِمٌ بين الكوفيّين والبصريّين فقال جماعة من العلماء لنَذْهَبُ الى هذه الاعرابيّة ونسأل منها عما شَجَرَ بيننا فذهبوا اليها فقيل انّها عليلة فلمّا دخلوا عليها قال لها أبو عبيدة عَمّ كانت عِلّتُك فقالت (كنْتُ وَحْمَى لِلدِّكَة فَشهدْتُ مَأْدُبَة فأكلتُ جُبْجُبَة من صَفِيف هِلّعَة فاعْتَرَتْنِى زُلّخة فقال لها يا أمّ الهيثم أىّ شىء تقولين فقالت أَوللنّاس كلامان ما كلّمتكم الا الكلام العربى الفصيح) الدِكةُ الدَسَمُ والمَأْدُبَةُ طعام يُصْنَع لدعوة أو عُرْس والجُبْجُبَةُ الكَرِشُ يجعل فيه اللحم المقطع أو الشحم يذاب ويجعل فى كرش والصَفيفُ ما صُفَّ على الجمر لينشوى والهِلّعَةُ الانثى من أولاد المعز والزُلّخةُ وجعٌ ياخذ فى الظهر لا يتحرّك الانسان من شدّته فان قلت يوخذ مما ذكر أنّ واضعى اللغات هم البشر فالجواب أن فى المسألة خلافا والذى رجحه مُحَقّقو المتقدّمين وقطع به المتأخّرون هو هذا على أن ما ذكر لا ينافى كونَ الواضع هو اللّه تعالى لجواز الوضع لقبائل الأُمَمِ كالأُمَمِ نفسها

وقد ترتب على حدوث المترادف فى اللغة عدّة فوائد لم تكن قبل تأصّلهِ فيها

منها امكان تفسير ما لم يُفْهَم وهو المعروف عند متأخّرى المناطقة بالتعريف اللفظىّ كأن تقول البُرّ هو القمح والعَسْجدُ هو الذهَبُ واللُّجَيْنُ هو الفضّة ولو لا ذلك لما تأتّى تفسير القرآن الشريف ولا شرح الاحاديث ولاحلُّ أشعار العرب ولا كشْفُ الغِطاء عن مأثور الفصحاء ولا ضَبْطُ موادّ اللغة بوجهٍ تامّ

ومنها التنقلّب فى أساليب الإنشاء وابراز المعنى الواحد فى عدة صُوَرٍ حَسَبَ مُناسبات المقام ولو لا ذلك لما أمكن أنشاء الشِعْر ولا السَّجْع فان الشعر لم يخرج عن كونه عبارة عاديّة تُبَدّل فيها الالفاظ التى لا توافق الوزن والقافية بألفاظ توافقهما

ومنها سَتْرُ العُيوب اللّسانيّة فيمكن لمن لا يُحْسن النطق بالراء مثلا أن يتنحّى الكلمات التى فيها الراء ويُبْدِلَها بمُرادِفاتِها كما كان يفعل واصل بن عطاء رأس المعتزلة فانّه كان يَلْثَغ بالراء ولكن لم تَكَدْ تُعْرَف لُثْغَتُه الا صغيرا لابْدالِه كلّ لفظ فيه راء برديفه واتّفق أن بعض الناس أراد تعجيزه فدفع اليه ورقة ليقرأها له مكتوبا فيها (أمر أمير الامراء أن تُحْفَرَ بئر فى الصحراء ليشرب منها الشارد والوارد) فقرأ فى الحال (حكم حاكم الحُكّام أن تُبْحَثَ عين فى البادية ليَسْتَقِيَ منها الحادى والبادى) فعلم أن يَمّه لا يُعْبَر وغَوْرَه لا يُسْبَر

ومنها الإغراب فى المَقال والتَّبْريزُ فى النِزالِ على أهل الجدال كما حكى عن مَجْد الدِين الشيرازىّ صاحب القاموس أنّ علماء الرّوم أوّل ما قابلوه امْتَحَنُوه بالسؤال عن قول علىّ كرم الله وجهه لكاتبه (أَلْصِقْ رَوانِفَكَ بالجَبُوب وخُذ المِزْبَر بشَناتِرِك واجْعَلْ حُنْدُورَتَيْكَ الى قَيْهَلِى حتى لا أنْغِىَ نَغْيَةً الاّ أوْدَعْتَها بحِماطةِ جُلْجُلانِك) فقال على الفَوْر معناه (أَلْزِق عُضْرُطَكَ بالصَّلّةِ وخُذِ المِصْطَرَ بأباخِسِك واجْعَلْ حَجْمَتَيْكَ الى أُثْعُبانى حتى لا أنْبِسَ نَبْسةً الا وَعَيْتَها فى لَمْظةِ رِباطِك) فعجب الحاضرون من سُرْعة الجواب بما هو أغرب من السؤال والمعنى (أَلْزِقْ مَقْعدَتَك بالارض وخُذ القَلَم بأصابعك واجْعَلْ عَيْنَيْك الى وجْهى حتى لا أتكلّم كلمة الا حَفِظْتَها فى حَبّةِ قَلبِك) وفى الجمهرة قال أبو زيد قلت لاعرابى ما

المُحْبَنْطِئُ قال المُتَكَأْكِئُ قلت ما المُتَكَأْكِئُ قال المُتَآزِفُ قلت ما المتآزِف قال أنت أحمق ومعنى الجميع القصيرُ المُتَدانِي

ومنها سَتْرُ المراد عن غير المخاطَب من الحاضرين فيقوم ذلك مقام لغة أجنبيّة وعلماء اللغة مع كلّ هذه الفوائد لم يَعْتَنُوا بالمترادف كما اعتنوا بغيره وقد رأيت للمَرْجانيّ فيه تأليفا لا يَتجاوَزُ الكُرّاسة وأنت تعلم أن هذا لا يَبُلّ غُلّةَ الصادى وقد وضع صاحب القاموس رسالة فى أسماء العسل خاصّة سمّاها (تَرْقِيق الأَسَل لتَصْفِيق العَسَل) ذكر أن له ثمانين اسما وما أحْلَى صنيعَهُ لو أنّه عامٌّ وكتابا آخر سمّاه (الروض المسلوف فيما له اسمان الى الوف) والى هذا تشتدّ حاجة الطالبين وفيه الكفاية للراغبين غير أنّا ما زِلْنا نسمع به ولا ندرى متى نراه فان لم نَعْثُرْ به بعد تمام التفتيش والبحث فى الخزائن الشهيرة وضعنا كتابا فى ذلك المعنى يشتمل على كلّ ما ذكر فى لسان العرب والقاموس وشروحه من المترادف على وجه لا تشذُّ معه كلمة واحدة وقد عقدتُ العزم على ذلك مع جماعة من أولى الأدب العاشقين للغة العرب فنسأل الله التوفيق لهذا العمل الدقيق وكتابُ المَرْجانّى الذى رأيته لم يَعْزُ فيه كلّ لفظ لاهله وما أظن المَجْدَ الّا ناهجا منهج المرجانىّ

ولنذكر الآن بعض مسائل من هذا الباب نجعلها نموذجًا لمن يريد أن يشترك معنا فى هذا القصد الجليل

(المسألة الاولى) روى ابن جنى أن أعرابيّا دخل على ملك من ملوك حمير وأطال الوقوف بين يديه فقال له الملك (ثِبْ) أى اجْلِسْ بلغة حمير فوثب الاعرابىّ وكان على مكان عال فتكسّر فسأل الملك عن ذلك فأُخْبِرَ بلغة العرب فقال ليس عندنا عربيّت من دخل ظفار حمّر أى فليتكلّم بلغة حمير

(المسألة الثانية) روى أنّ أبا هريرة لمّا قدم من دَوْس عام خَيْبر لقى النبىّ صلّى الله عليه وسلّم وقد وقعت من يده السّكّين فقال له ناوِلْنِى السّكّين فالْتفت أبو هريرة يَمْنةً ويَسْرةً ولم يفهم ما المراد بهذا اللفظ فكرّر له القول ثانية وثالثة وهو يفعل كذلك ثم قال آلْمُدْيةَ تريد وأشار اليها فقيل له نعم فقال أوَتُسَمّى عندكم سكّينا ثم قال والله لم أكن سَمِعْتُها الا يومئذ وعلى هذا يكون القائل

تَرَكْتُ ضَأْنِى تَوَدّ الذِئْبَ راعِيَها * اذ كلَّ يَوْمٍ تَرانِى مُدْيَةٌ بِيَـدِى

امّا دَوْسِيًّا أو متكلمًا بلغة دوس قوم أبى هريرة وهم بطن من الأزد[1]

(المسألة الثالثة) ذكر المفسّرون فى قوله تعالى ربّنا أُفْتَحْ بيْنَنا وبَيْنَ قَوْمِنا بالحَقِّ وأنتَ خيرُ الفاتحين أنّ الفاتحَ فى لغة اليمن القاضى

(المسألة الرابعة) كان عليه الصلاة والسلام يخاطب كلّ قوم بلغتهم فكتب فى صدر كتاب لوائل بن حُجْر أحد ملوك حِمير (الى الأقيال العَباهِلة والأرْواعِ المَشابيبِ) القيل فى لغة اليمن الذى يقول ما يشاء فينْفُذ أو هو دون الملك الاعلى فيكون كالوزير فى الاسلام كما فى فقه اللغة ومثله بَهْمَنُ عند الفُرْسِ والعَباهلةُ هم الذين استقرّ مُلْكُهم والأرْواعُ السادات والمَشابيب الاذكياء

(المسألة الخامسة) من كتابه صلّى اللّه عليه وسلّم لوائل بن حُجْر (فى التِّيعة شاةٌ لا مُقْوَرّةُ الألْياطِ ولا ضِناكٌ وأنْطُوا الثَّبجةَ وفى السُّيوب الخُمُسُ ومَنْ زنى مِمْ بِكر فاصْقَعوه مائةً واسْتَوْفِضُوه عامًا ومَن زنى مِمْ ثَيِّب فضَرِّجوه بالأضاميمِ ولا تَوْصيمَ فى الدِين ولا غُمّةَ فى فرائض اللّة وكلّ مُسْكِر حرامٌ ووائلُ بن حُجْر يَترفّلُ على الأقيال) التِّيعةُ أربعون شاة ومُقْوَرّةُ الألْياطِ مسترخية الجلود والضِّناكُ الممتلئةُ لحمًا وأنْطُوا الثَّبجةَ أعطوا المتوسّطة والسُّيوبُ الركاز ومِمْ لغة فى من والصّقع بالقاف الضرب والاستيفاض النفْىُ والتَّضْريجُ بالاضاميم الرّمْىُ بالحجارة والتوصيم المُحاباةُ والغُمّةُ السَتْرُ والترفّلُ الترأُّسُ

(المسألة السادسة) كتب عليه الصلاة والسلام لنَهْد احدى قبائل اليمن (اللهم بارِكْ لهم فى مَحْضِها ومَخْضِها ومَذْقِها وابْعَثْ راعِيَها فى الدَّثْرِ وافْجُرْ لهم الثَّمَد وبارِكْ لهم فى المال والوَلَدِ مَن أقام الصلاة كان مسلما ومن آتى الزكاة كان مُحْسِنا ومَن شَهِدَ أن لا الهَ الّا اللّه كان مُخْلِصا لكم يا بَنِى نَهْدٍ وَدائعُ الشِّرك ووَضائعُ المِلْك لا تُلْطِطْ فى الزكاةِ ولا تُلْحِدْ فى الحياة ولا تَتَثاقَلْ عن الصلاةِ وكُتِبَ لكم فى الوظيفةِ الفريضةُ ولكم العارِضُ

[1] الأزْد ثمانية بطون غسّان وخزاعة وبارق والأوس والخزرج ودوس وعتيك وغافق اهـ منه

والفَرِيشُ وذُو العِنَانِ الرَّكوبُ والفَلُوُّ الضَّبِيسُ لا يُمْنَعُ سَرْحُكُم ولا يُعْضَدُ طَلْحُكُم ولا يُحْبَسُ دَرُّكُم ما لم تُضْمِرُوا الرِّماقَ وتأكلوا الرِّبَاقَ مَنْ أقرّ فله الوَفاء بالعَهْدِ والذِّمَّةِ ومَنْ أبَى فعليهِ الرِّبْوَةُ) المَحْضُ اللبن الذى لم يُشَبْ بغيره والمَخْضُ ما أُخِذَ زُبْدُه والمَذْقُ ما خُلِطَ بماء والراعى المالِكُ والدَّثْرُ الخِصْبُ والثَّمَدُ الماءُ القليل ووَدائعُ الشِّرْكِ دَفِينُ الجاهليّةِ وضائع الملك ما يؤدّى على الأمْلاكِ من الصَّدَقةِ والزكاةِ والإلْطاطُ المَنْعُ والإلْحادُ الميل عن الحق والفَرِيضةُ الهَرِمَةُ والعارض المريض والفريش حديثةُ العَهْدِ بالنتاج وذُو العِنانِ الرَّكوبُ الذى استحقّ أن يُلْجَم ويُركَب والفَلُوُّ المُهْرُ الصغير والضَّبِيسُ الذى لم يُذَلَّلْ والسَّرْحُ الماشية والطَّلْحُ شجر طيّب الرائحة والمراد بالدَّرِّ الماشية والرِّماق النِّفاق وأكل الرِّباقِ عبارة عن نَقض المواثيق والرِّبْوَةُ الزيادة عن المفروض

(المسألة السابعة) وكتب عليه الصلاة والسلام الى هَمْدانَ احدى قبائل اليَمَن أيضا (بسم الله الرحمن الرحيم كتابٌ من محمّدٍ رسولِ الله لاهل مِخْلافِ خارِفٍ ويام وأهلِ خباب الضبّ وحِقافِ الرَّمْل من هَمْدانَ مع وافدِها ذى المِشْعارِ مالك بن نَمَطٍ ومَنْ أسْلَم مِنْ قَوْمِه على انّ لهم فِراعَها و وِهاطَها وعَزازَها يأكلونَ عِلافَها ويَرْعَوْنَ عَفاءَها لَنا مِنْ دِفْئِهِمْ وصِرامِهم ما سَلَّمُوا بالميثاقِ والأمانةِ ولهم من الصَّدَقةِ الثِّلْبُ والنابُ والفَصِيلُ والفارِضُ الداجِنُ والكَبْشُ الحَوَرِيّ وعليهم فيها الصالِغُ والقارِحُ) الفِراعُ رَبَواتُ الارضِ والوِهاطُ مُطْمَئِنّاتُها والعَزازُ بالفتح ما خَشُنَ منها والعِلافُ جمع عَلَفٍ والعَفاءُ ما لا مِلْكَ فيه لِأحَدٍ والمراد بالدِّفْءِ الغَنَمُ وبالصِّرامِ النخْلُ والثِّلْبُ الضعيفُ من ذكور الابل والنابُ الضعيفُ من إناثِها والفارِضُ المُسِنّ من البقر والداجِنُ الذى يألَفُ البُيوتَ والكَبْشُ الحَوَرِيّ هو ما يؤخذ من جِلْدِه النِّطَعُ الأحْمَرُ والصالِغُ ما دَخل فى السنة السادسة من البقر والغنم والقارِحُ ما دخل فى الخامسة من الخيل

(خاتمـــــــــة)

المطالب التسعة التى حصرنا فيها القول فى هذه الرسالة هى أمّهات مَظاهر الاختلافات وأصول مَواطن افتراق اللغات وما ذكرناه فيها من المسائل انّما هو من قبيل التنبيه وفتح باب القول والا فالمَدَى فسيح

والشرح طويل ومتى بُذِلَت الهِمَمُ وتضافَرَ البُحّاثُ تداعَت الفوائد وكملت النّتائج وأُحْكِمَت الأُسُس ومُهّدَات الاصول فلا يبقى الّا تناوُلُها والعمل بها في سائر البقاع المَأهُولَة بالناطقين بلغة العرب

ولَعَمْرِي إنّ تمهيد هذه الاصول يكون خطوة واسعة لعلم التاريخ نحو الكمال وأشكر اللّه على التوفيق فهو وَلِيّه وكفى به هاديا

تم

Inhalt.

	Seite
Ueber das Budget der Einnahmen unter der Regierung des Hârûn alrašîd nach einer neu aufgefundenen Urkunde (mit drei Tafeln), von A. von Kremer	1
Firdausîs Yûsuf und Zalîkhâ, von Hermann Ethé	19
Uebersetzungsproben aus Firdussi's religiös-romantischem Epos ‚Jussuf und Suleicha', von Baron O. Schlechta-Wssehrd	47
Prolegomena zu einer babylonisch-assyrischen Grammatik, von Dr. C. Bezold	73
Alcune osservazioni di lessicografia araba, di Ignazio Guidi	83
Notice sur les travaux de l'Institut Égyptien depuis sa fondation, par M. Vidal Bey, secrétaire général de l'Institut	89
Arabische Sprichwörter und Redensarten, von Dr. C. Snouck Hurgronje	109
Die älteste arabische Barlaam-Version, von Fritz Hommel	115
Les inscriptions juridiques de l'Assyrie et de la Chaldée, par Jules Oppert	167
Die Alliteration im Alt-Arabischen, von Dr. Max Grünert	183
Zur Geschichte der semitischen Zischlaute. Eine sprachvergleichende und schriftgeschichtliche Untersuchung, von D. H. Müller	229
Erläuterung zu den von Rev. W. H. Hechler dem Congress vorgelegten Backsteinen aus Telloh in Süd-Babylonien, von Fritz Hommel	249
Assyrian Letters of the Time of Asurbanipal, by S. Alden Smith	257

Von rechts:

Babylonischer Talmud Tractat Makkoth. Kritische Edition von M. Friedmann	1
كتاب مميزات لغات العرب	69

[redacted]

תלמוד בבלי

מסכת מכות

BABYLONISCHER TALMUD

TRACTAT MAKKOTH

KRITISCHE EDITION

VON

M. FRIEDMANN.

[redacted]

Verlag von Alfred Hölder, k. k. Hof- und Universitäts-Buchhändler,
Wien, I., Rothenthurmstrasse 15.

Soeben erschienen:

DIE

MAYA-SPRACHEN

DER

POKOM-GRUPPE.

Erster Theil.

Die Sprache der Pokonchí-Indianer.

Von

Dr. med. Otto Stoll,

Docent der Geographie am eidgenössischen Polytechnikum und an der Universität Zürich.

Preis: M. 10.—.

BOSNIEN

UND

DIE HERZEGOWINA.

Reisebilder und Studien

von

Johann von Asbóth,

Sectionsrath a. D. im Ministerium des kaiserl. Hauses und des Aeussern,
Mitglied des ungar. Reichstages.

Mit 37 ganzseitigen und 175 Text-Illustrationen nach Aufnahmen des k. k. Oberlieutenants **C. Mienzil** u. A., sowie einer historischen und drei statistischen Karten und Tabellen.

Preis: geheftet M. 16.—, in Original-Prachtdecke gebunden M. 19.20.

Verlag von Alfred Hölder, k. k. Hof- und Universitäts-Buchhändler,
Wien, I., Rothenthurmstrasse 15.

www.ingramcontent.com/pod-product-compliance
Lightning Source LLC
Chambersburg PA
CBHW050439170426
43201CB00008B/730
9782019597801